विवेकानन्द साहित्य

अष्टम खंड

अद्वैत आश्रम
(प्रकाशन विभाग)
५ डिही एण्टाली रोड • कोलकाता ७०००१४

प्रकाशक

स्वामी शुद्धिदानन्द

अध्यक्ष, अद्वैत आश्रम

मायावती, चम्पावत, उत्तराखण्ड, भारत

कोलकाता स्थित प्रकाशन केन्द्र द्वारा प्रकाशित

Email: mail@advaitaashrama.org

Website: www.advaitaashrama.org

प्रथम संस्करण, १९६३

त्रयोदश पुनर्मुद्रण, अप्रैल २०२३

2M2C

ISBN 978-81-7505-155-3 (अजिल्द सेट)

ISBN 978-81-7505-163-8 (अजिल्द खंड ८)

ISBN 978-81-7505-166-9 (सजिल्द सेट)

ISBN 978-81-7505-174-4 (सजिल्द खंड ८)

मुद्रक

क्रिएशन

कोलकाता ७०० ०१४

amazon.in

Tax Invoice/Bill of Supply/Cash Memo
(Triplicate for Supplier)

Sold By :
HI TECH
*
AA 27 Prafullya Kanan, Kestopur, Near Mahendra Enclave
KOLKATA, WEST BENGAL, 700101
IN

PAN No: AVMPS0305F
GST Registration No: 19AVMPS0305F1ZL

Billing Address :
BW ECOMMERCE PRIVATE LIMITED
Prop. No.4242, Ward No.11, Plot No.13, Gali No. 2, Ansari Ro, Central Delhi
NEW DELHI, DL, 110002
IN
GST Registration No: 07AAJCB8356L1Z4
State/UT Code: 07

Shipping Address :
BW ECOMMERCE PRIVATE LIMITED
Mohit Soni C/o Bw Ecommerce Pvt Ltd
2/19 Ansari Road,, Daryaganj
NEW DELHI, DELHI, 110002
IN
State/UT Code: 07
GST Registration No: 07AAJCB8356L1Z4
Place of supply: DL
Place of delivery: DELHI

Order Number: 404-2141381-7287517
Order Date: 05.10.2026

Invoice Number : IN-6360
Invoice Details : WB-2138555105-2627
Invoice Date : 05.10.2026

Sl. No	Description	Unit Price	Qty	Net Amount	Tax Rate	Tax Type	Tax Amount	Total Amount
1	Vivekananda Sahitya Vol.8 | 8175051639 (9N-LR7G-3WR0) HSN:4901	₹95.05	1	₹95.05	5%	IGST	₹4.75	₹99.80
TOTAL:							₹4.75	₹99.80

Amount in Words:
Ninety-nine Point Eight only

For HI TECH:

Authorized Signatory

Whether tax is payable under reverse charge - No

*ASSPL-Amazon Seller Services Pvt. Ltd., ARIPL-Amazon Retail India Pvt. Ltd. (only where Amazon Retail India Pvt. Ltd. fulfillment center is co-located)

Please note that this invoice is not a demand for payment

विषय-सूची

व्यावहारिक जीवन में वेदान्त

लन्दन में, दिसम्बर १८९६

व्यावहारिक जीवन में वेदान्त

प्रथम भाग

(१० नवम्बर, १८९६ ई० को लन्दन में दिया हुआ व्याख्यान)

बहुत से लोगों ने मुझसे व्यावहारिक जीवन में वेदान्त दर्शन की उपयोगिता पर कुछ बोलने के लिए कहा है। मैं तुम लोगों से पहले ही कह चुका हूं, सिद्धान्त बिल्कुल ठीक होने पर भी उसे कार्यरूप में परिणत करना एक समस्या हो जाती है। यदि उसे कार्य रूप में परिणत नहीं किया जा सकता, तो बौद्धिक व्यायाम के अतिरिक्त उसका और कोई मूल्य नहीं। अतएव वेदान्त यदि धर्म के स्थान पर आरूढ़ होना चाहता है, तो उसे सम्पूर्ण रूप से व्यावहारिक होना चाहिए। हमें अपने जीवन की सभी अवस्थाओं में उसे कार्य रूप में परिणत कर सकना चाहिए। केवल यही नहीं, अपितु आध्यात्मिक और व्यावहारिक जीवन के बीच जो एक काल्पनिक भेद है, उसे भी मिट जाना चाहिए; क्योंकि वेदान्त एक अखण्ड वस्तु के सम्बन्ध में उपदेश देता है—वेदान्त कहता है कि एक ही प्राण सर्वत्र विद्यमान है। धर्म के आदर्शों को सम्पूर्ण जीवन को आविष्ट करना, हमारे प्रत्येक विचार के भीतर प्रवेश करना और कर्म को अधिकाधिक प्रभावित करना चाहिए। मैं व्यावहारिक पक्ष पर क्रमशः प्रकाश डालूंगा। किन्तु ये व्याख्यान भावी व्याख्यानों की उपक्रमणिका के रूप में हैं, अतः पहले हमें वेदान्त-सिद्धान्त का परिचय प्राप्त करना होगा और यह समझना होगा कि ये सिद्धान्त किस प्रकार पर्वतों की गुफाओं और घने जंगलों में से निकलकर कोलाहलपूर्ण नगरों की व्यस्तताओं में भी कार्यान्वित हुए हैं। इन सिद्धान्तों में एक विशेषता यह है कि इनमें से अधिकांश निर्जन अरण्यवास के फलस्वरूप प्राप्त नहीं हुए, किन्तु जिन व्यक्तियों को हम सबसे अधिक कर्मण्य मानते हैं, वे ही राज-सिंहासन पर बैठनेवाले राज-राजर्षि इनके प्रणेता हैं।

श्वेतकेतु आरुणि ऋषि के पुत्र थे। ये ऋषि सम्भवतः वानप्रस्थी थे। श्वेत-केतु का लालन-पालन वन में ही हुआ; किन्तु वे पांचालों के नगर में गये और राजा प्रवाहन जैवलि की राजसभा में उपस्थित हुए। राजा ने उनसे पूछा,

"मरते समय प्राणी इस लोक से किस प्रकार गमन करता है, क्या यह तुम जानते हो?"—"नहीं।" "किस प्रकार यहाँ उसका पुनर्जन्म होता है, जानते हो?"— "नहीं।" "'पितृयान' और 'देवयान' के विषय में कुछ जानते हो?"— आदि आदि। इस प्रकार राजा ने और भी अनेक प्रश्न किये। श्वेतकेतु किसी भी प्रश्न का उत्तर न दे सका। तब राजा ने कहा, "तुम कुछ नहीं जानते।" बालक ने लौटकर पिता से सब हाल कह सुनाया। पिता ने कहा, "मैं भी इन प्रश्नों का उत्तर नहीं जानता। अगर जानता तो क्या तुम्हें न सिखाता?" तब वह राजा के पास गया और उनसे इस गुप्त विषय की शिक्षा देने के लिए प्रार्थना की। राजा ने कहा, "यह विद्या—यह ब्रह्मविद्या केवल राजाओं को ही ज्ञात थी, पुरोहितों को इसका कभी ज्ञान न था।" जो हो, इसके बारे में उसने जो कुछ जानना चाहा, वे उसकी शिक्षा देने लगे। इस प्रकार हम अनेक उपनिषदों में यही पाते हैं कि वेदान्त दर्शन केवल वन में ध्यान द्वारा ही नहीं जाना गया, किन्तु उसके सर्वोत्कृष्ट भिन्न भिन्न अंश सांसारिक कर्मों में विशेष व्यस्त मनीषी लोगों द्वारा ही चिन्तित तथा प्रकाशित किये गये। लाखों मनुष्यों के निरंकुश शासक इन राजाओं की अपेक्षा अधिक कार्यव्यस्त और कौन हो सकता है? किन्तु साथ ही इन शासकों में से कोई कोई गम्भीर चिन्तक भी थे।

इन सब बातों से यही स्पष्ट होता है कि यह दर्शन व्यावहारिक है। परवर्ती काल की भगवद्गीता को तो शायद तुम लोगों में से बहुतों ने पढ़ा होगा। यह वेदान्त दर्शन का एक सर्वोत्तम भाष्यस्वरूप है। कितने आश्चर्य की बात है कि इस उपदेश का केन्द्र है संग्राम-स्थल, जहाँ श्री कृष्ण ने अर्जुन को इस दर्शन का उपदेश दिया है और गीता के प्रत्येक पृष्ठ पर जो मत उज्ज्वल रूप से प्रकाशित है, वह है तीव्र कर्मण्यता, किन्तु उसीके बीच अनन्त शान्तभाव। इसी तत्त्व को कर्म-रहस्य कहा गया है और इस अवस्था को पाना ही वेदान्त का लक्ष्य है। हम साधारणतया अकर्म का अर्थ करते हैं निश्चेष्टता, पर यह हमारा आदर्श नहीं हो सकता। यदि यही होता तो हमारे चारों ओर की दीवालें भी परमज्ञानी होतीं, वे भी तो निश्चेष्ट हैं। मिट्टी के ढेले और पेड़ों के तने भी जगत् के महातपस्वी गिने जाते, क्योंकि वे भी तो निश्चेष्ट हैं। और यह भी नहीं कि किसी भी तरह कामनायुक्त होकर किये जानेवाले कार्य कर्म कहलाये जा सकते। वेदान्त का आदर्श जो प्रकृत कर्म है, वह अनन्त शांति के साथ संयुक्त है। किसी भी प्रकार की परिस्थिति में वह स्थिरता कभी नष्ट नहीं होती—चित्त का वह साम्यभाव कभी भंग नहीं होता। हम लोग भी बहुत कुछ देखने-सुनने के बाद यही समझ पाये हैं कि कार्य करने के लिए इस प्रकार की मनोवृत्ति ही सबसे अधिक उपयोगी होती है।

लोगों ने मुझसे यह प्रश्न अनेक बार किया है कि हम कार्य के लिए जो एक प्रकार का आवेग अनुभव करते हैं, यदि वह न रहे तो हम कार्य कैसे करेंगे? मैं भी बहुत दिन पहले यही सोचता था, किन्तु जैसे जैसे मेरी आयु बढ़ रही है, जितना अनुभव बढ़ता जा रहा है, उतना ही मैं देखता हूँ कि यह सत्य नहीं है। कार्य के भीतर आवेग जितना ही कम रहता है, उतना ही उत्कृष्ट वह होता है। हम लोग जितने अधिक शान्त होते हैं, उतना ही हम लोगों का आत्मकल्याण होता है और हम काम भी अधिक अच्छी तरह कर पाते हैं। जब हम लोग भावनाओं के अधीन हो जाते हैं, तब अपनी शक्ति का अपव्यय करते हैं, अपने स्नायुसमूह को विकृत कर डालते हैं, मन को चंचल बना डालते हैं, किन्तु काम बहुत कम कर पाते हैं। जिस शक्ति का कार्यरूप में परिणत होना उचित था, वह वृथा भावुकता मात्र में पर्यवसित होकर क्षय हो जाती है। जब मन अत्यंत शान्त और एकाग्र रहता है, केवल तभी हम लोगों की समस्त शक्ति सत्कार्य में व्यय होती है। यदि तुम जगत् के महान् कार्यकुशल व्यक्तियों की जीवनी कभी पढ़ो, तो देखोगे कि वे अद्‌भुत शान्त प्रकृति के लोग थे। कोई भी वस्तु उनके चित्त की स्थिरता भंग नहीं कर पाती थी। इसीलिए जो व्यक्ति शीघ्र ही क्रोध, घृणा या किसी अन्य आवेग से अभिभूत हो जाता है, वह कोई काम नहीं कर पाता, अपने को चूर चूर कर डालता है और कुछ भी व्यावहारिक नहीं कर पाता। केवल शान्त, क्षमाशील, स्थिरचित्त व्यक्ति ही सबसे अधिक काम कर पाता है।

वेदान्त आदर्श का उपदेश देता है, और आदर्श वास्तविक की अपेक्षा कहीं अधिक उच्च होता है। हम लोगों के जीवन में दो प्रवृत्तियाँ देखी जाती हैं। एक है अपने आदर्श का सामंजस्य जीवन से करना, और दूसरी है जीवन को आदर्श के अनुरूप उच्च बनाना। इन दोनों का भेद भली भाँति समझ लेना चाहिए—क्योंकि पहली प्रवृत्ति हमारे जीवन का एक प्रमुख प्रलोभन है। मैं सोचता हूँ कि मैं कोई विशेष प्रकार का कार्य कर सकता हूँ—शायद उसका अधिकांश ही बुरा है और उसके पीछे शायद क्रोध, घृणा अथवा स्वार्थपरता का आवेग ही विद्यमान है। अब मानो किसी व्यक्ति ने मुझे किसी विशेष आदर्श के सम्बन्ध में उपदेश दिया—निश्चय ही उसका पहला उपदेश यही होगा कि स्वार्थपरता तथा आत्मसुख का त्याग करो। मैं सोचता हूँ कि यह करना तो असम्भव है। किन्तु यदि किसी एक ऐसे आदर्श के सम्बन्ध में उपदेश दिया जो मेरी स्वार्थपरता और निम्न भावों का समर्थन करे, तो मैं उसी समय कह उठता हूँ, 'यही है मेरा आदर्श' और मैं उसी आदर्श का अनुसरण करने के लिए तत्पर हो जाता हूँ। इसी प्रकार 'शास्त्रीय' बात को लेकर लोग आपस में झगड़ते रहते हैं

और कहते हैं कि जो मैं समझता हूं, वही शास्त्रीय है, तथा जो तुम समझते हो वह अशास्त्रीय है। 'व्यवहार्य' (practical) शब्द को लेकर भी ऐसा ही अनर्थ होता रहता है। जिस बात को मैं कार्यरूप में परिणत करने योग्य समझता हूँ, जगत् में एकमात्र वही व्यवहार्य है, ऐसी मेरी धारणा होती है। उदाहरणार्थ, यदि मैं एक दूकानदार हूँ, तो सोचता हूँ कि संसार में दूकानदारी ही एकमात्र व्यावहारिक कर्म है। यदि मैं चोर हूँ तो चोरी के बारे में भी यही सोचता हूँ। तुम लोग जानते ही हो कि हम सब इस 'व्यवहार्य' शब्द का प्रयोग केवल उन्हीं कर्मों के लिए करते हैं, जिनकी ओर हमारी प्रवृत्ति है और जो हमसे किये जा सकते हैं। इसी कारण मैं तुम लोगों को यह स्पष्ट कर देना चाहता हूँ कि यद्यपि वेदान्त पूर्ण रूप से व्यवहार्य है, तथापि साधारण अर्थ में नहीं, बल्कि आदर्श के दृष्टिकोण से। वेदान्त का आदर्श कितना ही उच्च क्यों न हो, वह किसी असम्भव आदर्श को हमारे सामने नहीं रखता; और वास्तव में यही आदर्श ठीक ठीक आदर्श है। एक शब्द में इसका उपदेश है 'तत्त्वमसि'--'तुम्हीं वह ब्रह्म हो' और इसके समुदय उपदेश की अन्तिम परिणति यही है।

समस्त बौद्धिक वाद-विवाद और विस्तार के पश्चात् तुम्हें इसमें यही सिद्धान्त मिलेगा कि मानवात्मा शुद्ध स्वभाव और सर्वज्ञ है। आत्मा के सम्बन्ध में जन्म अथवा मृत्यु की बात करना भी कोरी विडम्बना मात्र है। आत्मा का न कभी जन्म होता है, न मृत्यु; मैं मरूँगा अथवा मरने में डर लगता है, यह सब केवल कुसंस्कार मात्र है। और मैं यह कर सकता हूँ, यह नहीं कर सकता, ये सब भी कुसंस्कार हैं। मैं सब कुछ कर सकता हूँ। वेदान्त सबसे पहले मनुष्य को अपने ऊपर विश्वास करने के लिए कहता है। जिस प्रकार संसार का कोई कोई धर्म कहता है कि जो व्यक्ति अपने से बाहर सगुण ईश्वर का अस्तित्व स्वीकार नहीं करता, वह नास्तिक है, उसी प्रकार वेदान्त भी कहता है कि जो व्यक्ति अपने आप पर विश्वास नहीं करता, वह नास्तिक है। अपनी आत्मा की महिमा में विश्वास न करने को ही वेदान्त में नास्तिकता कहते हैं। बहुत से लोगों के लिए यह एक भीषण विचार है, इसमें कोई सन्देह नहीं; और हममें अधिकांश सोचते हैं कि यह कभी प्राप्त नहीं किया जा सकता, किन्तु वेदान्त दृढ़ रूप से कहता है कि प्रत्येक व्यक्ति इस सत्य को जीवन में प्रत्यक्ष कर सकता है। इसकी उपलब्धि में स्त्री-पुरुष बालक-बालिका, जाति या लिंग आदि से सम्बद्ध किसी प्रकार का विभेद बाधक नहीं है—क्योंकि वेदान्त दिखा देता है कि वह सत्य पहले से ही सिद्ध है और पहले से ही विद्यमान है।

हममें ब्रह्माण्ड की समूची शक्ति पहले से ही है। हम लोग स्वयं ही अपने

नेत्रों पर हाथ रखकर 'अन्धकार' 'अन्धकार' कहकर चीत्कार करते हैं। जान लो कि तुम्हारे चारों ओर कोई अंधकार नहीं है। हाथ हटाने पर ही तुम देखोगे कि वहाँ प्रकाश पहले से ही वर्तमान था। अन्धकार कभी था ही नहीं, दुर्बलता कभी नहीं थी, हम लोग मूर्ख होने के कारण ही चिल्लाते हैं कि हम दुर्बल हैं, मूर्खतावश ही चिल्लाते हैं कि हम अपवित्र हैं। इस प्रकार वेदान्त, 'आदर्श को कार्यान्वित किया जा सकता है', केवल यही नहीं कहता, किन्तु यह भी कहता है कि वह आदर्श हम लोगों को पहले से ही प्राप्त है; और जिसे हम अब आदर्श कहते हैं वही हमारी प्रकृत सत्ता है—वही हम लोगों का स्वरूप है। और जो कुछ हम देखते हैं, वह सम्पूर्ण मिथ्या है। जिस क्षण तुम कहते हो, 'मैं मर्त्य क्षुद्र जीव हूँ', तुम झूठ बोलते हो; तुम मानो सम्मोहन के द्वारा अपने को अधम, दुर्बल, अभागा बना डालते हो।

वेदान्त पाप स्वीकार नहीं करता, भ्रम स्वीकार करता है। और वेदान्त कहता है कि सबसे बड़ा भ्रम है—अपने को दुर्बल, पापी, हतभाग्य कहना—यह कहना कि मुझमें कुछ भी शक्ति नहीं है, मैं यह नहीं कर सकता आदि आदि। कारण, जब तुम इस प्रकार सोचने लगते हो, तभी तुम मानो बन्धन-श्रृंखला में एक कड़ी और जोड़ देते हो, अपनी आत्मा पर सम्मोहन की एक पर्त और जमा देते हो। अतएव जो कोई अपने को दुर्बल समझता है, वह भ्रान्त है, जो अपने को अपवित्र मानता है, वह भ्रान्त है; वह जगत् में एक असत् विचार प्रवाहित करता है। हमें सदा याद रखना चाहिए कि वेदान्त में हमारे इस प्रस्तुत सम्मोहित जीवन का—हमारे द्वारा स्वीकृत मिथ्या जीवन का, आदर्श के साथ समझौता कराने की कोई चेष्टा नहीं है। उसका तो परित्याग करने के लिए कहा गया है और ऐसा होने पर ही उसके पीछे जो सत्य-जीवन सदा वर्तमान है, वह प्रकाशित होगा, व्यक्त होगा। यह नहीं कि मनुष्य पहले की अपेक्षा अधिक पवित्र हो जाता है, बात केवल अधिकाधिक अभिव्यक्ति की है। आवरण हटता जाता है और आत्मा की स्वाभाविक पवित्रता प्रकाशित होने लगती है। यह अनन्त पवित्रता, मुक्त स्वभाव, प्रेम और ऐश्वर्य पहले से ही हममें हैं।

वेदान्त यह भी कहता है कि ऐसा नहीं कि यह केवल वन अथवा पहाड़ी गुफाओं में उपलब्ध हो सकता हो, वरन् हम यह देख ही चुके हैं कि पहले जिन लोगों ने इस सत्यसमूह का आविष्कार किया था, वे वन अथवा पहाड़ी गुफाओं में नहीं रहते थे, साथ ही वे सामान्य मनुष्य भी नहीं थे, वरन् वे लोग ऐसे थे (हम लोगों के इस विश्वास का विशेष कारण है), जो विशेष रूप से कर्मठ जीवन बिताते थे, जिन्हें सैन्य-संचालन करना पड़ता था, जिन्हें सिंहासन पर बैठकर प्रजावर्ग का

हानि-लाभ देखना होता था। इसके अतिरिक्त उस समय राजागण ही सर्वेसर्वा थे---आजकल जैसे कठपुतली नहीं। फिर भी वे लोग इन सब तत्त्वों का चिन्तन करने तथा उनको जीवन में परिणत करने और मानव जाति को शिक्षा देने का समय निकाल लेते थे। अतएव उनकी अपेक्षा हम लोगों को इन सब तत्त्वों का अनुभव होना तो और भी सहज है, क्योंकि हमारा जीवन उनकी तुलना में अवकाश का जीवन है। हम अपेक्षाकृत सारे समय खाली ही रहते हैं, हमारे पास करने को बहुत कम रहता है, अतः हमारे लिए उस सत्य का साक्षात्कार न कर सकना बड़ी लज्जाजनक बात है। पुरातन सर्वेसर्वा सम्राटों की आवश्यकताओं की तुलना में हमारी आवश्यकताएँ तो कुछ भी नहीं है। कुरुक्षेत्र के युद्धस्थल में अवस्थित विराट सेना के परिचालक अर्जुन की जितनी आवश्यकता थी, हमारी आवश्यकता उसकी तुलना में नगण्य है, तब भी उस युद्ध-कोलाहल के बीच में भी, वे उच्चतम दर्शन को सुनने और उसे कार्यान्वित करने का समय पा सके---इसलिए अपने इस अपेक्षाकृत स्वाधीन आराममय जीवन में हमें उतना कर सकना चाहिए। हम लोग यदि ठीक प्रकार से समय बितायें, तो हम देखेंगे कि हम जितना सोचते और समझते हैं उसकी अपेक्षा हमारे पास कहीं अधिक समय है। हम लोगों को जितना अवकाश है, उसमें यदि हम सचमुच चाहें, तो एक नहीं पचास आदर्शों का अनुसरण कर सकते हैं, किन्तु आदर्श को हमें कभी नीचा नहीं करना चाहिए। हमारे जीवन की सबसे बड़ी विपत्ति की आशंका है ऐसे व्यक्तियों से जो हमारे व्यर्थ अभावों और वासनाओं के लिए अनेक प्रकार के वृथा कारण दिखाते हैं और हम लोग भी यही सोचते हैं कि हम लोगों का इससे बड़ा और कोई आदर्श नहीं हो सकता, किन्तु वास्तव में बात ऐसी नहीं है। वेदान्त इस प्रकार की शिक्षा कभी नहीं देता। प्रत्यक्ष जीवन को आदर्श के साथ समन्वित करना पड़ेगा---वर्तमान जीवन को अनन्त जीवन के साथ एकरूप करना होगा।

कारण, तुम्हें सदा स्मरण रखना होगा कि वेदान्त का मूल सिद्धान्त यह एकत्व अथवा अखण्ड भाव है। द्वित्व कहीं नहीं है, दो प्रकार का जीवन अथवा जगत् भी नहीं है। तुम देखोगे कि वेद पहले स्वर्गादि के विषय में कहते हैं, किन्तु अन्त में जब वे अपने दर्शन के उच्चतम आदर्शों पर आते हैं तो वे उन सब बातों को बिल्कुल त्याग देते हैं। एकमात्र जीवन है, एकमात्र जगत् है, एकमात्र सत् है। सब कुछ वही एक सत्तामात्र है; भेद केवल परिमाण का है, प्रकार का नहीं। हमारे जीवन में अंतर प्रकारगत नहीं है। वेदान्त इस बात को बिल्कुल नहीं मानता कि पशु मनुष्य से पूर्णतया पृथक् हैं और उन्हें ईश्वर ने हमारे भोज्यरूप में बनाया है।

कुछ व्यक्तियों ने वैज्ञानिक शोध के निमित्त चीरफाड़ करने के लिए मारे

जानेवाले पशुओं की हत्या का विरोध करने के लिए एक संस्था (Anti-vivisection Society) स्थापित की है। मैंने एक दिन इस सभा के एक सदस्य से पूछा, "भाई, आप भोजन के लिए पशुहत्या को पूर्णतया न्यायसंगत मानते हैं, किन्तु वैज्ञानिक प्रयोगों के लिए दो-एक पशुओं की हत्या के इतने विरुद्ध क्यों हैं?" उसने उत्तर दिया, "जीवित की चीरफाड़ बहुत बीभत्स कार्य है, किन्तु पशु तो हमारे भोजनार्थ ही बनाये गये हैं।" पशु भी तो उसी अखण्ड सत्ता के अंशरूप हैं। यदि मनुष्य का जीवन अनन्त है, तो पशु-जीवन भी उसी प्रकार है। प्रभेद केवल परिमाणगत है, प्रकारगत नहीं। देखने पर यह अमीबा और मैं एक ही हूँ, अंतर परिमाण का है, और सर्वोच्च जीवन की दृष्टि से देखने पर सारे विभेद मिट जाते हैं। मनुष्य एक तिनके और पौधे में बहुत अंतर देख सकता है, किन्तु यदि तुम खूब ऊँचे चढ़कर देखो तो यह तिनका तथा एक बड़ा वृक्ष दोनों ही समान दिखेंगे। इसी प्रकार उस उच्चतम सत्ता के दृष्टिकोण से निम्नतम पशु और उच्चतम मनुष्य सभी समान हैं। और यदि तुम एक ईश्वर के अस्तित्व में विश्वास करते हो, तो तुमको पशुओं से लेकर उच्चतम प्राणी तक समत्व मानना पड़ेगा। जो ईश्वर अपनी मनुष्य-सन्तान के प्रति पक्षपाती है और पशु नामक अपनी सन्तान के प्रति निर्दय है, वह तो फिर दानवों से भी अधम हुआ। इस प्रकार के ईश्वर की उपासना करने की अपेक्षा मुझे सैकड़ों बार मरना भी पसन्द है। मेरा समस्त जीवन इस प्रकार के ईश्वर के विरुद्ध युद्ध में ही बीतेगा। किंतु ऐसा विभेद है ही नहीं, और जो लोग ऐसा कहते हैं, वे दायित्वहीन और हृदयहीन व्यक्ति हैं; उन्हें सत्य का ज्ञान नहीं है। यहाँ फिर 'व्यावहारिकता' शब्द ग़लत अर्थ में प्रयुक्त हुआ है। मैं स्वयं एक कट्टर शाकाहारी न भी होऊँ, किन्तु मैं उस आदर्श को समझता हूँ। जब मैं मांस खाता हूँ, तब जानता हूँ कि यह ठीक नहीं है। परिस्थितिवश उसे खाने को बाध्य होने पर भी मैं यह जानता हूँ कि यह क्रूरता है। आदर्श नीचा करके अपनी दुर्बलता का समर्थन मुझे नहीं करना चाहिए। आदर्श यही है—मांस न खाया जाय; किसी भी प्राणी का अनिष्ट न किया जाय, क्योंकि पशुगण भी हमारे भाई हैं। यदि उनको अपना भाई मान सकते हो, तो तुम मानव की बंधुता की बात ही क्या, प्राणिमात्र के भ्रातृभाव की ओर बहुत कुछ अग्रसर हो गये। यह तो बच्चों का खेल है। तुम संसार में देखोगे कि इस प्रकार का उपदेश लोग पसन्द नहीं करते, क्योंकि उनसे वह प्रस्तुत को छोड़कर आदर्श की ओर जाने के लिए कहता है। किन्तु यदि तुम एक ऐसा सिद्धांत उनके सामने रखो, जिससे उनके प्रस्तुत आचरण का समर्थन होता हो, तो वे उसे एकदम व्यावहारिक मान लेंगे।

मनुष्य स्वभाव में पुरातनरक्षण की प्रवृत्ति बहुत होती है। हम लोग आगे

एक क़दम भी नहीं बढ़ना चाहते। हिम में जम गये व्यक्तियों के सम्बन्ध में मैंने जो पढ़ा है, वही मैं मनुष्य जाति के बारे में भी सोचता हूँ। सुना जाता है कि इस अवस्था में आदमी सोना चाहता है। यदि उसे कोई खींचकर उठाना चाहता है, तो वह कहता है, 'मुझे सोने दो—बर्फ़ में सोने से बड़ा आराम मिलता है!'—और उसी दशा में उसकी मृत्यु हो जाती है। हम लोगों का स्वभाव भी ऐसा ही है। हम लोग भी सारे जीवन यही करते रहते हैं—सिर से लेकर पैर तक बर्फ़ में जमे जा रहे हैं तो भी हम लोग सोना चाहते हैं। अतएव आदर्श अवस्था में पहुँचने के लिए सदा संघर्ष करते रहो, और यदि कोई व्यक्ति आदर्श को तुम्हारे निम्न स्तर पर खींच लाये, यदि कोई तुम्हें ऐसा धर्म सिखाये, जो कि उच्चतम आदर्श की शिक्षा नहीं देता, तो उसकी बात कान में भी न पड़ने दो। मेरे लिए वह नितांत अव्यावहारिक धर्म होगा। किन्तु यदि कोई मुझे ऐसा धर्म सिखाये, जो जीवन का सर्वोच्च आदर्श दर्शाता हो तो मैं उसकी बातें सुनने के लिए प्रस्तुत हूँ। जब कभी कोई व्यक्ति भोगपरक दुर्बलताओं और निस्सारताओं की वकालत करे, तो उससे सावधान रहो। एक तो हम अपने को इन्द्रियजाल में फँसाकर एकदम निकम्मे बन जाते हैं, उस पर यदि कोई आकर हमें वैसी शिक्षा दे, तो उसका अनुसरण करके हम कुछ भी उन्नति नहीं कर सकेंगे। मैंने ऐसी बातें बहुत देखी हैं, जगत् के सम्बन्ध में मुझे कुछ ज्ञान है, और मेरा देश ऐसा देश है जहाँ सम्प्रदाय कुकुरमुत्तों के समान बढ़ते रहते हैं। प्रति वर्ष नये नये सम्प्रदाय जन्म लेते हैं। किन्तु मैंने यही देखा है कि जो सम्प्रदाय भोगाकांक्षी मानव का सत्याकांक्षी मानव से समझौता कराने की चेष्टा नहीं करते, वे ही उन्नति करते हैं। जहाँ परमोच्च आदर्शों का झूठी सांसारिक वासनाओं के साथ सामंजस्य करने की—ईश्वर को मनुष्य के स्तर पर खींच लाने की मिथ्या चेष्टा रहती है, वहीं क्षय का आरंभ हो जाता है। मनुष्य को सांसारिक दासता के स्तर पर नहीं घसीट लाना चाहिए, उसे ईश्वर के स्तर तक उठाना चाहिए।

साथ ही इस प्रश्न का एक और पहलू है। हमें दूसरों को घृणा की दृष्टि से नही देखना चाहिए। हम सभी उसी एक लक्ष्य की ओर बढ़ रहे हैं। दुर्बलता और सबलता में केवल परिमाणगत भेद है। प्रकाश और अन्धकार में भेद केवल परिमाणगत—पाप और पुण्य के बीच भी भेद केवल परिमाणगत—जीवन और मृत्यु के बीच में भेद केवल परिमाणगत, एक वस्तु का दूसरी वस्तु से भेद केवल परिमाणगत ही है, प्रकारगत नहीं; क्योंकि, वास्तव में सभी वस्तुएँ वही एक अखण्ड वस्तुमात्र हैं। सब वही एक है, जो अपने को विचार, जीवन, आत्मा या देह के रूप में अभिव्यक्त करता है, और उनमें अंतर केवल परिमाण का है। अतः जो किसी

कारणवश हमारे समान उन्नति नहीं कर पाये, उनके प्रति घृणा करने का अधिकार हमें नहीं है। किसीकी निन्दा मत करो। किसीकी सहायता कर सकते हो तो करो, नहीं कर सकते हो तो हाथ पर हाथ रखकर चुपचाप बैठे रहो, उन्हें आशीर्वाद दो, अपने रास्ते जाने दो। गाली देने अथवा निन्दा करने से कोई उन्नति नहीं होती। इस प्रकार से कभी कोई कार्य नहीं होता। दूसरे की निन्दा करने में हम अपनी शक्ति लगाते हैं। आलोचना और निन्दा अपनी शक्ति खर्च करने का निस्सार उपाय है, क्योंकि अन्त में हम देखते हैं कि सभी लोग एक ही वस्तु देख रहे हैं, कम-बेश उसी आदर्श की ओर पहुँच रहे हैं और हम लोगों में जो अंतर हैं, वे केवल अभिव्यक्ति के हैं।

'पाप' की बात लो। मैं अभी वेदान्त के अनुसार पाप की धारणा तथा इस धारणा की कि मनुष्य पापी है, चर्चा कर रहा था। दोनों वास्तव में एक ही हैं केवल एक सकारात्मक है, दूसरी नकारात्मक है। एक, मनुष्य को उसकी दुर्ब-, लता दिखा देती है और दूसरी, उसकी शक्ति। वेदांत कहता है कि यदि दुर्बलता है, तो कोई चिंता नहीं, हमें तो विकास करना है। जब मनुष्य पहले-पहल जन्मा, तभी उसका रोग क्या है, जान लिया गया। सभी अपना अपना रोग जानते हैं— किसी दूसरे को बतलाने की आवश्यकता नहीं होती। सारे समय—हम रोगी हैं—यह सोचते रहने से हम स्वस्थ नहीं हो सकते, उसके लिए औषध आवश्यक है। बाहर की हम सारी चीज़ें भूल जा सकते हैं, बाह्य जगत् के प्रति हम कपटाचारी हो सकते हैं, किंतु अपने मन के अंतराल में हम सब अपनी दुर्बलताओं को जानते हैं। वेदांत कहता है कि फिर भी मनुष्य को सदैव उसकी दुर्बलता की याद कराते रहना अधिक सहायता नहीं करता, उसको बल प्रदान करो, और बल सदैव निर्बलता का चिंतन करते रहने से नहीं प्राप्त होता। दुर्बलता का उपचार सदैव उसका चिंतन करते रहना नहीं है, वरन् बल का चिंतन करना है। मनुष्य में जो शक्ति पहले से ही विद्यमान है, उसे उसकी याद दिला दो। मनुष्य को पापी न बतलाकर वेदान्त ठीक उसका विपरीत मार्ग ग्रहण करता है और कहता है, 'तुम पूर्ण और शुद्धस्वरूप हो और जिसे तुम पाप कहते हो, वह तुममें नहीं है।' जिसे तुम 'पाप' कहते थे, वह तुम्हारी आत्माभिव्यक्ति का निम्नतम रूप है; अपनी आत्मा को उच्चतर भाव में प्रकाशित करो। यह एक बात हम सबको सदैव याद रखनी चाहिए और इसे हम सब कर सकते हैं। कभी 'नहीं' मत कहना, 'मैं नहीं कर सकता' यह कभी न कहना, क्योंकि तुम अनन्तस्वरूप हो। तुम्हारे स्वरूप की तुलना में देश-काल भी कुछ नहीं हैं। तुम सब कुछ कर सकते हो, तुम सर्वशक्तिमान हो।

ये नीतिशास्त्र के सिद्धान्त हैं, अब हमें नीचे उतरकर ब्योरों का निरूपण करना होगा। हमें देखना है कि किस प्रकार यह वेदान्त हमारे दैनिक जीवन में, नागरिक जीवन में, ग्राम्य जीवन में, राष्ट्रीय जीवन में, और प्रत्येक राष्ट्र के घरेलू जीवन में परिणत किया जा सकता है। कारण, यदि धर्म मनुष्य को जहाँ भी और जिस स्थिति में भी वह है, सहायता नहीं दे सकता, तो उसकी उपयोगिता अधिक नहीं—तब वह केवल कुछ विशिष्ट व्यक्तियों के लिए कोरा सिद्धांत होकर रह जायगा। धर्म यदि मानवता का कल्याण करना चाहता है, तो उसके लिए यह आवश्यक है कि वह मनुष्य की सहायता उसकी प्रत्येक दशा में कर सकने में तत्पर और सक्षम हो—चाहे ग़ुलामी हो या आज़ादी, घोर पतन हो या अत्यन्त पवित्रता, उसे सर्वत्र मानव की सहायता कर सकने में समर्थ होना चाहिए। केवल तभी वेदान्त के सिद्धान्त अथवा धर्म के आदर्श—उन्हें तुम किसी भी नाम से पुकारो—कृतार्थ हो सकेंगे।

आत्मविश्वास का आदर्श ही हमारी सबसे अधिक सहायता कर सकता है। यदि इस आत्मविश्वास का और भी विस्तृत रूप से प्रचार होता और यह कार्यरूप में परिणत हो जाता, तो मेरा दृढ़ विश्वास है कि जगत् में जितना दुःख और अशुभ है, उसका अधिकांश ग़ायब हो जाता। मानव जाति के समग्र इतिहास में सभी महान् स्त्री-पुरुषों में यदि कोई महान् प्रेरणा सबसे अधिक सशक्त रही है तो वह है यही आत्मविश्वास। वे इस ज्ञान के साथ पैदा हुए थे कि वे महान् बनेंगे और वे महान् बने भी। मनुष्य कितनी ही अवनति की अवस्था में क्यों न पहुँच जाय, एक समय ऐसा अवश्य आता है, जब वह उससे बेहद आर्त होकर एक ऊर्ध्वगामी मोड़ लेता है और अपने में विश्वास करना सीखता है। किन्तु हम लोगों को इसे शुरू से ही जान लेना अच्छा है। हम आत्मविश्वास सीखने के लिए इतने कटु अनुभव क्यों प्राप्त करें?

मनुष्य मनुष्य के बीच जो भेद है वह केवल आत्मविश्वास की उपस्थिति तथा अभाव के कारण ही है, यह सरलता से ही समझ में आ सकता है। इस आत्मविश्वास के द्वारा सब कुछ हो सकता है। मैंने अपने जीवन में ही इसका अनुभव किया है, अब भी कर रहा हूँ, और जैसे जैसे आयु बढ़ती जा रही है, उतना ही यह विश्वास दृढ़तर होता जा रहा है। जिसमें आत्मविश्वास नहीं है, वही नास्तिक है। प्राचीन धर्मों के अनुसार जो ईश्वर में विश्वास नहीं करता, वह नास्तिक है। नूतन धर्म कहता है, जो आत्मविश्वास नहीं रखता, वही नास्तिक है। किन्तु यह विश्वास केवल इस क्षुद्र 'मैं' को लेकर नहीं है, क्योंकि वेदान्त एकत्ववाद की भी शिक्षा देता है। इस विश्वास का अर्थ है—सबके प्रति विश्वास, क्योंकि

तुम सभी एक हो। अपने प्रति प्रेम का अर्थ है सब प्राणियों से प्रेम, समस्त पशु-पक्षियों से प्रेम, सब वस्तुओं से प्रेम—क्योंकि तुम सब एक हो। यही महान् विश्वास जगत् को अधिक अच्छा बना सकेगा। यही मेरा विश्वास है। वही सर्व श्रेष्ठ मनुष्य है, जो सचाई के साथ कह सकता है, "मैं अपने सम्बन्ध में सब कुछ जानता हूँ।" क्या तुम जानते हो कि तुम्हारी इस देह के भीतर कितनी ऊर्जा, कितनी शक्तियाँ, कितने प्रकार के बल अब भी छिपे पड़े हैं? मनुष्य में जो है, उस सबका ज्ञान कौन सा वैज्ञानिक प्राप्त कर सकता है? लाखों वर्षों से मनुष्य पृथ्वी पर है, किन्तु अभी तक उसकी शक्ति का पारमाणविक अंश मात्र ही प्रकाशित हुआ है। अतएव तुम कैसे अपने को जबरदस्ती दुर्बल कहते हो? ऊपर से दिखनेवाली इस पतितावस्था के पीछे क्या सम्भावना है, क्या तुम यह जानते हो? तुम्हारे अन्दर जो है, उसका थोड़ा सा तुम जानते हो। तुम्हारे पीछे है शक्ति और आनन्द का अपार सागर।

आत्मा वा अरे श्रोतव्यः—इस आत्मा के बारे में पहले सुनना चाहिए। दिन-रात श्रवण करो कि तुम्हीं वह आत्मा हो। दिन-रात यही भाव अपने में व्याप्त किये रहो, यहाँ तक कि वह तुम्हारे रक्त के प्रत्येक बूंद में और तुम्हारी नस नस में समा जाय। सम्पूर्ण शरीर को इसी एक आदर्श के भाव से पूर्ण कर दो—'मैं अज, अविनाशी, आनन्दमय, सर्वज्ञ, सर्वशक्तिमान नित्य ज्योतिर्मय आत्मा हूँ'—दिन-रात यही चिन्तन करते रहो, जब तक कि यह भाव तुम्हारे जीवन का अविच्छेद्य अंग नहीं बन जाता। इसीका ध्यान करते रहो—और इसीसे तुम कर्म करने में समर्थ हो सकोगे। 'हृदय पूर्ण होने पर मुंह बात करता है—हृदय पूर्ण होने पर हाथ भी काम करते हैं।' अतएव इस प्रकार को अवस्था में ही यथार्थ कार्य सम्पूर्ण हो सकेगा। अपने को इस आदर्श के भाव से ओतप्रोत कर डालो—जो कुछ करो उसीका चिंतन करते रहो। तब इस विचार-शक्ति के प्रभाव से तुम्हारे सम्पूर्ण कर्म वृहत्, परिवर्तित और देवभावापन्न हो जायँगे। अगर 'जड़' शक्तिशाली है, तो 'विचार' सर्वशक्तिमान है। इस विचार से अपने जीवन को प्रेरित कर डालो, स्वयं को अपनी तेजस्विता, सर्वशक्तिमत्ता और गरिमा के भाव से पूर्णतः भर लो। ईश्वरेच्छा से काश कुसंस्कारपूर्ण भाव तुम्हारे अन्दर प्रवेश न कर पाते! ईश्वरकृपा से काश हम लोग इस कुसंस्कार के प्रभाव तथा दुर्बलता और नीचता के भाव से परिवेष्टित न होते! ईश्वरेच्छा से काश, मनुष्य अपेक्षाकृत सहज उपाय द्वारा उच्चतम, महत्तम सत्यों को प्राप्त कर सकता! किन्तु उसे इन सबमें से होकर ही जाना पड़ता है; जो लोग तुम्हारे पीछे आ रहे हैं, उनके लिए रास्ता अधिक दुर्गम न बनाओ।

कभी कभी इन सत्यों का उपदेश बड़ा भयानक होता है। मैं जानता हूँ, बहुत से लोग ये उपदेश सुनकर भयभीत हो जाते हैं, किन्तु जो व्यावहारिक स्तर पर अभ्यास करना चाहते हैं, उनके लिए यही पहला पाठ है। अपने से अथवा किसी दूसरे से कभी यह न कहो कि तुम दुर्बल हो। यदि कर सको तो जगत् का कल्याण करो, पर उसका अनिष्ट न करो। अपने अंतरतम से यह समझ लो कि तुम्हारे ये सीमित विचार एवं काल्पनिक पुरुषों के सामने घुटने टेककर तुम्हारा रोना या प्रार्थना करना केवल अंधविश्वास है। मुझे एक ऐसा उदाहरण बताओ, जहाँ बाहर से इन प्रार्थनाओं का उत्तर मिला हो। जो भी उत्तर पाते हो, वह अपने हृदय से ही। तुम जानते हो कि भूत नहीं होते, किन्तु अन्धकार में जाते ही शरीर कुछ काँप सा जाता है। इसका कारण यह है कि बिल्कुल बचपन से ही हम लोगों के सिर में यह भय घुसा दिया गया है। किन्तु समाज के भय से, संसार के कहने-सुनने के भय से, बन्धु-बान्धवों की घृणा के भय से, अथवा अपने प्रिय कुसंस्कार के नष्ट होने के भय से, यह सब हम दूसरों को न सिखायें। इन सबको जीत लो। धर्म के विषय में विश्व-ब्रह्माण्ड के एकत्व और आत्मविश्वास के अतिरिक्त और क्या शिक्षा आवश्यक है? शिक्षा केवल इतनी ही देनी है। सहस्रों वर्षों से मनुष्य इसी लक्ष्य की प्राप्ति की चेष्टा करता आ रहा है और अभी भी कर रहा है। अब तुम्हारी बारी है, और सत्य को तुम जानते हो। क्योंकि सब ओर से हम उसीकी शिक्षा पाते हैं। केवल दर्शन और मनोविज्ञान ही नहीं, भौतिक विज्ञान भी उसीकी घोषणा करते हैं। आज ऐसा वैज्ञानिक कहाँ है, जो जगत् के एकत्व के सत्य को स्वीकार करने से डरता हो? आज कौन अनेक जगतों की बातें कहने का साहस कर सकता है? यह सब अंधविश्वास मात्र है। केवल एक ही जीवन है, एक ही जगत् है और वही हम लोगों के सामने अनेकवत् प्रतीत होता है। यह अनेकता एक स्वप्न सदृश है। स्वप्न देखते समय एक के बाद दूसरा स्वप्न आता है। स्वप्न में जो देखा जाता है, वह सत्य तो नहीं है। एक स्वप्न के बाद दूसरा स्वप्न दिखायी पड़ता है—विभिन्न दृश्य तुम्हारी आँखों के सामने उद्भासित होते रहते हैं। इसी प्रकार यह पन्द्रह आने दुःखरूप और एक आना सुखरूप जगत् जान पड़ता है। शायद कुछ दिन बाद ही यह पन्द्रह आने सुखरूप प्रतीत होगा—तब हम इसे स्वर्ग कहेंगे। किन्तु साधक को सिद्धावस्था प्राप्त होने पर एक ऐसी अवस्था आती है, जिसमें यह सब अन्तर्हित हो जाता है—यह जगत् और अपनी आत्मा साक्षात् ब्रह्मरूप अनुभव होती है। अतएव जगत् अनेक नहीं हैं, जीवन अनेक नहीं हैं। यह बहुत्व उस एकत्व की ही अभिव्यक्ति है। केवल वह 'एक' ही अपने को बहुरूप में—जड़, चेतन, मन, विचार अथवा अन्य विविध रूपों

में व्यक्त कर रहा है। अतएव हम लोगों का प्रथम कर्तव्य है--इस तत्त्व की अपने को तथा दूसरों को शिक्षा देना।

जगत् इस महान् आदर्श की घोषणा से प्रतिध्वनित हो—सब कुसंस्कार दूर हों। दुर्बल मनुष्यों को यही सुनाते रहो—लगातार सुनाते रहो—'तुम शुद्धस्वरूप हो, उठो, जाग्रत हो जाओ। हे शक्तिमान, यह नींद तुम्हें शोभा नहीं देती। जागो, उठो, यह तुम्हें शोभा नहीं देता। तुम अपने को दुर्बल और दुःखी मत समझो। हे सर्वशक्तिमान, उठो, जाग्रत होओ, अपना स्वरूप प्रकाशित करो। तुम अपने को पापी समझते हो, यह तुम्हें शोभा नहीं देता। तुम अपने को दुर्बल समझते हो, यह तुम्हारे लिए उचित नहीं है।' जगत् से यही कहते रहो, अपने से यही कहते रहो—देखो, इसका क्या व्यावहारिक फल होता है, देखो, कैसे बिजली के प्रकाश से सभी वस्तुएँ प्रकाशित हो उठती हैं, और सब कुछ कैसे परिवर्तित हो जाता है। मनुष्य जाति से यह बतलाओ और उसे उसकी शक्ति दिखा दो। तभी हम अपने दैनंदिन जीवन में उसका प्रयोग करना सीख सकेंगे।

जिसे हम विवेक या सदसत् विचार कहते हैं, उसका अपने जीवन के प्रति-क्षण में एवं प्रत्येक कार्य में उपयोग करने की क्षमता प्राप्त करने के लिए हमें सत्य की कसौटी जान लेनी चाहिए—और वह है पवित्रता तथा एकत्व का ज्ञान। जिससे एकत्व की प्राप्ति हो, वही सत्य है। प्रेम सत्य है; घृणा असत्य है, क्योंकि वह अनेकत्व को जन्म देती है। घृणा ही मनुष्य को मनुष्य से पृथक् करती है—अतएव वह ग़लत और मिथ्या है; यह एक विघटक शक्ति है; वह पृथक् करती है—नाश करती है।

प्रेम जोड़ता है, प्रेम एकत्व स्थापित करता है। सभी एक हो जाते हैं—माँ सन्तान के साथ, परिवार नगर के साथ, सम्पूर्ण जगत् पशु-पक्षियों के साथ एकीभूत हो जाता है, क्योंकि प्रेम ही सत् है, प्रेम ही भगवान् है और यह सभी कुछ उसी एक प्रेम का ही न्यूनाधिक प्रस्फुटन है। प्रभेद केवल मात्रा के तारतम्य में है, किन्तु वास्तव में सभी कुछ उसी एक प्रेम की ही अभिव्यक्ति है। अतएव हम लोगों को यह देखना चाहिए कि हमारे कर्म अनेकत्व-विधायक हैं अथवा एकत्व-सम्पादक। यदि वे अनेकत्व-विधायक हैं, तो उनका त्याग करना होगा और यदि वे एकत्व-सम्पादक हैं, तो उन्हें सत्कर्म समझना चाहिए। इसी प्रकार विचारों के सम्बन्ध में भी सोचना चाहिए। देखना चाहिए कि उनसे विघटन या अनेकत्व उत्पन्न होता है या एकत्व, और वे एक आत्मा को दूसरी आत्मा से मिलाकर एक महान् शक्ति उत्पन्न करते हैं या नहीं। यदि करते हैं, तो ऐसे विचारों को अंगी-कार करना चाहिए अन्यथा उन्हें अपराध मानकर त्याग देना चाहिए।

वेदान्त का नीति-शास्त्र किसी अज्ञेय तत्त्व पर आधारित नहीं है, वह किसी अज्ञात तत्त्व का उपदेश नहीं करता, वरन् उपनिषदों की भाषा में, 'जिस ईश्वर की हम एक अज्ञात ईश्वर के रूप में उपासना करते हैं, मैं तुमको उसीका उपदेश कर रहा हूँ।' तुम जो कुछ जानते हो, आत्मा के द्वारा ही जानते हो। देखने से पहले मुझे अपने स्वयं का ज्ञान होता है, उसके बाद कुर्सी का। इस आत्मा में और उसके द्वारा ही इस कुर्सी का ज्ञान होता है। इस आत्मा में और उसके द्वारा ही मुझे तुम्हारा ज्ञान होता है, सम्पूर्ण जगत् का ज्ञान होता है। अतएव आत्मा को अज्ञात कहना केवल प्रलाप है। आत्मा को हटा लेने से सम्पूर्ण जगत् ही विलुप्त हो जाता है। आत्मा के द्वारा ही सम्पूर्ण ज्ञान होता है—अतएव यही सबसे अधिक ज्ञात है। यही वह 'तुम' हो, जिसको तुम 'मैं' कहते हो। तुम लोग यह सोचकर आश्चर्य करते हो कि मेरा 'मैं' भला तुम्हारा 'मैं' कैसे हो सकता है; तुम्हें आश्चर्य होता है कि यह सान्त 'मैं' किस प्रकार अनन्त असीमस्वरूप हो सकता है? किन्तु वास्तव में यही बात सत्य है। सान्त 'मैं' केवल भ्रम मात्र है, गल्पकथा मात्र है। उस अनन्त के ऊपर मानो एक आवरण पड़ा हुआ है और उसका कुछ अंश इस 'मैं' रूप में प्रकाशित हो रहा है, किन्तु वास्तव में वह उसी अनन्त का अंश है। यथार्थ में असीम कभी ससीम नहीं होता—'ससीम' केवल बात की बात है। अतएव यह आत्मा नर-नारी, बालक-बालिका, यहाँ तक कि पशु-पक्षी सभी को ज्ञात है। उसको बिना जाने हम क्षणमात्र भी जीवित नहीं रह सकते। उस सर्वेश्वर प्रभु को बिना जाने हम लोग एक क्षण भी श्वास-प्रश्वास तक नहीं ले सकते, न गतिशील हो सकते, न अपना अस्तित्व बनाये रख सकते हैं। वेदान्त का ईश्वर सब चीज़ों की अपेक्षा अधिक ज्ञात है; वह कल्पनाप्रसूत नहीं है।

यदि यह एक व्यावहारिक ईश्वर की शिक्षा नहीं है, तो फिर और किस प्रकार से तुम उसकी शिक्षा दे सकोगे? जो ईश्वर, सब प्राणियों में विराजमान है, हमारी इन्द्रियों से भी अधिक सत्य है, मैं जिसे सम्मुख देख रहा हूँ, उससे भी अधिक ईश्वर और व्यावहारिक कहाँ होगा? क्योंकि तुम्हीं वह सर्वव्यापी, सर्वशक्तिमान ईश्वर हो, और यदि यह कहूँ कि तुम वह नहीं हो, तो मैं झूठ बोलता हूँ। सारे समय में इसकी अनुभूति करूँ या न करूँ, सत्य यही है। वह एक, अखण्ड वस्तुस्वरूप, सर्व वस्तुओं की एकता, समस्त जीवन और समस्त अस्तित्व का सत्यस्वरूप है।

वेदान्त के नीति-शास्त्र के इन सभी विचारों को और भी विस्तृत रूप से कहना पड़ेगा। अतएव थोड़ा सा धैर्य रखना आवश्यक है। पहले ही कह चुका हूँ, हम लोगों को इसका विस्तृत निरूपण करना पड़ेगा—और यह भी देखना है कि किस प्रकार यह आदर्श निम्नतर आदर्शों से क्रमशः विकसित हुआ है,

और किस प्रकार पूरा एकत्व का आदर्श धीरे धीरे विकसित होकर विश्व प्रेम में परिणत हो गया है। खतरों से बचने के लिए इन सब तत्त्वों का अध्ययन आवश्यक है। दुनिया तो धीरे धीरे निम्नतम आदर्श से ऊपर उठने के लिए रुकी नहीं रह सकती; किन्तु हमारे ऊँचे सोपान पर चढ़ने का फल ही क्या, यदि हम यह सत्य बाद में आनेवाली पीढ़ियों को न दे सकें? इसलिए इसकी आलोचना हमें विशेष रूप से विस्तारपूर्वक करनी होगी, और प्रथमतः उसके बौद्धिक पक्ष को स्पष्ट करना परम आवश्यक है, यद्यपि हम जानते हैं कि बौद्धिकता का विशेष मूल्य नहीं, हृदय ही सबसे अधिक महत्त्वपूर्ण है। हृदय के द्वारा ही भगवत्साक्षात्कार होता है, बुद्धि के द्वारा नहीं। बुद्धि केवल जमादार के समान रास्ता साफ़ कर देती है—वह गौण सहायक है, पुलिस के समान है—किन्तु समाज के सुन्दर परिचालन के लिए पुलिस की सकारात्मक आवश्यकता नहीं होती। उसका कार्य उपद्रव रोकना और अन्याय निवारण करना है। बुद्धि का कार्य भी इतना ही है। जब बौद्धिक पुस्तकें पढ़ते हो, तब उन पर अधिकार कर लेने पर तुम यही सोचते हो कि 'ईश्वर को धन्यवाद है, मैं उनके बाहर निकल आया।' इसका कारण यह है कि बुद्धि अन्धी है, उसकी अपनी गति-शक्ति नहीं है, उसके हाथ-पैर नहीं है। भावना ही वास्तव में कार्य करती है, उसकी गति बिजली अथवा उससे भी अधिक वेगवान पदार्थ की अपेक्षा श्रेष्ठ होती है। अब प्रश्न यह है कि क्या तुम्हारे भावना है? यदि है तो तुम ईश्वर को देखोगे। आज तुम्हारी जितनी भी भावना है, वही प्रबल होती जायगी,—देवभावापन्न होती रहेगी, उच्चतम भूमिका में प्रतिष्ठित होगी, और अंततः वह हर वस्तु का अनुभव करेगी, हर वस्तु में एकत्व, स्वयं में तथा हर अन्य वस्तु में ईश्वर का अनुभव करने लगेगी। बुद्धि यह नहीं कर सकती। 'शब्दों के प्रयोग के विभिन्न तरीके, शास्त्र-व्याख्या की विभिन्न शैलियाँ केवल पण्डितों के लिए हैं, हमारे लिए नहीं, आत्मा की मुक्ति के लिए नहीं।'

तुम लोगों में से जिन्होंने टॉमस-आ-केम्पिस की 'ईसा-अनुसरण' नामक पुस्तक पढ़ी है, वे जानते हैं कि हर पृष्ठ पर किस प्रकार उन्होंने इस बात पर ज़ोर दिया है; संसार के प्रायः हर संत ने इसी पर ज़ोर दिया है। बुद्धि आवश्यक है, क्योंकि उसके बिना हम अनेक भ्रमों में पड़ जाते हैं और गलतियाँ करते हैं। विचार-शक्ति उसका निवारण करती है, इसके अतिरिक्त बुद्धि की नींव पर और कुछ निर्माण करने की चेष्टा न करना। वह केवल एक गौण सहायक मात्र है, निष्क्रिय है, वास्तविक सहायता भावना से, प्रेम से प्राप्त होती है। तुम क्या किसी दूसरे के लिए हृदय से अनुभव करते हो? यदि करते हो तो एकत्व

के भाव में तुम विकास कर रहे हो। यदि नहीं, तो तुम भूतो न भविष्यति एक बौद्धिक दैत्य भले ही हो, तुम कुछ हो नहीं सकोगे, केवल शुष्क बुद्धि हो और वही बने रहोगे। यदि तुम हृदय से अनुभव करते हो, तो एक भी पुस्तक न पढ़ सकने पर, कोई भाषा न जानने पर भी, तुम ठीक रास्ते पर चल रहे हो। ईश्वर तुम्हारा है।

क्या विश्व के इतिहास में तुम्हें पैग़म्बरों की शक्ति के स्रोत का पता नहीं चला? बुद्धि में? उनमें से क्या कोई दर्शन सम्बन्धी सुन्दर पुस्तक लिखकर छोड़ गया है; अथवा न्याय के कूट विचार लेकर कोई पुस्तक लिख गया है? किसीने ऐसा नहीं किया। वे केवल कुछ थोड़ी सी बातें कह गये हैं। ईसा की भाँति भावना करो, तुम भी ईसा हो जाओगे; बुद्ध के समान भावना करो, तुम भी बुद्ध बन जाओगे। भावना ही जीवन है, भावना ही बल है, भावना ही तेज है—भावना के बिना कितनी ही बुद्धि क्यों न लगाओ, ईश्वर-प्राप्ति नहीं होगी। बुद्धि चलनशक्ति-शून्य अंग-प्रत्यंग के समान है। जब भावना उसे अनुप्राणित करके गतियुक्त करती है, तभी वह दूसरे के हृदय को स्पर्श करती है। जगत् में सदा से ऐसा ही होता आया है, अतएव यह तुम्हें भली भाँति याद रखना चाहिए। वेदान्ती नीति-शास्त्र में यह एक सर्वाधिक व्यावहारिक बात है, क्योंकि वेदान्त कहता है, तुम सब पैग़म्बर हो—तुम सबको पैग़म्बर होना ही पड़ेगा। कोई ग्रन्थ तुम्हारे कार्यों का प्रमाण नहीं, किन्तु तुम्हीं ग्रन्थों के प्रमाणस्वरूप हो। कोई पुस्तक सत्य की ही शिक्षा देती है, यह किस प्रकार जानते हो? क्योंकि तुम सत्य हो और तुम भी ठीक वैसा ही अनुभव करते हो। वेदान्त यही शिक्षा देता है। जगत् के ईसा और बुद्धगणों का प्रमाण क्या है?—यही कि हम-तुम भी वैसा ही अनुभव करते हैं। इसी कारण हम-तुम समझते हैं कि ये सब सत्य हैं। हम लोगों की पैग़म्बर आत्मा ही उन लोगों की पैग़म्बर आत्मा का प्रमाण है, यहाँ तक कि तुम्हारा ईश्वरत्व ही ईश्वर का भी प्रमाण है। यदि तुम वास्तविक महापुरुष नहीं हो, तो ईश्वर के सम्बन्ध में भी कोई बात सत्य नहीं। तुम यदि ईश्वर नहीं हो, तो कोई ईश्वर भी नहीं है और कभी होगा भी नहीं। वेदान्त कहता है, इसी आदर्श का अनुसरण करना चाहिए। हम लोगों में से प्रत्येक को पैग़म्बर बनना पड़ेगा—और तुम स्वरूपतः वही हो। बस केवल यह 'जान' लो? यह कभी न सोचना कि आत्मा के लिए कुछ असम्भव है। ऐसा सोचना ही भयानक नास्तिकता है। यदि पाप नामक कोई वस्तु है, तो वह यह कहना है कि मैं दुर्बल हूँ अथवा अन्य कोई दुर्बल है।

व्यावहारिक जीवन में वेदान्त

द्वितीय भाग

(१२ नवम्बर, १८९६ ई० को लन्दन में दिया हुआ व्याख्यान)

मैं छान्दोग्य उपनिषद् से, एक बालक को किस प्रकार ज्ञान प्राप्त हुआ, इस सम्बन्ध में एक अत्यन्त प्राचीन कहानी सुनाता हूँ। यद्यपि यह कहानी अनुत्कृष्ट शैली की है, फिर भी इसमें एक सार तत्त्व निहित है। एक छोटे बालक ने अपनी माता से कहा, "माँ, मैं वेद-शिक्षा पाने के लिये जाना चाहता हूँ, मेरे पिता का नाम और मेरा गोत्र क्या है, बताओ।" उसकी माँ विवाहिता स्त्री नहीं थी, और भारत में अविवाहित स्त्री की सन्तान जाति वहिष्कृत मानी जाती है—समाज उसे अंगीकार नहीं करता, और उसे वेदों के अध्ययन का अधिकार नहीं होता। अतएव बेचारी माँ ने कहा, "मैंने अनेक व्यक्तियों की सेवा की है, उसी अवस्था में तुम्हारा जन्म हुआ, अतएव मैं तुम्हारे पिता का नाम एवं तुम्हारा गोत्र क्या है, यह नहीं जानती; इतना ही जानती हूँ कि मेरा नाम जबाला है और तुम्हारा सत्यकाम।" बालक एक ऋषि के पास गया और उसने उनसे प्रार्थना की कि वे उसे ब्रह्मचारी शिष्य के रूप में ग्रहण करें। तब उन्होंने उससे पूछा, "तुम्हारे पिता का नाम और तुम्हारा गोत्र क्या है?" बालक ने जो उसकी माँ ने कहा था वही दुहराया। यह सुनकर ऋषि ने तुरन्त ही कहा, "वत्स, एक ब्राह्मण के अतिरिक्त और कोई अपने संबंध में ऐसा लांछनकारी सत्य नहीं कह सकता था। तुम ब्राह्मण हो, मैं तुम्हें शिक्षा दूँगा। तुम सत्य से विचलित नहीं हुए।" यह कहकर वे उसे अपने निकट रखकर शिक्षा देने लगे।

अब हमें प्राचीन भारत में प्रचलित शिक्षा-पद्धतियों के कुछ दृष्टान्त अवगत होंगे। गुरु ने सत्यकाम को चार सौ क्षीण और दुर्बल गायें देकर कहा, "इन्हें लेकर तुम वन में चले जाओ, जब सब गायें एक हजार हो जायें, तब लौटकर चले आना।" उसने आज्ञा पालन की और वह गायें लेकर वन में चला गया। कई साल बाद इस झुण्ड में से एक प्रधान वृषभ ने सत्यकाम से कहा, "हम अब एक हज़ार हो गये हैं, हमें तुम अपने गुरु के पास ले चलो। मैं तुम्हें ब्रह्म के विषय में कुछ शिक्षा दूंगा।" सत्यकाम ने कहा, "कहिये प्रभु।" वृषभ ने कहा, "उत्तर दिशा ब्रह्म

का एक अंश है; उसी प्रकार पूर्व दिशा, दक्षिण दिशा, पश्चिम दिशा भी उसके एक एक अंश हैं। चारों दिशाएँ ब्रह्म के चार अंश हैं। अब अग्नि तुम्हें और कुछ शिक्षा देंगे।" उस समय अग्नि की पूजा एक विशिष्ट प्रतीक-रूप में होती थी। प्रत्येक ब्रह्मचारी को अग्नि-चयन करके उसमें आहुति देनी पड़ती थी। अतः अगले दिन सत्यकाम ने अपने गुरु के घर की ओर प्रस्थान किया, और जब संध्या समय वह स्नानादि करके अग्नि में होम कर उसके निकट बैठ गया, तो उसे अग्नि से आती एक वाणी सुनायी पड़ी—"सत्यकाम!" सत्यकाम ने कहा, "प्रभो, आज्ञा!" (तुम लोगों को शायद याद हो कि बाइबिल के प्राचीन व्यवस्थान में भी इसी प्रकार की एक कथा है। सेमुएल ने ऐसी ही एक अद्भुत वाणी सुनी थी)। अग्नि ने कहा, "मैं तुम्हें ब्रह्म के सम्बन्ध में कुछ शिक्षा देने आया हूँ। यह पृथ्वी ब्रह्म का एक अंश है, अन्तरिक्ष एक अंश है, स्वर्ग एक अंश है, समुद्र एक अंश है।" फिर अग्नि ने कहा, "अब एक पक्षी तुम्हें कुछ शिक्षा देगा।" सत्यकाम ने अपनी यात्रा जारी रखी, और अगले दिन जब वह सांध्य अग्नि-होत्र कर चुका था, तब एक हंस उसके निकट आया और बोला, "मैं तुम्हें ब्रह्म के विषय में कुछ शिक्षा दूंगा। हे सत्काम, यह अग्नि जिसकी तुम उपासना करते हो, ब्रह्म का एक अंश है, सूर्य एक अंश है, चन्द्र एक अंश है, विद्युत भी एक अंश है।" फिर हंस ने कहा, "अब मद्गू नामक एक पक्षी भी तुम्हें कुछ शिक्षा देगा।" निदान एक दिन यह पक्षी आकर सत्यकाम से बोला, "मैं तुम्हें ब्रह्म के सम्बन्ध में कुछ शिक्षा दूंगा। 'प्राण' उसका एक अंश है, चक्षु एक अंश है, श्रवण एक अंश एवं मन एक अंश है।" तदन्तर बालक अपने गुरु के पास पहुँचा, गुरु ने उसे देखते ही कहा, "वत्स, तुम्हारा मुख ब्रह्मवेत्ता के समान चमक रहा है। तुम्हें किसने शिक्षा दी है।" सत्यकाम ने उत्तर दिया "मानवेतर प्राणियों ने, किन्तु मैं चाहता हूँ कि आप मुझे उपदेश दें। क्योंकि आप जैसे मनीषियों से मैंने सुन रखा है कि गुरु से प्राप्त ज्ञान ही श्रेयस की ओर ले जाता है।" तब ऋषि ने उसे उसी ज्ञान की शिक्षा दी, जो उसे देवताओं से प्राप्त हो चुका था, "अब कुछ भी शेष नहीं रहा।"

यहाँ यदि हम इन रूपकों को थोड़ी देर के लिए हटा दें कि वृष ने क्या सिखाया, अग्नि ने क्या सिखाया तथा अन्य सबने क्या सिखाया—और केवल केन्द्रीय तत्त्व की ओर ध्यान दें, तो हमको तत्कालीन विचार धारा की दिशा का कुछ पता लग सकता है। हमें जिस महान् विचार का बीज यहाँ मिलता है, वह यह है कि ये सारी ध्वनियाँ हमारे अन्दर ही हैं। इन सत्यों को और अधिक समझने से अन्त में हम यही तत्त्व पायेंगे कि यह वाणी वास्तव में हम लोगों के हृदय में से

ही उठी है। शिष्य सारे समय यही समझता रहा कि वह सत्य के सम्बन्ध में उपदेश सुन रहा है, किन्तु उसका ऐसा समझना ठीक नहीं है। उसने इन वाणियों को बाह्य जगत् से आती हुई समझा, लेकिन वे सदा उसीके अन्दर थीं। और भी एक तत्त्व इससे पाया जाता है, और वह है ब्रह्मज्ञान को व्यावहारिक बनाना। व्यावहारिक जीवन में धर्म से क्या पाया जा सकता है, जगत् इस खोज में सदा व्यस्त रहता है। और इन सब कथाओं में हम यह भी पाते हैं कि दिन-प्रतिदिन किस प्रकार यह सत्य व्यवहारोपयोगी बनता जा रहा था। शिष्य को जिन समस्त वस्तुओं के संसर्ग में आना पड़ता है, वे उन्हींसे ब्रह्मोपलब्धि करते हैं। अग्नि, जिसमें वे प्रतिदिन होम करते हैं, उसीमें वे ब्रह्म-साक्षात्कार कर रहे हैं। इसी प्रकार परिदृश्यमान् पृथ्वी को वे ब्रह्म के एक अंश रूप में अनुभव कर रहे हैं— इत्यादि इत्यादि।

इसके बाद एक कहानी इन सत्यकाम के एक शिष्य उपकोशल कमलायन के सम्बन्ध में है। यह शिष्य सयत्काम से शिक्षा प्राप्त करने के लिए उनके पास कुछ दिन रहा था। सत्यकाम कायवश कहीं बाहर गये। इससे शिष्य को बहुत कष्ट हुआ। जब गुरु-पत्नी ने उसके समीप आकर पूछा, "वत्स, तुम खाते क्यों नहीं?" तब बालक ने कहा, "मेरा मन कुछ ठीक नहीं है, इसलिए कुछ खाना नहीं चाहता।" इसी समय वह जिस अग्नि में हवन कर रहा था, उसमें से एक आवाज़ आयी, "प्राण ब्रह्म है, सुख ब्रह्म है, आकाश ब्रह्म है, तुम ब्रह्म को जानो।" तब उसने उत्तर दिया, "प्राण ब्रह्म है, यह मैं जानता हूँ, किन्तु वे आकाश और सुखस्वरूप हैं, यह मैं नहीं जानता।" तब अग्नि ने समझाया कि आकाश और सुख, इन दो शब्दों का अर्थ वस्तुतः एक ही है, यानी हृदय में निवास करनेवाला चिदाकाश (अथवा विशुद्ध बुद्धि)। इस प्रकार अग्नि ने प्राण और चिदाकाश के रूप में उसे ब्रह्म का उपदेश किया। तदुपरान्त अग्नि ने फिर उपदेश दिया: "यह पृथ्वी, यह अन्न, यह सूर्य जिसकी तुम उपासना करते हो, सब ब्रह्म के ही रूप हैं। जो पुरुष सूर्य में दिखलायी पड़ता है, वह मैं ही हूँ। जो यह ज नते हैं और उस ब्रह्म का ध्यान करते हैं, उनके सब पाप नष्ट हो जाते हैं, वे दीर्घ जीवन प्राप्त करते और सुखी होते हैं। जो समस्त दिशाओं में वास करता है, मैं भी वही हूँ। जो इस प्राण में है, इस आकाश में है, स्वर्गसमूह और विद्युत में बसता है, मैं भी वही हूँ।" यहाँ भी हमें व्यवहारोपयोगी धर्म का उदाहरण मिलता है। अग्नि सूर्य, चन्द्र आदि जिन जिन वस्तुओं की वे उपासना करते थे, और वह वाणी जिससे वे परिचित थे, उन कथाओं का आधार है, जो उनकी व्याख्या करती है और उन्हें उच्चतर अर्थ प्रदान करती है। यही वेदान्त का सच्चा, व्यावहारिक

पक्ष है। वेदान्त जगत् को उड़ा नहीं देता, उसकी व्याख्या करता है। वह व्यक्ति को उड़ा नहीं देता—उसकी व्याख्या करता है। वह व्यक्तित्व को मिटाता नहीं, वरन् वास्तविक व्यक्तित्व का स्वरूप सामने रख कर उसकी व्याख्या कर देता है। वह यह नहीं कहता कि जगत् वृथा है और उसका अस्तित्व नहीं है, किन्तु कहता है, "जगत् क्या है, यह समझो, जिससे वह तुम्हारा कोई अनिष्ट न कर सके।" उस वाणी ने उपकोशल से यह नहीं कहा था कि सूर्य, चन्द्र, विद्युत अथवा और कुछ, जिसकी वे उपासना करते थे, वह एकदम भूल है, किन्तु यही कहा कि जो चैतन्य सूर्य, चन्द्र, विद्युत, अग्नि और पृथ्वी के भीतर है, वही उसके अन्दर भी है। अतएव उपकोशल की दृष्टि में सभी मानो रूपान्तरित हो गया! जो अग्नि पहले केवल हवन करने की जड़ अग्नि-मात्र थी, उसने एक नया रूप धारण कर लिया और वह ईश्वर हो गयी। पृथ्वी ने एक नया रूप धारण कर लिया, प्राण, सूर्य, चन्द्र, तारा, विद्युत सभी ने एक नया रूप धारण कर लिया, सब ब्रह्मभावापन्न हो गये और तभी उनका वास्तविक स्वरूप समझ में आया। वेदान्त का उद्देश्य ही इन सब वस्तुओं में भगवान् का दर्शन करना है, उनका जो रूप आपाततः प्रतीत होता है, वह न देखकर उनको उनके प्रकृत स्वरूप में जानना है। तदन्तर उपनिषदों में एक दूसरा उपदेश है: 'जो आँखों में चमक रहा है, वह ब्रह्म है; वह रमणीय और ज्योतिर्मय है। वह सम्पूर्ण जगत् में प्रकाशित हो रहा है।' यहाँ भाष्यकार कहता है, पवित्रात्मा पुरुषों की आँखों में जो एक विशेष प्रकार की ज्योति का आविर्भाव होता है, वह वास्तव में अन्तःस्थ सर्वव्यापी आत्मा की ही ज्योति है। वह ज्योति ही ग्रहों, सूर्य-चन्द्र और तारों में प्रकाशित हो रही है।

अब मैं तुम लोगों से जन्म-मृत्यु आदि के सम्बन्ध में इन प्राचीन उपनिषदों की कुछ अद्भुत् कथाएँ कहूँगा। शायद ये तुमको अच्छी लगें। श्वेतकेतु पांचालराज के पास गया। राजा ने उससे पूछा, "क्या तुम जानते हो मृत्यु होने के पश्चात् मनुष्य कहाँ जाते हैं? क्या जानते हो कि वे किस प्रकार फिर लौट आते हैं? क्या जानते हो कि परलोक एकदम भर क्यों नहीं जाता?" बालक ने कहा, "नहीं, मैं यह सब नहीं जानता।" उसने अपने पिता से जाकर यही सब प्रश्न पूछे। पिता ने कहा, "इन सब प्रश्नों का ठीक ठीक उत्तर तो मुझे भी मालूम नहीं।" तब वह राजा के पास लौट गया। राजा ने कहा, "यह ज्ञान ब्राह्मणों के पास कभी नहीं रहा, केवल राजागण ही इसे जानते थे, और इसी ज्ञान के बल पर राजागण पृथ्वी पर शासन करते रहे हैं।" वह तब राजा के पास कुछ दिन रहा, क्योंकि राजा ने शिक्षा देने का वचन दिया। राजा ने कहा, "हे गौतम

परलोक अग्नि है। सूर्य इंधन है। धूम्र किरणें हैं। दिन ज्वाला है। चन्द्रमा भस्म है। तारागण चिनगारियाँ हैं। इस अग्नि में देवता श्रद्धा की आहुति देते हैं, जिससे राजा सोम की उत्पत्ति होती है।" इसी प्रकार वह कहता गया, "तुम्हारी इस क्षुद्र अग्नि में होम करने का कोई प्रयोजन नहीं, सम्पूर्ण जगत् ही वह अग्नि है और दिन-रात उसमें होम हो रहा है। देवता, मनुष्य सभी दिन-रात उसीकी उपासना करते हैं। मनुष्य का शरीर ही अग्नि का सर्वश्रेष्ठ प्रतीक है।" हम यहाँ भी देखते हैं कि धर्म को व्यवहार में परिणत किया जा रहा है, ब्रह्म को हर वस्तु में देखा जा रहा है। इन सब रूपकों में यही एक तत्त्व निहित है कि आविष्कृत प्रतीक हितकारी और शुभ हो सकते हैं, किन्तु उनसे भी श्रेष्ठ प्रतीक पहले से ही विद्यमान हैं। यदि ईश्वरोपासना करने के लिए प्रतिमा आवश्यक है, तो उससे कहीं श्रेष्ठ मानव-प्रतिमा मौजूद ही है। यदि ईश्वरोपासना के लिए मन्दिर निर्माण करना चाहते हो, तो करो, किन्तु सोच लो कि उससे भी उच्चतर, उससे भी महान् मानव देह रूपी मन्दिर तो पहले से ही मौजूद है।

हम लोगों को याद रखना चाहिए कि वेद के दो भाग हैं—कर्मकाण्ड और ज्ञानकाण्ड। उपनिषदों के अभ्युदय-काल में कर्म-काण्ड इतना जटिल और विस्तारपूर्ण हो गया था कि उससे मुक्त होना असम्भव सा कार्य हो गया। उपनिषदों में कर्मकाण्ड बिल्कुल छोड़ दिया गया है ऐसा कहा जा सकता है, किन्तु धीरे धीरे; और प्रत्येक कर्मकाण्ड के अन्दर एक उच्चतर अर्थगाम्भीर्य दिखाने की चेष्टा की गयी है। अत्यन्त प्राचीन काल में यह सब यज्ञादिक कर्मकाण्ड प्रचलित थे, किन्तु उपनिषद् काल में ज्ञानियों का अभ्युदय हुआ। उन लोगों ने क्या किया? आधुनिक सुधारकों के समान उन लोगों ने यज्ञादि के विरुद्ध प्रचार करके उसे एकदम मिथ्या या पाखण्ड कहकर उड़ा देने की चेष्टा नहीं की, किन्तु उन्हींका उच्चतर तात्पर्य समझाकर लोगों को एक ग्रहण करने योग्य वस्तु दी। उन्होंने कहा, 'अग्नि में हवन करो, बहुत अच्छी बात है, किन्तु इस पृथ्वी पर दिन-रात हवन हो रहा है। यह क्षुद्र मन्दिर है, ठीक है, किन्तु सम्पूर्ण ब्रह्माण्ड ही हमारा मन्दिर है, हम कहीं भी उपासना कर सकते हैं। तुम लोग वेदी बनाते हो—किन्तु हम लोगों के मत में, जीवित, चेतन मनुष्य देह रूपी वेदी वर्तमान है और इस मनुष्य देह रूपी वेदी पर की गयी पूजा, दूसरी अचेतन, मृतजड़ प्रतीक की पूजा की अपेक्षा श्रेयस्कर है।

अब मैं एक विचित्र सिद्धान्त की चर्चा करूँगा।

मैं स्वयं ही इसका अधिकांश नहीं समझता। उपनिषद् का यह अंश मैं पढ़ता हूँ, तुम लोग इसे कुछ समझ सको तो समझो। जो व्यक्ति ध्यान-बल से

विशुद्धचित होकर ज्ञानलाभ कर चुका है, वह जब मरता है, तो पहले अर्चि, उसके बाद दिन, फिर क्रमशः शुक्लपक्ष में और उत्तरायण षण्मास में जाता है; वहाँ से संवत्सर, संवत्सर से सूर्यलोक, और सूर्यलोक से चन्द्रलोक, तथा चन्द्र-लोक से विद्युल्लोक में जाता है। वहाँ से एक दिव्य पुरुष उसे ब्रह्मलोक में ले जाते हैं। इसीका नाम देवयान है। जब साधु और ज्ञानियों की मृत्यु होती है, तो वे इसी मार्ग द्वारा जाते हैं। और फिर वापस नहीं आते। इन मास, संवत्सर आदि शब्दों का क्या अर्थ है, यह कोई भी भली भाँति नहीं समझता। सभी अपने अपने मस्तिष्क से कल्पित अर्थ लगाते रहते हैं। बहुत से लोग यह भी कहते हैं कि ये बेकार की बातें हैं। इन चंद्रलोक, सूर्यलोक आदि में जाने का क्या अर्थ है? और यह दिव्यपुरुष आकर विद्युल्लोक से ब्रह्मलोक में ले जाता है, इसका भी क्या अर्थ है? हिन्दुओं में एक धारणा थी कि चन्द्रलोक में जीवन है—इसके बाद हम लोग यह देखेंगे कि किस प्रकार चन्द्रलोक से पतित होकर मनुष्य पृथ्वी पर वापस आता है। जो ज्ञान प्राप्त नहीं करते हैं, किन्तु इस जीवन में शुभ कर्म कर चुके हैं, वे जब मरते हैं, तो पहले धूम्र में जाते हैं, फिर रात्रि में, तदन्तर कृष्ण-पक्ष, फिर दक्षिणायन षण्मास, और उसके बाद संवत्सर में से होकर वे पितृलोक में चले जाते हैं। वहाँ से आकाश में और फिर वे चन्द्रलोक में गमन करते हैं। वहाँ देवताओं के खाद्य रूप होकर देवजन्म ग्रहण करते हैं। जब तक उनका पुण्य क्षय नहीं होता, तब तक वहीं रहते हैं। कर्मफल समाप्त होने पर फिर उन्हें पृथ्वी पर आना पड़ता है। वे पहले आकाश रूप में परिणत होते हैं, फिर वायु रूप में, फिर धूम्र, उसके बाद मेघ आदि के रूप में परिणत होकर अन्त में, वृष्टिकण का आश्रय लेकर पृथ्वी पर गिर पड़ते हैं, वहाँ शस्यक्षेत्र में गिरकर शस्य-रूप में परिणत होकर मनुष्य के खाद्य-रूप में परिगृहीत होते हैं और अन्त में उनकी सन्तानादि बन जाते हैं। जिन लोगों ने खूब सत्कर्म किये थे, वे सद्वंश में जन्म ग्रहण करते हैं और जिन लोगों ने अत्यन्त असत् कर्म किये थे, उनका अत्यन्त नीच जन्म होता है, यहाँ तक कि उनको कभी कभी पशु जन्म लेना पड़ता है। पशु बार बार जन्म ग्रहण करते रहते हैं तथा बार बार मृत्यु के मुँह में पड़ते रहते हैं। इसी कारण पृथ्वी न तो एकदम सूनी होती है और न परिपूर्ण ही।

हम लोग इससे भी कुछ विचार प्राप्त कर सकते हैं और बाद में शायद हम इसको अधिक समझ सकेंगे। अभी हम इसके अर्थ पर कुछ अटकल लगा सकते हैं। स्वर्ग में जाकर जीव फिर से किस प्रकार लौट आते हैं। इससे सम्बन्ध रखनेवाला अंश पहले अंश की अपेक्षा कुछ अधिक स्पष्ट प्रतीत होता है, किन्तु इन सब उक्तियों का सार तत्त्व यही जान पड़ता है कि ब्रह्मानुभूति के बिना

स्वर्गादि प्राप्ति स्थायी नहीं होती। ऐसे व्यक्ति जिन्हें अभी तक ब्रह्मानुभव नहीं हो सका, किन्तु इस लोक में सत्कर्म कर चुके हैं और वह कर्म भी सकाम किया गया है, तो मृत्यु होने पर इधर उधर अनेक स्थानों में घूम फिरकर स्वर्ग पहुँचते हैं और हम लोग जिस प्रकार पैदा होते हैं ठीक उसी प्रकार वे भी देवताओं की सन्तानरूप में पैदा होते हैं, और जितने दिन उनके शुभ कर्मफल की समाप्ति नहीं होती, उतने दिन वे वहाँ रहते हैं। इसीसे वेदान्त का एक मूल तत्त्व यह पाया जाता है कि जिसका नाम-रूप है, वही नश्वर है। अतएव स्वर्ग भी नश्वर होगा, क्योंकि उसका भी तो नाम-रूप है, अनन्त स्वर्ग स्वविरोधी वाक्य मात्र है, जिस प्रकार यह पृथ्वी अनन्त नहीं हो सकती; क्योंकि जिस वस्तु का भी नाम-रूप है, उसीकी उत्पत्ति काल में है, स्थिति काल में है, विनाश काल में है। वेदान्त का यह स्थिर सिद्धान्त है—अतएव अनन्त स्वर्ग की धारणा व्यर्थ है।

वेद के संहिता भाग में चिरंतन स्वर्ग का वर्णन है, जिस प्रकार मुसलमान और ईसाइयों के धर्म-ग्रन्थों में है। मुसलमानों की स्वर्ग-धारणा और भी स्थूल है। वे लोग कहते हैं, स्वर्ग में बाग़-बगीचे हैं, उनके नीचे नदियाँ बह रही हैं। अरब-वासियों के रेगिस्तान में जल एक बहुत ही वांछनीय पदार्थ है। इसीलिए मुसलमान सदा जलपूर्ण स्वर्ग की कल्पना करते हैं। मेरा जहाँ जन्म हुआ, वहाँ साल में छः महीने जल बरसता रहता है। मैं स्वर्ग को कल्पना में शायद शुष्क स्थान सोचूंगा, अँग्रेज़ भी यह सोचेंगे। संहिता का यह स्वर्ग अनन्त है, वहाँ मृत व्यक्ति जाकर रहते हैं। वे लोग वहाँ सुन्दर देह पाकर अपने पितृगण के साथ अत्यन्त सुख सहित चिर-काल तक रहते हैं, वहाँ उनके माता-पिता, स्त्री-पुत्रादि भी आ मिलते हैं। और वे बहुत कुछ यहीं के समान रहते हैं; हाँ, उनका जीवन अपेक्षाकृत अधिक सुखमय होता है। उन लोगों की स्वर्ग की धारणा भी यही है कि इस जीवन में सुखप्राप्ति में जो सब विघ्न-बाधाएँ हैं, वे सब मिट जायंगी, केवल इसका जो सुखमय अंश है, वही शेष रहेगा। स्वर्ग की यह धारणा हमें सुखकर भले ही प्रतीत हो, किन्तु सुखकर और सत्य ये दोनों पूर्ण रूप से भिन्न वस्तुएँ हैं। वास्तव में चरम सीमा पर पहुँचे बिना सत्य कभी सुखकर नहीं होता। मनुष्य का स्वभाव बड़ा रूढ़िवादी है। मनुष्य कोई विशेष काम करता रहता है तो एक बार उसे शुरू करने पर फिर उसे छोड़ना उसके लिए बहुत कठिन हो जाता है। मन कोई नया विचार नहीं ग्रहण करता, क्योंकि वह बहुत कष्टकर होता है।

उपनिषदों में हमें पूर्वप्रचलित धारणाओं की तुलना में विराट अंतर मिलता है। उपनिषदों में कहा है, यह सब स्वर्ग जहाँ मनुष्य जाकर पितृगण के साथ रहता है, कभी नित्य नहीं हो सकता, क्योंकि नाम-रूपात्मक सभी वस्तुएँ अनित्य हैं।

यदि स्वर्ग साकार है, तो काल के अनुसार उस स्वर्ग का अवश्य नाश होगा। हो सकता है, वह लाखों वर्ष रहे, किन्तु अन्त में ऐसा एक समय अवश्य आयेगा कि उसका नाश होगा, और अवश्य होगा। इसीके साथ एक और भी धारणा लोगों के मन में आयी और वह यह कि ये सब आत्माएँ दुबारा इसी पृथ्वी पर लौट आती हैं। स्वर्ग केवल उनके शुभ कर्मों के फलभोग का स्थान मात्र है, फलभोग शेष होने पर वे फिर पृथ्वी पर ही जन्म ग्रहण करती हैं। एक बात इसीसे स्पष्ट प्रतीत होती है कि मनुष्य को अत्यन्त प्राचीन काल से ही कार्य-कारण-विज्ञान विदित था। बाद में हम लोग देखेंगे कि हमारे दार्शनिकों ने इसी तत्त्व का वर्णन दर्शन तथा न्याय की भाषा में किया है, किन्तु इस स्थान में मानो एक शिशु की अस्पष्ट भाषा में इसे कहा गया है। इन ग्रन्थों का पाठ करते समय तुमको लगेगा कि ये सब तत्त्व आन्तरिक अनुभूति के फलस्वरूप हैं। यदि तुम यह पूछो कि ये सब कार्य रूप में परिणत हो सकते हैं या नहीं, तो मैं कहूँगा कि पहले ये सब कार्य रूप में परिणत हुए हैं और बाद में दर्शन के रूप में आविर्भूत हुए हैं। तुमने देखा कि ये सब पहले अनुभूत हुए, बाद में लिखे गये। सम्पूर्ण ब्रह्माण्ड प्राचीन ऋषियों के साथ मानो बातें करता था। पक्षिगण उनसे बोलते, पशुगण भी उनसे बातचीत करते और चन्द्र-सूर्य से भी उनका सम्भाषण होता था। उन्होंने क्रमशः समस्त वस्तुओं का अनुभव किया और वे प्रकृति के अन्तस्तल में प्रविष्ट हो गये। उन्होंने सत्य की उपलब्धि चिन्तन अथवा तर्क द्वारा, या आजकल की प्रथा के अनुसार दूसरों के विचारों द्वारा रचित ग्रन्थों अथवा मैं आज जैसे उन्हींके एक ग्रन्थ को लेकर लम्बी-चौड़ी वक्तृता दे डालता हूँ, ऐसी वक्तृताओं द्वारा नहीं की थी, वरन् धैर्ययुक्त अनु-संधान और आविष्कार द्वारा की थी। इसकी सारस्वरूप पद्धति थी साधना—और चिरकाल तक वही रहेगी। धर्म सदैव एक व्यावहारिक विज्ञान रहा है; शास्त्र पर निर्भर रहनेवाला धर्म न कोई कभी हुआ है, न होगा। पहले साधना, उसके बाद ज्ञान। जीवगण यहाँ लौट आते हैं, यह धारणा मैं पहले से ही विद्यमान पाता हूँ। जो फल की कामना से कुछ सत्कर्म करते हैं, उन्हें उस सत्कर्म का फल प्राप्त होता है, किन्तु यह फल नित्य नहीं होता। कार्य-कारणवाद यहाँ बहुत सुन्दर रूप में वर्णित हुआ है, क्योंकि कहा गया है कि कार्य कारण के अनुसार ही होता है। जैसा कारण है, कार्य भी वैसा ही होगा; कारण जब अनित्य है, तो कार्य भी अनित्य है। कारण नित्य होने पर कार्य भी नित्य होगा। किन्तु सत्कर्म रूपी ये कारण ससीम हैं, अतएव उनका फल भी कभी असीम नहीं हो सकता।

इस तत्त्व का एक और पहलू देखने से यह भली भाँति समझ में आ जायगा कि जिस कारण चिरंतन स्वर्ग नहीं हो सकता, उसी कारण चिरंतन नरक भी नहीं

हो सकता। मान लो, मैं एक बहुत दुष्ट आदमी हूँ और समस्त जीवन अन्याय-पूर्ण कर्म करता रहा हूँ, तो भी यह सारा जीवन अनन्त जीवन के साथ तुलना करने पर कुछ भी नहीं है। यदि दण्ड अनन्त हो, तो इसका यह अर्थ होगा कि ससीम कारण से असीम फल की उत्पत्ति हुई। इस जीवन के ससीम कार्य रूप कारण द्वारा असीम फल की उत्पत्ति हुई। यह नहीं हो सकता। यदि यह मान लिया जाय कि समस्त जीवनपर्यन्त सत्कर्म करते रहने पर अनन्त स्वर्ग लाभ होता है, तो भी यह दोष बना रहेगा। किन्तु उन लोगों के लिए, जिन्होंने सत्य को जान लिया है, और भी एक तीसरा मार्ग है। मायावरण से बाहर निकलने का यही एकमात्र मार्ग है—'सत्य का अनुभव करना।' और सब उपनिषद्, यह सत्यानुभव किसे कहते हैं, यही समझाते हैं।

अच्छा बुरा कुछ न देखो, सभी वस्तुएँ और सभी कार्य आत्मा से उत्पन्न होते हैं, यही विचार करो। आत्मा सभी में है। यही कहो कि जगत् नामक कोई चीज़ नहीं है। बाह्य दृष्टि बन्द करो; उसी प्रभु की स्वर्ग और नरक में, मृत्यु और जीवन में सर्वत्र उसी की उपलब्धि करो। मैंने पहले जो तुम्हें पढ़कर सुनाया है, उसमें भी यही भाव है—यह पृथ्वी उसी भगवान् का एक प्रतीक है, आकाश भी भगवान् का एक दूसरा प्रतीक है, इत्यादि इत्यादि। ये सब ब्रह्म हैं। परन्तु यह देखना पड़ेगा, अनुभव करना पड़ेगा, इस विषय की केवल आलोचना अथवा चिन्ता करने से कुछ नहीं होगा। मान लो, जब आत्मा ने जगत् की प्रत्येक वस्तु का स्वरूप समझ लिया और उसे यह अनुभव होने लगा कि प्रत्येक वस्तु ही ब्रह्ममय है, तब वह स्वर्ग में जाय अथवा नरक में, या अन्यत्र और कहीं चली जाय, तो इससे कुछ बनता बिगड़ता नहीं। मैं पृथ्वी पर जन्मूँ अथवा स्वर्ग में जाऊँ, इससे कोई अन्तर नहीं होता। मेरे लिए ये सब निरर्थक हैं, क्योंकि मेरे लिए सभी स्थान समान हैं, सभी स्थान भगवान् के मन्दिर हैं, सभी स्थान पवित्र हैं, कारण स्वर्ग, नरक अथवा अन्यत्र मैं केवल भगवत्सत्ता का ही अनुभव कर रहा हूँ। भला-बुरा अथवा जीवन-मरण मुझे कुछ नहीं दिखायी देते, एकमात्र ब्रह्म का अस्तित्व है। वेदान्त-मत में मनुष्य जब ऐसी अनुभूति प्राप्त कर लेता है, तब वह मुक्त हो जाता है और वेदान्त कहता है, केवल वही व्यक्ति संसार में रहने योग्य है, दूसरा नहीं। जो व्यक्ति जगत् में केवल अशुभ देखता है, वह भला संसार में कैसे वास कर सकता है? उसका जीवन तो सर्वदा दुःखमय होगा। जो व्यक्ति यहाँ अनेकानेक विघ्न-बाधाओं तथा विपत्तियों को देखता है, मृत्यु देखता है, उसका जीवन तो दुःखमय होगा ही, परन्तु जो व्यक्ति प्रत्येक वस्तु में उसी सत्यस्वरूप को देखता है, वही संसार में रहने योग्य है; वही यह कह सकता है कि मैं इस जीवन का उपभोग कर रहा हूँ,

मैं इस जीवन में खूब सुखी हूँ। यहाँ मैं यह कह देना चाहता हूँ कि वेद में कहीं भी नरक का उल्लेख नहीं है। वेद के बहुत परवर्ती काल में रचित पुराणों में यह नरक-प्रसंग दिया गया है। वेद में सबसे बड़ा दण्ड है—पुनर्जन्म अर्थात् इस जगत् में एक बार और आना, यहाँ एक दूसरा अवसर पाना। हम देखते हैं कि पहले से ही यह निर्गुण भाव चलता आ रहा है। पुरस्कार और दण्ड का भाव बहुत ही जड़-भावात्मक है और यह भाव केवल मनुष्य के समान सगुण ईश्वरवाद में ही सम्भव है—जो ईश्वर हमारे समान एक को प्रेम करते हैं, दूसरे को नहीं। इस प्रकार की ईश्वर-धारणा के साथ ही पुरस्कार और दण्ड का भाव संगत हो सकता है। संहिताओं में ईश्वर का वर्णन इसी प्रकार दिया गया है। वहाँ इस धारणा के साथ भय भी मिला हुआ था, किन्तु उपनिषदों में यह भय-भाव बिल्कुल नहीं मिलता; इसके साथ ही उपनिषदों में हम निर्गुण की धारणा पाते हैं—और प्रत्येक दशा में यह निर्गुण की धारणा ही विशेष कठिन होती है। मनुष्य सर्वदा ही सगुण से चिपका रहना चाहता है। बहुत बड़े बड़े विचारक भी, कम से कम संसार जिन्हें बहुत बड़े विचारक मानता है, इस निर्गुण ईश्वर से सहमत नहीं हैं। किन्तु देहधारी ईश्वर की कल्पना मुझे अत्यन्त हास्यास्पद प्रतीत होती है। उच्चतर भाव कौन सा है—जीवित ईश्वर या मृत ईश्वर?—जिस ईश्वर को कोई देख नहीं सकता, जान नहीं पाता—अथवा जो ईश्वर हमारे सम्मुख चारों ओर प्रकट एवं ज्ञात है?

निर्गुण ईश्वर जीवंत ईश्वर है, वह एक तत्त्व मात्र है। सगुण-निर्गुण के बीच में भेद यही है कि सगुण ईश्वर मानवविशेष मात्र है, और निर्गुण ईश्वर है मनुष्य, पशु, देवता तथा कुछ और अधिक जो हम नहीं देख पाते हैं, क्योंकि सगुण निर्गुण के अन्तर्गत है और निर्गुण सगुण व्यष्टि, समष्टि एवं उसके अतिरिक्त और भी बहुत कुछ है। 'जिस प्रकार एक ही अग्नि जगत् में भिन्न भिन्न रूप में प्रकाशित होती है, और उसके अतिरिक्त भी अग्नि का अस्तित्व है, इसी प्रकार निर्गुण भी है।' हम जीवित ईश्वर की पूजा करना चाहते हैं। मैंने सम्पूर्ण जीवन ईश्वर के अतिरिक्त और कुछ नहीं देखा। तुमने भी नहीं देखा। इस कुर्सी को देखने से पहले तुम्हें ईश्वर को देखना पड़ता है, उसके बाद उसीमें और उसके माध्यम से कुर्सी को देखना पड़ता है। वह दिन-रात जगत् में रहकर प्रतिक्षण 'मैं हूँ' 'मैं हूँ' कह रहा है। जिस क्षण तुम बोलते हो 'मैं हूँ', उसी क्षण तुम उस सत्ता को जान रहे हो। तुम ईश्वर को कहाँ ढूंढ़ने जाओगे, यदि तुम उसे अपने हृदय में, हर प्राणी में नहीं देख पाते? **त्वं स्त्री त्वं पुमानसि त्वं कुमार उत वा कुमारी। त्वं जीर्णो दण्डेन वञ्चसि, त्वं जातो भवसि विश्वतोमुखः॥**—'तुम स्त्री, तुम पुरुष, तुम कुमार, तुम कुमारी हो, तुम्हीं वृद्ध होकर लाठी के सहारे चल रहे हो, तुम्हीं सम्पूर्ण जगत् में भिन्न भिन्न रूपों में

प्रकट हुए हो। तुम्हीं यह सब हो।' कितना अद्भुत 'जीवित ईश्वर' है—संसार में वह ही एक मात्र सत्य है। यह धारणा अनेक लोगों को उस परंपरीण ईश्वर से घोर विरोधात्मक लगती है, जो किसी विशेष स्थान में किसी पर्दे के पीछे छिपा बैठा है, और जिसे कोई कभी नहीं देख सकता। पुरोहित लोग हमें केवल यही आश्वासन देते हैं कि यदि हम लोग उनका अनुसरण करें, उनकी भर्त्सना सुनते रहें, और उनके द्वारा निर्दिष्ट लीक पर चलते रहें, तो मरते समय वे हमें एक मुक्ति-पत्र देंगे और तब हम ईश्वर-दर्शन कर सकेंगे। इससे यह स्पष्ट हो जाता है कि यह सारा स्वर्गवाद इस अनर्गल पुरोहित-प्रपंच के विविध रूपों के अतिरिक्त और कुछ नहीं है।

निर्गुणवाद निस्सन्देह अनेक चीज़ें नष्ट कर डालता है; वह पुरोहितों, धर्मसंघों और मन्दिरों के हाथ से सारा व्यवसाय छीन लेता है। भारत में इस समय दुर्भिक्ष है, किन्तु वहाँ ऐसे बहुत से मन्दिर हैं, जिनमें से प्रत्येक में एक राजा को भी ख़रीद लेने योग्य बहुमूल्य रत्नों की राशि सुरक्षित है। यदि पुरोहित लोग इस निर्गुण ब्रह्म की शिक्षा दें, तो उनका व्यवसाय छिन जायगा। किन्तु हमें उसकी शिक्षा निःस्वार्थ भाव से, बिना पुरोहित-प्रपंच के देनी होगी। तुम भी ईश्वर, मैं भी वही—तब कौन किसकी आज्ञा पालन करे? कौन किसकी उपासना करे? तुम्हीं ईश्वर के सर्वश्रेष्ठ मन्दिर हो; मैं किसी मन्दिर, किसी प्रतिमा या किसी बाइबिल की उपासना न कर तुम्हारी ही उपासना करूँगा। लोग इतना परस्पर विरोधी विचार क्यों करते हैं? लोग कहते हैं, हम ठेठ प्रत्यक्षवादी हैं; ठीक बात है, किन्तु तुम्हारी उपासना करने की अपेक्षा और अधिक प्रत्यक्ष क्या हो सकता है? मैं तुम्हें देख रहा हूँ, तुम्हारा अनुभव कर रहा हूँ और जानता हूँ कि तुम ईश्वर हो। मुसलमान कहते हैं, अल्लाह के सिवाय और कोई ईश्वर नहीं है; किन्तु वेदान्त कहता है, ऐसा कुछ है ही नहीं जो ईश्वर न हो। यह सुनकर तुममें से बहुतों को भय हो सकता है, किन्तु तुम लोग धीरे धीरे यह समझ जाओगे। जीवित ईश्वर तुम लोगों के भीतर रहते हैं, तब भी तुम मन्दिर, गिरजाघर आदि बनाते हो और सब प्रकार की काल्पनिक झूठी चीज़ों में विश्वास करते हो। मनुष्य-देह में स्थित मानव-आत्मा ही एकमात्र उपास्य ईश्वर है। पशु भी भगवान् के मन्दिर हैं, किन्तु मनुष्य ही सर्वश्रेष्ठ मन्दिर है—ताजमहल जैसा। यदि मैं उसकी उपासना नहीं कर सका, तो अन्य किसी भी मन्दिर से कुछ भी उपकार नहीं होगा। जिस क्षण मैं प्रत्येक मनुष्य-देहरूपी मन्दिर में उपविष्ट ईश्वर की उपलब्धि कर सकूँगा, जिस क्षण मैं प्रत्येक मनुष्य के सम्मुख भक्तिभाव से खड़ा हो सकूँगा और वास्तव में उनमें ईश्वर देख सकूँगा, जिस क्षण मेरे अन्दर यह भाव आ जायगा, उसी क्षण मैं सम्पूर्ण

बन्धनों से मुक्त हो जाऊँगा—बाँधनेवाले पदार्थ हट जायँगे और मैं मुक्त हो जाऊँगा।

यही सबसे अधिक व्यावहारिक उपासना है। मत-मतान्तर से इसका कोई प्रयोजन नहीं। किन्तु यह बात कहने से अनेक लोग डर जाते हैं। वे कहते हैं, यह ठीक नहीं है। उनके पितामह जनों ने उन्हें जो यह बतला दिया था कि स्वर्ग के किसी स्थान पर बैठे हुए एक ईश्वर ने किसी व्यक्ति से कहा—मैं ईश्वर हूँ, और वे उसीके सम्बन्ध में बौद्धिक माथापच्ची किये चले आ रहे हैं। उसी समय से केवल मत-मतान्तरों की आलोचना ही चल रही है। उनके मत में यही व्यावहारिक बात है—और हम लोगों का मत व्यावहारिक नहीं है। वेदान्त कहता है, सब अपने अपने मार्ग पर चलें, कोई हरज नहीं, किन्तु मार्ग ही लक्ष्य नहीं है। किसी स्वर्गस्थ ईश्वर की उपासना करना आदि बुरा नहीं, किन्तु ये सब केवल सत्य की दिशा में सोपान मात्र हैं, साध्य सत्य नहीं। ये सब सुन्दर एवं शुभ हैं, इनमें कुछ अद्‌भुत भाव हैं, किन्तु वेदान्त पग पग पर कहता है, 'बन्धु, तुम जिसकी अज्ञात कहकर उपासना करते हो, उसकी उपासना मैं तुम्हारे रूप में करता हूँ। जिसकी उपासना तुम अज्ञात कह कर करते हो और जिसकी खोज विश्व भर में कर रहे हो, वह सदैव तुम्हारे पास ही रहा है। तुम उसीमें जीवित हो, वह जगत् का नित्यसाक्षी है।' 'सम्पूर्ण वेद जिसकी उपासना करते हैं, केवल यही नहीं, जो नित्य 'मैं' में सदा वर्तमान है, वह ही है; उसके होने से ही सम्पूर्ण ब्रह्माण्ड भी है। वह सम्पूर्ण ब्रह्माण्ड का प्रकाश और प्राण है। यदि (वह) 'मैं' तुम्हारे भीतर न हो तो तुम सूर्य को भी न देख पाते, सभी कुछ तुम्हारे लिए अन्धकारमय जड़राशि—शून्य के समान प्रतीत होता। वह प्रकाशमान है, इसीलिए तुम जगत् को देख पाते हो।'

इस विषय में साधारणतया एक प्रश्न पूछा जाता है और वह यह है कि इस विचार-धारा से बहुत गड़बड़ी हो जाने की सम्भावना है। हम सभी यह सोचेंगे कि मैं ईश्वर हूँ—जो कुछ मैं सोचता हूँ या करता हूँ वही अच्छा है—क्योंकि ईश्वर को भला पाप क्या? इसका उत्तर यह है कि पहले यदि इस प्रकार की विपरीत व्याख्यारूप आशंका की सम्भावना मान भी ली जाय, तब भी क्या यह प्रमाणित किया जा सकता है कि दूसरे पक्ष में भी यही आशंका नहीं उत्पन्न होगी? लोग अपने से पृथक स्वर्गस्थित ईश्वर की उपासना करते हैं, उससे खूब डरते भी हैं। लोग भय से काँपते रहते हैं और सारा जीवन इसी प्रकार काँपते हुए काट देते हैं। तो क्या दुनिया ऐसा मान लेने पर भी पहले की अपेक्षा अधिक अच्छी हो गयी है? तुम भी दूसरे से यही पूछ रहे थे। विचार करो कि जो ईश्वर को सगुण मानकर उसकी उपासना करते हैं और जो उसे निर्गुण मान कर उसकी उपासना

करते हैं, इन दोनों में से किसके सम्प्रदाय में संसार के बड़े बड़े महापुरुष हो गये हैं? महान् कर्मयोगी—महा चरित्रवान्! निश्चय ही ऐसे महापुरुष निर्गुण साधकों के बीच ही हुए हैं। भय से तुम नैतिकता के प्रस्फुटन की संभावना कैसे मान सकते हो? नही, कभी नहीं। "जहाँ एक दूसरे को देखता है, जहाँ एक दूसरे को सुनता है, वहीं माया है। जहाँ एक दूसरे को नहीं देखता, एक दूसरे को सुनता नहीं, जहाँ सर्व आत्ममय हो जाता है, वहाँ कौन किसे देखेगा, कौन किसे सुनेगा?" तब सभी 'वह' अथवा सभी 'मैं' हो जाता है। तब आत्मा पवित्र हो जाती है। तभी—और केवल तभी हम प्रेम किसे कहते हैं, यह समझ सकते हैं। डर से क्या प्रेम हो सकता है? प्रेम की भित्ति है, स्वाधीनता। स्वाधीनता—मुक्तस्वभाव होने पर ही प्रेम होता है। जब हम लोग वास्तव में जगत् को स्नेह करना प्रारम्भ करते हैं, तभी विश्वबन्धुत्व का अर्थ समझते हैं—अन्यथा नहीं।

इसलिए यह कहना उचित नहीं है कि इस निर्गुण मत से समस्त संसार में भयानक पाप-धारा वह उठेगी, जैसे दूसरे मत से दुनिया कभी अन्याय की ओर गयी ही नहीं अथवा वह सारी दुनिया को रक्त से आप्लावित तथा मनुष्य को परस्पर टुकड़े टुकड़े कर डालनेवाली साम्प्रदायिकता की ओर कभी ले ही नहीं गया। वे कहते हैं, मेरा ईश्वर ही सर्वश्रेष्ठ है। इसका प्रमाण? आओ, हम दोनों लड़ लें—यही प्रमाण है। द्वैतवाद से यही गड़बड़ी सारी दुनिया में फैल गयी है। क्षुद्र और संकीर्ण रास्तों में न जाकर प्रशान्त उज्ज्वल दिन के प्रकाश में आओ। महान् अनन्त आत्मा संकीर्ण भावों में कैसे बँधी रह सकती है? हमारे सम्मुख यह प्रकाशमय ब्रह्माण्ड है, इसकी प्रत्येक वस्तु हमारी है। अपनी बाहें फैलाकर सम्पूर्ण जगत् का प्रेमालिंगन करने की चेष्टा करो। यदि कभी ऐसा करने की इच्छा हो, तभी समझो कि तुम्हें ईश्वर का अनुभव हुआ है।

बुद्धदेव के उपदेश का वह अंश तुमको स्मरण होगा कि वे किस प्रकार उत्तर, दक्षिण, पूर्व, पश्चिम, ऊपर, नीचे सर्वत्र ही प्रेम की भावना प्रवाहित कर देते थे, यहाँ तक कि चारों ओर वही महान् अनन्त प्रेम सम्पूर्ण विश्व में छा जाता था। इसी प्रकार जब तुम लोगों का भी यही भाव होगा, तब तुम्हारा भी यथार्थ व्यक्तित्व प्रकट होगा। तभी सम्पूर्ण जगत् एक व्यक्ति बन जायगा—क्षुद्र वस्तुओं की ओर फिर मन नहीं जायगा। इस अनन्त सुख के लिए छोटी छोटी वस्तुओं का परित्याग कर दो। इन सब क्षुद्र सुखों से तुम्हें क्या लाभ होगा? और वास्तव में तो तुम्हें इन छोटे छोटे सुखों को भी छोड़ना नहीं पड़ता, कारण, तुम लोगों को याद होगा कि सगुण निर्गुण के अन्तर्गत है, जो मैं पहले ही कह चुका हूँ। अतएव ईश्वर सगुण और निर्गुण दोनों ही है। मनुष्य—अनन्तस्वरूप निर्गुण मनुष्य भी—अपने

को सगुण रूप में, व्यक्ति रूप में देख रहा है; मानो हम अनन्तस्वरूप होकर भी अपने को क्षुद्र रूपों में सीमाबद्ध बना डालते हैं। वेदान्त कहता है असीमता ही हमारा सच्चा स्वरूप है, वह कभी लुप्त नहीं हो सकती, सदा रहेगी। किन्तु हम अपने कर्म द्वारा अपने को सीमाबद्ध कर डालते हैं और उसीने मानो हमारे गले में शृंखला डालकर हमें आबद्ध कर रखा है। शृंखला तोड़ डालो और मुक्त हो जाओ। नियम को पैरों तले कुचल डालो। मनुष्य के प्रकृतस्वरूप में कोई विधि नहीं, कोई दैव नहीं, कोई अदृष्ट नहीं। अनन्त में विधान या नियम कैसे रह सकते हैं? स्वाधीनता ही इसका मूलमन्त्र है, स्वाधीनता ही इसका स्वरूप है—इसका जन्मसिद्ध अधिकार है। पहले मुक्त बनो, तब फिर जितने व्यक्तित्व रखना चाहो, रखो। तब हम लोग रंगमंच पर अभिनेताओं के समान अभिनय करेंगे, जैसे अभिनेता भिखारी का अभिनय करता है। उसकी तुलना गलियों में भटकनेवाले वास्तविक भिखारी से करो। यद्यपि दृश्य दोनों ओर एक है, वर्णन करने में भी एक सा है, किन्तु दोनों में कितना भेद है! एक व्यक्ति भिक्षुक का अभिनय कर आनन्द ले रहा है, और दूसरा सचमुच दुःख-कष्ट से पीड़ित है। ऐसा भेद क्यों होता है? कारण, एक मुक्त है और दूसरा बद्ध। अभिनेता जानता है कि उसका यह भिखारीपन सत्य नहीं है, उसने यह केवल अभिनय के लिए स्वीकार किया है, किन्तु यथार्थ भिक्षुक जानता है कि यह उसकी चिरपरिचित अवस्था है, एवं उसकी इच्छा हो या न हो, उसे वह कष्ट सहना ही पड़ेगा। उसके लिए यह अभेद्य नियम के समान है और इसीलिए उसे कष्ट उठाना ही पड़ता है। हम जब तक अपने स्वरूप का ज्ञान प्राप्त नहीं कर लेते, तब तक हम लोग केवल भिक्षुक हैं, प्रकृति के अन्तर्गत प्रत्येक वस्तु ने ही हमें दास बना रखा है। हम सम्पूर्ण जगत् में सहायता के लिए चीत्कार करते फिरते हैं—अन्त में काल्पनिक सत्ताओं से भी हम सहायता माँगते हैं, पर सहायता कभी नहीं मिलती; तो भी हम सोचते हैं कि इस बार सहायता मिलेगी। इस प्रकार हम सर्वदा आशा लगाये बैठ रहते हैं। बस, इसी बीच एक जीवन रोते, कलपते, आशा की लौ लगाये बीत जाता है, और फिर वही खेल चलने लगता है।

स्वाधीन होओ; किसी दूसरे से कुछ आशा न करो। मैं यह निश्चित रूप से कह सकता हूँ कि यदि तुम अपने जीवन की अतीत घटनाएँ याद करो, तो देखोगे कि तुम सदैव व्यर्थ ही दूसरों से सहायता पाने की चेष्टा करते रहे, किन्तु कभी पा नहीं सके; जो कुछ सहायता मिली वह तुम्हारे अपने अन्दर से ही आयी थी। तुम स्वयं जिसके लिए चेष्टा करते हो, उसे ही फलरूप में पाते हो; तथापि कितना आश्चर्य है कि तुम सदैव ही दूसरे से सहायता की भीख माँगते रहते हो! धनियों की बैठक

सदा भरी ही रहती है, किन्तु यदि ध्यान दो तो देखोगे, सदा वे ही लोग वहाँ दिखायी नहीं पड़ेंगे। वे लोग सदैव आशा लगाये रहते हैं कि धनियों के पास से कुछ माँग कर लायेंगे, किन्तु ऐसा कर नहीं पाते। हमारा जीवन भी उसी प्रकार का है, हम केवल आशाएँ किये चले जा रहे हैं, उनका अन्त नहीं। वेदान्त कहता है, इसी आशा का परित्याग करो। क्यों आशा करते हो? तुम्हारे पास सब कुछ है। तुम्हीं सब कुछ हो। तुम आत्मा हो, तुम सम्राटस्वरूप हो, तुम भला किसकी आशा करते हो? यदि राजा पागल होकर अपने देश में 'राजा कहाँ है, राजा कहाँ है' कहकर खोजता फिरे, तो वह कभी राजा को नहीं पा सकता, क्योंकि वह स्वयं ही राजा है। वह अपने राज्य के प्रत्येक ग्राम में, प्रत्येक नगर में—यहाँ तक कि प्रत्येक घर में खोज करे, खूब रोए-चिल्लाए फिर भी राजा का पता नहीं लग सकता; क्योंकि वह व्यक्ति स्वयं ही राजा है। इसी प्रकार हम लोग यदि जान सकें कि हम ईश्वर हैं और इस अन्वेषणरूपी व्यर्थ चेष्टा को छोड़ सकें, तो बहुत ही अच्छा हो। इस प्रकार अपने को ईश्वरस्वरूप जान लेने पर ही हम सन्तुष्ट और सुखी हो सकते हैं। यह सब पागलों जैसी चेष्टा छोड़कर जगत्‌रूपी मंच पर एक अभिनेता के समान कार्य करते चलो।

इस प्रकार की अवस्था आने से हम लोगों की सम्पूर्ण दृष्टि परिवर्तित हो जाती है। अनन्त कारागारस्वरूप न होकर यह जगत् खेलने का स्थान बन जाता है। प्रतियोगिता की जगह न बनकर यह भौरों के गुंजन से परिपूर्ण वसन्त काल का रूप धारण कर लेता है। पहले जो जगत् नरककुण्ड जैसा लगता था, वही अब स्वर्ग बन जाता है। बद्ध जीव की दृष्टि में यह एक महायंत्रणा का स्थान है, किन्तु मुक्त व्यक्ति की दृष्टि में यही स्वर्ग है; स्वर्ग अन्यत्र नहीं है। एक ही प्राण सर्वत्र विराजित है। पुनर्जन्म आदि जो कुछ है, सब यहीं होता है। देवतागण सब यहीं हैं—वे मनुष्य के आदर्श के अनुसार कल्पित हैं। देवताओं ने मनुष्यों को अपने आदर्श के अनुसार नहीं बनाया, किन्तु मनुष्यों ने ही देवताओं की सृष्टि की है। इन्द्र, वरुण और सम्पूर्ण ब्रह्माण्ड के देवता सब यहीं हैं। तुम्हीं लोग अपने एक अंश को बाहर प्रक्षिप्त करते हो, किन्तु वास्तव में तुम्हीं असली वस्तु हो—तुम्हीं प्रकृत उपास्य देवता हो। यही वेदान्त का मत है और यही यथार्थ में व्यावहारिक है। मुक्त होने पर उन्मत्त होकर समाज त्याग करने और जंगलों अथवा गुफाओं में जाकर मर जाने की आवश्यकता नहीं। तुम जहाँ हो वहीं रहोगे, किन्तु भेद इतना ही होगा कि तुम सम्पूर्ण जगत् का रहस्य समझ जाओगे। पहले देखी हुई समस्त वस्तुएँ जैसी की तैसी ही रहेंगी, किन्तु उनका एक नवीन अर्थ समझने लगोगे। तुम अभी जगत् का स्वरूप नही जानते हो; केवल

मुक्त होने पर ही इसका स्वरूप जान सकोगे। हम देखेंगे कि यह तथाकथित विधि, दैव या अदृष्ट हम लोगों की प्रकृति का एक अत्यन्त क्षुद्र अंश मात्र है। यह हम लोगों की प्रकृति का केवल एक पहलू मात्र है, दूसरी दिशा में मुक्ति सदा विद्यमान रही है और हम लोग शिकारी द्वारा पीछा किये गये खरगोश के समान मिट्टी में अपना सिर छिपाकर अपने को अशुभ से बचाने की चेष्टा करते रहे हैं।

हम भ्रमवश अपना स्वरूप भूलने की चेष्टा करते हैं, किन्तु वह एकदम भूला नहीं जा सकता—सदैव ही वह किसी न किसी रूप में हमारे सामने आता ही है। हम जिन देवता, ईश्वर आदि का अनुसन्धान करते हैं, बाह्य जगत् में स्वाधीनता पाने के लिए हम जो प्राणपण से चेष्टा करते रहते हैं, वह सब और कुछ नहीं—हम लोगों की मुक्त प्रकृति ही मानो किसी न किसी रूप में अपने को प्रकाशित करने का यत्न कर रही है। कहाँ से यह आवाज़ आ रही है, यह जानने में हम लोगों ने भूल की है। हम लोग पहले सोचते हैं, यह आवाज़ अग्नि, सूर्य, चन्द्र, तारा अथवा किसी देवता से आती है—अन्त में हम लोग देखते हैं कि यह तो हम लोगों के अन्दर ही है। यह वही अनन्त वाणी अनन्त मुक्ति का समाचार देती है। यह संगीत अनन्त काल से चला आ रहा है। आत्म-संगीत का कुछ अंश इस नियमाबद्ध ब्रह्माण्ड, इस पृथ्वी के रूप में परिणत हुआ है, किन्तु यथार्थतः हम लोग आत्मस्वरूप हैं और चिरकाल तक आत्मस्वरूप ही रहेंगे। एक शब्द में वेदान्त का आदर्श है—मनुष्य को उसके वास्तविक स्वरूप में जानना, और उसका सन्देश है कि यदि तुम अपने भाई मनुष्य की, व्यक्त ईश्वर की, उपासना नहीं कर सकते तो उस ईश्वर की कल्पना कैसे कर सकोगे, जो अव्यक्त है ?

क्या तुम लोगों को बाइबिल का वह कथन याद नहीं है, "यदि तुम अपने भाई को, जिसे तुम देख रहे हो, प्यार नहीं कर सकते, तो ईश्वर को, जिसे तुमने कभी नहीं देखा, भला कैसे प्यार कर सकोगे ?" यदि तुम ईश्वर को मनुष्य के मुख में नहीं देख सकते, तो उसे मेघ अथवा अन्य किसी मृत जड़ पदार्थ में अथवा अपने मस्तिष्क की कल्पित कथाओं में कैसे देखोगे ? जिस दिन से तुम नर-नारियों में ईश्वर देखने लगोगे, उसी दिन से मैं तुम्हें धार्मिक कहूँगा, और तभी तुम लोग समझोगे कि दाहिने गाल पर थप्पड़ मारने पर मारनेवाले के सामने बायाँ गाल फिराने का क्या अर्थ है। जब तुम मनुष्य को ईश्वररूप में देखोगे, तब सभी वस्तुओं का, यहाँ तक कि यदि तुम्हारे पास बाघ तक आ जाय, तो उसका भी तुम स्वागत करोगे। जो कुछ तुम्हारे पास आता है, वह सब अनन्त आनन्दमय प्रभु का भिन्न भिन्न रूप ही है—वे ही हमारे माता, पिता, बन्धु और सन्तान हैं। वे हमारी अपनी आत्मा ही हैं, जो हमारे साथ खेल रही हैं।

जिस तरह इस प्रकार मनुष्य के साथ हमारे सम्बन्धों को ईश्वरभावापन्न बनाया जा सकता है, उसी प्रकार ईश्वर से हमारा सम्बन्ध भी इनमें से कोई रूप ले सकता है और हम उसे अपना पिता, माता, मित्र, प्रियतम कुछ भी मान सकते हैं। भगवान् को पिता कहने की अपेक्षा एक और उच्चतर भाव है—उन्हें 'माता कहना। फिर इससे भी एक पवित्रतर भाव है—उन्हें 'सखा' कहना। उसकी अपेक्षा एक और श्रेष्ठ भाव है—उन्हें अपना प्रेमास्पद कहना। प्रेम और प्रेमास्पद में कुछ भेद न देखना ही सर्वोच्च भाव है। तुम लोगों को वह प्राचीन फ़ारसी कहानी याद होगी। एक प्रेमी ने आकर अपने प्रेमास्पद के घर का दरवाज़ा खटखटाया। प्रश्न हुआ, "कौन है?" वह बोला, "मैं"। द्वार नहीं खुला। दुबारा फिर उसने कहा, "मैं आया हूँ", पर द्वार फिर भी न खुला। तीसरी बार वह फिर आया, प्रश्न हुआ, "कौन है?" तब उसने कहा, "प्रेमास्पद, मैं तुम हूँ", तब द्वार खुल गया। भगवान् और हमारे बीच सम्बन्ध भी ठीक ऐसा ही है, वे सब में हैं और वे ही सब कुछ हैं। प्रत्येक नरनारी ही वही प्रत्यक्ष जीवन्त आनन्दमय एकमात्र ईश्वर है। कौन कहता है, ईश्वर अज्ञात है, कौन कहता है उसे खोजना पड़ेगा? हमने उसे अनन्त काल के लिए पाया है। हम उसीमें अनन्त काल तक रहते हैं—वह सर्वत्र अनन्त काल के लिए ज्ञात है और वही अनन्त काल से उपासित हो रहा है।

एक और बात इसी प्रसंग में जाननी होगी। वेदान्त कहता है—दूसरे प्रकार की उपासनाएँ भी भ्रमात्मक नहीं हैं। यह कभी न भूलना चाहिए कि जो अनेक प्रकार के कर्म-काण्ड द्वारा भगवत्-उपासना करते हैं—हम इन कर्मों को चाहे कितना ही अनुपयोगी क्यों न मानें—वे लोग वास्तव में भ्रान्त नहीं हैं; क्योंकि लोग सत्य से सत्य की ओर, निम्नतर सत्य से उच्चतर सत्य की ओर आगे बढ़ते हैं। अन्धकार कहने से समझना चाहिए, स्वल्प प्रकाश; बुरा कहने से समझना चाहिए, थोड़ा अच्छा; अपवित्रता कहने से समझना चाहिए, स्वल्प पवित्रता। अतएव हमें दूसरों को प्रेम और सहानुभूति की दृष्टि से देखना चाहिए। हम लोग जिस रास्ते पर चल आये हैं, वे भी उसी रास्ते से चल रहे हैं। यदि तुम वास्तव में मुक्त हो, तो तुम्हें अवश्य ही यह समझना चाहिए कि वे भी आगे-पीछे मुक्त होंगे। और जब तुम मुक्त ही हो गये, तो फिर जो अनित्य है, उसे तुम किस प्रकार देख पाओगे? यदि तुम वास्तव में पवित्र हो, तो तुम्हें अपवित्रता कैसे दिखायी दे सकती है? क्योंकि जो भीतर है, वही बाहर दीख पड़ता है। हमारे अन्दर यदि अपवित्रता न होती तो हम उसे बाहर कभी देख ही न पाते। वेदान्त की यह भी एक साधना है। आशा है, हम लोग सभी जीवन में इसको व्यवहार में लाने की

चेष्टा करेंगे। इसका अभ्यास करने के लिए सारा जीवन पड़ा है, किन्तु इन सब विचारों की आलोचना से हमें यह ज्ञात हुआ है कि अशान्ति और असन्तोष के बदले हम शान्ति और सन्तोष के साथ कार्य करें; क्योंकि हमने जान लिया है कि सत्य हमारे अन्दर है—वह हमारा जन्मजात अधिकार है। हमारे लिए आवश्यक है, केवल उसको प्रकाशित करना, प्रत्यक्ष बनाना और अनुभव करना।

व्यावहारिक जीवन में वेदान्त

तृतीय भाग

(१७ नवम्बर, १८९६ ई० को लन्दन में दिया हुआ व्याख्यान)

छान्दोग्य उपनिषद् में हम पढ़ते हैं कि देवर्षि नारद ने एक समय सनत्कुमार के पास आकर अनेक प्रश्न पूछे, जिनमें एक यह था कि वस्तुएँ जैसी हैं, क्या उसका कारण धर्म है? सनत्कुमार उन्हें सोपानारोहण न्याय के अनुसार धीरे धीरे पृथ्वी आदि तत्वों से ले जाते हुए अन्त में आकाश तत्त्व पर जा पहुँचे। 'आकाश तेज से भी श्रेष्ठ है, कारण, आकाश में ही चन्द्र, सूर्य, विद्युत, नक्षत्र आदि सभी कुछ वर्तमान हैं। आकाश में ही हम जीवन धारण करते हैं, आकाश में ही मरते हैं।' अब प्रश्न यह है कि क्या आकाश से भी कुछ श्रेष्ठ है? सनत्कुमार ने कहा, 'प्राण आकाश से भी श्रेष्ठ है।' वेदान्त मत में यह प्राण ही जीवन का मूल तत्त्व है। आकाश के समान यह भी एक सर्वव्यापी तत्त्व है, और हमारे शरीर में अथवा अन्यत्र जो भी गति दिखायी पड़ती है, वह सभी प्राण का कार्य है। प्राण आकाश से भी श्रेष्ठ है। प्राण के द्वारा ही सभी वस्तुएँ जीवित रहती हैं, प्राण माता में, प्राण पिता में, प्राण भगिनी में, प्राण आचार्य में है, और प्राण ही ज्ञाता है।

मैं इसी उपनिषद् में से एक अंश और पढ़ूँगा। श्वेतकेतु अपने पिता आरुणि से सत्य के सम्बन्ध में प्रश्न करता है। पिता ने उसे अनेक विषयों की शिक्षा देकर अन्त में कहा, "इन सब वस्तुओं का जो सूक्ष्म कारण है, उसीसे ये सब बनी हैं, यही सब कुछ है, यही सत्य है, हे श्वेतकेतु, तुम भी वही हो।" तदनन्तर उन्होंने अनेक उदाहरण दिये, "हे श्वेतकेतु, जिस प्रकार मधुमक्षिका विभिन्न पुष्पों से मधु संचय कर एकत्र करती है एवं ये विभिन्न मधुकण जिस प्रकार यह नहीं जानते कि वे किस वृक्ष और किस पुष्प से आये हैं, उसी प्रकार हम सब उसी सत् से आकर भी उसे भूल गये हैं। जो सब का सूक्ष्म सार-तत्त्व है, उसीमें समस्त सत्तावान् पदार्थों की आत्मा है। वही सत् है। वही आत्मा है, और हे श्वेतकेतु, तुम वही हो। जिस प्रकार विभिन्न नदियाँ समुद्र में मिल जाने के बाद नहीं जान पातीं कि वे कभी विभिन्न नदियाँ थीं, वैसे ही हम सब उसी सत्स्वरूप से आकर भी यह नहीं जानते कि हम वही हैं। हे श्वेतकेतु, तुम वही हो।" इस प्रकार पिता ने पुत्र को उपदेश दिया।

सम्पूर्ण ज्ञान-प्राप्ति के दो मूल सूत्र हैं। एक सूत्र तो यह है कि विशेष को सामान्य से और सामान्य को सर्वव्यापी तत्त्व की पृष्ठभूमि में जानना। दूसरा सूत्र यह है कि यदि किसी वस्तु की व्याख्या करनी हो तो, जहाँ तक हो सके, उसी वस्तु के स्वरूप से उसकी व्याख्या करना। पहले सूत्र के आधार पर हम देखते हैं कि हमारा सारा ज्ञान वास्तव में उच्च से उच्चतर होनेवाला वर्गीकरण मात्र है। जब कोई घटना अकेली घटती है, तो मानो हम असन्तुष्ट रहते हैं। जब यह दिखा दिया जाता है कि वही एक घटना बार बार घटती है, तब हम सन्तुष्ट होते हैं और उसे 'नियम' कहते हैं। जब हम एक पत्थर या सेब को ज़मीन पर गिरते देखते हैं, तब हम लोग असन्तुष्ट रहते हैं। किन्तु जब देखते हैं कि सभी सेब्र गिरते हैं, तो हम उसे गुरुत्वाकर्षण का नियम कहते हैं और सन्तुष्ट हो जाते हैं। हम विशेष से सामान्य का अनुमान करते हैं।

धर्म का अनुशीलन करने में हमें इसी वैज्ञानिक पद्धति का प्रयोग करना चाहिए। वही सिद्धान्त यहाँ भी लागू होता है, और तथ्य यह है कि इसी पद्धति का उपयोग सर्वदा होता आया है। इन उपनिषदों में भी, जिनका अनुवाद मैं तुमको सुनाता रहा हूँ, मुझे विशेष से सामान्य की ओर जाने का सिद्धान्त सर्वप्रथम मिलता है। हम इनमें देखते हैं कि किस प्रकार देवगण क्रमशः एक ही तत्त्व में विलीन हो जाते हैं, समग्र विश्व की धारणा में भी ये प्राचीन विचार क्रमशः उच्च से उच्चतर की ओर अग्रसर होते हैं—वे सूक्ष्म तत्त्वों से सूक्ष्मतर तथा अधिक व्यापक तत्त्वों की ओर बढ़ते हैं, इन विशेषों से अन्त में एक सर्वव्यापी आकाश तत्त्व प्राप्त कर लेते हैं, और वहाँ से भी आगे बढ़कर वे प्राण नामक सर्वव्यापिनी शक्ति में आ जाते हैं, और इन सभी में सर्वत्र यह सिद्धान्त विद्यमान रहता है कि कोई भी वस्तु अन्य सब वस्तुओं से अलग नहीं है। आकाश ही सूक्ष्मतर रूप में प्राण है और प्राण ही स्थूल बनकर आकाश होता है तथा आकाश स्थूल से स्थूलतर हो जाता है, इत्यादि इत्यादि।

सगुण ईश्वर का सामान्यीकरण भी इसी मूल सूत्र का एक अन्य उदाहरण है। हमने पहले ही देखा है कि सगुण ईश्वर के सामान्य भाव की प्राप्ति किस प्रकार हुई, और उसे सम्पूर्ण ज्ञान का समष्टि-स्वरूप समझा गया। किन्तु उसमें एक शंका उठती है कि यह तो पर्याप्त सामान्यीकरण नहीं हुआ! हमने प्राकृतिक घटनाओं की एक दिशा, अर्थात् ज्ञान की दिशा लेकर यह सामान्यीकरण किया और सगुण ईश्वर तक आ पहुँचे, किन्तु शेष प्रकृति तो छूट ही गयी। अतएव पहले तो यह सामान्यीकरण ही अपूर्ण हुआ; दूसरे, इसमें एक और भी अधूरापन है, जिसका सम्बन्ध दूसरे सूत्र से है। प्रत्येक वस्तु की उसके स्वरूप ही से व्याख्या करनी चाहिए। एक समय लोग सोचते थे कि ज़मीन पर सेब को कोई भूत खींच लेता है, किन्तु

वास्तव में यह शक्ति गुरुत्वाकर्षण की है। और यद्यपि हम यह जानते हैं कि केवल यही इसकी सम्पूर्ण व्याख्या नहीं है, पर यह निश्चित है कि यह पहली व्याख्या से श्रेष्ठ है; कारण पहली व्याख्या वस्तु के बाहर एक कारण की स्थापना करती है, और दूसरी उसके स्वभाव से सिद्ध होती है। इस प्रकार हम लोगों के सारे ज्ञान के सम्बन्ध में जो व्याख्या वस्तु के स्वभाव से सिद्ध है, वह वैज्ञानिक है और जो व्याख्या वस्तु के बाहर स्थित कारण से सिद्ध होती है, वह अवैज्ञानिक है।

अतः जगत् के सृष्टिकर्ता के रूप में सगुण ईश्वर की व्याख्या की भी परीक्षा इस सूत्र से होनी चाहिए। यदि यह ईश्वर प्रकृति के बाहर है और प्रकृति के साथ उसका कोई सम्बन्ध नहीं है तथा यदि यह प्रकृति शून्य में से, उस ईश्वर की आज्ञा से बनती है, तब तो यह मत अत्यन्त अवैज्ञानिक हुआ, और यह प्रत्येक सगुण ईश्वरवादी धर्म का एक दुर्बल स्थल प्रत्येक युग में रहा है। ये दोनों दोष हमें सामान्यतया एकेश्वरवादी कहे जानेवाले सिद्धान्त से मिलते हैं, इसके अनुसार सगुण ईश्वर में मनुष्य के ही सारे गुण—परिमाण में बहुत गुने—होते हैं, इस ईश्वर ने जगत् की सृष्टि शन्य से अपने संकल्प द्वारा की, और वह जगत् से फिर भी पृथक् है। इसीसे ये दो कठिनाइयाँ उत्पन्न होती हैं।

हम पहले ही कह चुके हैं कि एक तो यह पर्याप्त सामान्यीकरण नहीं है; दूसरे, यह वस्तु की स्वभावसिद्ध व्याख्या भी नहीं है। यह कार्य को कारण से भिन्न बताता है। किन्तु मनुष्य का सारा ज्ञान यही बतलाता है कि कार्य कारण का रूपान्तर मात्र है। आधुनिक विज्ञान के सम्पूर्ण आविष्कार इसी ओर संकेत करते हैं और सर्वत्र स्वीकृत विकासवाद का तात्पर्य भी यही है कि कार्य कारण का रूपान्तर मात्र है, कारण का ही पुनर्समायोजन है और कारण ही कार्य का रूप ले लेता है। आधुनिक वैज्ञानिक तो शून्य से सृष्टि-रचना के सिद्धान्त की हँसी उड़ाते हैं।

धर्म क्या पूर्वोक्त दोनों परीक्षाओं में सफल हो सकता है? यदि कोई धार्मिक सिद्धान्त इन दो परीक्षाओं में उत्तीर्ण हो जाय, तो उसीको आधुनिक विचारशील मानस ग्राह्य मान सकेगा। यदि पुरोहित, चर्च अथवा किसी शास्त्र के प्रमाण के बल पर किसी मत में विश्वास करने के लिए कहा जाय, तो आजकल के लोग उसमें विश्वास नहीं कर सकते, इसका फल होगा—घोर अविश्वास। जो बाहर से देखने पर पूर्ण विश्वासी मालूम पड़ते हैं, वे अन्दर से देखने पर घोर अविश्वासी निकलते हैं। शेष लोग धर्म को एकदम छोड़ देते हैं, उससे दूर भागते हैं, उसे पुरोहितों का प्रपंच मात्र समझते हैं।

धर्म भी अब एक राष्ट्रीय रूप में अपगत हो गया है। 'वह हमारे प्राचीन समाज का एक महान उत्तराधिकार है, अतएव उसे रहने दो।' लेकिन आज के

मानव के पुरखे उसके प्रति जिस सच्ची आवश्यकता का अनुभव करते थे, वह नष्ट हो गयी। लोगों को अब यह बुद्धि-संगत नहीं जान पड़ता। इस प्रकार की सगुण ईश्वर और सृष्टि की धारणा, जिसे हर धर्म में एकेश्वरवाद कहते हैं, अब चल नहीं सकती। भारत में बौद्ध धर्म के प्रभाव से यह अधिक बढ़ा भी नहीं; और इसी विषय में बौद्धों ने प्राचीन काल में अपनी विजय-श्री उपलब्ध की थी। बौद्धों ने यह प्रमाणित कर दिखाया था कि यदि प्रकृति को अनन्त शक्तिसम्पन्न मान लिया जाय, और यदि प्रकृति अपने अभावों की पूर्ति स्वयं ही कर सकती है, तो प्रकृति के अतीत और भी कुछ है, यह मानना अनावश्यक है। आत्मा के अस्तित्व को मानने का भी कोई प्रयोजन नहीं है।

द्रव्य और गुण के विषय पर प्राचीन काल से ही वाद-विवाद चलता आ रहा है। इस समय भी वही प्राचीन अन्धविश्वास चला आ रहा है। मध्यकालीन यूरोप में यहाँ तक कि, मुझे दुःख के साथ कहना पड़ता है, उसके बहुत दिनों बाद भी यही एक विशेष विचारणीय विषय था कि गुण द्रव्याश्रित है अथवा द्रव्य गुणाश्रित? लम्बाई, चौड़ाई और ऊँचाई क्या जड़ पदार्थ नामक द्रव्यविशेष के आश्रित हैं? और इन गुणों के न रहने पर भी द्रव्य का अस्तित्व रहता है या नहीं? बौद्ध लोग कहते हैं कि इस प्रकार के किसी द्रव्य का अस्तित्व स्वीकार करने का कोई प्रयोजन नहीं है, केवल इन गुणों का ही अस्तित्व है। इन गुणों के अतिरिक्त तुम और कुछ नहीं देख पाते। अधिकांश आधुनिक अज्ञेयवादियों का भी यही मत है, क्योंकि इसी द्रव्य-गुण-विचार को कुछ और ऊँचा ले जाओ तो यही विवाद व्यावहारिक और पारमार्थिक सत्ता का विवाद बन जाता है। हमारे सम्मुख यह दृश्य जगत्—नित्य परिणामशील जगत् है और इसीके साथ ऐसी कोई वस्तु है, जिसमें कभी परिणाम नहीं होता। कुछ लोग इन दो सत्ताओं को सत्य मानते हैं। किन्तु अन्य लोग अधिक प्रमाण के साथ कहते हैं कि हमें इन दोनों पदार्थों के मानने का कोई अधिकार नही, क्योंकि हम जो कुछ देखते हैं, अनुभव करते हैं अथवा सोचते हैं, वह केवल दृश्य जगत् है। दृश्य के अतिरिक्त अन्य किसी भी पदार्थ के मानने का तुम्हें अधिकार नहीं। इस तर्क का उत्तर कोई भी नहीं है। केवल वेदान्त का अद्वैतवाद ही हमें इसका उत्तर देता है। यह सत्य है कि एक ही वस्तु का अस्तित्व है और वह या तो पारमार्थिक है, या व्यावहारिक। वह दृश्य के रूप में प्रकाशित होती है। यह कहना ठीक नहीं कि सत्ताएँ दो हैं—एक परिणामशील वस्तु, और उसीके अन्दर अपरिणामी वस्तु। वरन् वही एक वस्तु है; जो परिणामशील प्रतीत होती है, लेकिन वास्तव में अपरिणामी है।

हम लोग देह, मन, आत्मा आदि को अनेक मान लेते हैं, किन्तु वास्तव में सत्ता

एक ही है। वह एक ही वस्तु इन सब विविध रूपों में प्रतीत होती है। अद्वैतवादियों की चिरपरिचित उपमा रज्जु के ही सर्पाकार प्रतीत होने की लो। अन्धेरे से अथवा अन्य किसी कारणवश लोग रस्सी को ही साँप समझ लेते हैं, किन्तु ज्ञानोदय होने पर सर्प-भ्रम नष्ट हो जाता है और केवल रस्सी ही दिखायी पड़ती है। इस उदाहरण द्वारा हम यह भली भाँति समझ सकते हैं कि मन में जब सर्पज्ञान रहता है, तब रज्जुज्ञान नहीं रहता और जब रज्जुज्ञान रहता है, तब सर्पज्ञान नहीं टिकता। जब हम व्यावहारिक सत्ता देखते हैं, तब पारमार्थिक सत्ता नहीं रहती और जब हम उस अपरिणामी पारमार्थिक सत्ता को देखते हैं, तो निश्चय ही फिर व्यावहारिक सत्ता प्रतीत नहीं होती। अब हम प्रत्यक्षवादी और विज्ञानवादी (idealist)—इन दोनों के मत खूब स्पष्ट रूप से समझ रहे हैं। प्रत्यक्षवादी केवल व्यावहारिक सत्ता देखता है और विज्ञानवादी पारमार्थिक सत्ता देखने की चेष्टा करता है। प्रकृत विज्ञानवादियों के लिए, जो अपरिणामी सत्ता का अपरोक्ष ज्ञान प्राप्त कर चुके हैं, फिर परिणामशील जगत् का अस्तित्व नहीं रह जाता। उन्हींको यह कहने का अधिकार है कि समस्त जगत् मिथ्या है और परिणाम नामक कोई चीज नहीं है। किन्तु प्रत्यक्षवादी केवल परिणामशील की ओर ही दृष्टि रखते हैं। उनके लिए अपरिणामी सत्ता नाम की कोई वस्तु है ही नहीं, अतएव उन्हें जगत् को सत्य कहने का अधिकार है।

इस विचार का फल क्या हुआ? फल यही हुआ कि ईश्वर के विषय में सगुण धारणा करना ही पर्याप्त नहीं। हम लोगों की और भी उच्चतर धारणा अर्थात् निर्गुण की धारणा करनी चाहिए। यही तर्कसंगत सोपान है, जिस पर हम आगे बढ़ सकते हैं। उसके द्वारा सगुण धारणा नष्ट हो जायगी, ऐसी बात नहीं। हमने यह नहीं प्रमाणित किया कि सगुण ईश्वर नहीं है, वरन् हमने यही दिखाया है कि सगुण की व्याख्या के लिए हमें निर्गुण को स्वीकार करना ही पड़ेगा, क्योंकि निर्गुण सगुण की अपेक्षा अधिक व्यापक-सामान्य है। केवल निर्गुण ही असीम हो सकता है, सगुण ससीम है। इस प्रकार हम सगुण को सुरक्षित रखते हैं, उसे नष्ट नहीं करते। बहुधा हमें यह शंका होती है कि निर्गुण ईश्वर मानने पर सगुण भाव नष्ट हो जायगा, निर्गुण जीवात्मा मानने पर सगुण जीवात्मा का भाव नष्ट हो जायगा। किन्तु वेदान्त से वास्तव में व्यक्ति का विनाश न होकर उसकी सच्ची रक्षा होती है। हम उस अनन्त सामान्य से सम्बन्ध जोड़े बिना, यह सिद्ध किये बिना कि यह व्यक्ति वस्तुतः अनन्त है, व्यक्ति के अस्तित्व को किसी प्रकार भी प्रमाणित नहीं कर सकते। यदि हम व्यक्ति को सम्पूर्ण जगत् से पृथक् मानकर सोचने की चेष्टा करें, तो उसकी स्थिति क्षण भर के लिए भी नहीं हो सकती। ऐसी कोई वस्तु कभी हुई ही नहीं।

दूसरी बात यह है कि पूर्वोक्त द्वितीय तत्त्व के फलस्वरूप हम और भी साहसिक और दुर्बोध्य तत्त्व-विचार में पड़ जाते हैं। और वह इससे किंचित भी कम नहीं है कि यदि समस्त वस्तुओं की व्याख्या उनके स्वरूप से की जाय, तो यही निष्कर्ष निकलता है कि वही निर्गुण पुरुष—हमारा सर्वोच्च सामान्य—हम लोगों के अन्दर ही है और वास्तव में हम वही हैं। **हे श्वेतकेतो, तत्त्वमसि**—तुम वही हो। तुम्हीं वह निर्गुण पुरुष हो, तुम्हीं वह ईश्वर हो, जिसे तुम समस्त जगत् में ढूँढ़ते फिरे हो, तुम स्वयं हो। किन्तु 'तुम' यहाँ 'व्यक्ति' के अर्थ में नहीं, वरन् निर्गुण के अर्थ में प्रयुक्त है। जिस मनुष्य को हम जानते हैं, जिसे हम व्यक्त देख रहे हैं, वह व्यष्टीकृत है, किन्तु उसकी वास्तविकता निर्गुण है। इस सगुण को हमें निर्गुण के द्वारा समझना होगा, विशेष को सामान्य के द्वारा जानना होगा। वह निर्गुण सत्ता ही सत्य है—वही मनुष्य की आत्मा है।

इस सम्बन्ध में अनेक प्रश्न उठेंगे। मैं क्रमशः उनका उत्तर देने की चेष्टा करूँगा। बहुत सी कठिनाइयाँ भी उठेंगी, किन्तु उनकी मीमांसा करने के पहले, आओ, हम अद्वैतवाद की स्थिति समझ लेने का प्रयत्न करें। अद्वैतवाद कहता है कि व्यक्त जीवरूप में हम मानो अलग अलग होकर रहते हैं, किन्तु वास्तव में हम सब एक ही सत्यस्वरूप हैं, और हम अपने को उससे जितना कम पृथक् समझेंगे उतना ही हमारा कल्याण होगा। इसके विपरीत हम लोग इस समष्टि से अपने को जितना अलग समझते हैं, उतना ही दुःखी होते हैं। इसी अद्वैतवादी सिद्धान्त से हमें नैतिकता का आधार मिलता है, और मेरा यह दावा है कि और किसी मत से हमें कोई भी नैतिकता नहीं मिलती। हम जानते हैं कि नैतिकता की सबसे पुरानी धारणा यह थी कि किसी पुरुषविशेष अथवा कुछ विशिष्ट पुरुषों की जो इच्छा हो, वही नैतिकता है। अब इसे मानने को कोई भी तैयार नहीं; क्योंकि वह आंशिक व्याख्या मात्र है। हिन्दू कहते हैं, अमुक कार्य करना ठीक नहीं, क्योंकि वेदों में उसका निषेध है, किन्तु ईसाई वेदों का प्रमाण क्यों मानेंगे? ईसाई लोग कहते हैं, यह मत करो, वह मत करो, क्योंकि बाइबिल में यह सब करना मना है। जो बाइबिल नहीं मानते, वे इसका अनुसरण करने के लिए बाध्य नहीं हैं। अतः हम लोगों को एक ऐसा तत्त्व खोजना पड़ेगा, जो इन अनेक प्रकार के भावों का समन्वय कर सके। जैसे लाखों व्यक्ति सगुण सृष्टिकर्ता में विश्वास करने को तैयार हैं, वैसे ही इस दुनिया में हज़ारों ऐसे प्रतिभाशाली व्यक्ति भी हैं, जिन्हें ये सब धारणाएँ पर्याप्त नहीं जान पड़तीं, वे इससे कुछ ऊँची वस्तु चाहते हैं; और जब जब धर्म इन मनीषियों को अपने में समाहित कर सकने की सीमा तक उदार नहीं रहा, तब तब समाज के ये उज्ज्वलतम रत्न धर्म के बाहर ही रहे। और

आज प्रधानतः यूरोप में यह जितना स्पष्ट देखा जाता है, उतना और कहीं भी नहीं।

इन प्रतिभाशाली व्यक्तियों को अपने में रखने के लिए धर्म का उदार भावापन्न होना अत्यन्त आवश्यक है। धर्म जो भी दावा करता है, तर्क की कसौटी पर उन सबकी परीक्षा करना आवश्यक है। धर्म यह दावा क्यों करता है कि वह तर्क द्वारा परीक्षित होना नहीं चाहता; यह कोई नहीं बतला सकता। तर्क के मानदण्ड के बिना किसी भी प्रकार का यथार्थ निर्णय—धर्म के संबंध में भी—नहीं दिया जा सकता। धर्म कुछ बीभत्स करने की आज्ञा दे सकता है। जैसे, इसलाम मुसलमानों को विधर्मियों की हत्या करने की आज्ञा देता है। क़ुरान में स्पष्ट लिखा है, 'यदि विधर्मी इसलाम ग्रहण न करें, तो उन्हें मार डालो। उन्हें तलवार और आग के घाट उतार दो।' अब यदि हम किसी मुसलमान से कहें कि यह ग़लत है, तो वह स्वभावतः पूछेगा, "तुम कैसे जानते हो कि यह अच्छा है या बुरा? हमारा शास्त्र कहता है कि यह सत्कार्य है।" यदि तुम कहो कि हमारा शास्त्र प्राचीन है, तो बौद्ध लोग कहेंगे कि उनका शास्त्र तुम्हारे से भी पुराना है और हिन्दू कहेंगे कि उनका शास्त्र सभी की अपेक्षा प्राचीनतम है। अतएव शास्त्र की दुहाई देने से काम नहीं चल सकता। वह प्रतिमान कहाँ है, जिससे तुम अन्य सबकी तुलना कर सको? तुम कहोगे, ईसा का 'शैलोपदेश' देखो; मुसलमान कहेंगे, 'क़ुरान का नीतिशास्त्र' देखो। मुसलमान कहेंगे, इन दोनों में कौन श्रेष्ठ है, इसका निर्णय कौन करेगा, कौन मध्यस्थ बनेगा? बाइबिल और क़ुरान में जब विवाद हो, तो यह निश्चय है कि उन दोनों में से तो कोई मध्यस्थ नहीं बन सकता। कोई स्वतंत्र व्यक्ति उनका मध्यस्थ हो तो अच्छा हो। यह कार्य किसी ग्रन्थ द्वारा नहीं हो सकता, किसी सार्वभौमिक तत्त्व द्वारा ही हो सकता है। बुद्धि से अधिक सार्वभौमिक पदार्थ और कोई नहीं है। कहा जाता है, बुद्धि पर्याप्त शक्ति-सम्पन्न नहीं है, इससे सत्य की प्राप्ति में सदैव सहायता नहीं मिलती। प्रायः वह भूलें करती है, अतः हमें किसी न किसी धर्मसंघ की प्रामाणिकता में विश्वास करना चाहिए। ऐसा मुझसे एकबार एक रोमन कैथलिक ने कहा था। किंतु मेरी समझ में यह युक्ति नहीं आयी। मैं कहूँगा कि यदि बुद्धि दुर्बल है, तो पुरोहित-सम्प्रदाय और भी दुर्बल होंगे। मैं उन लोगों की बात सुनने की अपेक्षा बुद्धि की बात सुनना अधिक पसन्द करूँगा, क्योंकि, बुद्धि में चाहे जितना दोष क्यों न हो, उससे कुछ न कुछ सत्यलाभ की सम्भावना तो है, किन्तु दूसरी ओर तो किसी सत्य को पाने की आशा ही नहीं है।

अतएव हम लोगों को बुद्धि का अनुसरण करना चाहिए और उन लोगों से

सहानुभूति करना चाहिए, जो बुद्धि का अनुसरण कर किसी विश्वास को अपना नहीं पाते। आप्त वचनों के आधार पर अंधों की तरह बीस लाख देवताओं में विश्वास करने की अपेक्षा बुद्धि का अनुसरण करके नास्तिक होना अच्छा है। हम चाहते हैं उन्नति, विकास और सत्य का साक्षात्कार। किसी मत का अवलम्बन करके ही मनुष्य आज तक कभी ऊँचा नहीं उठा। करोड़ों शास्त्र भी हम लोगों को पवित्र करने में सहायता नहीं कर सकते। कर सकने की शक्ति एकमात्र सत्य के साक्षात्कार में है, जो स्वयं हमारे भीतर है, और उसकी प्राप्ति विचार से होती है। मनुष्य विचार करे। मिट्टी का ढेला कभी विचार नहीं कर सकता, वह सदा मिट्टी का ढेला ही रह जाता है। मनुष्य की गरिमा उसकी विचारशीलता के कारण है, पशुओं से हम इसी बात में भिन्न हैं। मैं बुद्धि में विश्वास करता हूँ और बुद्धि का ही अनुसरण करता हूँ। केवल आप्त वचनों में विश्वास करने से क्या अनिष्ट होता है, यह मैं विशेष रूप से देख चुका हूँ, क्योंकि मैं जिस देश में पैदा हुआ हूँ, वहाँ आप्त वचनों में विश्वास करने की पराकाष्ठा है।

हिन्दू लोग विश्वास करते हैं कि वेदों से सृष्टि हुई है। उदाहरणार्थ एक गाय है, यह कैसे जाना? उत्तर है, 'गो' शब्द वेद में है, इसलिए। इसी प्रकार मनुष्य है, यह कैसे जाना? उत्तर आता है कि वेदों में 'मनुष्य' शब्द आया है। यदि यह शब्द उनमें न होता, तो बाहर मनुष्य भी नहीं होता। वे यही कहते हैं। आप्त वचनों में विश्वास की पराकाष्ठा! मैंने इसका जिस प्रकार अध्ययन किया है, उस प्रकार इसका अध्ययन नहीं होता। कुछ परम तीक्ष्ण बुद्धि व्यक्तियों ने इसको लेकर कुछ अपूर्व दार्शनिक सिद्धांतों का जाल उसके आसपास बुन डाला है। उन्होंने उसके लिए युक्तियाँ दी हैं और वह एक परिपूर्ण दर्शन के रूप में प्रतिष्ठित है, और हज़ारों वर्षों से हज़ारों प्रखर बुद्धि विद्वान् इस सिद्धांत की पुष्टि में लगे रहे हैं। आप्त वचनों में विश्वास में जितनी शक्ति है उसमें ख़तरा भी उतना ही है। वह मनुष्य जाति की उन्नति रोक देता है। और हम लोगों को यह कभी नहीं भूलना चाहिए कि उन्नति करना ही हमारा लक्ष्य है। सम्पूर्ण आपेक्षिक सत्यानुसन्धान में भी सत्य की अपेक्षा हमारे मन की क्रियाशीलता ही अधिक आवश्यक है। वही हमारा जीवन है।

अद्वैत मत में यही गुण है कि सभी संभाव्य धार्मिक परिकल्पनाओं में वह सर्वाधिक बुद्धिसंगत है। अन्य सब परिकल्पनाएँ—ईश्वर की आंशिक और सगुण धारणाएँ युक्तियुक्त नहीं हैं। तथापि उसको यह गौरव प्राप्त है कि वह इन आंशिक धारणाओं को बहुतों के लिए आवश्यक स्वीकार करता है। अनेक लोग कहते रहते हैं कि यह सगुणवाद अबौद्धिक है। किन्तु वह है बड़ा सान्त्वना-

दायक। लोगों को धर्म तो सान्त्वना देनेवाला चाहिए, और हम लोग भी समझ सकते हैं कि उनके लिए इसकी जरूरत है। बहुत कम लोग सत्य का निर्मल प्रकाश सहन कर सकते हैं, उसके अनुसार जीवन बिताना तो बहुत दूर की बात है। अतएव इस सान्त्वना देनेवाले धर्म की भी आवश्यकता है; समय आने पेर यही बहुतों को उच्चतर धर्मलाभ में सहायता करता है। उन अल्पबुद्धि लोगों के निर्माण के लिए, जिनका विचार-क्षेत्र अत्यंत संकुचित है, और जो विचार-जगत् में ऊँची उड़ानें भरने का साहस नहीं कर सकते, ऐसी छोटी छोटी वस्तुएँ आवश्यक हैं। उन लोगों के लिए छोटे छोटे देवताओं और प्रतीकों की धारणाएँ उत्तम और उपकारी हैं। किन्तु तुम्हें निर्गुणवाद भी समझना होगा, क्योंकि इस निर्गुणवाद के आलोक में ही अन्य सिद्धांतों को समझा जा सकता है। सगुणवाद को ही उदाहरणस्वरूप लो। जॉन स्टुअर्ट मिल ईश्वर का निर्गुणवाद समझते हैं और उसमें विश्वास भी करते हैं—वे कहते हैं, सगुण ईश्वर को प्रमाणित नहीं किया जा सकता, वह असंभव है। मैं इस विषय में उनके साथ एकमत हूँ; फिर भी, मैं कहता हूँ कि मनुष्य-बुद्धि से निर्गुण की जितनी दूर तक धारणा की जा सके, वही सगुण ईश्वर है। और वास्तव में निर्गुण की इन विभिन्न धारणाओं के सिवा यह जगत् है ही क्या ? वह मानो हम लोगों के सामने एक खुली पुस्तक है, और प्रत्येक व्यक्ति अपनी अपनी बुद्धि के अनुसार उसका पाठ कर रहा है और प्रत्येक को स्वयं ही उसका पाठ करना पड़ता है। सभी मनुष्यों की बुद्धि में कुछ बातें समान हैं; इसीलिए मानवता की बुद्धि को कुछ वस्तुएँ एकरूप सी जान पड़ती हैं। हम तुम दोनों ही एक कुर्सी देख रहे हैं। इससे यह प्रमाणित होता है कि हम दोनों के मन में कोई एक व्यापक घटक है। मान लो, दूसरे प्रकार की इन्द्रियों-वाला कोई प्राणी आ जाय, वह हम लोगों की अनुभूत कुर्सी नहीं देखेगा, किन्तु जितने लोग एक ही प्रकार संरचित हैं, वे सब उन्हीं वस्तुओं को देखेंगे। अतएव स्वयं यह जगत् ही निरपेक्ष अपरिणामी पारमार्थिक सत्ता है, और व्यावहारिक सत्ता केवल उसके देखे हुए विविध रूप हैं। इसका कारण, पहले तो यह है कि व्यावहारिक सत्ता सदा ससीम होती है। हम जानते हैं कि हम जिस भी व्यावहारिक सत्ता को देखते, अनुभव करते अथवा विचार करते हैं, वह हमारे ज्ञान के द्वारा सीमित होती है, और सगुण ईश्वर के सम्बन्ध में हमारी जैसी धारणा है, उससे वह ईश्वर भी व्यावहारिक मात्र है। कार्य-कारण भाव केवल व्यावहारिक जगत् में ही सम्भव है और ईश्वर को जब मैं जगत् का कारण मानता हूँ, तो अवश्य ही उसे ससीम जैसा मानना पड़ेगा। किन्तु फिर भी वह वही निर्गुण ब्रह्म है। हम लोगों ने पहले ही देखा है कि यह जगत् भी हमारी बुद्धि द्वारा देखा गया

वही निर्गुण ब्रह्म मात्र है। यथार्थ में जगत् वही निर्गुण पुरुष मात्र है और हम लोगों की बुद्धि द्वारा उसको नाम-रूप दिये गये हैं। इस मेज़ में जितना सत्य है, वह वही सत् है और इस मेज़ की आकृति तथा जो कुछ अन्य बातें हैं, वे सब समान मानव-बुद्धि द्वारा ऊपर से जोड़ी गयी हैं।

उदाहरणस्वरूप गति का विषय लो। व्यावहारिक सत्ता की वह नित्य सहचरी है। किन्तु वह सार्वभौमिक, पारमार्थिक सत्ता के विषय में प्रयुक्त नहीं हो सकती। प्रत्येक क्षुद्र कण, जगत् के अन्तर्गत प्रत्येक परमाणु, सदैव ही परिवर्तनशील तथा गतिशील है, किन्तु समष्टि रूप से जगत् पदार्थ अपरिणामी है, क्योंकि गति या परिणाम सापेक्षिक पदार्थ मात्र हैं। केवल गतिहीन पदार्थ के साथ तुलना करने पर ही हम गतिशील पदार्थ की बात सोच सकते हैं। गति समझने के लिए दोनों ही पदार्थ आवश्यक हैं। सम्पूर्ण जगत् की समष्टि एक इकाई के रूप में गतिशील नहीं हो सकती। किसके साथ वह गतिशील होगी? उसमें परिवर्तन होता है, यह भी नहीं कहा जा सकता, क्योंकि किसकी तुलना में उसका परिणाम हो सकेगा? अतएव वह समष्टि निरपेक्ष सत्ता ही है, किन्तु उसके भीतर का प्रत्येक अणु निरन्तर गतिशील और परिवर्तनशील है। वह परिणामी और साथ ही साथ अपरिणामी है, सगुण है और निर्गुण भी है। जगत्, गति एवं ईश्वर के सम्बन्ध में हम लोगों की यही धारणा है, और **तत्त्वमसि** का भी यही अर्थ है। इस प्रकार हम देखते हैं कि निर्गुण सगुण को उच्छिन्न करने, निरपेक्ष सापेक्ष को नष्ट करने के स्थान पर, हमारे हृदय और मस्तिष्क को पूर्ण संतोष प्रदान करनेवाली उसकी व्याख्या मात्र करता है। सगुण ईश्वर तथा इस विश्व में जो कुछ है, सब हमारे मन के द्वारा उपलब्ध निर्गुण सत् ही है। अपने मन एवं तुच्छ व्यक्तित्व से रहित होने पर हम उस सत् के साथ एक हो जायँगे। **तत्त्वमसि** का यही अर्थ है। हमें अपना सच्चा स्वरूप—ब्रह्म—जानना है।

ससीम, व्यक्ति मनुष्य अपना उत्पत्ति-स्थल भूल जाता है, और अपने को नितांत पृथक् समझने लगता है। व्यष्टीकृत और विभेदीकृत सत्ताओं के रूप में हम अपना स्वरूप भूल जाते हैं। अतः अद्वैतवाद हमें विभेदीकरण को त्याग देने की शिक्षा नहीं देता, वरन् उसके रूप को समझ लेने को कहता है। हम वस्तुतः वही अनन्त पुरुष हैं, हमारे व्यक्तित्व जल की उन धाराओं के सदृश हैं, जिनमें वह अनन्त सत्ता अपने को अभिव्यक्त कर रही है, और यह समग्र परिवर्तन-समष्टि, जिसे हम 'क्रमविकास' कहते हैं, अपनी अनंत शक्ति को व्यक्त करने में सचेष्ट, आत्मा के द्वारा संपादित होती है। किन्तु हम अनन्त के इस पार कहीं रुक नहीं सकते; हमारे आनंद और ज्ञान एवं शक्ति को अनंत होना ही है। अनन्त सत्ता,

अनन्त शक्ति, अनन्त आनन्द हमारे हैं। हम लोगों को उन्हें उपार्जित नहीं करना है, वे सब हममें हैं, हमें तो उन्हें केवल प्रकाशित मात्र करना है।

अद्वैतवाद से यही एक महासत्य प्राप्त होता है और इसको समझना बहुत कठिन है। मैं बचपन से देखता आ रहा हूँ कि सभी दुर्बलता की शिक्षा देते रहे हैं, जन्म से ही मैं सुनता आ रहा हूँ कि मैं दुर्बल हूँ। अब मेरे लिए अपने भीतर निहित शक्ति का ज्ञान कठिन हो गया है, किन्तु विश्लेषण और विचार द्वारा अपनी शक्ति का ज्ञान होता है, और फिर मैं उसे प्राप्त कर लेता हूँ। इस संसार में जितना भी ज्ञान है, वह कहाँ से आया? वह ज्ञान हमारे भीतर ही है। क्या बाहर कोई ज्ञान है? नहीं। ज्ञान कभी जड़ में नहीं था, वह सदा मनुष्य के भीतर ही था। किसीने कभी भी ज्ञान की सृष्टि नहीं की। मनुष्य उसको भीतर से बाहर लाता है। वह वहीं वर्तमान है। यह जो एक कोस तक फैला हुआ विशाल वटवृक्ष है, वह सरसों के बीज के अष्टमांश के समान उस छोटे से बीज में ही था। उसी बीज में ऊर्जा की वह विपुल राशि सन्निहित थी। हम जानते हैं कि एक जीवाणु-कोष के भीतर विराट् बुद्धि अप्रकट रूप में विद्यमान है; फिर अनन्त शक्ति उसमें क्यों न रह सकेगी? हम जानते हैं यह सत्य है। विरोधाभासी लगने पर भी यह सत्य है। हम सभी एक जीवाणु-कोष से उत्पन्न हुए हैं और हम लोगों में जो कुछ भी शक्ति है, वह उसीमें कुण्डलीरूप में बैठी थी। तुम लोग यह नहीं कह सकते कि वह खाद्य में से आयी है; ढेर की ढेर खाद्य-सामग्री लेकर एक पर्वत बना डालो, किन्तु देखोगे उसमें से कोई शक्ति नहीं निकलती। हम लोगों के भीतर शक्ति पहले से ही अव्यक्त भाव में निहित थी, और वह थी अवश्य। इसी प्रकार मनुष्य की आत्मा के भीतर अनन्त शक्ति भरी पड़ी है, मनुष्य को उसका ज्ञान हो या न हो। उसे केवल जानने की ही अपेक्षा है। धीरे धीरे मानो वह अनन्त शक्तिमान दैत्य जाग्रत होकर अपनी शक्ति का ज्ञान प्राप्त कर रहा है और जैसे जैसे वह सचेतन होता जाता है, वैसे वैसे एक के बाद एक उसके बन्धन टूटते जाते हैं, शृंखलाएँ छिन्न-भिन्न होती जाती हैं; और वह दिन अवश्य ही आयगा, जब वह अपनी अनंत शक्ति के पूर्ण ज्ञान के साथ अपने पैरों पर उठ खड़ा होगा। आओ, हम सब लोग उस महिमामयी निष्पत्ति को शीघ्र लाने में सहायता करें।

व्यावहारिक जीवन में वेदान्त

चतुर्थ भाग

(१८ नवम्बर, १८९६ ई० को लन्दन में दिया हुआ व्याख्यान)

हमने अभी तक समष्टि या सामान्य पर ही अधिक विचार किया है। इस प्रातःकाल मैं तुम लोगों के सम्मुख व्यष्टि या विशेष के साथ समष्टि के सम्बन्ध पर वेदान्त का मत प्रस्तुत करने का प्रयत्न करूँगा। जैसा हम देख चुके हैं, वेदों के दर्शन के द्वैतवादी प्रारम्भिक रूपों में प्रत्येक जीव की एक निर्दिष्ट सीमाविशिष्ट आत्मा स्वीकार की गयी है। प्रत्येक जीव में अवस्थित इस विशेष आत्मा के सम्बन्ध में अनेक प्रकार के मतवाद प्रचलित हैं। किन्तु प्राचीन बौद्धों और प्राचीन वेदान्तियों के मध्य ही इस विषय पर प्रमुख विवाद चला। प्राचीन वेदान्ती एक स्वयं में पूर्ण जीवात्मा मानते थे, और बौद्ध लोग इस प्रकार के जीवात्मा के अस्तित्व को नितान्त अस्वीकृत करते थे। जैसा मैंने कल कहा था, यूरोप में भी ठीक ऐसा ही विवाद द्रव्य और गुण पर चल रहा है। एक दल यह मानता है कि गुणों के पीछे द्रव्य रूप कोई वस्तु है जिस पर गुण आधारित हैं और दूसरे दल के मत में द्रव्य को मानने की कोई आवश्यकता नहीं है, गुण स्वयं ही रह सकते हैं। आत्मा के सम्बन्ध में सबसे प्राचीन मत 'अहं-सारूप्य'-गत युक्ति के ऊपर स्थापित है। 'अहं-सारूप्य' युक्ति का अर्थ है: कल का 'मैं' ही आज का 'मैं' है और आज का 'मैं' आगामी कल का 'मैं' रहेगा। शरीर में जो भी परिवर्तन हो, मैं विश्वास करता हूँ कि मैं वही 'मैं' हूँ। जान पड़ता है कि जो सीमित, पर स्वयंपूर्ण जीवात्मा मानते थे, उनकी प्रधान युक्ति यही थी।

दूसरी ओर प्राचीन बौद्ध ऐसी जीवात्मा मानने की कोई आवश्यकता नहीं समझते थे। उनकी यह युक्ति थी कि हम केवल इन परिवर्तनों को ही जानते हैं एवं इन परिवर्तनों के अतिरिक्त और कुछ भी जानना हम लोगों के लिए असम्भव है। एक अपरिवर्तनीय और अपरिवर्तनशील द्रव्य को स्वीकार करना अनावश्यक है और वास्तव में यदि इस प्रकार की कोई अपरिणामी वस्तु हो भी, तो हम उसे कभी समझ नहीं सकेंगे और न उसे किसी भी तरह प्रत्यक्ष ही कर सकेंगे। आजकल यूरोप में भी एक ओर धर्म और विज्ञानवादियों (idealist)

तथा दूसरी ओर आधुनिक प्रत्यक्षवादी (realist), अज्ञेयवादी (agnostic) तथा भाववादी (positivist) विचारकों में यही विवाद चल रहा है। एक दल का विश्वास है कि कुछ अपरिवर्तनशील पदार्थ है (हर्बर्ट स्पेन्सर इसके नवीनतम प्रतिनिधि हैं) और हमें मानो किसी अपरिणामी पदार्थ का आभास होता है। दूसरे दल के प्रतिनिधि हैं कांते (Comte) के आधुनिक शिष्य तथा आधुनिक अज्ञेयवादी। तुम लोगों में से जिन व्यक्तियों ने कुछ साल पहले फ़ैडरिक हैरिसन और हर्बर्ट स्पेन्सर के बीच का वाद-विवाद ध्यानपूर्वक पढ़ा होगा, वे लोग जानते होंगे कि इसमें भी यही कठिनाई मौजूद है। एक पक्ष कहता है कि हम बिना किसी अपरिणामी या अपरिवर्तनशील सत्ता की कल्पना किये परिणाम या परिवर्तन की कल्पना ही नहीं कर सकते। दूसरा पक्ष यह युक्ति पेश करता है कि ऐसा मानने की कोई जरूरत नहीं, हम केवल परिणामशील पदार्थ की ही धारणा कर सकते हैं, और जहाँ तक अपरिणामी सत्ता की बात है, उसे न हम समझ सकते हैं और न अनुभव या प्रत्यक्ष ही कर सकते हैं।

भारत में इस महान् समस्या का समाधान अतीव प्राचीन काल में नहीं मिला था, क्योंकि हमने देखा है कि गुणों के पीछे अवस्थित, गुणों से भिन्न पदार्थ की सत्ता कभी प्रमाणित नहीं की जा सकती। केवल यही नहीं, आत्मा के अस्तित्व का 'अहं-सारूप्य'-गत प्रमाण, स्मृति से आत्मा के अस्तित्व सम्बन्धी युक्ति—कल जो 'मैं' था, आज भी 'मैं' वही हूँ, क्योंकि मुझे यह स्मरण है, अतएव मैं सतत रहनेवाला 'कुछ' हूँ,—यह युक्ति सिद्ध नहीं की जा सकती। और एक युक्ति का आभास, जो साधारणतः दर्शाया जाता है, वह भी केवल शब्दों का जोड़-तोड़ है। 'मैं जाता हूँ', 'मैं खाता हूँ', 'मैं स्वप्न देखता हूँ', 'मैं सो रहा हूँ', 'मैं चलता हूँ' आदि कितने ही वाक्य लेकर वे कहते हैं कि करना, खाना, जाना, स्वप्न देखना, ये सब विभिन्न परिवर्तन भले ही हों, किन्तु उनके बीच में 'मैं-पन' नित्य भाव से वर्तमान है और इस प्रकार वे इस सिद्धान्त पर पहुँचते हैं कि यह 'मैं' नित्य और स्वयं एक व्यक्ति है तथा ये सब परिवर्तन शरीर के धर्म हैं। यह युक्ति सुनने में खूब उपादेय तथा स्पष्ट जान पड़ती है, किन्तु वास्तव में यह केवल शब्दों का खेल है। यह 'मैं' और करना, जाना, स्वप्न देखना आदि लिखने में भले ही अलग लगें, किन्तु मन में कोई भी उन्हें अलग नहीं कर सकता।

जब मैं खाता हूँ, तो खाते हुए रूप में अपना विचार करता हूँ। तब खाने की क्रिया के साथ मेरा तादात्म्य हो जाता है। जब मैं दौड़ता रहता हूँ, तब मैं और दौड़ना, ये दो अलग अलग बातें नहीं होतीं। अतएव व्यक्तिगत तादात्म्य

पर आधारित यह युक्ति कुछ अधिक सबल नहीं जान पड़ती। स्मृतिवाला दूसरा तर्क भी निर्बल है। यदि मेरे अस्तित्व का सारूप्य मुझे अपनी स्मृति द्वारा प्रमाणित करना पड़े, तो अपनी जो सब अवस्थाएँ मैं भूल गया हूँ, उनमें मैं था ही नहीं, यह मानना पड़ेगा। और हम यह भी जानते हैं कि कुछ विशेष अवस्थाओं में अनेक लोग पिछला अपना सब कुछ पूर्ण रूप से भूल जाते हैं। अनेक पागल व्यक्ति अपने को काँचनिर्मित अथवा कोई पशु मानते देखे जाते हैं। यदि केवल स्मृति पर ही उस व्यक्ति का अस्तित्व निर्भर होता है, तो वह काँच हो गया, यही मानना पड़ेगा। किन्तु वास्तव में ऐसा नहीं होता, अतः यह अहं-सारूप्य स्मृति जैसी नगण्य युक्ति पर आधारित नहीं हो सकता। तब क्या निष्कर्ष निकला? यही कि ससीम तथापि सम्पूर्ण और अविच्छिन्न तादात्म्य गुणसमूह से पृथक् रूप में स्थापित नहीं हो सकता। हम ऐसी कोई संकीर्ण सीमाबद्ध सत्ता नहीं सिद्ध कर सकते, जिसके साथ गुणों का एक गुच्छ संयुक्त हो।

दूसरे पक्ष में प्राचीन बौद्धों का यह मत कि गुणसमूह के पीछे अवस्थित किसी वस्तु के विषय में हम न कुछ जानते हैं और न जान सकते हैं, अधिक दृढ़ भित्ति पर स्थापित जान पड़ता है। उनके मतानुसार संवेदनाओं और भावनाओं आदि कुछ गुणों का संघात ही आत्मा है। यह गुणराशि ही आत्मा है और वह निरंतर परिवर्तित होती रहती है।

अद्वैत द्वारा इन दोनों मतों में सामंजस्य होता है। अद्वैतवाद का सिद्धान्त यह है कि हम वस्तु को गुण से अलग नहीं मान सकते, यह सत्य है। हम परिणाम और अपरिणाम दोनों को एक साथ नहीं सोच सकते। इस प्रकार सोचना भी असम्भव है। किन्तु जिसे द्रव्य कहा जाता है, वही गुणस्वरूप है। द्रव्य और गुण पृथक् नहीं हैं। अपरिणामी वस्तु ही परिणाम-रूप में प्रतीत होती है: यह अपरिणामी सत्ता परिणामी जगत् से पृथक् नहीं है। पारमार्थिक सत्ता व्यावहारिक सत्ता से पूर्णतया पृथक् वस्तु नहीं है, किन्तु यह पारमार्थिक सत्ता ही व्यावहारिक सत्ता बन जाती है। अपरिणामी आत्मा है, और हम जिसे अनुभूति, भाव आदि कहते हैं, केवल ये ही नहीं, अपितु यह शरीर भी एक अन्य दृष्टिकोण से देखी हुई वही आत्मा है। हम लोगों के शरीर हैं, आत्मा हैं आदि, इस प्रकार सोचने का हमें अभ्यास हो गया है, किन्तु वास्तव में केवल एक ही सत्ता है।

जब मैं अपने को 'शरीर' सोचता हूँ, तब मैं केवल शरीर हूँ; मैं इसके अतिरिक्त और कुछ हूँ, यह कहना बेकार की बात है। जब मैं अपने को आत्मा मानता हूँ, तब देह तो कहीं उड़ जाती है, देहानुभूति ही नहीं रहती। देह-ज्ञान लुप्त हुए

बिना कभी आत्मानुभूति होती ही नहीं। गुण की अनुभूति लुप्त न होने तक द्रव्य का अनुभव कभी किसीको नहीं हो सकता।

इसको और अधिक अच्छी तरह समझने के लिए अद्वैतवादियों का रज्जु-सर्प का उदाहरण लिया जा सकता है। जब मनुष्य रस्सी को साँप समझकर भूल करता है, तब उसके लिए रस्सी नहीं रहती और जब वह उसे वास्तविक रस्सी समझता है, तब उसका सर्प-ज्ञान नष्ट हो जाता है और केवल रस्सी ही बच रहती है। अपूर्ण सामग्री के आधार पर विचार करने के कारण हमें द्वित्व या त्रित्व की अनुभूति होती है। ये सब बातें हम पुस्तकों में पढ़ते अथवा सुनते आते हैं, और अंततः हम इस भ्रम में पड़ जाते हैं कि मानो सचमुच ही हमें आत्मा और देह का द्वैध अनुभव हो रहा है, किन्तु वास्तव में ऐसा नहीं है। एक समय में या तो केवल देह का ही अनुभव होता है या आत्मा का ही। इसको प्रमाणित करने के लिए किसी युक्ति की ज़रूरत नहीं। अपने मन से ही तुम इसका सत्यापन कर सकते हो।

तुम अपने को आत्मा या कुछ देहरहित मानकर सोचने का प्रयत्न करो, तो प्रतीत होगा कि यह असम्भव सा है, और जो इने-गिने लोग इसमें सफल होते हैं, वे देखेंगे कि जब वे अपने को आत्मस्वरूप अनुभव करते हैं, तब उन्हें देह ज्ञान नहीं रहता। तुमने ऐसे व्यक्तियों के विषय में सुना होगा और शायद देखा भी होगा, जो कभी कभी प्रखर ध्यान, आत्मसम्मोहन, हिस्टीरिया या मादक द्रव्यों के प्रभाव से विशेष अवस्था में आ जाते हैं। उन लोगों की इन अनुभूतियों से तुमको पता चलेगा कि जब वे भीतर ही भीतर अनुभव कर रहे थे, तब उनका बाह्य ज्ञान एकदम लुप्त हो गया था, बिल्कुल नहीं रह गया था। इसीसे जान पड़ता है कि अस्तित्व एक ही है, दो नहीं। वह एक ही अनेक रूपों में जान पड़ता है और इन्हीं सारे रूपों से कार्य-कारण का सम्बन्ध उत्पन्न होता है। कार्य-कारण-सम्बन्ध का अर्थ है परिणाम एक का दूसरे में बदल जाना। समय समय पर मानो कारण अन्तर्हित हो जाता है, केवल उसके बदले कार्य रह जाता है। यदि आत्मा देह का कारण है, तो मानो कुछ देर के लिए वह अन्तर्हित हो जाती है और उसके बदले देह रह जाती है, और जब शरीर अन्तर्हित हो जाता है, तो आत्मा अवशिष्ट रहती है। इस मत से बौद्धों का मत खण्डित हो जाता है। बौद्ध आत्मा और शरीर---इन दोनों को पृथक् मानने के अनुमान के विरुद्ध तर्क करते थे। अब अद्वैतवाद के द्वारा इस द्वैतभाव को मिटाने और द्रव्य तथा गुण एक ही वस्तु के विभिन्न रूप हैं, यह प्रदर्शित करने से उनका मत भी खण्डित हो गया।

हम लोगों ने यह भी देखा कि अपरिणामित्व केवल समष्टि के सम्बन्ध में ही सत्य हो सकता है, व्यष्टि के सम्बन्ध में नहीं। परिणाम और गति, इन भावों के

साथ व्यष्टि की धारणा जड़ित है। हर ससीम विषय को हम जान और समझ सकते हैं, क्योंकि वह परिणामी होती है; किंतु पूर्ण का अपरिणामी होना अनिवार्य है, क्योंकि उसके अतिरिक्त अन्य कुछ है ही नहीं, जिसके संदर्भ में उसमें कोई परिवर्तन हो सके। परिणाम केवल दूसरे किसी अल्पपरिणामी अथवा पूर्ण रूप से अपरिणामी पदार्थ के साथ तुलना करने पर ही जाना जा सकता है।

अतएव अद्वैतवाद के अनुसार, सर्वव्यापी अपरिणामी अमर आत्मा के अस्तित्व का विषय भी यथासम्भव प्रमाणित किया जा सकता है। व्यष्टि के सिद्ध करने के बारे में ही कठिनाई होगी। तो फिर हमारे सब प्राचीन द्वैतवादी सिद्धांतों का, जिनका हमारे ऊपर इतना प्रबल प्रभाव है, और ससीम, क्षुद्र, व्यक्तिगत आत्मा में उन विश्वासों का क्या होगा, जिनमें होकर हम सबको गुज़रना होता है।

हमने देखा कि समष्टि भाव से हम लोग अमर हैं, किन्तु समस्या यही है कि हम क्षुद्र व्यक्ति के रूप में भी अमर होने के इच्छुक हैं, इसका क्या अर्थ है? हमने देखा कि हम अनन्त हैं, और वही हमारा यथार्थ व्यक्तित्व है। किन्तु हम इन क्षुद्र आत्माओं को व्यक्ति बनाना चाहते हैं। उस क्षुद्र व्यक्तित्व का क्या होगा? कितु दैनंदिन जीवन में हम देखते हैं कि उनका व्यक्तित्व है, किन्तु वह व्यक्तित्व है निरंतर विकासशील। वे एक हैं, और फिर भी एक नहीं हैं। कल का 'मैं' आज का 'मैं' है भी, और साथ ही नहीं भी है, क्योंकि वह थोड़ा परिवर्तित हो जाता है। इस द्वैतभावात्मक धारणा अर्थात् समस्त परिणाम के भीतर कुछ ऐसा है जो परिवर्तित नहीं होता—इस मत के परित्याग, और नितान्त आधुनिक भाव अर्थात् विकासवाद को स्वीकार करने से हम इस निष्कर्ष पर पहुँचते हैं कि यह 'मैं' एक सतत परिवर्तनशील और विकसनशील सत्ता है।

यदि यह सत्य है कि मनुष्य मांसल जन्तुविशेष (mollusc) का परिणाम मात्र है, तो वह जन्तु और मनुष्य एक ही पदार्थ हुए, भेद केवल यही हुआ कि मनुष्य उस जन्तुविशेष का बहु-परिणामात्मक विकास मात्र है। वही क्रमशः विकसित होते होते अनन्त की ओर जा रहा है और अब उसने मनुष्य का रूप धारण किया है। इसलिए सीमाबद्ध जीवात्मा को ऐसा व्यक्ति कहा जा सकता है, जो क्रमशः पूर्ण व्यक्तित्व की ओर अग्रसर हो रहा है। पूर्ण व्यक्तित्व तभी प्राप्त होगा, जब वह अनन्त में पहुँचेगा, किन्तु इस अवस्था में पहुँचने से पहले ही उसके व्यक्तित्व का लगातार परिणाम हो रहा है और साथ ही साथ विकास भी। अद्वैत वेदान्त का प्रधान वैशिष्ट्य है—पूर्ववर्ती मतों में सामंजस्य स्थापित करना। उससे दर्शन को अनेक अवसरों पर बहुत लाभ भी हुआ, पर कभी कभी उसने हानि भी पहुँचायी। जिसे आज आप विकासवाद कहते हैं, अर्थात् विकास शनैः शनैः क्रमबद्ध होता

है—इस सिद्धांत को हमारे प्राचीन दार्शनिक जानते थे और इसीकी सहायता से वे समस्त पूर्ववर्ती दर्शनों का सामंजस्य करने में सफल हुए। अतएव पूर्ववर्ती कोई भी मत 'परित्यक्त' नहीं हुआ। बौद्धमत का दोष यह था कि उसमें विकास-वाद का ज्ञान नहीं था और न उसको समझने की क्षमता। अतएव उन्होंने आदर्श में पहुँचने की पूर्ववर्ती सीढ़ियों के साथ अपने मत का सामंजस्य करने का कोई प्रयत्न नहीं किया, वरन् उन्हें निरर्थक और अनिष्टकारी कहकर उनका परित्याग कर दिया।

धर्म की यह प्रवृत्ति अत्यन्त अनिष्टकारक है। किसी व्यक्ति को एक नूतन और श्रेष्ठतर भाव मिला, तो वह अपने पुराने भावों के प्रति यह निर्णय कर लेता है कि वे सब अनावश्यक तथा हानिकारक थे। वह यह कभी नहीं सोचता कि उसकी आज की दृष्टि से वे कितने ही निरर्थक क्यों न हों, एक समय वह भी तो था, जब वे ही उसके लिए उपयोगी और उसकी वर्तमान अवस्था तक उसे पहुँचाने के लिए आवश्यक थे। तथा हममें से प्रत्येक को उसी प्रकार से आत्म-विकास करना पड़ेगा, पहले स्थूल भावों को अपनाना होगा, और उनसे लाभान्वित होकर एक उच्चतर मानदंड तक पहुँचना होगा। इसलिए अद्वैतवाद प्राचीनतम मतों से मित्र भाँव रखता है। द्वैतवाद तथा अपने पूर्वगामी अन्य मतों को अद्वैतवाद एक संरक्षक की दृष्टि से नहीं, वरन् यह मान कर अंगीकार कर लेता है कि वे भी एक ही सत्य की सच्ची अभिव्यक्तियाँ हैं और अद्वैतवाद जिन सिद्धान्तों पर पहुँचा है, वे भी उन्हीं सिद्धान्तों पर पहुँचाते हैं।

अतएव मनुष्य को जिन सब सीढ़ियों पर चढ़कर ऊपर जाना है, उनके प्रति कठोर वचन न कहकर उनको आशीर्वाद देते हुए उनकी रक्षा करनी चाहिए। इसीलिए वेदान्त में इन द्वैतवादी सिद्धांतों की उचित रक्षा की गयी है, उनका परि-त्याग नहीं किया गया, और इसीलिए ससीम, व्यक्तितायुक्त, किंतु फिर भी अपने में पूर्ण आत्मा की परिकल्पना ने वेदान्त में स्थान पाया है।

द्वैत मत के अनुसार मृत्यु होने के पश्चात् मनुष्य अन्यान्य लोकों में जाता है इत्यादि, ये सब भाव अद्वैतवाद में सम्पूर्ण रूप से रक्षित हैं। क्योंकि अद्वैत में विकास की प्रक्रिया स्वीकार करने पर, इन विविध सिद्धांतों को अपना उचित स्थान मिल जाता है, वे सत्य के आंशिक वर्णन मात्र हैं।

द्वैतवाद की दृष्टि से इस जगत् को केवल भौतिक द्रव्य या शक्ति की सृष्टि के रूप में ही देखा जा सकता है, उसे किसी विशेष इच्छा-शक्ति की क्रीड़ा के रूप में ही सोचा जा सकता है और उस इच्छा-शक्ति को जगत् से पृथक् ही सोचना सम्भव है। इस दृष्टि से मनुष्य अपने को आत्मा और देह दोनों की समष्टि के रूप

में सोच सकता है और यह आत्मा ससीम होने पर भी स्वयं में पूर्ण है। इस प्रकार के व्यक्ति की अमरत्व और भावी जीवन की धारणाएँ उसकी आत्मा सम्बन्धी धारणाओं के अनुसार ही होती हैं। वेदान्त में इन सब अवस्थाओं को सुरक्षित रखा गया है और इसलिए द्वैतवाद की कुछ लोकप्रिय धारणाओं का परिचय तुमको देना आवश्यक है।

इस मत के अनुसार हमारा यह शरीर तो है ही, इस स्थूल शरीर के पीछे एक सूक्ष्म शरीर है। यह सूक्ष्म शरीर भी भौतिक है, किन्तु अत्यन्त सूक्ष्म भौतिक द्रव्य से बना है। वह हमारे सम्पूर्ण कर्मों और संस्कारों का आलय है। कर्म और संस्कार दृश्य रूप में व्यक्त होने के लिए प्रस्तुत रहते हैं। हमारा प्रत्येक विचार और प्रत्येक कार्य कुछ समय बाद सूक्ष्म रूप धारण कर लेता है, मानो बीज बन जाता है, सूक्ष्म शरीर में अव्यक्त रूप से रहता है, और कुछ समय बाद आविर्भूत होकर अपना फल देता है। कर्म-फलों का यही समूह मनुष्य के जीवन को निर्धारित करता है। वह अपना जीवन स्वयं ही बनाता है। मनुष्य अपने लिए जिन नियमों की रचना करता है, उनके अतिरिक्त वह और किसी भी नियम से बद्ध नहीं है। हमारे विचार, शब्द और कर्म हमारे शुभ या अशुभ बन्धन-जाल के सूत हैं। एक बार किसी शक्ति को चलायमान कर देने पर उसका पूर्ण फल हमें भोगना पड़ता है। यही कर्मविधान है। इस सूक्ष्म शरीर के पीछे जीव या मनुष्य की व्यष्टिगत आत्मा है। इस जीवात्मा के रूप और आकार को लेकर अनेक वाद-विवाद हुए हैं। किसीके मत में वह अणु जैसा लघु है, तो किसीके मत में वह इतना लघु नहीं है, और दूसरों के मत में बहुत बड़ा है, आदि यह जीव उस विश्वव्याप्त द्रव्य का एक अंश है, और वह शाश्वत है। वह अनादि और अनंत है। अपना प्रकृतस्वरूप, पवित्रता को प्रकाशित करने के लिए वह अनेक प्रकार की देहों में से होकर आगे बढ़ रहा है। जो कर्म इस प्रकाश की अभिव्यक्ति में बाधा उपस्थित करता है, उसे असत् कर्म कहते हैं; ऐसा ही विचारों के सम्बन्ध में भी है, और जिस कार्य अथवा विचार द्वारा उसके स्वरूप प्रकाशन में सहायता मिलती है, उसे सत्कार्य अथवा सद्विचार कहते हैं। किन्तु भारत के निम्नतम द्वैतवादी और अत्यन्त उन्नत अद्वैतवादी सभी का यह सामान्य मत है कि आत्मा की समस्त शक्ति और संभावना उसीके भीतर है—वे किसी बाह्य स्रोत से नहीं आतीं। वे आत्मा में ही अव्यक्त रूप से रहती हैं, और जीवन का सारा कार्य केवल उनके उस अव्यक्त शक्ति-समूह को व्यक्त करना मात्र है।

वे पुनर्जन्म के सिद्धांत को भी मानते हैं, जिसके अनुसार इस देह के नष्ट होने पर जीव फिर एक देह धारण करेगा और उस देह के नाश होने पर फिर एक दूसरा

देह, तथा इसी प्रकार आगे भी क्रम चलता रहेगा। जीवात्मा इसी पृथ्वी पर जन्म ले अथवा अन्य किसी लोक में, किन्तु इसी पृथ्वी को श्रेष्ठतर बताया गया है, क्योंकि उनके मत में हमारे सम्पूर्ण प्रयोजन की सिद्धि के लिए यह पृथ्वी ही सर्वश्रेष्ठ है। अन्यान्य लोकों में दुःख-कष्ट यद्यपि बहुत कम अवश्य हैं, किन्तु इसी कारण वहाँ उच्चतम विचार करने के लिए अवसर ही नहीं मिलता। इस जगत् में घोर दुःख भी है और कुछ सुख भी। अतएव जीव की मोह-निद्रा यहाँ कभी न कभी टूटती ही है, कभी न कभी उसकी इच्छा मुक्ति पाने की होती ही है। किन्तु जैसे इस लोक में बहुत धनी व्यक्ति के लिए उच्चतर वस्तुओं पर विचार करने का संयोग अल्पतम ही होता है, ठीक उसी प्रकार जीव यदि स्वर्ग में जाता है, तो उसकी भी आत्मोन्नति की सम्भावना बहुत कम हो जाती है। कारण यह है कि उसकी दशा यहाँ के धनी व्यक्ति की भाँति हो जाती है, वरन् यहाँ की अपेक्षा और भी अधिक प्रखर। उसको वहाँ जो सूक्ष्म देह प्राप्त होती है, वह रोगमुक्त होती है, उसमें कोई खाने पीने की आवश्यकता नहीं रह जाती और सब कामनाएँ भी पूर्ण होती रहती हैं। जीव वहाँ सुख पर सुख भोगता है, परन्तु इसीलिए वह अपना स्वरूप बिल्कुल भूल जाता है। फिर भी कुछ उच्चतर लोक ऐसे भी हैं, जहाँ सब भोगों के रहते हुए भी और आगे विकास कर सकना संभव है। कुछ द्वैतवादी उच्चतम स्वर्ग को ही चरम लक्ष्य मानते हैं—उनके मतानुसार जीवात्माएँ वहाँ जाकर चिरकाल तक भगवान् के साथ रहती हैं। वे वहाँ दिव्य देह प्राप्त करती हैं—उन्हें रोग, शोक, मृत्यु अथवा अन्य कोई अशुभ नहीं सताता। उनकी सब कामनाएँ पूर्ण हो जाती हैं। समय समय पर उनमें से कोई कोई पृथ्वी पर आकर, देह धारण कर मनुष्य को ईश्वर के मार्ग का उपदेश देती हैं, और जगत् के सभी महान् उपदेशक ऐसे व्यक्ति ही हैं। वे पहले ही मुक्त होकर भगवान् के साथ उच्चतम लोक में वास करते हैं, किन्तु दुःखार्त मनुष्यों के प्रति उनकी इतनी प्रीति और अनुकंपा होती है कि वे यहाँ आकर पुनः देह धारण कर लोगों को स्वर्ग-पथ के सम्बन्ध में उपदेश देते हैं।

अद्वैतवाद की इस मान्यता से तो हम परिचित हैं कि यह हमारा चरम लक्ष्य कभी नहीं हो सकता। हमारा लक्ष्य होना चाहिए सम्पूर्ण विदेह मुक्ति। आदर्श कभी ससीम नहीं हो सकता। अनन्त से घट कर और कुछ भी हमारा चरम लक्ष्य नहीं हो सकता, किन्तु देह तो कभी अनन्त नहीं होती। यह होना असम्भव है, क्योंकि ससीमता से शरीर की उत्पत्ति है। विचार अनन्त नहीं हो सकता, क्योंकि विचार भी ससीम से उत्पन्न होता है। अद्वैतवादी कहता है, हमें देह और विचार के परे जाना होगा। और हमने अद्वैतवादियों की यह धारणा भी देखी है कि मुक्ति

कोई प्राप्त करने की वस्तु नहीं है, वह तो सदा तुम्हारी अपनी है। केवल हम लोग उसे भूल जाते हैं और उसे अस्वीकार करते हैं। पूर्णता हमें प्राप्त करना नहीं है, वह तो सदैव ही हमारे भीतर वर्तमान है। यह अमरत्व, यह आनंद हमें अर्जित करना नहीं है, वह तो सदा से ही हमें प्राप्त है।

यदि तुम साहस के साथ यह कह सको कि 'मैं मुक्त हूँ', तो इसी क्षण तुम मुक्त हो। यदि तुम कहो 'मैं बद्ध हूँ', तो तुम बद्ध ही रहोगे। जो हो, द्वैतवादियों के विभिन्न मत मैंने तुमको बता दिये हैं, इनमें से तुम जिसे चाहो, ग्रहण करो।

वेदान्त की यह बात समझना बहुत कठिन है और लोग सदा इस पर विवाद करते रहते हैं। सबसे अधिक मुश्किल तो यही है कि जो किसी एक मत को ले लेता है, वह दूसरे मत को बिल्कुल अस्वीकार कर उस मतावलम्बी के साथ वाद-विवाद करने में प्रवृत्त हो जाता है। तुम्हारे लिए जो उपयुक्त हो, उसे तुम ग्रहण करो, और दूसरे को जो उपयुक्त लगे, उसे वह ग्रहण करने दो। यदि तुम अपने इस क्षुद्र व्यक्तित्व को, इस ससीम मानवत्व को रखने के लिए इतने इच्छुक हो, तो उसे अनायास ही रख सकते हो, तुम्हारी सभी वासनाएँ रह सकती हैं और तुम उनमें सन्तुष्ट भी रह सकते हो। यदि मनुष्य भाव में रहने का आनन्द तुम्हें इतना सुन्दर और मधुर लगता है, तो तुम जितने दिन इच्छा हो, उसको रख सकते हो, क्योंकि तुम जानते हो कि तुम्हीं अपने भाग्य के निर्माता हो। ज़बरदस्ती तुमसे कोई कुछ भी नहीं करा सकता। तुम्हारी जब तक इच्छा हो, मनुष्य बने रहो, कोई भी तुम्हें रोक नहीं सकता। यदि देवता होने की इच्छा करो, तो देवता हो जाओगे। असल बात यह है। किन्तु कुछ लोग ऐसे हैं, जो देवता भी नहीं बनना चाहते। उनसे यह कहने का तुम्हारा क्या अधिकार है कि यह बड़ी भयंकर बात है? तुम्हें सौ रुपये खो जाने से दुःख हो सकता है, किन्तु ऐसे भी अनेक लोग हैं, जिनका यदि सर्वस्व नष्ट हो जाय, तो भी उन्हें किंचित् कष्ट नहीं होगा। ऐसे लोग प्राचीन काल में भी थे और आज भी हैं। तुम उन्हें अपने आदर्श के पैमाने से क्यों नापते हो? तुम अपने इन क्षुद्र सीमित भावों से चिपके रहो, ये लौकिक विचार तुम्हारे सर्वोच्च आदर्श बने रहें। जैसा चाहोगे वैसा ही पाओगे। किन्तु ऐसे अनेक व्यक्ति हैं, जिन्हें सत्य का दर्शन हुआ है—वे इन सीमाओं में संतुष्ट नहीं रह सकते, वे इनके परे जाना चाहते हैं। जगत् और उसका सम्पूर्ण भोग उन्हें गोखुर से अधिक नहीं जान पड़ता। तुम उन्हें अपने विचारों में क्यों फँसाकर रखना चाहते हो? इस प्रवृत्ति को बिल्कुल छोड़ना पड़ेगा। प्रत्येक को उसका स्थान दो।

बहुत दिन पहले मैंने पत्रों में एक समाचार पढ़ा था। कुछ जहाज[1] प्रशान्त महासागर के एक द्वीपपुंज के निकट तूफ़ान में फँस गये। सचित्र लंदन समाचार (Illustrated London News) पत्रिका में इस घटना का एक चित्र भी आया था। तूफ़ान में केवल एक ब्रिटिश जहाज को छोड़कर अन्य सब भग्न होकर डूब गये। वह ब्रिटिश जहाज तूफ़ान पार कर चला आया। चित्र में यह दिखाया है कि जहाज डूबे जा रहे हैं, उनके डूबते हुए यात्री डेक के ऊपर खड़े होकर तूफ़ान के मध्य बच जानेवाले यात्रियों को प्रोत्साहित कर रहे हैं। इसी प्रकार हमें वीर, उदार होना चाहिए। दूसरों को नीचे खींचकर अपनी भूमि पर मत लाओ। लोग मूर्ख के समान एक और मत की पुष्टि किया करते हैं कि यदि हमारा यह क्षुद्र व्यक्तित्व चला जायगा, तो जगत् में किसी प्रकार की नीतिपरायणता नहीं रहेगी, मनुष्य जाति की आशा उच्छिन्न हो जायगी। मानो जो ऐसा कहते हैं, वे समग्र मानव जाति के लिए सदा प्राणोत्सर्ग ही करने के लिए तैयार हैं! ईश्वर तुम्हारा कल्याण करे! यदि हर देश में केवल दो सौ नर-नारी देश के सच्चे हितैषी हों, तो पाँच दिन में सत्ययुग आ सकता है। हम जानते हैं कि हम मनुष्य जाति के उपकार के लिए किस प्रकार आत्मोत्सर्ग करना चाहते हैं! ये सब लम्बी-चौड़ी बातें हैं—और कुछ नहीं। विश्व के इतिहास से यह स्पष्ट है कि जिन्होंने अपने इस क्षुद्र व्यक्तित्व को एकदम भुला दिया था, वे ही मानव जाति के सर्वोत्तम हितैषी हैं, और स्त्री या पुरुष जितना ही अधिक अपने संबंध में सोचते हैं, वे दूसरों के लिए उतना ही कम कर पाते हैं। उनमें से एक में निःस्वार्थपरता है और दूसरों में स्वार्थ-परता। इन छोटे छोटे भोग-सुखों में आसक्त रहना और उनकी निरंतरता तथा पुनरावृत्ति चाहना घोर स्वार्थ है। ऐसी मनोवृत्ति सत्यानुराग अथवा दूसरों के प्रति दयालु भाव के कारण नहीं होती—इसकी उत्पत्ति का एकमात्र कारण है घोर स्वार्थपरता। दूसरे किसीकी ओर दृष्टि न रखकर केवल अपनी ही भोगवृत्ति के भाव से इसका जन्म होता है। कम से कम मुझे तो यही जान पड़ता है। संसार में मैं प्राचीन पैग़म्बरों और महात्माओं के समान चरित्रबलशाली व्यक्ति और देखना चाहता हूँ—वे एक क्षुद्र पशु तक के उपकारार्थ सौ सौ जीवन त्यागने के लिए तैयार थे। नीति और परोपकार की क्या बात करते हो? यह तो आजकल की बेकार की बातें हैं।

मैं गौतम बुद्ध के समान नैतिकतायुक्त लोग देखना चाहता हूँ। वे सगुण ईश्वर

---

१ प्रशान्त महासागर के समोआ द्वीपपुंज के पास ब्रिटिश जहाज 'कैलिओपी' और अमेरिका के कुछ युद्ध जहाज।

अथवा व्यक्तिगत आत्मा में विश्वास नहीं करते थे, उस विषय में कभी प्रश्न ही नहीं करते थे, उस विषय में पूर्ण अज्ञेयवादी थे, किन्तु ज़ो सबके लिए अपने प्राण तक देने को प्रस्तुत थे—आजन्म दूसरों का उपकार करने में रत रहते तथा सदैव इसी चिन्ता में मग्न रहते थे कि दूसरों का उपकार किस प्रकार हो। उनके जीवन-चरित लिखनेवालों ने ठीक ही कहा है कि उन्होंने 'बहुजनहिताय बहुजन-सुखाय' जन्म ग्रहण किया था। वे अपनी निजी मुक्ति के लिए वन में तप करने नहीं गये। दुनिया जली जा रही है—और इसे बचाने का कोई उपाय मुझे खोज निकालना चाहिए। उनके समस्त जीवन में यही एक चिन्ता थी कि जगत् में इतना दुःख क्यों है? तुम लोग क्या यह समझते हो कि हम सब उनके समान नैतिकतापरायण हैं?

मनुष्य जितना ही स्वार्थी होता है, उतना ही अनैतिक भी होता है। यही बात जातियों के सम्बन्ध में सत्य है। स्वयं अपने से ही विजड़ित रहनेवाली जाति ही समग्र संसार में सबसे अधिक क्रूर और पातकी सिद्ध हुई है। अरब के पैग़म्बर द्वारा प्रवर्तित धर्म से बढ़कर द्वैतवाद से चिपकनेवाला कोई दूसरा धर्म आज तक नहीं हुआ, और इतना रक्त बहानेवाला तथा दूसरों के प्रति इतना निर्मम धर्म भी कोई दूसरा नहीं हुआ। क़ुरान का यह आदेश है कि जो मनुष्य इन शिक्षाओं को न माने, उसको मार डालना चाहिए; उसकी हत्या कर डालना ही उस पर दया करना है! और सुन्दर हूरों तथा सभी प्रकार के भोगों से युक्त स्वर्ग को प्राप्त करने का सबसे विश्वस्त रास्ता है, काफ़िरों की हत्या करना। ऐसे कुविश्वासों के फलस्वरूप जितना रक्तपात हुआ है, उसकी कल्पना कर लो!

ईसा मसीह ने जिस धर्म का प्रचार किया, उसमें ऐसी भद्दी बातें नहीं थीं। विशुद्ध ईसाई धर्म और वेदान्त धर्म में बहुत कम अन्तर है। उन्होंने अद्वैतवाद का भी प्रचार किया और जनसाधारण को सन्तुष्ट रखने के लिए, उसे उच्चतम आदर्श की धारणा कराने के लिए सोपान रूप से द्वैतवाद के आदर्श की भी शिक्षा दी। जिन्होंने 'मेरे स्वर्गस्थ पिता' कहकर प्रार्थना करने का उपदेश दिया था, उन्होंने यह भी कहा था 'मैं और मेरे पिता एक हैं।' वे यह भी जानते थे कि इस स्वर्गस्थ पितारूप द्वैतभाव की उपासना करते करते ही अभेद बुद्धि आ जाती है। उस समय ईसाई धर्म केवल प्रेम और आशीर्वादपूर्ण था, किन्तु उसमें जैसे ही असंस्कार आ घुसे, वह च्युत होकर अरब के पैग़म्बर के धर्म के स्तर पर आ टिका। यह जो क्षुद्र 'मैं' के लिए मारकाट, 'मैं' के प्रति घोर आसक्ति, और केवल इसी जीवन में नहीं बल्कि मृत्यु के बाद भी इस क्षुद्र 'मैं' तथा इस क्षुद्र व्यक्तित्व को ही लेकर रहने की इच्छा, यह सब असंस्कार ही तो है। वे इसीको

निःस्वार्थपरता और नैतिकता की आधार-शिला कहते हैं। यही अगर नैतिकता की आधार-शिला हो, तो भगवान् हमारी रक्षा करें! और आश्चर्य की बात यह है कि जिन सब नर-नारियों से हम अधिक ज्ञान की अपेक्षा करते हैं, उन्हें यह डर लगता है कि इस क्षुद्र 'मैं' के मिटने पर सारी नैतिकता बिल्कुल नष्ट हो जायगी। यह कहने से कि इस क्षुद्र 'मैं' के विनाश पर ही यथार्थ नैतिकता अवलम्बित है, इनका कलेजा मुँह में आ जाता है। सब प्रकार की नीति, शुभ तथा मंगल का मूलमन्त्र 'मैं' नहीं, 'तुम' है। स्वर्ग और नरक हैं या नहीं, आत्मा है या नहीं, कोई अनश्वर सत्ता है या नहीं, इसकी चिन्ता कौन करता है? हमारे सामने यह संसार है और वह दुःख से पूर्ण है। बुद्ध के समान इस संसार-सागर में गोता लगाकर या तो इस संसार के दुःख को दूर करो या इस प्रयत्न में प्राण त्याग दो। अपने को भूल जाओ; आस्तिक हो या नास्तिक, अज्ञेयवादी ही हो या वेदान्ती, ईसाई हो या मुसलमान—प्रत्येक के लिए यही प्रथम पाठ है। और जो पाठ सबको स्पष्ट है, वह है तुच्छ अहं का उन्मूलन और वास्तविक आत्मा का विकास।

दो शक्तियाँ सदा समानान्तर रेखाओं में एक दूसरे के साथ कार्य कर रही हैं। एक कहती है "मैं" और दूसरी कहती है "मैं नहीं"। उनकी अभिव्यक्ति केवल मनुष्यों में ही नहीं, किन्तु पशुओं में भी देखी जाती है—केवल पशुओं में ही नहीं क्षुद्रतम कीटाणुओं में भी। नर-रक्त की प्यासी लपलपाती जीभवाली बाघिन भी अपने बच्चे की रक्षा के लिए जान देने को प्रस्तुत रहती है। अत्यन्त बुरा आदमी, जो अनायास ही अपने भाई का गला काट सकता है—वह भी भूख से मरती हुई अपनी स्त्री तथा बाल-बच्चों के लिए अपने प्राण निस्संकोच दे देता है। सृष्टि के भीतर ये दोनों शक्तियाँ पास पास ही काम कर रही हैं—जहाँ एक शक्ति देखोगे, वहाँ दूसरी भी दीख पड़ेगी। एक स्वार्थपरता है, और दूसरी निःस्वार्थपरता। एक है ग्रहण, दूसरी त्याग। एक लेती है, दूसरी देती है। क्षुद्रतम प्राणी से लेकर उच्चतम प्राणी तक समस्त ब्रह्माण्ड इन्हीं दोनों शक्तियों का लीलाक्षेत्र है। इसके लिए किसी प्रमाण की आवश्यकता नहीं—यह स्वतः प्रमाण है।

समाज के एक अंश के लोगों को जगत् के समस्त क्रियाकलाप और विकास को इन दो में से केवल एक—प्रतियोगिता और संघर्ष—घटक पर आधारित कर देने का क्या अधिकार है? विश्व के सारे व्यापारों को राग-द्वेष, युद्ध, प्रतियोगिता और संघर्ष पर अधिष्ठित मानने का उन्हें क्या अधिकार है? उनके अस्तित्व को हम अस्वीकार नहीं करते। किन्तु उन्हें दूसरी शक्ति की

क्रिया को बिल्कुल न मानने का क्या अधिकार है? क्या, कोई मनुष्य यह अस्वीकार कर सकता है कि यह प्रेम, अहंशून्यता अथवा त्याग ही जगत् की एकमात्र धनात्मक शक्ति है? दूसरी शक्ति इस प्रेम-शक्ति का ही असम्यक् प्रयोग है, प्रेम से ही प्रतिद्वन्द्विता की उत्पत्ति होती है, प्रेम ही प्रतियोगिता का मूल है। निःस्वार्थपरता ही अशुभ की माता है। शुभ ही अशुभ का जनक है, और अशुभ का परिणाम भी शुभ के अतिरिक्त और कुछ नहीं है। एक व्यक्ति जो दूसरे की हत्या करता है, वह भी प्रायः अपने पुत्रादि के प्रति स्नेह की प्रेरणा से ही, एवं उनके लालन-पालन के लिए उसका प्रेम संसार के अन्य लाखों व्यक्तियों से हटकर केवल अपने शिशु में सीमित हो जाता है, किन्तु ससीम हो या असीम, वह मूलतः है प्रेम ही।

अतएव समग्र जगत् की परिचालक, जगत् में एक मात्र प्रकृत और जीवन्त शक्ति वही एक अद्भुत वस्तु है—वह किसी भी आकार में व्यक्त क्यों न हो, और वह है प्रेम, निःस्वार्थपरता तथा त्याग। इसीलिए वेदान्त अद्वैत पर जोर देता है। हम भी इसी व्याख्या पर आग्रह कर रहे हैं, क्योंकि हम जगत् के दो कारण स्वीकार नहीं कर सकते। यहाँ यदि हम यह स्वीकार कर लें कि वही एक अपूर्व सुन्दर प्रेम सीमित होकर ही असत् रूप में प्रतीत होता है, तो एक ही प्रेमशक्ति द्वारा सम्पूर्ण जगत् की व्याख्या हो जाती है। नहीं तो हमें जगत् के दो कारण मानने पड़ेंगे—एक शुभ, दूसरा अशुभ—एक प्रेम, दूसरा घृणा। इन दोनों सिद्धान्तों के बीच में कौन अधिक न्याय-संगत है?—निश्चय ही शक्ति को माननेवाला सिद्धान्त।

मैं अब ऐसी बातों की चर्चा करूँगा जो सम्भवतः द्वैतवाद से सम्बन्ध नहीं रखतीं। मैं द्वैतवाद की इस आलोचना में और अधिक समय नहीं दूंगा। मेरा उद्देश्य यहाँ यह दिखलाना है कि नैतिकता और निःस्वार्थपरता के उच्चतम आदर्श उच्चतम दार्शनिक धारणा के साथ असंगत नहीं हैं, नैतिकता और नीति-शास्त्र की उपलब्धि के लिए तुमको अपनी दार्शनिक धारणा को नीचा नहीं करना पड़ता, वरन् नैतिकता और नीतिशास्त्र को ठोस आधार देने के लिए तुमको उच्चतम दार्शनिक और वैज्ञानिक धारणाएँ स्वीकार करनी होंगी। मनुष्य का ज्ञान मनुष्य के मंगल का विरोधी नहीं है, वरन् जीवन के प्रत्येक विभाग में ज्ञान हमारी रक्षा करता है। ज्ञान ही उपासना है। हम जितना जान सकें, उसीमें हमारा मंगल है। वेदान्ती कहते हैं, इस समस्त प्रतीयमान अशुभ का कारण है—असीम का सीमाबद्ध हो जाना। जो प्रेम सीमाबद्ध होकर क्षुद्र-भावापन्न हो जाता है तथा अशुभ प्रतीत होता है, वही फिर अपनी चरमावस्था में स्वयं

को ईश्वर रूप में प्रकाशित करता है। वेदान्त यह भी कहता है कि इस आपात-प्रतीयमान् सम्पूर्ण अशुभ का कारण हमारे भीतर ही है। किसी लोकोत्तर पुरुष को दोष न दो, न निराश या विषण्ण होओ, न यह सोचो कि तुम गर्त के बीच में पड़े हो और जब तक कोई दूसरा आकर तुम्हारी सहायता नहीं करता, तब तक तुम इससे निकल नहीं सकते। वेदान्त कहता है, दूसरे की सहायता से हमारा कुछ नहीं हो सकता। हम रेशम के कीड़े के समान हैं। अपने ही शरीर से अपने आप जाल बनाकर उसीमें आबद्ध हो गये हैं। किन्तु यह बद्धभाव चिरकाल के लिए नहीं है। हम लोग उससे तितली के समान बाहर निकलकर मुक्त हो जायंगे। हम लोग अपने चारों ओर इस कर्मजाल को लगा देते हैं और अज्ञानवश सोचने लगते हैं कि हम बद्ध हैं और सहायता के लिए रोते-चिल्लाते हैं। किन्तु बाहर से कोई सहायता नहीं मिलती, सहायता मिलती है भीतर से। दुनिया के सारे देवताओं के पास तुम रो सकते हो, मैं भी बहुत वर्ष इसी तरह रोता रहा, अन्त में देखा कि मुझे सहायता मिल रही है, किन्तु यह सहायता भीतर से मिली। भ्रान्तिवश इतने दिन तक जो अनेक प्रकार के काम करता रहा, उस भ्रान्ति को मुझे दूर करना पड़ा। यही एकमात्र उपाय है। मैंने स्वयं अपने को जिस जाल में फँसा रखा है, वह मुझे ही काटना पड़ेगा और उसे काटने की शक्ति भी मुझमें ही है। इस विषय में निश्चयपूर्वक कह सकता हूँ कि मेरे जीवन की सदसत् कोई भी प्रवृत्ति व्यर्थ नहीं गयी—मैं उसी अतीत शुभाशुभ दोनों प्रकार के कर्मों का समष्टिस्वरूप हूँ। मैंने जीवन में बहुत सी भूलें की हैं, किन्तु इनको किये बिना आज जो मैं हूँ वह कभी न होता। मैं अब अपने जीवन से अत्यन्त सन्तुष्ट हूँ। पर मेरे कहने का यह मतलब नहीं कि तुम घर जाकर चाहे जितना अन्याय करते रहो। मेरी बात का ग़लत मतलब न समझ लेना। मेरे कहने का अभिप्राय यही है कि कुछ भूल-चूक हो गयी है, इसलिए एकदम हाथ पर हाथ रखकर मत बैठे रहो, किन्तु यह समझ रखो कि अन्त में फल सबका शुभ ही होता है। इसके विपरीत और कुछ कभी नहीं हो सकता, क्योंकि शिवत्व और विशुद्धत्व हमारा स्वाभाविक धर्म है। उसका किसी भी प्रकार नाश नहीं हो सकता। हम लोगों का यथार्थ स्वरूप सदा ही एकरूप रहता है।

हमें जो समझ लेना है, वह यह है कि जिन्हें हम भूलें या अशुभ कहते हैं, वह हम दुर्बल होने के कारण करते हैं, और हम दुर्बल अज्ञानी होने के कारण हैं। मैं पाप शब्द के बजाय भूल शब्द का प्रयोग अधिक उपयुक्त समझता हूँ। पाप शब्द यद्यपि मूलतः एक बड़ा अच्छा शब्द था, किन्तु अब उसमें जो व्यंजना आ गयी है. उससे मुझे भय लगता है। हमें किसने अज्ञानी बनाया है?

स्वयं हमने। हम लोग स्वयं अपनी आँखों पर हाथ रखकर 'अँधेरा, अँधेरा' चिल्लाते हैं। हाथ हटा लो और प्रकाश हो जायगा; देखोगे कि मानव की प्रकाशस्वरूप आत्मा के रूप में प्रकाश सदा विद्यमान रहता है। तुम्हारे आधुनिक वैज्ञानिक क्या कहते हैं, यह क्यों नहीं देखते? इस विकास का क्या कारण है?—वासना-इच्छा। पशु कुछ करना चाहता है, किन्तु परिवेश को अनुकूल नहीं पाता, और इसलिए वह एक नूतन शरीर धारण कर लेता है। तुम निम्नतम जीवाणु अमीबा से विकसित हुए हो। अपनी इच्छा-शक्ति का प्रयोग करते रहो, और भी अधिक उन्नत हो जाओगे। इच्छा सर्वशक्तिमान है। तुम कहोगे, यदि इच्छा सर्वशक्तिमान है, तो मैं हर बात क्यों नहीं कर पाता? उत्तर यह है कि तुम जब ऐसी बातें करते हो, उस समय केवल अपने क्षुद्र 'मैं' की ओर देखते हो। सोचकर देखो, तुम क्षुद्र जीवाणु से इतने बड़े मनुष्य हो गये। किसने तुम्हें मनुष्य बनाया? तुम्हारी अपनी इच्छा-शक्ति ने ही। यह इच्छा-शक्ति सर्वशक्तिमान है—तुम क्या यह अस्वीकार कर सकते हो? जिसने तुम्हें इतना उन्नत बना दिया, वह तुम्हें और भी अधिक उन्नत कर सकती है। तुमको आवश्यकता है चरित्र की और इच्छा-शक्ति को सबल बनाने की।

अतएव यदि मैं तुम्हें यह उपदेश दूँ कि तुम्हारी प्रकृति असत् है, और यह कहूँ कि तुमने कुछ भूलें की हैं, इसलिए अब तुम अपना जीवन केवल पश्चात्ताप करने तथा रोने-धोने में ही बिताओ, तो इससे तुम्हारा कुछ भी उपकार न होगा, वरन् उससे और भी दुर्बल हो जाओगे। ऐसा करना तुम्हें सत्पथ के बजाय असत्पथ दिखाना होगा। यदि हज़ारों साल इस कमरे में अँधेरा रहे और तुम कमरे में आकर 'हाय! बड़ा अँधेरा है! बड़ा अँधेरा है!' कह कहकर रोते रहो, तो क्या अंधेरा चला जायगा? कभी नहीं। एक दियासलाई जलाते ही कमरा प्रकाशित हो उठेगा। अतएव जीवन भर 'मैंने बहुत दोष किये हैं, मैंने बहुत अन्याय किया है', यह सोचने से क्या तुम्हारा कुछ भी उपकार हो सकेगा? हममें बहुत से दोष हैं, यह किसीको बतलाना नहीं पड़ता। ज्ञानाग्नि प्रज्वलित करो, एक क्षण में सब अशुभ चला जायगा। अपने प्रकृतस्वरूप को पहचानो, प्रकृत 'मैं' को—उसी ज्योतिर्मय उज्ज्वल, नित्यशुद्ध 'मैं' को, प्रकाशित करो—प्रत्येक व्यक्ति में उसी आत्मा को जगाओ। मैं चाहता हूँ कि सभी व्यक्ति ऐसी दशा में आ जायँ कि अति जघन्य पुरुष को भी देखकर उसकी बाह्य दुर्बलताओं की ओर वे दृष्टिपात न करें, बल्कि उसके हृदय में रहनेवाले भगवान् को देख सकें। और उसकी निन्दा न कर, यह कह सकें, 'हे स्वप्रकाशक, ज्योतिर्मय, उठो! हे सदाशुद्धस्वरूप उठो! हे अज, अविनाशी, सर्वशक्तिमान, उठो! आत्मस्वरूप

प्रकाशित करो। तुम जिन क्षुद्र भावों में आबद्ध पड़े हो, वे तुम्हें सोहते नहीं।' अद्वैतवाद इसी श्रेष्ठतम प्रार्थना का उपदेश देता है। निजस्वरूप स्मरण, सदा उसी अन्तःस्थ ईश्वर का स्मरण, उसीको सदा अनन्त, सर्वशक्तिमान, सदा-शिव, निष्काम कहकर उसका स्मरण — यही एकमात्र प्रार्थना है। यह क्षुद्र 'मैं' उसमें नहीं रहता, क्षुद्र बन्धन उसे नहीं बाँध सकते। और वह अकाम है, इसीलिए अभय और ओजस्वरूप है, क्योंकि कामना तथा स्वार्थ से ही भय की उत्पत्ति होती है। जिसे अपने लिए कोई कामना नहीं, वह किससे डरेगा? कौन सी वस्तु उसे डरा सकती है? क्या उसे मृत्यु डरा सकती है? अशुभ, विपत्ति डरा सकती है? कभी नहीं। अतएव यदि हम अद्वैतवादी हैं, तो हमें यह मानना होगा कि हमारा 'मैं-पन' इसी क्षण से मृत है। फिर मैं स्त्री हूँ या पुरुष हूँ, अमुक अमुक हूँ, यह सब भाव नहीं रह जाता, ये अंधविश्वास मात्र थे, और शेष रहता है वही नित्य शुद्ध, नित्य ओजस्वरूप, सर्वशक्तिमान सर्वज्ञस्वरूप, और तब हमारा सारा भय चला जाता है। कौन इस सर्वव्यापी 'मैं' का अनिष्ट कर सकता है? इस प्रकार हमारी सम्पूर्ण दुर्बलता चली जाती है। तब दूसरों में भी उसी शक्ति को उद्दीप्त करना हमारा एकमात्र कार्य हो जाता है। हम देखते हैं, वे भी यही आत्मास्वरूप हैं, किन्तु वे यह जानते नहीं। अतएव हमें उन्हें सिखाना होगा—उनके इस अनन्तस्वरूप के प्रकाशनार्थ हमें उनकी सहायता करनी पड़ेगी। मैं देखता हूँ कि जगत् में इसीके प्रचार की सबसे अधिक आवश्यकता है। ये सब मत अत्यन्त पुराने हैं, बहुतेरे पर्वतों से भी पुराने। सभी सत्य सनातन हैं। सत्य व्यक्तिविशेष की सम्पत्ति नहीं है। कोई भी जाति, कोई भी व्यक्ति उसे अपनी सम्पत्ति कहने का दावा नहीं कर सकता। सत्य ही सब आत्माओं का यथार्थस्वरूप है। किसी भी व्यक्तिविशेष का उस पर विशेष अधिकार नहीं है। किन्तु हमें उसे व्यावहारिक और सरल बनाना होगा, (क्योंकि उच्चतम सत्य अत्यन्त सहज और सरल होते हैं) जिससे वह समाज के हर रंध्र में व्याप्त हो जाय, उच्चतम मस्तिष्क से लेकर अत्यन्त साधारण मन द्वारा भी समझा जा सके, तथा आबाल-वृद्ध-वनिता सभी उसे जान सकें। ये न्याय के कूट विचार, दार्शनिक मीमांसाएँ, ये सब मतवाद और क्रिया-काण्ड—इन सबने किसी समय भले ही उपकार किया हो, किन्तु आओ, हम सब आज से—इसी क्षण से धर्म को सहज बनाने की चेष्टा करें और उस सत्ययुग के पुनरागमन में सहायता करें, जब प्रत्येक व्यक्ति उपासक होगा और उसका अन्तःस्थ सत्य ही उसकी उपासना का विषय होगा।

व्याख्यान, प्रवचन एवं कक्षालाप – ७

(आत्मा, ईश्वर और प्रकृति)

आत्मा का मुक्त स्वभाव

(१८९६ ई० में न्यूयार्क में दिया हुआ व्याख्यान)

हमने देखा है, सांख्य का विश्लेषण द्वैतवाद—प्रकृति और आत्माओं में पर्यवसित होता है। आत्माओं की संख्या अनन्त है, तथा अमिश्र होने के कारण आत्मा का विनाश नहीं हो सकता, इसलिए वह प्रकृति से स्वतन्त्र है। प्रकृति का परिणाम होता है तथा वह यह समग्र प्रपंच प्रकाशित करती है। सांख्य के मत के अनुसार आत्मा निष्क्रिय है। वह अमिश्र है, तथा प्रकृति आत्मा के अपवर्ग अथवा उसकी मुक्ति साधित करने के लिए ही इस समग्र प्रपंचजाल का विस्तार करती है, तथा आत्मा जब समझ पाती है कि वह प्रकृति नहीं है, तभी उसकी मुक्ति होती है। दूसरी ओर यह भी हमने देखा है कि सांख्यवादियों को बाध्य होकर स्वीकार करना पड़ा था कि प्रत्येक आत्मा सर्वव्यापी है। आत्मा जब अमिश्र पदार्थ है, तब वह ससीम हो नहीं सकती; क्योंकि समग्र सीमाबद्ध भाव देश, काल अथवा निमित्त के द्वारा बना होता है। आत्मा जब सम्पूर्ण रूप से इन सबसे अतीत है, तब उसमें ससीम भाव कुछ रह नहीं सकता। ससीम होने पर उसे देश के भीतर रहना होगा, और इसका अर्थ है, उसकी एक देह अवश्य ही रहेगी, तथा जिसकी देह है, वह अवश्य प्रकृति के अन्तर्गत है। यदि आत्मा का आकार होता, तब तो आत्मा प्रकृति से अभिन्न होती। अतएव आत्मा निराकार है; तथा जो निराकार है, वह यहाँ, वहाँ अथवा और कहीं है, यह नहीं कहा जाता। वह अवश्य ही सर्वव्यापी होगी। सांख्य दर्शन इससे आगे और अधिक नहीं गया।

सांख्यवादियों के इस मत के विरुद्ध वेदान्तवादियों की प्रथम आपत्ति यह है कि सांख्य का यह विश्लेषण सम्पूर्ण नहीं है। यदि प्रकृति एक निरपेक्ष वस्तु है एवं आत्मा भी यदि निरपेक्ष वस्तु है, तो दो निरपेक्ष वस्तुएँ हुईं और जिन सब युक्तियों से आत्मा का सर्वव्यापी होना प्रमाणित होगा, वे युक्तियाँ प्रकृति के पक्ष में भी प्रयुक्त हो सकेंगी, इसलिए वह भी समग्र देश-काल-निमित्त के अतीत होगी। प्रकृति यदि इस प्रकार की ही हो, तो उसका किसी प्रकार का परिणाम अथवा विकास नहीं होगा। इससे निष्कर्ष निकला कि दो निरपेक्ष अथवा पूर्ण वस्तुएँ स्वीकार करनी होती हैं और यह असम्भव है। वेदान्तवादी का इस सम्बन्ध में

क्या समाधान है ? उसका समाधान यह है कि स्थूल जड़ से महत् अथवा बुद्धि तत्त्व तक प्रकृति का समग्र विकार जब अचेतन है, तब जिससे मन चिन्ता कर सके एवं प्रकृति काम कर सके, उसके लिए, उनके परे उनके परिचालक शक्तिस्वरूप एक चैतन्यवान पुरुष का अस्तित्व स्वीकार करना आवश्यक है। वेदान्ती कहते हैं, समग्र ब्रह्माण्ड के पश्चात् यह चैतन्यवान पुरुष विद्यमान है, उसे ही हम ईश्वर कहते हैं, इसलिए यह जगत् उससे पृथक् नहीं है। वह जगत् का केवल निमित्त कारण ही नहीं है, वरन् उपादान कारण भी है। कार्य कारण का ही रूपान्तर मात्र है। यह तो हम प्रतिदिन ही देख रहे हैं। अतएव यह ईश्वर ही प्रकृति का कारण-स्वरूप है। द्वैत, विशिष्टाद्वैत अथवा अद्वैत—वेदान्त के जितने विभिन्न रूप अथवा विभाग हैं, सबका यही प्रथम सिद्धान्त है कि ईश्वर इस जगत् का केवल निमित्त कारण ही नहीं है, वह इसका उपादान कारण भी है, जो कुछ जगत् में है, सब वही है। वेदान्त की दूसरी सीढ़ी यह है कि ये जो आत्माएं हैं, ये भी ईश्वर के अंश-स्वरूप हैं, उसी अनन्त वह्नि के एक एक स्फुलिंग मात्र अर्थात् 'जैसे एक बृहत् अग्नि-राशि से सहस्र सहस्र अग्निकण निकलते हैं, उसी प्रकार उस पुरातन पुरुष से ये सब आत्माएं बहिर्गत हुई हैं।'[1] यहाँ तक तो ठीक हुआ, किन्तु इस सिद्धान्त से भी तृप्ति नहीं होती है। अनन्त का अंश—इन शब्दों का अर्थ क्या है ? अनन्त तो अवि-भाज्य है। अनन्त का कदापि अंश हो नहीं सकता। पूर्ण वस्तु कदापि विभक्त हो नहीं सकती। तो फिर यह जो कहा गया, आत्मासमूह उनसे स्फुलिंग के समान निकले हैं—इन शब्दों का तात्पर्य क्या है ? अद्वैत वेदान्ती इस समस्या की इस प्रकार मीमांसा करते हैं कि वास्तव में पूर्ण का अंश नहीं होता। प्रत्येक आत्मा यथार्थ में ब्रह्म का अंश नहीं है, वास्तव में वह अनन्त ब्रह्मस्वरूप है। तब इतनी आत्माएँ किस प्रकार आयीं ? लाख लाख जलकणों पर सूर्य का प्रतिबिम्ब पड़कर लाख लाख सूर्य के समान दिखायी पड़ रहा है तथा प्रत्येक जलकण में ही क्षुद्र आकार में सूर्य की मूर्ति विद्यमान है। इसी प्रकार ये सब आत्माएँ प्रतिबिम्ब रूप हैं, सत्य नहीं हैं। ये वह वास्तविक 'मैं' नहीं हैं, जो इस जगत् का ईश्वर है, ब्रह्माण्ड का अविभक्त सत्तास्वरूप है। अतएव ये सब विभिन्न प्राणी, मनुष्य, पशु इत्यादि सब प्रतिबिम्ब-रूप हैं, सत्य नहीं हैं। ये प्रकृति के ऊपर प्रक्षिप्त मायामय प्रतिबिम्ब मात्र हैं। जगत् में अनन्त पुरुष केवल एक है तथा वही पुरुष, 'तुम', 'हम' इत्यादि रूप में प्रतीय-

---

१. यथा सुदीप्तात् पावकाद् विस्फुलिंगाः सहस्रशः प्रभवन्ते सरूपाः।
तथाक्षराद् विविधाः सोम्य भावाः प्रजायन्ते तत्र चैवापियन्ति॥
—मुण्डकोपनिषद्॥२।१।१॥

मान हो रहा है, किन्तु यह भेद-प्रतीति मिथ्या के अतिरिक्त और कुछ भी नहीं है। वह विभक्त नहीं होता, विभक्त हुआ ऐसा बोध मात्र होता है। देश-काल-निमित्त के जाल के भीतर से उसे देखने के कारण यह आपातप्रतीयमान विभाग अथवा भेद हुआ है। हम जब ईश्वर को देश-काल-निमित्त के जाल के भीतर से देखते हैं, तब हम उसको जड़ जगत् के रूप में देखते हैं। जब और कुछ उच्चतर भूमि से, किन्तु उसी जाल के भीतर से उसे देखते हैं, तब उसे पशु के रूप में—और कुछ उच्चतर भूमि से मनुष्य के रूप में—और ऊँचे जाने पर देव के रूप में देखते हैं। किन्तु वह ब्रह्माण्ड की एक अनन्त सत्ता है एवं वही सत्तास्वरूप हम भी हैं। हम ही वह हैं, तुम भी वह हो—उसके अंश नहीं, समग्र वही। 'वह अनन्त ज्ञाता-रूप में समग्र प्रपंच के परे खड़ा है, तथा वह स्वयं समग्र प्रपंचस्वरूप है।' वह विषय, विषयी—दोनों ही है। वह 'हम', वही 'तुम' है। यह किस प्रकार हुआ? ज्ञाता को किस प्रकार जाना जायगा?[1] ज्ञाता अपने को कदापि जान नहीं सकता। मैं सब कुछ देखता हूँ, किन्तु अपने को देख नहीं पाता। वह आत्मा—जो ज्ञाता और सबका प्रभु है, जो प्रकृत वस्तु है—वही जगत् की समग्र दृष्टि का कारण है, किन्तु अपने प्रतिबिम्ब के अतिरिक्त अपने को देख अथवा अपने को जान सकना उसके लिए असम्भव है। तुम दर्पण के अतिरिक्त अपना मुँह देख नहीं पाते। इसी प्रकार आत्मा भी प्रतिबिम्बित हुए बिना अपना स्वरूप देख नहीं पाती। इस-लिए यह समग्र ब्रह्माण्ड ही आत्मा का निज की उपलब्धि का यत्नस्वरूप है। जीविसार (protoplasm) में उसका प्रथम प्रतिबिम्ब प्रकाशित होता है, उसके पश्चात् उद्भिद, पशु आदि उत्तरोत्तर उत्कृष्ट प्रतिबिम्बकों से, और अंत में सर्वोत्कृष्ट प्रतिबिम्ब प्रदान करनेवाला माध्यम—मनुष्य प्राप्त होता है; जैसे कोई मनुष्य अपना मुँह देखने की इच्छा से एक क्षुद्र कीचड़ से युक्त जलाशय में देखने का प्रयत्न करके मुँह की आकृतिमात्र देख पाता है। उसके पश्चात् वह कुछ अधिक निर्मल जल में कुछ अधिक उत्तम प्रतिबिम्ब देखता है, उसके पश्चात् उज्ज्वल धातु में उसकी अपेक्षा भी श्रेष्ठ प्रतिबिम्ब देखता है। अन्त में दर्पण में देखने पर वह स्वतः ठीक जैसा है, ठीक वैसा ही प्रतिबिम्ब देखता है। अतएव विषय और विषयी उभयस्वरूप उसी पुरुष का सर्वश्रेष्ठ प्रतिबिम्ब है—'पूर्ण मानव'। तुम अब समझ सकोगे कि मानव स्वभाववश ही क्यों सब वस्तुओं की उपासना किया करता है, तथा सब देशों में पूर्ण मानव क्यों स्वभावतः ईश्वर के रूप में पूजे जाते हैं। तुम जो भी क्यों न कहो, इनकी उपासना अवश्य होती रहेगी। इसीलिए लोग ईसा

---

१. विज्ञातारमरे केन विजानीयात्। बृहदारण्यकोपनिषद् ॥५।१५॥

मसीह अथवा बुद्ध आदि अवतारों की उपासना किया करते हैं। वे अनन्त आत्मा के सर्वश्रेष्ठ प्रकाशस्वरूप हैं। हम-तुम ईश्वर के सम्बन्ध में चाहे जो धारणा क्यों न करें, ये उसकी अपेक्षा उच्चतर हैं। एक पूर्ण मानव इन सब धारणाओं की अपेक्षा श्रेष्ठतर है। उसमें ही वृत्त सम्पूर्ण होता है—विषय और विषयी एक हो जाते हैं। उसका सब भ्रम और मोह चला जाता है। इनके स्थान पर उसे यह अनुभूति होती है कि वह चिरकाल से वही पूर्ण पुरुष के रूप में विद्यमान है। तो फिर यह बन्धन किस प्रकार आया? इस पूर्ण पुरुष के पक्ष में अवनत होकर अपूर्ण-स्वभाव होना किस प्रकार सम्भव हुआ? मुक्त के पक्ष में बद्ध होना किस प्रकार सम्भव हुआ? अद्वैतवादी कहते हैं, वह किसी काल में बद्ध नहीं होता, वह नित्य मुक्त है। आकाश में नाना वर्ण के नाना मेघ आ रहे हैं। वे मुहूर्त भर वहाँ ठहरकर चले जा रहे हैं। किन्तु वह एक नील आकाश बराबर समान भाव से विद्यमान है। आकाश का कदापि परिवर्तन नहीं होता, मेघ का परिवर्तन हो रहा है। इसी प्रकार तुम सब भी पहले से पूर्ण हो, अनन्त काल से पूर्ण हो। कुछ भी तुम्हारी प्रकृति को कदापि परिवर्तित कर नहीं सकता, कभी करेगा भी नहीं। यह जो सब धारणा है कि हम अपूर्ण हैं, हम नर हैं, हम नारी हैं, हम पापी हैं, हम मन हैं, हमने विचार किया है, और करेंगे—यह सब भ्रम मात्र है। तुम कदापि विचार नहीं करते, तुम्हारी किसी काल में देह नहीं थी, तुम किसी काल में अपूर्ण नहीं थे। तुम इस ब्रह्माण्ड के आनन्दमय प्रभु हो। जो कुछ है या होगा, तुम उस सबके सर्वशक्तिमान नियन्ता हो—इस सूर्य, चन्द्र, तारा, पृथ्वी, उद्भिद, इस हमारे जगत् के प्रत्येक अंश के—महान् शास्ता हो। तुम्हारी ही शक्ति से सूर्य किरण दे रहा है, तारागण अपनी प्रभा विकीर्ण कर रहे हैं, पृथ्वी सुन्दर हुई है। तुम्हारे आनन्द की शक्ति से ही सब परस्पर परस्पर से प्रेम कर रहे हैं और परस्पर के प्रति आकृष्ट हो रहे हैं। तुम्हीं सबके मध्य विद्यमान हो, तुम्हीं सर्वस्वरूप हो। किसे त्याग करोगे, अथवा किसको ही ग्रहण करोगे?—तुम्हीं समग्र हो! जब इस ज्ञान का उदय होता है, तब माया-मोह उसी क्षण उड़ जाता है।

मैं एक बार भारत की मरुभूमि में भ्रमण कर रहा था। मैंने एक महीने से अधिक भ्रमण किया था, और प्रतिदिन अपने सम्मुख अतिशय मनोरम दृश्यसमूह—अति सुन्दर सुन्दर वृक्ष, सरोवर आदि—देखने को पाता था। एक दिन मैंने प्यास से विह्वल होकर, एक सरोवर में जल पान करने की इच्छा की। किन्तु ज्यों ही मैं सरोवर की ओर अग्रसर हुआ, त्यों ही वह अन्तर्हित हो गया। उसी क्षण मेरे मस्तिष्क में मानो प्रबल आघात के सहित यह ज्ञान आया कि सारे जीवन मैं जिस मरीचिका की कथा पढ़ता आ रहा हूँ, यह वही मरीचिका है। तब मैं अपनी यह

निर्बुद्धिता स्मरण करके हँसने लगा कि गत एक मास से मैं जो ये सब सुन्दर दृश्य और सरोवर आदि देख रहा था, वे मरीचिका के अतिरिक्त और कुछ भी नहीं थे, पर मैं तब यह विवेक न कर सका। दूसरे दिन सबेरे मैं फिर चलने लगा—वही सरोवर और सब दृश्य फिर से दिखायी पड़े, किन्तु उसके साथ साथ उसी क्षण मुझे यह ज्ञान भी हुआ कि वह मरीचिका मात्र है। एक बार जान सकने पर उसकी भ्रम उत्पन्न करनेवाली शक्ति नष्ट हो गयी थी। इसी प्रकार यह जगद्भ्रान्ति एक दिन हटेगी। यह समग्र ब्रह्माण्ड एक दिन हमारे सामने से अन्तर्हित होगा। इसका नाम ही प्रत्यक्षानुभूति है। दर्शन, केवल बात करने की बात अथवा तमाशा नहीं है। वह प्रत्यक्ष अनुभूत होगा। यह शरीर उड़ जायगा, यह पृथ्वी एवं और जो कुछ है, सब उड़ जायगा—हम देह अथवा हम मन हैं, यह जो हमारा ज्ञान है, यह कुछ क्षण के लिए चला जायगा अथवा यदि कर्म का सम्पूर्ण क्षय हो जाय, तो एकदम चला जायगा, फिर लौटकर नहीं आयेगा; तथा यदि कर्म का कुछ अंश शेष रहे, तो जैसा कुम्हार का चाक है—हाँड़ी बन जाने पर भी पूर्ण वेग से कुछ क्षण घूमता रहता है, उसी प्रकार माया-मोह सम्पूर्ण रूप से दूर हो जाने पर भी यह देह कुछ दिन रह जायगी। यह जगत्—नर-नारी, प्राणी—सब ही फिर आयेंगे—जैसे दूसरे दिन भी मरीचिका दिखायी पड़ी थी। किन्तु पहले के समान वे सब, शक्ति-विस्तार नहीं कर सकेंगे, कारण साथ साथ यह ज्ञान भी आयेगा कि हमने उनका स्वरूप जान लिया है, तब वे फिर बद्ध नहीं कर सकेंगे, किसी प्रकार का दुःख, कष्ट, शोक फिर आ नहीं सकेगा। जब दुःखकर विषय कुछ आयेगा, मन उससे कह सकेगा कि हम जानते हैं, तुम भ्रम मात्र हो। जब मानव यह अवस्था लाभ करता है, तो उसे जीवन्मुक्त कहते हैं। जीवन्मुक्त का अर्थ है, जीवित अवस्था में ही जो मुक्त है। ज्ञानयोगी के जीवन का उद्देश्य यही जीवन्मुक्त होना है। वे ही जीवन्मुक्त हैं, जो इस जगत् में अनासक्त होकर वास कर सकते हैं। वे जल के पद्म-पत्र के समान रहते हैं—जैसे जल में रहने पर भी जल उसे कदापि भिगो नहीं सकता, उसी प्रकार वे जगत् में निर्लिप्त भाव से रहते हैं। वे मनुष्य जाति में सर्वश्रेष्ठ हैं, केवल इतना ही क्यों, सकल प्राणियों में सर्वश्रेष्ठ हैं। क्योंकि उन्होंने उस पूर्ण पुरुष के सहित अभेद भाव उपलब्ध किया है; उन्होंने उपलब्धि की है कि वे भगवान् के सहित अभिन्न हैं। जितने दिन तुम्हारा ज्ञान रहता है कि भगवान् के साथ तुम्हारा अति सामान्य भेद भी है, उतने दिन तुम्हारा भय रहेगा। किन्तु जब जानोगे कि तुम्हीं वे हो, उनमें और तुममें कोई भेद नहीं है, उनका समग्र ही तुम हो, तब सब भय दूर हो जाता है। 'वहाँ कौन किसको देखता है? कौन किसकी उपासना करता है? जहाँ एक व्यक्ति अन्य को देखता है, एक व्यक्ति अन्य से बात करता है, एक व्यक्ति अन्य की बात

सुनता है, वह नियम का राज्य है। जहाँ कोई किसी अन्य को नहीं देखता, कोई किसी अन्य से बात नहीं करता, वही सर्वश्रेष्ठ है, वही भूमा है, वही ब्रह्म है।"[1] तुम्हीं वह हो एवं सर्वदा ही वह हो। तब जगत् का क्या होगा, हम जगत् का क्या उपकार कर सकेंगे—इस प्रकार के प्रश्न ही यहाँ उदित नहीं होते। यह उस शिशु के प्रश्न के समान है—हमारे बड़े होने पर हमारी मिठाई का क्या होगा? बालक भी कहा करता है, हमारे बड़े होने पर हमारे संगमर्मर के टुकड़ों की क्या दशा होगी, तो हम बड़े नहीं होंगे! छोटा बच्चा भी कहता है, हमारे बड़े होने पर हमारे पुतले-पुतलियों की क्या दशा होगी?—इस जगत् के सम्बन्ध में पूर्वोक्त प्रश्नावलियाँ भी उसी प्रकार हैं। भूत, भविष्यत्, वर्तमान, इन तीन कालों में ही जगत् का अस्तित्व नहीं है। यदि हम आत्मा का यथार्थ स्वरूप जान पायें, यदि हम जान पायें कि इस आत्मा के अतिरिक्त और कुछ भी नहीं है, और जो कुछ है सब स्वप्न मात्र है, उनका वास्तव में अस्तित्व नहीं है, तो इस जगत् का दुःख, दारिद्र्य, पाप-पुण्य—कुछ भी हमको चंचल नहीं कर सकेगा। यदि उन सबका अस्तित्व ही न रहे, तो किसके लिए और क्यों हम कष्ट करेंगे? ज्ञानयोगी यही शिक्षा देते हैं। अतएव साहस का अवलम्बन करके मुक्त होओ, तुम्हारी चिन्ता-शक्ति तुमको जितनी दूर तक ले जा सके, साहसपूर्वक उतनी दूर आगे बढ़ो एवं उसे जीवन में परिणत करो। यह ज्ञान लाभ करना बड़ा कठिन है। यह महा साहसी का कार्य है। जो सब पुतलियाँ फोड़कर फेंक देने का साहस करता है—केवल मानसिक पुतलियाँ ही नहीं, इन्द्रियों के द्वारा भोग्य विषय-समूहरूपी पुतलियों को भी जो फोड़ कर फेंक दे सकता है—यह उसका ही कार्य है। यह शरीर हम नहीं हैं, इसका नाश अवश्यम्भावी है—यही तो हुआ उपदेश। किन्तु इस उपदेश की दुहाई देकर लोग अद्भुत व्यापार किया करते हैं। कोई उठकर कह सकता है, 'हम देह नहीं हैं, अतएव हमारे माथे की पीड़ा ठीक हो जाय।" किन्तु उसके सिर की पीड़ा यदि उसकी देह में न रहे, तो फिर कहाँ हो? सहस्र सहस्र सिर की पीड़ाएँ और सहस्र सहस्र देह आयें जायें—उसमें हमारा क्या है? 'मेरा जन्म भी नहीं है, मेरी मृत्यु भी नहीं है; मेरे पिता भी नहीं हैं, माता भी नहीं हैं; मेरा शत्रु भी नहीं है, मित्र भी नहीं है; क्योंकि वे सब मैं ही हूँ। मैं ही अपना बन्धु हूँ, मैं ही अपना शत्रु हूँ, मैं ही अखण्ड सच्चिदानन्द हूँ, मैं ही वह हूँ, मैं ही वह हूँ।'[2]

---

१. द्र० छान्दोग्य और बृहदारण्यक उपनिषद्।

२. न मे मृत्युशङ्का न मे जातिभेदः पिता नैव मे नैव माता न जन्म।
न बन्धुर्नमित्रं गुरुर्नैव शिष्यश्चिदानन्दरूपः शिवोऽहं शिवोऽहम्॥
—निर्वाणषट्क॥५॥

यदि मैं सहस्र देहों में ज्वर और अन्यान्य रोग भोग करता हूँ, तो और लक्ष लक्ष देहों में मैं स्वास्थ्य सम्भोग कर रहा हूँ। यदि सहस्र सहस्र देह में मैं भूखों मर रहा हूँ, तो अन्य सहस्र देहों में दावतें खा रहा हूँ। यदि सहस्र देहों में मैं दुःखभोग करता रहा हूँ, तो सहस्र देहों में मैं सुखभोग कर रहा हूँ। कौन किसकी निन्दा करेगा? कौन किसकी स्तुति करेगा? किसे चाहेगा, किसे छोड़ेगा? मैं किसीको चाहता भी नहीं हूँ, किसीका त्याग भी नहीं करता, क्योंकि मैं समग्र ब्रह्माण्डस्वरूप हूँ। मैं ही अपनी स्तुति कर रहा हूँ, मैं ही अपनी निन्दा कर रहा हूँ। मैं अपने ही कारण कष्ट पा रहा हूं और अपनी ही इच्छा से सुखी हूँ। मैं स्वाधीन हूं। यही ज्ञानी का भाव है, वह महा साहसी और निर्भीक होता है। समग्र ब्रह्माण्ड नष्ट क्यों न हो जाय, वह हंसकर कहता है, उसका कभी अस्तित्व ही नहीं था, वह केवल माया और भ्रम मात्र है। इसी प्रकार वह अपनी आँखों के समक्ष जगत्‌ब्रह्माण्ड को वास्तव में अन्तर्हित होते देखता है और विस्मय के सहित प्रश्न करता है—'यह जगत् कहाँ था? और कहाँ विलीन हो गया?'[१]

इस ज्ञान की साधना के सम्बन्ध में विचार करने के पहले हम और एक अन्य बौद्धिक प्रश्न के समाधान का यत्न करेंगे। अभी तक तर्कशास्त्र का कठोर अनुशासन मानकर चला गया है। यदि कोई भी व्यक्ति विचार में प्रवृत्त हो, तो जब तक वह इस सिद्धान्त पर न पहुँचे कि सत्ता केवल एक ही है, और सब कुछ भी नहीं है, तब तक उसके ठहरने का उपाय नहीं है। विचारशील मानव जाति के लिए इस सिद्धान्त का अवलम्बन करने के अतिरिक्त और कोई उपाय नहीं है। किन्तु इस क्षण प्रश्न यह है, जो असीम, सदा पूर्ण, सदानन्दमय, अखण्ड सच्चिदानन्दस्वरूप है, वह इन सब भ्रमों के अधीन किस प्रकार हुआ? यह प्रश्न जगत् में सब कहीं सदैव किया जाता रहा है। इस प्रश्न का ग्राम्य रूप यह है—इस जगत् में पाप किस प्रकार आया? प्रश्न का यही ग्राम्य और व्यावहारिक रूप है। तथा दूसरा उसका सर्वाधिक दार्शनिक रूप है। किन्तु दोनों एक ही हैं। विविध शैलियों में, विविध स्वरों से यही प्रश्न पूछा जाता रहा है। किन्तु निम्नतर रूपों से प्रश्न करने पर उसकी ठीक मीमांसा नहीं हो पाती; क्योंकि सेब, साँप और नारी की कहानी[२]

---

१. क्व गतं केन वा नीतं कुत्र लीनमिदं जगत्। विवेकचूड़ामणि ॥४८५॥

२. यह कहानी बाइबिल के प्राचीन व्यवस्थान में है। ईश्वर ने आदि नर आदम और आदि नारी ईव का सर्जन करके उन्हें ईडन के सुरम्य उद्यान में स्थापित किया और उस उद्यान के ज्ञानवृक्ष का फल खाने से मना कर दिया। किन्तु शैतान ने साँप का रूप धारण करके पहले ईव को प्रलोभित किया, उसके पश्चात् आदम को उस

में उसका उत्तर नहीं मिलता। इस स्तर पर प्रश्न शिशुस्तरीय रह जाता है और उसका उत्तर भी उसी प्रकार है। किन्तु अब इस प्रश्न ने अत्यन्त गुरुतर रूप धारण किया है— यह भ्रम किस प्रकार आया ? तथा उत्तर भी उसके अनुसार ही गम्भीर है। उत्तर यह है कि असम्भव प्रश्न के उत्तर की आशा मत करो। इस प्रश्न के अन्तर्गत वाक्य परस्पर विरोधी हैं, अतः प्रश्न ही असम्भव है। क्यों, पूर्णता शब्द से किसका बोध होता है ? जो देश-काल-निमित्त के अतीत है, वह ही पूर्ण है। उसके पश्चात् तुम जिज्ञासा कर रहे हो, पूर्ण किस प्रकार अपूर्ण हुआ ? तर्कशास्त्र की भाषा में निबद्ध करने पर प्रश्न इस प्रकार होगा, 'जो वस्तु कार्य-कारण-सम्बन्ध के अतीत है, वह किस प्रकार कार्यरूप में परिणत होती है ?' यहाँ तो तुम अपना ही खण्डन कर रहे हो। तुमने पहले ही मान लिया है, वह कार्य-कारण-सम्बन्ध के अतीत है, उसके पश्चात् तुम जिज्ञासा कर रहे हो, किस प्रकार वह कार्य में परिणत हुआ। कार्य-कारण-सम्बन्ध की सीमा के भीतर ही केवल प्रश्न पूछा जा सकता है, जिस सीमा तक देश-काल-निमित्त का अधिकार है, उसी सीमा तक यह प्रश्न पूछा जा सकता है। किन्तु उसके परे की वस्तु के सम्बन्ध में प्रश्न करना ही निरर्थक है, क्योंकि प्रश्न न्यायशास्त्र के विरुद्ध हो जाता है। देश-काल-निमित्त की सीमा-रेखा के भीतर किसी काल में उसका उत्तर दिया नहीं जा सकता, तथा उसके अतीत प्रदेश में जाने पर क्या उत्तर प्राप्त होगा, यह वहाँ जाने पर ही जाना जा सकता है। इसीलिए विज्ञ व्यक्ति इस प्रश्न को रहने देते हैं। जब कोई व्यक्ति बीमार होता है, तब उस रोग की उत्पत्ति के विषय में पहले जानने का हठ न करके, रोग दूर करने का वह यत्न करता है।

यह प्रश्न एक और रूप में पूछा जाता है। यह अपेक्षाकृत निम्न स्तर का तो है, किन्तु अधिक व्यावहारिक है। प्रश्न यह है—इस भ्रम को किसने उत्पन्न किया ? कोई सत्य क्या कभी भ्रम उत्पन्न कर सकता है ? कदापि नहीं। हम देखते हैं, एक भ्रम ही एक अन्य भ्रम को उत्पन्न करता रहता है, यह फिर एक अन्य भ्रम की सृष्टि करता है, इसी प्रकार चलता रहता है। रोग ही रोग-प्रसव करता रहता है, स्वास्थ्य कभी रोग-प्रसव नहीं करता। जल और जल की तरंग में कोई भेद नहीं है— कार्य कारण का ही दूसरा एक रूप मात्र है। कार्य जब भ्रम है, तब उसका कारण भी अवश्य भ्रम होगा। यह भ्रम किसने उत्पन्न किया ? अवश्य और एक भ्रम ने। इसी प्रकार तर्क करने पर तर्क का फिर अन्त नहीं होगा—भ्रम का फिर आदि प्राप्त

वृक्ष का फल खाने के लिए प्रलोभित किया। इससे ही उन्हें भले-बुरे का ज्ञान हुआ और पाप ने पहले पृथ्वी में प्रवेश किया।

नहीं होगा। अब तुम्हारा एक प्रश्न केवल शेष रहेगा कि 'भ्रम का अनादित्व स्वीकार करने पर क्या तुम्हारा अद्वैतवाद खण्डित नहीं होता? क्योंकि, तुम जगत् में दो सत्ताएँ स्वीकार कर रहे हो — एक तुम और एक वह भ्रम।' इसका उत्तर यह है कि भ्रम को सत्ता कहा नहीं जा सकता। तुम जीवन में सहस्रों स्वप्न देखते हो; किन्तु वे सब तुम्हारे जीवन के अंशस्वरूप नहीं हैं। स्वप्न आता है और चला जाता है। उसका कोई अस्तित्व नहीं है। भ्रम को एक सत्ता कहना केवल एक वितंडा है। अतएव जगत् में नित्यमुक्त और नित्यानन्दस्वरूप एकमात्र सत्ता है, और वही तुम हो। अद्वैतवादियों का यही चरम सिद्धान्त है।

इस क्षण प्रश्न किया जा सकता है, इन विभिन्न उपासना-प्रणालियों का क्या होगा? वे सब रहेंगी। वे केवल अन्धकार में आलोक के लिए यत्न करना मात्र हैं और इस प्रकार यत्न करते करते आलोक आयेगा। हम अभी देख चुके हैं कि आत्मा अपने को देख नहीं सकती। हमारा समग्र ज्ञान माया (मिथ्या) के जाल में अवस्थित है, मुक्ति उसके बाहर है, इस जाल में दासत्व है, इसका सब कुछ ही नियमाधीन है। उसके बाहर और कोई नियम नहीं है। यह ब्रह्माण्ड जितनी दूर तक है, उतनी दूर तक सत्ता नियमाधीन है, मुक्ति उसके बाहर है। जितने दिन तुम देश-काल-निमित्त के जाल में विद्यमान हो, उतने दिन तक तुम मुक्त हो—यह बात करना निरर्थक है, क्योंकि सब कुछ इस जाल में, कठोर नियम में, कार्य-कारण-शृंखला में बद्ध हैं। तुम जो भी विचार करते हो, वह पूर्वगामी कारण का कार्य है, प्रत्येक भावना कारण-प्रसूत है। इच्छा को स्वाधीन कहना एकदम निरर्थक है। ज्यों ही वह अनन्त सत्ता मानो इस मायाजाल के भीतर पड़ती है, त्यों ही वह इच्छा का आकार धारण करती है। इच्छा मायाजाल में आबद्ध उस पुरुष का किंचित् अंश मात्र है। इसलिए 'स्वाधीन इच्छा' शब्द एक कुनाम है। स्वाधीनता अथवा मुक्ति के सम्बन्ध में यह सब वागाडम्बर और वृथा है। माया के भीतर स्वाधीनता नहीं है।

प्रत्येक व्यक्ति ही विचार, मन और कार्य में एक पत्थर के टुकड़े अथवा उस मेज़ के समान बद्ध है। मैं तुम लोगों के सम्मुख व्याख्यान दे रहा हूँ, और तुम सब मेरी बात सुन रहे हो, यह दोनों तथ्य कठोर कार्य-कारण-नियम के अधीन हैं। माया से जितने दिन तुम बाहर नहीं जाते, उतने दिनों स्वाधीनता अथवा मुक्ति नहीं है। वह मायातीत अवस्था आत्मा की यथार्थ स्वाधीनता है। किन्तु मनुष्य कितने ही तीक्ष्णबुद्धि क्यों न हों और उनको इस युक्ति की सत्यता या बल कितने ही अधिक स्पष्ट रूप से क्यों न दिखे कि यहाँ की कोई भी वस्तु स्वाधीन या मुक्त नहीं हो सकती, फिर भी सबको बाध्य होकर अपने को स्वाधीन मानना पड़ता है, ऐसा किये

बिना रहा ही नहीं जा सकता। जब तक हम न कहें कि हम स्वाधीन हैं, तब तक कोई काम ही नहीं चल सकता। इसका तात्पर्य यह है कि हम जिस स्वाधीनता की बात करते हैं, वह मेघराशि के भीतर से निर्मल नीलाकाश की झलक मात्र है और नीलाकाशरूप वास्तविक स्वाधीनता उसके बाहर है। यथार्थ स्वाधीनता इसी भ्रम में, इसी मिथ्या में, इसी व्यर्थ के संसार में, इन्द्रिय-मन-देह से समन्वित इस ब्रह्माण्ड में रह नहीं सकती। ये समग्र अनादि अनन्त स्वप्न—जो हमारे वश में नहीं हैं, जिन सबको वश में लाया भी नहीं जा सकता, जो अव्यवस्थित हैं, भग्न और असामंजस्यमय हैं—उन्हीं समग्र स्वप्नों को लेकर हमारा यह जगत् है। तुम जब स्वप्न में देखते हो कि बीस सिरवाला एक दैत्य तुमको पकड़ने के लिए आ रहा है और तुम उससे भाग रहे हो, तुम उसे विचित्र नहीं समझते। तुम मानते हो, यह तो ठीक ही हो रहा है। हम जिसे नियम कहते हैं, वह भी उसी प्रकार का है। जो कुछ तुम नियम के रूप में निर्दिष्ट करते हो, यह सब केवल आकस्मिक घटना मात्र है, इनका कोई अर्थ नहीं है। इस स्वप्न की अवस्था में तुम उसे नियम कहकर अभिहित करते हो। माया के भीतर जहाँ तक यह देश-काल निमित्त का नियम विद्यमान है, वहाँ तक स्वाधीनता अथवा मुक्ति नहीं है और ये उपासना की विविध पद्धतियाँ इस माया के अन्तर्गत हैं। ईश्वर की धारणा, एवं पशु और मनुष्य की धारणा, सब इस माया के भीतर हैं, इसलिए सब समभाव से भ्रमात्मक हैं, सब स्वप्नमात्र हैं। आजकल हमें बहुत से अतिबुद्धि दिग्गज देखने को मिलते हैं। तुम उनके समान तर्क न कर बैठना, इस विषय में सावधान हो जाओ। वे कहते हैं, ईश्वर-धारणा भ्रमात्मक है, किन्तु इस जगत् की धारणा सत्य है। वास्तव में ये दोनों धारणाएँ ही एक तर्क पर प्रतिष्ठित हैं। उन्हें केवल यथार्थतः नास्तिक होने का अधिकार है, जो इह जगत् और पर जगत् दोनों ही अस्वीकार करते हैं। दोनों ही एक ही युक्ति पर प्रतिष्ठित हैं। ईश्वर से लेकर क्षुद्रतम जीव तक, घास की पत्ती से लेकर ब्रह्मा तक, उसी एक माया का राजत्व है। एक ही प्रकार से उनके अस्तित्व की प्रतिष्ठा अथवा अस्तित्वहीनता सिद्ध होती है। जिस व्यक्ति को ईश्वर-धारणा भ्रमात्मक लगती है, उसको अपनी देह और मन की धारणा भी भ्रमात्मक लगना उचित है। जब ईश्वर उड़ जाता है, तब देह और मन भी उड़ जाता है और जब दोनों का ही लोप होता है, तब वही जो यथार्थ सत्ता है, वह चिरकाल के लिए रह जाती है। 'वहाँ आँखें जा नहीं सकतीं, वाणी नहीं जा सकती, मन भी नहीं। हम उसे देख नहीं पाते और जान भी नहीं पाते।'[1]

---

१. न तत्र चक्षुर्गच्छति न वाग्गच्छति नो मनः। केनोपनिषद् ॥१।३॥

अभी तक बौद्धिक दृष्टि से सब स्पष्ट है, किन्तु अब साधना की बात आ रही है। सच्चा कार्य तो साधना है। इस एकत्व की उपलब्धि के लिए क्या किसी प्रकार की साधना की आवश्यकता है? निश्चित रूप से है। साधना के द्वारा तुम लोगों को ब्रह्म बनना होगा, यह बात नहीं है; वह तो तुम पहले से ही हो। तुम लोगों को ईश्वर बनना होगा अथवा पूर्ण बनना होगा, यह बात सत्य नहीं है। तुम सदैव पूर्णस्वरूप हो और जिस क्षण ही तुम सोचते हो, तुम पूर्ण नहीं हो, वह एक भ्रम होता है। यह भ्रम—जिसके कारण तुम लोग अपने को अमुक पुरुष, अमुक नारी समझते हो—अन्य एक भ्रम के द्वारा दूर हो सकता है; और साधना अथवा अभ्यास ही वह अन्य भ्रम है। आग आग को खा जायगी—तुम एक भ्रम को नष्ट करने के लिए दूसरे भ्रम की सहायता ले सकते हो। मेघ का एक खण्ड आकर मेघ के दूसरे खण्ड को हटा देगा, अन्त में दोनों ही चले जायँगे। तो ये साधनाएँ क्या हैं? हमें सर्वदा ही स्मरण रखना होगा कि, हम मुक्त होंगे, यह बात नहीं है, हम सदा ही मुक्त हैं। हम बद्ध हैं, इस प्रकार की भावना मात्र ही भ्रम है; हम सुखी हैं अथवा हम असुखी हैं, इस प्रकार की भावना मात्र ही गुरुतर भ्रम है; और एक भ्रम आयगा कि हमें मुक्त होने के लिए साधना, उपासना और चेष्टा करनी होगी; यह भ्रम आकर पहले भ्रम को भगा देगा, तब दोनों भ्रम ही दूर हो जायँगे।

मुसलमान और हिन्दू लोमड़ी को अत्यन्त अपवित्र मानते हैं। यदि कुत्ता भोजन छू ले तो उसे फेंक देना पड़ता है, उसे फिर कोई नहीं खाता। किसी मुसलमान के घर में एक लोमड़ी प्रवेश करके मेज से कुछ खाना लेकर भाग गयी। वह व्यक्ति बड़ा ही दरिद्र था। उसने अपने लिए उस दिन अत्यन्त उत्तम भोज का आयोजन किया था और वह सबका सब लोमड़ी के स्पर्श से अपवित्र हो गया! इस कारण उसने एक मुल्ला के पास जाकर निवेदन किया—"साहब, एक लोमड़ी आकर हमारे खाने में से कुछ खा गयी है, अब उसका कोई उपाय कीजिये। हमने सब वस्तुएँ अत्यन्त स्वादिष्ट तैयार करायी थीं। हमारी बड़ी इच्छा थी कि परम तृप्ति के सहित हम वह भोजन करें। इतने में नीच लोमड़ी ने आकर सब नष्ट कर दिया। आप इसकी जो भी हो, एक व्यवस्था कर दीजिये।" मुल्ला ने मुहूर्त भर कुछ सोचा, उसके पश्चात् उसने उसका एकमात्र समाधान स्थिर करके कहा, "इसका एकमात्र उपाय—एक कुत्ता लाकर, जिस थाल को लोमड़ी जूठा कर गयी है, उसी थाल से उसे कुछ खिलाना है। कुत्ते और लोमड़ी सदा लड़ते रहते हैं। जब लोमड़ी की जूठन भी तुम्हारे पेट में जायगी, कुत्ते की जूठन भी जायगी, ये दोनों जूठनें परस्पर वहाँ झगड़ा करेंगी, तब सब शुद्ध हो जायगा!" हम लोग भी बहुत कुछ इसी प्रकार की समस्या में पड़ गये हैं। हम अपूर्ण हैं, यह एक भ्रम है; हमने उसे दूर करने के

लिए और एक भ्रम की सहायता ली कि पूर्णता प्राप्त करने के लिए हमें साधना करनी होगी। इस क्षण एक भ्रम दूसरे भ्रम को दूर कर देगा, जैसे हम एक काँटा निकालने के लिए दूसरे काँटे की सहायता लेते हैं और अन्त में दोनों ही काँटे फेंक देते हैं। ऐसे व्यक्ति विद्यमान हैं, जिनको एक बार 'तत्त्वमसि' सुनने पर ही तत्क्षण ज्ञान का उदय होता है। क्षणमात्र में यह जगत् उड़ जाता है तथा आत्मा का यथार्थ स्वरूप प्रकाशित हो जाता है, किन्तु और सबको इस बन्धन की धारणा दूर करने के लिए कठोर यत्न करना होता है।

प्रथम प्रश्न यह है, ज्ञानयोगी होने के अधिकारी कौन हैं? वे ही जिनमें निम्नलिखित साधन-सम्पत्तियाँ हैं :

प्रथमतः इहामुत्रफलभोगविराग—इस जीवन में अथवा पर जीवन में सब प्रकार के कर्मफल और सब प्रकार की भोगवासना का त्याग है। यदि तुम ही इस जगत् के स्रष्टा हो तो तुम जो इच्छा करोगे, वही पाओगे; क्योंकि तुम वह अपने भोग के लिए सर्जन करोगे। केवल किसीको शीघ्र अथवा किसीको विलम्ब से यह फललाभ होता है। कोई कोई तत्क्षण उसे प्राप्त करते हैं; अन्य के पक्ष में उनके समस्त भूतसंस्कार उनकी वासना-पूर्ति में बाधा डालते रहते हैं। हम इह जन्म अथवा पर जन्म की भोगवासना को सर्वश्रेष्ठ स्थान दिया करते हैं। इह जन्म अथवा पर जन्म अथवा तुम्हारा किसी प्रकार का जन्म है, यह नितान्त अस्वीकार करो; क्योंकि जीवन मृत्यु का ही नामान्तर मात्र है। तुम जो जीवनसम्पन्न प्राणी हो, यह भी अस्वीकार करो; जीवन के लिए कौन व्यस्त है? जीवन एक भ्रम मात्र है, मृत्यु उसका एक और पक्ष मात्र है। सुख इस भ्रम का ही एक पक्ष है, और दुःख दूसरा पक्ष है। सब विषय इसी प्रकार हैं। जीवन अथवा मृत्यु को लेकर तुम्हारा क्या हुआ? यह सब तो मन की सृष्टि मात्र है। इसे ही इहामुत्रफलभोगविराग कहते हैं।

इसके पश्चात् शम अथवा मन के संयम की आवश्यकता है। मन को ऐसा शान्त करना होगा कि वह फिर तरंगों में भग्न होकर सब प्रकार की वासनाओं का लीलाक्षेत्र न बने। मन को स्थिर रखना होगा, बाहर के अथवा भीतर के किसी कारण से उसमें जिससे तरंग न उठे—केवल इच्छा-शक्ति के द्वारा मन को सम्पूर्ण रूप से संयत करना होगा। ज्ञानयोगी शारीरिक अथवा मानसिक किसी प्रकार की सहायता नहीं लेते। वे केवल दार्शनिक विचार, ज्ञान और इच्छा-शक्ति—इन सब साधनों में ही विश्वास करते हैं। उसके पश्चात् तितिक्षा—किसी प्रकार का विलाप किये बिना सब दुःखों का सहन है। जब तुम्हारा किसी प्रकार का अनिष्ट घटित हो, उस ओर ध्यान न दो। यदि सामने बाघ आये, स्थिर होकर खड़े रहो। भागेगा कौन? अनेक व्यक्ति हैं, जो तितिक्षा का अभ्यास करते हैं और उसमें

कृतकार्य होते हैं। ऐसे व्यक्ति अनेक हैं, जो भारत में ग्रीष्म ऋतु में प्रखर मध्याह्न-सूर्य के ताप में गंगातीर पर सोये रहते हैं और शीतकाल में गंगाजल में सारे दिन डूबे रहते हैं। उसकी कुछ परवाह नहीं करते। अनेक व्यक्ति हिमालय की तुषारराशि में बैठे रहते हैं, किसी प्रकार के वस्त्र आदि की चिन्ता नहीं करते। ग्रीष्म ही अन्ततः क्या है? शीत ही अन्ततः क्या है? यह सब आये जाये—हमारा उसमें क्या है? 'हम' तो शरीर नहीं हैं। पाश्चात्य देशों में इस पर विश्वास कर पाना कठिन है, किन्तु इस प्रकार लोग किया करते हैं, यह जान लेना अच्छा है। जिस प्रकार तुम्हारे देश के लोग तोप के मुँह में अथवा युद्धक्षेत्र के बीच में कूद पड़ने में साहस दिखाया करते हैं, हमारे देश के लोग विचार द्वारा अपने दर्शन को खोज लेने, तथा उसे कार्यरूप में परिणत करने में साहसी हैं। वे इसके लिए प्राण दिया करते हैं। हम सच्चिदानन्दस्वरूप हैं—**सोऽहं, सोऽहं**। प्रतिदिन के कर्म-जीवन में विलासिता को बनाये रखना जिस प्रकार पाश्चात्य आदर्श है, उसी प्रकार हमारा आदर्श कर्म जीवन में सर्वोच्च मूल्य के आध्यात्मिक भाव की रक्षा करना है। हम इसके द्वारा यही प्रमाणित करना चाहते हैं कि धर्म केवल वाग्जाल नहीं है, किन्तु इस जीवन में ही धर्म को सर्वाङ्ग, सम्पूर्ण रूप से कार्य में परिणत किया जा सकता है। यही तितिक्षा है—सब कुछ सहन करना—किसी विषय में असन्तोष प्रकाशित न करना। हमने स्वतः ऐसे व्यक्ति देखे हैं, जो कहते हैं, 'हम आत्मा हैं—हमारे निकट ब्रह्माण्ड का भी गौरव क्या है! सुख, दुःख, पाप, पुण्य, शीत, उष्ण, ये सब हमारे लिए कुछ भी नहीं हैं।' यही तितिक्षा है—देह के भोगसुख के लिए न दौड़ना। धर्म क्या है? धर्म का अर्थ क्या इस प्रकार प्रार्थना करना है, "हमें यह दो, वह दो?" धर्म के सम्बन्ध में ये सब धारणाएँ प्रमाद हैं। जो धर्म को इस प्रकार का मानते हैं, उनमें ईश्वर और आत्मा की यथार्थ धारणा नहीं है। हमारे गुरुदेव कहा करते थे, 'गीध बहुत ऊँचे उड़ते हैं, किन्तु उनकी दृष्टि रहती है जानवरों के शव की ओर।' जो हो, तुममें धर्म के सम्बन्ध में जो सब धारणाएँ हैं, उनका फल क्या है, बताओ तो सही। मार्ग स्वच्छ करना और उत्तम प्रकार का अन्न-वस्त्र एकत्र करना? अन्न-वस्त्र के लिए कौन चिन्ता करता है? प्रति मुहूर्त लाखों व्यक्ति आ रहे हैं, लाखों जा रहे हैं—कौन परवाह करता है? इस क्षुद्र जगत् के सुख-दुःख को ग्राह्य मानते ही क्यों हो? यदि साहस हो, उनके बाहर चले जाओ। सब नियमों के बाहर चले जाओ, समग्र जगत् उड़ जाय—तुम अकेले आकर खड़े होओ। 'हम परम सत् हैं, परम चित् और परम आनन्दस्वरूप—**सोऽहं, सोऽहं**।'

आत्मा और विश्व

प्रकृति में प्रत्येक वस्तु सूक्ष्म बीज रूप से प्रारम्भ होकर अधिकाधिक स्थूल रूप धारण करती है। कुछ समय तक उसकी स्थिति रहती है और फिर प्रारम्भ वाले सूक्ष्म बीज में ही उसका लय हो जाता है। उदाहरणार्थ, यह हमारी पृथ्वी एक नीहारिका-सदृश पदार्थ से उत्पन्न हुई, और ठंडी होते होते उसने यह ठोस ग्रह-रूप धारण कर लिया, जिस पर हम रहते हैं। भविष्य में पुनः इसके टुकड़े टुकड़े हो जायँगे और यह आदिम नीहारिका की दशा को वापस चली जायगी। विश्व में अनादि काल से यही हो रहा है। मनुष्य, प्रकृति और जीवन का यही सम्पूर्ण इतिहास है।

प्रत्येक विकास (evolution) के पहले एक अन्तर्भाव या संकोच (involution) रहता है, प्रत्येक व्यक्त दशा के पहले उसकी अव्यक्त दशा रहती है। समूचा वृक्ष सूक्ष्म रूप से अपने कारण बीज में निहित रहता है। समूचा मनुष्य सूक्ष्म रूप से उस एक जीविसार (protoplasm) में विद्यमान रहता है। यह समूचा विश्व मूल अव्याकृत प्रकृत में निहित रहता है। प्रत्येक वस्तु सूक्ष्म रूप से अपने कारण में उपस्थित रहती है। यह विकास अर्थात्—स्थूल से स्थूलतर रूपों की क्रमिक अभिव्यक्ति सत्य है, पर साथ ही यह भी सत्य है कि इसके प्रत्येक स्तर के पूर्व उसका संकोच विद्यमान है। यह समग्र व्यक्त जगत् पहले अपनी अन्तर्भूत अवस्था में विद्यमान था, जो इन विविध रूपों में अभिव्यक्त हुआ; और फिर से वह अपनी उसी अन्तर्भूत दशा को प्राप्त हो जायगा। उदाहरणार्थ, एक छोटे पौदे का जीवन लो। हम देखते हैं कि उसकी एकता दो वस्तुओं से मिलकर बनी है—उसका विकास या वृद्धि, और ह्रास या मृत्यु। इनसे एक इकाई बनती है—पौदे का जीवन। जीवन की श्रृंखला में पौदे के जीवन को एक कड़ी समझकर हम पूरी जीवन-श्रृंखला पर विचार कर सकते हैं। जीविसार से प्रारम्भ होकर वही एक जीवन 'पूर्ण' मनुष्य में परिणत होता है। मनुष्य इस श्रृंखला की एक कड़ी है, और विविध जीव-जन्तु तथा पेड़-पौदे इसकी अन्य कड़ियाँ हैं। अब इनके मूल अथवा उद्गम की ओर चलो—उन सूक्ष्माणुओं की ओर, जिनसे इनका प्रारम्भ हुआ है, और पूरी श्रृंखला को एक ही जीवन मानो, तो देखोगे कि यहाँ का प्रत्येक विकास किसी न किसी पहले से अवस्थित वस्तु का ही विकास है।

जहाँ से यह प्रारम्भ होता है, वहीं इसका अन्त भी होता है। इस जगत् की परिसमाप्ति कहाँ है?—बुद्धि में। सोचो, क्या ऐसा नहीं है? विकासवादियों के मतानुसार सृष्टि-क्रम में बुद्धि ही का विकास सबसे अन्त में हुआ। अतएव सृष्टि का प्रारम्भ या कारण भी बुद्धि ही होना चाहिये। प्रारम्भ में यह बुद्धि अव्यक्त अवस्था में रहती है और क्रमशः वही व्यक्त रूप में प्रकट होती है। अतः विश्व में पायी जानेवाली समस्त बुद्धियों की समष्टि ही वह अव्यक्त विश्व-बुद्धि है, जो उन विभिन्न रूपों में प्रकाशित हो रही है, और जिसे शास्त्रों ने 'ईश्वर' की संज्ञा दी है। शास्त्र कहते हैं कि हम ईश्वर से ही आते हैं और फिर वहीं लौट जाते हैं। उसे चाहे किसी भी नाम से पुकारो, पर यह तुम अस्वीकार नहीं कर सकते कि प्रारम्भ में वह अनन्त विश्व बुद्धि ही कारणरूप में विद्यमान रहती है।

सम्मिश्रण कैसे बनता है? सम्मिश्रण वह है जिसमें कई कारण मिलकर कार्यरूप में परिणत हो जाते हैं। अतः ये सम्मिश्रण केवल कार्य-कारण वृत्त के अन्दर ही सीमित रहते हैं। जहाँ तक कार्य और कारण के नियमों की पहुँच है, वहीं तक सम्मिश्रण सम्भव है। उसके आगे, सम्मिश्रण की बात करना ही असम्भव है, क्योंकि वहाँ तो कोई नियम लागू हो ही नहीं सकता। नियम केवल उस जगत् में ही लागू होता है, जहाँ हम देख, सुन, अनुभव और कल्पना कर सकते हैं। उसके आगे हम किसी नियम की कल्पना ही नहीं कर सकते। वही हमारा जगत् है जिसका ज्ञान हमें इन्द्रियों या अनुमान द्वारा होता है। इन्द्रियों से हम वे बातें जानते हैं, जो उनकी पहुंच के भीतर हैं, और जो बातें हमारे मन में हैं, उन्हें हम अनुमान द्वारा जानते हैं। जो कुछ शरीर से परे है, वह इन्द्रियगम्य नहीं है, और जो मन से परे है, वह अनुमान या विचार के अतीत है, अतः वह हमारे जगत् से बाहर की वस्तु है और इसीलिए वह कार्यकारण-नियम के भी अतीत है। मनुष्य की आत्मा कार्य-कारण-नियम से परे होने के कारण सम्मिश्रण नहीं है, किसी कारण का परिणाम नहीं है, अतएव वह नित्य मुक्त है और नियम के भीतर जो कुछ सीमित है, उस सबका शासनकर्ता है। चूंकि वह सम्मिश्रण नहीं है, इसलिए उसकी मृत्यु कभी न होगी, क्योंकि मृत्यु का अर्थ है उन सब उपादानों में परिणत हो जाना, जिनसे वस्तु निर्मित हुई है, विनाश का अर्थ है कार्य का अपने कारण में वापस चला जाना। जब आत्मा की मृत्यु नहीं हो सकती तो, उसका जन्म भी नहीं हो सकता, क्योंकि जीवन और मृत्यु एक ही वस्तु की दो विभिन्न अभिव्यक्तियाँ हैं। अतएव आत्मा जन्म और मृत्यु से परे है। तुम्हारा जन्म कभी हुआ ही नहीं, और मृत्यु भी कभी नहीं होगी। जन्म और मृत्यु तो केवल शरीर के धर्म हैं।

अद्वैतवाद कहता है कि 'अस्तित्व' रखनेवाली सभी वस्तुओं की समष्टि ही

का नाम विश्व है। स्थूल या सूक्ष्म जो कुछ भी है, वह यहीं है। कारण और कार्य दोनों यहीं हैं; सभी का स्पष्टीकरण और समाधान भी यहीं है। जिसे हम 'व्यष्टि' कहते हैं, वह 'समष्टि' ही की अभिव्यक्ति मात्र है। अपनी आत्मा के भीतर से ही हमें विश्व की धारणा होती है, और यह बहिर्जगत् उसी अन्तर्जगत् का प्रकाश मात्र है। स्वर्ग इत्यादि लोकों की बातें यदि सच भी हों, तो वे सब इस विश्व में ही हैं। वे सब मिलकर इस 'इकाई' का निर्माण करते हैं। अतः, प्रथम धारणा है एक 'समष्टि' की, एक 'इकाई' की, जो कि नानाविध छोटे छोटे अणुओं से बनी हुई है, और हममें से प्रत्येक ही मानो इस 'इकाई' का एक एक अंश है। प्रकट रूप में हम भले ही अलग अलग प्रतीत होते हों, पर यथार्थ में हैं एक ही। हम जितना ही अपने को इस समष्टि से अलग समझते हैं, उतना ही अधिक दुःखी होते हैं। इस प्रकार हम देखते हैं कि अद्वैत ही नीति-शास्त्र का आधार है।

ईश्वर और ब्रह्म

स्वामी विवेकानन्द जब यूरोप में थे, तब उनसे एक प्रश्न किया गया था कि वेदान्त दर्शन में ईश्वर का क्या स्थान है। उसका उत्तर देते हुए उन्होंने कहा था :

ईश्वर व्यष्टियों की समष्टि है, और साथ ही वह एक व्यष्टि भी है, ठीक उसी प्रकार जैसे कि मानव-शरीर इकाई होते हुए भी कोशिकाओं (cells) रूपी अनेक व्यष्टियों की समष्टि है। समष्टि ही ईश्वर है, और व्यष्टि ही जीव है। अतएव ईश्वर का अस्तित्व जीव के अस्तित्व पर निर्भर है, जैसा कि शरीर का कोशिकाओं पर; और इसका विलोम भी सत्य है। इस प्रकार, जीव और ईश्वर सह-अस्तित्वमान हैं; यदि एक का अस्तित्व है, तो दूसरे का होगा ही। और चूंकि, हमारी इस धरती को छोड़कर अन्य सब उच्चतर लोकों में अच्छाई या शुभ की मात्रा बुराई या अशुभ की मात्रा से बहुत ज़्यादा है, हम इन सबकी समष्टि—ईश्वर—को सर्वशुभ कह सकते हैं। समष्टिस्वरूप होने के कारण, सर्वशक्तिमत्ता और सर्वज्ञता ईश्वर के प्रत्यक्ष गुण हैं, इन्हें सिद्ध करने के लिए किसी तर्क की आवश्यकता नहीं। ब्रह्म इन दोनों से परे है और निर्विकार है। ब्रह्म ही एक ऐसी इकाई है, जो अन्य इकाइयों की समष्टि नहीं—वह अखण्ड है, वह क्षुद्र जीवाणु से लेकर ईश्वर तक समस्त भूतों में व्याप्त है, उसके बिना किसीका अस्तित्व सम्भव नहीं, और जो कुछ भी सत्य है, वह ब्रह्म ही है। जब मैं सोचता हूं **अहं ब्रह्मास्मि**, तब केवल मैं ही वर्तमान रहता हूँ, मेरे अतिरिक्त और किसीका अस्तित्व नहीं रह जाता। यही बात औरों के विषय में भी है। अतएव, प्रत्येक ही वही पूर्ण ब्रह्मतत्त्व है।

आत्मा, प्रकृति तथा ईश्वर

वेदान्त दर्शन के अनुसार मनुष्य को तीन तत्त्वों से बना हुआ कह सकते हैं। उसका बाह्यतम अंश शरीर है अर्थात् मनुष्य का स्थूल रूप, जिसमें आँख, नाक, कान आदि संवेदन के साधन हैं। यह आँख भी दृष्टि का कारण नहीं है, यह केवल यन्त्र भर है। इसके पीछे इन्द्रिय है। इसी प्रकार कान श्रोत्रेन्द्रिय नहीं हैं, वे केवल साधन हैं, उनके पीछे इन्द्रिय है, अथवा वह जिसे आधुनिक शरीर-शास्त्र की भाषा में केन्द्र कहते हैं। अवयवों को संस्कृत में इन्द्रिय कहते हैं। यदि आँखों को नियन्त्रित करनेवाले केन्द्र नष्ट हो जायँ, तो आँखें देख न सकेंगी। यही बात हमारी सभी इन्द्रियों के सम्बन्ध में है। फिर इन्द्रियाँ जब तक अन्य 'कुछ' किसी एक दूसरी वस्तु से संलग्न नहीं, तब तक वे स्वयं किसी चीज़ के संवेदन में समर्थ नहीं हो पातीं। वह 'कुछ' है मन। तुमने अनेक बार देखा होगा, कि जब तुम किसी चिन्तन में तल्लीन थे, तुमने घड़ी की टिन्‌टिन् को नहीं सुना। क्यों? तुम्हारे कान अपने स्थान पर थे, तरंगों का उनमें प्रवेश भी हुआ, वे मस्तिष्क की ओर परिचालित भी हुईं, फिर भी तुमने नहीं सुना, क्योंकि तुम्हारी इन्द्रिय के साथ तुम्हारा मन संयुक्त नहीं था। बाह्य वस्तुओं की प्रतिम एँ इन्द्रियों के ऊपर पड़ती हैं और जब इन्द्रियों से मन जुड़ जाता है, तब वह उस प्रतिमा को ग्रहण करता है और वह उसे जो रूप-रंग प्रदान करता है, उसे अहंता अथवा 'मैं' कहते हैं। एक उदाहरण लो : मैं किसी कार्य में व्यस्त हूँ और एक मच्छर मेरी अँगुली में काट रहा है। मैं इसका अनुभव नहीं करता, क्योंकि मेरा मन किसी दूसरी वस्तु में लगा हुआ है। बाद में जब मेरा मन इन्द्रियों से प्रेषित प्रतिमाओं से संयुक्त हो जाता है, तब प्रतिक्रिया होती है। इस प्रतिक्रिया के फलस्वरूप मैं मच्छर की उपस्थिति के प्रति सचेत हो जाता हूँ। इसी प्रकार केवल मन का इन्द्रिय से संयुक्त हो जाना पर्याप्त नहीं है, इच्छा के रूप में प्रतिक्रिया का होना भी आवश्यक है। वह शक्ति जहाँ से प्रतिक्रिया उत्पन्न होती है, जो ज्ञान और निश्चय करने की शक्ति है, उसे 'बुद्धि' कहते हैं। प्रथम, वाह्य साधन, फिर इन्द्रिय और फिर मन का इन्द्रिय से संयुक्त होना और इसके बाद बुद्धि की प्रतिक्रिया अत्यावश्यक है; और जब ये सब बातें पूरी हो जाती हैं, तब तुरन्त 'मैं' और बाह्य वस्तु का विचार तत्काल स्फुरित होता है। तभी प्रत्यक्ष, प्रत्यय और ज्ञान की निष्पत्ति होती है। कर्मेन्द्रिय जो साधन मात्र है, शरीर का अवयव है और

उसके पीछे ज्ञानेन्द्रिय है जो उससे सूक्ष्मतर है, तब क्रमश: मन, बुद्धि और अहंकार हैं। वह अहंकार कहता है : 'मैं'—मैं देखता हूँ, मैं सुनता हूँ इत्यादि। यह सम्पूर्ण प्रक्रिया जिन शक्तियों द्वारा परिचालित होती हैं, उन्हें तुम जीवनी-शक्तियाँ कह सकते हो, संस्कृत में उन्हें 'प्राण' कहते हैं। मनुष्य का यह स्थूल रूप, यह शरीर, जिसमें बाह्य साधन हैं, संस्कृत में 'स्थूल शरीर' कहा गया है। इसके पीछे इन्द्रिय से प्रारम्भ होकर मन, बुद्धि तथा अहंकार का सिलसिला है। ये तथा प्राण मिलकर जो यौगिक घटक बनाते हैं, उसे सूक्ष्म शरीर कहते हैं। ये शक्तियाँ अत्यन्त सूक्ष्म तत्त्वों से निर्मित हैं, इतने सूक्ष्म कि शरीर पर लगनेवाला बड़ा से बड़ा आघात भी उन्हें नष्ट नहीं कर सकता। शरीर के ऊपर पड़नेवाली किसी भी चोट के बाद वे जीवित रहते हैं। हम देखते हैं कि स्थूल शरीर स्थूल तत्त्वों से बना हुआ है और इसीलिए वह हमेशा नूतन होता, और निरन्तर परिवर्तित होता रहता है। किन्तु मन, बुद्धि और अहंकार आदि आभ्यंतर इन्द्रिय सूक्ष्मतम तत्त्वों से निर्मित हैं, इतने सूक्ष्म कि वे युग युग तक चलते रहते हैं। वे इतने सूक्ष्म हैं कि कोई भी वस्तु उनका प्रतिरोध नहीं कर सकती, वे किसी भी अवरोध को पार कर सकते हैं। स्थूल शरीर बुद्धि-शून्य है, और वह सूक्ष्मतर पदार्थ से बना होने के कारण सूक्ष्म भी है। यद्यपि एक भाग मन, दूसरा बुद्धि तथा तीसरा अहंकार कहा जाता है, पर एक ही दृष्टि में हमें विदित हो जाता है कि इनमें से किसीको भी 'ज्ञाता' नहीं कहा जा सकता। इनमें से कोई भी प्रत्यक्षकर्ता, साक्षी, कार्य का भोक्ता अथवा क्रिया को देखनेवाला नहीं है। मन की ये समस्त गतियाँ, बुद्धि तत्त्व अथवा अहंकार अवश्य ही किसी दूसरे के लिए हैं। सूक्ष्म भौतिक द्रव्य से निर्मित होने के कारण ये स्वयं प्रकाशक नहीं हो सकतीं। उनका प्रकाशक तत्त्व उन्हींमें अन्तर्निहित नहीं हो सकता। उदाहरणार्थ इस मेज़ की अभिव्यक्ति किसी भौतिक वस्तु के कारण नहीं हो सकती। अत: उन सबके पीछे कोई न कोई अवश्य है, जो वास्तविक प्रकाशक, वास्तविक दर्शक और वास्तविक भोक्ता है, जिसे संस्कृत में 'आत्म' कहते हैं—मनुष्य की आत्मा, मनुष्य का वास्तविक 'स्व'। वस्तुओं का असली देखनेवाला यही है। बाह्य साधन तथा इन्द्रियाँ प्रभावों को ग्रहण करती हैं, उन्हें मन तक पहुँचाती हैं, मन उन्हें बुद्धि तक ले जाता है, बुद्धि उन्हें दर्पण की भाँति प्रतिबिम्बित करती है और इन सबका आधार आत्मा है, जो उनकी देखभाल करता है तथा अपनी आज्ञाएँ तथा निर्देश प्रदान करता है। वह इन सभी यंत्रों का शासक है, घर का स्वामी तथा शरीर का सिंहासनारूढ़ राजा है। अहंकार, बुद्धि और चिन्तन की शक्तियाँ, इन्द्रियाँ, उनके यन्त्र, शरीर और ये सब उसकी आज्ञा का पालन करते हैं। इन सबको प्रकाशित करनेवाला वही है। यह मनुष्य की आत्मा है। इसी प्रकार, हम देख सकते

हैं कि जो विश्व के एक छोटे से अंश के सम्बन्ध में सत्य है, वही सम्पूर्ण विश्व के सम्बन्ध में भी होना चाहिए। यदि समानुरूपता विश्व का नियम है, तो विश्व का प्रत्येक अंश उसी योजना के अनुसार बना हुआ होना चाहिए, जिसके अनुसार सम्पूर्ण विश्व बना हुआ है। इसलिए हमारा यह सोचना स्वाभाविक है कि विश्व कहे जानेवाले इस स्थूल भौतिक रूप के पीछे एक सूक्ष्मतर तत्त्वों का विश्व अवश्य होगा, जिसे हम विचार कहते हैं और उसके पीछे एक 'आत्मा' होगी, जो इस समस्त विचार को सम्भव बनाती है, जो आज्ञा देती है और जो इस विश्व की सिंहासनारूढ़ राज्ञी है। वह आत्मा, जो प्रत्येक मन और शरीर के पीछे है, 'प्रत्यगात्मा' अथवा व्यक्तिगत आत्मा कही जाती है और जो आत्मा विश्व के पीछे उसकी पथप्रदर्शक, नियन्त्रक और शासक है, वह ईश्वर है।

दूसरी विचारणीय बात यह है कि ये सभी वस्तुएँ कहाँ से आयीं। उत्तर है : आने का क्या अर्थ है? यदि यह अर्थ है कि शून्य से किसी वस्तु की उत्पत्ति हो सकती है, तो यह असम्भव है। यह सारी सृष्टि, यह समस्त अभिव्यक्ति शून्य से उत्पन्न नहीं हो सकती। बिना कारण कोई वस्तु उत्पन्न नहीं हो सकती और कार्य कारण के पुनरुत्पादन के अतिरिक्त और कुछ नहीं है। यहाँ यह शीशे का गिलास है। मान लो इसके हम टुकड़े टुकड़े कर दें, इसे पीस डालें, और रासायनिक पदार्थों की मदद से इसका प्रायः उन्मूलन सा कर दें, तो क्या इस सबसे वह शून्य में वापस जा सकता है? कदापि नहीं। आकार नष्ट हो जायगा, किन्तु जिन परमाणुओं से वह निर्मित है, वे बने रहेंगे, वे हमारी ज्ञानेन्द्रियों से परे भले ही हो जायँ, परन्तु वे बने रहते हैं और यह नितान्त सम्भव है कि इन्हीं पदार्थों से एक दूसरा गिलास भी बन सके। यदि यह बात एक दृष्टान्त के सम्बन्ध में सत्य है, तो प्रत्येक उदाहरण में भी सत्य होगी। कोई वस्तु शून्य से नहीं बनायी जा सकती। न कोई वस्तु शून्य में पुनः परिवर्तित की जा सकती है। यह सूक्ष्म से सूक्ष्मतर, और फिर स्थूल से स्थूलतर रूप ग्रहण कर सकती है। वर्षा की बूंद समुद्र से निकलकर भाप के रूप में ऊपर उठती है और वायु द्वारा पहाड़ों की ओर परिचालित होती है, वहाँ वह पुनः जल में बदल जाती है और सैकड़ों मील बहकर फिर अपने जनक समुद्र में मिल जाती है। बीज से वृक्ष उत्पन्न होता है। वृक्ष मर जाता है, और केवल बीज छोड़ जाता है। वह पुनः दूसरे वृक्ष के रूप में उत्पन्न होता है, जिसका पुनः बीज के रूप में अन्त होता है और यही क्रम चलता है। एक पक्षी का दृष्टान्त लो, कैसे वह अण्डे से निकलता है, एक सुन्दर पक्षी बनता है, अपना जीवन पूरा करता है और अन्त में मर जाता है। वह केवल भविष्य के बीज रखनेवाले कुछ अण्डों को ही छोड़ जाता है। यही बात जानवरों के सम्बन्ध में सत्य है, और यही मनुष्यों के सम्बन्ध में भी। लगता

है कि प्रत्येक वस्तु, कुछ बीजों से, कुछ प्रारम्भिक तत्त्वों से अथवा कुछ सूक्ष्म रूपों से उत्पन्न होती है और जैसे जैसे वह विकसित होती है, स्थूलतर होती जाती है, और फिर अपने सूक्ष्म रूप को ग्रहण करके शान्त पड़ जाती है। समस्त विश्व इसी क्रम से चल रहा है। एक ऐसा भी समय आता है, जब यह सम्पूर्ण विश्व गल कर सूक्ष्म हो जाता है, अन्त में मानो पूर्णतया विलुप्त जैसा हो जाता है, किन्तु अत्यन्त सूक्ष्म भौतिक पदार्थ के रूप में विद्यमान रहता है। आधुनिक विज्ञान एवं गणित ज्योतिष (खगोल विद्या) से हमें विदित होता है कि यह पृथ्वी शीतल होती जा रही है और कालान्तर में यह अत्यन्त शीतल हो जायगी, और तब यह खण्ड खण्ड होकर अधिकाधिक सूक्ष्म होती हुई पुनः आकाश के रूप में परिवर्तित हो जायगी। किन्तु उस सामग्री की रचना के निमित्त, जिससे दूसरी पृथ्वी प्रक्षिप्त होगी, परमाणु विद्यमान रहेंगे। यह प्रक्षिप्त पृथ्वी भी विलुप्त होगी, और फिर दूसरी आविर्भूत होगी। इस प्रकार यह जगत् अपने मूल कारणों में प्रत्यावर्तन करेगा, और उसकी सामग्री संघटित होकर—अवरोह, आरोह करती, आकार ग्रहण करती लहर के सदृश—पुनः आकार ग्रहण करेगी। कारण में बदल कर लौट जाने और फिर पुनः बाहर निकल आने की प्रक्रिया को संस्कृत में क्रमशः 'संकोच' और 'विकास' कहते हैं, जिनका अर्थ सिकुड़ना और फैलना होता है। इस प्रकार समस्त विश्व संकुचित होता और प्रसार जैसा करता है। आधुनिक विज्ञान के अधिक मान्य शब्दों का प्रयोग करें तो हम कह सकते हैं कि वह अन्तर्भूत (सन्निहित) और विकसित होता है। तुम विकास के सम्बन्ध में सुनते हो कि किस प्रकार सभी आकार निम्नतर आकारों से विकसित होते हैं और धीरे धीरे आधिकाधिक विकसित होते रहते हैं। यह बिल्कुल ठीक है, लेकिन प्रत्येक विकास के पहले अन्तर्भाव का होना आवश्यक है। हमें यह ज्ञात है कि जगत् में उपलब्ध ऊर्जा का पूर्ण योग सदैव समान रहता है, और भौतिक पदार्थ अविनाशी है। तुम किसी भी प्रकार भौतिक पदार्थ का एक परमाणु भी बाहर नहीं ले जा सकते। न तो तुम एक फ़ुट-पाउण्ड ऊर्जा कम कर सकते हो और न जोड़ सकते हो। सम्पूर्ण योग सदैव वही रहेगा। संकोचन और विकास के कारण केवल अभिव्यक्ति में अन्तर होता है। इसलिए यह प्रस्तुत चक्र अपने पूर्वगामी चक्र के अन्तर्भाव या संकोचन से प्रसूत विकास का चक्र है। और यह चक्र पुनः अन्तर्भूत या संकुचित होगा, सूक्ष्म से सूक्ष्मतर होता जायगा और उससे फिर दूसरे चक्र का उद्भव होगा। समस्त विश्व इसी क्रम से चल रहा है। इस प्रकार हम देखते हैं कि सृष्टि का यह अर्थ नहीं कि अभाव से भाव की रचना हुई है। अधिक उपयुक्त शब्द का व्यवहार करें तो हम कहेंगे कि अभिव्यक्ति हो रही है और ईश्वर विश्व को अभिव्यक्त करनेवाला है। यह विश्व मानो उसका निःश्वास है जो उसी में समाहित हो जाता है और

जिसे वह फिर बाहर निकाल देता है। वेदों में एक अत्यन्त सुन्दर उपमा दी गयी है—वह अनादि पुरुष निःश्वास के रूप में इस विश्व को प्रकट करता है और श्वास-रूप से इसे अपने में अन्तर्निहित करता है। उसी प्रकार जिस प्रकार कि हम एक छोटे से धूलि-कण को साँस के द्वारा निकालते और साँस द्वारा उसे पुनः भीतर ले जाते हैं। यह सब तो बिल्कुल ठीक है, लेकिन प्रश्न हो सकता है : प्रथम चक्र में इसका क्या रूप था ? उत्तर है : प्रथम चक्र से क्या आशय है ? वह तो था ही नहीं। यदि तुम काल का प्रारम्भ बतला सकते हो, तो समय की समस्त धारणा ही ध्वस्त हो जाती है। उस सीमा पर विचार करने की चेष्टा करो, जहाँ काल का प्रारम्भ हुआ, तुमको उस सीमा के परे के समय के सम्बन्ध में विचार करना पड़ेगा। जहाँ देश प्रारम्भ होता है, उस पर विचार करो; तुमको उसके परे के देश के सम्बन्ध में भी सोचना पड़ेगा। देश और काल अनन्त हैं, अतः न तो उनका आदि है और न अन्त। यह धारणा इससे कहीं अच्छी है कि ईश्वर ने पाँच मिनट में विश्व की रचना की और फिर सो गये और तब से आज तक सो रहे हैं। दूसरी ओर यह धारणा अनन्त स्रष्टा के रूप में हमें ईश्वर प्रदान करती है। लहरों का एक क्रम है, वे उठती हैं और गिरती हैं और ईश्वर इस अनन्त प्रक्रिया का संचालक है। जिस प्रकार विश्व अनादि और अनन्त है, उसी प्रकार ईश्वर भी। हम देखते हैं कि ऐसा होना अनिवार्य है, क्योंकि यदि हम कहें कि किसी समय सृष्टि नहीं थी, सूक्ष्म अथवा स्थूल रूप में भी, तो हमें यह भी कहना पड़ेगा कि ईश्वर भी नहीं था, क्योंकि हम ईश्वर को साक्षी, विश्व के द्रष्टा के रूप में समझते हैं। जब विश्व नहीं था, तब वह भी नहीं था। एक प्रत्यय के बाद दूसरा प्रत्यय आता है। कार्य के विचार से हम कारण के विचार तक पहुँचते हैं और यदि कार्य नहीं होगा, तो कारण भी नहीं होगा। इससे यह स्वाभाविक निष्कर्ष निकलता है कि जिस प्रकार विश्व शाश्वत है, उसी प्रकार ईश्वर भी शाश्वत है।

आत्मा भी शाश्वत है। क्यों ? सबसे पहले तो यह कि वह पदार्थ नहीं है। वह स्थूल शरीर भी नहीं है, न वह सूक्ष्म शरीर है जिसे मन अथवा विचार कहा गया है। न तो यह भौतिक शरीर है और न ईसाई मत में प्रतिपादित सूक्ष्म शरीर है। स्थूल शरीर और सूक्ष्म शरीर परिवर्तनशील हैं। स्थूल शरीर तो प्रायः प्रत्येक मिनट बदलनेवाला है और उसकी मृत्यु हो जाती है, किन्तु सूक्ष्म शरीर सुदीर्घ अवधि तक बना रहता है,—जब तक कि हम मुक्त नहीं हो जाते और तब वह भी विलग हो जाता है। जब व्यक्ति मुक्त हो जाता है, तब उसका सूक्ष्म शरीर विघटित हो जाता है। स्थूल शरीर तो जितनी बार वह मरता है, विघटित होता रहता है। आत्मा किसी प्रकार के परमाणुओं से निर्मित न होने के कारण निश्चय ही अविनाशी

है। विनाश से हम क्या समझते हैं? विनाश उन उपादानों का उच्छेदन है, जिनसे किसी वस्तु का निर्माण होता है। यदि यह गिलास चूर चूर हो जाय, तो इसके उपादान विघटित हो जायँगे और वही गिलास का नाश होगा। अणुओं का विघटन ही हमारी दृष्टि में विनाश है। इससे यह स्वाभाविक निष्कर्ष निकलता है कि जो वस्तु परमाणुओं से निर्मित नहीं है, वह नष्ट नहीं की जा सकती, वह कभी विघटित नहीं हो सकती। आत्मा का निर्माण भौतिक तत्त्वों से नहीं हुआ है। यह एक अविभाज्य इकाई है। इसलिए वह अनिवार्यतः अविनाशी है। इसी कारण इसका अनादि और अनन्त होना भी अनिवार्य है। अतः आत्मा अनादि एवं अनन्त है।

तीन सत्ताएँ हैं। एक तो प्रकृति है जो अनन्त है, परन्तु परिवर्तनशील है। समग्र प्रकृति अनादि और अनन्त है, परन्तु इसके अन्तर्गत विभिन्न प्रकार के परिवर्तन हो रहे हैं। यह उस नदी के समान है, जो हज़ारों वर्षों तक समुद्र में निरन्तर प्रवाहित होती रहती है। नदी सदैव वही रहती है, परन्तु वह प्रत्येक क्षण परिवर्तित हुआ करती है, जलकण निरन्तर अपनी स्थिति बदलते रहते हैं। फिर ईश्वर है जो अपरिवर्तनशील एवं नियन्ता है और फिर आत्मा है, ईश्वर की भाँति अपरिवर्तनशील तथा शाश्वत है, परन्तु नियन्ता के अधीन है। एक तो स्वामी है, दूसरा सेवक और तीसरी प्रकृति है।

ईश्वर विश्व की सृष्टि, स्थिति तथा प्रलय का कारण है, अतः कार्य की निष्पत्ति के लिए कारण का विद्यमान होना अनिवार्य है। केवल यही नहीं, कारण ही कार्य बन जाता है। शीशे की उत्पत्ति कुछ भौतिक पदार्थों एवं शिल्पकार के द्वारा प्रयुक्त कुछ शक्तियों के संयोग से होती है। शीशे में उन पदार्थों एवं शक्तियों का योग है। जिन शक्तियों का प्रयोग हुआ है, वे शक्तियाँ संयोजन (लगाव) की शक्ति बन गयी हैं, और यदि वह शक्ति चली जाती है, तो शीशा बिखरकर चूर चूर हो जायगा, यद्यपि वे पदार्थ निश्चित रूप से उस शीशे में हैं। केवल उनका रूप परिवर्तित होता है। कारण ने कार्य का रूप धारण किया है। जो भी कार्य तुम देखते हो, उसका विश्लेषण तुम कारण के रूप में कर सकते हो। कारण ही कार्य के रूप में अभिव्यक्त होता है। इसका यह अर्थ है; यदि ईश्वर सृष्टि का कारण है और सृष्टि कार्य है, तो ईश्वर ही सृष्टि बन गया है। यदि आत्माएँ कार्य और ईश्वर कारण है, तो ईश्वर ही आत्माएँ बन गया है। अतः प्रत्येक आत्मा ईश्वर का अंश है। 'जिस प्रकार एक अग्नि-पिंड से अनेक स्फुलिंग उद्भूत होते हैं, उसी प्रकार उस अनन्त सत्ता से आत्माओं का यह समस्त विश्व प्रादुर्भूत हुआ है।'

हमने देखा कि एक तो अनन्त ईश्वर है, और दूसरी अनन्त प्रकृति है। तथा, अनन्त संख्याओंवाली अनन्त आत्माएँ हैं। यह धर्म की पहली सीढ़ी है, इसे द्वैतवाद

कहते हैं—अर्थात् वह अवस्था जिसमें मनुष्य अपने और ईश्वर को शाश्वत रूप से पृथक् मानता है, जहाँ ईश्वर स्वयं एक पृथक् सत्ता है और मनुष्य स्वयं एक पृथक् सत्ता है तथा प्रकृति स्वयं एक पृथक् सत्ता है। फिर द्वैतवाद यह मानता है कि प्रत्येक वस्तु में द्रष्टा और दृश्य (विषय और विषयी) एक दूसरे के विपरीत होते हैं। जब मनुष्य प्रकृति को देखता है, तब वह द्रष्टा (विषयी) है और प्रकृति दृश्य (विषय) है। वह द्रष्टा और दृश्य के बीच में द्वैत देखता है। जब वह ईश्वर की ओर देखता है, वह ईश्वर को दृश्य के रूप में देखता है और स्वयं को द्रष्टा के रूप में। वे पूर्णरूपेण पृथक् हैं। यह ईश्वर और मनुष्य के बीच का द्वैत है। यह साधारणतः धर्म के प्रति पहला दृष्टिकोण है।

इसके पश्चात् धर्म का दूसरा दृष्टिकोण आता है, जिसका अभी मैंने तुमको दिग्दर्शन कराया है। मनुष्य यह समझने लगता है कि यदि ईश्वर विश्व का कारण है और विश्व उसका कार्य, तो ईश्वर स्वयं ही विश्व और आत्माएँ बन गया है और वह (मनुष्य) उस सम्पूर्ण ईश्वर का अंश मात्र है। हम लोग छोटे छोटे जीव हैं, उस अग्नि-पिण्ड के स्फुलिंग हैं, और समस्त सृष्टि ईश्वर की साक्षात् अभिव्यक्ति है। यह दूसरी सीढ़ी है। संस्कृत में इसे 'विशिष्टाद्वैतवाद' कहते हैं। जिस प्रकार हमारा यह शरीर है, और यह शरीर आत्मा के आवरण का कार्य करता है और आत्मा इस शरीर में एवं इसके माध्यम से स्थित है, उसी प्रकार अनन्त आत्माओं का यह विश्व एवं प्रकृति ही मानो ईश्वर का शरीर है। जब अन्तर्भाव का समय आता है, ब्रह्माण्ड सूक्ष्म से सूक्ष्मतर होता चला जाता है, फिर भी वह ईश्वर का शरीर बना रहता है। जब स्थूल अभिव्यक्ति होती है, तब भी सृष्टि ईश्वर के शरीर के रूप में बनी रहती है। जिस प्रकार मनुष्य की आत्मा, मनुष्य के शरीर और मन की आत्मा है, उसी प्रकार ईश्वर हमारी आत्माओं की आत्मा है। तुम सब लोगों ने इस उक्ति को प्रत्येक धर्म में सुना होगा, 'हमारी आत्माओं की आत्मा।' इसका आशय यही है। मानो वह उनमें रमता है, उन्हें निर्देश देता है और उन सबका शासक है। प्रथम दृष्टि, द्वैतवाद के अनुसार हम सभी ईश्वर और प्रकृति से शाश्वत रूप से पृथक् व्यक्ति हैं। दूसरी दृष्टि के अनुसार हम व्यक्ति हैं, परन्तु ईश्वर के साथ एक हैं। हम सब उसीमें हैं। हम सब उसीके अंश हैं, हम सब एक हैं। फिर भी मनुष्य और मनुष्य में, मनुष्य और ईश्वर में एक कठोर व्यक्तिता है, जो पृथक् है और पृथक् नहीं भी।

अब इससे भी सूक्ष्मतर प्रश्न उठता है। प्रश्न है : क्या अनन्त के अंश हो सकते हैं ? अनन्त के अंशों से क्या तात्पर्य है ? यदि तुम इस पर विचार करो तो देखोगे कि यह असम्भव है। अनन्त के अंश नहीं हो सकते, वह हमेशा अनन्त ही रहता है

और दो अनन्त भी नहीं हो सकते। यदि उसके अंश किये जा सकते हैं, तो प्रत्येक अंश अनन्त ही होगा। यदि ऐसा मान भी लें, तो वे एक दूसरे को ससीम कर देंगे और दोनों ही ससीम हो जायँगे। अनन्त केवल एक तथा अविभाज्य ही हो सकता है। इस प्रकार निष्कर्ष यह निकलता है कि अनन्त एक है, अनेक नहीं; और वही एक अनन्त आत्मा, पृथक् आत्माओं के रूप में प्रतीत होनेवाले असंख्य दर्पणों में प्रतिबिम्बित हो रही है। यह वही अनन्त आत्मा है, जो विश्व का आधार है, जिसे हम ईश्वर कहते हैं। वही अनन्त आत्मा मनुष्य के मन का आधार भी है, जिसे हम जीवात्मा कहते हैं।

ईश्वरत्व की धारणा

मनुष्य की आन्तरिक अभीप्सा उस व्यक्ति को पाने के लिए होती है, जो प्रकृति के नियमों से परे हो। वेदान्ती ऐसे नित्य ईश्वर में विश्वास करता है, जब कि बौद्ध और सांख्यवादी केवल जन्येश्वर अर्थात् वह ईश्वर जो, पहले मनुष्य था और फिर आध्यात्मिक साधना के द्वारा ईश्वर बना, में विश्वास करते हैं। पुराण इन दो मतवादों का समन्वय अवतारवाद द्वारा करते हैं। उनका कहना है कि जन्येश्वर नित्य ईश्वर के अतिरिक्त और कुछ नहीं है, उसने माया से जन्येश्वर का रूप धारण कर लिया है। सांख्यवादियों का नित्य ईश्वर के प्रति यह तर्क कि 'एक जीवन्मुक्त आत्मा विश्व की रचना कैसे कर सकती है', एक मिथ्या आधार पर आश्रित है, क्योंकि तुम एक मुक्तात्मा को कोई आदेश नहीं दे सकते। वह मुक्त है अर्थात् वह जो चाहे सो कर सकता है। वेदान्त के अनुसार जन्येश्वर विश्व की रचना, पालन अथवा संहार नहीं कर सकता।

आत्मा का स्वरूप और लक्ष्य

आद्यतम धारणा यह है कि जब मनुष्य मरता है, तो उसका विलोप नहीं हो जाता। कुछ वस्तु मनुष्य के मर जाने के बाद भी जीती है और जीती चली जाती है। संसार के तीन सर्वाधिक पुरातन राष्ट्रों—मिस्रियों, बेबीलोनिअनों और प्राचीन हिन्दुओं—की तुलना करना और उन सबसे इस धारणा को ग्रहण करना शायद अधिक अच्छा होगा। मिस्रियों और बेबीलोनिअनों में हमें आत्मा विषयक जो एक प्रकार की धारणा मिलती है—वह है प्रतिरूप देह (double)। उनके अनुसार इस देह के भीतर एक प्रतिरूप देह और है, जो वहाँ गति तथा क्रिया करती रहती है; और जब बाह्य देह मरती है, तो प्रतिरूप बाहर चला जाता तथा एक निश्चित समय तक जीता रहता है; किन्तु इस प्रतिरूप का जीवन बाह्य शरीर के परिरक्षण पर अवलम्बित है। यदि प्रतिरूप देही द्वारा छोड़े हुए देह के किसी अंग को क्षति पहुँचे, तो उसके भी उन्हीं अंगों का क्षतिग्रस्त हो जाना निश्चित है। इसी कारण मिस्रियों और बेबीलोनिअनों में शवलेपन और पिरामिड निर्माण द्वारा किसी व्यक्ति के मृत शरीर को सुरक्षित रखने के प्रति इतना आग्रह मिलता है। बेबीलोनिअनों और प्राचीन मिस्रियों दोनों में यह धारणा भी मिलती है कि यह प्रतिरूप चिरन्तन काल जीता नहीं रह सकता; अधिक से अधिक वह केवल एक निश्चित समय तक ही जीता रह सकता है, अर्थात् केवल उतने समय तक, जब तक उसके द्वारा त्यागे देह को सुरक्षित रखा जा सके।

दूसरी विचित्रता इस प्रतिरूप से संबंधित भय का तत्त्व है। प्रतिरूप देह सदैव दुःखी और विपन्न रहती है; उसके अस्तित्व की दशा अत्यन्त कष्ट की होती है। वह उन खाद्य और पेय पदार्थों तथा भोगों को माँगने के निमित्त जीवित व्यक्तियों के निकट बारंबार आती रहती है, जिनको वह अब प्राप्त नहीं कर सकती। वह नील नदी के जल को, उसके उस ताज़े जल को, पीना चाहती है, जिसको वह अब पी नहीं पाती। वह उन खाद्य पदार्थों को पुनः प्राप्त करना चाहती है, जिनका आनन्द वह इस जीवन में लिया करती थी; और जब वह देखती है कि वह उन्हें नहीं पा सकती, तो दूसरी देह क्रूर हो जाती है और यदि उसे वैसा आहार न दिया जाय, तो वह कभी कभी जीवित व्यक्तियों को मृत्यु एवं विपत्ति से धमकाती है।

आर्य विचार धारा पर दृष्टि डालते ही हमें तत्काल एक बड़ा अन्तर मिलता

है। प्रतिरूप की धारणा वहाँ भी है, किन्तु वह एक प्रकार की आत्मिक देह का रूप ले लेता है; और एक बड़ा अन्तर यह है कि इस आत्मिक देह का जीवन, आत्मा या तुम उसे जो भी कहो, उसके द्वारा त्यागे हुए शरीर के द्वारा परिसीमित नहीं होता। वरन् इसके विरुद्ध, वह इस शरीर से स्वतन्त्रता प्राप्त कर लेती है, और मृत शरीर को जला देने की विचित्र आर्य प्रथा इसी कारण है। वे व्यक्ति द्वारा त्यागे शरीर से छुटकारा पा जाना चाहते हैं, जब कि मिस्री दफ़नाकर, शवलेपन कर, या पिरामिड बनाकर उसे सुरक्षित रखना चाहते हैं। मृतकों को नष्ट करने की नितान्त आदिम पद्धति के अतिरिक्त, किसी सीमा तक विकसित राष्ट्रों में मृत व्यक्तियों के शरीरों से मुक्ति पाने की उनकी प्रणाली आत्मा सम्बन्धी उनकी धारणा का एक उत्तम परिचायक होती है। जहाँ जहाँ अपगत आत्मा की धारणा मृत शरीर की धारणा से घनिष्ठ रूप से सम्बद्ध मिलती है, वहाँ हमें शरीर को सुरक्षित रखने की प्रवृत्ति भी सदैव मिलती है, और दफ़न करने का कोई न कोई रूप भी। दूसरी ओर, जिनमें यह धारणा विकसित हो गयी है कि आत्मा शरीर से एक स्वतन्त्र वस्तु है और शव के नष्ट कर दिये जाने पर भी उसे कोई क्षति नहीं पहुँचती, उनमें सदैव दाह की पद्धति का ही आश्रय लिया जाता है। इसीलिए सभी प्राचीन आर्य जातियों में हमें शव की दाह-क्रिया मिलती है, यद्यपि पारसियों ने शव को एक मीनार पर खुला छोड़ देने के रूप में उसको परिवर्तित कर लिया है। किन्तु उस मीनार के स्वयं नाम (दख्म) का ही अर्थ है एक दाह-स्थान, जिससे प्रकट है कि पुरातन काल में वे भी अपने शवों का दाह करते थे। दूसरी विशेषता यह है कि आर्यों में इन प्रतिरूपों के प्रति कभी भय का तत्त्व नहीं रहा। वे आहार या सहायता माँगने के निमित्त नीचे नहीं आते, और न सहायता न मिलने पर क्रूर हो उठते हैं और न वे जीवित लोगों का विनाश ही करते हैं। वरन् वे हर्षयुक्त होते हैं और स्वतन्त्र हो जाने के कारण प्रसन्न। चिता की अग्नि विघटन की प्रतीक है। इस प्रतीक से कहा जाता है कि वह अपगत आत्मा को कोमलता से ऊपर ले जाय और उस स्थान में ले जाय, जहाँ पितर निवास करते हैं, इत्यादि।

ये दोनों धारणाएँ हमें तत्काल ही एक समान प्रतीत होती हैं—एक आशावादी है और दूसरी प्रारम्भिक होने के साथ निराशावादी। पहली दूसरी का ही प्रस्फुटन है। यह नितान्त सम्भव है कि अत्यन्त प्राचीन काल में स्वयं आर्य भी ठीक मिस्रियों जैसी धारणा रखते थे, या रखते रहे हों। उनके पुरातनतम आलेखनों के अध्ययन से हमें इसी धारणा की सम्भावना उपलब्ध होती है। किन्तु यह पर्याप्त दीप्तिमान वस्तु होती है, कोई दीप्तिमान वस्तु। मनुष्य के मरने पर यह आत्मा पितरों के साथ निवास करने चली जाती है और उनके सुख का रसास्वादन करती

हुई वहाँ जीती रहती है। वे पितर उसका स्वागत बड़ी दयालुता से करते हैं। भारत में आत्मा विषयक इस प्रकार की धारणा प्राचीनतम है। आगे चलकर यह धारणा उत्तरोत्तर उच्च होती जाती है। तब यह ज्ञात हुआ कि जिसे पहले आत्मा कहा जाता था, वह वस्तुतः आत्मा है ही नहीं। यह द्युतिमय देह, सूक्ष्म देह, कितनी ही सूक्ष्म क्यों न हो, फिर भी है शरीर ही; और सभी देहों का स्थूल या सूक्ष्म पदार्थों से निर्मित होना अनिवार्य है। रूप और आकार से युक्त जो भी है, उसका सीमित होना अनिवार्य है और वह नित्य नहीं हो सकता। प्रत्येक आकार में परिवर्तन अन्तर्निहित है। जो परिवर्तनशील है, वह नित्य कैसे हो सकता है? अतः इस द्युतिमय देह के पीछे उनको एक वस्तु मानो ऐसी मिल गयी, जो मनुष्य की आत्मा है। उसको आत्मा की संज्ञा मिली। यह आत्मा की धारणा तभी आरम्भ हुई। उसमें भी विविध परिवर्तन हुए। कुछ लोगों का विचार था कि यह आत्मा नित्य है; बहुत ही सूक्ष्म है, लगभग उतनी ही सूक्ष्म जितना एक परमाणु; वह शरीर के एक अंग विशेष में निवास करती है, और मनुष्य के मरने पर अपने साथ द्युतिमय देह को लिये यह आत्मा प्रस्थान कर जाती है। कुछ लोग ऐसे भी थे, जो उसी आधार पर आत्मा के परमाणविक स्वरूप को अस्वीकार करते थे, जिससे प्रेरित होकर उन्होंने इस द्युतिमय देह को आत्मा मानना अस्वीकार किया था।

इन सभी विभिन्न मतों से सांख्य दर्शन का प्रादुर्भाव हुआ, जिसमें हमें तत्काल ही विशाल विभेद मिलते हैं। उसकी धारणा यह है कि मनुष्य के पास पहले तो यह स्थूल शरीर है; स्थूल शरीर के पीछे सूक्ष्म शरीर है, जो मन का यान जैसा है; और उसके भी पीछे—जैसा कि सांख्यवादी उसे कहते हैं—मन का साक्षी आत्मा या पुरुष है; और यह सर्वव्यापक है। अर्थात्, तुम्हारी आत्मा, मेरी आत्मा, प्रत्येक व्यक्ति की आत्मा, एक ही समय में सर्वत्र विद्यमान है। यदि वह निराकार है, तो कैसे माना जा सकता है कि वह देश में व्याप्त है? देश को व्याप्त करनेवाली हर वस्तु का आकार होता है। निराकार केवल अनन्त ही हो सकता है। अतः प्रत्येक आत्मा सर्वत्र है। जो एक अन्य सिद्धान्त प्रस्तुत किया गया, वह और भी अधिक आश्चर्यजनक है। प्राचीन काल में यह सभी अनुभव करते थे कि मानव प्राणी उन्नतिशील हैं, कम से कम उनमें बहुत से तो हैं ही। पवित्रता, शक्ति और ज्ञान में वे बढ़ते ही जाते हैं; और तब यह प्रश्न किया गया : मनुष्यों द्वारा अभिव्यक्त यह ज्ञान, यह पवित्रता, यह शक्ति कहाँ से आये हैं? उदाहरणार्थ, यहाँ किसी भी ज्ञान से रहित एक शिशु है। वही शिशु बढ़ता है और एक बलिष्ठ, शक्तिशाली और ज्ञानी मनुष्य हो जाता है। उस शिशु को ज्ञान और शक्ति की अपनी यह सम्पदा कहाँ से प्राप्त हुई? उत्तर मिला कि वह आत्मा में है; शिशु की आत्मा में

यह ज्ञान और शक्ति आरम्भ से ही थे। यह शक्ति, यह पवित्रता और यह बल उस आत्मा में थे, किन्तु वे थे अव्यक्त, अब वे व्यक्त हो उठे हैं। इस व्यक्त या अव्यक्त होने का अर्थ क्या है? जैसा कि सांख्य में कहा जाता है, प्रत्येक आत्मा शुद्ध और पूर्ण, सर्वशक्तिमान और सर्वज्ञ है; किन्तु बाह्यतया वह स्वयं को केवल अपने मन के अनुरूप ही व्यक्त कर सकती है। मन आत्मा का प्रतिबिम्बक दर्पण जैसा है। मेरा मन एक निश्चित सीमा तक मेरी आत्मा की शक्तियों को प्रतिबिम्बित करता है; इसी प्रकार तुम्हारा मन और हर किसी का मन अपनी शक्तियों को करता है। जो दर्पण अधिक निर्मल होता है, वह आत्मा को अधिक अच्छी तरह प्रतिबिम्बित करता है। अतः आत्मा की अभिव्यक्ति मन के अनुरूप विविधतामय होती है; किन्तु आत्माएँ स्वरूपतः शुद्ध और पूर्ण होती हैं।

एक दूसरा सम्प्रदाय भी था, जिसका मत यह था कि यह सब ऐसा नहीं हो सकता। यद्यपि आत्माएँ स्वरूपतः शुद्ध और पूर्ण हैं, उनकी यह शुद्धता और पूर्णता, जैसा कि लोगों ने कहा है, कभी संकुचित और कभी प्रसृत हो जाती है। कतिपय कर्म और कतिपय विचार ऐसे हैं, जो आत्मा के स्वरूप को संकुचित जैसा कर देते हैं; और फिर ऐसे भी विचार और कर्म हैं, जो उसके स्वरूप को प्रकट करते हैं, व्यक्त करते हैं। फिर इसकी व्याख्या की गयी है। ऐसे सभी विचार और कर्म जो आत्मा की पवित्रता और शक्ति को संकुचित कर देते हैं, अशुभ कर्म और अशुभ विचार हैं; और वे सभी विचार एवं कर्म जो स्वयं को व्यक्त करने में आत्मा को सहायता देते, शक्तियों को प्रकट जैसा होने देते हैं, शुभ और नैतिक हैं। इन दो सिद्धान्तों में अन्तर अत्यन्त अल्प है; वह कम वेश प्रसारण और संकुचन शब्दों का खेल है। वह मत जो विविधता को केवल आत्मा के उपलब्ध मन पर निर्भर मानता है, निस्सन्देह अधिक उत्तम व्याख्या है; लेकिन संकुचन और प्रसारण का सिद्धान्त इन दो शब्दों की शरण लेना चाहता है; उनसे पूछा जाना चाहिए कि संकुचन और प्रसारण का अर्थ क्या है? आत्मा एक निराकार चेतन वस्तु है। प्रसार और संकोच का क्या अर्थ है, यह प्रश्न तुम किसी सामग्री के सम्बन्ध में ही कर सकते हो, चाहे वह स्थूल हो जिसे हम भौतिक द्रव्य कहते हैं, चाहे वह सूक्ष्म, मन, हो; किन्तु इसके परे, यदि वह देश-काल से आबद्ध भौतिक द्रव्य नहीं है, उसको लेकर प्रसार और संकोच शब्दों की व्याख्या कैसे की जा सकती है? अतएव यह सिद्धान्त जो मानता है कि आत्मा सर्वदा शुद्ध और पूर्ण है, केवल उसका स्वरूप कुछ मनों में अधिक और कुछ में कम प्रतिबिम्बित होता है, अधिक उत्तम प्रतीत होता है। जैसे जैसे मन परिवर्तित होता है, उसका रूप विकसित एवं अधिकाधिक निर्मल सा होता जाता है और वह आत्मा का अधिक उत्तम प्रतिबिम्ब देने लगता है। यह इसी प्रकार

चलता रहता है और अन्ततः वह इतना शुद्ध हो जाता है कि वह आत्मा के गुण का पूर्ण प्रतिबिम्बन कर सकता है; तब आत्मा मुक्त हो जाती है।

यही आत्मा का स्वरूप है। उसका लक्ष्य क्या है? भारत में सभी विभिन्न सम्प्रदायों में आत्मा का लक्ष्य एक ही प्रतीत होता है। उन सबमें एक ही धारणा मिलती है और वह है मुक्ति की। मनुष्य असीम है; किन्तु अभी जिस सीमा में उसका अस्तित्व है, वह उसका स्वरूप नहीं है। किन्तु इन सीमाओं के मध्य, वह अनन्त, असीम, अपने जन्मसिद्ध अधिकार, अपने स्वरूप को प्राप्त कर लेने तक, आगे और ऊपर बढ़ने के निमित्त संघर्ष कर रहा है। हम अपने आसपास जो इन सब संघातों और पुनर्संघातों तथा अभिव्यक्तियों को देखते हैं, वे लक्ष्य या उद्देश्य नहीं हैं, वरन् वे मात्र प्रासंगिक और गौण हैं। पृथ्वियों और सूर्यों, चन्द्रों और नक्षत्रों, उचित और अनुचित, शुभ और अशुभ, हमारे हास्य और अश्रु, हमारे हर्ष और शोक जैसे संघात उन अनुभवों को प्राप्त करने में हमारी सहायता के लिए हैं, जिनके माध्यम से आत्मा अपने परिपूर्ण स्वरूप को व्यक्त करती और सीमितता को निकाल बाहर करती है। तब वह बाह्य या आन्तरिक प्रकृति के नियमों से बँधी नहीं रह जाती। तब वह समस्त नियमों, समस्त सीमाओं, समस्त प्रकृति के परे चली जाती है। प्रकृति आत्मा के नियन्त्रण के अधीन हो जाती है; और जैसा वह अभी मानती है, आत्मा प्रकृति के नियन्त्रण के अधीन नहीं रह जाती। आत्मा का यही एक लक्ष्य है; और उस लक्ष्य—मुक्ति—को प्राप्त करने में वह जिन समस्त क्रमागत सोपानों में व्यक्त होती तथा जिन समस्त अनुभवों के मध्य गुज़रती है, वे सब उसके जन्म माने जाते हैं। आत्मा एक निम्नतर देह धारण करके उसके माध्यम से अपने को व्यक्त करने का प्रयास जैसा करती है। वह उसको अपर्याप्त पाती है, उसे त्यागकर एक उच्चतर देह धारण करती है। उसके द्वारा वह अपने को व्यक्त करने का प्रयत्न करती है। वह भी अपर्याप्त पायी जाने पर त्याग दी जाती है और एक उच्चतर देह आ जाती है; इसी प्रकार यह क्रम एक ऐसा शरीर प्राप्त हो जाने तक निरन्तर चलता रहता है, जिसके द्वारा आत्मा अपनी सर्वोच्च महत्वाकांक्षाओं को व्यक्त करने में समर्थ हो पाती है। तब आत्मा मुक्त हो जाती है।

अब प्रश्न यह है कि यदि आत्मा अनन्त और सर्वत्र अस्तित्वमान है, जैसा कि निराकार चेतन वस्तु होने के कारण उसे होना ही चाहिए, तो उसके द्वारा विविध देहों को धारण करने तथा एक के बाद दूसरी देह में होकर गुज़रते रहने का अर्थ क्या है? भाव यह है कि आत्मा न जाती है, न आती है, न जन्मती है, न मरती है। जो सर्वव्यापी है, उसका जन्म कैसे हो सकता है? आत्मा शरीर में रहती है, यह कहना निरर्थक प्रलाप है। असीम एक सीमित देश में किस प्रकार निवास कर सकता

हैं? किन्तु जैसे मनुष्य अपने हाथ में पुस्तक लेकर एक पृष्ठ पढ़कर उसे उलट देता है, दूसरे पृष्ठ पर जाता है, पढ़कर उसे उलट देता है, आदि; किन्तु ऐसा होने में पुस्तक उलटी जा रही है, पन्ने उलट रहे हैं, मनुष्य नहीं—वह सदा वहीं विद्यमान रहता है, जहाँ वह है—और ऐसा ही आत्मा के सम्बन्ध में सत्य है। सम्पूर्ण प्रकृति ही वह पुस्तक है, जिसे आत्मा पढ़ रही है। प्रत्येक जन्म उस पुस्तक का एक पृष्ठ जैसा है; पढ़ा जा चुकने पर वह पलट दिया जाता है, और यही क्रम सम्पूर्ण पुस्तक के समाप्त होने तक चलता रहता है, और आत्मा प्रकृति का सम्पूर्ण भोग प्राप्त करके पूर्ण हो जाती है। फिर भी न वह कभी चलती है, न कहीं जाती, न आती है; वह केवल अनुभवों का संचय करती रहती है। किन्तु हमें ऐसा प्रतीत होता है कि जैसे हम गतिशील रहे हों। पृथ्वी गतिशील है, तथापि हम सोचते हैं कि पृथ्वी के बजाय सूर्य चल रहा है, और हम जानते हैं कि यह भूल है, ज्ञानेन्द्रियों का एक भ्रम है। इसी प्रकार का भ्रम यह है कि हम जन्म लेते हैं और मरते हैं, हम आते हैं, जाते हैं। न हम आते हैं, न जाते हैं, और न हम जन्मे ही हैं। क्योंकि आत्मा को जाना कहाँ है? उसके जाने के लिए कोई स्थान ही नहीं है। कहाँ है वह स्थान, जहाँ वह पहले से ही विद्यमान नहीं है?

इस प्रकार प्रकृति के विकास और आत्मा की अभिव्यक्ति का सिद्धान्त आ जाता है। उच्चतर और उच्चतर संघातों से युक्त विकास की प्रक्रियाएँ आत्मा में नहीं हैं; वह जो कुछ है, पहले से ही है। वे प्रकृति में हैं। किन्तु जैसे जैसे प्रकृति का विकास उत्तरोत्तर उच्चतर से उच्चतर संघातों की ओर अग्रसर होता है, आत्मा की गरिमा अपने को अधिकाधिक व्यक्त करती है। कल्पना करो कि यहाँ एक पर्दा है, और पर्दे के पीछे आश्चर्यजनक दृश्यावली है। पर्दे में एक छोटा सा छेद है, जिसके द्वारा हम पीछे स्थित दृश्य के एक क्षुद्र अंशमात्र की झलक पा सकते हैं। कल्पना करो कि वह छेद आकार में बढ़ता जाता है। छेद के आकार में वृद्धि के साथ पीछे स्थित दृश्य दृष्टि के क्षेत्र में अधिकाधिक आता है; और जब पूरा पर्दा विलुप्त हो जाता है, तो तुम्हारे तथा उस दृश्य के मध्य कुछ भी नहीं रह जाता; तब तुम उसे सम्पूर्ण देख सकते हो। पर्दा मनुष्य का मन है। उसके पीछे आत्मा की गरिमा, पूर्णता और अनन्त शक्ति है; जैसे जैसे मन उत्तरोत्तर अधिकाधिक निर्मल होता जाता है, आत्मा की गरिमा भी स्वयं को अधिकाधिक व्यक्त करती है। ऐसा नहीं है कि आत्मा परिवर्तित होती है, वरन् परिवर्तन पर्दे में होता है। आत्मा अपरिवर्तनशील वस्तु, अमर, शुद्ध, सदा मंगलमय है।

अतएव, अन्ततः सिद्धान्त का रूप यह ठहरता है। उच्चतम से लेकर निम्नतम और दुष्टतम मनुष्य तक में, मनुष्यों में महानतम व्यक्तियों से लेकर हमारे

पैरों के नीचे रेंगनेवाले कीड़ों तक में शुद्ध और पूर्ण, अनन्त और सदा मंगलमय आत्मा विद्यमान है। कीड़े में आत्मा अपनी शक्ति और शुद्धता का एक अणुतुल्य क्षुद्र अंश ही व्यक्त कर रही है और महानतम मनुष्य में उसका सर्वाधिक। अन्तर अभिव्यक्ति के परिमाण का है, मूल तत्त्व में नहीं। सभी प्राणियों में उसी शुद्ध और पूर्ण आत्मा का अस्तित्व है।

स्वर्ग तथा अन्य स्थानों से सम्बन्धित धारणाएँ भी हैं, किन्तु उन्हें द्वितीय श्रेणी का माना जाता है। स्वर्ग की धारणा को निम्नस्तरीय माना जाता है। उसका उद्भव भोग की एक स्थिति पाने की इच्छा से होता है। हम मूर्खतावश समग्र विश्व को अपने वर्तमान अनुभव से सीमित कर देना चाहते हैं। बच्चे सोचते हैं कि सारा विश्व बच्चों से ही भरा है। पागल समझते हैं कि सारा विश्व एक पागलखाना है, इसी तरह अन्य लोग। इसी प्रकार जिनके लिए यह जगत् इन्द्रिय सम्बन्धी भोग मात्र है, खाना और मौज उड़ाना ही जिनका समग्र जीवन है, जिनमें तथा नृशंस पशुओं में बहुत कम अन्तर है, ऐसे लोगों के लिए किसी ऐसे स्थान की कल्पना करना स्वाभाविक है, जहाँ उन्हें और अधिक भोग प्राप्त होंगे, क्योंकि यह जीवन छोटा है। भोग के लिए उनकी इच्छा असीम है। अतएव वे ऐसे स्थानों की कल्पना करने के लिए विवश हैं, जहाँ उन्हें इन्द्रियों का अबाध भोग प्राप्त हो सकेगा; फिर जैसे हम और आगे बढ़ते हैं, हम देखते हैं कि जो ऐसे स्थानों को जाना चाहते हैं, उन्हें जाना ही होगा; वे उसका स्वप्न देखेंगे, और जब इस स्वप्न का अंत होगा, तो वे एक दूसरे स्वप्न में होंगे जिसमें भोग प्रचुर मात्रा में होगा; और जब वह सपना टूटेगा तो उन्हें किसी अन्य वस्तु की बात सोचनी पड़ेगी। इस प्रकार वे सदा एक स्वप्न से दूसरे स्वप्न की ओर भागते रहेंगे।

इसके उपरान्त अन्तिम सिद्धान्त आता है, जो आत्मा विषयक एक और धारणा है। यदि आत्मा अपने स्वरूप और सारतत्त्व में शुद्ध और पूर्ण है, और यदि प्रत्येक आत्मा असीम एवं सर्वव्यापी है, तो अनेक आत्माओं का होना कैसे सम्भव है? असीम बहुत से नहीं हो सकते। बहुतों की बात ही क्या, दो तक भी नहीं हो सकते। यदि दो असीम हों, तो एक दूसरे को सीमित कर देगा, और दोनों ही ससीम हो जायँगे। असीम केवल एक ही हो सकता है और साहसपूर्वक इस निष्कर्ष पर पहुँचा जाता है कि वह केवल एक है, दो नहीं।

दो पक्षी एक ही वृक्ष पर बैठे हैं, एक चोटी पर, दूसरा नीचे; दोनों ही अत्यन्त सुन्दर पंखोंवाले हैं। एक फलों को खाता है, दूसरा शान्त और गरिमामय तथा अपनी महिमा में समाहित रहता है। नीचेवाला पक्षी अच्छे-बुरे फल खा रहा है और इन्द्रिय सुखों का पीछा कर रहा है; यदाकदा जब वह कोई कड़आ फल खा

लेता है, तो ऊँचे चढ़ जाता है और ऊपर देखता है कि दूसरा पक्षी वहाँ शान्त और गरिमान्वित बैठा है, न उसे अच्छे फलों की चिन्ता है, न बुरों की, स्वयं में सन्तुष्ट है और वह अपने से परे किसी अन्य भोग को नहीं खोजता। वह स्वयं ही भोगस्वरूप है, अपने से परे वह क्या खोजे? नीचेवाला पक्षी ऊपरवाले की ओर देखता और उसके निकट पहुँचना चाहता है। वह किंचित् ऊपर बढ़ता है, किन्तु उसके पुराने संस्कार उस पर असर डालते हैं और वह तब भी उन्हीं फलों को खाता रहता है। फिर कोई विशेष कड़ुआ फल आता है, उसे एक आघात लगता है और वह ऊपर देखता है। वहाँ वही शान्त और महिमामण्डित पक्षी विद्यमान है! वह निकट आता है, किन्तु प्रारब्ध कर्मों द्वारा फिर नीचे घसीट लिया जाता है और वह कड़ुए मीठे फलों को खाता रहता है। पुनः असाधारण रूप से कड़ुआ फल आता है, पक्षी ऊपर देखता है, निकटतर आता है; और जैसे जैसे अधिकाधिक निकट आता है, दूसरे पक्षी के पंखों का प्रकाश उसके ऊपर प्रतिबिम्बित होने लगता है। उसके अपने पंख गलने लगते हैं, और जब वह पर्याप्त निकट आ जाता है, तो सारी दृष्टि बदल जाती है। नीचेवाले पक्षी का तो कभी अस्तित्व ही नहीं था, वह सदैव ऊपर-वाला पक्षी ही था, जिसे वह नीचेवाला पक्षी समझा था, वह प्रतिबिम्ब का एक लघु अंशमात्र था।

ऐसा आत्मा का स्वरूप है। यह जीवात्मा इन्द्रिय सम्बन्धी सुखों और जगत् की निस्सारताओं के पीछे भागती है; पशुओं की भाँति वह केवल इन्द्रियों में ही जीती है, नाड़ियों की क्षणिक गुदगुदी में जीती चली जाती है। जब कभी एक आघात लगता है, तो क्षण भर को सिर चकरा जाता है, हर वस्तु विलुप्त होती सी लगती है, और उसे लगता है कि जगत् वह नहीं है, जिसे वह समझे बैठी थी, और जीवन ऐसा निर्द्वन्द्व नहीं है। वह ऊपर देखती है और एक क्षण में असीम प्रभु का दर्शन पाती है, महामहिम की एक झलक मिलती है, थोड़ा और निकट आती है, किन्तु अपने प्रारब्ध द्वारा घसीट ली जाती है। एक और आघात लगता है, और उसे पुनः वापस भेज देता है। उसे असीम सर्वव्याप्त सत्ता की एक झलक और मिलती है, वह निकटतर आती है, और जैसे जैसे वह निकटतर आती जाती है, उसको अनुभव होने लगता है कि उसका व्यक्तित्व—उसका निम्न, कुत्सित उत्कटस्वार्थी व्यक्तित्व—गल रहा है; उस तुच्छ वस्तु को सुखी बनाने के लिए सारे संसार को बलि कर देने की इच्छा गल रही है; और जैसे वह शनैः शनैः निकटतर आती जाती है, प्रकृति गलना आरम्भ कर देती है। पर्याप्त निकट आ चुकने पर, सारी दृष्टि बदल जाती है और उसे अनुभव होता है कि वह दूसरा पक्षी थी, जिस असीम को उसने दूर से देखा था वह स्वयं उसकी अपनी आत्मा थी, महिमा और गरिमा की जो आश्चर्य-

जनक झलक उसे मिली, वह उसकी ही आत्मा थी, और वस्तुतः वह सत्य वह स्वयं थी। आत्मा को तब वह प्राप्त होता है, जो हर वस्तु में सत्य है। वह जो हर अणु में है, सर्वत्र विद्यमान, सभी वस्तुओं का सारतत्त्व, इस विश्व का ईश्वर है—जान ले कि **तत्त्वमसि**—तू वह है, जान ले कि तू मुक्त है।

जीवात्मा एवं परमात्मा[1]

हमें इस बात पर विवाद करने की आवश्यकता नहीं है कि मनुष्य को अपने से श्रेष्ठतर शक्तियों के विषय में सोचने की प्रेरणा भय से मिली या केवल जिज्ञासा से।...इनसे उनके मन में विशिष्ट पूजा-पाठ आदि की प्रवृत्ति जगी। (मानव जाति के इतिहास में) ऐसा कोई समय नहीं रहा, जब पूजा-संबंधी (कोई आदर्श) न रहा हो। ऐसा क्यों है? दृश्य जगत्—वह चाहे सुनहला प्रभात हो या भूत-प्रेतों का भय—के परे कुछ पा लेने की लगन का रहस्य क्या है?...प्रागैतिहासिक युगों में जाने की कोई आवश्यकता नहीं, क्योंकि दो हज़ार साल पहले जो प्रवृत्ति थी, वही आज भी है। हमें यहाँ संतोष प्राप्त नहीं होता। जीवन में हमारी स्थिति कुछ भी क्यों न हो—बलशाली, धनी—हमें संतोष नहीं मिलता।

कामना असीम है। उसकी तृप्ति सीमित है। मानवीय कामनाओं का अंत नहीं है, लेकिन उनकी पूर्ति की चेष्टा करते ही मुसीबतें आ जाती हैं। अविकसित मानवों का भी यही हाल था, उनकी इच्छाएँ भले ही कम रही हों। उनकी भी (इच्छाएँ) पूरी नहीं हो पाती थीं। और ज्ञान-विज्ञान तथा कलाओं के उत्तरोत्तर विकास के इस युग में (भी) इच्छाएँ पूरी नहीं हो पातीं। दूसरी ओर हम इच्छाएँ पूरी करने के लिए साधन बढ़ाने में जुटे हैं, और इच्छाएँ बढ़ती ही जा रही हैं।...

आदि मानव ने अपने से न हो सकनेवाले कामों में सहज ही बाहरी मदद की आशा की होगी।...उसकी कोई चाह हुई, वह पूरी न हो सकी।—तब वह अलौकिक शक्ति की शरण में गया। मूर्खातिमूर्ख आदि मानव तथा सभ्य से सभ्य आधुनिक मानव इन दोनों का अपनी अपनी इष्टसिद्धि के लिए ईश्वर से प्रार्थना करना इस प्रवृत्ति का सूचक है। दोनों में कोई अंतर है? (कुछ लोग) तो दोनों में ज़मीन-आसमान का अंतर देखते हैं। जहाँ कोई भी अंतर नहीं होता, वहीं हम हद से ज्यादा अंतर देखा करने के आदी हैं। (असभ्य तथा सभ्य) दोनों एक

---

१. २३ मार्च, १९०० ई० को सैन फ़्रान्सिस्को में दिया गया भाषण; संकेत-लिपि द्वारा आलिखित यह विवरण अपूर्ण मिला था। स्पष्टीकरणार्थ कहीं कहीं कोष्ठक में अतिरिक्त सामग्री रखी गयी है, और जहाँ विवरण उपलब्ध नहीं हुआ है, वहाँ तीन बिन्दु से चिह्नित किया गया है। सं०

ही (शक्ति) से याचना करते हैं। तुम उसे ईश्वर, अल्लाह, जेहोवा आदि जो भी नाम दो। मानव कुछ चाहते हैं। उसकी प्राप्ति उनके सामर्थ्य में नहीं होती। उसे पाने के लिए ही किसी सहायक की तलाश में लगे हैं। यह आदिम जातियों की विशेषता थी और सभ्यातिसभ्य समाज की भी विशेषता है।...हम जन्म से जंगली हैं, क्रमशः सभ्य होते आये हैं।...हम सब अपने अपने दिल टटोल-कर देखें तो सचाई मालूम हो जायगी। आज भी वह डर हमसे छूटा नहीं। हम लंबी-चौड़ी हाँक भले ही लें, दार्शनिक आदि होने का दंभ भरें, लेकिन जब आघात लगता है, तो मदद के लिए हम हाथ पसारनेवाले हो जाते हैं। हम संसार के सभी अंधविश्वासों में आस्था रखते हैं। (किंतु) संसार का कोई अंधविश्वास ऐसा नहीं है, (जिसमें कोई आधारित सत्य नहीं)। मैं अपना चेहरा ढक लूँ और (नाक) की नोक ही बाहर रह जाय, फिर भी वह मेरे चेहरे का ही हिस्सा रहती है। यही बात अंधविश्वासों (के बारे में) भी है—उनमें कुछ न कुछ सचाई होती ही है।

अब देखो, धर्म का निम्नतम रूप मृतकों की अंत्यक्रिया में मिलता है।... आरंभ में कफ़न में शव लपेटे जाते और ढूहों के नीचे बंद रखे जाते थे। ऐसा माना जाता था कि मृतात्माएँ (रात के समय ढूहों में) लौट आया करती हैं...पीछे उन्हें दफ़नाना शुरू किया गया...फाटक पर हज़ार दाँतोंवाली भीमदर्शना देवी की कल्पना हुई...बाद को शव की दाह-क्रिया होने लगी और चिता की लपटें आत्मा को ऊपर ले जानेवाली मानी गयीं...मिस्र देशवासी मृतात्मा के लिए खान-पान की भी व्यवस्था करने लगे।

विचार में महत्त्वपूर्ण विकास यूथीय या क़बीली देवताओं के जन्म के साथ हुआ। एक क़बीले का देवता कोई, तो दूसरे का कोई और होता। यहूदी देवता जेहोवा था, जो दूसरे क़बीलों के देवताओं से जूझता था। अपने क़बीलेवालों को खुश करने के लिए वह सब कुछ कर सकता था। अपने संरक्षण के बाहर किसी समूचे क़बीले की हत्या कर डालना शुभ और उचित था। थोड़ा प्यार भी उनसे मिलता, लेकिन वह चुने हुओं तक ही सीमित रहता।

शनैः शनैः उच्चतर आदर्शों का आविर्भाव हुआ। विजयी क़बीले का सरदार, सरदारों का सरदार हुआ, देवताओं का देवता बना।...ईरान की मिस्र पर हुई विजय से इसका श्री गणेश हुआ। ईरान का सम्राट् (राजाधिराज) बना, उसके सामने कोई खड़ा नहीं हो सकता था। उसे एक नज़र देख लेनेवाले को मौत की सज़ा होती थी।

पीछे सर्वेश्वर सर्वशक्तिमान ईश्वर की कल्पना हुई। वह विश्व-विधायक, सर्वान्तर्यामी, सर्वव्यापी ठहराया गया। स्वर्ग उसका निवासस्थान हुआ। मानव

के लिए सब कुछ सुलभ बनानेवाले इस परमप्रिय की विशेष स्तुति होने लगी। निखिल सृष्टि (मानव) के लिए है। सूर्य, चन्द्रमा, नक्षत्र आदि (उसीके) लिए हैं। जो भी ऐसे विचारवाले हैं, वे आदि मानवों में गिने जायँगे; सभ्यों या सुसंस्कृतों में नहीं। उत्तम माने गये सभी धर्मों का विकास गंगा और फ़रात के मध्य हुआ है।...भारतवर्ष से बाहर हम (स्वर्गस्थ ईश्वर की कल्पना के आगे धर्म का) कोई विकास नहीं देखते। भारत से बाहर अन्यत्र ईश्वर संबंधी वही सर्वोच्च उपलब्धि थी। एक कल्पित स्वर्ग है; ईश्वर का वहाँ आवास है; उन पर श्रद्धा रखनेवाले देहत्याग के बाद (वहीं) पहुँचते हैं।...अफ़्रीका का मंबो-जंबो (और) स्वर्ग का ईश्वर दोनों बराबर। वह सृष्टि-संचालक है और जगत् का व्यापार सर्वत्र उसकी इच्छा के अनुसार हो रहा है...

प्राचीन यहूदी किसी स्वर्ग के लिए लालायित नहीं थे। नज़रत के ईसा का उन्होंने जो (विरोध) किया, उसका यह भी एक कारण है। क्योंकि ईसा ने मृत्यु के बाद भी जीव की नित्यता का प्रचार किया था। संस्कृत भाषा में 'स्वर्ग' का अर्थ 'इस लोक से परे स्थित, परलोक' है। तो इस पाप का निवारण स्वर्ग को करना पड़ा। आदि मानव पाप (की) कोई चिंता नहीं करता था...उसमें यह जिज्ञासा ही न हुई कि पाप क्यों है।...'डेविल' (शैतान) शब्द ईरानी भाषा का है।... धार्मिक चितन में (आर्यकुल) के होने के नाते ईरानी और हिन्दू समान-धर्मा हैं।...भाषाएँ दोनों की एक ही परिवार की हैं। लेकिन एक संप्रदाय के लिए जो शब्द मंगलवाचक है, वही दूसरे के लिए अमंगलवाचक हो गया है। ईश्वर के लिए प्राचीन संस्कृत का शब्द है 'देव'। आर्य भाषाओं का 'गॉड' भी तो उसीका पर्याय है। ईरानी में यही शैतान का वाचक है...

मानव ज्यों ज्यों (अंतःजीवन) में प्रगति करता गया, त्यों त्यों उसकी जिज्ञासा तीव्र होती गयी। ईश्वर को 'शिव' कहना भी उसे अखरने लगा। ईरानियों ने इसे व्यक्त किया और दो ईश्वर माने—अशिव (अहिमन) तथा शिव (अहुर्मज़्द)। (उनका विचार था) कि इस लोक में पहले सब कुछ अच्छा ही अच्छा था: रमणीय देश जहाँ वर्ष भर वसंत की बहार रहती थी और कोई मरता नहीं था, कोई रोग नहीं था; सब कुछ सुन्दर था। यहाँ शैतान के पैर पड़े और साथ ही मृत्यु, रोग, मच्छर, बाघ, शेर आदि दिखायी पड़े। बाद में आर्य अपनी पितृ-भूमि से निकले और दक्षिण की ओर बढ़े। आर्यों के पूर्वज उत्तर की ओर ही रहते होंगे। यहूदियों ने (शैतान की कल्पना) इरानियों से ग्रहण की। ईरानियों ने यह भी सिखाया था कि एक दिन यह शैतान मारा जायगा। इसलिए हमारा कर्तव्य है कि हम शुभकारी ईश्वर के साथ रहें और शैतान तथा उसके मध्य चलनेवाले इस

चिरंतन संघर्ष में उसकी शक्ति को अपनी शक्ति से पुष्ट करें।...सारी दुनिया राख हो जायगी और हर एक को नया शरीर मिलेगा।

ईरानी विचारधारा के अनुसार दुरात्मा भी पवित्र हो जायँगे और फिर कभी कुपथगामी नहीं होंगे। आर्यों की प्रवृत्ति प्रेममय और काव्यात्मक थी। (सदा के लिए) राख हो जाने की कल्पना वे नहीं कर सकते थे। फिर नयी देह प्राप्त होगी। फिर मृत्यु का कोई बंधन नहीं। भारत के बाहर (धार्मिक) आदर्शों की यही सर्वोच्च्व परिणति है।...

इसीके साथ नैतिकता का भी सूत्र है। मनुष्य को तीन बातों की ओर ध्यान देना चाहिए—सत्-विचार, सत्-वाणी और सत्-कर्म। बस इतना ही। यह व्यावहारिक विवेकसम्मत धर्म है। यहीं कविता का थोड़ा सा आभास मिलने लगता है। लेकिन इससे भी ऊँची कविता है, ऊँचा चिंतन है।

भारत में वेदों के प्राचीनतम भागों में इस शैतान (असुर वृत्र) के दर्शन होते हैं। वह अचानक (प्रकट) होता है और झट अदृश्य हो जाता है।...वेदों में वर्णन है कि असुर पर वज्रपात हुआ और वह भागा। जो वहाँ से भागा तो ईरानियों ने उसे रख लिया। हम इस दुनिया से ही उसे निकल जाने देने के प्रयत्न में लगे हैं। ईरानियों के आदर्श पर हम उसे एक सज्जन व्यक्ति बनाना चाह रहे हैं, उसे नया आकार देना चाहते हैं। भारत में शैतान का अस्तित्व ही लुप्त हो गया।

लेकिन ईश्वर की कल्पना सजीव रही। यहीं, याद रखो, दूसरी बात आ गयी। ईरानी सम्राट् तक खोजे हुए सूत्र के अनुरूप ईश्वर की कल्पना भी (भोग-परायणता) के साथ साथ पनपी। साथ ही तत्त्वज्ञान, दर्शन का आरंभ हुआ। एक तीसरी भी विचारधारा है और वह है (मनुष्य की) अपनी आत्मा, (अद्वैत आत्मा) की। इसका भी विकास हुआ। अतः भारत से बाहर ईश्वर-संबंधी कल्पना इस स्थूल स्तर के आगे, भारत से ही इस दिशा में किंचित् प्रेरणा मिलने तक, न बढ़ सकी।...अन्य राष्ट्र उसी पुराने स्थूल आदर्श पर रुक गये। इस (अमेरिका) में लाखों ऐसे हैं, जो ईश्वर को देही मानते हैं।...संप्रदाय के संप्रदाय यही घोषणा करते हुए दिखायी पड़ते हैं। (उनका विश्वास है कि) ईश्वर विश्व का शासन करता है, लेकिन कोई ऐसा स्थान है, जहाँ वह सशरीर विद्यमान है। वह सिंहासन पर विराजमान है। मंदिरों में भारतीय जो आरती-स्तुति करते हैं, वही ये लोग भी करते हैं।

किंतु भारतवासियों ने इस संबंध में अधिक बुद्धि से काम लिया, और उन्होंने (अपने ईश्वर को एक भौतिक वस्तु) कभी नहीं बनाया। ब्रह्म के लिए भारत भर में कोई मंदिर तुमको ढूंढ़े न मिलेगा। कारण स्पष्ट है। आत्मा की कल्पना सदैव

बनी रही। यहूदियों ने आत्मा की सत्ता के संबंध में कभी जिज्ञासा ही नहीं की। प्राचीन व्यवस्थान (Old Testament) में आत्मा विषयक कोई उल्लेख नहीं मिलता। नव व्यवस्थान (New Testament) में पहले-पहल इसका उल्लेख मिलता है। ईरानी इतने व्यवहार कुशल थे—असाधारण चलते-पुर्ज़े थे कि उनकी जाति ही लड़ाकू और विजेता बन गयी। वे बीते युग के अंग्रेज़ माने जा सकते हैं, जिनका काम ही हमेशा लड़ना और पड़ोसियों को मिटाना हो गया। इस आपाधापी में आत्मा पर विचार असंभव हो गया।...

आत्मा की प्राचीनतम कल्पना इस स्थूल शरीर में एक सूक्ष्म शरीर की थी। स्थूल के अगोचर हो जाने पर सूक्ष्म गोचर होता है। मिस्र देश में सूक्ष्म शरीर का भी निधन हो जाता है। स्थूल शरीर के बिखर जाने पर सूक्ष्म भी बिखर जाता है। यही कारण है कि उन्होंने पिरामिडों का निर्माण किया और (अपने पुरखों के मृतशरीर को आलेपवेष्टित किया और यह आशा की कि मरे हुए लोग इस क्रिया से अमरत्व प्राप्त करेंगे)।...

भारत के निवासी निर्जीव शरीर की सेवा नहीं करते। (उनकी धारणा है) कि 'इसे ले जायँ और फूंक दें।' पुत्र पिता के शरीर का दाह करता है...

दो प्रकार की जातियाँ हैं—दैवी संपदावाली और आसुरी संपदावाली। पहले का विचार है कि वे स्वयं जीवात्मा तथा परमात्मा के स्वरूप हैं। दूसरे का विचार है कि वे शरीरमात्र हैं। प्राचीन भारतीय तत्त्वचिंतकों ने ज़ोर देकर कहा कि शरीर नश्वर है। 'जैसे मनुष्य पुराने वस्त्रों का त्यागकर अन्य नवीन वस्त्रों को ग्रहण करते हैं, वैसे ही जीवात्मा पुराने शरीरों को (छोड़कर) अन्यान्य नवीन शरीरों को प्राप्त करती है।'[1]

जहाँ तक मेरा सवाल है, वातावरण एवं शिक्षा-दीक्षा के परिणाम से, मैं कुछ विपरीत ही सोचने को विवश हुआ था। मेरा अधिक संपर्क ईसाई एवं मुसलमानों से रहा, जो विशेषकर शरीर-सेवी होते हैं।...

(शरीर) तथा आत्मा के बीच एक ही सीढ़ी है।...(भारत में) आत्मा विषयक आदर्श पर ज़ोर दिया जाने लगा। हम लोगों के लिए यही आदर्श ईश्वरीय कल्पना का (पर्याय) हो गया।...आत्मा की कल्पना का विस्तार होने पर (मनुष्य को स्वीकार करना पड़ता है कि आत्मा नाम-रूप से परे है)।...

---

१. वासांसि जीर्णानि यथा विहाय नवानि गृह्णाति नरोऽपराणि।
तथा शरीराणि विहाय जीर्णान्यन्यानि संयाति नवानि देही।।

—गीता ।।२।२२।।

भारतीय धारणा के अनुसार आत्मा निराकार है। जो भी साकार है, वह कभी न कभी नष्ट होता ही है। शक्ति और जड़ द्रव्य के संघात के बिना कोई आकार नहीं हो सकता। इस संघात से गठित आकार का विघटन भी अनिवार्य है। ऐसी दशा में, यदि तुम्हारी आत्मा नामरूपात्मक है, तो वह विघटित होती है; अतः तुम्हारी मृत्यु होती है, तुम अमर नहीं रह जाते। (अगर) वह सूक्ष्म शरीर है, तो भी (उसका आकार प्रकृति-जन्य) है, जन्म-मरण के प्राकृतिक नियमों का अनुसरण करती है। उनका दृढ़ विश्वास था कि आत्मा मन भी नहीं है... और न वह सूक्ष्म शरीर ही है।...

विचारों के निर्देशन और नियंत्रण संभव हैं।...(भारतीय योगियों ने) इस बात का पता लगाने के लिए कि विचारों को कहाँ तक निर्देशित और नियंत्रित किया जा सकता है, बड़ी साधना की। कठोर साधना से विचारों को पूर्णतया शांत किया जा सकता है। यदि (मनुष्य) विचार ही होता, तो विचारों के शांत होने के साथ साथ उसे मर जाना चाहिए था। ध्यानावस्था में विचार शांत हो जाते हैं, बुद्धि की वृत्तियाँ भी बिल्कुल स्थिर हो जाती हैं, रक्त-संचार भी रुक जाता है। श्वास-प्रक्रिया तक स्तब्ध हो जाती है। इतने पर भी वह मरता नहीं। यदि वह विचार मात्र ही है, तो बाक़ी सब कुछ को नष्ट हो जाना चाहिए था, लेकिन देखते यह हैं कि जीव का नाश नहीं होता। यह प्रयोगसिद्ध है। अतः वे इस निष्कर्ष पर पहुँचे कि बुद्धि और विचार भी जीव नहीं है। मनन-चिंतन से भी इसकी पुष्टि हुई, जीव बुद्धि-विचार नहीं हो सकता।

मैं आता हूँ, सोचता हूँ और बोलता हूँ। इन सारे (क्रिया-कलापों) में (आत्मा का) एकत्व बना रहता है। मेरे विचार और व्यापार बहुविध हैं... लेकिन उनमें और उनके मध्य वह अपरिवर्तनीय अखंड आत्मा व्याप्त रहती है। वह शरीर नहीं हो सकता। वह प्रतिपल बदलता रहता है। वह मन नहीं हो सकता; क्योंकि उसमें नित्य नूतन विचार आते रहते हैं। वह न शरीर है, न मन। शरीर और मन प्रकृति-जन्य हैं, इसलिए प्रकृति नियमाधीन है। मुक्त मन कभी भी नियमाधीन नहीं हो सकता...

अतः वास्तविक मनुष्य प्रकृति का नहीं है। यह वह पुरुष है, जिसका शरीर और मन दोनों प्रकृति के हैं। प्रकृति का उतना ही अंश हमारे लिए उपयोगी है। तुम जिस प्रकार क़लम, रोशनाई कुर्सी आदि काम में लाते हो, उसी प्रकार यह देही स्थूल-सूक्ष्म रूप में प्रकृति का उपयोग करता है। स्थूल अंश है शरीर और सूक्ष्म अंश है बुद्धि। अगर वह सहज है, तो उसे निराकार होना चाहिए। रूप प्रकृति के ही होते हैं। जो प्रकृतिज नहीं है, उसका स्थूल-सूक्ष्म रूप नहीं हो सकता।

उसे निराकार और सर्वव्यापी होना चाहिए। यह ध्यान में रखने की बात है। मेज़ पर रखा यह गिलास (लो)। मेज़, गिलास ये दोनों साकार हैं। उनके टूटने-फूटने पर उसका गिलासत्व, मेज़त्व भी लुप्तप्राय हो जाता है...

आत्मा निराकार होने के कारण अनाम है। वह न स्वर्ग जाती है, न (नरक) ही, जैसे वह इस गिलास में नहीं जाती आती। वह भरनेवाले पात्र का आकार ग्रहण करती है। वह देश के बंधन से परे है, तो इन दोनों में से किसी एक बात की संभावना ही हो सकती है। या तो (आत्मा) देश को (व्याप्त किये रहती है) या देश ही (उसमें) है। तुम देश के बंधन में हो, अतः तुम्हारा आकार होना अनिवार्य है। देश हमको सीमित करता है, बाधित करता है। तुम देश के बंधन में नहीं हो, तो देश ही तुममें है। स्वर्गलोक और इहलोक दोनों सचेतन सत्ता में रहते हैं।...

इसलिए जीवात्मा का संबंध परमात्मा से ही होना चाहिए। परमात्मा शाश्वत है। 'वह अपाणिपाद होकर भी सब कुछ ग्रहण करता है, सर्वत्र विचरता है[1]'...वह अरूप (है), अमर है, शाश्वत है। परमात्मा का तत्त्व-निरूपण हुआ।...जीवात्मा जिस प्रकार शरीर का (प्रभु) है, उसी प्रकार परमात्मा जीवात्माओं का प्रभु है। जीव शरीर से मुक्त हो जाय तो पल भर के लिए भी शरीर शरीर नहीं रह पाता। परमात्मा जीवात्मा से अलिप्त हो जाय तो जीवात्मा की स्थिति ही नहीं रह पाती। वह विश्वसृष्टि विधायक है, कालकवलित होनेवालों के लिए महाकाल है। मृत्यु तथा जीवन उसकी छायाएँ मात्र हैं।

(प्राचीन भारत के महामहिम मनीषियों) का मत था...यह जुगुप्साजनक संसार मानव का मुख्य लक्ष्य न होना चाहिए। विश्व में (न शुभ ही चिरस्थायी है, न अशुभ ही)...

मैंने तुमसे पहले ही कहा...कि (भारत में) शैतान को कोई अवसर नहीं मिल पाया। कारण स्पष्ट है। धर्म के विषय में भारतीय बड़े दृढ़ थे। उन्होंने बच्चों सा खिलवाड़ नहीं किया। तुमको शिशु-सुलभ व्यापारों का परिचय होगा ही। बच्चे हमेशा अपनी ज़िम्मेदारी दूसरों पर टालने की कोशिश करते रहते हैं। अविकसित बुद्धिवाले कोई भूल हो जाने पर उसकी ज़िम्मेदारी दूसरों पर डाल देने की कोशिश में लगे रहते हैं। एक ओर हमारी माँग है कि 'यह दो', 'वह दो' और दूसरी तरफ़ हमारा कहना है कि 'मैंने वैसा नहीं किया। शैतान ने ललचाया। उसीकी यह करतूत है।' यह दुर्बल मानवता का इतिहास है।

---

१. अपाणिपादो जवनो ग्रहीता पश्यत्यचक्षुः स श्रृणोत्यकर्णः॥

—श्वेताश्वतरोपनिषद् ॥३।१९॥

पाप क्यों है? संसार जुगुप्साजनक गदा गड्ढा क्यों है? कोई ज़िम्मेदार नहीं। हम जलती आग में हाथ बढ़ा दें। ईश्वर भला करे, (मानव) जिसका पात्र है वही (पाता है)। ईश्वर असीम अनुकम्पा का आकार है। प्रार्थना करने पर वह हमारी सुनता है, सहायता करता है, स्वयं को हमारे हवाले कर देता है।

यही उनका आदर्श है। ये भाव काव्यात्मक सौंदर्य से सजे हुए हैं। भाव-मग्नता में वे आवेशपूर्ण हो उठते हैं। उनका दर्शन काव्य है। यह दर्शन एक कविता है...संस्कृत भाषा में समस्त (भव्य-भाव) काव्याभिव्यक्ति द्वारा प्रकट हुए हैं। तत्त्ववाद, ज्योतिष आदि छंदोबद्ध हैं।

हम ज़िम्मेदार हैं, और हमसे अपराध होते कैसे हैं? (तुम्हारी दलील हो सकती है)—'मैं पैदा हुआ ग़रीब, इसलिए मुसीबत का मारा हूँ। मैं ज़िंदगी भर यह संघर्ष याद रखूंगा।' तत्त्वदर्शी कहेंगे कि दोष तुम्हारा है। तुम यह तो नहीं कह रहे हो कि यह सारा प्रपंच अकारण खड़ा किया गया। तुम तो विचारशील प्राणी हो। अपने जीवन का मूल कारण स्वयं तुम हो। जीवन के तत्त्वों का निर्माण तुम हमेशा करते रहते हो। अपने जीवन को साँचे में तुम्ही ढालते हो। अपने लिए तुम ही ज़िम्मेदार हो। दूसरे पर, किसी शैतान पर यह ज़िम्मेदारी न थोपो। तुमको ज़रूरत से ज़्यादा सजा भोगनी पड़ेगी।...

ईश्वर के सामने (एक व्यक्ति) उपस्थित किया जाता है और वह कहता है कि 'तुमको इकतीस बेंत लगानी पड़ेंगी...' उसी वक़्त एक दूसरा आ पहुँचता है और वह कहता है कि 'तीस बेंत : पन्द्रह इस शख़्स को और बाक़ी पन्द्रह इसके पाजी गुरु को, जिसने इसको यह पाठ पढ़ाया।' दूसरों को सीख देने में यही मुसीबत है। मुझे क्या मिलेगा, मैं नहीं जानता। मैं दुनिया भर घूमता हूँ। जिस किसी को मैंने चेला बनाया, उस हिसाब से मुझे हर एक के पीछे पन्द्रह-पन्द्रह बेंत खानी होंगी।...

हमें इस निष्कर्ष पर पहुँचना होगा : मेरी यह माया देवी है। यह मेरी कर्मण्यता है, (मेरा) ईश्वरत्व है। (मेरी योगमाया) बड़ी दुस्तर है, परन्तु जो पुरुष मुझको ही निरंतर भजते हैं, वे (इस माया को लाँघ जाते हैं) संसार से तर जाते हैं।"[१]

तुमको पता चलेगा कि अपने से इस (मायारूपी) संसार को पार कर सकना बड़ा कठिन है। तुम पार नहीं हो सकते। यह वही पुराना सवाल है—मुर्गी और

---

१. दैवी ह्येषा गुणमयी मम माया दुरत्यया।
मामेव ये प्रपद्यन्ते मायामेतां तरन्ति ते।।
—गीता।।७।१४।।

अंडा। तुम कोई काम करो तो वही कारण हो जाता है, जो दूसरे कार्य को जन्म देता है। कार्य-कारण का यह सिलसिला चलता रहता है। इसे तुम बंद करने की कोशिश करो तो यह नहीं रुकने का। एक बार चालू किया हुआ चक्र घूमता ही जायगा, कभी बंद न होगा। मैं कोई काम—भला या बुरा—करता हूँ और (उसकी क्रिया-प्रतिक्रिया का क्रम लग जाता है) . . . मैं अब उसे रोक नहीं सकता।

हम (अपने से) इस बंधन से कभी मुक्त न हो सकेंगे। यह तभी संभव है, जब कि इस कार्यकारण-विधान से भी अधिक शक्तिशाली कोई हो और वह हम पर दया करके हमें इससे छुटकारा दिला दे। और हम घोषित करते हैं कि वैसा एक है—ईश्वर। वैसी एक सत्ता उसीकी है, जो परम दयालु है. . .अगर वैसा कोई ईश्वर है, तो मेरी रक्षा संभव हो सकेगी। अपने ही मनोबल से तुम कैसे बच सकोगे? कृपा से ही मुक्ति के सिद्धांत का रहस्य तुमको विदित हुआ? तुम पाश्चात्य लोग बड़े चतुर हो; लेकिन दर्शन की व्याख्या जब करने लगते हो, तो बड़े अजीब ढंग से उलझ जाते हो। मुक्ति से तुम्हारा मतलब इस समस्त प्रकृति से छुटकारा है तो केवल कर्मसाधना से अपने को तुम कैसे मुक्त कर सकोगे? मुक्ति का सीधा-सादा अर्थ भगवदाश्रित हो जाना है। तुमको मुक्ति का रहस्य-दर्शन हो जाय तो तुम जीवात्मा हो. . . प्रकृति-मात्र नहीं ठहरते। जीवात्मा, परमात्मा, और प्रकृति से बाहर तुम ही हो। इनकी केवल बाह्यसत्ता होती है और प्रकृति तथा जीव में ईश्वर की अंतरंग स्थिति रहती (है)।

इसलिए जीवात्मा एवं शरीर का जो संबंध है, वही जीव और ईश्वर का भी ठहरता है। ईश्वर, जीव, प्रकृति तीनों एक हैं। वह एक है, मैंने कहा—मेरा मतलब—देह, देही, बुद्धि से है। किंतु हम जानते हैं कि कार्य-कारण संबंध प्रकृति के कण कण में फैला हुआ है। एक बार तुम उसमें फँसे तो फिर कभी उससे बच निकल सकना असंभव सा हो जाता है। कभी इसके चक्कर में आ गये तो बचाव का उपाय (काम में उलझे रहने से) न हो पायेगा। तुम समस्त जीवधारियों के लिए अस्पताल बनवाओ. . .इतने पर भी मोक्ष-सिद्धि नहीं होने की। (अस्पताल) बनते-बिगड़ते रहते हैं। (मोक्ष-सिद्धि) तभी संभव होगी, जब कि प्रकृति के बंधन से परे किसी ऐसे तत्त्व की सत्ता रहे, जो प्रकृति का नियंता हो। वही नियमों का मूल आधार है। नियम उसे बाँध नहीं सकते. . .उसकी स्थिति है और वह परम दयालु है। तुम उसे ढूँढ़ो तो सही—वह उसी पल (तुम्हारी रक्षा के लिए तैयार मिलेगा)।

उस सर्वशक्तिमान ने हमें उबारा क्यों नहीं? तुमको उसकी जरूरत नहीं। उसको छोड़ तुमको बाक़ी सब कुछ चाहिए। तुम जब उसकी याद करोगे, उसी

दम तुमको वह मिल जायगा। हमें उसकी चाह नहीं। हम कहते हैं, 'प्रभु! एक आलीशान बंगला दो।' हम बंगला चाहते हैं, उसे नहीं। 'मेरी तन्दुरुस्ती बनाये रखो, मुसीबत से बचाओ।' जब व्यक्ति सारे सुख-उपभोग को भूल केवल उसकी प्राप्ति की लगन रखता है तब उसे (वह मिल जाता है); 'हे भगवान् धनी मानव का जो प्यार उसके सोने, चाँदी एवं सम्पत्ति पर है, वही प्यार मैं तेरे लिए रखूँ। मुझे न तो पृथ्वी की कामना है, न स्वर्ग की, न सौन्दर्य की और न तो विद्या की ही। मैं मोक्षाभिलाषी भी नहीं हूँ। मैं नरक में बार बार जाऊँ; परन्तु मुझे एक वस्तु की कामना है: तुझसे प्रेम करूँ—केवल प्रेम के निमित्त, स्वर्ग के निमित्त भी नहीं।'[१]

मानव जो चाहता है, वह पाता है। तुम हमेशा शरीर की लालसा करो तो (तुमको दूसरा शरीर मिलेगा)। यह शरीर सड़ जाय तो दूसरे की चाह होती है और एक के बाद एक शरीर मिलता जाता है। जड़ से अनुराग रहे तो जड़ ही तुम्हारे पल्ले पड़ता है। तुम पहले जानवर होगे। अगर हड्डी चाटता हुआ कुत्ता दिखायी पड़े, तो मैं बोल उठूँगा 'ईश्वर! रक्षा करो।' शरीर से चिपके रहे तो कुत्ते-बिल्ली की योनि में पड़ोगे। क्रम से पतन होगा और हम खनिज पदार्थ रह जायँगे—केवल शरीर और कुछ नहीं...

कुछ और व्यक्ति हैं जो समझौता करना कभी जानते ही नहीं। मोक्ष का मार्ग सत्य-साधना है। यह एक दूसरा मूलमंत्र है...

इंसान ने शैतान को लात मार दी तो (मानव का आध्यात्मिक विकास सुगम हो चला)। वह उठ खड़ा हुआ और संसार के संताप की ज़िम्मेदारी उसने अपने ऊपर ले ली। लेकिन जब कभी वह अतीत और भविष्य (की ओर) देखने को मजबूर हुआ, कार्य-कारण संबंध पर विचार उठा तब घुटने टेककर प्रार्थना करने लगा—'देवाधिदेव! तू मेरी रक्षा कर, तू ही हमारा स्रष्टा, हमारा पिता और प्रियतम सखा है।'

---

१. या प्रीतिरविवेकानां विषयेष्वनपायिनी।
त्वामनुस्मरतः सा मे हृदयान्मापसर्पतु॥ प्रपन्नगीता॥४२॥
न धनं न जनं न सुन्दराम्
कवितां वा जगदीश कामये।
मम जन्मनि जन्मनीश्वरे
भवताद्भक्तिरहैतुकी त्वयि॥ शिक्षाष्टक॥४॥
दिवि वा भुवि वा ममास्तु वासो नरके वा नरकान्तक प्रकामम्।
अवधीरितशारदारविंदौ चरणौ ते मरणेऽपि चिंतयामि॥ मुकुन्दमाला॥८॥

यह काव्य जरूर है, पर मेरे मत से उत्तम काव्य का नमूना नहीं। ऐसा क्यों? यह उस असीम का वर्णन (अवश्य) है। हर भाषा में यह वर्णन-विधान मिल जा सकता है। लेकिन यह इन्द्रियगोचर स्नायु-संदर्शित असीम है...

वहाँ (न) सूर्य (प्रकाशित होता है); न चन्द्रमा और तारागण ही; न ये बिजलियाँ ही वहाँ चमकती हैं।[1] यह असीम का दूसरा चित्रण-विधान है। यह निषेध-परक भाषा में हुआ है।... उपनिषदों के तत्त्व-निरूपण में अध्यात्म-प्रधान उत्कृष्ट चित्रण लक्षित होता है। सारे संसार में वेदांत न केवल उत्कृष्टतम दर्शन है, अपितु अद्भुत काव्य-प्रतिभा का प्रमाण भी है...

ध्यान से देखो—वेद के आरंभिक एवं बादवाले छंदों में यही अंतर है। आरंभिक छंद इन्द्रिय-सापेक्ष विषय-वर्णन में प्रवृत्त हैं। सारे धर्म गोचर जगत्-प्रकृति तथा प्रकृति देवता—की असीमता से ही (प्रेरित-संचालित हैं)। (वेदांत के बारे में यह बात नहीं)। मानवीय चेतना का समुज्ज्वल प्रकाश सर्वप्रथम इसीमें विकीर्ण दिखायी पड़ा। दिगंत में व्याप्त, असीम से कोई परितोष (न हुआ)—'स्वयं प्रकट होनेवाले परमेश्वर ने समस्त इन्द्रियों को बाहर की ओर जानेवाली ही (बनाया) है। इसलिए मनुष्य इन्द्रियों के द्वारा प्रायः बाहर की वस्तुओं को ही (देखता) है, अंतरात्मा को नहीं। किसी भाग्यशाली बुद्धिमान मनुष्य ने ही अमर पद को पाने की इच्छा करके चक्षु आदि इन्द्रियों को बाह्य विषयों की ओर से लौटाकर (अंतरात्मा को) देखा है।'[2]

यह दिगन्त में व्याप्त असीम नहीं है, लेकिन सहज असीम तत्त्व है जो देश काल से परे है।... पाश्चात्य जगत् इस तत्त्वबोध से वंचित है...पश्चिम का चिंतन बाह्य प्रकृति तथा प्रकृति देवता का विश्लेषण-निरूपण कर पाया है... अंतर्मुख होकर (विस्मृत) सत्य का संदर्शन करो। देवाधिदेव की सहज कृपा के बिना क्या इस स्वप्नजाल से छुटकारा मिलेगा? कर्म में प्रवृत्त हो जाने पर उसकी शृंखला से परमपिता की असीम अनुकम्पा के बिना मुक्ति नहीं है।

---

१. न तत्र सूर्यो भाति न चन्द्रतारकं
नेमा विद्युतो भान्ति कुतोऽयमग्निः।
तमेव भान्तमनुभाति सर्वं
तस्य भासा सर्वमिदं विभाति॥ मुण्डकोपनिषद्॥२।२।१०॥

२. पराञ्चि खानि व्यतृणत्स्वयंभूस्तस्मात्पराङ पश्यति नान्तरात्मन्।
कश्चिद्धीरः प्रत्यगात्मानमैक्षदावृत्तचक्षुरमृतत्वमिच्छन्॥
—कठोपनिषद्॥२।१।१॥

परमपिता की असीम अनुकम्पा पर आश्रित रहने में (भी) स्वाधीनता कहाँ? दासता दासता ही है। जंजीर सोने की भी उतनी ही खराब है जितनी कि लोहे की। इस उलझन से बचें कैसे?

तुम बँधे नहीं हो। कोई कभी बँधा नहीं होता। (आत्मा) बंधन-रहित है। वही सर्वस्व है। तुम खंडित नहीं, अखंड हो; एक हो, दो नहीं। माया के परदे पर पड़ी तुम्हारी परछाइँ ही ईश्वर है। ईश्वर सहज (आत्मा) है। मानव अनजाने (जिसकी) उपासना करता है, वह निजकी ही परछाइँ की है। (कोई कोई कहते हैं) कि स्वर्ग में रहनेवाला परमपिता ही ईश्वर है। वह ईश्वर है क्यों? (इसलिए कि वह) तुम्हारी ही परछाइँ है। अब स्पष्ट हुआ कि तुम हमेशा ईश्वर को कैसे देख रहे हो? ज्यों ज्यों निज पर पड़ी परत हटाते जाओ, त्यों त्यों प्रतिबिंब भी (निखरता) जायगा।

'एक पेड़ पर दो सुंदर पक्षी बैठे हैं। उनमें से एक शांत, स्थिर एवं भव्य (है); नीचे रहनेवाला (जीवात्मा) दूसरा मीठे-कड़वे फल चख रहा है और सुख-दुःख भोग रहा है। (लेकिन जीवात्मा परमतत्त्व परमात्मा को अपना निजी प्रतिबिंब जान लेता है, तो वह कभी शोक नहीं करता।)'[1]

'ईश्वर' न कहो। 'त्वं', 'तू' न कहो। 'अहं', 'मैं' कहो। (द्वैत) की भाषा है—'हे ईश्वर! तुम मेरे पिता हो।' (अद्वैत) की भाषा है—'तू मुझे निज से भी अधिक प्यारा है। नाम से तेरा संकेत हो ही न पाता। अधिक निकटतम संबंधसूचक 'अहं', 'मैं' का ही प्रयोग कर पाऊंगा।'

'ब्रह्म ही सत्य है। संसार मिथ्या है। यह मेरा सौभाग्य है कि इस क्षण मुझे बोध हुआ कि मैं बंधनहीन (रहा हूँ और) शाश्वत बंधनमुक्त रहूँगा।... मैं निज की ही उपासना कर रहा हूँ। प्रकृति का मुझ पर कोई प्रभाव नहीं; भ्रम मुझसे कोसों दूर है। प्रकृति, देवी-देवता उपासना? परंपरागत श्रद्धा आदि के मोह दूर हुए, क्योंकि आत्मदर्शन हो गया। मैं असीम हूँ। ये सारे—व्यक्तिविशेष, ज़िम्मेदारियाँ, हर्ष, विषाद, ग़ायब हो गये हैं। मैं असीम हूँ। जन्म-मृत्यु का पाश

---

१. द्वा सुपर्णा सयुजा सखाया समानं वृक्षं परिषस्वजाते।
तयोरन्यः पिप्पलं स्वाद्वत्त्यनश्नन्नन्यो अभिचाकशीति॥
समाने वृक्षे पुरुषो निमग्नोऽनीशया शोचति मुह्यमानः।
जुष्टं यदा पश्यत्यन्यमीशमस्य महिमानमिति वीतशोकः॥
—मुण्डकोपनिषद् ३।१।१-२॥

कहाँ ? भय कहाँ ? मैं एक अखंड हूँ। मैं निज से भय खाऊं ? किसको (किससे) भय ? मैं ही विराट् सत् हूँ। मैं सर्वव्यापी-सर्वांतर्यामी हूँ।'

सवाल (निजरूपबोध) का है, कर्मसाधना से मोक्ष का नहीं। तुमको मोक्ष मिलेगा भी ! तुम तो मुक्त हो (ही)।

'मैं मुक्त हूँ' कहते जाओ। दूसरे ही क्षण भ्रम में पड़ जाने के कारण 'मैं बद्ध हूँ' रट लग जाय तो उससे परेशान न होओ। मोहजन्य समस्त इन्द्रजाल को काट फेंको।

कानों में (सत्य का) यही शंखनाद पहले-पहल सुनायी पड़े। पहले यही सुनो। रात-दिन इस पर मनन करो। सदा यही मन में भरते जाओ: 'मैं वही हूँ। मैं विश्व का प्रभु हूँ। वहाँ कभी भ्रम नहीं था. . .' पूर्ण मनोबल से, आत्म-बल से इसी पर तब तक ध्यान लगाते जाओ, जब तक ये दीवारें, गृह, सब कुछ आँखों से ओझल न हो जाय, (जब तक) यह सारा शरीर गल न जाय। 'मैं एकाकी रहूँगा। मैं पूर्ण हूँ।' साधना करते जाओ : 'किसीकी क्या परवाह ! हम मुक्त होना चाहते हैं; (हम) सिद्धि नहीं चाहते। नरलोक, परलोक, मृत्युलोक आदि को ठुकरा देंगे। हमें इन अष्ट सिद्धियों एवं नव निधियों से क्या मतलब ? मन वश में हो न हो। वह गतिशील बना रहे। उससे अपना क्या वास्ता ? मैं मन नहीं हूँ। मन की अपनी क्रिया जारी रहे।'

सूर्य (पुण्यात्मा-पापी दोनों को प्रकाश देता है)। क्या वह किसीके कलंक से कलंकित हुआ है ? 'सोऽहं (मन के)—व्यापारों से मैं निर्लिप्त हूँ। सूर्य कूड़ा-करकट पर किरणें पसारने से कलंकित नहीं हुआ। ॐ तत् सत्।'

यही (अद्वैत) का सार-धर्म है। (यह) जटिल (है)। साधना में लगो। विचारहीन विश्वासों को दूर करो। गुरु या ग्रंथ या देव की (सत्ता) नहीं है। मंदिर, उपासक, आराध्य, अवतार तथा स्वयं ईश्वर से बचो। मैं ही सच्चिदानंद हूँ। इसलिए, तत्त्वज्ञानियो ! सावधान ! निर्भीक हो जाओ। फिर कभी ईश्वर तथा सृष्टि-संबंधी धारणाओं को न दुहराओ। **सत्यमेव जयते** इसमें कोई संदेह नहीं। मैं ही 'असीम' हूँ, यही सत्य है।

परम्परागत धार्मिक विश्वास भ्रामक कल्पनाओं की उपज हैं. . .यह सभा, तुम श्रोता, मैं वक्ता आदि सब कुछ भ्रम ही है। इस भ्रम का निवारण आवश्यक है। जानने की कोशिश करो कि तत्त्वज्ञानी को कितना जागरूक होना पड़ता है ! यह (ज्ञानयोग) की (साधना) है, ज्ञान से ही मोक्ष का विधान है। अन्य योग-साधनाएँ सरल हैं, समय की अपेक्षा रखती हैं. . .लेकिन यह विशुद्ध बुद्धि का अपूर्व बल है। दुर्बल व्यक्ति (इस ज्ञानमार्ग पर नहीं चल सकता। तुमको दृढ़ स्वर से

कहना होगा)—'मैं आत्मा हूँ। शाश्वत मुक्त हूँ। (मैं) कभी बँधा नहीं था। काल मुझमें ही है; मैं काल के अधीन नहीं हूँ। ईश्वर मेरे मन की उपज है। परमपिता परमात्मा मेरे मन की सृष्टि का परिणाम है।'

तुम अपने को तत्त्ववेत्ता-दार्शनिक मानते हो, तो प्रमाण पेश करो। इसी पर चिंतन करो, इसी पर विचार-विनिमय हो, साधना-पथ पर एक दूसरे का (सम्बल) बनो, और रूढ़िगत विश्वासों के मोह-पाश से छुटकारा पा जाओ!

आत्मा और ईश्वर

जो कुछ देश में है, उसका रूप है। देश का स्वयं रूप है। या तो तुम देश में हो या देश तुममें है। आत्मा समस्त देश से परे है। देश आत्मा में है, न कि आत्मा देश में।

रूप देश और काल से सीमित है और कार्य-कारण नियम से बँधा हुआ है। समग्र काल हममें है। हम काल में नहीं हैं। चूँकि आत्मा देश और काल में नहीं है, सभी देश और काल आत्मा के भीतर हैं। अतः आत्मा सर्वव्यापी है।

ईश्वर के सम्बन्ध में हमारी धारणा हमारी अपनी प्रतिच्छाया है।

प्राचीन फ़ारसी और संस्कृत में निकट का सम्बन्ध है।

ईश्वर के संबंध में आदिम धारणा प्रकृति के विविध रूपों से उसका तादात्म्य कर देना था—प्रकृति-पूजा। अगली अवस्था में क़बीलों के ईश्वर की पूजा हुई। इसके बाद की स्थिति में राजाओं की पूजा होने लगी।

स्वर्गस्थ ईश्वर की धारणा भारत को छोड़कर सभी जातियों में प्रधान है। यह भाव बहुत ही असंस्कृत है।

जीवन के बने रहने का भाव मूर्खतापूर्ण है। जब तक हम जीवन से छुटकारा नहीं पाते, हम मृत्यु से छुट्टी नहीं पा सकते।

आत्मा की मुक्ति

जिस प्रकार हमें आँख के होने का ज्ञान उसके कार्यों द्वारा ही होता है, उसी प्रकार हम आत्मा को बिना उसके कार्यों के नहीं देख सकते। इसे इन्द्रियगम्य अनुभूति के निम्न स्तर पर नहीं लाया जा सकता। यह विश्व की प्रत्येक वस्तु का अधिष्ठान है, यद्यपि यह स्वयं अधिष्ठानरहित है। जब हमें इस बात का ज्ञान होता है कि हम आत्मा हैं, हम मुक्त हो जाते हैं। आत्मा कभी परिवर्तित नहीं होती। इस पर किसी कारण का प्रभाव नहीं पड़ सकता, क्योंकि यह स्वयं कारण है। यह स्वयं ही अपना कारण है। यदि हम अपने में कोई ऐसी चीज प्राप्त कर लें, जो किसी कारण से प्रभावित नहीं होती, तो हमने आत्मा को जान लिया।

मुक्ति का अमरता से अविच्छिन्न सम्बन्ध है। मुक्त होने के लिए व्यक्ति को प्रकृति के नियमों के परे होना चाहिए। नियम तभी तक है, जब तक हम अज्ञानी हैं। जब ज्ञान होता है, हमें लगता है कि नियम हमारे भीतर की मुक्ति के अतिरिक्त और कुछ नहीं है। इच्छा कभी मुक्त नहीं हो सकती, क्योंकि वह कार्य और कारण की दासी है। किन्तु, इच्छा के पीछे रहनेवाला 'अहं' मुक्त है और यही आत्मा है। 'मैं मुक्त हूँ'—यह वह आधार है जिस पर अपना जीवन निर्मित करके उसका यापन करना चाहिए। मुक्ति का अर्थ है अमरता।

ईश्वर : सगुण तथा निर्गुण

मेरा विचार है कि जिसे तुम सगुण ईश्वर कहते हो वह निर्गुण ब्रह्म ही है : एक ही साथ सगुण भी और निर्गुण ईश्वर भी। हम लोग सगुणीकृत निर्गुण आत्माएँ हैं। यदि तुम इस शब्द का निरपेक्ष अर्थ में प्रयोग करते हो, तब तो हम लोग निर्गुण हैं, परन्तु यदि तुम इसे सापेक्षिक अर्थ में प्रयोग करो, तब हम लोग सगुण हैं। तुममें से प्रत्येक विश्वात्मा है, प्रत्येक सर्वव्यापक है। पहले यह संशयपूर्ण प्रतीत हो सकता है, परन्तु मेरे लिए यह उतना ही असंदिग्ध है, जितना तुम्हारे सम्मुख मेरा खड़ा होना। आत्मा सर्वव्यापक कैसे नहीं होगी ?—न तो इसमें लम्बाई है, न चौड़ाई, न मोटाई और न किसी भी प्रकार का भौतिक गुण; फिर, यदि हम आत्मा हैं, तो हम देश से सीमित नहीं किये जा सकते। देश केवल देश को सीमित करता है और पदार्थ पदार्थ को। यदि हम इस शरीर में सीमित हो जायँ, तो हम कुछ भौतिक जैसी वस्तु बन जायँगे। शरीर, आत्मा और प्रत्येक वस्तु भौतिक होगी, और 'शरीर में वास करना', 'आत्मा को मूर्त रूप देना' जैसे शब्द केवल सुविधा के हेतु प्रयुक्त होनेवाले शब्द होंगे, इसके परे उनका कोई अर्थ न होगा। आत्मा की जो परिभाषा मैंने दी है, वह तुममें से कुछ को स्मरण होगी। प्रत्येक आत्मा एक ऐसा वृत्त है जिसका केन्द्र एक बिन्दु पर है, किंतु जिसकी परिधि कहीं नहीं है। जहाँ शरीर होता है, वहाँ केन्द्र है, और वहीं कार्य की अभिव्यक्ति होती है। तुम सर्वव्यापक हो; किंतु तुमको चेतना केवल एक बिन्दु पर ही केन्द्रीभूत होने की रहती है। उस बिन्दु ने पदार्थ के अणुओं को धारण कर अपनी अभिव्यक्ति के लिए उनको एक यंत्र के रूप में बना रखा है। जिसके द्वारा वह अपने को अभिव्यक्त करता है, उसे शरीर कहते हैं। इसलिए तुम सब जगह हो। जब एक शरीर या यंत्र बेकार हो जाता है, तब तुम जो कि केन्द्र हो, आगे बढ़ते और पदार्थ के दूसरे सूक्ष्मतर या स्थूलतर अणुओं को धारण करते हो—और उसके द्वारा कार्य करते हो। यह मनुष्य है। और ईश्वर क्या है? ईश्वर एक वृत्त है जिसकी परिधि कहीं नहीं है और केन्द्र सर्वत्र है। उस वृत्त में प्रत्येक बिन्दु सजीव, सचेतन, सक्रिय और समान रूप से क्रियाशील है। हम सीमित आत्माओं में केवल एक बिन्दु सचेतन है और वह केन्द्र आगे पीछे गतिशील रहता है। जिस प्रकार विश्व की तुलना में शरीर की सत्ता अत्यल्प है, उसी प्रकार ईश्वर की तुलना में समस्त

विश्व कुछ नहीं है। जब हम कहते हैं, ईश्वर बोलता है, तो इसका अर्थ है कि वह अपनी सृष्टि के माध्यम से बोलता है। जब हम उसका वर्णन उसे देश-काल से परे कहकर करते हैं, तब हम कहते हैं कि वह निर्गुण सत्ता है। किंतु वह रहता है वही सत्।

उदाहरणार्थ : हम यहाँ खड़े हैं और सूर्य को देख रहे हैं। कल्पना करो कि तुम सूर्य की ओर जाना चाहते हो। कुछ हज़ार मील उसके निकट पहुँचने पर तुमको एक दूसरा सूर्य दिखायी पड़ेगा, और अधिक बड़ा। मान लो तुम और अधिक निकट चले जाते हो, तब तुम और भी बड़ा सूर्य देखोगे। अन्त में तुम वास्तविक सूर्य देखोगे, करोड़ों मील विशाल। कल्पना करो कि तुम इस यात्रा को अनेक चरणों में विभाजित करके प्रत्येक स्थान से चित्र लेते हो और वास्तविक सूर्य का चित्र लेने के बाद वापस लौटकर सब चित्रों की तुलना करते हो। तब वे सब तुमको भिन्न प्रतीत होंगे, क्योंकि प्रथम दृष्टि में वह एक छोटा लाल गोला था और वास्तविक सूर्य करोड़ों मील विस्तृत था। तथापि सूर्य वही था। यही बात ईश्वर के संबंध में है। अनन्त सत्ता को हम भिन्न भिन्न दृष्टि बिन्दुओं से, मन के भिन्न भिन्न स्तरों से देखते हैं। निम्नतम मनुष्य उसे एक पितर के रूप में देखता है। जैसे जैसे उसकी दृष्टि अधिक व्यापक होती है, वह उसे एक ग्रह के शासक के रूप में, और अधिक व्यापक होने पर विश्व के नियन्ता के रूप में तथा उच्चतम मनुष्य उसे अपने ही समान देखता है। ईश्वर वही था और भिन्न भिन्न अनुभव केवल दृष्टि के परिमाण और भेद थे।

सोऽहमस्मि

(सैन फ़ान्सिस्को में २० मार्च, १९०० ई० को दिया गया व्याख्यान)

आज रात मेरे बोलने का विषय मनुष्य है, प्रकृति की तुलना में मनुष्य। बहुत दिनों तक 'प्रकृति' शब्द प्रायः एकान्तिक रूप से बाह्य जगत् के घटना-समूह के अर्थ में ही प्रयुक्त होता था। यह देखा गया कि यह घटना-समूह नियमानुसार कार्य करता है, घटनाएँ अपनी आवृत्ति स्वतः किया करती हैं: जो अतीत में घटित हुआ था, वही पुनः घटित होता है—कोई घटना केवल एक ही बार घटित नहीं होती। इस प्रकार यह निष्कर्ष निकला कि प्रकृति एकरूप है। एकरूपता प्रकृति की कल्पना के साथ घनिष्ठ रूप से सम्बद्ध है। बिना इसके प्राकृतिक घटनाओं को नहीं समझा जा सकता। जिसे हम नियम कहते हैं, उसका आधार यह एकरूपता ही है।

क्रमशः 'प्रकृति' शब्द तथा एकरूपता की धारणा का प्रयोग, जीवन और मन के व्यापारों के सम्बन्ध में भी होने लगा। जो कुछ विभेदयुक्त है, वह सब प्रकृति है। वनस्पति, पशु और मनुष्य तीनों का गुण (स्वभाव) प्रकृति है। मनुष्य का जीवन निश्चित नियमों के अनुसार चलता है और उसी प्रकार मन भी। विचार यों ही उत्पन्न नहीं होते। उनके उदय, अस्तित्व और अंत का एक नियम है। दूसरे शब्दों में जिस प्रकार बाह्य प्रकृति नियम से आबद्ध है, उसी प्रकार आन्तरिक प्रकृति अर्थात् जीवन और मानव-मन भी।

जब हम मनुष्य के अस्तित्व और मन को ध्यान में रखते हुए नियम पर विचार करते हैं, तब यह तुरन्त स्पष्ट हो जाता है कि स्वतंत्र इच्छा और स्वतंत्र अस्तित्व जैसी कोई वस्तु नहीं हो सकती। हम जानते हैं कि पशु-प्रकृति किस प्रकार पूर्ण-रूपेण नियमबद्ध है। पशु किसी स्वतंत्र इच्छा का प्रयोग करता हुआ प्रतीत नहीं होता। यही बात मनुष्य के संबंध में भी सत्य है, मानव-प्रकृति भी नियमबद्ध है। मानव-मन के क्रिया-कलापों का नियमन करनेवाला नियम ही कर्म का नियम कहलाता है।

शून्य से कुछ उत्पन्न होता हुआ किसीने नहीं देखा। यदि कोई बात मन में उठती है, तो वह भी किसी न किसी पदार्थ से उत्पन्न हुई होगी। जब हम स्वतंत्र इच्छा

की बात करते हैं, तब हमारा आशय यह होता है कि इच्छा किसी अन्य कारण से उत्पन्न नहीं होती। परन्तु यह सत्य नहीं हो सकता। इच्छा कारण से उत्पन्न होती है, कारण द्वारा उत्पन्न होने से वह स्वतंत्र नहीं हो सकती—वह नियम से बँधी हुई है। मैं तुमसे बात करने की इच्छा रखता हूँ और तुम मेरी बात सुनने आते हो, यह नियम है। मैं जो कुछ करता, सोचता या अनुभव करता हूँ, मेरे आचरण और व्यवहार का प्रत्येक अंश, मेरी प्रत्येक क्रिया—ये सब किसी न किसी कारण से उत्पन्न होते हैं, अतः स्वतंत्र नहीं है। जीवन और मन का यह नियमन ही कर्म का नियम है।

यदि प्राचीन काल में ऐसा सिद्धान्त पश्चिमी समाज में प्रतिपादित किया जाता, तो भारी उथल-पुथल मच जाती। पश्चिम का मनुष्य यह नहीं सोचना चाहता कि उसका मन नियम से शासित होता है। किन्तु भारत में जैसे ही वहाँ की प्राचीनतम दर्शन-पद्धति द्वारा यह प्रतिपादित किया गया, स्वीकार कर लिया गया। मन की स्वतंत्रता जैसी कोई चीज़ नहीं, वह हो भी नहीं सकती। इस सिद्धान्त के प्रतिपादन से भारतीय मन में कोई उथल-पुथल क्यों नहीं हुई? भारत ने इसे शांतिपूर्वक स्वीकार कर लिया; यही भारतीय विचारधारा की विशेषता है। यहीं पर वह अन्य सभी विचारधाराओं से भिन्न है।

बाह्य और आन्तरिक प्रकृतियाँ दो भिन्न वस्तु नहीं हैं, वस्तुतः वे एक हैं। प्रकृति समस्त घटनाओं की समष्टि है। 'प्रकृति' से आशय है—वह सब जो है, वह सब जो गतिशील है। हम जड़ वस्तु, और मन में अत्यधिक भेद मानते हैं। हम सोचते हैं कि मन जड़ वस्तु से पूर्णतः भिन्न है। वस्तुतः वे एक ही प्रकृति हैं, जिसका अर्द्धांश दूसरे अर्द्धांश पर सतत क्रिया किया करता है। जड़ पदार्थ विभिन्न संवेदनों के रूप में मन पर प्रभाव डालता है। ये संवेदन शक्ति के सिवा और कुछ नहीं हैं। बाहर से आनेवाली शक्ति भीतर की शक्ति को आन्दोलित करती है। बाह्य शक्ति के प्रति अनुक्रिया करने अथवा उससे दूर हट जाने की इच्छा से आन्तरिक शक्ति जो रूप धारण करती है, उसे हम विचार कहते हैं।

जड़ पदार्थ और मन दोनों ही वास्तव में शक्ति ही हैं और यदि तुम उनका विश्लेषण गहराई से करो, तो पाओगे कि मूलतः दोनों एक हैं। बाह्य शक्ति किसी प्रकार आन्तरिक शक्ति को प्रेरित कर सकती है, इसी बात से यह स्पष्ट हो जाता है कि वे कहीं एक दूसरे से संयुक्त होती हैं—वे अवश्यमेव अखण्ड हैं और इसलिए वे मूलतः एक ही शक्ति हैं। जब तुम इन सबके मूल में जाते हो, तब वे सरल एवं सामान्य प्रतीत होती हैं। चूँकि वही शक्ति एक रूप में जड़ वस्तु, दूसरे रूप में मन होकर प्रकट होती है, अतः मन और जड़ पदार्थ को भिन्न समझने का कोई कारण

नहीं है। मन जड़ पदार्थ के रूप में परिवर्तित होता है और जड़ पदार्थ मन के रूप में। विचार-शक्ति ही स्नायु-शक्ति, पेशी-शक्ति बन जाती है और स्नायु-शक्ति एवं पेशी-शक्ति विचार-शक्ति। प्रकृति ही यह सब शक्ति है, चाहे वह जड़ वस्तु के रूप में अभिव्यक्त हो, चाहे मन के रूप में।

सूक्ष्मतम मन एवं स्थूलतम जड़-पदार्थ के बीच केवल मात्रा का ही अन्तर है। अतएव, समस्त विश्व को मन या जड़ दोनों कहा जा सकता है। इन दोनों में क्या कहें यह महत्त्व नहीं रखता। तुम मन को सूक्ष्म जड़ पदार्थ कह सकते हो, अथवा शरीर को मन का स्थूल रूप। तुम किसे किस नाम से पुकारते हो, उससे कोई अंतर नहीं पड़ता। ग़लत ढंग से सोचने के कारण ही भौतिकवाद एवं अध्यात्म-वाद के बीच संघर्ष से कठिनाइयाँ उत्पन्न होती हैं। वास्तव में दोनों में कोई भेद नहीं है। मुझमें और हीनतम सूअर में केवल मात्रा का अन्तर है—सूअर कम अभिव्यक्त हुआ, मैं अधिक। कभी मैं उससे बुरा हो जाता हूँ, कभी सूअर मुझसे अच्छा रहता है।

और न इस बात पर विवाद करने से कोई लाभ है कि पहले जड़ होता है या (चेतन) मन। क्या मन पहले आता है, जिससे जड़ वस्तु निकली है? या पहले जड़ वस्तु हुई, जिससे मन निकला? बहुत से दार्शनिक तर्क इन बेकार प्रश्नों को लेकर आगे बढ़ते हैं। यह तो वैसे ही है, जैसे कि यह पूछना कि पहले अण्डा हुआ या मुर्ग़ी। दोनों ही प्रथम हैं और दोनों ही अन्तिम—मन और जड़ वस्तु, जड़ वस्तु और मन। यदि मैं यह कहता हूँ कि जड़ पदार्थ पहले होता है और सूक्ष्मतर होता हुआ वह मन बन जाता है, तब मुझे स्वीकार करना पड़ेगा कि पदार्थ के पूर्व मन अवश्य रहा होगा। अन्यथा पदार्थ कहाँ से आया? जड़-पदार्थ मन से पहले है, और मन जड़-पदार्थ से पहले है। यह सदैव मुर्ग़ी-अण्डे जैसा प्रश्न है।

समस्त प्रकृति कार्य-कारण सम्बन्ध के नियम से बँधी हुई है और देश-काल में स्थित है। हम कोई चीज़ देश से परे नहीं देख सकते, तो भी हम देश को नहीं जानते। हम लोग कोई चीज़ काल से परे नहीं जानते, पर हम काल को भी नहीं जानते। हम किसी चीज़ को कार्य-कारण सम्बन्ध के सिवा और किसी रूप में नहीं समझ सकते, तथापि हम नहीं जानते कि कार्य-कारण सम्बन्ध क्या है। ये तीन—देश, काल और कार्य-कारण—प्रत्येक घटना में विद्यमान हैं। परन्तु वे घटना नहीं हैं। मानो वे रूप और साँचे हैं, जिनमें ज्ञेय बनने के पूर्व हर वस्तु का ढलना आवश्यक है। पदार्थ—उपादान, काल, देश और कार्य-कारण सम्बन्ध का संघात है। मन—उपादान, काल, देश और कार्य-कारण सम्बन्ध का संघात है।

इस तथ्य को दूसरे प्रकार से भी व्यक्त किया जा सकता है। प्रत्येक वस्तु उपादान, नाम एवं रूप का योग है। नाम और रूप आते-जाते रहते हैं, किन्तु उपादान सदा वही रहता है। यह घड़ा उपादान, रूप और नाम से निर्मित है। जब यह टूट जाता है, तब तुम इसे घड़ा नहीं कहते और न तुम इसके घड़ा रूप को ही देखते हो। इसका नाम और रूप नष्ट हो जाता है, किन्तु इसका उपादान शेष रहता है। उपादान में जो अन्तर किया जाता है, वह नाम और रूप के द्वारा। ये वास्तविक नहीं हैं, क्योंकि ये नष्ट हो जाते हैं। जिसे हम प्रकृति कहते हैं, वह अपरिवर्तनशील एवं अविनाशी उपादान नहीं है। प्रकृति देश, काल एवं कार्य-कारण सम्बन्ध है। प्रकृति, नाम और रूप है। प्रकृति माया है। माया का अर्थ है नाम और रूप, जिसमें प्रत्येक वस्तु ढाली जाती है। माया सत्य नहीं है। यदि वह सत्य होती, तो हम उसे नष्ट या परिवर्तित न कर सकते। उपादान तत्त्व है और माया दृश्य। एक तो वास्तविक है, जिसे कोई नष्ट नहीं कर सकता और दूसरा दृश्य-रूप 'मैं' है, जो सतत परिवर्तित और नष्ट हो रहा है।

वास्तविकता यह है कि जो कुछ भी अस्तित्व रखता है, उसके दो पक्ष हैं। एक तात्त्विक—अपरिवर्तनशील एवं अविनाशी; दूसरा रूप—परिवर्तनशील एवं नश्वर। मनुष्य अपने सच्चे रूप में तत्त्व, जीव, आत्मा है। यह जीव, यह आत्मा कभी परिवर्तित नहीं होती, कभी नष्ट नहीं होती। किन्तु वह एक रूप का चोला पहने हुए तथा एक नाम से सम्बद्ध प्रतीत होती है। ये नाम और रूप अखण्ड और अविनाशी नहीं है, वे सतत परिवर्तित और नष्ट होते हैं। फिर भी लोग मूर्खतापूर्वक इस परिवर्तनशील रूप, शरीर और मन में अमरत्व की खोज करते हैं—वे एक शाश्वत शरीर प्राप्त करना चाहते हैं। मैं उस प्रकार का अमरत्व नहीं चाहता।

मेरे और प्रकृति के बीच क्या सम्बन्ध है? जहाँ तक प्रकृति से आशय नाम, रूप, काल, देश और कार्य-कारण सम्बन्ध से है, मैं प्रकृति का अंश नहीं हूँ, क्योंकि मैं मुक्त हूँ, अमर हूँ, अपरिवर्तनशील एवं अनन्त हूँ। मेरी स्वतन्त्र इच्छा है या नहीं, यह प्रश्न नहीं उठता। मैं किसी भी प्रकार की इच्छा से पूर्णतः परे हूँ। जहाँ भी इच्छा है, वह मुक्त नहीं है। इच्छा की स्वतन्त्रता जैसी कोई चीज नहीं है। मुक्ति उस चीज की है जो नाम और रूप के बन्धन में बँधने और उनका दास बनने पर इच्छा का रूप धारण करती है। वह तत्त्व—आत्मा—मानो अपने को नाम-रूप के साँचे में ढालती है और तुरन्त बद्ध हो जाता है, जब कि वह पहले मुक्त थी। फिर भी उसका मौलिक स्वरूप अब भी वर्तमान है। इसीलिए वह कहती है, "मैं मुक्त हूँ, इन सब बन्धनों के बावजूद मैं मुक्त हूँ।" वह इसे कभी नहीं भूलती।

परन्तु इच्छा का रूप धारण कर लेने पर वह वास्तव में स्वतन्त्र नहीं रह जाती। प्रकृति डोर खींचती है और जैसा चाहती है, वैसा ही उसे नाचना पड़ता है। इसी प्रकार हमने और तुमने वर्षों से नाच नाचा है। वह सब जो हम देखते, करते, जानते और अनुभव करते हैं, हमारे समस्त विचार और कार्य प्रकृति के इशारे पर नाचने के सिवा और कुछ नहीं हैं। इनमें से किसीमें स्वतन्त्रता न तो रही है और न है। निम्नतम से लेकर उच्चतम तक समस्त विचार और कार्य नियम से बँधे हैं और इनमें से किसीका भी हमारे वास्तविक स्वरूप से सम्बन्ध नहीं है।

मेरा वास्तविक स्वरूप नियमों से परे है। जब तुम दासता से, प्रकृति से सामंजस्य स्थापित करते हो, तब तुमको नियम के अधीन रहना पड़ता है। तुम नियम से बँधे हुए प्रसन्न रहते हो। किन्तु जितना अधिक तुम प्रकृति और उसके आदेशों का पालन करते हो, उतना ही अधिक तुम बँध जाते हो। जितना ही तुम अज्ञान के साथ सामंजस्य स्थापित करते हो, उतना ही तुम विश्व की प्रत्येक वस्तु के इशारे पर नाचते हो। क्या प्रकृति के साथ यह सामंजस्य, यह नियम का पालन मनुष्य के वास्तविक स्वभाव और लक्ष्य के अनुकूल है? किस खनिज पदार्थ ने कभी नियम से संघर्ष या कलह मोल ली? किस वृक्ष या पौधे ने नियम का उल्लंघन किया? यह मेज़ प्रकृति के नियम के सामंजस्य में है, परन्तु यह सदा मेज़ ही बनी रहती है, इससे आगे उन्नति नहीं करती। मनुष्य प्रकृति के विरुद्ध युद्ध और संघर्ष करना प्रारम्भ करता है। वह अनेक भूलें करता है, कष्ट भोगता है। परन्तु अन्त में प्रकृति पर विजय प्राप्त करता है और अपनी मुक्ति प्राप्त कर लेता है। जब वह मुक्त हो जाता है, तब प्रकृति उसकी दासी बन जाती है।

आत्मा का अपने बंधन के प्रति जागरूक हो जाना, उठ खड़े होकर स्व-प्रतिष्ठापन का प्रयास करना—इसीको जीवन कहते हैं। इस संघर्ष में सफल होना ही विकास कहलाता है। अन्तिम विजय, जब समस्त दासता नष्ट हो जाती है, मोक्ष—निर्वाण, मुक्ति कहलाती है। विश्व में प्रत्येक वस्तु मुक्ति के लिए संघर्षरत है। जब तक मैं प्रकृति से, नाम-रूप से, देश-काल एवं कार्य-कारण सम्बन्ध से बँधा हुआ हूँ, मैं नहीं जानता कि मैं वस्तुतः हूँ क्या? किन्तु इस बन्धन में भी मेरा वास्तविक स्वरूप पूर्णतः खो नहीं जाता। मैं बन्धनों को तोड़ने के लिए ज़ोर लगाता हूँ, एक एक करके वे टूटते हैं और मुझे अपने जन्मजात दिव्यत्व का भान हो जाता है। तब पूर्ण मुक्ति प्राप्त होती है। मुझे अपने स्वरूप का पूर्णतम एवं स्पष्टतम ज्ञान हो जाता है—मैं जानता हूँ कि मैं अनन्त आत्मा हूँ, प्रकृति का स्वामी हूँ, उसका दास नहीं। समस्त भेदों एवं संघातों के परे, देश, काल एवं कारणता से परे, मैं अपना स्वरूप हूँ। सोऽहमस्मि।

सूक्तियाँ एवं सुभाषित-१

सूक्तियाँ एवं सुभाषित

१. स्वामी जी से किसीने पूछा : "क्या बुद्ध ने उपदेश दिया था कि नानात्व सत्य है और अहम् असत्य है, जब कि सनातनी हिन्दू धर्म एक को सत्य और अनेक (या नानात्व) को असत्य मानता है?" स्वामी जी ने उत्तर दिया, "हाँ, और रामकृष्ण परमहंस तथा मैंने इसमें जो कुछ जोड़ा है, वह यह है : अनेक और एक एक ही तत्त्व हैं, जिसका प्रत्यक्ष मन विभिन्न समयों पर और विभिन्न वृत्तियों के साथ करता है।"

२. "याद रखो!" उन्होंने एक बार अपने शिष्य से कहा, "याद रखो! भारत का सदैव यही सन्देश रहा है : 'आत्मा प्रकृति के लिए नहीं, वरन् प्रकृति आत्मा के लिए है!'"

३. "जिस बात की दुनिया को आज आवश्यकता है, वह है बीस ऐसे स्त्री-पुरुष जो सड़क पर खड़े होकर सबके सामने यह कहने का साहस कर सकें कि हमारे पास ईश्वर को छोड़कर और कुछ नहीं है। कौन निकलेगा? डर की क्या बात है? यदि यह सत्य है, तो और किसी बात की क्या परवाह? यदि यह सत्य नहीं है, तो हमारे जीवन का ही क्या मूल्य है?"

४. "आह! कितना शान्तिपूर्ण हो जाता है उस व्यक्ति का कर्म जो मनुष्य की ईश्वरता से सचमुच अवगत हो जाता है। ऐसे व्यक्ति को कुछ भी करना शेष नहीं रह जाता, सिवाय इसके कि वह लोगों की आँखें खोलता रहे। शेष सब अपने आप हो जाता है।"

५. उन (श्री रामकृष्ण) को वह महान् जीवन जीने मात्र में ही सन्तोष था। उसकी व्याख्या की खोजबीन उन्होंने दूसरों पर छोड़ दी थी।

६. जब स्वामी विवेकानन्द के एक शिष्य ने उनसे लौकिक व्यवहारशीलता की कोई बात कही, तब वे झल्लाकर कहने लगे, "योजनाएँ! योजनाएँ! यही कारण है कि... पश्चिम के लोग कभी धर्म की सृष्टि नहीं कर सकते! यदि तुम लोगों में से किसीने की तो केवल उन थोड़े से कैथोलिक सन्तों ने जिनके पास कोई योजनाएँ नहीं थीं। योजना बनानेवालों ने कभी धर्म की शिक्षा नहीं दी।"

७. "पश्चिम का सामाजिक जीवन एक अट्टहास है; किन्तु भीतर से वह रुदन है। उसका अन्त सिसकी में होता है। समस्त आमोद-प्रमोद और चापल्य सतह

पर है। वस्तुतः वह दुःखान्त तीव्रता से पूर्ण है। पर यहाँ, वह बाहर से दुःखी और उदास है, परन्तु उसमें भीतर निश्चिन्तता और आह्लाद है।

"हमारे यहाँ एक सिद्धान्त है कि यह सृष्टि केवल लीला के लिए ईश्वर की अभिव्यक्ति है, और लीला के लिए अवतारों ने पृथिवी पर जन्म लिया एवं जीवन व्यतीत किया। खेल, यह केवल खेल ही था। ईसा को क्रूसित क्यों किया गया? वह लीला मात्र थी। यही बात जीवन की है। प्रभु के साथ खेल मात्र। कहो, 'यह सब खेल है, यह सब खेल है।' क्या 'तुम' सचमुच कुछ करते हो?"

८. "मुझे विश्वास हो चला है कि नेता का निर्माण एक जीवन में नहीं होता। उसे इसके लिए जन्म लेना होता है। कारण यह है कि संगठन और योजनाएँ बनाने में कठिनाई नहीं होती; नेता की परीक्षा, वास्तविक परीक्षा विभिन्न प्रकार के लोगों को उनकी सर्व-सामान्य समवेदनाओं की दिशा में एकत्र रखने में है। यह केवल अनजान में ही किया जाना सम्भव है, प्रयत्न द्वारा कदापि नहीं।"

९. प्लेटो के प्रत्ययों के सिद्धान्त की व्याख्या करते हुए स्वामी जी ने कहा, "और इसलिए तुम देखते हो, यह सब केवल उन महान् प्रत्ययों की क्षीण अभिव्यक्ति मात्र है। केवल वे ही सत्य और पूर्ण हैं। कहीं तुम्हारा प्रत्ययात्मक–आदर्श— 'तुम' है, तुम्हारा यह तुम उसकी अभिव्यक्ति का एक प्रयास है! प्रयास में अभी भी अनेक प्रकार की कमियाँ हैं। फिर भी, बढ़े चलो! किसी दिन तुम आदर्श की अभिव्यक्ति कर सकोगे।"

१०. एक शिष्या के कथन का उत्तर देते हुए, जिसके विचार में मोक्ष की उत्कट अभिलाषा लेकर व्यक्तिगत मुक्ति के लिए प्रयत्न करने की अपेक्षा अपने प्रिय आदर्शों की पूर्ति के लिए बार बार जन्म लेना उसके लिए अधिक श्रेयस्कर होगा, स्वामी जी ने तत्काल उत्तर दिया, "इसका कारण यह है कि तुम प्रगति के विचार के ऊपर विजय नहीं प्राप्त कर पातीं। किन्तु चीजों की अच्छाई में वृद्धि नहीं होती। वे तो जैसी की तैसी रहती हैं; और हम उनमें जो परिवर्तन करते हैं, उसके अनुसार 'हम' श्रेष्ठतर होते चलते हैं।"

११. अल्मोड़े में एक वयोवृद्ध सज्जन, जिनका मुख प्रीतिकर दुर्बलता से पूर्ण था, आये और उनसे कर्म के सम्बन्ध में एक प्रश्न पूछा। उन्होंने पूछा कि जिनके कर्म में सबलों के द्वारा दुर्बलों को सताये जाते हुए देखना हो, उन्हें क्या करना चाहिए? स्वामी जी ने उन पर विस्मयपूर्ण रोष प्रकट करते हुए कहा, "क्यों, निश्चय ही बलवानों को ठोंक दो। इस कर्म में तुम अपना योग भूल जाते हो; तुम्हें विद्रोह करने का अधिकार सदैव है।"

१२. किसीने स्वामी जी से पूछा, "औचित्य की रक्षा के निमित्त मनुष्य को

आत्म-बलिदान करने के लिए उद्यत होना उचित है अथवा गीता की शिक्षा मानकर कभी भी प्रतिक्रिया न करने का पाठ सीखना? स्वामी जी धीरे धीरे यह कहकर देर तक चुप रहे, "मैं तो प्रतिक्रियाहीन होने के पक्ष में हूँ।" फिर उन्होंने कहा—"संन्यासियों के लिए। गृहस्थ के लिए आत्म-रक्षा!"

१३. "यह सोचना भूल है कि सभी मनुष्यों के लिए सुख ही प्रेरणा होता है। उतनी ही बड़ी संख्या तो उनकी भी है जो दुःख की खोज करने के ही लिए जन्म लेते हैं। आओ, हम लोग भी 'कराल' की उपासना 'कराल' के ही निमित्त करें।"

१४. "रामकृष्ण परमहंस ही एक ऐसे व्यक्ति थे जो सदैव यह कहने का साहस रखते थे कि हमें सभी लोगों को उनकी ही भाषा में उत्तर देना चाहिए।"

१५. 'काली' को इष्टरूप में स्वीकार करने में अपने संशय के दिनों को स्मरण करते हुए उन्होंने कहा, "मैं 'काली' से कितनी घृणा करता था! और उसके सभी ढंगों से! वह मेरे छः वर्षों के संघर्ष की भूमि थी—कि मैं उसे स्वीकार नहीं करूँगा। पर मुझे अन्त में उसे स्वीकार करना पड़ा। रामकृष्ण परमहंस ने मुझे उसे अर्पित कर दिया था, और अब मुझे विश्वास है कि जो भी मैं करता हूँ, उस सब में वह मुझे पथ दिखलाती है और जो उसकी इच्छा होती है, वैसा मेरे साथ करती है।...फिर भी मैं इतने दीर्घकाल तक लड़ा। मैं भगवान् रामकृष्ण को प्यार करता था और बस इसी बात ने मुझे अविचल रखा। मैंने उनकी अद्भुत पवित्रता देखी...मैंने उनके अद्भुत प्रेम का अनुभव किया। तब तक उनकी महानता का भान मुझे नहीं हुआ था। वह सब बाद में हुआ, जब मैंने समर्पण कर दिया। उस समय मैं उन्हें दिव्य-दृश्य आदि देखनेवाला एक विकृत-चित्त शिशु समझता था। मुझे इससे घृणा थी। और फिर तो मुझे भी उसे (काली को) स्वीकार करना पड़ा।

"नहीं, जिस बात ने मुझे ऐसा करने के लिए बाध्य किया, वह एक रहस्य है जो मेरी मृत्यु के साथ ही चला जायगा। उन दिनों मेरे ऊपर अनेक विपत्तियाँ आ पड़ी थीं।... यह एक अवसर था...उसने मुझे दास बना लिया। ये ही शब्द थे: 'तुमको दास'। तब रामकृष्ण परमहंस ने मुझे उसको सौंप दिया... आश्चर्यजनक! ऐसा करने के बाद वे केवल दो वर्ष तक जीवित रहे और उनका अधिकांश समय कष्ट में ही बीता। वे छः महीने भी अपने स्वास्थ्य और ओज को सुरक्षित न रख सके।

"जानते ही होगे, गुरु नानक भी ऐसे ही थे, केवल इस बात की प्रतीक्षा में कि कोई शिष्य ऐसा मिले, जिसे वे अपनी शक्ति दे सकते। उन्होंने अपने परिवार-वालों की उपेक्षा की—उनके बच्चे उनकी दृष्टि में बेकार थे—तब उन्हें एक बालक मिला, जिसे उन्होंने दिया। तब कहीं वे शान्ति से मर सके।

"तुम कहते हो कि भविष्य रामकृष्ण को काली का अवतार कहेगा? हाँ, मैं समझता हूँ कि निस्सन्देह उसने अपने उद्देश्यों की पूर्ति के लिए ही रामकृष्ण के शरीर का निर्माण किया था।

"देखो, मैं बिना यह विश्वास किये नहीं रह सकता कि कहीं कोई ऐसी शक्ति है, जो अपने को नारी मानती है और काली अथवा माँ कही जाती है. . .और मैं ब्रह्म में भी विश्वास करता हूँ. . .किन्तु क्या वह सदैव ऐसा ही नहीं है? क्या इस शरीर में कोषाणुओं का समूह ही व्यक्तित्व का निर्माण नहीं करता; क्या, केवल एक नहीं, बल्कि अनेक मस्तिष्क केन्द्र ही चेतना की सृष्टि नहीं करते? . . .जटिलता में एकता! ठीक ऐसा यह बात ब्रह्म के सम्बन्ध में भिन्न क्यों हो? वह ब्रह्म है। वह एक है। फिर भी—फिर भी—वह देव-वर्ग भी है।"

१६. "जितनी अधिक मेरी आयु होती जाती है, उतना ही अधिक मुझे लगता है कि पौरुष में सभी बातें शामिल हैं। यह मेरा नया संदेश है।"

१७. यूरोपवालों के द्वारा नरभक्षी वृत्ति के इस तरह उल्लेख को कि जैसे वह कुछ समाजों के जीवन का सामान्य अंग ही हो, लक्षित करते हुए स्वामी जी ने कहा, "यह सत्य नहीं है! किसी भी जाति ने धार्मिक बलिदान, युद्ध अथवा प्रतिशोध के अतिरिक्त कभी भी नर-मांस भक्षण नहीं किया। क्या तुम नहीं देखते? वह यूथचारी प्राणियों में हो ही नहीं सकती। वह तो सामाजिक जीवन का ही मूलोच्छेदन कर देगी।"

१८. "यौन-प्रेम तथा सृष्टि! ये ही अधिकांश धर्मों की जड़ में हैं। इन्हें भारत में वैष्णव धर्म और पश्चिम में ईसाई मत कहते हैं। मृत्यु अथवा काली की उपासना का साहस करनेवालों की संख्या कितनी कम है। आओ हम मृत्यु की उपासना करें। आओ, हम मृत्यु की उपासना करें! आओ, हम कराल को आलिंगन में बाँध लें, इसलिए कि वह कराल है! हम यह न कहें कि वह शान्त हो जाय। आओ, आपदा को आपदा के ही निमित्त स्वीकार करें।"

१९. "पाँच सौ वर्ष धर्म-मार्ग के, पाँच सौ वर्ष प्रतिमाओं के तथा पाँच सौ वर्ष तन्त्रों के, ये बौद्धमत के तीन चक्र थे। पर यह न समझो कि भारत में कभी बौद्ध नामक धर्म भी था, जिसके अपने मन्दिर और पुरोहित थे! ऐसा कुछ न था। यह सब तो सदैव हिन्दू धर्म के ही अन्तर्गत था। केवल एक ही समय बुद्ध का प्रभाव सर्वोपरि हुआ, और तभी सारी जाति मठ-प्रेमी बन गयी।"

२०. "सनातनियों का सारा आदर्श समर्पण है। तुम्हारा आदर्श संघर्ष है। फलतः हमी लोग जीवन का आनन्द उठा सकते हैं, तुम लोग कदापि नहीं! तुम हमेशा अपनी दशा को और अच्छे रूप में परिवर्तित करने के लिए सचेष्ट रहते हो,

और एक करोड़वें अंश मात्र का परिवर्तन संपन्न होने के पहले ही मर जाते हो। पश्चिम का आदर्श क्रियाशील रहना है, पूर्व का आदर्श सहन करना है। पूर्ण जीवन क्रियाशीलता और सहनशीलता का समन्वय है। पर वह कभी हो नहीं सकता।

"हमारे पथ में यह स्वीकार किया गया है कि मनुष्य की सभी इच्छाओं की पूर्ति सम्भव नहीं है। जीवन में अनेक बाधाएँ हैं। यह असुन्दर है, किन्तु यह प्रकाश और शक्ति के बिन्दुओं को उभारता भी है। हमारे सुधारक केवल कुरूपता को देखते हैं और उसके निराकरण की चेष्टा करते हैं। लेकिन वे उसके स्थान पर कुछ वैसा ही और कुरूप स्थापित कर देते हैं, और नयी रूढ़ि की शक्ति के केन्द्रों के समरूप कार्य करने में हमें पुरानी रूढ़ि के बराबर ही समय देना पड़ता है।

"इच्छा परिवर्तन के द्वारा सबल नहीं की जा सकती। वह तो उससे दुर्बल और पराधीन बन जाती है। परन्तु हमें सदैव आत्मसात् करते रहना चाहिए। आत्मसात् करते रहने से इच्छा-शक्ति बल पाती है। संसार में इच्छा-शक्ति ऐसी शक्ति है, जिसकी प्रशंसा हम जान या अनजान में करते हैं। इच्छा-शक्ति की अभिव्यक्ति करने के कारण ही सती को संसार महान् मानता है।

"जिस चीज़ के दूर करने की आवश्यकता है, वह स्वार्थपरता है। मैं देखता हूँ कि अपने जीवन में मैंने जब कभी कोई भूल की है, तो सदैव ही मूल्यांकन में मेरा 'स्व' सम्मिलित हो गया था। जहाँ पर 'स्व' ने हस्तक्षेप नहीं किया, वहाँ मेरा निर्णय सीधे अभीष्ट पर पहुँच गया।

"बिना 'स्व' के कोई भी धर्म सम्भव न हो पाता। यदि मनुष्य अपने लिए कुछ न चाहता होता, तो क्या तुम समझते हो कि वह प्रार्थना और उपासना की ओर प्रवृत्त हुआ होता? अरे! वह तो ईश्वर के सम्बन्ध में कभी विचार भी न करता, सिवाय इसके कि वह यदाकदा किसी सुन्दर प्राकृतिक दृश्य आदि को देखकर कुछ थोड़ी प्रशंसा कर देता। वस्तुतः यही तो वह दृष्टि है, जिसे अपनाने की आवश्यकता है। बस स्तुति और धन्यवाद। काश, हम लोग इस 'स्व' से मुक्त हो पाते!

"संघर्ष को विकास का चिह्न मानना तुम्हारी बड़ी भूल है। बात ऐसी कदापि नहीं है। आत्मसात्करण ही उसका चिह्न है। हिन्दू धर्म आत्मसात्करण की प्रतिभा का ही नाम है। हमने संघर्ष की कभी चिन्ता नहीं की। निश्चय ही हम कभी कभी अपने घर की रक्षा के लिए प्रहार कर ही सकते थे! वह ठीक भी होता। पर हमने कभी भी संघर्ष के लिए संघर्ष की ओर ध्यान नहीं दिया। प्रत्येक को यह पाठ सीखना पड़ा। अतः ये नवागन्तुक जातियाँ चक्कर काटती रहें! अन्त में वे सब हिन्दू धर्म में समाहित हो जायँगी।"

२१. "सगुण ईश्वर, केवल मानव आत्माओं का ही नहीं, प्रत्युत् सभी आत्माओं का पूर्ण योग है। पूर्ण की इच्छा का विरोध कोई नहीं कर सकता। इसीको हम नियम कहते हैं। यही 'शिव' और 'काली' इत्यादि का अर्थ है।"

२२. "कराल की उपासना! मृत्यु की अर्चना! और सब मिथ्या है। समस्त संघर्ष व्यर्थ है। यही अन्तिम पाठ है। किन्तु यह कायर का मत्यु-प्रेम नहीं है, न निर्बलों का प्रेम है, और न यह आत्मघात है। यह तो उस वीर द्वारा किया गया स्वागत है, जिसने प्रत्येक वस्तु को गहराई से जान लिया है और जो यह 'जानता है' कि कोई अन्य मार्ग नहीं है।"

२३. "मैं उन सभी से असहमत हूँ, जो अपने ही अन्धविश्वासों को हमारी जनता के ऊपर लाद रहे हैं। जिस प्रकार मिस्र के पुरातत्त्ववेत्ता की मिस्र देश के सम्बन्ध में रुचि रहती है, उसी प्रकार भारत के सम्बन्ध में भी नितान्त स्वार्थपूर्ण रुचि रखना सरल है। कोई भी अपनी पुस्तकों का, अपने अध्ययन का अथवा अपने स्वप्नों का भारत पुनः देखने की आकांक्षा रख सकता है। किन्तु मेरी आकांक्षा, इस युग के सबल पक्षों द्वारा परिपुष्ट उस भारत के सबल पक्षों को केवल एक स्वाभाविक रूप में देखने की है। नये उत्थान को भीतर से ही विकसित होना चाहिए।

"इसलिए मैं केवल उपनिषदों की शिक्षा देता हूँ। तुम देख सकते हो कि मैंने उपनिषदों के अतिरिक्त कहीं अन्यत्र से उद्धरण कभी नहीं दिये; उपनिषदों से भी केवल 'बल' का आदर्श। वेद एवं वेदान्त का समस्त सार तथा अन्य सब कुछ एक इस शब्द में निहित है। बुद्ध ने अप्रतिरोध और अहिंसा की शिक्षा दी। लेकिन यह मेरे विचार से उसी बात की अधिक श्रेयस्कर ढंग की शिक्षा है। कारण यह है कि अहिंसा के पीछे एक भयंकर दुर्बलता है। दुर्बलता से ही प्रतिरोध के विचार का जन्म होता है। मैं सागर की बौछार के एक बूंद को भी न तो दण्ड देने की बात सोचता हूँ और न उससे पलायन करने की। यह मेरे लिए कुछ नहीं है। किन्तु मच्छर के लिए वह बूंद एक गम्भीर विषय होगा। अब मैं समस्त हिंसा को उसी प्रकार का बना दूंगा। बल और अभय। मेरा आदर्श तो वह सन्त है जो विद्रोह में मारा गया था और जब उसके हृदय में छुरा भोंका गया, तब उसने केवल यह कहने के लिए अपना मौन-भंग किया, "और तू भी 'वही' है।

"किन्तु तुम पूछ सकते हो कि इस योजना में रामकृष्ण का क्या स्थान है?

"वे तो स्वयं प्रणाली हैं, आश्चर्यजनक अज्ञात प्रणाली! उन्होंने अपने को नहीं समझा। उन्होंने इंग्लैण्ड या अंग्रेज़ों के विषय में कुछ नहीं जाना, सिवा इसके कि अंग्रेज समुद्र पार के विचित्र लोग हैं। किन्तु उन्होंने वह महान् जीवन

जिया और मैंने उसका अर्थ समझा। किसीके लिए कभी निन्दा का एक शब्द भी नहीं! एक बार मैं अपने यहाँ के पैशाचिकों के एक सम्प्रदाय की निन्दा कर रहा था। मैं तीन घण्टे तक बड़बड़ाता या प्रलाप करता रहा और वे चुपचाप सुनते रहे। जब मैंने कहना समाप्त कर लिया, तब उन्होंने कहा, 'अच्छा ठीक है। पर शायद प्रत्येक घर में एक पिछला दरवाजा होता है। कौन जाने?'

"अब तक हमारे भारतीय धर्म का बड़ा दोष केवल दो शब्दों के ज्ञान में निहित रहा है : संन्यास और मुक्ति। केवल मुक्ति की बात! गृहस्थ के लिए कुछ नहीं!

"परन्तु मेरा अभीष्ट तो इन्हीं लोगों की सहायता करना है। कारण, क्या सभी आत्माएँ समान गुणवाली नहीं हैं? क्या सभी का लक्ष्य एक ही नहीं है?

"इसीलिए शिक्षा के द्वारा राष्ट्र को शक्ति-सम्पन्न बनाना चाहिए।"

२४. स्वामी जी मानते थे कि पुराण उदात्त भावों को जनता तक पहुँचाने के निमित्त हिन्दू धर्म का प्रयास है। भारत में केवल एक ही व्यक्ति, कृष्ण की बुद्धि ऐसी थी, जिसने इस आवश्यकता को पहले ही समझा था। सम्भवतः वे मनुष्यों में सर्वश्रेष्ठ थे।

स्वामी जी ने कहा, "इस प्रकार एक धर्म की सृष्टि हुई, जिसका लक्ष्य जीवन की स्थिति और आनन्द के प्रतीक विष्णु की उपासना है, जो ईश्वरानुभूति की प्राप्ति का साधन है। हमारा अन्तिम आन्दोलन, चैतन्यवाद, तुम्हें याद होगा, आनन्द के हेतु था। साथ ही, जैन धर्म दूसरी चरम सीमा है, आत्म-यातना के द्वारा शरीर को धीरे धीरे नष्ट कर देना। इसीलिए तुम देखोगे कि बौद्ध धर्म सुधरा हुआ जैन धर्म ही है और बुद्ध के द्वारा पाँच तपस्वियों का साथ छोड़ देने का वास्तविक अर्थ यही है। भारत में प्रत्येक युग में सम्प्रदायों का एक चक्र विद्यमान है, जो आत्म-यातना की चरम सीमा से लेकर असंयम की चरम सीमा तक शारीरिक साधना के प्रत्येक स्तर को प्रस्तुत करता है, और उसी अवधि में एक दार्शनिक चक्र भी सदैव विकसित होता है, जो ईश्वर साक्षात्कार को इन्द्रिय भोग से लेकर इन्द्रिय हनन तक, हर कोटि के साधनों द्वारा संभव दिखलाता है। इस प्रकार हिन्दू धर्म सदैव ही एक में लगे दो विपरीत दिशागामी चक्रों से निर्मित धुरी जैसा रहा है।

"'हाँ!' वैष्णव धर्म कहता है, 'यह बिल्कुल ठीक है! माता, पिता, भाई, पति अथवा सन्तान के प्रति अपार प्रेम। यह बिल्कुल ठीक होगा, यदि केवल यह सोच सको कि कृष्ण ही बालक है और जब तुम उसे खिलाते हो, तब कृष्ण को ही खिलाते हो!' वेदान्त की इस घोषणा के विरुद्ध कि 'इन्द्रिय-निग्रह करो', चैतन्य देव ने उद्घोषित किया, 'इन्द्रियों के द्वारा ईश्वर की पूजा करो।'

"मैं भारत को एक तरुण सजीव प्राणी के रूप में देखता हूँ। यूरोप भी सजीव

और युवा है। इनमें से कोई भी अभी विकास की उस अवस्था को नहीं प्राप्त कर सका है, जिसमें हम निरापद रूप से उसकी संस्थाओं की आलोचना कर सकें। ये दोनों महान् प्रयोग हैं, जिनमें अभी कोई भी पूर्ण नहीं हुआ है। भारत में हम सामाजिक साम्यवाद पाते हैं, जिस पर और जिसके चारों ओर अद्वैत—अर्थात् आध्यात्मिक व्यक्तिवाद का प्रकाश पड़ रहा है। यूरोप में तुम सामाजिक दृष्टि से व्यक्तिवादी हो, किन्तु तुम्हारे विचार द्वैतवादी हैं, जो आध्यात्मिक साम्यवाद है। इस प्रकार एक व्यक्तिवादी विचारों से घिरी हुई समाजवादी संस्थाओं से निर्मित है और दूसरा साम्यवादी विचारों से घिरी हुई व्यक्तिवादी संस्थाओं से निर्मित है।

"इस भारतीय प्रयोग का जैसा भी रूप है, हमें उसको सहारा देना चाहिए। जो आन्दोलन वस्तुओं को, जैसी वे स्वरूपतः हैं, उस रूप में सुधारने का प्रयास नहीं करते, व्यर्थ हैं। उदाहरणार्थ यूरोप में मैं विवाह को उतना ही अधिक आदर देता हूँ, जितना अ-विवाह को। यह कभी न भूलो कि व्यक्ति जितना अपने गुणों से महान् एवं पूर्ण बनता है, उतना ही अपने दोषों से। इसलिए हमें किसी राष्ट्र के चरित्र के वैशिष्ट्य को मिटाने का प्रयास कदापि नहीं करना चाहिए, भले ही कोई यह सिद्ध कर दे कि उसके चरित्र में दोष ही दोष हैं।"

२५. "तुम सदैव कह सकते हो कि प्रतिमा ईश्वर है। केवल यही सोचने की भूल से बचना कि ईश्वर प्रतिमा है।"

२६. एक बार स्वामी जी से होटेनटोट[1] लोगों की फ़ेटिश-पूजा[2] (जड़-पूजा) की भर्त्सना करने की प्रार्थना की गयी। उन्होंने उत्तर दिया, "मैं नहीं जानता कि फ़ेटिश-पूजा क्या है!" तब एक ऐसे विषय का भीषण चित्र तत्काल उनके सामने रखा गया, जिसे बारी बारी से पूजा, पीटा और धन्यवाद दिया जाता था। वे चिल्ला उठे, "ऐसा तो मैं भी करता हूँ!" दीन और अनुपस्थित जनों के प्रति इस अन्याय पर क्रोध से लाल होकर एक क्षण बाद फिर बोले, "क्या तुम नहीं देखते, क्या तुम नहीं देखते कि उसमें कोई फ़ेटिश-पूजा नहीं है? ओह, तुम्हारा हृदय पथरा गया है, इसी कारण तुम नहीं देखते कि बच्चा ठीक करता है! बच्चा सभी जगह व्यक्ति देखता है। ज्ञान हमसे वह बाल-दृष्टि छीन लेता है। परन्तु अन्त में, उच्चतर

---

१. दक्षिण पश्चिमी अफ़्रीका की एक विलीयमान खानाबदोश पशुपालक जाति।

२. फ़ेटिश का अर्थ है, कोई वस्तु जिसको प्राप्त कर लेने पर उसमें रहनेवाली आत्मा पर अधिकार मिल जाता है। विभिन्न आदिम जातियों में फ़ेटिश के रूप में विविध वस्तुओं की पूजा की जाती है।

ज्ञान द्वारा, हम फिर उसे प्राप्त करते हैं। वह चट्टानों, डण्डों, पेड़ों आदि में जीवन्त शक्ति देखता है। और क्या उनके पीछे जीवन्त शक्ति नहीं है? यह प्रतीकवाद है, फ़ेटिश-पूजन नहीं! क्या तुम नहीं समझ सकते?"

२७. एक दिन उन्होंने सत्यभामा के त्याग की कथा बतायी और बताया कि किस प्रकार एक काग़ज़ के टुकड़े के ऊपर 'कृष्ण' लिखकर तराजू के एक पलड़े पर रखने पर दूसरी ओर के पलड़े पर स्वयं कृष्ण को पैर रखना पड़ा। उन्होंने कहा, "सनातन हिन्दू धर्म श्रुति यानी शब्द को सब कुछ मानता है। 'वस्तु' तो केवल पूर्व स्थित एवं शाश्वत प्रत्यय की एक क्षीण अभिव्यक्ति मात्र है। अतः ईश्वर का नाम सब कुछ है; स्वयं ईश्वर भी अनन्त मानस के उस प्रत्यय की अभिव्यक्ति है। तुम्हारे व्यक्तित्व से तुम्हारा नाम अनन्त गुना अधिक पूर्ण है। ईश्वर का नाम ईश्वर से बड़ा है। अपनी वाणी के प्रति सतर्क रहो!"

२८. "मैं यूनानी देवताओं की भी उपासना नहीं करूँगा, क्योंकि वे मानवता से पृथक् थे! केवल उन्हींकी उपासना करनी चाहिए, जो हमारे समान, परन्तु हमसे महान् हों। देवताओं और मुझमें केवल परिमाण का अन्तर होना चाहिए।"

२९. "एक कीड़े पर पत्थर गिरता है और उसे कुचल देता है। इससे हम यह अनुमान करते हैं कि सभी पत्थर कीड़े पर गिरने पर उसे कुचल देते हैं। हम अपनी प्रत्यक्ष अनुभूति का प्रयोग तत्काल ही फिर इस प्रकार क्यों करते हैं? कोई कहता है, अनुभव करो। लेकिन मान लें कि यह प्रथम बार ही घटित होता है। किसी शिशु को ऊपर उछालो तो वह चिल्ला पड़ता है। क्या यह पिछले जीवन का अनुभव है? पर यह भविष्य पर क्यों लागू किया जाता है? चूँकि कुछ चीज़ों के बीच एक वास्तविक सम्बन्ध होता है—'व्यापकता'। हमें केवल यह देखना है कि वह लक्षण हमारे दृष्टान्त का न तो अतिक्रमण करे, और न उससे घट कर निकले। इसी मान्यता पर मनुष्य का सारा ज्ञान निर्भर है।

"भ्रान्तियों के सम्बन्ध में यह याद रखना चाहिए कि प्रत्यक्ष तभी एक प्रमाण हो सकता है, जब इन्द्रिय, विधि और प्रत्यक्ष का स्थायित्व आदि सब शुद्ध रखे जायँ। रोग अथवा मनोवेग का प्रभाव निरीक्षण में बाधा पहुँचायेगा। स्वयं प्रत्यक्ष बोध भी अनुमान का ही एक रूप है। अतः समस्त मानव-ज्ञान अनिश्चित है तथा भ्रमपूर्ण हो सकता है। सच्चा साक्षी कौन है? वही सच्चा साक्षी है, जिसके लिए कही हुई वस्तु प्रत्यक्षानुभूति हो। अतः वेद सत्य हैं, क्योंकि उनमें अधिकारी पुरुषों की साक्षी अन्तर्निहित है। परन्तु क्या प्रत्यक्षीकरण की यह क्षमता कुछ विशेष लोगों में ही होती है? नहीं! ऋषि, आर्य और म्लेच्छ, सभी में वह एक समान विद्यमान है।

"आधुनिक बंगाल के मतानुसार साक्ष्य प्रत्यक्ष बोध की एक विशेष दशा मात्र है और सादृश्य एवं तर्क-साम्य केवल निम्न कोटि के अनुमान हैं। अतएव प्रत्यक्ष अनुभूति और अनुमान ये ही दो वास्तविक प्रमाण हैं।

"मनुष्यों का एक वर्ग, बाह्य अभिव्यक्ति को प्राथमिकता प्रदान करता है, दूसरा आन्तरिक भाव को। कौन पहले हुआ? चिड़िया अण्डे से पहले अथवा अण्डा चिड़िया से? तेल कटोरे को थामे है या कटोरा तेल को? यह एक ऐसी समस्या है, जिसका कोई हल नहीं है। इसे छोड़ दो। माया से बचकर निकल आओ!"

३०. "यदि स्वयं यह संसार ही नष्ट हो जाय, तो मैं क्यों चिन्ता करूँ? मेरे दर्शन के अनुसार तो, तुम जानते हो, यह एक बड़ी अच्छी बात होगी! परन्तु वास्तव में वह सब जो मेरे विरुद्ध है, वह तो अन्त में भी मेरे साथ रहेगा। क्या मैं उसका (माता का) सैनिक नहीं हूँ?"

३१. "हाँ मेरा अपना जीवन किसी एक महान् व्यक्ति के उत्साह के द्वारा प्रेरित है, पर इससे क्या? कभी भी एक व्यक्ति के द्वारा संसार भर को प्रेरणा नहीं मिली!

"यह सत्य है कि मैं इस बात में विश्वास करता हूँ कि रामकृष्ण परमहंस सचमुच ईश्वर-प्रेरित थे। परन्तु मैं भी प्रेरित किया गया हूँ और तुम भी प्रेरित किये गये हो। तुम्हारे शिष्य भी ऐसे ही होंगे, और उनके बाद उनके शिष्य भी। यही क्रम कालान्त तक चलेगा।

"क्या तुम नहीं देखते कि गुह्य व्याख्याओं का युग समाप्त हो गया है? भले के लिए हो या बुरे के लिए, वह दिन चला गया; कभी न लौटने के लिए। भविष्य में सत्य संसार के लिए खुला रहेगा!"

३२. "बुद्ध ने यह मानकर एक घातक भूल की थी कि समस्त विश्व उपनिषदों की ऊँचाई तक उठाया जा सकता है। और स्वार्थ ने सब कुछ विकृत कर डाला। कृष्ण अधिक दूरदर्शी थे, क्योंकि वे अधिक राजनीतिज्ञ थे। किन्तु बुद्ध समझौता नहीं चाहते थे। इसके पूर्व दुनिया ने अवतारों को भी समझौते से विनष्ट होते देखा है, मान्यता के अभाव में मृत्यु की यन्त्रणा भोगते और लुप्त होते देखा है। एक क्षण के भी समझौते के बल पर बुद्ध अपने जीवन काल में ही समस्त एशिया में ईश्वर की तरह पूजे जा सकते थे। परन्तु उनका केवल यही उत्तर था : 'बुद्ध की स्थिति एक सिद्धि है, वह एक व्यक्ति नहीं है।' सचमुच, समस्त संसार में वे ही एक ऐसे मनुष्य थे, जो सदैव नितान्त प्रकृतिस्थ रहे, जितने मनुष्यों ने जन्म लिया है, उनमें अकेले एक प्रबुद्ध मानव!"

३३. पश्चिम में लोगों ने स्वामी जी से कहा कि यदि बुद्ध को क्रूसित किया

गया होता, तो उनकी महानता और अधिक प्रेरणादायिनी हुई होती। स्वामी जी ने इसे 'रोमनिवासियों की बर्बरता' की संज्ञा दी और कहा, "निम्नतम और सर्वाधिक पशु-सुलभ रुचि कार्य की ओर होती है। इसलिए दुनिया सदैव महाकाव्यों से प्रेम करती रहेगी। यह भारत का सौभाग्य है कि उसने 'सिर के बल फेंक दिया गहरे गर्त्त में'[१] लिखनेवाले मिल्टन को नहीं उत्पन्न किया। उस सबका प्रक्षालन ब्राउनिंग की कुछ पंक्तियों से ही भली प्रकार हो गया था!" उनके मतानुसार इस कथा की महाकाव्यात्मक शक्ति ने ही रोमनों को प्रभावित किया था। 'क्रूसीकरण' ने ही ईसाई धर्म को रोम की दुनिया तक पहुँचाया था। "हाँ, हाँ", उन्होंने आग्रहपूर्वक कहा, "तुम पश्चिम के लोग क्रिया चाहते हो। तुम अब भी जीवन की सहज सामान्य लघु घटनाओं के काव्य को नहीं अनुभव करते! अपने मृत बालक को लेकर बुद्ध के पास आनेवाली उस युवती माता की कहानी से बढ़कर और क्या सौन्दर्य हो सकता है? अथवा बकरियों की घटना? तुम जानते हो, 'महान् त्याग' भारत के लिए नया नहीं था! . . .परन्तु 'निर्वाण के बाद', उसका काव्यत्व तो देखो!

"वर्षा की रात है और वे चरवाहे की झोपड़ी तक आते हैं और चुचुआती हुई ओलती के नीचे दीवाल से सटकर बैठ जाते हैं। मूसलाधार पानी बरस रहा है और हवा चल रही है।

"भीतर, खिड़की से चरवाहे की दृष्टि एक चेहरे पर पड़ती है और वह सोचता है, 'आ, हा! पीत वस्त्र! वहीं रुके रहो! तुम्हारे लिए वह पर्याप्त है।' और फिर वह गाने लगता है।

"'मेरे पशु घर के भीतर हैं, आग तेजी से जल रही है, पत्नी सुरक्षित है, बच्चे मीठी नींद सो रहे हैं। इसलिए ऐ बादलो, यदि तुम आज रात बरसना ही चाहते हो, तो बरसो।'

"तब बुद्ध बाहर से उत्तर देते हैं, 'मेरा मन नियन्त्रित है। मेरी इन्द्रियाँ सब संयमित हैं। मेरा हृदय दृढ़ है। इसलिए ऐ बादलो, यदि आज रात बरसना ही चाहते हो, तो बरसो।'

"फिर चरवाहे ने गाया: 'खेत कट गये हैं। चारा खलिहान में एकत्र है। नदी लबालब है और सड़कें ठोस हैं। अतः ऐ बादलो, यदि आज रात तुम बरसना चाहते हो, तो बरसो।'

"यही क्रम चलता है और अन्त में चरवाहा पश्चाताप और आश्चर्य से भरकर उठता है और शिष्य बन जाता है।

---

१. ". . .hurled headlong down the steep abyss!"

"नाई की कहानी से बढ़कर और अधिक सुन्दर क्या हो सकता है ?

"भगवान् मेरे घर के पास से निकले,

मेरा घर—नाई का !

"मैं भागा, किन्तु वे मुड़े और मेरी प्रतीक्षा की।

मेरी प्रतीक्षा की—नाई की !

"मैंने कहा, 'हे प्रभु क्या मैं आपसे बोल सकता हूँ ?'

"और उन्होंने कहा, 'हाँ' !

'हाँ' ! मुझसे—नाई से !

"और मैंने कहा, 'क्या निर्वाण मुझ जैसों के लिए है ?'

"तब उन्होंने कहा, 'हाँ'।

मेरे लिए भी—नाई के लिए भी !

"और मैंने कहा, 'क्या मैं आपका अनुगमन कर सकता हूँ ?'

"तब उन्होंने कहा, 'हाँ'।

मुझ से—नाई से भी !

"और मैंने कहा, 'प्रभु, क्या मैं आपके साथ रह सकता हूँ ?'

"तब उन्होंने कहा, 'तुम रह सकते हो।'

मुझ से भी—ग़रीब नाई से !"

३४. "बौद्ध मत और हिन्दू धर्म में सबसे बड़ा भेद इस बात का है कि बौद्ध धर्म कहता है, 'इस सबको भ्रम अनुभव करो', जब कि हिन्दू धर्म का कहना है, 'यह अनुभव करो कि माया के भीतर सत्य है।' यह 'कैसे' किया जाय ? इस 'कैसे' के सम्बन्ध में हिन्दू धर्म ने कोई कठोर नियम निर्धारित करने का दावा नहीं किया। बौद्ध अनुशासन का पालन केवल मठवाद द्वारा ही सम्भव था; जब कि हिन्दू अपने श्रेयस् की उपलब्धि जीवन के किसी भी आश्रम में कर सकता है। सभी मार्ग समान रूप से एक ही सत्य तक ले जानेवाले हैं। धर्म की एक सर्वोच्च और महानतम उक्ति को एक कसाई के मुख से कहलाया गया है। उसने एक विवाहिता स्त्री की आज्ञा से एक संन्यासी को उपदेश दिया। इस प्रकार बौद्ध धर्म श्रमणों का धर्म बना, किन्तु हिन्दू धर्म संन्यास की श्रेष्ठता स्वीकार करते हुए भी, दैनिक कर्तव्यों के प्रति सच्चे बने रहने का धर्म है। वह कर्तव्य जो भी हो, मनुष्य उसके पथ पर चल कर ईश्वर प्राप्त कर सकता है।"

३५. स्वामी जी ने स्त्रियों के लिए संन्यास के आदर्श की चर्चा करते हुए कहा, "अपने वर्ग के लिए नियम निर्धारित कर लो, अपने विचारों को सूत्र-बद्ध कर लो, और यदि गुंजाइश हो, तो थोड़ी सार्वदेशिकता का भी समावेश करो। पर याद

रखो किसी भी समय में समस्त विश्व में आधे दर्जन से अधिक व्यक्ति इसके लिए तैयार नहीं मिलेंगे। सम्प्रदायों के लिए स्थान होना चाहिए, पर साथ ही सम्प्रदायों से ऊपर उठने के लिए भी। तुमको स्वयं अपने औज़ार गढ़ने होंगे। नियम बनाओ, किन्तु उन्हें इस प्रकार बनाओ कि जब लोग बिना उनके काम चलाने लगें तो वे उन्हें तोड़कर फेंक सकें। हमारी मौलिकतापूर्ण अनुसाशन के साथ पूर्ण स्वतन्त्रता को संयुक्त कर देने में है। यह संन्यास आश्रम में भी सम्भव है।"

३६. "दो विभिन्न जातियों का सम्पर्क होने पर वे घुलमिल जाती हैं और उनसे एक बलशाली तथा भिन्न नस्ल पैदा होती है। वह स्वयं अपने को सम्मिश्रण से बचाने की चेष्टा करती है और यहीं तुम जाति-भेद का प्रारम्भ देखते हो। सेब को देखो। चयनात्मक प्रजनन के द्वारा श्रेष्ठतम प्रकार उत्पन्न किये जाते हैं, पर एक बार दो नस्लें बनाकर हम उनकी क़िस्म को सुरक्षित रखने की चेष्टा करते हैं।"

३७. भारत में लड़कियों की शिक्षा की चर्चा करते हुए उन्होंने कहा, "देव-पूजा के निमित्त तुम्हें प्रतिमाओं का प्रयोग करना पड़ेगा ही। परन्तु तुम इन्हें बदल सकते हो। काली का सदैव एक ही स्थिति में रहना आवश्यक नहीं है। अपनी लड़कियों को उसे नये रूपों में चित्रित करने के लिए प्रोत्साहित करो। सरस्वती की सौ भिन्न भिन्न मुद्राएँ बनाओ। उन्हें अपनी अपनी कल्पनाओं का आरेखन, मूर्तीकरण और चित्रण करने दो।

"पूजा गृह में वेदी की सबसे निचली सीढ़ी पर रखा जानेवाला कलश सदैव पानी से भरा हुआ रहना चाहिए और तामिल देश के बड़े बड़े घृत दीपकों में ज्योति सदैव जलती रहनी चाहिए। इसके अतिरिक्त यदि अखण्ड पूजा की व्यवस्था हो सके, तो हिन्दू भावना के अनुकूल इससे बढ़कर और कुछ नहीं हो सकती।

"किन्तु आयोजित अनुष्ठान भी वैदिक ही होने चाहिए। एक वैदिक वेदी का होना आवश्यक है, जिस पर पूजा के समय वैदिक अग्नि जलायी जा सके। नैवेद्य अर्पण में भाग लेने के लिए बच्चे उपस्थित रहने चाहिए। यह ऐसी धर्म-विधि है जिसे समस्त भारत में आदर प्राप्त है।

"अपने पास सभी प्रकार के पशुओं को रखो। गाय से प्रारम्भ करना सुन्दर होगा। किन्तु तुम्हें कुत्ते, बिल्लियाँ, पक्षी और अन्य जीव भी रखना चाहिए। बच्चों को अवसर दो कि वे उन्हें खिलाएँ और उनकी देखभाल कर सकें।

"इसके बाद ज्ञान-यज्ञ है। वह सबसे अधिक सुन्दर है। क्या तुम जानते हो कि भारत में प्रत्येक पुस्तक पवित्र है, केवल वेद ही नहीं, अपितु अंग्रेज़ों और मुसलमानों की भी सभी पवित्र हैं।

"प्राचीन कलाओं को पुनरुज्जीवित करो। अपनी लड़कियों को खोये से फलों

के नमूने बनाना सिखाओ। उन्हें कलात्मक पाक-क्रिया और सीना-पिरोना सिखाओ। उन्हें चित्रकला, फ़ोटोग्राफ़ी, सोने, चाँदी, काग़ज, ज़री और क़सीदाकारी पर चित्र बनाने की शिक्षा दो। इसका ध्यान रखो कि प्रत्येक को किसी न किसी ऐसी कला का ज्ञान हो जाय, जिसके द्वारा आवश्यकता पड़ने पर वे अपनी जीविका अर्जन कर सकें।

"और मानवता को कभी न भूलो! मानवतावादी मनुष्य-पूजा का भाव भारत में बीज रूप में विद्यमान है, परन्तु इसे कभी विशिष्ट रूप नहीं दिया गया। अपने विद्यार्थियों से इसका विकास करवाओ। इसको काव्य और कला का रूप दो। हाँ, स्नान के बाद और भोजन के पूर्व भिक्षुकों के चरणों पर की गयी दैनिक-पूजा हृदय और हाथ दोनों की आश्चर्यजनक शिक्षा होगी। फिर, कभी कभी बच्चों की पूजा हो सकती है, स्वयं अपने शिष्यों की। अथवा दूसरे के शिशु माँग कर उन्हें पालो-पोसो और खिलाओ। माता जी[1] ने मुझसे क्या कहा था? 'स्वामी जी! मेरे लिए कोई सहारा नहीं है। किन्तु मैं इन पुण्यात्माओं की पूजा करती हूँ और ये मुझे मोक्ष तक पहुँचा देंगी।' तुम देखते हो कि वे अनुभव करती हैं कि वे कुमारी में निवास करनेवाली उमा की सेवा कर रही हैं और यह किसी विद्यालय का प्रारम्भ करने के निमित्त एक अद्भुत भावना है।"

३८. "प्रेम सदैव आनन्द की अभिव्यक्ति है। इस पर दुःख की तनिक भी छाया पड़ना सदैव शरीरपरायणता और स्वार्थपरता का चिह्न है।"

३९. "पश्चिम विवाह को विधिमूलक गठबन्धन के बाहर जो कुछ है, उन सबसे युक्त मानता है, जब भारत में इसे समाज के द्वारा दो व्यक्तियों को शाश्वत काल तक संयुक्त रखने के लिए उनके ऊपर डाला हुआ बन्धन माना जाता है। उन दोनों को एक दूसरे को जन्म-जन्मान्तर के लिए वरण करना होगा, चाहे उनकी इच्छा हो या न हो। प्रत्येक एक दूसरे के आधे पुण्य का भागी होता है। यदि एक इस जीवन में बुरी तरह पिछड़ जाता है, तो दूसरे को, जब तक कि वह फिर बराबर नहीं आ जाता, केवल प्रतीक्षा करनी पड़ती है, समय देना होता है।"

४०. "अवचेतन और अतिचेतन रूपी महासागरों के मध्य चेतना एक झीना स्तर मात्र है।"

४१. "जब मैंने पश्चिमवालों को चेतना पर इतनी अधिक बातें करते सुना, तो मुझे स्वयं अपने कानों पर विश्वास नहीं हो सका। चेतना? चेतना का क्या महत्त्व है! क्यों, अवचेतन की अथाह गहराई तथा अतिचेतन की ऊँचाइयों से

---

१. कलकत्ते की महाकाली पाठशाला की संस्थापिका तपस्विनी माता जी।

तुलना करने पर वह कुछ नहीं है। इस सम्बन्ध में मैं भुलावे में नहीं आ सकता, क्योंकि क्या मैंने श्री रामकृष्ण परमहंस को दस मिनट में व्यक्ति के अवचेतन मन से उसका समस्त अतीत जान लेते और उसके आधार पर उसका भविष्य और उसकी शक्तियों का निश्चय करते नहीं देखा है?"

४२. "ये सब (दिव्य दर्शन आदि) गौण विषय हैं। वे सच्चे योग नहीं हैं। अप्रत्यक्ष रूप से ये हमारे वक्तव्यों की सत्यता की पुष्टि करते हैं, इस कारण इनकी कुछ उपयोगिता हो सकती है। एक छोटी सी झलक भी यह विश्वास प्रदान करती है कि इस स्थूल पदार्थ के पीछे कोई चीज़ है। किन्तु जो इनके लिए समय देते हैं, वे बड़े ख़तरे मोल लेते हैं।

"ये (यौगिक सिद्धियाँ) 'सीमा के प्रश्न हैं।' इनके द्वारा प्राप्त ज्ञान कभी भी निश्चित और स्थायी नहीं हो सकता। क्या मैंने कहा नहीं कि ये 'सीमा के प्रश्न' हैं? सीमा-रेखा सदैव हटती रहती है!"

४३. "अद्वैत की यह मान्यता है कि आत्मा न आती है, न जाती है और विश्व के ये सब लोक अथवा स्तर आकाश और प्राण की भिन्न भिन्न रचनाएँ हैं। अर्थात्, यह सौर मण्डल जिसके अन्तर्गत दृश्य जगत् का निम्नतम अथवा सबसे अधिक घनीभूत स्तर है, उसमें प्राण भौतिक शक्ति के रूप में तथा आकाश संवेद्य पदार्थ के रूप में प्रतीत होता है। दूसरा चन्द्र मण्डल कहलाता है, जो सौर मण्डल के चारों ओर है। यह चन्द्रमा नहीं है, बल्कि देवताओं का निवासस्थान है; अर्थात् इसमें प्राण मानसिक शक्तियों के रूप में प्रकट होता है और आकाश तन्मात्राओं अथवा सूक्ष्म कणों के रूप में। इसके परे विद्युत् मण्डल है; अर्थात् एक ऐसी दशा, जो आकाश से अविच्छेद्य है और तुम्हारे लिए यह कहना कठिन है कि विद्युत् शक्ति है अथवा भौतिक तत्त्व। इसके बाद ब्रह्मलोक है, जहाँ न प्राण है और न आकाश, बल्कि दोनों मनोमय कोश अथवा आदि शक्ति में विलीन हो जाते हैं। और यहाँ, न तो प्राण है और न आकाश—जीव समस्त विश्व को समष्टि या महत् (अर्थात् मन) के पूर्ण योग के रूप में ग्रहण करता है। यह एक पुरुष, एक अमूर्त विश्वात्मा प्रतीत होता है, किन्तु वह ब्रह्म नहीं है, क्योंकि अब भी अनेकत्व विद्यमान है। अन्त में इससे जीव उस एकत्व का अनुभव करता है, जो लक्ष्य है। अद्वैतवाद कहता है कि ये ही वे दिव्य रूप हैं, जो जीव के सामने क्रमशः उदय होते हैं। वह स्वयं न तो जाता है, न आता है और जिस दृश्य को वह वर्तमान काल में देख रहा है, वह भी इसी प्रकार प्रतिबिम्बित हुआ है। प्रक्षेपण (सृष्टि) और प्रलय का उसी क्रम में होना अनिवार्य है, केवल एक का अर्थ है पीछे जाना और दूसरे का बाहर आना।

"अब, चूँकि प्रत्येक व्यक्ति अपने ही जगत् को देख सकता है, वह जगत् उसके

बन्धन के साथ उत्पन्न होता है और उसकी मुक्ति के साथ चला जाता है, यद्यपि जो बन्धन में हैं, उनके लिए वह बना रहता है। अतः नाम और रूप से विश्व बना है। समुद्र में लहर तभी तक लहर है, जब तक वह नाम और रूप से बँधी हुई है। यदि लहर शान्त हो जाती है, तो समुद्र ही रहता है, किन्तु वह नाम-रूप शीघ्र ही सदैव के लिए अदृश्य हो जाता है। अतः लहर का नाम और रूप उस जल के बिना अस्तित्व नहीं रख सकता, जो उनके (नाम और रूप) द्वारा लहर बना दिया गया था, फिर भी नाम और रूप स्वयं लहर नहीं थे। जैसे ही वह पानी में मिल जाती है, वे नष्ट हो जाते हैं। लेकिन दूसरे नाम और रूप दूसरी लहरों से सम्बन्धित होकर जीवित रहते हैं। इस नाम-रूप को माया कहा गया है और जल ब्रह्म है। लहरें कभी भी जल के अतिरिक्त और कुछ नहीं थीं, फिर भी लहरों की अवस्था में उनका नाम और रूप था। फिर, यह नाम और रूप एक क्षण भी लहर से पृथक् नहीं रह सकता, यद्यपि लहर, जल के रूप में शाश्वत काल तक नाम और रूप से पृथक् रह सकती है। परन्तु चूँकि नाम और रूप कभी अलग नहीं किये जा सकते, उनके अस्तित्व को भी नहीं माना जा सकता। फिर भी वे शून्य नहीं हैं। इसे माया कहते हैं।"

४४. "मैं बुद्ध का दासानुदास हूँ। उनके जैसा क्या दूसरा कोई कभी हुआ? —प्रभु—जिन्होंने कभी भी एक भी कार्य अपने लिए नहीं किया—ऐसा हृदय जो सारी दुनिया को गले लगाता था! इतने करुणामय कि राजकुमार और संन्यासी होते हुए भी एक छोटी सी बकरी को बचाने के लिए अपने प्राण भी दे देते! इतने प्रेमी कि एक बाघिन की भूख मिटाने के लिए अपने आपको समर्पित कर दिया!—एक चांडाल का आतिथ्य स्वीकार किया और उसे आशीर्वाद दिया! जब मैं बालक था, वे मेरे कमरे में आये और मैं उनके चरणों पर गिर पड़ा! क्योंकि मैंने जाना कि वे स्वयं प्रभु ही थे।"

४५. "वे (शुक) आदर्श परमहंस हैं। मनुष्यों में वे ही एक थे, जिन्हें सत्-चित्-आनन्द के अखण्ड महासागर से एक चुल्लू भर जल पीने का सौभाग्य प्राप्त हुआ था। अधिकांश सन्त तो उसके तट पर उसकी लहरों का गर्जन सुनकर ही जीवन समाप्त कर देते हैं। बहुत थोड़े लोग उसका साक्षात्कार करते हैं और उससे भी कम उसका रसास्वादन करते हैं। किन्तु उन्होंने तो परमानंद के सागर का रस पान किया।"

४६. "बिना त्याग के भक्ति का विचार कैसा? यह बहुत घातक है।"

४७. "हम न तो दुःख की उपासना करते हैं, न सुख की। हम उनमें से किसी के भी द्वारा उन दोनों से परे की स्थिति प्राप्त करना चाहते हैं।"

४८. "शंकराचार्य ने वेदों की लय को, राष्ट्रीय आरोह-अवरोह को पहचाना था। सचमुच मैं सदैव यह कल्पना किया करता हूँ कि बाल्यकाल में उन्हें भी मेरी भाँति कोई न कोई दिव्यानुभूति अवश्य हुई होगी; और तब उन्होंने उस पुरातन संगीत का पुनरुद्धार किया। कुछ भी हो, उनके समस्त जीवन का कार्य, वेदों और उपनिषदों की सुषमा के स्पन्दन के सिवा और कुछ नहीं।"

४९. "यद्यपि माँ का प्रेम कुछ नातों में बढ़कर होता है, फिर भी सारी दुनिया स्त्री-पुरुष के प्रेम को उसका (आत्मा और ईश्वर के सम्बन्ध का) प्रतीक मानती है। किसी अन्य भाव में आदर्शीकरण की इतनी विराट शक्ति नहीं है। प्रियतम की जिस रूप में कल्पना की जाती है, वह सचमुच वही बन जाता है। यह प्रेम अपने पात्र को बदल देता है।"

५०. "क्या जनक बनना इतना सरल है? राजसिंहासन पर पूर्णरूपेण अनासक्त होकर बैठना, धन, यश, पत्नी और सन्तान की कुछ भी परवाह न करना। पश्चिम में न जाने कितने लोगों ने मुझसे कहा कि उन्होंने इस स्थिति को प्राप्त कर लिया है। किन्तु मैं तो केवल यही कह सका, 'ऐसे महान् पुरुष भारतवर्ष में तो जन्म लेते नहीं!'

५१. "स्वयं अपने से यह कहना और बच्चों को यह सिखाना कभी न भूलो कि एक गृहस्थ और संन्यासी में वैसा ही अन्तर है, जैसा कि जुगनू और देदीप्यमान सूर्य में, छोटे से पोखरे और अनन्त सागर में, सरसों के दाने और सुमेरु पर्वत में है।

"सब कुछ भय से भरा हुआ है : केवल त्यागशीलता मुक्त है।

"पाखण्डी साधु और अपने व्रत में असफल होनेवाले भी धन्य हैं, क्योंकि उन्होंने अपने आदर्श का कुछ दर्शन तो पाया, और इसलिए एक सीमा तक दूसरों की सफलता के कारण हैं!

"हम अपने आदर्श को कभी न भूलें!"

५२. "बहता पानी और रमते योगी ही शुद्ध रहते हैं।"

५३. "जो संन्यासी कांचन के बारे में सोचता, उसकी इच्छा करता है, वह आत्मघात करता है।"

५४. "हमें इसकी क्या चिन्ता कि मुहम्मद अच्छे थे या बुद्ध? क्या इससे मेरी अच्छाई या बुराई में परिवर्तन हो सकता है? आओ, हम लोग अपने लिए और अपनी ज़िम्मेदारी पर अच्छे बनें।"

५५. "इस देश में तुम लोग अपनी व्यक्तिता खोने से बहुत डरते हो। क्यों, तुम लोग तो अभी व्यक्ति भी नहीं बन पाये हो। जब तुम अपने सम्पूर्ण स्वरूप को प्राप्त कर लोगे, तभी तुम अपना सच्चा व्यक्तित्व प्राप्त कर पाओगे, उसके

पूर्व नहीं। जो दूसरी बात मैं इस देश में लगातार सुन रहा हूँ, वह यह है कि हमें प्रकृति के सामंजस्य में रहना चाहिए। क्या तुमको नहीं मालूम कि दुनिया में अब तक जो भी प्रगति हुई है, वह प्रकृति पर विजय पाने के कारण हुई है? अगर हमें कुछ भी उन्नति करनी है, तो हमें प्रत्येक क़दम पर प्रकृति का प्रतिरोध करना होगा।"

५६. "लोग कहते हैं कि मुझे भारत में सर्वसाधारण को वेदान्त की शिक्षा नहीं देनी चाहिए। किन्तु मैं कहता हूँ कि मैं एक बच्चे को भी इसे समझा सकता हूँ। सर्वोच्च आध्यात्मिक सत्यों की शिक्षा प्रारम्भ करने के लिए कोई भी वय कम नहीं है।"

५७. "जितना कम पढ़ो उतना ही अच्छा है। गीता तथा वेदान्त पर अन्य अच्छी पुस्तकों को पढ़ो। बस इसीकी तुम्हें आवश्यकता है। वर्तमान शिक्षा-प्रणाली पूर्णतः दोषपूर्ण है। चिन्तन शक्ति का विकास होने के ही पूर्व मस्तिष्क बहुत सी बातों से भर दिया जाता है। मन के संयम की शिक्षा पहले दी जानी चाहिए। यदि मुझे अपनी शिक्षा फिर प्रारम्भ करनी हो और कुछ भी मेरी चले, तो मैं सर्वप्रथम अपने मन का स्वामी बनना सीखूंगा और तब यदि मुझे आवश्यकता होगी, तो तथ्यों का संग्रह करूँगा। लोगों को सीखने में बहुत देर लगती है, क्योंकि वे अपने मन को इच्छानुसार एकाग्र नहीं कर पाते।"

५८ "यदि बुरा समय आता है, तो इससे क्या? दोलक (pendulum) फिर पीछे जायगा। पर यह कुछ अच्छा नहीं है। चाहिए तो यह कि इसे रोक दें।"

रचनानुवाद : गद्य-२

(यूरोप यात्रा के संस्मरण)

यूरोप यात्रा के संस्मरण

[डायरी के रूप में लिखा हुआ भ्रमण वृत्तान्त]

स्वामी जी, ॐ नमो नारायणाय[1]—'मो' कार को हृषीकेषी ढंग से ज़रा उदात्त कर लेना, भैया ! आज सात दिन हुए हमारा जहाज़ चल रहा है, रोज़ ही क्या हो रहा है, क्या नहीं, इसकी ख़बर तुम्हें लिखने की सोचता हूँ, खाता-पत्र और काग़ज़-क़लम भी तुमने काफ़ी दे दिये हैं, किन्तु यही बंगालियाना 'किन्तु' बड़े चक्कर में डाल देता है। एक—काहिल तो पहले दरजे का—डायरी या उसे तुम लोग क्या कहते हो—रोज लिखने की सोच रहा हूँ, लेकिन बहुत से कामों से वह अनन्त 'काल' नामक समय में ही रह जाता है; एक क़दम भी आगे नहीं बढ़ता। दूसरे—तारीख़ आदि की याद ही नहीं रहती। यह सब तुम खुद ठीक कर लेना। और अगर विशेष कृपा हो तो समझ लेना, वार-तिथि-मास महावीर की तरह याद ही नहीं रहते—राम हृदय में हैं इसलिए। लेकिन दरअसल बात तो यह है कि यह क़सूर है सारा अक़्ल का और वही अहदीपन। कैसा उत्पात ! **क्व सूर्य प्रभवो वंशः**[2]—नहीं हुआ, **क्व सूर्य-प्रभव-वंश-चूडामणि रामैकशरणो वानरेन्द्रः** और कहाँ मैं 'दीनहुँ ते अतिदीन'; लेकिन हाँ, उन्होंने सौ योजन समुद्र एक ही छलाँग में पार किया था और हम लोग काठ के कोठे में बंद उथल-पुथल करते हुए, थुन्नियाँ पकड़कर, स्थिरता क़ायम रखते हुए समुद्र पार कर रहे हैं ! लेकिन एक मर्दानगी ज़रूर है—उन्होंने लंका पहुँचकर राक्षस और राक्षसियों के चन्द्रानन देखे थे और हम लोग राक्षस-राक्षसियों के दल के साथ जा रहे हैं। भोजन के वक़्त वह सौ सौ छुरों की चमचमाहट और

---

१. यह संन्यासी को सम्बोधित करने की साधारण पद्धति है। ये संस्मरण स्वामी जी की १९०० ई० में की गयी पाश्चात्य देशों की दूसरी यात्रा के हैं, जो 'उद्बोधन' के सम्पादक, स्वामी त्रिगुणातीत को सम्बोधित करके लिखे गये हैं। इन संस्मरणों को स्वामी जी ने बंगला में हल्के ढंग से हास्य शैली में लिखा है, इनको पढ़ते समय यह तथ्य ध्यान में रखना आवश्यक है।

२. स्वामी जी ने यहाँ कालिदास के रघुवंश की प्रसिद्ध पंक्ति का सन्दर्भ दिया है—'कहाँ महान सूर्यवंश और कहाँ मेरी क्षुद्र बुद्धि।'

सौ सौ काँटों की ठनाठन देख सुनकर तो तु[1]—भाई साहब को तो काठ ही मार गया। भाई मेरे रह रहकर सिकुड़ उठते, पासवाले रंगीन-बाल, बिड़ालाक्ष क्या जाने भूल से कोई छुरा खप से उन्हींकी गर्दन में न खोंस दे--भाई साहब जरा मुलायमसिंह हैं न? भला क्यों जी, समुद्र पार करते वक़्त महावीर को समुद्र-पीड़ा (sea sickness) हुई थी या नहीं? इसके सम्बन्ध में किताबों में कहीं कुछ आया भी है? तुम लोग तो पढ़कर पण्डित हो गये हो, वाल्मीकि, आल्मीकि बहुत कुछ जानते हो; हमारे 'गुसाईं जी' तो कुछ भी नहीं कहते। शायद नहीं हुआ था। लेकिन वही किसीके मुख में पैठने की बात जो आयी है, उसी जगह जरा सन्देह होता है। तु—भाई साहब कहते हैं, जहाज़ का तला जब सड़ाक से स्वर्ग की ओर इन्द्रदेव से मशविरा करने जाता है और फिर उसी वक़्त सीधा पाताल की ओर चलकर बलिराज को बाँधने की कोशिश करता है, उस वक़्त उन्हें भी ऐसा जान पड़ता है, मानो किसी के महा विकट विस्तृत मुख के अन्दर जा रहे हों, आप! माफ़ फ़रमाना भाई, अच्छे आदमी को काम का भार सौंपा है। राम कहो! कहाँ तुम्हें सात दिन की समुद्र-यात्रा का वर्णन लिखूंगा, उसमें कितना रंगढंग, कितना बार्निस-मसाला रहेगा, कितना काव्य, कितना रस आदि आदि और कहाँ इतना फ़िज़ूल बक रहा हूँ। असल बात यह कि माया का छिलका छुड़ाकर ब्रह्मफल खाने की बराबर कोशिश की गयी है, अब एकाएक प्रकृति के सौन्दर्य का ज्ञान कहाँ से लाऊँ, कहो। 'कहँ काशी कहँ काश्मीर कहँ खुरासान गुजरात।'[2] तमाम उम्र घूम रहा हूँ। कितने पहाड़, नद-नदी, गिरि, निर्झर, उपत्यका, अधित्यका, चिर-नीहार-मण्डित मेघ-मेखलित पर्वतशिखर, उत्तुंग-तरंग-भंगकल्लोलशाली कितने वारि-निधि देखे, सुने, लाँघे और पार किये; लेकिन किराँचियों और ट्रामों से घर्रायित धूलि-धूसरित कलकत्ते के वड़े रास्ते के किनारे, कैसे पानों की पीक-विचित्रित दीवारों के छिपकली-मूषिक-छछुन्दर-मुखरित इकतल्ले घर के भीतर दिन के वक्त दिया जलाकर आम्र-काष्ठ के तख़्ते पर बैठे हुए, भद्दे भचभचे (हुक्का) का शौक़ करते हुए कवि श्यामाचरण ने हिमाचल, समुद्र, प्रान्तर, मरुभूमि आदि की हूबहू तस्वीरें खींचकर जो बंगालियों का मुख उज्ज्वल किया है, उस ओर ख्याल दौड़ाना ही हमारी दुराशा है। श्यामाचरण बचपन में पश्चिम की सैर करने गये थे, जहाँ आकण्ठ भोजन के पश्चात् एक लोटा जल पीने से ही बस सब हज़म, फिर भूख,—वहीं श्यामाचरण की प्रतिभाशालिनी दृष्टि ने इन प्राकृतिक विराट और सुन्दर

---

१. स्वामी तुरीयानन्द--स्वामी जी के गुरुभाई।

२. श्री गोस्वामी तुलसीदास जी के एक दोहे का अंश।

भावों की उपलब्धि कर ली है। पर ज़रा मुश्किल की बात यही है, सुनता हूँ कि उनका वह पश्चिम बर्दमान नगर तक ही है।

लेकिन चूँकि तुम्हारा हार्दिक अनुरोध है और मैं भी बिल्कुल तिहि रस वंचित गोविंददास नहीं हूँ, यह साबित करने के लिए श्री गणेश जी का स्मरण कर कथा प्रारम्भ करता हूँ। तुम लोग भी सब कुछ छोड़-छाड़कर सुनो —

नदी के मुहाने या बन्दर से अक्सर रात को जहाज़ नहीं छूटते—ख़ास तौर से कलकत्ता जैसे वाणिज्यबहुल बन्दर और गंगा जैसी नदी से। जब तक जहाज़ समुद्र में नहीं पहुँचता, तभी तक पाइलट (बन्दर से समुद्र तक पानी की गहराई जाननेवाले) का अधिकार है; वही कप्तान है, उसीकी हुक़ूमत रहती है। समुद्र में जाने या आने के समय नदी के मुहाने से बन्दर तक पहुँचाकर वह छुट्टी पा जाता है। हमारी गंगा के मुहाने में दो बड़े ख़तरे हैं; एक बजबज के पास 'जेम्स और मेरी' नाम की चोर-बालू और दूसरा डायमण्ड हारबर के सामने रेती। पूरे ज्वार में तथा दिन के वक़्त पाइलट बड़ी सावधानी से जहाज़ चला सकते हैं, नहीं—तो नहीं। इसलिए गंगा से निकलने में हमें दो दिन लग गये।

हृषीकेश की गंगा याद है? वह निर्मल नीलाभ जल—जिसके भीतर दस हाथ की गहराई में रहनेवाली मछलियों के पंख गिने जा सकते हैं, वह अपूर्व सुस्वाद हिमशीतल 'गांगं वारि मनोहारी' और वह अद्भुत 'हर हर हर' तरंगोत्थ ध्वनि, सामने गिरि-निर्झरों की 'हर हर' प्रतिध्वनि, वह जंगलों में रहना, मधुकरी भिक्षा, गंगा-गर्भ में क्षुद्र द्वीपाकार शिलाखण्ड पर भोजन, कर-पुटों की बँधी अंजलि द्वारा जलपान, चारों ओर कणप्रत्याशी मत्स्यकुल का निर्भय विचरण, वह गंगा-जल-प्रीति, गंगा की महिमा, वह गंगावारि का वैराग्यप्रद स्पर्श, वह हिमालय-वाहिनी गंगा, श्रीनगर, टेहरी, उत्तर-काशी, गंगोत्री; तुममें से कोई कोई तो गुमोखी तक देख चुके हो। परन्तु हमारी कर्दमाविला, हरगात्रविघर्षणशुभ्रा, सहस्रपोतवक्षा, इस कलकत्ते की गंगा में जो एक आकर्षण है, वह कभी नहीं भूल सकता। कौन जाने, यह स्वदेशप्रियता है या बाल्यसंस्कार? गंगा माता के साथ हिन्दुओं का यह कैसा सम्बन्ध! क्या यह कुसंस्कार है? होगा! 'गंगा गंगा' कहकर ज़िन्दगी काट देते, गंगाजल में मरते, दूर दूर के लोग गंगाजल ले जाते, ताम्रपात्र में यत्नपूर्वक रखते, तिथि-पत्र के दिन एक एक बूंद पान करते हैं; कितना धन ख़र्च कर राजा रजवाड़े गंगा का जल ले जाकर रामेश्वर पर चढ़ाते हैं, हिन्दू विदेश जाते—रंगून, जावा, हांगकांग, जांजीवार, मैडागास्कर, स्वेज़, एडेन, माल्टा—पर साथ गंगाजल, और गीता। गीता और गंगा में हिन्दुओं का हिन्दुत्व है। उस बार मैंने भी थोड़ा सा लिया था—क्या जानूं! मौक़ा आने से ही थोड़ा सा पी लेता। पीने के बाद

ही लेकिन उस पाश्चात्य जन-स्रोत के भीतर, सभ्यता के कल्लोल के बीच, उस कोटि कोटि मानवों के क्षिप्तप्राय द्रुत-पद संचार के भीतर, मन मानो स्थिर हो जाया करता था। वह जनस्रोत, वह रजोगुण का स्फालन, वह प्रतिपद-प्रतिद्वन्द्वि-संघर्ष, वह विलासभूमि, अमरावती सदृश पेरिस, लन्दन, न्यूयार्क, बर्लिन, रोम सब लुप्त हो जाता था; और मैं सुनता था—वही 'हर हर हर', देखता था—वही हिमालय-क्रोड़स्थ जनशून्य विपिन और कल्लोलिनी सुर-तरंगिनी जैसे हृदय में, मस्तक में, शिरा-शिरा में संचार कर रही है और गर्जना कर कर पुकार रही है 'हर हर हर'।

अब की बार तुम लोगों ने, देखता हूँ 'माँ' को मद्रास के लिए भेजा है। लेकिन एक कैसे अद्भुत पात्र में माता को प्रविष्ट कर दिया है भाई। तु—भाई बाल-ब्रह्मचारी हैं—**ज्वलन्निव ब्रह्ममयेन तेजसा**; थे 'नमो ब्रह्मणे', हुए हैं 'नमो नारायणाय।' (अरे बाप, इसकी क्या महानता!) इसीलिए शायद भाई साहब के हाथों पड़ ब्रह्म-कमण्डल छोड़कर माता का बधना-प्रवेश हुआ है। खैर कुछ रात गये उठकर देखता हूँ, उस बृहत् बधनाकार कमण्डल के भीतर माता का अवस्थान असह्य हो गया है। उसे भेदकर माता निकलना चाहती है। मैंने सोचा, लो सत्यानाश हो गया, यहीं अगर हिमाचल-भेद, ऐरावत-बहाव, जह्नुमुनि का कुटी-भंग आदि आदि अभिनय किये गये, तब तो मैं गया। स्तव-स्तुतियाँ बहुत कीं, माता को समझाया भी बहुत, कहा माँ, ज़रा ठहरो, कल मद्रास उतरकर जो करना हो करना, उस मुल्क में हाथी से भी बारीक अक़्लवाले बहुत हैं, अक्सर सभी की जह्नु की ही कुटियाँ हैं, और वह जो चमकते हुए घुटे-घुटाये चोटीदार सिर हैं, वे सब प्रायः शिलाखण्ड से ही तैयार किये हुए हैं, हिमाचल तो उनके सामने मक्खन जैसा है, जितने तोड़ सको, तोड़ना, अभी ज़रा ठहरो न! माँ सुननेवाली थोड़े ही है? तब एक युक्ति मैंने सोची। कहा, माँ देखो, वे जो सिर पर पगड़ी और कुर्ता पहने जहाज़ के सब नौकर इधर-उधर चक्कर काट रहे हैं, वे सब हैं असल गौ-खोर मुण्डे (मुसल्ले); और वे सब लोग जो कमरे आदि साफ़ कर रहे हैं, वे हैं असली मेहतर लालवेग[1] के चेला। अगर बात नहीं सुनोगी, तो उन्हें बुलाकर तुम्हें छुआ दूंगा। इससे भी अगर शान्त न हुई, तो अभी ही तुम्हें तुम्हारे बाप के यहाँ भेज दूंगा। वह जो घर देख रही हो,

---

१. ऐतिहासिक इलियट के मत से लालवेगियों (झाड़ूदार मेहतर सम्प्रदाय-विशेष) का उपास्य आदिपुरुष या कुलदेवता लालवेग और उत्तर-पश्चिम का लाल-गुरु (राक्षस अरण्य किरात) अभिन्न हैं। वाराणसीवासी लालवेगियों के मत से पीर जहर ही (चिश्तियासाधु सैयद जहर) लालवेग है।

उसके भीतर बन्द कर देने से ही तुम्हारी अपने नैहर की दशा होगी, और तुम्हारा वह शोरगुल भूल जायगा, जमकर एक पत्थर बन जाओगी। तब वह ज़रा शान्त हुई! कहता हूँ, सिर्फ़ देवता ही नहीं, मनुष्यों को भी यही दशा है,—कोई भक्त मिला कि सिर पर सवार हो गये।

क्या वर्णन करता हुआ फिर क्या बक रहा हूँ। देखो पहले ही तो मैंने कह रखा है, मेरे लिए यह सब ग़ैर-मुमकिन है; लेकिन अगर बरदाश्त कर सको तो फिर कोशिश कर सकता हूँ।

अपने आदमियों में एक रूप रहता है। वैसा और कहीं भी नहीं मिल सकता। अपने नक-चपटे बूचे भाई-बहन, लड़के-लड़कियों से सुन्दर गन्धर्व लोग भी नहीं मिलेंगे। लेकिन गन्धर्व-लोक में घूम आने पर भी अपने आदमी अगर दरअसल सुन्दर जान पड़ें, तो उस आनन्द के रखने की और जगह कहाँ? यह अनन्त-शस्य-श्यामला सहस्र-स्रोतस्वती-माल्यधारिणी बंगभूमि का भी एक रूप है। वह रूप कुछ है मलयालम (मलाबार) में और कुछ काश्मीर में। जल में क्या कोई रूप नहीं है? जल से जलमयी, मूसलाधार वृष्टि अरुई के पत्तों पर से बही जा रही है, असंख्य ताल, खजूर और नारियलों के सिर ज़रा झुके हुए वह धारा-संपात वहन कर रहे हैं? चारों ओर मेढकों की घर्घर आवाज़,—इसमें क्या रूप नहीं है? और हमारा गंगा का किनारा, विदेश से बिना आये, डायमण्ड हारबर के मुहाने से गंगा में प्रवेश बिना किये, यह समझ में नहीं आता। वह सघन नील आकाश, उसके अंक में काले बादल, उनकी गोद में सफ़ेद मेघ, सुनहली किनारीदार, जिनके नीचे झाड़ के झाड़, ताल-नारिकेल और खजूरों के सिर, हवा में जैसे लाखों चँवर हिल रहे हों, उसके नीचे फीका, घना, ईषत् पीताभ—कुछ स्याहपन मिला हुआ,—आदि आदि हर तरह के सबज़ई के ढले आम, लीची, कटहल, पत्ते ही पत्ते; पेड़-डालें कुछ नज़र नहीं आते—झाड़ के झाड़ बाँस हिलते और झूमते हैं, और सबके नीचे—जिसके पास यारकन्दी, ईरानी, तुर्किस्तानी गलीचे, दुलीचे हार मानकर कहाँ पड़े रहते हैं, वही घास, जितनी दूर देखो, वही सरसब्ज़ घास ही घास, जैसे किसीने छाँट-छूँट कर बराबर कर रखा हो; पानी के किनारे तक वही घास, गंगा की मन्द मधुर हिलोरों ने जहाँ तक ज़मीन को ढक रखा है, जहाँ तक घास ही घास ज़मीन से सटी हुई है। उसके नीचे हमारी गंगा का जल, फिर पैरों के नीचे से देखो, क्रमशः ऊपर—सिर के ऊपर तक, एक रेखा के अन्दर इतने रंगों की क्रीड़ा, एक ही रंग की इतनी क़िस्में, और भी कहीं देखी हैं? भला रंगों का नशा कभी आया है? जिस रंग के नशे में पतंग आग में जल जाते हैं, मधु-मक्खियाँ फूलों में बन्द होकर भूखों मर जाती हैं? हाँ जी, कहता हूँ—अब इन गंगा जी की क्या शोभा है, ज़रा देख लो भर नज़र,

फिर विशेष कुछ रहने का नहीं। दैत्यों-दानवों के हाथ में पड़कर यह सब जा रहा है। उस घास की जगह खड़े होंगे ईंटों के पजावे और उतरेंगे ईंटों की खोलाई में गड्ढे महाशय! जहाँ गंगा की छोटी छोटी तरंगें घासों के साथ क्रीड़ा कर रही हैं, वहाँ खड़े होंगे पाट के लदे फलाट और वही गधा-बोट; और वह जो सब ताल-तमाल, आम और लीची के रंग हैं, वह नील आकाश, मेघों की बहार, यह सब क्या और फिर भी देख पाओगे? देखोगे पत्थर के कोयले का धुआँ, और उसके बीच बीच भूतों की तरह अस्पष्ट खड़ी चिमनियाँ!!!

अब जहाज़ समुद्र में गिरा। वे जो 'दूरादयश्चक्र' झक्र 'तमालतालीवनराजि'[1] आदि आदि हैं, वे सब किसी काम की बातें नहीं। यों तो महाकवि को नमस्कार करता हूँ, लेकिन उन्होंने भर उम्र हिमालय भी नहीं देखा, न समुद्र ही, यह मेरी धारणा है।[2]

यहीं स्याह-सफ़ेद मिले हैं, जैसे कुछ प्रयाग का भाव हो। पर सब जगह दुर्लभ होने पर भी **गंगाद्वारे प्रयागे च गंगा-सागर-संगमे।** लेकिन इस जगह के लिए कहते हैं—यह ठीक गंगा का मुहाना नहीं है। ख़ैर मैं नमस्कार करता हूँ, इसलिए कि **सर्वतोक्षिशिरो मुखम्।** (गीता ।।१३।१३।।)

कितना सुन्दर है! सामने जहाँ तक नज़र जाती है, तरंगायित, फेनिल, सघन नील जलराशि, वायु के साथ ताल ताल पर नाच रही है। पीछे हमारा गंगाजल, वही विभूतिभूषणा, वही **गंगाफेनसिता जटा पशुपतेः।**[3] वह जल कुछ अधिक स्थिर है, सामने विभाग करनेवाली रेखा। जहाज़ एक बार सफ़ेद जल पर उठ रहा है, एक बार स्याह जल पर। यह सफ़ेद जल समाप्त हो आया। अब सिर्फ़ नीला जल, सामने पीछे आस-पास सिर्फ़ नीला ही नीला जल, सिर्फ़ तरंग-भंगिमाएँ। नील केशराशि, नील कान्ति अंग-आभा, निलाम्बर परिधान। देवताओं के भय से

---

१. **दूरादयश्चक्रनिभस्य तन्वी तमालतालीवनराजिनीला।**
आभाति वेला लवणाम्बुराशेर्धारानिबद्धेव कलंकरेखा।। रघुवंश

२. **काश्मीर भ्रमण और उस देश के प्राचीन इतिहास को पढ़ लेने के बाद स्वामी जी का इस विषय में मत बदल गया था। महाकवि कालिदास बहुत दिनों तक काश्मीर देश के शासनकर्ता के पद पर प्रतिष्ठित थे, यह बात उस देश के इतिहास से विदित हो जाती है। रघुवंश आदि में लिखा गया हिमालय-वर्णन काश्मीर-खण्ड के हिमालय के दृश्यों से अनेक स्थलों पर मिलता-जुलता है। परन्तु कालिदास ने कभी समुद्र भी देखा था, इसके सम्बन्ध में कोई प्रमाण हमें अब तक नहीं मिला है।**

३. शिवापराधभंजनस्तोत्रम्। शंकराचार्य।

करोड़ों असुर समुद्र के नीचे छिपे हुए थे। आज उन्हें अच्छा मौक़ा हाथ लगा है, आज वरुण उनके सहायक हैं, पवनदेव साथी; महा गर्जन, विकट हुंकार, फेनमय अट्टहास, दैत्यकुल आज महोदधि पर समर-ताण्डव करते हुए मत्त हो रहे हैं। उसके बीच हमारा अर्णव-पोत; जहाज़ के अन्दर जो जाति सागराम्बरा धरित्री की सम्राज्ञी है, उसी जाति की स्त्रियाँ और पुरुष, विचित्र वेशभूषा धारण किये हुए, स्निग्ध चन्द्र सा वर्ण, मूर्तिमान आत्मनिर्भरता-आत्मप्रत्यय, कृष्ण वर्णो के निकट दर्प और दम्भ की तस्वीरों की तरह दिखलायी दे रहे हैं—सगर्व पादचारण कर रहे हैं। ऊपर वर्षा के मेघों से घिरे आसमान के जीमूतमन्द्र, चारों ओर शुभ्राकार तरंगनियों का नृत्य, स्फालन, गुरु-गर्जना, पोत-राज के समुद्रबल-उपेक्षाकारी महायन्त्र का हुंकार—वह एक विराट सम्मेलन—तन्द्राच्छन्न की तरह विस्मयरस से भरा हुआ यही सुन रहा हूँ; सहसा यह समस्त जैसे भेद कर अनेक स्त्री-पुरुष-कण्ठ-मिश्रणोत्पन्न गम्भीर नाद और तार सम्मिलित 'रूल ब्रिटानिया, रूल दी वेब्स' महागीत ध्वनि कानों को सुनायी दी! चौककर देखता हूँ—

जहाज़ खूब झूम रहा है, और तु—भाई साहब दोनों हाथों सिर थामें अन्न-प्राशन के अन्न के पुनराविष्कार के प्रयत्न में लीन हैं! दूसरे दर्जे में दो बंगाली लड़के पढ़ने के लिए जा रहे हैं। उनकी हालत भाई साहब की हालत से भी बुरी हो रही है! एक तो ऐसा डरा हुआ है कि किनारा पा जाय, तो एक ही दौड़ में देश में दाख़िल हो! यात्रियों में भारतवासी दो वे और दो हम आधुनिक भारत के जिन दो दिनों जहाज़ गंगा के अन्दर था, तु—भाई साहब 'उद्बोधन' संपादक के प्रतिनिधि! गुप्त उपदेश के फलस्वरूप 'वर्तमान भारत' प्रबंध ज़रा जल्द समाप्त कर देने के लिए परेशान कर डालते थे। आज मौक़ा देखकर मैंने भी पूछा, "वर्तमान भारत की हालत कैसी है?" भाई साहब ने एक दफ़ा सेकेण्ड क्लास की ओर और फिर अपनी ओर देखकर एक लम्बी साँस छोड़कर जवाब दिया—"बड़ी चिन्ताजनक, निहायत घुला जा रहा है।"

इतनी बड़ी पद्मा को छोड़कर, गंगा का माहात्म्य, हुगली नाम की धारा में क्यों आ पड़ा, इसका कारण बहुतेरे कहते हैं कि भागीरथी का मुख ही गंगा की प्रधान और आदि धारा है। इसके बाद गंगा पद्मा के मुहाने की ओर निकल गयी। इसी प्रकार 'टलिस नाला' नामक खाल भी आदि गंगा के नाम से गंगा की प्राचीन धारा थी। अपने पोतवणिक-नायक को कवि कंकण उसी पथ से सिंहल द्वीप ले गये हैं। पहले त्रिवेणी तक बड़े बड़े जहाज़ अनायास ही प्रवेश कर जाते थे। सप्तग्राम नामक बन्दर त्रिवेणी घाट के कुछ दूर ही सरस्वती पर स्थित था। बहुत प्राचीन काल से यह सप्तग्राम बंग देश के बाह्य वाणिज्य का प्रधान बन्दर था। क्रमशः

सरस्वती का मुंह बन्द होने लगा। १५३७ ई० में उसका मुंह इतना भर गया कि पोर्तुगीज़ों ने अपने जहाज़ों के आने-जाने के लिए कुछ दूर नीचे चलकर गंगा के किनारे जगह ली। यही पीछे से मशहूर हुगली नगर हुआ। सोलहवीं सदी का आरंभ होते ही स्वदेशी-विदेशी सौदागर गंगा में रेती पड़ जाने के डर से बड़े ही व्याकुल हुए; पर डरने से क्या होता? मनुष्यों की विद्या-बुद्धि आज तक भी कोई बड़ा काम नहीं कर सकी। इधर गंगा जी भी क्रमशः भरती आ रही थीं। १६६६ ई० में एक फ़्रांसीसी पादरी लिखते हैं—सुती के पास भागीरथी का मुख उस समय भर गया था। अन्धकूप (Black Hole) वाले हालवेल को, मुर्शीदाबाद जाते समय शान्तिपुर में पानी न रहने के कारण, एक छोटी नाव करनी पड़ी थी। १७९७ ई० में कप्तान कोलब्रुक साहब लिखते हैं—गर्मियों में भागीरथी और जलांगी[1] नदियों में नौका नहीं चलती। १८२२ ई० से १८२४ ई० तक गर्मियों में भागीरथी में नावों का आना-जाना बन्द था। इसके अन्दर २४ साल तक दो या तीन ही फ़ुट पानी था। १७वीं सदी में डच लोगों ने हुगली शहर के एक मील नीचे चूंचड़ा में व्यापारिक केन्द्र बनाया; फ्रांसीसी लोगों ने इसके भी बाद आकर और नीचे चन्दननगर स्थापित किया। जर्मन आस्टेन्ड कम्पनी ने १७२३ ई० में चन्दननगर से पाँच मील नीचे दूसरी तरफ़ बाँकीपुर नाम के स्थान पर आढ़त खोली। १६१६ ई० में दिनेमारों ने चन्दननगर से ८ मील दूर श्रीरामपुर में आढ़त खोली। इसके बाद अँग्रेज़ों ने और भी नीचे कलकत्ता बसाया। पहले की सभी जगहों में अब जहाज नहीं जा सकता। कलकत्ता अब भी खुला हुआ है, लेकिन आगे चलकर क्या होगा, यह चिन्ता सबको लगी हुई है।

परन्तु शान्तिपुर के आसपास तक गंगा में गर्मियों में भी जो इतना पानी रहता है, इसका एक विचित्र कारण है। ऊपर का बहाव प्रायः बन्द हो जाने पर भी राशि-राशि जल मिट्टी के भीतर से चूता हुआ गंगा में आ पड़ता है। गंगा की सतह अब भी पासवाली ज़मीन से बहुत नीची है। यदि वह गढ़ा क्रमशः मिट्टी बैठने पर ऊँचा हो जाय, तो फिर मुश्किल है और एक भयप्रद किंवदन्ती है—कलकत्ते के पास भी गंगा जी भूकम्प या अन्य कारणों से बीच बीच में इस तरह सूख गयी हैं कि आदमी पैरों पार हो गये हैं। १७७० ई० में, सुनता हूँ ऐसा ही हुआ था। एक दूसरी रिपोर्ट में यह मिलता है कि १७३४ ई० में २० अक्टूबर बृहस्पतिवार दोपहर के समय भाटा हो जाने पर गंगा बिल्कुल सूख गयी थीं। ठीक वारबेला

---

१. जलांगी नदी नवद्वीप से कुछ दूर भागीरथी से मिली है। इस संगम के बाद से ही भागीरथी का नाम हुगली पड़ा है।

(अशुभ मुहूर्त) में अगर यह हाल हो गया होता तो क्या होता—तुम्हीं लोग सोचो—गंगा शायद फिर लौटती ही नहीं।

यह तो हुई ऊपरी बातें। नीचे महाभय—जेम्स और मेरी नामक चोर बाल है। पहले दामोदर नद कलकत्ते से ३० मील ऊपर गंगा में आकर गिरता था। अब काल की विचित्र गति से आप ३१ मील से अधिक दक्षिण में आकर हाज़िर हुए हैं। इसके क़रीब ६ मील नीचे रूपनारायण (नद) जल ढाल रहे हैं, मणि-कांचन संयोग से आप लोग हरहराते हुए आते रहे, लेकिन यह कीच कौन धोये? इसलिए तो राशि-राशि बालुका! वह सब कभी यहाँ कभी वहाँ, कभी कुछ कड़ा, कभी कुछ नर्म हो रहा है। इस भय की कहीं हद है। दिन-रात नाप जोख हो रही है। ज़रा ख्याल दूसरी तरफ़ गया—कुछ दिनों तक नाप जोख जो भूली कि जहाज़ वहीं जमा। उस रेती को छूते ही छूते अण्टाचित्त या सीधे पाताल प्रवेश!! ऐसा हुआ भी है, बड़े बड़े तीन मस्तूलवाले जहाज़ पर ज़मीन पकड़ने के आध-घण्टे के बाद देखा गया सिर्फ़ एक ही मस्तूल रूपी सन्तरी खड़ा है। यह रेता साहब दामोदर-रूपनारायण[1] के मुहाने में ही मौजूद हैं। दामोदर इस वक़्त संथाली गाँवों से प्रसन्न नहीं, आपको जहाजों की चटनी पसन्द आयी है। १८७७ ई० में कलकत्ते से कौण्टी आफ़ स्टारलिंग नाम के एक जहाज़ में १४४४ टन गेहूँ लादा जा रहा था। उस विकट रेता से ज्यों ही लगा कि उसके बाद आठ ही मिनट में 'कुछ ख़बर ही नहीं।' १८७४ ई० में २४०० टन माल लदे एक जहाज़ की दो ही मिनट में यह हालत हुई थी। धन्य है माता जी तुम्हारा मुख! हम लोग सही सलामत पार हो आये, इसके लिए प्रणाम है।

यह जहाज़ कितना आश्चर्यजनक है! जिस समुद्र की ओर किनारे से देखने पर डर लगता है, जिसके बीच आकाश झुककर मिल गया सा मालूम होता है, जिसके गर्भ से सूर्य धीरे धीरे उठता और डूब जाता है, जिसकी भौंहों में ज़रा सा बल पड़ गया कि होश उड़ जाते हैं, अब आम रास्ता हो रहा है, सबसे सस्ता मार्ग! यह जहाज़ तैयार किसने किया? किसीने नहीं। अर्थात्, मनुष्यों के प्रधान अवलम्ब के रूप में जो सब कल-पुर्ज़े हैं, जिनके बिना एक पल भी नहीं चल सकता—रद्दोबदल से और सब कल कारख़ाने ईजाद किये गये हैं, उनकी तरह जहाज़ को भी सबने मिलकर किया है। जिस तरह पहिये; पहियों के बिना क्या कोई काम चल सकता है? हचाहचवाली बैलगाड़ी से लेकर 'उड़ीसा जगन्नाथपुरी भले बिराजो जी' के

---

१. यहाँ दामोदर-रूपनारायण में श्लेष है। ये दो नद हैं, साथ ही दामोदर के रूप में नारायण अर्थात् सर्वभक्षी नारायण अर्थ भी लिया जायगा।

रथ तक; सूत कातनेवाले चर्खा से लेकर बड़े बड़े कारखानों की कलों तक क्या कुछ पहियों के बिना चल सकता है? यह चाक-सृष्टि पहले किसने की? किसीने नहीं; अर्थात् सबने मिलकर की है। पहले के आदमी कुल्हाड़े से काठ काट रहे हैं, बड़ी बड़ी पेड़ियाँ ढालू जगहों से लुढ़का रहे हैं, फिर उन्हें काटकर क्रमशः ठोस पहिये तैयार हुए, बाद में आरा और नाभी इत्यादि—अन्त में आजकल के पहियों की सृष्टि हुई।

ये हैं हमारे पहिये! कितने लाख वर्ष लगे, कौन कह सकता है? लेकिन हाँ, इस हिन्दुस्तान में जो कुछ भी होता है, वह रह जाता है। उसकी चाहे जितनी भी तरक़्क़ी हो, चाहे जितना भी रद्दोबदल हो, नीचे की सीढ़ियों पर चढ़नेवाले लोग न जाने कहाँ से आ जाते हैं, और सब सीढ़ियाँ रह जाती हैं। एक बाँस से एक तार बाँधकर बजाया गया, उसके क्रम से बालों के साज़ और कमानी से पहले बेला हुआ, फिर कितने रूप बदले, कितने तार हुए, कितने ताँत! साज़ के नाम और रूप बदले, इसराज-सारंगियाँ हुईं। लेकिन अब भी क्या कोचवान मियाँ लोग घोड़े के कुछ बाल लेकर सकोरे में एक चीरे बाँस का फलाटा लगाकर कँकँ-कोंकों करते हुए 'मोरा मस्त कहरवा'[1] के जाल बुनने का हाल ज़ाहिर नहीं करते? मध्य-देश में चलकर देखो, अब भी ठोस पहिये ठनक रहे हैं। लेकिन यह है भोथी बुद्धि का परिचय, ख़ासकर इन रबर-टायर के दिनों में!

बहुत पुराने ज़माने के आदमी, यानी सतयुग के जब छोटे से बड़े तक सत्यनिष्ठ थे और ऐसे कि भीतर कुछ और बाहर कुछ और न हो जाय, इस डर से कपड़े भी नहीं पहनते थे; कहीं स्वार्थपरता न समा जाय, इसलिए विवाह नहीं करते थे; और भेद-बुद्धिरहित हो सब लाठी और ढेलों की मदद से हमेशा **परद्रव्येषु लोष्ठवत्** समझते थे। उस समय जल-सन्तरण के विचार से उन लोगों ने पेड़ी के बीच का हिस्सा जलाकर या दो चार पेड़ियाँ एक साथ बाँधकर 'भेला' आदि की सृष्टि की। उड़ीसा से कोलम्बो तक 'कट्टमारण' देखे हैं ना? भेला किस तरह समुद्र में भी दूर दूर तक चली जाती है, देखा तो होगा ही, यही हैं जनाबमन्—'ऊर्ध्वमूलम्।' (यही है जहाज़ का आदि मूल)।

और वह जो बंगाल (पूर्व बंगाल) के माँझियों की नावें हैं, जिन पर चढ़कर

---

१. 'मोरा मस्त कहरवा जाल बुने रे।
दिन को मारे मछली, रात को बिनै जाल।
ऐसी दिक़दारी, हुआ जी का जंजाल॥'
इस तरह के गाने इक्के और ताँगेवाले अक़्सर गाया करते हैं।

दरिया के पाँच पीरों को पुकारना पड़ता है, वह जो चटग्रामी माँझियों के बुनियादी बजरे, जो ज़रा भी हवा चली कि पतवार का भरोसा छोड़ देते हैं और माँझियों को उनके देवताओं के नाम याद दिलाते हैं; वह जो पछाहीं नाव है—जिस पर तरह तरह की रंगबिरंगी छापें खिची हुईं, पीतल की दो आँखें लगी हुईं, जिसके माँझी खड़े खड़े डाँड़ खींचते हैं; वह श्रीमंत सौदागर की नाव (कवि-कंकण के मत से श्रीमंत सौदागर ने डाँड़ों के बल से ही बंग सागर पार किया था; और गलदा चिंडी—मछली कहलानेवाला ज्यादा से ज्यादा हाथ भर का एक कीड़ा—की मूँछों में फँसकर किश्ती एकतरफ़ा होकर डूबने पर आ गयी थी आदि) उर्फ़ गंगासागरी डोंगी—ऊपर बढ़िया छायी हुई, नीचे बाँस का पटाव, भीतर क़तार की क़तार गंगाजल के बरतन, जिनमें ठंडा गंगाजल भरा है; (तुम लोग गंगासागर जाओ और कड़ाके की उत्तरं की हवा के झोंके में कच्चे नारियल पिओ, उनकी साढ़ी और शक्कर खाओ।) और वे डोंगियाँ, जो बाबुओं को आफ़िस ले जातीं और फिर मकान वापस लाती हैं, बाली के माँझी जिनके सरदार हैं, बड़े मज़बूत, बड़े उस्ताद, कोन्नगर की तरफ़ बादल देखा कि लगे किश्ती सँभालने, अबं जौनपुरी जवानों के दखल में जा रही हैं। उनकी बोली है कईला गईला, बाने बानी। उन पर तुम्हारे महन्त महाराज का, बकासुर पकड़ लाने का हुक्म हुआ तो लोग सोचकर ही हैरान "ऐ स्वामीनाथ ऐ बकासुर कहा मिलाव, ई तो हम ना जानी।" और वह 'गधाबोट' जो सीधा चलना ही नहीं जानती और वे जो बड़ी नावें हैं—एक से मछलियाँ आदि लादकर लाते हैं, तीन मस्तूलवाली, जिन पर लंका, मालद्वीप या अरब से नारियल, खजूर, सूखी कहाँ तक कहूँ, ये सब हैं—

अथः शाखा-प्रशाखा

पाल के सहारे जहाज़ चलाना एक आश्चर्यजनक आविष्कार है। हवा चाहे जिस तरफ़ हो, जहाज़ अपने गन्तव्य स्थान पर पहुँचेगा ही। लेकिन हवा प्रतिकूल हुई तो कुछ देर होगी। पालवाला जहाज़ देखने में कैसा सुन्दर! दूर से जान पड़ता है, जैसे बहुत से पंखोंवाला कोई पक्षिराज आकाश से उतर रहा हो। लेकिन पालदार जहाज़ बहुत सीधा नहीं चल सकता। हवा ज़रा प्रतिकूल होने पर ही उसे तिरछी चाल चलना पड़ता है। परन्तु हवा बिल्कुल बन्द हुई कि मुश्किल आ पड़ी—पंख समेटे हुए बैठे रहना पड़ता है। महा विषवत् रेखा के निकटवाले देशों में अब भी कभी कभी ऐसा हुआ करता है। अब पालवाले जहाज़ों में लकड़ी का लगाव कम कर दिया है, ये लोहे से तैयार होते हैं; पालदार जहाज़ों की कप्तानी या मल्लाहगीरी करना स्टीमरों की अपेक्षा बहुत ज़्यादा मुश्किल है, और पालदार जहाज़ों की काफ़ी जानकारी रहे बिना कभी अच्छा कप्तान नहीं हो सकता। हर दम पर हवा

पहचानना, बहुत दूर से संकट की जगह के लिए होशियार हो जाना, स्टीमरों की अपेक्षा ये दोनों बातें पालवाले जहाज़ों के लिए आवश्यक हैं। स्टीमर बहुत कुछ अपने कब्ज़े में है, क्षण भर में कल बन्द की जा सकती है। सामने-पीछे आसपास इच्छानुसार थोड़े ही समय में फिरायी जा सकती है। पाल-जहाज़ हवा के हाथ में है। पाल खोलते, बन्द करते, पतवार फेरते फेरते जहाज़ रेती से लग सकता है, डूबे हुए पहाड़ों के ऊपर चढ़ सकता है, या किसी दूसरे जहाज़ से टक्कर खा सकता है। अब कुलियों को छोड़कर यात्री बहुधा पाल-जहाज़ों से नहीं जाते। पाल-जहाज़ अक्सर माल ले जाते हैं, वह भी नमक जैसा भूसो-माल। छोटे छोटे पाल-जहाज़ (जैसे बड़ी नावें आदि) किनारे पर ही व्यवसाय करते हैं। स्वेज़ नहर के भीतर से घसीटने के लिए स्टीमर किराये करने में हज़ारों रुपये टैक्स देने से पाल-जहाज़ को परता नहीं बैठता। पाल-जहाज़ अफ्रीका का चक्कर काटकर छः महीने बाद विलायत पहुँचता है। पाल-जहाज़ की इन सब बाधाओं के कारण उस समय का जल-युद्ध संकट का था। ज़रा सी हवा इधर-उधर हुई, जरा सा समुद्र का बहाव इधर से उधर हुआ कि हार-जीत हो गयी। दूसरे वे सब जहाज़ काठ के थे। लड़ाई के समय लगातार आग लगती थी और वह आग बुझानी पड़ती थी। उन जहाज़ों की गढ़न भी एक दूसरी तरह की थी। एक तरफ़ चपटा था और बहुत ऊँचा, पाँच मंज़िला, छः मंज़िला। जिस तरफ़ चपटा था, उसीके ऊपर के मंज़िल में काठ का एक बरामदा निकला रहता था। उसीके सामने कमाण्डर की बैठक होती थी, अगल बगल अफ़सरों की जगहें। इसके बाद एक बड़ी सी छत—ऊपर खुली हुई छत की दूसरी ओर फिर दो-चार कमरे, नीचे के मंज़िल में भी उसी तरह की ढकी दालान और उसके नीचे भी एक दालान; उसके नीचे दालान और मल्लाहों के सोने की जगह, खाने की जगह, आदि आदि। ऊपरी मंज़िल की दालान की दोनों ओर तोपें थीं, क़तार की क़तार दीवारें कटी हुई (तोप के मुँह के आकार), उनके भीतर से तोप के मुँह, दोनों तरफ़ राशि राशि गोले (और लड़ाई के समय बारूद के थैले) तब के लड़ाईवाले जहाज़ों का हर एक मंज़िला बहुत नीचा हुआ करता था; सर झुकाकर चलना पड़ता था। उस समय जहाज पर लड़नेवालों को संग्रह करने में कष्ट भी बहुत होता था। सरकार की आज्ञा थी कि जहाँ से हो सके धर-पकड़कर या भुलावा देकर आदमी ले जाओ। माता के पास से लड़के को, स्त्री के पास से पति को जबरन छीन ले जाते थे। किसी तरह जहाज़ पर ले आया गया कि मतलब सध गया! इसके बाद, चाहे बेचारा कभी जहाज़ पर न चढ़ा हो; तत्काल आज्ञा मिली, मस्तूल पर चढ़ो। हुक्म तामील न किया कि चाबुक! कितने ही मर भी जाते थे। क़ानून बनाया अमीरों ने, देश-देशान्तरों का व्यवसाय, लूटपाट, राज्य

भोग करेंगे वे लोग और ग़रीबों के लिए सिर्फ़ खून बहाना और जान देना, जो हमेशा से इस दुनिया में होता आया!! अब वे सब क़ानून नहीं हैं, अब 'प्रेस गैंग' के नाम से बेचारे किसानों का कलेजा नहीं दहल उठता, अब पसन्द का सौदा है; परन्तु हाँ, बहुत से चोर-लंपट-उठाईगीर लड़कों को जेल न भेजकर इन लड़ाई के जहाज़ों में नाविक का काम सिखलाया जाता है।

वाष्प-बल ने यह भी बहुत कुछ बदल डाला है। अब जहाज़ के लिए पाल अनावश्यक सा है। हवा के सहारे की बहुत कम ज़रूरत रह गयी है। आँधी और झकोरों का डर भी बहुत कम है। सिर्फ़, जहाज़ पहाड़-पर्वतों से न टकराए, इतना ही बचाना पड़ता है। लड़ाई के जहाज़ तो पहले की हालत से बिल्कुल भिन्न हो गये हैं। देखकर समझ में आता ही नहीं कि ये जहाज़ हैं या छोटे-बड़े तैरते हुए लोहे के क़िले! तोपें भी संख्या में बहुत घट गयी हैं। लेकिन इस समय की तोपों के नज़दीक वे पुरानी तोपें खिलवाड़ ही ठहरेंगी। और लड़ाई के जहाज़ों की गति भी कैसी! सबसे जो छोटे हैं, वे सिर्फ़ 'टारपीडो' छोड़ने के लिए। उनसे कुछ बड़े जो हैं, वे हैं दुश्मनों के मालदार जहाज़ों पर दखल जमाने के लिए, और बड़े बड़े हैं विराट् युद्ध के आयोजन के लिए।

अमेरिका के युनाइटेड स्टेट्स (संयुक्त राज्य) की सिविल वार (स्वाधीनता-समर) के समय, संयुक्त राज्यवालों ने एक काठ के जंगी जहाज़ के किनारे लोहे की कुछ रेलें क़तार की क़तार बाँधकर छा दी थीं। विपक्षियों के गोले उससे लग कर लौट जाने लगे, जहाज़ का कुछ विशेष न बिगाड़ सका। तब इसी उद्देश्य से तमाम जहाज़ लोहे से मढ़े जाने लगे, ताकि दुश्मनों के गोले काठ पार न कर सकें। इधर जहाज़ी तोपों की तालीम भी बढ़ चली। एक से एक बड़ी तोपें; जिससे फिर तोपों को हाथ से न सरकाना हो, न हटाना, ठासना या दागना—सब कल से हो जाय; पाँच सौ आदमी जिसे ज़रा भी नहीं हिला सकते, ऐसी तोप का अब एक छोटा सा लड़का कल दबाकर इच्छानुसार मुँह फेर रहा है, उतारता, ठासता—भरता और दागता है—और यह भी एक पल में। जहाज़ों की लोहे की दीवारें जिस क्रम से मोटी हो चलीं, उसी क्रम से वज्रभेदी तोपों की भी सृष्टि बढ़ चली। अब जहाज़ है इस्पात की दीवारवाला क़िला, और तोप है यमराज का छोटा भाई! एक ही गोले की चोट से कितने ही बड़े जहाज़ क्यों न हों, फूट फूट कर नष्ट! ख़ैर, यह 'लोहे का वासर घर है', जिसका ख़्याल 'लखिन्दर के बाप' (बंगाली कहानी में एक पात्र) को स्वप्न में भी न आया था, और जो 'सताली पर्वत' पर न जमकर सत्तर हज़ार पहाड़ी लहरों के सिर पर नाचता-फिरता है; ये जनाबेमन भी 'टारपीडो' के डर से चौकन्ने रहा करते हैं। वे हैं कुछ कुछ चुरुट के चेहरे के एक नल।

इन्हें सड़ से छोड़ देने पर ये पानी में मछली की तरह डूबे हुए चले जाते हैं। इसके बाद, जहाँ लगने का हुआ, वहाँ ज्यों ही धक्का लगा कि उसी वक़्त उसके भीतर से अनेक महाविस्तारशील पदार्थों की विकट आवाज़ और विस्फारण, साथ ही साथ जिस जहाज़ के नीचे यह कीर्ति होती है, उनका 'पुनर्मूषिको भव' अर्थात् लोहत्व में कुछ, काष्ठ-कूटत्व में कुछ, और बाक़ी का धूमत्व और अग्नित्व में परिणमन! वे आदमी, जो लोग इस 'टारपीडो' फटने के सामने पड़ जाते हैं, उनका जो कुछ अंश खोजने से मिलता है, वह प्रायः 'क़ीमा' की हालत में। ये सब जंगी जहाज़ जब से हुए, तब से और ज्यादा जल-युद्ध नहीं हुए। दो ही एक लड़ाइयाँ हुईं कि एक बड़ा जंग फ़तह या हमेशा के लिए हार। परन्तु ऐसे जहाज़ लेकर, लड़ाई होने के पहले, लोग जैसा सोचते थे कि उभय पक्षों का कोई नहीं बचेगा, और बिल्कुल सब उड़ जायँगे, जल जायँगे, इतना कुछ नहीं होता।

मैदाने जंग में, तोप-बन्दूकों से दोनों पक्षों पर जिस मूसलधार से गोले-गोलियाँ छूटती हैं, उसका एक हिस्सा भी अगर निशाने पर बैठ जाय, तो दोनों तरफ़ की फ़ौजें दो मिनट में सफ़ाचट हो जायँ। उसी तरह दरियाई जंग के जहाज़ी गोले; अगर ५०० आवाज़ों में एक भी वार करता, तो जहाजों का नामोनिशान तक न रह जाता। आश्चर्य तो यह है कि तोपें जितना उत्कर्ष कर रही हैं,—बन्दूकें जितनी हल्की हो रही हैं,—जितने नालों की किरकिरों के प्रकार हो रहे हैं,—जितनी दूरी बढ़ रही है,—जितने भरने-ठासने के कल-कब्ज़े बन रहे हैं, जितनी जल्दी आवाज़ होती है, उतनी ही गोलियाँ मानो व्यर्थ जाती हैं। पुराने ढंग का पाँच हाथ लम्बा तोड़ादार 'जजल' (बन्दूक़) जिसे दुपाये काठ पर रखकर दागना पड़ता है, और फूंक-फाँककर आग लगा देनी पड़ती है—उसीकी मदद से बरखजाई, आफ्रीदी आदमी, अचूक-निशान होते हैं और आजकल की तालीम-याफ्ता फ़ौज अनेक क़िस्म के कल कारख़ानेवाली बन्दूकें लेकर एक मिनट में १५० आवाज़ करने पर भी सिर्फ़ हवा भर गर्म कर पाती है! थोड़े थोड़े कल-पुर्ज़े अच्छे होते हैं। बहुत से कल-पुर्ज़े आदमी को अक़्ल का दुश्मन बना देते हैं—जड़ पिण्ड तैयार करते हैं। कल-कारखानों में आदमी दिन पर दिन, रात पर रात, साल पर साल, एक ही ढर्रे का काम करते हैं—एक एक दल, एक एक चीज़ का सिर्फ़ एक एक टुकड़ा गढ़ रहा है। पिनों का सिरा ही गढ़ा जा रहा है, सूत की जुड़ाई ही चल रही है, ताँत के साथ आगा-पीछा ही हो रहा है, जिन्दगी भर से। फल है, उस काम को खोया कि सर्वनाश—भोजन तक नहीं मिलता! जड़ की तरह इक-ढर्रा काम करते करते जड़वत् हो जाते हैं! स्कूलमास्टरी, क्लर्की करके उसी वजह से हस्तिमूर्ख जड़पिण्ड तैयार होते हैं।

व्यवसायवाले जहाज़ों की गढ़न दूसरी तरह की होती है। यद्यपि कोई कोई

व्यवसायी जहाज़ इस ढंग के बने होते हैं कि लड़ाई के समय थोड़ी मेहनत से ही दो तोपें बैठाकर अन्यान्य निरस्त्र पण्य-पोतों को खदेड़-खदाड़ सकते हैं और इसके लिए अन्य सरकारों से मदद पाते हैं; तथापि साधारणतः इन सब में जंगी जहाज़ों से बड़ा फ़र्क़ होता है। ये सब जहाज़ प्रायः इस समय वाष्पपोत हैं और प्रायः इतने बड़े, इतने महँगे होते हैं कि किसी कम्पनी को छोड़कर अन्य अकेले किसीके जहाज़ हैं ही नहीं, ऐसा कहना चाहिए। हमारे देश के व्यवसाय में पी० एण्ड ओ० कम्पनी सबसे प्राचीन और धनी है; इसके बाद है बी० आई० एस० एन० कम्पनी तथा और भी बहुत सी अन्य कम्पनियाँ। दूसरी सरकारों में मेसाजरी मारीतीम (फ़ांसीसी), आस्ट्रिया लायड, जर्मन लॉयड, और रुबाटिनो कम्पनियाँ (इटेलियन) बहुत प्रसिद्ध हैं। इनमें पी० एण्ड ओ० कम्पनी के यात्री-जहाज़ औरों की अपेक्षा निरापद और शीघ्रगामी हैं—लोगों की ऐसी धारणा है। मेसाजरी में खाने-पीने की बड़ी सुविधा है।

इस बार हम लोग जब आये, तब उन दोनों कम्पनियों ने प्लेग के डर से काले आदमियों को लेना बन्द कर दिया था और हमारी सरकार का क़ानून है कि कोई भी काला आदमी एमीग्रान्ट आफ़िस के सर्टिफ़िकट बिना बाहर न जाय। अर्थात् मैं अपनी ही इच्छा से विदेश जा रहा हूँ, कोई मुझे भुलावा देकर कहीं बेचने के लिए या कुली बनाने के लिए नहीं लिए जा रहा है, यह जब उन्होंने लिख दिया, तब जहाज़ पर मुझे लिया गया। यह क़ानून इतने दिनों तक भले आदमियों के विदेश जाने के हक़ में चुपचाप था; इस वक़्त प्लेग के डर से जग उठा है—अर्थात् जो कोई 'नेटिव' बाहर जाय उसकी खबर सरकार को मिलती रहे। हम लोग अपने देश में सुनते रहते हैं कि हमारे भीतर अमुक भली जात है, अमुक छोटी जात। सरकार की निगाह में सब 'नेटिव' हैं। महाराजा, राजा, ब्राह्मण, छत्रिय, वैश्य, शूद्र सब एक जात हैं—'नेटिव' कुलियों के क़ानून, कुलियों की जो परीक्षाएँ हैं, वे सभी नेटिव के लिए हैं--धन्य हो अँग्रेज़ सरकार। कम से कम एक क्षण के लिए तो तुम्हारी कृपा से सब 'नेटिवों' के साथ समत्व का बोध किया। खास तौर से कायस्थ-कुल में इस शरीर की पैदाइश होने के कारण मैं तो चोरी के इल्ज़ाम में पकड़ा गया हूँ। अब सब जातियों के मुख से सुन रहा हूँ कि वे सब पक्के आर्य हैं। सिर्फ़ एक दूसरे में मतभेद है—कोई चार पाव आर्य है, कोई एक छटाँक कम, कोई आधा कच्चा, फिर भी हमारी कलमुँही जात से बड़े हैं। इसमें एक राय है! और सुनता हूँ वे लोग और अंग्रेज़ शायद एक जात हैं—मौसेरे भाई, वे लोग काला आदमी नहीं हैं। अंग्रेज़ों की तरह इस देश पर दया करके आये हैं, और बाल्य विवाह, बहुविवाह, मूर्ति-पूजन, सतीदाह, जनाना-पर्दा, आदि आदि ये सब उनके धर्म

में बिल्कुल नहीं हैं। यह सब उन कायस्थों-फायस्थों के बाप-दादों ने किया है। तथा उनका धर्म ठीक अंग्रेज़ों के धर्म की तरह है। उनके बाप-दादे ठीक अँग्रेज़ों की तरह थे; सिर्फ़ धूप में चक्कर काटते काटते काले पड़ गये ! अब आओ न बढ़कर ! सब 'नेटिव' हैं, सरकार कहती है। इन कालों में फिर थोड़ी बहुत कमी बेशी नहीं समझी जाती; सरकार कहती है—सब 'नेटिव' हैं। बन-ठनकर बैठे रहने से क्या होगा, कहो ? और वह टोप-टाप लगाने से क्या होगा बताओ ? जितना दोष है, सब हिन्दुओं के कन्धे डालकर साहबों से सटकर और खड़े होने जाओ, झाड़ू लात की चोट ज्यादा के सिवा कम नहीं होगी ! धन्य हो अंग्रेज़-राज ! तुम्हें दूध -पूतों लक्ष्मी तो मिली ही है—और मिले, और मिले। हम सिर्फ़ कौपीन और धोती का पंचा पहनकर जियें। तुम्हारी कृपा से, खुले सर, नंगे पाँव देशदेशान्तरों में चला जाता हूँ। तुम्हारी दया से सपासप दाल-भात खाता हूँ, देशी साहबी ने लुभाया था और क्या ? भोगाया था और क्या ? देशी कपड़े छोड़ने से और देशी चाल-चलन छोड़ने से ही, सुना था अंग्रेज़ राजा सर पर चढ़ाकर नाचेंगे। करने भी चला था और क्या ! ऐसे वक़्त गोरे पैरों की सबूट—लातों का घमासान, चाबुक की सटासट,—भाग भाग, साहबी की ज़रूरत नहीं, 'नेटिव' अहमक़।

था सिखा सब साहबाना ठाट जो,
हो रहा बूटों के नीचे ऽ ाट वह।

धन्य है अंग्रेज़ सरकार! तुम्हारा तख़्त-ताज बरक़रार रहे। और जो कुछ साहब होने की साध थी, मिटा दी अमेरिकन प्रभुओं ने। दाढ़ी की खुजली से बेचैनी बढ़ी हुई, लेकिन नाई की दूकान में घुसने के साथ ही आवाज़ आयी—'यह चेहरा यहाँ नहीं चलेगा।' मैंने सोचा, शायद सर का पग्गड़ और शरीर पर यह अजीब गेरुआ अँचला देखकर नाई को पसन्द नहीं आया। अच्छा तो एक अंग्रेजी कोट और टोप खरीद लाऊँ। लाने ही को था कि क़िस्मत से एक भले अमेरिकन से मुलाक़ात हो गयी; उसने समझा दिया कि फिर भी यह अँचला अच्छा है, भले आदमी कुछ नहीं कहेंगे, परन्तु यूरोपियन पोशाक पहनने से आफ़त होगी—सब लोग खदेड़ेंगें। और भी दो एक नाइयों ने उसी तरह रास्ता बता दिया। अब अपने हाथ मूड़ना शुरू किया। भूखों आँतें ऐंठ रही थी, तब मैं एक हलवाई की दूकान पर गया और कोई चीज़ माँगी पर उसने कहा "नहीं है।" "वह है तो।" "बाबाजी, सीधी भाषा यह है कि तुम्हारे लिए यहाँ बैठकर खाने की जगह नहीं हैं।" "क्यों बच्चा जी ?" "तुम्हारे साथ जो खायेगा उसकी जात जायगी।" तब बहुत कुछ अमेरिका देश भी अपने देश की तरह अच्छा लगने लगा। हटाओ झमेला स्याह और सफ़ेद का, और इन 'नेटिवों' के बीच उनमें पाँच पाव आर्य ख़ून है,

इनमें चार पाव, उनमें डेढ़ छटाँक कम, इनमें आधी छटाँक अध-कच्चा आदि आदि। 'छछून्दर का ग़ुलाम चमगादर। उसकी तनख़ाह साढ़े तीन रुपया।' एक डोम कहा करता था, "हमसे बड़ी जात दुनिया में कोई है भी? हम लोग हैं डो-ओ-ओ-म्!" लेकिन मज़ा भी देखा?––जात के नख़रे––जहाँ गाँववाले नहीं मानते, वहाँ भी आप सरपंच बने हुए हैं।

वाष्प-पोत वायु-पोत की अपेक्षा बहुत बड़ा होता है। जो सब वाष्प-पोत अटलाण्टिक पार करते हैं, वे सब, एक एक हमारे इस गोलकुण्डा[1] जहाज़ के ठीक ड्योढ़े हैं। जिस जहाज़ के द्वारा जापान से पैसिफ़िक पार किया गया था, वह भी बहुत बड़ा था। बहुत बड़े बड़े जहाज़ों में बीच में रहती है पहली श्रेणी, दोनों ओर कुछ ख़ाली जगह, उसके बाद दूसरी श्रेणी, और 'स्टीयरेज' इधर-उधर। एक हद में खलासियों और नौकरों के रहने की जगह होती है। 'स्टीयरेज' जैसे तीसरी श्रेणी हो; उसमें वही लोग जाते हैं जो बहुत ग़रीब हैं––जो अमेरिका, आस्ट्रेलिया आदि देशों में उपनिवेश स्थापित करने जा रहे हैं। उनके रहने की जगह बहुत थोड़ी होती है और हाथ ही पर उन्हें खाने को दिया जाता है। वे सब जहाज़ जो हिन्दुस्तान और विलायत के बीच आते-जाते हैं, उनमें 'स्टीयरेज' नहीं है, परन्तु डेक-यात्री हैं। पहले और दूसरे दर्जे के बीच खुली जगह है, वहीं वे लोग बैठते और सोते हैं। लेकिन दूर की यात्रा करनेवाला ऐसा एक भी यात्री मुझे नहीं मिला। सिर्फ़ १८९२ ई० में चीन जाने के समय बम्बई से कुछ चीनी लोग बराबर हांगकांग तक डेक पर गये थे।

तूफ़ान उठने पर डेक के यात्रियों को बड़ी तकलीफ़ होती है और कुछ तकलीफ़ बन्दर में माल उतारने के समय। सिर्फ़ ऊपर के 'हैरीकेन' डेक को छोड़कर और सब डेकों पर एक बड़ा सा चौकोर कटाव रहता है, उसीके बीच से माल उतारते और चढ़ाते हैं, उसी समय डेक-यात्रियों को थोड़ी सी तकलीफ होती है। नहीं तो कलकत्ते से स्वेज़ तक और गर्मी के दिनों में यूरोप में भी डेक पर बड़ा आराम रहता है। जब पहले और दूसरे दर्ज़े के यात्री अपने सजे-सजाये हुए कमरे के अन्दर गर्मी के मारे मोम की तस्वीर से खिंचे रहते हैं, उस समय डेक जैसे स्वर्ग बन रहा हो। इन सब जहाज़ों का दूसरा दर्ज़ा बड़ा ही वाहियात रहता है। सिर्फ़ एक नयी जर्मन लॉयड कम्पनी बनी है, जो जर्मनी के बर्गेन नामक शहर से आस्ट्रेलिया जाती है, उसका दूसरा दर्जा बड़ा सुन्दर है, यहाँ तक कि 'हैरिकेन' के डेक में भी कमरे हैं और

१. एक जहाज़ का नाम। इस जहाज़ द्वारा स्वामी जी ने द्वितीय बार विलायत की यात्रा की थी।

खाने-पीने का इन्तजाम क़रीब-क़रीब 'गोलकुण्डा' के पहले दर्जे की तरह। वह लाइन कोलम्बो छूती हुई जाती है। इस 'गोलकुण्डा' जहाज़ के 'हैरिकेन' डेक पर सिर्फ़ दो कमरे हैं, एक इस तरफ़, एक उस तरफ़। एक में डाक्टर रहते हैं, एक हम लोगों को मिला था। लेकन गर्मी के डर से हम लोग नीचेवाली मंजिल में भाग आये। यह कमरा जहाज़ के इंजन के ऊपर है। जहाज़ लोहे का होने पर भी यात्रियों के कमरे काठ के हैं। ऊपर-नीचे, उन काठ की दीवारों से वायु-संचार होते रहने के लिए बहुत से छिद्र कर दिये गये हैं। दीवारों में 'आइवरी पेण्ट' लगा हुआ है। एक एक कमरे में इसके लिए क़रीब क़रीब पच्चीस पौण्ड खर्च पड़ा है। कमरे के भीतर एक छोटा सा कार्पेट बिछा हुआ है। एक दीवार से बिना पाये की दो लोहे की खाटें जैसी सटाकर जड़ दी गयी हैं, एक के ऊपर और एक। दूसरी दीवार से भी एक वैसा ही 'सोफ़ा' जड़ा हुआ है। दरवाजे के ठीक उल्टी तरफ़ हाथ धोने की जगह है। उसके ऊपर एक आइना, दो बोतलें और पानी पीने के दो गिलास। हर बिछौने के भीतरी तरफ़ एक एक लम्बा जाल पीतल के फ़्रेम से लगा हुआ है, वह जाल फ़्रेम के साथ दीवाल के अन्दर चला जाता है, और खींचने से फिर उतर आता है। रात को यात्री लोग अपनी घड़ी आदि जरूरी चीजें उसमें रखकर सोते हैं। बिछौने के नीचे सन्दूक़-पिटारे आदि के रखने की जगह है। सेकेण्ड क्लास का ढाँचा भी यही है, सिर्फ़ जगह संकीर्ण है और चीज़ें व्यर्थ की। जहाज़ी कारोबार पर प्रायः अंग्रेज़ों का एकाधिकार हो गया है, इसलिए और और जातियों ने जो भी जहाज़ तैयार किये हैं, उनमें भी चूँकि अंग्रेज़ यात्रियों की संख्या अधिक होती है, इसलिए खान-पान का प्रबन्ध बहुत कुछ अंग्रेजी ढंग से ही रखना पड़ता है। समय भी अंग्रेज़ी तरफ़ का कर लेना पड़ता है। इंग्लैंड, फ़्रांस, जर्मनी तथा रूस में खान-पान का समय अलग अलग है। जैसे हमारे भारत में बंगाल, उ० प्र०, महाराष्ट्र, गुजरात तथा मद्रास आदि में है, परन्तु यह सब कम देख पड़ता है। अंग्रेजी बोलनेवाले यात्रियों की बढ़ती संख्या के साथ ही अंग्रेज़ी ढंग भी बढ़ते जा रहे हैं।

वाष्प-पोत के सर्वेसर्वा मालिक हैं कप्तान। पहले 'हाई सी'[१] में कप्तान लोग जहाज़ पर राज्य करते थे, किसीको भी पकड़कर सज़ा दे देते थे, डाकुओं को पकड़कर फाँसी तक पर चढ़ा देते थे, पर अब इतना नहीं रहा; परन्तु जहाज़ पर उनका हुक़्म ही क़ानून है। उनके नीचे चार 'अफ़सर' हैं, जिन्हें देशी नाम से

१. जहाँ समुद्र का किनारा नहीं सूझता या जहाँ से नजदीक का किनारा कम से कम दो-तीन दिन की राह है।

'मालिम' कहते हैं। उसके बाद चार-पाँच इंजीनियर हैं। इनमें जो 'चीफ़' है, उसका ओहदा अफ़सर के मुक़ाबले का है, वह पहले दर्जे में खाना खाता है। उसके अलावा और हैं चार-पांच 'सुकानी' जो बारी बारी से पतवार पकड़े रहते हैं। ये लोग यूरोपियन हैं, बाकी सब नौकर-चाकर खलासी, कोयला झोंकनेवाले देशी लोग ही हैं—सभी मुसलमान। हिन्दू सिर्फ़ बम्बई की तरफ़ मिले थे, पी० एण्ड ओ० कम्पनी के जहाज़ में। नौकर खलासी कलकत्ते के, कोयला झोंकनेवाले पूर्व बंग के, बावर्ची भी पूर्व बंग के कैथोलिक क्रिश्चियन हैं और हैं चार मेहतर। कमरे से गन्दा पानी आदि मेहतर साफ़ करते हैं, नहाने का इन्तज़ाम और पाखाना आदि ठीक रखना भी उन्हींके ज़िम्मे है। मुसलमान नौकर—खलासी लोग क्रिस्तानों का पकाया नहीं खाते; इसके अलावा जहाज़ पर सूअर का रोज़ाना इन्तज़ाम तो है ही। किन्तु, वे बहुत कुछ आँख की आड़ में कर डालते हैं। जहाज़ के बावर्चीखाने की बनी रोटियाँ आदि लोग मज़े में खा लेते हैं, और जो कलकतिये नौकर नयी रोशनी पा चुके हैं, वे लोग पर्दे की ओट में खाने-पीने का विचार नहीं रखते। मज़दूरों के तीन 'मेस' हैं, एक चाकरों का, एक खलासियों का, एक कोयला झोंकनेवालों का। प्रत्येक 'मेस' को एक भण्डारी और रसोइया कम्पनी देती है। हर 'मेस' के खाना पकाने की एक जगह है। कलकत्ते से कुछ हिन्दू डेक-यात्री कोलम्बो जा रहे थे, वे लोग उसी कमरे में नौकरों का भोजन पक जाने पर अपना भोजन पका लिया करते थे। नौकर लोग पानी भी खुद ही भर कर पीते हैं। हर डेक में दीवार के दोनों तरफ़ दो पम्प हैं; एक खारे पानी का, दूसरा मीठे का। वहाँ से मीठा जल भरकर मुसलमान लोग इस्तेमाल करते हैं। जिन हिन्दुओं को कल के पानी से कोई एतराज नहीं है, उनके लिए खाने-पीने का सम्पूर्ण विचार रखकर इन सभी जहाज़ों पर विलायत आदि देशों में जाना बहुत सीधा है। भोजन पकाने का घर मिलता है, किसी-का छुआ पानी नहीं पीना पड़ता, नहाने का पानी भी किसी दूसरी जाति के छूने की ज़रूरत नहीं रह जाती। चावल, दाल, शाक-पात, मछली, दूध, घी सभी कुछ जहाज़ पर मिलता है। खास कर इन सब जहाज़ों में देशी आदमियों के काम करने के कारण, दाल, चावल, मूली, गोभी, आलू आदि हर रोज़ उनके लिए निकाल देना पड़ता है। चाहिए सिर्फ़—'पैसा'। पैसा रहने से कुल आचार-विचार रखकर भी यात्रा की जा सकती है।

ये सब बंगाली नौकर आजकल प्रायः उन सभी जहाज़ों पर रहते हैं, जो कलकत्ते से यूरोप जाते हैं। क्रमशः इनकी एक जाति तैयार हो रही है। कुछ जहाज़ी पारिभाषिक शब्दों की भी सृष्टि हो रही है। कप्तान को ये लोग कहते हैं—'बाड़ीवाला', अफ़सर को—'मालिम', मस्तूल को—

'डोल', पाल को—'सड़', उतारो—'आरिया', उठाओ—'हाबिस' (Heave) आदि।

खलासियों और कोयलेवालों में एक आदमी सरदार रहता है, उसे 'सारंग' कहते हैं, उसके नीचे दो-तीन 'टंडेल', इसके बाद खलासी या कोयलेवाला।

खानसामा लोगों (boy) के सरदार को 'बटलर' (butler) कहते हैं, उसके ऊपर एक आदमी गोरा, 'स्टूअर्ड' होता है। खलासी लोग जहाज़ धोना-पोछना रस्सी फेंकना-उठाना, नाव उतारना-चढ़ाना, पाल गिराना-उठाना (यद्यपि बाष्प-पोतों में यह काम यदा-कदा होता है), आदि काम करते हैं। सारंग और टंडेल सदा ही साथ साथ फिरते और काम करते हैं। कोयलेवाले इंजन-घर में आग ठीक रखते हैं; उनका काम दिन-रात आग से लड़ते रहना है, और इंजन को पोंछकर साफ़ रखना। वह विराट इंजन और उसकी शाखा-प्रशाखाएँ साफ़ रखना कोई साधारण काम है? 'सारंग' और उसका 'भाई' असिस्टेण्ट 'सारंग' कलकत्ते के आदमी हैं, बंगला बोलते हैं, बहुत कुछ भले आदमियों की तरह ही, लिख-पढ़ सकते हैं, स्कूल में पढ़े हुए, काम चलाने भर की अंग्रेज़ी भी बोल लेते हैं—'सारंग' का तेरह साल का लड़का कप्तान का नौकर है—दरवाज़े पर रहता है, अर्दली है। इन सब बंगाली खलासी, कोयलेवाले, खानसामे आदि का काम देखकर स्वजाति पर जो एक निराशा का भाव था, वह बहुत कुछ घट गया है। ये लोग कैसे धीरे धीरे आदमी बन रहे हैं, कैसे तन्दुरुस्त, कैसे निडर फिर भी शान्त। वह नेटिवी पैरपोशी का भाव मेहतरों में भी नहीं, कैसा परिवर्तन!

देशी मल्लाह लोग जो काम करते हैं, वह बहुत अच्छा है। ज़बान पर एक बात भी नहीं, पर उधर तनख्वाह गोरों की चौथाई। विलायत में बहुतेरे असन्तुष्ट हैं; ख़ास कर इसलिए कि बहुत से गोरों की रोटियाँ जाती हैं। वे लोग कभी कभी शोर मचाते हैं। कहने को तो और कुछ है नहीं, क्योंकि काम में ये गोरों से फुर्तीले होते हैं। परन्तु कहते हैं, तूफ़ान उठने पर, जहाज के विपत्ति में पड़ने पर, इनमें हिम्मत नहीं रहती। सीताराम सीता! वास्तविक विपत्ति के समय, अतः यह स्पष्ट दिखलायी देता है कि यह बदनामी झूठ है। विपत्ति के समय गोरे भय से शराब पीकर, जकड़ कर, निकम्मे हो जाते हैं। देशी खलासियों ने एक बूँद भी शराब ज़िन्दगी भर नहीं पी, और अब तक किसी महा विपत्ति के अवसर पर एक आदमी ने भी कायरता नहीं दिखायी। अजी, देशी सिपाही भी कभी कायरता दिखलाता है? परन्तु नेता चाहिए। जनरल स्ट्रांग नाम के एक अंग्रेज़ मित्र सिपाही-विद्रोह के समय इस देश में थे। वे ग़दर की कहानी बहुत कहते थे। एक दिन बातों ही बातों में पूछा गया कि सिपाहियों के साथ इतनी तोप, बारूद,

रसद थी, और वे शिक्षित तथा दूरदर्शी थे। फिर वे इस तरह क्यों हार कर भागे ? उन्होंने उत्तर दिया, उसमें जो लोग नेता थे, वे सब बहुत पीछे से 'मारो बहादुर', 'लड़ो बहादुर' कह कहकर चिल्ला रहे थे ! स्वयं अफ़सर के आगे बढ़े बिना तथा मौत का सामना किये बिना कहीं सिपाही लड़ते हैं ! सब काम में ऐसा ही हाल है। 'सिर दार तो सरदार'; सिर दे सको तो नेता हो। हम सब लोग धोखा देकर नेता होना चाहते हैं; इसीसे कुछ होता नहीं, कोई मानता भी नहीं।

आर्य बाबा का दम भरते हुए चाहे प्राचीन भारत का गौरव गान दिन-रात करते रहो और कितना भी 'डमृडम्' कहकर गाल बजाओ, तुम ऊँची जातवाले क्या जीवित हो ? तुम लोग हो दस हज़ार वर्ष पीछे के ममी ! ! जिन्हें 'सचल श्मशान' कहकर तुम्हारे पूर्व पुरुषों ने घृणा की है, भारत में जो कुछ वर्तमान जीवन है, वह उन्हींमें है और 'सचल श्मशान' हो तुम लोग। तुम्हारे घर-द्वार म्यूज़ियम हैं, तुम्हारे आचार-व्यवहार, चाल-चलन देखने से जान पड़ता है, बड़ी दीदी के मुँह से कहानियाँ सुन रहा हूँ ! तुम्हारे साथ प्रत्यक्ष वार्तालाप करके भी घर लौटता हूँ तो जान पड़ता है, चित्रशाला में तस्वीरें देख आया। इस माया के संसार की असली प्रहेलिका, असली मरु-मरीचिका तुम लोग हो भारत के उच्च वर्णवाले। तुम लोग भूत काल हो, लङ्, लुङ्, लिट्, सब एक साथ। वर्तमान काल में तुम्हें देख रहा हूँ, इससे जो अनुभव हो रहा है वह अजीर्णता-जनित दुःस्वप्न है। भविष्य के तुम लोग शून्य हो, इत्, लोप्, लुप्। स्वप्न-राज्य के आदमी हो तुम लोग, अब देर क्यों कर रहे हो ? भूत-भारत-शरीर के रक्त-मांस-हीन कंकालकुल, तुम लोग क्यों नहीं जल्दी से जल्दी धूलि में परिणत हो वायु में मिल जाते ? तुम लोगों की अस्थिमय अँगुलियों में पूर्वपुरुषों की संचित कुछ अमूल्य रत्नांगुलीय हैं, तुम्हारे दुर्गन्धित शरीरों को भेंटती हुई पूर्व काल की बहुत सी रत्नपेटिकाएँ सुरक्षित हैं। इतने दिनों तक उन्हें दे देने की सुविधा नहीं मिली। अब अंग्रेज़ी राज्य में, अबाध विद्या-चर्चा के दिनों में, उन्हें उत्तराधिकारियों को दो, जितने शीघ्र दे सको, दे दो। तुम लोग शून्य में विलीन हो जाओ और फिर एक नवीन भारत निकल पड़े। निकले हल पकड़कर, किसानों की कुटी भेदकर, जाली, माली, मोची, मेहतरों की झोपड़ियों से। निकल पड़े बनियों की दूकानों से, भुजवा के भाड़ के पास से, कारखाने से, हाट से, बाज़ार से। निकले झाड़ियों, जंगलों, पहाड़ों, पर्वतों से। इन लोगों ने सहस्र सहस्र वर्षों तक नीरव अत्याचार सहन किया है,—उससे पायी है अपूर्व सहिष्णुता। सनातन दुःख उठाया, जिससे पायी है अटल जीवनी शक्ति। ये लोग मुट्ठी भर सत्तू खाकर दुनिया उलट दे सकेंगे। आधी रोटी मिली तो तीनों लोक में इतना तेज न अटेगा ? ये रक्तबीज के प्राणों से युक्त हैं। और

पाया है सदाचार-बल, जो तीनों लोक में नहीं है। इतनी शान्ति, इतनी प्रीति, इतना प्यार, बेज़बान रहकर दिन-रात इतना खटना और काम के वक़्त सिंह का विक्रम!! अतीत के कंकाल-समूह!—यही है तुम्हारे सामने तुम्हारा उत्तराधिकारी भावी भारत। वे तुम्हारी रत्नपेटिकाएँ, तुम्हारी मणि की अँगूठियाँ—फेंक दो इनके बीच; जितना शीघ्र फेंक सको, फेंक दो; और तुम हवा में विलीन हो जाओ, अदृश्य हो जाओ, सिर्फ़ कान खड़े रखो। तुम ज्योंही विलीन होगे, उसी वक़्त सुनोगे, कोटिजीमूतस्यन्दिनी, त्रैलोक्यकंपनकारिणी भावी भारत की उद्बोधन ध्वनि 'वाह गुरु की फ़तह!'

जहाज़ बंगोपसागर में जा रहा है। यह समुद्र, कहते हैं बड़ा गम्भीर है। जितने में कम पानी था, उतने में तो गंगा जी ने हिमालय चूरकर, मिट्टी लाकर, बोझकर, ज़मीन कर दिया है। वही ज़मीन हमारा बंग देश है, बंगाल अब बहुत आगे नहीं बढ़ने का। बस उसी सुन्दरवन तक। कोई कोई कहते हैं, पहले सुन्दरवन नगर और ग्रामों से आबाद था, ऊँचा था। बहुत से लोग अब यह बात नहीं मानना चाहते। कुछ हो, उस सुन्दरवन के भीतर और बंगोपसागर की उत्तर ओर बहुत से कारखाने हो गये हैं, इन्हीं सब स्थानों में पोर्तुगीज़ डाकुओं ने अड्डे जमाये थे। अराकान के राजा ने इन सब जगहों के अधिकार की अनेक चेष्टाएँ कीं। मुग़ल-प्रतिनिधि ने 'गोंज़ालेज़' प्रमुख पोर्तुगीज़ डाकुओं पर शासन करने के अनेक उद्योग किये। बारम्बार क्रिश्चियन, मुग़ल, मग और बंगालियों की लड़ाइयाँ हुईं।

एक तो ऐसे ही बंगोपसागर स्वभावतः चंचल है। तिस पर यह है वर्षाकाल, मानसून का समय, जहाज़ खूब हिलता-डुलता हुआ जा रहा है! परन्तु अभी तो आरम्भ ही हुआ है, भगवान् जाने, भविष्य में क्या है। मद्रास जा रहा हूँ। इस दाक्षिणात्य का अधिक भाग ही अब मद्रास प्रान्त है। ज़मीन से क्या होता है? भाग्यवान के हाथों पड़कर मरुभूमि भी स्वर्ग बन जाती है। नगण्य क्षुद्र मद्रास शहर जिसका नाम चिन्तापट्टनम् अथवा मद्रासपट्टनम् था, चन्द्रगिरि के राजा ने एक वणिक-दल को बेचा था, तब अंग्रेज़ों का व्यवसाय जावा में था। बान्ताम शहर अंग्रेज़ों का एशिया के वाणिज्य का केन्द्र था। मद्रास आदि भारतवर्ष की अंग्रेज़ी कम्पनियों के सब वाणिज्य केन्द्र बान्ताम द्वारा परिचालित होते थे। वह बान्ताम अब कहाँ है? और वह मद्रास अब किस रूप में बदल गया। सिर्फ़ उद्योगिनं पुरुषसिंहमुपैति लक्ष्मीः। क्या यही है न भाई साहब? पीछे है 'माता का बल'; परन्तु उद्योगी पुरुष को ही माता बल देती है, यह बात भी मानता हूँ। मद्रास की याद आते ही खालिश दक्षिण मुल्क़ याद आता है। कलकत्ते के जगन्नाथ घाट पर ही

दक्षिण मुल्क के आसार नज़र आते हैं, (यह किनारे से घुटा सर, चोटी-बँधा सर, कपाल मानो चित्र-वैचित्र्य से पूर्ण, सूँड़ उल्टी चट्टियाँ (स्लीपर) जिनमें सिर्फ़ पैर की अँगुलियाँ ही जाती हैं और नस्य-(सुंघनी)-विगलित-नासा, लड़कों के सर्वांग में चन्दन के छापे लगाने में बड़े पटु) उड़िया ब्राह्मण को देखकर। गुजराती ब्राह्मण, काले-कलूटे देशवाले ब्राह्मण, बिल्कुल साफ़ गोरे मार्जारचक्षु, चौकोर सर कोंकण के ब्राह्मण, यद्यपि इनमें सबके एक ही प्रकार के वेश हैं, सभी दक्षिणी नाम से परिचित हैं; परन्तु ठीक दक्षिणी ढंग मद्रासियों में है। वह रामानुजी तिलक, परिव्याप्त ललाट-मण्डल, दूर से जैसे खेत की रखवाली के लिए काली हण्डी में चूना पोतकर जले काठ के सिरे में किसीने टाँग दिया हो [जिस रामानुजी तिलक के शागिर्द रामानन्दी तिलक की महिमा के सम्बन्ध में कहते हैं—तिलक तिलक सब कोई कहै (पर) रामानन्दी तिलक। दीखत गंगापार से यम गौद्वारा खिड़क्।] हमारे देश के चैतन्य-सम्प्रदाय के किसी गोसाईं को सर्वांग में छाप लगाये हुए देखकर एक मतवाले ने चीता समझा था, पर इस मद्रासी तिलक को देखकर तो चीता भी पेड़ पर चढ़ जाता है! वह तमिल, तेलुगु, मलयालम बोली जिसे छः साल सुनने पर भी क्या मजाल जो एक शब्द भी समझ लो, जिसमें दुनिया के तरह तरह के 'लकार' और 'डकारों' की नुमाइश है; वह 'मुड़गतन्नि रसम्'[१] के साथ भात 'सापड़न'—जिसके एक एक ग्रास से कलेजा थर्रा उठता (इतना तीखा और इमली-मिला!) वह 'मीठे नीम के लच्छे, चने की दाल, मूँग की दाल', छौंका हुआ दध्योदन आदि भोजन; और वह अण्डी का तेल लगाकर स्नान, अण्डी के तेल में मछली भूनना,—इसके बिना क्या कहीं दक्षिण मुल्क होता है?

पुनश्च, यही दक्षिण मुल्क है, जिसने मुसलमान-राज्य के समय और उसके कितने समय पहले से भी हिन्दू धर्म को बचा रखा है। इस दक्षिण मुल्क में ही—सामने शिखा रखनेवाली और इस नारियल का तेल खानेवाली जाति में,—शंकराचार्य का जन्म हुआ; इसी देश में रामानुज पैदा हुए थे, यही मध्व मुनि की जन्मभूमि है। इन्हींके पैरों के नीचे वर्तमान हिन्दू धर्म है। तुम्हारा चैतन्य-सम्प्रदाय इस मध्व-सम्प्रदाय की शाखा मात्र है; उसी शंकर की प्रतिध्वनि कबीर, दादू, नानक, रामसनेही आदि सब लोग हैं; उसी रामानुज के शिष्य सम्प्रदाय अयोध्या आदि में दखल कर बैठे हुए हैं। ये दक्षिणी ब्राह्मण उत्तरी भारत के ब्राह्मण को ब्राह्मण मानने के लिए तैयार नहीं, उन्हें शिष्य नहीं करना चाहते, उस दिन तक संन्यास नहीं देते

---

१. अत्यन्त तीखी इमली मिली अरहर की दाल का रस। यह दक्षिणियों का प्रिय भोजन है। मुड़ग अर्थात् काली मिर्च और तन्नि अर्थात् दाल।

थे, ये ही मद्रासी इस समय तक बड़े बड़े तीर्थस्थान दखल कर बैठे हुए हैं। इस दक्षिण देश में ही—जिस समय उत्तर भारतवासी 'अल्लाहो अकबर, दीन दीन' शब्द के सामने भय से धन-रत्न, ठाकुर-देवता, स्त्री-पुत्रों को छोड़कर झाड़ियों और जंगलों में छिप रहे थे—राजचक्रवर्ती विद्यानगराधिप का अचल सिंहासन प्रतिष्ठित था। इस दक्षिण देश में ही उस अद्भुत सायण का जन्म हुआ है, जिनके यवन-विजयी बाहुबल से बुक्कराज का सिंहासन, मन्त्रणा द्वारा विद्यानगर साम्राज्य और नयमार्ग से दाक्षिणात्य की सुख-स्वच्छन्दता प्रतिष्ठित रही—जिनकी अमानव प्रतिभा द्वारा और अलौकिक श्रम के फलस्वरूप समग्र वेदराशि पर टीकाएँ हुईं, जिनके अद्भुत त्याग, वैराग्य और गवेषणा के फलस्वरूप पंचदशी ग्रन्थ बना; उन्हीं संन्यासी विद्यारण्य मुनि सायण[1] की यह जन्मभूमि है। यह मद्रास उस तामिल जाति की वासभूमि है, जिनकी सभ्यता सर्वप्राचीन है, जिनकी 'सुमेर' नामक शाखा ने युफ़ेटिस के तट पर प्रकाण्ड सभ्यता का विस्तार बहुत प्राचीन काल में किया था—जिनकी ज्योतिष, धर्म-कथाएँ, नीतियाँ, आचार आदि आसिरी और बाविलीं सभ्यता की भित्ति हैं—जिनका पुराण-संग्रह बाइबिल का मूल है—जिनकी एक और शाखा ने मलाबार उपकूल होकर अद्भुत मिस्री सभ्यता की सृष्टि की थी—जिनके प्रति आर्यगण अनेक विषयों में ऋणी हैं। इन्हींके बड़े बड़े मन्दिर दाक्षिणात्य में वीर-शैव या वीर-वैष्णव सम्प्रदाय की विजय-घोषणा कर रहे हैं। यह जो इतना बड़ा वैष्णव धर्म है, यह भी इसी 'तमिल' नीचवंशोद्भुत 'षट्कोप' से उत्पन्न हुआ है जो बिक्रोय सूर्पं स चचार योगो हैं। यही तमिल आलवाड़ या भक्तगण अब भी समग्र वैष्णव सम्प्रदाय के पूज्य हो रहे हैं। अब भी इस देश में वेदान्त के द्वैत, विशिष्ट तथा अद्वैत आदि मतों की जैसी चर्चा है, ऐसी और कहीं नहीं। अब भी धर्म पर अनुराग इस देश में जितना प्रबल है, वैसा और कहीं नहीं।

२४ वीं जून की रात को हमारा जहाज़ मद्रास पहुँचा। प्रातःकाल उठकर देखता हूँ समुद्र के भीतर चहारदीवारी से घेरे हुए मद्रास के बन्दर में हूँ। भीतर का जल स्थिर है और बाहर उत्ताल तरंगें गरज रही हैं और एक एक बार बन्दर की दीवार से लगकर दस-बारह हाथ उछल पड़ती हैं; फिर फेनमय होकर छितर जाती हैं। सामने सुपरिचित मद्रास का स्ट्रैण्ड रोड है। दो पुलिस इन्स्पेक्टर, एक मद्रासी जमादार, एक दर्जन पहरेवाले जहाज़ पर चढ़े। बड़ी सभ्यता के साथ मुझसे कहा कि काले आदमियों को किनारे जाने का हुक़्म नहीं, गोरों को है।

---

१. किसी किसी के मत से वेद-भाष्यकार सायण विद्यारण्य मुनि के भ्राता थे।

काला कोई भी हो, वह गंदा रहता है और उसके प्लेग-परमाणु लेकर घूमने की बड़ी ही सम्भावना है। परन्तु मेरे लिए मद्रासियों ने विशेष हुक्म पाने की दरख़्वास्त की थी, शायद मंज़ूरी मिली हो। क्रमशः दो दो, चार चार करके मद्रासी मित्र नाव पर चढ़कर जहाज़ के पास आने लगे। परन्तु छुआछूत की गुंजाइश नहीं, जहाज़ ही से बातें करो। आलासिंगा, बिलीगिरी, नरसिंहाचार्य, डॉक्टर नंजनराव, कीडी आदि सब मित्रों पर नज़र पड़ी। आम, केले, नारियल, पका हुआ दध्योदन, राशि राशि गजा (एक प्रकार की मिठाई), नमकीन आदि आदि के बोझे आने लगे। क्रमशः भीड़ होने लगी—आबाल-वृद्ध-वनिता, नाव पर नावें डट गयीं। मेरे विलायत के मित्र मि० श्यामीएर, बैरिस्टर होकर मद्रास आ गये हैं, उन्हें भी देखा। रामकृष्णानन्द और निर्भय कई बार आये गये। उन लोगों की इच्छा दिन-भर उसी कड़ी धूप में नाव पर ही रहने की थी—अन्त में डाँटने पर गये। क्रमशः जितनी ख़बर बढ़ी कि मुझे उतरने की मंज़ूरी नहीं दी जायगी, उतनी ही नाव की भीड़ बढ़ने लगी। मेरा शरीर भी जहाज़ के बरामदे में ठेस देकर लगातार खड़े रहने से क्रमशः अवसन्न होने लगा। तब मद्रासी मित्रों से मैंने विदा माँगी, कैबिन के भीतर प्रवेश किया। आलासिंगा को 'ब्रह्मवादिन्' और मद्रासी काम-काज के बारे में सलाह करने का अवसर नहीं मिला, इसलिए वह कोलम्बो तक जहाज़ पर चले। शाम के वक़्त जहाज़ छूटा। उस समय एक शोर उठा। झरोखे से झाँककर देखता हूँ, एक हज़ार के क़रीब मद्रासी स्त्री-पुरुष-बालक-बालिकाएँ, बन्दर के बाँध पर बैठी हुई थीं—जहाज़ छोड़ते ही, वे ही यह विदासूचक ध्वनि कर रही थीं। आनन्द होने पर बंगदेश के समान मद्रासी लोग 'हूलू' ध्वनि करते हैं।

मद्रास से कोलम्बो चार दिन। जो तरंग-भंग गंगासागर से शुरू हुए थे, वे क्रमशः बढ़ने लगे। मद्रास के बाद और भी बढ़ गये। जहाज़ बहुत झूमने लगा। यात्री तो सर थामकर क़ै करते करते परेशान हो गये। दोनों बंगाली लड़के भी बड़े सिक (sick) थे; एक ने तो सोच लिया है, मर जायगा। उसे बहुत तरह से समझा-बुझा दिया गया कि कोई भय नहीं, इस तरह सभी को होता है, इससे कोई मरता नहीं, कुछ होता भी नहीं। सेकेण्ड क्लास भी बिल्कुल 'स्क्रू' के ऊपर है; दोनों लड़कों को, काला आदमी होने के कारण एक अन्धकूप की तरह घर में भर दिया गया है। यहाँ पवन-देव के जाने का भी हुक्म नहीं है, सूर्य का भी प्रवेश निषिद्ध है। किसी की क्या मजाल जो उन दो लड़कों के घर में चला जाय और फिर छत पर—कैसा भयानक हिलडोल! फिर जब जहाज़ का अगला भाग तरंग के गढ़े में बैठ जाता है, और पिछला हिस्सा ऊँचा उठ जाता है, उस समय स्क्रू जल

से छूटकर शून्य में चक्कर काटता है और कुल जहाज़ ढक्-ढक्-ढक् आवाज़ करता हुआ हिल उठता है। सेकेण्ड क्लास उस समय, चूहे को पकड़कर जैसे बिल्ली रह रहकर झटके दे, इस तरह हिल उठता है।

कुछ हो, इस समय मानसून का समय है। भारत महासागर में जितना ही जहाज़ पश्चिम की ओर चलेगा, उतना ही यह हवा और तूफ़ान बढ़ेगा। मद्रासियों ने बहुत से फल आदि दिये थे, उनका अधिकांश तथा गजा, दध्योदन आदि सब लड़कों को दे दिया। आलासिंगा तुरन्त एक टिकट ख़रीद नंगे पैर जहाज़ पर चढ़ बैठा। आलासिंगा कहता है, वह कभी कभी जूता पहनता है। देश देश में तरह तरह की रहन-सहन है। यूरोप में औरतों के लिए पैर नंगा करना बड़े शर्म की बात है, लेकिन ऊपर की आधी देह भले ही नंगी रहे! हमारे देश में सर ढकना होगा ही, चाहे पहनने भर को कपड़ा भले ही न अटे! आलासिंगा पेरूमल, एडीटर 'ब्रह्मवादिन्', मैसूरी रामानुजी 'रसम्' खानेवाला ब्राह्मण है। घुटा सर, तमाम ललाट 'तेंकली' तिलक, साथ का सहारा, छिपाकर बड़े यत्न से लाये हैं क्या, ये दो गठरियाँ! एक में चूड़ा भूने हुए और एक में लाई-मटर! जात बचाकर, वही लाई-मटर चबाते हुए, सीलोन जाना होगा! आलासिंगा एक बार और सीलोन गया था। इससे बिरादरीवालों ने कुछ गुलगपाड़ा मचाना चाहा था; पर कामयाब न हो सके थे। भारत में इतना ही बचाव है! बिरादरीवालों ने अगर कुछ न कहा तो और किसीको भी कुछ कहने का अधिकार नहीं। और वह दक्षिणी बिरादरी—किसीमें हैं कुल पाँच सौ, किसी में सात सौ, किसी में हज़ार प्राणी—लड़की कोई न मिली तो भाँजी को ब्याह लिया! जब मैसूर में पहले-पहल रेल हुई, तो जो ब्राह्मण दूर से रेलगाड़ी देखने गये थे, वे सब बेजात कर दिये गये। कुछ हो, इस आलासिंगा की तरह आदमी संसार में बहुत थोड़े हैं; ऐसा निःस्वार्थ, ऐसा जी-तोड़ मेहनत करनेवाला, ऐसा गुरु-भक्त आज्ञाधीन शिष्य; इस प्रकार के संसार में बहुत थोड़े लोग हैं, समझे भाई साहब! घुटा-सर, बँधी-चोटी, नंगे-पैर धोती पहने, मद्रासी फ़र्स्ट क्लास में चढ़ा; घूमता-टहलता, भूख लगने पर लाई-मटर चबाता। नौकर लोग मद्रासी मात्र को समझते हैं 'चेट्टी' और 'इनके बहुत सा रुपया है, लेकिन न कपड़े ही पहनेंगे, न खायेंगे ही।' परन्तु हमारे साथ पड़कर उसकी जाति की मिट्टी पलीद हो रही है—नौकर लोग कह रहे हैं। असल बात है—तुम लोगों के पल्ले पड़कर मद्रासियों की जाति का हाल बहुत कुछ गँदला ही क्यों, कर्दमाक्त हो चला है।

आलासिंगा को 'सी-सिकनेस' नहीं हुई। 'तु'—भाई साहब पहले कुछ घबराये थे, अब सँभल कर बैठे हैं। अतएव चार रोज़ अनेक प्रकार के वार्तालाप से

इष्टगोष्ठी में कटे। सामने कोलम्बो है। यही सिंहल, लंका है। श्री रामचन्द्र ने सेतु बाँधकर पार हो लंका के राजा रावण पर विजय प्राप्त की थी। सेतु तो देख रहा हूँ; सेतुपति महाराजा के मकान में जिस पत्थर के टुकड़े पर भगवान् रामचन्द्र ने उनके पूर्वपुरुष को प्रथम सेतुपति राजा बनाया था, वह भी देख रहा हूँ। लेकिन यह पाप बौद्ध सीलोनी लोग जो नहीं मानना चाहते, कहते हैं—हमारे देश में तो ऐसी किंवदन्ती भी नहीं है। अरे! नहीं है, कहने से क्या होगा?—'गोसाइँ' जी ने पोथी में लिखा जो है। इसके बाद वे लोग अपने देश को कहते हैं सिंहल, लंका[1] नहीं कहेंगे; कहेंगे कहाँ से? उनकी न बात में कड़ुआपन, न काम में कड़ुआपन, न प्रकृति में कड़ुआपन। राम कहो! घाँघरा पहने, चोटी बाँधे, इधर जूड़े में बड़ी सी एक कंघी खोंसे, ज़नानी सूरत के! फिर दुबले-पतले नाटे से मुलायम शरीरवाले! ये हैं रावण-कुम्भकर्ण के बच्चे! लो हो चुका! कहते हैं—बंगाल से आया था, अच्छा ही किया था। यह जो एक दल (बंगाल) देश में उमड़ रहा है, औरतों की तरह पहनाव-उढ़ाव, नज़ाकत-भरी बोली, तिरछी तिरछी चाल, किसीकी आँख से आँख मिलाकर बात नहीं कर सकते, और पैदा होने के दिन से ही प्रेम की कविताएँ लिखते हैं और जुदाई की आग से 'हाय हुसेन, हाय हसन' किया करते हैं—ये लोग क्यों नहीं जाते जनाब सीलोन? मुँहजली सरकार सोती है क्या? उस दिन पुरी में न जाने किनकी धर-पकड़ में तमाम हो-हल्ला मचाया, अजी राजधानी में[2] पकड़कर क़ैद किये जानेवाले भी तो बहुत से हैं।

एक था महादुष्ट बंगाली राजा का लड़का—नाम विजय सिंह, उसने बाप के साथ तकरार कर अपनी तरह के कुछ और साथी इकट्ठे किये; फिर बहते बहते लंका के टापू में हाज़िर। उस समय उस देश में जंगली जातियों का बास था, जिसके वंशधर इस समय वेद्दा के नाम से प्रसिद्ध हैं। जंगली राजा ने उसे बड़ी खातिर से रखा। उसके साथ अपनी लड़की को ब्याह दिया। कुछ दिन तो वह भले आदमी की तरह रहा, इसके बाद एक दिन बीबी के साथ सलाह करके एकाएक रात को दलबल सहित उठकर सरदारों के साथ जंगली राजा को क़त्ल कर डाला। इसके बाद जनाब विजय सिंह हुए राजा। बदमाशी का यहीं पर विशेष अन्त नहीं हुआ। इसके बाद आपको इस जंगली की लड़की रानी पसन्द नहीं आयी। तब भारत से और भी आदमी, और भी बहुत सी लड़कियों को मँगवाया। अनुराधा नाम की एक लड़की से तो स्वयं विवाह किया, और उस जंगली लड़की को हमेशा के लिए

१. बंगला भाषा में लाल मिर्चा को 'लंका' कहते हैं।
२. तदानीन्तन राजधानी कलकत्ते में।

विदा कर दिया; उस तमाम जाति का निधन करने लगे। बेचारे क़रीब क़रीब सब मारे गये। कुछ अंश झाड़ियों-जंगलों में आज भी बस रहा है। इस तरह लंका का नाम हुआ सिंहल और यह बना बंगाली बदमाशों का उपनिवेश। क्रमशः अशोक महाराज के समय, उनका लड़का माहिन्दो और लड़की संघमित्ता संन्यास लेकर धर्मप्रचार करने के लिए सिंहल टापू में हाज़िर हुए। इन लोगों ने जाकर देखा कि सब लोग बड़े ही अनाड़ी हो गये हैं। तमाम ज़िन्दगी मेहनत करके उन लोगों को भरसक सभ्य बनाया; अच्छे अच्छे नियम बनाये और उन लोगों को शाक्य-मुनि के सम्प्रदाय में लाये। देखते देखते सीलोनी लोग निहायत कट्टर बौद्ध हो गये। लंकाद्वीप के बीचोबीच एक विशाल शहर बनाया। नाम रखा अनुराधापुरम्। अब भी उस शहर का भग्नावशेष देखने से अक़्ल हैरान हो जाती है। बड़े बड़े स्तूप, कोसों तक पत्थरों की टूटी इमारतें खड़ी हैं। और भी कितना ही जंगल है, जो अब भी साफ़ नहीं किया गया। सीलोन भर में घुटे सिर, करुवाधारी, पीली चादर से ढकीं, भिक्षु-भिक्षुणियाँ फैल गयीं। जगह जगह बड़े बड़े मन्दिर बन गये —बड़ी बड़ी ध्यान-मूर्तियाँ, ज्ञानमुद्रा लिए हुए प्रचार-मूर्तियाँ, बगल पर सोयी हुई महानिर्वाण-मूर्तियाँ—उनके भीतर और दीवार की बग़ल में सीलोनी लोगों ने बदमाशी की—नरक में उनका क्या हाल होता है, वही खींचा हुआ है; किसीको भूत पीट रहे हैं, किसीको आरे से चीर रहे हैं, किसीको जला रहे हैं, किसीको गर्म तेल से कल्हार रहे हैं, किसीकी खाल निकाल रहे हैं—वह महा बीभत्स कारखाना है! इस 'अहिंसा परमो धर्मः' के भीतर ऐसी कारगुज़ारी छिपी है, कौन जानता है! चीन में भी यही हाल; जापान में भी यही। इधर तो अहिंसा, और सज़ा के प्रकार-भेद देखिये तो जान सूख जाती है। एक 'अहिंसा परमो धर्मः' के मकान में घुसा चोर। मालिक के लड़के उसे पकड़कर लगे बेदम पीटने। तब मालिक दुमंज़िले के बरामदे में आकर गोलमाल देख, ख़बर लेकर चिल्लाने लगा—"अरे मार मत, मार मत; अहिंसा परमो धर्मः।" तब अहिंसक के लड़के मारना रोककर पूछने लगे, "तो फिर चोर का क्या किया जाय?" मालिक ने आज्ञा दी, "इसे थैले में भरकर, पानी में डाल दो!" चोर ने आप्यायित हो हाथ जोड़कर कहा "अहा मालिक बड़े ही कृपालु हैं!" बौद्ध लोग बड़े शान्त हैं, सब धर्मों पर बराबर दृष्टि है, यही सुना था। बौद्ध प्रचारक लोग हमारे कलकत्ते में आकर, तरह तरह की गालियाँ झाड़ते हैं, लेकिन हम लोग फिर भी उनकी यथेष्ट पूजा किया करते हैं। एक बार मैं अनुराधापुरम् में व्याख्यान दे रहा था, हिन्दुओं के बीच में, बौद्धों में नहीं, वह भी खुले मैदान में, किसीकी ज़मीन पर नहीं। इतने में ही दुनिया के बौद्ध 'भिक्षु', गृहस्थ, स्त्री-पुरुष, ढोल-झाँझ आदि लेकर ऐसी विकट आवाज़ करने

लगे कि फिर क्या कहूँ ! लेक्चर तो समाप्त ही हो गया; नौबत ख़ून-ख़राबी की आ पहुँची। तब बहुत तरह से हिन्दुओं को समझा दिया कि उन लोगों से न हो, तो आओ हमीं लोग ज़रा अहिंसा करें, तब शान्ति हुई।

क्रमशः उत्तर तरफ़ से हिन्दू तमिल कुल ने धीरे धीरे लंका में प्रवेश किया। बौद्ध लोगों ने रुख ज़रा बुरा देखकर राजधानी छोड़कर कान्दी नामक पार्वत्य शहर की स्थापना की। तमिलों ने कुछ दिनों में वह भी छीन लिया और हिन्दू राज्य खड़ा किया। इसके बाद आया फ़िरंगियों का दल, स्पेनियार्ड, पोर्तुगीज़, डच। अन्त में अंग्रेज़ राजा हुए हैं, कान्दी राज्य के वंशधर तंजोर भेज दिये गये हैं। वहाँ वे पेनशन पाते हैं और मुड़गतन्नी रसम् खाते हैं।

उत्तर सीलोन में हिन्दुओं का भाग बहुत ज़्यादा है; दक्षिण तरफ़ बौद्ध और रंग-बिरंगे दोगले फ़िरंगी। बौद्धों का प्रधान स्थान वर्तमान राजधानी कोलम्बो है और हिन्दुओं का जाफ़ना। जातिवाला गुलगपाड़ा भारत से यहाँ बहुत कम है। बौद्धों में कुछ है, शादी-ब्याह के वक़्त। खान-पान का विचार-विवेचन बौद्धों में बिल्कुल नहीं। हिन्दुओं में कुछ कुछ है। यहाँ के समस्त क़साई पहले बौद्ध थे। आजकल घट रहे हैं; धर्मप्रचार हो रहा है। बौद्धों में से अधिकांश इस समय अपने पुराने नाम के बदले यूरोपियन नाम इन्द्रुम, पिन्द्रुम रख रहे हैं। हिन्दुओं की सब तरह की जातियाँ मिलकर एक हिन्दू जाति हुई है। इसमें बहुत कुछ पंजाबी जाटों की तरह सब जाति की लड़कियाँ और बीबियाँ तक ब्याही जा सकती हैं। लड़का मन्दिर में जाकर त्रिपुण्ड खींचकर, 'शिव शिव' कहकर हिन्दू बनता है; स्वामी हिन्दू, स्त्री क्रिश्चियन है। ललाट पर विभूति लगाकर 'नमः पार्वती पतये' कहने से ही क्रिश्चियन तत्काल हिन्दू बन जाता है, इसीलिए तुम्हारे ऊपर यहाँ के पादरी इतने रंज रहते हैं। तुम लोगों का जब से आना जाना हुआ, बहुत से क्रिश्चियन विभूति लगाकर 'नमः पार्वती पतये' कहकर हिन्दू बन, जात में लौटे हैं। अद्वैतवाद और वीर-शैववाद यहाँ का धर्म है। हिन्दू शब्द की जगह शैव कहना पड़ता है। चैतन्यदेव ने जिस नृत्य-कीर्तन का बंगदेश में प्रचार किया है, उसकी जन्मभूमि दाक्षिणात्य है, इसी तमिल जाति के भीतर। सीलोन की तमिल भाषा शुद्ध तमिल है, सीलोन का धर्म शुद्ध तमिल धर्म है— वह लाखों आदमियों का उन्माद-कीर्तन, शिव-स्तवगान, वह हज़ारों मृदंग की ध्वनि, वह बड़ी बड़ी करतालों की झाँझें और यह विभूति-भूषित, मोटे मोटे रुद्राक्ष की मालाएँ गले में, पहलवानी चेहरा, लाल आँखें, महावीर की तरह, तमिलों का मत-वाला नाच बिना देखे समझ न सकोगे।

कोलम्बो के मित्रों ने उतरने का हुक्म ले रखा था, अतएव ज़मीन पर उतरकर

बन्धु-बान्धवों से मुलाक़ात की गयी। सर कुमारस्वामी हिन्दुओं में श्रेष्ठ मनुष्य हैं; उनकी स्त्री अंग्रेज हैं, लड़का नंगे-पैर, सिर पर विभूति। श्रीयुत अरुणाचलम् आदि प्रमुख बन्धु-बान्धवगण आये। बहुत दिनों के बाद मुड़गतन्नी खाया गया और किंग कोकोनट (king cocoanut)। कुछ डाव (कच्चे नारियल) जहाज़ पर चढ़ा दिये गये। मिसेज़ हिगिन्स के साथ मुलाक़ात हुई, उनकी बौद्ध लड़की का बोर्डिंग स्कूल देखा। कौन्टेस् का मकान हिगिन्स के मकान से बड़ा तथा सजा हुआ है। कौन्टेस् घर से रुपये लायी है और मिसेज़ हिगिन्स ने भीख माँगकर बनवाया है। कौन्टेस् स्वयं गेरुआ कपड़ा, बंगाल की साड़ी के तरीक़े से पहनती हैं। सीलोन के बौद्धों को यह ढंग खूब पसन्द आ गया है, देखा! गाड़ियों में भरी स्त्रियाँ देखीं—सब बंगाली साड़ियाँ पहने हुईं।

बौद्धों के प्रधान तीर्थ कान्दी में दन्त-मन्दिर है। उस मन्दिर में बुद्ध भगवान् का एक दाँत है। सीलोनी लोग कहते हैं, वह दाँत पहले पुरी में जगन्नाथ के मन्दिर में था, बाद में अनेक तरह के हंगामे होने पर सीलोन लाया गया। वहाँ भी हंगामा कम नहीं हुआ। अब निरापद अवस्थान कर रहे हैं। सीलोनी लोगों ने अपना इतिहास अच्छी तरह लिख रखा है। हमारी तरह नहीं कि सिर्फ़ आषाढ़ी कहानियाँ! और सुना है कि बौद्धों का शास्त्र भी प्राचीन मागधी भाषा में इसी देश में सुरक्षित है। इस स्थान से ही ब्रह्मदेश, स्याम आदि मुल्कों को धर्म गया है। सीलोनी लोग अपने शास्त्रोक्त एक शाक्यमुनि को ही मानते हैं, और उन्हींके उपदेश मानकर चलने की चेष्टा करते हैं। नेपाली, सिक्किमी, भूटानी, लद्दाखी, चीनी और जापानियों की तरह शिव की पूजा नहीं करते, और न 'ह्रीं तारा' यह सब जानते हैं। परन्तु भूत आदि का उतारना—इन बातों में उनका विश्वास है। बौद्ध लोग इस समय उत्तर और दक्षिण दो विभागों में बँट गये हैं। उत्तरी विभागवाले अपने को कहते हैं महायान; और दक्षिणी अर्थात् सिंहली, ब्रह्मी, स्यामी आदि अपने को कहते हैं हीनयान। महायानवाले बुद्ध की पूजा नाममात्र करते हैं; असल पूजा तारादेवी और अवलोकितेश्वर की करते हैं (जापानी, चीनी और कोरियन लोग अवलोकितेश्वर को कहते हैं क्वानयन) और 'ह्रीं क्लीं' तन्त्र-मन्त्रों की बड़ी धूम है। तिब्बतवाले असल शिवभूत हैं, वे सब हिन्दू के देवताओं को मानते हैं, डमरू बजाते हैं, मुर्दे की खोपड़ी रखते हैं, साधु के हाड़ों का भोंपू बजाते हैं, मद्य और मांस के घाघ हैं। और हमेशा मंत्र पढ़ पढ़ कर रोग, भूत, प्रेत भगा रहे हैं। चीन और जापान के सब मन्दिरों की दीवार पर 'ओं ह्रीं क्लीं' सब बड़े बड़े सुनहले हरफ़ों में लिखा है। वे अक्षर बंगला के इतने नज़दीक हैं कि साफ़ समझ में आ जाते हैं।

आलासिंगा कोलम्बो से मद्रास लौट गया। हम लोग भी कुमारस्वामी के (कार्तिक के नाम सुब्रह्मण्य, कुमारस्वामी आदि आदि हैं; दक्षिण देश में कार्तिक की बड़ी पूजा होती है, बड़ा मान है; कार्तिक को ओंकार का अवतार कहते हैं) बगीचे की नारंगियाँ, कुछ नारियलों के राजा (king cocoanut), दो बोतल शरबत आदि उपहार सहित फिर जहाज़ पर चढ़े।

२५ जून को प्रातःकाल जहाज़ ने कोलम्बो छोड़ा। अब ऐन मानसून के भीतर से गुज़रना होगा। जहाज़ जितना ही बढ़ रहा है, तूफ़ान उतना ही बढ़ रहा है; हवा उतनी ही गरज रही है—बारिश और अँधेरा दोनों बढ़ रहे हैं; बड़ी बड़ी तरंगें गरजती हुई जहाज़ पर टूट रही हैं। डेक पर ठहरना मुश्किल हो रहा है। भोजन की मेज़ पर काठ की पटरियाँ चौकोर खानों की तरह बैठा दी गई हैं—इसे फिड्ल कहते हैं। इसके ऊपर खाने की चीजें उछल उछल पड़ती हैं। जहाज़ 'कचमच' 'कचमच' शब्द कर उठता है, मानो कि टूटकर टुकड़े टुकड़े हो जायगा। कप्तान कहते हैं, "चिन्ता की बात है। अबकी बार का मानसून बड़ा वाहियात है।" कप्तान बड़े अच्छे आदमी हैं; इन्होंने चीन और भारत के नज़दीक के समुद्रों में बहुत दिन बिताये हैं; खुशमिज़ाज आदमी हैं; आषाढ़ी कहानियाँ कहने में बड़े पटु हैं। तरह तरह की डाकुओं की कहानियाँ;—चीनी कुली किस तरह जहाज़ के अफ़सरों को मारकर कुल जहाज़ लूटकर भाग जाते थे—इस तरह के बहुत से क़िस्से सुनाया करते हैं। और किया ही क्या जाय!—लिखना पढ़ना इस हाल-डोल के मारे बिल्कुल मुश्किल हो रहा है। कैबिन के भीतर बैठना टेढ़ी खीर है। तरंगों के भय से झरोखे कस दिये गये हैं। एक दिन 'तु—' भाई साहब ने ज़रा खोल दिया था, एक तरंग का ज़रा सा टुकड़ा जल-प्लावन कर गया। ऊपर वह कैसी उथल-पुथल, कैसी आफ़त हो गयी! इसीके भीतर तुम्हारे 'उद्बोधन' का काम थोड़ा बहुत चल रहा है, याद रखना।

जहाज़ पर दो पादरी चढ़े हैं। एक अमेरिकन—सपत्नीक बड़े अच्छे आदमी हैं, नाम है बोगेश। बोगेश का विवाह हुए सात वर्ष हो चुके हैं; लड़के-लड़कियाँ छः हैं; नौकर लोग कहते हैं, खुदा की बड़ी मेहरबानी है! लड़कों को यह अनुभव नहीं हुआ शायद! एक कंथा बिछाकर बोगेश की स्त्री लड़के-लड़कियों को उसी डेक पर सुलाकर चली जाती है। वे सब वहीं लथपथ होकर रोते हुए लोटते-पोटते हैं। यात्री सदा ही सशंक रहते हैं। डेक पर टहलने की गुंजाइश नहीं। डर है कि कहीं बोगेश के लड़कों को कुचल न डालें। सबसे छोटे बच्चे को—चौकोर टोकरी में सुलाकर बोगेश और बोगेश की पादरिन सट-लिपट कर कोने में चार घण्टे बैठे रहते हैं। तुम्हारी यूरोपीय सभ्यता समझना कठिन है। हम लोग अगर बाहर

कुल्ला करें या दाँत माँजें तो कहोगे कैसा असभ्य है—ये सब काम एकान्त में करना उचित है और यह सब सटापटी क्या एकान्त में करना अच्छा नहीं! तुम लोग फिर इस सभ्यता की नक़ल करने जाते हो। ख़ैर प्रोटेस्टेन्ट धर्म ने उत्तर यूरोप का क्या उपकार किया है, इस पादरी पुरुष को बिना देखे हुए तुम लोग समझ नहीं सकोगे। यदि ये दस करोड़ अंग्रेज़ सब मर जायँ, सिर्फ़ पुरोहित-कुल बचा रहे, तो बीस वर्ष के बाद फिर दस करोड़ की उपज!

जहाज़ के हिलडोल से बहुतों को सरदर्द होने लगा है। टूटल नाम की छोटी सी लड़की अपने बाप के साथ जा रही है, उसकी माँ नहीं है। हम लोगों की निवेदिता टूटल और बोगेश के लड़कों की माँ बन बैठी है। टूटल बाप के पास मैसूर में पली है; बाप प्लान्टर है। टूटल से मैंने पूछा, "टूटल, तुम कैसी हो?" टूटल ने कहा, "यह बंगला अच्छा नहीं, बहुत झूमता है, और मेरी तबीयत नाराज़ होती है।" टूटल के निकट सभी घर मानो बंगले हैं। बोगेश के एक छोटे बच्चे की देख-भाल करनेवाला कोई भी नहीं है। बेचारा दिन भर डेक के काठ पर ठनकता फिरता है। बृद्ध कप्तान रह रहकर कमरे से निकलकर उसे चम्मच से शोरबा पिला जाता है और उसका पैर दिखाकर कहता है, कितना दुबला लड़का है, कितना बेबरदास्त!

बहुत से लोग अनन्त सुख चाहते हैं। सुख अनन्त होने से दुःख भी अनन्त होता—फिर? तब क्या हम लोग एडेन पहुँच भी सकते? भाग्य से सुख-दुःख कुछ भी अनन्त नहीं, इसलिए तो छः दिन का रास्ता चौदह दिन में, दिन-रात तूफ़ान और बादलों के भीतर से गुज़रकर भी अन्त में हम लोग एडेन पहुँच ही गये। कोलम्बो से जितना आगे बढ़ा जाता है, उतनी ही हवा भी बढ़ती है, उतना ही आसमान, ताल-तलाइयाँ, उतनी ही वृष्टि, उतना ही हवा का ज़ोर, उतनी ही तरंगें—उस हवा, उन तरंगों को ठेल कर कभी जहाज़ चल सकता है? जहाज़ की गति आधी हो गयी—सकोत्रा द्वीप के आस-पास पहुँचकर हवा निहायत बढ़ गयी। कप्तान ने कहा, इस जगह मानसून का केन्द्र है। इसे पार कर सकने पर ही क्रमशः शान्त समुद्र मिलेगा और ऐसा ही हुआ। यह दुःस्वप्न भी कटा।

८ तारीख़ की शाम को एडेन। किसीको उतरने नहीं दिया जायगा, काला-गोरा नहीं मानते। कोई सामान भी उठाने नहीं दिया जायगा। देखने लायक़ चीजें भी खास कुछ नहीं हैं। केवल बालू और बालू—राजपूताने का भाव—वृक्षहीन तृणहीन पहाड़। पहाड़ के भीतर ही भीतर क़िला और ऊपर पल्टन की बैठक है। सामने अर्द्धचन्द्राकृति में होटल और दूकानें जहाज़ से दिखलायी पड़ रही हैं। बहुत से जहाज़ लगे हुए हैं। एक अंग्रेज़ी लड़ाई का जहाज़ आया, एक जर्मनी का भी; बाक़ी सब माल या यात्रियों के जहाज़ हैं। उस बार का एडेन देखा हुआ है। पहाड़

के पीछे देशी पल्टन की छावनी, बाज़ार है। वहाँ से कुछ मील चलने पर पहाड़ के किनारे बड़े बड़े गढ़े तैयार किये हुए हैं। उनमें बरसात का पानी जमता है। पहले उस पानी का ही भरोसा था। अब यन्त्र के योग से समुद्र के जल को भाप बना, फिर जमाकर साफ़ पानी तैयार हो रहा है। लेकिन है यह महँगा। मानो एडेन भारत का ही एक शहर हो। देशी फ़ौज, देशी लोग बहुत से हैं। पारसी दूकानदार और सिन्धी व्यापारी बहुत हैं। यह एडेन बहुत प्राचीन स्थान है—रोमन बादशाह कानस्टान्सिउस ने एक दल पादरी भेजकर यहाँ क्रिस्तान धर्म का प्रचार कराया था। बाद में अरब लोगों ने उन क्रिस्तानों को मार डाला। इससे रोम के सुलतान ने प्राचीन क्रिस्तान हब्शी देश के बादशाह से उन्हें सज़ा देने का अनुरोध किया। हब्शी राजा ने फ़ौज भेजकर एडेन के अरबों को सख्त सज़ा दी। बाद को एडेन ईरान के 'सामा-निडी' बादशाहों के हाथ में गया। उन्हीं लोगों ने, सुना जाता है, पानी के लिए सब गढ़े खुदवाये थे। इसके बाद, मुसलमान धर्म के अभ्युदय के पश्चात् एडेन अरबों के हाथ में गया। कुछ काल बाद पोर्तुगीज़ सेनापति ने उस स्थान पर क़ब्ज़ा करने के लिए व्यर्थ प्रयत्न किया था। बाद में तुर्की सुलतान ने उस जगह को पोर्तुगीज़ों को भारत महासागर से भगाने के लिए दरियायी जंगी जहाज़ों का बन्दर बनाया।

फिर वह नज़दीक के अरब मालिकों के अधिकार में गया। इसके बाद अंग्रेज़ों ने खरीद कर वर्तमान एडेन तैयार किया है। अब हर एक शक्तिशाली जाति के जंगी जहाज़ दुनिया भर में घूमते-फिरते हैं। कहाँ कौन सा बखेड़ा हो रहा है, उसमें सभी लोग दो बातें कहना चाहते हैं। अपने बड़प्पन, स्वार्थ और वाणिज्य की रक्षा करना चाहते हैं। अतएव कभी कभी कोयले की ज़रूरत पड़ जाती है। शत्रुओं की जगह से कोयला लेना लड़ाई के वक़्त चल नहीं सकता, इसलिए प्रत्येक राष्ट्र अपने अपने कोयला लेने के स्थान बनाना चाहते हैं। अच्छी अच्छी जगहें तो अंग्रेज़ों ने ले ली हैं, इसके बाद फ़्रांस ने; फिर जिसको जहाँ जगह मिली—छीनकर, ख़रीदकर, ख़ुशामद करके,—एक एक जगह अपनायी है और अपना रहे हैं। स्वेज़ नहर अब यूरोप और एशिया का संयोग-स्थान है। वह फ़्रांसीसियों के हाथ में है। इसीलिए अंग्रेज़ों ने एडेन में खूब डटकर अड्डा जमाया है और दूसरी दूसरी जातियों ने भी लाल सागर के किनारे किनारे एक एक जगह अपना ली है। कभी कभी जगह को लेकर ही उल्टी तकरार छिड़ जाती है। सात सौ साल के बाद पद-दलित इटली कितनी तकलीफ़ से अपने पैरों खड़ी हो सकी। खड़े होते ही सोचा, अरे, हम हो क्या गये? अब दिग्विजय करना होगा। यूरोप का एक टुकड़ा भी लेने की किसीको हिम्मत नहीं; सब मिलकर उसे (आक्रमणकारी) मारेंगे। एशिया

का—बड़े बड़े बाघ-भालुओं ने—अँग्रेज़, रूस, फ्रेंच, डचों ने—कुछ रखा थोड़े ही है? अब बाकी हैं दो-चार टुकड़े अफ़्रीका के। इटली उसी तरफ़ चल पड़ी। पहले उत्तर-अफ़्रीका में चेष्टा की। वहाँ फ़्रांस द्वारा खदेड़ी गयी और भाग आयी। इसके बाद अंग्रेज़ों ने लालसागर के किनारे पर एक ज़मीन का टुकड़ा उसे दान किया। अर्थात् इस उद्देश्य से कि उसी केन्द्र से, इटली हब्शी राज्य उदरसात् करे। इटली भी फ़ौजफाटा लेकर बढ़ी। लेकिन हब्शी बादशाह मेनेलिक् ने ऐसे ज़ोर से मार भगाया कि अब इटली के लिए अफ़्रीका छोड़कर जान बचाना आफ़त हो रहा है। फिर सुना है कि रूस तथा हब्शिओं की क्रिस्तानगी एक ही प्रकार की है, इसलिए रूस के बादशाह भीतर भीतर हब्शियों के मददगार हैं।

जहाज़ लालसागर के भीतर से जा रहा है। पादरी ने कहा, "यही—लालसागर है—यहूदी नेता मूसा ने अपने दल के साथ इसे पैदल पार किया था। और उन्हें पकड़ ले आने के लिए मिस्र के बादशाह फेरो ने जो फ़ौज भेजी थी, वह फ़ौज की फ़ौज रथ के पहिये गड़ जाने से—कर्ण की तरह अटक कर—पानी में डूब कर मर गयी।" पादरी ने और भी कहा, कि यह बात आजकल की विज्ञान-युक्ति से प्रमाणित की जा सकती है। अब सब धर्मों की अजब अजब कथाएँ विज्ञान की युक्ति द्वारा प्रमाणित करने की एक लहर उठ पड़ी है। मियाँ! अगर प्राकृतिक नियम से यह सब हो सकता है तो फिर तुम्हारे 'यावे' देवता बीच में क्यों टपक पड़ते हैं? बड़ी मुश्किल है!—यदि विज्ञान विरुद्ध हो, तो वे करामातें—और तुम्हारा धर्म मिथ्या है। यदि विज्ञान-सम्मत हो, तो भी तुम्हारे देवता की महिमा व्यर्थ की बकवास है। और बाक़ी सब प्राकृतिक घटना की तरह आप ही आप हुआ है! पादरी बोगेश ने कहा, "मैं इतना यह कुछ नहीं जानता, मैं विश्वास करता हूँ।" यह बात बुरी नहीं, यह सह्य है। परन्तु वह जो ऐसे लोगों का दल है—जो दूसरों के दोष दिखाने में, विरुद्ध युक्ति देने में कैसे तैयार हैं, पर स्वयं के सम्बन्ध में कहते हैं, 'मैं विश्वास करता हूँ, मेरा मन गवाही दे रहा है'—उनकी बातें बिल्कुल असह्य हैं। बलिहारी है उनकी!—उनके मन है कहाँ? छटाँक तो है नहीं, और फिर मन![1] दूसरों के सब कुसंस्कार हैं, खास तौर से जिन्हें साहबों ने कहा है, और आप स्वयं ईश्वर के सम्बन्ध में अजीब कल्पना करके रोते हैं तो रोते ही हैं!!

जहाज़ क्रमशः उत्तर की तरफ़ चल रहा है। यह लालसागर का किनारा प्राचीन सभ्यता का एक महाकेन्द्र है। वह उस पार अरब की मरुभूमि है; इस पार मिस्र। यह वही प्राचीन मिस्र है; यही मिस्री पुल्ट देश से (सम्भवतः मालाबार से),

---

१. 'मन' शब्द में श्लेष है, यह एक तौल भी है।

लालसागर पार होकर, कितने हज़ार वर्ष पहले धीरे धीरे राज्य विस्तार कर उत्तर पहुँचे थे। इनकी शक्ति का, राज्य का और सभ्यता का विस्तार एक आश्चर्य-जनक घटना है। यवन लोग इनके शिष्य हैं। इनके बादशाहों के पिरामिड नाम के समाधि-मन्दिर आश्चर्यजनक हैं और नारियों की सिंही मूर्तियाँ (Sphinx) भी। इनकी लाशें भी आज तक विद्यमान हैं। बावरी बाल, बिना काँछा के सफ़ेद धोती पहने हुए, कानों में कुण्डल, मिस्री लोग सब इसी देश में वास करते थे। हिक्स वंश, फेरो वंश, ईरानी बादशाही, सिकन्दर टालेमी वंश और रोमन एवं अरबी वीरों की रंगभूमि यही मिस्र है। उतने युग पहले ये लोग अपना वृत्तान्त पापिरस पत्रों में, पत्थरों पर, मिट्टी के बर्तनों पर, चित्राक्षरों से खूब सावधानी से लिख गये हैं।

इस भूमि में आइसिस की पूजा हुई और होरेस का प्रादुर्भाव हुआ। इन प्राचीन मिस्रियों के मत से, आदमी के मर जाने पर उसका सूक्ष्म शरीर टहलता फिरता है, और मृत देह का कोई अनिष्ट होते ही सूक्ष्म शरीर को चोट लगती है, तथा मृत शरीर का ध्वंस होने पर सूक्ष्म शरीर का सम्पूर्ण नाश हो जाता है। इसीलिए शरीर-रक्षा की इतनी चेष्टा की गयी है। इसलिए राजाओं-बादशाहों के पिरा-मिड उठे हैं। कितना कौशल ! कितना परिश्रम ! अहा सभी विफल ! उन्हीं पिर-मिडों को खोदकर, अनेक कौशल के रास्तों का रहस्य भेदकर रत्नों के लोभ से दस्युओं ने उस राजशरीर की चोरी की है। आज की बात नहीं, प्राचीन मिस्रियों ने स्वयं ही किया है। पाँच सात सौ वर्ष पहले यह सब सूखे हुए मुर्दे, यहूदी और अरब डाक्टर महौषधि समझकर यूरोप भर के रोगियों को खिलाते थे। अब भी शायद वही यूनानी हकीमी की असल 'मूमिया' हैं ! !

इसी मिस्र में टलेमी बादशाह के वक़्त सम्राट धर्म अशोक ने धर्मप्रचारक भेजे थे। वे लोग धर्म-प्रचार करते थे, रोग अच्छा करते थे, निरामिषी होते थे, विवाह नहीं करते थे, संन्यासी शिष्य करते थे। उन लोगों ने अनेक सम्प्रदायों की सृष्टि की—थेरापिउट, अस्सिनी, मानिकी आदि आदि—जिनसे वर्तमान ईसाई धर्म का उद्भव हुआ। यही मिस्र, टलेमियों के राज्यकाल में, सर्व विद्याओं का केन्द्र हो गया था। इसी मिस्र में वह आलेकज़ेन्द्रिया नगर है, जहाँ का विद्यालय, पुस्तका-लय तथा जहाँ के विद्वान सारे संसार में प्रसिद्ध हुए थे, जो आलेकज़ेन्द्रिया मूर्ख, कट्टर, इतर क्रिस्तानों के हाथ पड़कर ध्वंस हो गया—पुस्तकालय भस्म राशि हो गया—विद्या का सर्वनाश हो गया ! अन्त में उस विदुषी नारी को[1] क्रिस्तानों ने

१. हाइपेशिया (Hypatia)

मार डाला था, उसकी नग्न देह को रास्ते रास्ते सब प्रकार से बीभत्स रूप से अपमानितकर खींचते फिरे थे, अस्थि से एक एक टुकड़ा मांस अलग कर डाला था।

और दक्षिण में वीर-प्रसू अरब की मरुभूमि है। कभी अलखल्ला झुलाये, पश्मीने लच्छों का एक बड़ा सा मोटा रूमाल सर से कसे हुए 'बेडाईन' अरबों को देखा है ?—वह चलन, वह खड़े होने का क़ायदा, वह चितवन और किसी देश में नहीं है। आपादमस्तक मरुभूमि की अनवरुद्ध हवा की स्वाधीनता फूटकर निकल रही है—वही अरब। जब क्रिश्चियनों की कट्टरता और गाथों की बर्बरता ने प्राचीन यूनान और रोमन सभ्यतालोक का निर्वाण कर दिया, जब ईरान अपने अन्तर की दुर्गन्ध को सोने के पत्रों से मढ़ने की लगातार चेष्टा कर रहा था, जब भारत में पाटलिपुत्र और उज्जयिनी के गौरवसूर्य अस्ताचल को ढल गये, तथा जब मूर्ख क्रूर राजन्यवर्ग में आन्तरिक भयानक अश्लीलता और क़ामपूजा की गन्दगी फैली हुई थी, उसी समय यह नगण्य पशुवत अरब जाति बिजली की तरह संसार भर में फैल गयी।

वह जहाज़ मक्का से आ रहा है—यात्रियों से भरा हुआ; वह देखो,—यूरोपियन पोशाक पहने हुए तुर्क, आधे यूरोपियन वेश में मिस्री, वह सीरियावासी मुसलमान ईरानी पोशाक़ में, और वह असल अरब धोती पहने हुए बिना काँछ की। मुहम्मद के पहले काबा के मन्दिर में नंगे होकर प्रदक्षिणा करनी पड़ती थी। उनके समय से एक धोती लपेटनी पड़ती है। इसीलिए हमारे मुसलमान लोग नमाज़ के समय इज़ारबन्द तथा धोती की काँछ खोल देते हैं। अब अरबों के वे दिन चले गये हैं। लगातार काफ़री, सिद्दी, हब्शी ख़ून पेवस्त होने से चेहरा, उद्यम, सब बदल गया है—रेगिस्तान के अरब 'पुनर्मूषक' हो गये हैं। जो लोग उत्तर में हैं, वे तुर्कों के राज्य में बसते हैं—चुपचाप। लेकिन सुलतान की क्रिस्तान रिआया तुर्कों से घृणा करती है और अरबों को प्यार; वे लोग कहते हैं, 'अरब लोग पढ़ लिखकर भले आदमी होते हैं, उतने शरारती नहीं।' और असली तुर्की क्रिस्तानों पर बड़ा ही अत्याचार करते हैं।

रेगिस्तान बहुत गर्म होता है, पर वह गर्मी हानिकारक नहीं होती। उसमें कपड़े से देह और सर को ढके रखने से फिर कोई भय नहीं। शुष्क गर्मी कमज़ोर तो करती ही नहीं, वरन् विशेष बलकारक है। राजपूताना, अरब, अफ़्रीका के आदमी इसके निदर्शक हैं। मारवाड़ के किसी किसी ज़िले में आदमी, बैल, घोड़े आदि सब सबल और बड़े आकार के होते हैं। अरबी आदमियों और सिद्दियों को देखने से आनन्द होता है। जहाँ नम गर्मी होती है, जैसे बंगाल प्रदेश की, वहाँ शरीर बहुत ही शिथिल पड़ जाता है और सब लोग कमज़ोर होते हैं।

लालसागर के नाम से यात्रियों का कलेजा काँप उठता है—बड़ी गर्मी होती है, तिस पर यह गर्मी का मौसम। डेक पर बैठा हुआ जो जिस तरह बैठ सका, किसी भयानक दुर्घटना की कहानी सुना रहा है। कप्तान सबसे ऊँचे गले से हाँक रहे हैं। वे बोले, कुछ दिन पहले एक चीनी जंगी जहाज़ इसी लालसागर से जा रहा था, उसका कप्तान और आठ कोयलेवाले खलासी गर्मी से मर गये।

वास्तव में कोयलावाला तो आग के कुंड में खड़ा रहता है, उस पर लालसागर की भयानक गर्मी। कभी कभी वह पागल की तरह ऊपर दौड़ता हुआ आकर पानी में कूद पड़ता है और डूबकर मर जाता है, कभी तो गर्मी से नीचे ही मर जाता है।

ये सब कहानियाँ सुनकर हृत्कम्प होने ही को था। पर भाग्य अच्छे थे कि हम लोगों को कुछ विशेष गर्मी नहीं मालूम हुई, हवा दक्षिणी न होकर उत्तर की तरफ़ से आने लगी—वह भूमध्यसागर की ठंडी हवा थी।

१४ जुलाई को लालसागर पार होकर जहाज स्वेज पहुँचा। सामने स्वेज़ नहर है। जहाज़ पर स्वेज़ में उतारने के लिए माल है। किन्तु इस समय मिस्र में प्लेग देवता का आगमन हुआ है, और हम लोग ला रहे हैं प्लेग, सम्भवतः इसलिए दुतरफ़ा छुआछूत का डर है। इस छुआछूत की बला के पास हमारी देशी छुआछूत की बला कहाँ लगती है! माल उतरेगा, लेकिन स्वेज़ के कुली जहाज़ न छू सकेंगे। जहाज़ के खलासी बेचारों के लिए आफ़त है और क्या? वे ही कुली बनकर क्रेन से माल उठाकर नीचे स्वेज़ की नावों पर डाल रहे हैं--वे लोग माल लेकर किनारे जा रहे हैं। कम्पनी के एजेन्ट छोटी सी लांच पर चढ़कर जहाज़ के पास आये हुए हैं, चढ़ने का हुक्म नहीं है। कप्तान के साथ जहाज़ और नाव पर से ही बातचीत हो रही है। यह भारत तो है नहीं कि गोरा आदमी प्लेग-क़ानून-सानून सब के पार है—यहीं से यूरोप का आरम्भ है। स्वर्ग पर कहीं मूषिकवाहन प्लेग न चढ़ जाय, इसलिए इतना सब इन्तजाम है। प्लेग-विष, प्रवेश से दस दिन के अन्दर फूट निकलता है, इसलिए दस दिन तक अटकाव रहता है! हम लोगों को दस दिन हो गये हैं, चलो बला टल गयी है। लेकिन किसी मिस्री आदमी को छू लेने पर, तो फिर दस दिन का अटकाव हो जायगा। तब तो फिर नेपल्स में भी आदमी न उतारे जायँगे, मार्साइ में भी नहीं—इसलिए जो कुछ काम हो रहा है, सब मनमौजी; इसीलिए धीरे धीरे माल उतारते हुए सारा दिन लग जायगा। रात को जहाज़ अनायास ही नहर पार कर सकता है, यदि सामने बिजली का प्रकाश पा जाय। लेकिन वह सर्चलाइट पहनाने के समय स्वेज़ के आदमी को जहाज़ छूना होगा, बस---दस दिन 'क्वोरनटीन'। इसलिए रात को भी जाना न होगा, चौबीस घंटों तक यहीं पड़े रहो, स्वेज़ बन्दर में। यह बड़ा

सुन्दर प्राकृतिक बन्दर है, प्रायः तीन तरफ़ से बालू के टीले और पहाड़ हैं—जल भी खूब गहरा है। पानी में असंख्य मछलियाँ और शार्क तैरते फिरते हैं। इस बन्दर में, और आस्ट्रेलिया के सिडनी बन्दर में जितने शार्क हैं, उतने दुनिया में और कहीं नहीं—घात में पाया कि आदमी को चट कर गये। पानी में उतरता कौन है? साँप और शार्क के साथ आदमी की भी जानी दुश्मनी है। आदमी भी घात में पाकर इन्हें छोड़ता नहीं।

सुबह खाने-पीने के पहले ही सुना कि जहाज़ के पीछे बड़े बड़े शार्क तैर रहे हैं। पानी के भीतर जीवित शार्क पहले और कभी नहीं देखे थे। उस बार आने के समय स्वेज़ में जहाज़ थोड़ी देर के लिए ही ठहरा था, वह भी शहर के किनारे। शार्क की खबर सुनकर ही हम लोग झट हाज़िर हुए। सेकेण्ड क्लास जहाज़ के पिछले हिस्से के ऊपर है—उसी छत से रेलिंग पकड़कर क़तार की क़तार स्त्री-पुरुष, लड़के-लड़कियाँ, झुककर शार्क देख रहे हैं। हमलोग जब हाज़िर हुए तब शार्क मियाँ ज़रा हट गये थे; मन बड़ा क्षुब्ध हुआ। परन्तु देखता हूँ, पानी में 'गांधाड़ा' (लम्बी साँप की तरह की एक मछली) की तरह एक प्रकार की मछलियाँ झुण्ड की झुण्ड तैर रही हैं। और एक तरह की बिल्कुल छोटी मछलियाँ जल पर छप छप करती हुई तैर रही हैं। बीच बीच में एक तरह की बड़ी मछली, बहुत कुछ हिल्सा की शक़्ल की, तीर की तरह इधर-उधर चक्कर मार रही हैं। मन में आया, शायद ये शार्क के बच्चे हैं। परन्तु पूछने पर मालूम हुआ, नहीं, यह बात नहीं। इनका नाम है 'बानिटो'। पहले इनके सम्बन्ध में पढ़ा था, याद आया कि मालद्वीप से वे सुखाकर हुड़ी नामक जहाज़ पर लादकर लायी जाती हैं और यह भी सुना था कि इनका मांस लाल और स्वादिष्ट होता है। अब इनका तेज और बल देखकर बड़ी खुशी हुई। इतनी बड़ी मछली तीर की तरह पानी के भीतर तैर रही है। और उस समुद्र का काँच की तरह पानी—उसकी हर एक अग-भंगियाँ दिखायी पड़ रही हैं। बीस मिनट, आध घंटे तक 'बानिटो' का इस प्रकार दौड़ना-धूपना तथा छोटी छोटी मछलियों का किलबिलाना देखता रहा। आध घण्टा, पौन घण्टा बीत गया—जी उबने लगा कि एक चिल्ला उठा—वह—वह! दस बारह आदमी कह उठे वह आ रहा है! निगाह उठाकर देखता हूँ, दूर एक बड़ी सी काली चीज़ तैरती हुई आ रही है, पाँच सात इंच पानी के नीचे क्रमशः वह वस्तु आगे आने लगी। बड़ा सा चपटा सर नज़र आया; वह निर्द्वन्द्व चाल? 'बानिटो' का सर्र-सर्रपन उसमें नहीं; परन्तु एक दफ़ा गर्दन फेरने से ही एक बड़ी सी भँवर उठी। भीषण मत्स्य है; गंभीर चाल से चला आ रहा है—और आगे आगे दो एक छोटी मछलियाँ हैं; और कुछ छोटी मछलियाँ उसकी पीठ पर, देह पर,

पेट पर, खेलती फिरती हैं। कोई कोई तो 'कौतुक कूदि चढ़ेउ ता ऊपर।' यही थे ससांगोपांग शार्क महाशय! जो मछलियाँ शार्क के आगे आगे जा रही हैं, उन्हें 'आडकाठी मत्स्य—पाइलट फिश' कहते हैं। वे शार्क को शिकार दिखा देती हैं, और शायद कुछ प्रसादस्वरूप पा भी जाती हैं।

किन्तु शार्क का मुंह बाना देखकर वे सफल होती होंगी, कहा नहीं जा सकता। जो मछलियाँ इधर-उधर घूमती रहती हैं, पीठ के ऊपर चढ़कर बैठती हैं, उन्हें ही 'शार्क-चोषक' कहते हैं। उनकी बगल में प्रायः चार इंच चौड़ा चपटा गोलाकार एक स्थान है, जैसा अंग्रेजी जूते के रबर के तल्ले में खुरखुरा सकरपाला कटा रहता है, वैसा ही उसके बीच में भी कटा रहता है। उसी स्थान को शार्क के शरीर से लगाकर ये मछलियाँ उसे चिमट कर धरती हैं। इसीलिए मालूम पड़ता है कि वे शार्क के पेट और पीठ पर चढ़कर चलती हैं। लोग कहते हैं, ये सब शार्क के शरीर पर के कीड़े-मकोड़े खाकर जिन्दा रहती हैं। इन दोनों प्रकार की मछलियों से बिना परिवेष्टित हुए शार्क चल ही नहीं सकता और शार्क इन्हें अपना सहायक और मुसाहिब समझ कर कुछ नहीं कहता। यह मछली एक बसी में फँस गयी। उसे जूते से दबा देने पर जब जूता उठाया गया, तो वह जूते के साथ चिमट कर उठने लगी। इसी प्रकार वे शार्क के शरीर में चिमट जाती हैं।

सेकेण्ड क्लास के लोग बड़े उत्साही थे। उनमें एक फ़ौजी आदमी था, जिसके उत्साह की सीमा न थी। वह जहाज़ में से कहीं से ढूंढ़कर एक बहुत बड़ा सा काँटा ले आया। उसने उस काँटे में प्रायः एक सेर मांस एक मज़बूत रस्सी से कस कर बाँध दिया। चार हाथ छोड़कर एक बड़ा सा काठ सलका के तौर पर बाँधा गया। इसके बाद सलका सहित डोर झप से पानी में फेंक दी गयी। जहाज़ के नीचे, एक पुलिस की नाव, हमलोगों के आने के समय से पहरा दे रही है कि कहीं बाहर ज़मीन से हमलोगों को किसी तरह की छुआछूत न हो जाय। उसी नाव पर दो आदमी मौज से खर्राटे ले रहे थे, और यात्रियों के विशेष घृणा के पात्र हो रहे थे। अब वे सब बड़े मित्र हो गये। पुकार पर पुकार दी जाने लगी, अरब मियाँ आँखें रगड़ते हुए उठकर खड़े हो गये। कोई बखेड़ा तो कहीं नहीं उठ खड़ा हुआ, यह सोचकर कमर कसने की तैयारी कर रहे थे कि उन्हें मालूम हुआ कि यह इतनी पुकार सिर्फ़ उन्हें घन्नी के आकार का वह डोर से बँधा हुआ सलका चारे के साथ कुछ दूर हटा देने की अनुरोध-ध्वनि मात्र थी। तब निःश्वास छोड़कर, खूब ज़ोर से हँसते हुए, उन्होंने एक बल्ली के सिरे से ठेलकर सलके को दूर हटा दिया और हम लोग उद्ग्रीव होकर—अँगूठों के सहारे खड़े होकर बरामदे पर झुके हुए, वह आता है—वह आता है, श्री शार्क महाशय के लिए **सचकितनयनं पश्यति तव पन्थानम्** हो रहे थे!

और जिसके लिए आदमी इस प्रकार बेचैन रहता है, वह हमेशा जैसा करता है, वही हुआ—अर्थात् 'सखि, श्याम न आये', लेकिन सब दुःखों का एक अन्त है। तब एकाएक जहाज़ से प्रायः दो सौ हाथ दूर, भिस्ती की मशक के आकार का क्या एक उभड़ पड़ा! साथ ही साथ 'वह शार्क, शार्क' की ध्वनि। चुप चुप—लड़को! शार्क भग जायगा। अरे ऐ जी, सफ़ेद टोपियाँ ज़रा उतार लो न, शार्क भड़क जो जायगा—इस तरह की आवाजें कर्णकुहरों में जब तक प्रवेश कर रही हैं, तब तक वह लवण-समुद्र-जन्मा शार्क बंसी-संलग्न शूकर-मांस के गोले को उदराग्नि में भस्मावशेष करने के विचार से चढ़े हुए पाल की नाव की तरह सों सों करता हुआ सामने आ पहुँचा। और पाँच हाथ आ जाय तो शार्क का मुँह चारे से लगे। लेकिन वह भीम पुच्छ ज़रा हिला—सीधी गति चक्राकार में बदल गयी। अरे शार्क तो चला गया जी! पर शीघ्र ही उसने फिर पूँछ ज़रा तिरछी की और वह प्रकाण्ड शरीर घूमकर बंसी के सामने आ खड़ा हुआ। फिर सनसनाता हुआ आ रहा है—वह मुँह फैलाकर, बंसी पकड़ता ही है। फिर वह पूँछ हिलने लगी, और शार्क देह फेर कर दूर चला गया। फिर वह देखो, चक्कर काटकर आ रहा है, फिर मुँह फैलाया, वह चारा दबा लिया मुँह से, इसी समय—वह देखो चित्त हो गया; चारा खा लिया—खींचो, खींचो, चालीस पचास आदमी, खींचो जी जान से खींचो। कितना ज़ोर है! कितनी झटापट—कितना फैला मुँह! खींचो, खींचो। पानी से यह उठा, वह पानी में घूम रहा है, फिर चित्त हो रहा है, खींचो, खींचो। अरे, चारा खुल गया! अरे! शार्क भाग गया। बताओ भला, तुम लोगों को इतनी क्या जल्दी थी? ज़रा भी समय न दिया चारा खाने का। बिना चित्त हुए कभी खींचा जाता है? अब—'गतस्य शोचना नास्ति'; शार्क महाशय जी तो बंसी छुड़ाकर लम्बे हुए! 'पाइलट फिश' को उचित शिक्षा दी या नहीं, यह ख़बर नहीं मिली—लेकिन जनाब तो सीधे तीर-गति से भगे। फिर वह था भी 'बाघा', बाघ की तरह काले काले डोरे लिये हुए। खैर बाघा बंसी का सामीप्य छोड़ने के विचार से 'पाइलट फिश' तथा 'चोषक' के सहित अदृश्य हो गया।

परन्तु अधिक हताश होने की ज़रूरत नहीं,—वह देखो, पलायमान 'बाघा' की देह से सटकर एक और विकट 'मुँहचपटा' चला आ रहा है। अहा! शार्क की भाषा नहीं है, नहीं तो 'बाघा' ज़रूर पेट की ख़बर उसे सुनाकर सावधान कर देता। ज़रूर कहता, "देखो जी, सावधान रहना; वहाँ एक नया जानवर आया है, बड़ा स्वादिष्ट और ख़ुशबूदार उसका मांस है, लेकिन कितना सख़्त है हाड़ उसका! इतने काल से शार्कगीरी कर रहा हूँ, कितनी तरह के जानवर—जीते हुए, मरे हुए, अधमरे—पेट में डाल लिये, कितनी तरह के हाड़-गोड़, ईंट, पत्थर, काट-

कूटकर पेट में भरे हैं, लेकिन इस हाड़ के सामने और सब मक्खन है जी, मक्खन! यह देखो न मेरे दाँतों की हालत, तालुओं की दशा क्या हो गयी है, कहकर एक बार वह आकटि-देश-विस्तृत मुख फैलाकर आगन्तुक शार्क को अवश्य ही दिखाता। वह भी प्राचीन वयः सुलभ अभिज्ञता के साथ 'चैंठा' मत्स्य का पित्त, 'कुब्जे भेट्की' की प्लीहा, शंबूकों का ठंडा शोरबा—आदि आदि समुद्रज महौषधियों का कोई न कोई इस्तेमाल करने के लिए उपदेश देता ही। लेकिन जब यह सब कुछ भी न हुआ, तब या तो शार्कों में भाषा का अत्यन्त अभाव है, या उनमें भाषा है, पर पानी में बातचीत नहीं की जा सकती! अतएव जब तक किसी प्रकार के अक्षरों का शार्कों में आविष्कार नहीं होता, तब तक उस भाषा का व्यवहार किस तरह हो सकता है? अथवा, 'बाघा' ने आदमियों के लगाव में आदमियों की गंध पायी है, इसलिए 'मुँहचपटा' से असली खबर कुछ न कहकर, मुस्कराकर, "अच्छे तो हो जी" कहकर सरक गया।—"मैं अकेला ही ठगा जाऊँ?"

'आगे चले भगीरथ अपना शंख बजाकर, पीछे पीछे गंगा आवें. . .' शंख-ध्वनि तो कुछ सुन नहीं पड़ती, लेकिन आगे आगे चली हैं पाइलट मछलियाँ और पीछे पीछे प्रकाण्ड शरीर हिलाते हुए आ रहे हैं 'मुँहचपटा'। उनके आसपास नृत्य कर रही हैं 'शार्क-चोषक' मछलियाँ। अहा, वह लोभ भी छोड़ा जाता है? दस हाथ दरिया के ऊपर झक झक करता हुआ तेल बह रहा है, खुशबू कितनी दूर तक फैल रही है, यह 'मुँहचपटा' ही कह सकता है। इस पर वह दृश्य भी कैसा। सफ़ेद, लाल, ज़र्द, एक ही जगह! असल अंग्रेज़ी सुअर का मांस, काले प्रकाण्ड काँटे के चारों ओर बँधा हुआ, पानी के भीतर, रंगबिरंगी गोपियों के मण्डल में कृष्ण की तरह हिल रहा है!!

अब की बार सब लोग चुप रहो, हिलना डुलना नहीं; और देखो जल्दबाज़ी न करना। लेकिन रस्से के पास ही पास रहना। वह बंसी के किनारे किनारे चक्कर काट रहा है! चारे को मुँह में लेकर हिला-डुला कर देख रहा है! देखने दो। चुप चुप, अब की बार चित्त हो गया। वह देखो करवटिया निगल रहा है; चुप निगलने दो। तब 'मुँहचपटा' यथावसर, करवट लेकर चारा निगलकर ज्यों ही चलने को हुआ कि वैसे ही पड़ा खिंचाव! चौंका 'मुँहचपटा', मुँह झाड़कर देखा, उसे फेंक देने के लिए कि सृष्टि हुई उल्टबाँसी की। काँटा गड़ गया और ऊपर से लड़के, बूढ़े और जवान सब 'दे खींच, रस्सा पकड़ कर दे खींच' कहने लगे। वह देखो शार्क का सर जल से ऊपर उठ आया। खींचो, भाइयो, खींचो। यह लो, आधा शार्क तो पानी के ऊपर आ गया। बाप रे बाप! कितना बड़ा मुँह है! यह तो सभी कुछ मुँह और गला है! खींचो, वह देखो, सब हिस्सा पानी से निकल

आया। वह—वह, काँटा खूब बिंध गया है, होंठ के आरपार हो गया है। खींचो। ठहरो, ठहरो; ओ अरब पुलिस माँझी ! उसकी पूंछ की तरफ़ एक रस्सी तो बाँध दो; नहीं तो इतने बड़े जानवर को खींचकर उठाना कठिन होगा। सावधान होकर भाई, उसकी पूंछ की मार से घोड़े के पैर भी टूट जाते हैं। फिर खींचो, कितना भारी है। ओ माँ, वह क्या ? ठीक तो है जी, इसके पेट के नीचे से, वह झूल क्या रहा है ? यह तो आँतें हैं। अपने बोझ से अपनी ही आँतें निकल आयीं ! खैर, इसे काट दो, पानी में गिर जायँ, बोझ घट जायगा ! खींचो, भाइयो, खींचो। अरे यह खून का फुहारा ! कपड़े का अब मोह करने से न होगा। खींचो यह आया। अब जहाज़ के ऊपर फेंको; भाई ! होशियार, खूब होशियार, यदि यह किसी पर झपटेगा तो उसका पूरा हाथ काटकर खा जायेगा। और वह पूंछ, सावधान। अब रस्सा छोड़ दो। धप्प ! बाप रे ! कितना बड़ा शार्क है ! किस धमाके से जहाज़ पर गिरा। सावधानी की मार नहीं, उस काठवाली धन्नी से उसके सर पर मारो, ओ जी, फ़ौजीमेन ! तुम सिपाही हो, यह तुम्हारा काम है।—"ठीक तो है।" खून से भरी देह, कपड़ा; फ़ौजी यात्री वह काठवाली धन्नी उठाकर धमाधम देने लगा शार्क के सर पर और औरतें—अहा कैसी बेदर्दी है, मारो मत आदि आदि कहकर लगीं चिल्लाने; लेकिन देखना भी न छोड़ेंगी ! इसके बाद उस बीभत्स संघटन का यहीं विराम किया जाय। किस तरह उस शार्क का पेट चीरा गया, किस तरह खून की नदी बहने लगी, किस तरह वह शार्क छिन्न अंग, भिन्न हृदय होकर भी कुछ देर तक काँपता रहा, हिलता रहा, किस तरह उसके पेट से अस्थि चर्म, मांस, काठ के एकराशि टुकड़े निकले, ये सब बातें अब रहने दो। यहाँ तक ज़रूर हुआ कि उस दिन मेरे खाने-पीने की नौबत फिर नहीं आयी। सब चीज़ों में उसी शार्क की बू मालूम होने लगी।

यह स्वेज़ नहर खोदने के स्थापत्य का एक अद्‌भुत निदर्शन है। फ़ार्डिनेण्ड लेसेप्स नाम के एक फ़ांसीसी ने यह नहर खोदवायी है। भूमध्यसागर और लोहित सागर का संयोग होने पर यूरोप और भारत के बीच व्यवसाय-वाणिज्य की एक बहुत बड़ी सुविधा हुई है। मानव जाति की उन्नति की वर्तमान अवस्था के लिए जितने कारण प्राचीन काल से काम कर रहे हैं, उनमें जान पड़ता है, भारत का वाणिज्य सबसे प्रधान है। अनादि काल से उर्वरता और वाणिज्य-शिल्प में, भारत की तरह क्या कोई और देश है ? दुनिया में जो भी सूती कपड़े, रुई, पाट, नील, लाख, चावल, हीरे, मोती आदि का व्यापार १०० वर्ष पहले तक था, वह कुल भारत से जाया करता था; इसके अलावा नफ़ीस रेशमी पश्मीना, कमखाब आदि इस देश की तरह कहीं भी न होता था। फिर लौंग, इलायची, मिर्च, जायफल,

जावित्री आदि नाना प्रकार के मसाले का स्थान भी भारत ही है। इसलिए बहुत प्राचीन काल से ही जो देश जब सभ्य होता था, उसे इन सब वस्तुओं के लिए भारत के ही भरोसे पर रहना पड़ता था। यह वाणिज्य दो प्रधान मार्गों से होता था—एक स्थल मार्ग से, अफ़गानी, ईरानी देश होकर और दूसरा पानी के रास्ते, लालसागर होकर। सिकन्दर ने ईरान विजय के बाद, नियार्कूस नामक सेनापति को लालसागर होकर समुद्र पार सिन्धु नद के मुख से गुज़रनेवाले जल-मार्ग को खोजने के लिए भेजा था। बेबीलोन, ईरान, ग्रीस, रोम आदि प्राचीन देशों का ऐश्वर्य कहाँ तक भारत के वाणिज्य पर टिका हुआ था, यह बहुत से लोग नहीं जानते। रोम के ध्वंस के बाद मुसलमानी बग़दाद और इटैलियन वेनिस तथा ज़िनेवा भारतीय वाणिज्य के प्रधान पाश्चात्य केन्द्र हुए थे। जब तुर्कों ने रोम-साम्राज्य दखल करके इटैलियनों के लिए भारत के वाणिज्य का रास्ता बन्द कर दिया, तब जिनेवा निवासी स्पेनी कोलम्बस (क्रिस्टोफ़ोर कोलम्बस) ने, अतलांतिक पार होकर भारत में आने का नया रास्ता निकालने की चेष्टा की, फल हुआ अमेरिका महाद्वीप की खोज। अमेरिका पहुँचने पर भी कोलम्बस का भ्रम नहीं गया कि वह भारत नहीं है। इसीलिए अमेरिका के आदिम निवासी लोग अब भी इण्डियन नाम से पुकारे जाते हैं। वेदों में सिन्धु नद के 'सिन्धु', 'इन्दु' दोनों नाम पाये जाते हैं; ईरानी लोगों ने उसे 'हिन्दू' तथा ग्रीक लोगों ने 'इन्डुस' बना डाला। उसीसे इण्डिया—इण्डियन बना। मुसलमानी धर्म के उदय के समय हिन्दू ठहराये गये काले (बुरे), जिस तरह अब 'नेटिव'।

इधर पोर्तुगीज़ लोगों ने भारत के लिए नया रास्ता अफ़्रीका की प्रदक्षिणा करते हुए खोज निकाला। भारत की लक्ष्मी पोर्तुगाल के ऊपर सदय हुई; बाद में फ़्रांसीसियों, डचों, दिनेमार (Danes) और अंग्रेज़ों पर। अंग्रेज़ों के यहाँ भारत का वाणिज्य और राजस्व सभी कुछ है; इसीलिए अंग्रेज़ अभी सबसे बड़ी जाति है। परन्तु अब अमेरिका आदि देशों में भारत की चीज़ें, बहुत जगह, भारत से भी उत्तम उत्पन्न होती हैं। इसीलिए भारत की अब उतनी क़द्र नहीं। यह बात यूरोपियन लोग मानना नहीं चाहते। 'नेटिवों' से भरा हुआ भारत उनके धन और सभ्यता का प्रधान अवलम्ब और सहायक है, यह बात वे नहीं मानना चाहते, समझना भी नहीं चाहते और हम लोग भी बिना समझाये छोड़ेंगे? सोचकर देखो बात क्या है। वे जो लोग किसान हैं, वे कोरी, जुलाहे जो भारत के नगण्य मनुष्य हैं, विजाति-विजित स्वजाति-निन्दित छोटी छोटी जातियाँ हैं, वही लगातार चुपचाप काम करती जा रही हैं, अपने परिश्रम का फल भी नहीं पा रही हैं। परन्तु धीरे धीरे प्राकृतिक नियम से दुनिया में कितने परिवर्तन होते जा रहे हैं। देश,

सभ्यता तथा सत्ता उलटते-पलटते जा रहे हैं। हे भारत के श्रमजीवियो, तुम्हारे नीरव, सदा ही निन्दित हुए परिश्रम के फलस्वरूप बाबिल, ईरान, अलेकज़न्द्रिया, ग्रीस, रोम, वेनिस, जिनेवा, बग़दाद, समरकन्द, स्पेन, पोर्तुगाल, फ़्रांसीसी, दिनेमार, डच और अंग्रेज़ों का क्रमान्वय से आधिपत्य हुआ और उनको ऐश्वर्य मिला है। और तुम? कौन सोचता है इस बात को। स्वामी जी! तुम्हारे पितृपुरुष दो दर्शन लिख गये हैं, दस काव्य तैयार कर गये हैं, दस मन्दिर उठवा गये हैं और तुम्हारी बुलन्द आवाज़ से आकाश फट रहा है; और जिनके रुधिर-स्राव से मनुष्य जाति की यह जो कुछ उन्नति हुई है, उनके गुणों का गान कौन करता है? लोकजयी धर्मवीर, रणवीर, काव्यवीर, सबकी आँखों पर, सबके पूज्य हैं; परन्तु जहाँ कोई नहीं देखता, जहाँ कोई एक वाह वाह भी नहीं करता, जहाँ सब लोग घृणा करते हैं, वहाँ वास करती है अपार सहिष्णुता, अनन्य प्रीति और निर्भीक कार्यकारिता; हमारे ग़रीब, घर-द्वार पर दिन-रात मुँह बन्द करके कर्तव्य करते जा रहे हैं, उसमें क्या वीरत्व नहीं है? बड़ा काम आने पर बहुतेरे वीर हो जाते हैं, दस हज़ार आदमियों की वाहवाही के सामने कापुरुष भी सहज ही में प्राण दे देता है; घोर स्वार्थपर भी निष्काम हो जाता है; परन्तु अत्यन्त छोटे से कार्य में भी सबके अज्ञात भाव से जो वैसी ही निःस्वार्थता, कर्तव्यपरायणता दिखाते हैं, वेही धन्य हैं—वे तुम लोग हो—भारत के हमेशा के पैरों तले कुचले हुए श्रमजीवियो!—तुम लोगों को मैं प्रणाम करता हूँ।

यह स्वेज़ नहर भी बहुत पुरानी है। प्राचीन मिस्र के फेरो बादशाह के समय कुछ लवणाम्बु-उपह्रद (Lagoons) जोड़कर एक नहर उभय समुद्र-स्पर्शी तैयार की गयी। मिस्र में रोम-राज्य के शासन-काल में भी कभी कभी उस नहर को मुक्त रखने की चेष्टा की गयी थी। मुसलमान सेनापति अमरू ने मिस्र विजय करके उस नहर का बालू निकाल और उसके अंग-प्रत्यंग को बदलकर एक प्रकार से उसे नया कर डाला।

इसके बाद किसी ने ज़्यादा कुछ नहीं किया। तुर्की सुलतान के प्रतिनिधि मिस्र के खेदिब इस्माइल ने फ़्रांसीसियों के परामर्श और अधिकांशतः उनके अर्थ से यह नहर खोदवायी। इस नहर के लिए यह एक कठिनाई है कि मरुभूमि के भीतर से जाने के कारण यह बालू से भर जाती है। इस नहर से होकर एक बार में कोई एक ही बड़ा व्यवसायी जहाज़ आ-जा सकता है। सुना है, बहुत बड़ा जंगी अथवा व्यवसाय का जहाज़ बिल्कुल ही नहीं आ-जा सकता। अब, एक जहाज़ जाता है और एक आता है। इन दोनों में टक्कर हो सकती है, इस विचार से नहर कुछ भागों में बाँट दी गयी है और हर भाग के दोनों मुहानों में कुछ जगह ऐसी चौड़ी

कर दी गयी है कि दो-तीन जहाज़ एक जगह रह सकें। भूमध्यसागर के मुहाने में प्रधान कार्यालय है और हर विभाग में रेलवे स्टेशन की तरह स्टेशन है। उस प्रधान कार्यालय से जहाज़ के नहर में प्रवेश करने के बाद ही से क्रमशः तार से ख़बर जाती रहती है। कितने जहाज़ आते हैं और कितने जाते हैं और प्रति क्षण कौन जहाज़ कहाँ पर है, इसकी ख़बर जा रही है और एक बड़े नक्शे में इसके निशान लगाये जा रहे हैं। एक के सामने कहीं दूसरा न आ जाय,—इसलिए एक स्टेशन की आज्ञा पाये बिना जहाज़ दूसरे स्टेशन को नहीं जा सकता।

यह स्वेज़ नहर फ़्रांसीसियों के हाथ में है, यद्यपि नहर कम्पनी के अधिकांश शेयर इस समय अंग्रेज़ों के हाथ में हैं, फिर भी सब काम फ़्रांसीसी लोग ही करते हैं—यह राजनीतिक मीमांसा है।[१]

अब भूमध्यसागर आया। भारत के बाहर ऐसा स्मृतिपूर्ण स्थान दूसरा नहीं है—एशिया, अफ़्रीका प्राचीन सभ्यता के अवशेष हैं। एक जातीय रीति-नीति, भोजन-पान समाप्त हुआ; दूसरे प्रकार की आकृति-प्रकृतियों, आहार-विहारों, परिच्छेदों, आचार-व्यवहारों का आरम्भ हुआ—यूरोप आया। सिर्फ़ इतना ही नहीं, अनेक वर्णों, अनेक जातियों, सभ्यता, विद्या और आचारों के बहुशताब्दि-व्यापी जिस महा सम्मिश्रण के फलस्वरूप यह आधुनिक सभ्यता पैदा हुई है, उस सम्मिश्रण का महाकेन्द्र यहीं पर है। जो धर्म, जो विद्या, जो सभ्यता, जो महावीर्य आज भूमण्डल पर व्याप्त है, भूमध्यसागर के ही चारों ओर उसकी जन्मभूमि है। उस दक्षिण में भास्कर्य विद्या का आगर, बहु धन-धान्य-प्रसू, अति प्राचीन मिस्र है; पूर्व में फ़िनीसियन, फ़िलिस्तीन, यहूदी, साहसी बाबिल, आसीर और ईरानी सभ्यता की प्राचीन रंगभूमि—एशिया माइनर तथा उत्तर की ओर सर्वाश्चर्यमयी ग्रीक जाति का लीलाक्षेत्र है।

स्वामी जी! देश-नदी-पहाड़-पर्वतों की कथाएँ तो बहुत तुमने सुनीं, अब कुछ प्राचीन कहानियाँ सुन लो। ये प्राचीन कहानियाँ बड़ी अद्‌भुत हैं। कहानियाँ ही नहीं—यह सत्य है; मनुष्य जाति का यथार्थ इतिहास है। ये सब प्राचीन देश काल-सागर में प्रायः लीन थे। जो कुछ आदमियों को मालूम था, वह प्रायः प्राचीन यवन ऐतिहासिकों की अद्‌भुत आख्यायिकाओं के रूप के प्रबन्ध अथवा बाइबिल नामक यहूदी पुराणों का अत्यद्‌भुत वर्णन मात्र है। अब पुराने पत्थर, घर-द्वार, टाली में लिखी किताबें और भाषा-विश्लेषण शत मुखों से कहानियाँ सुना रहे हैं। ये कहानियाँ इस समय सिर्फ़ शुरू की गयी हैं। लेकिन अभी ही कितनी ताज्जुब

---

१. हाल में स्वेज नहर अंग्रेजों के हाथ से मिस्रियों के अधिकार में आ गयी है।

में डालनेवाली बातें निकल पड़ी हैं। बाद को क्या निकलेगा, कौन जाने? देश-देशान्तरों के बड़े बड़े पण्डित दिन-रात एक टुकड़ा शिलालेख या टूटा बर्तन या एक मकान अथवा एक टाली लेकर दिमाग़ लड़ा रहे हैं, और उस काल की लुप्त वार्ताएँ निकाल रहे हैं।

जब मुसलमान नेता ओसमान ने कानस्टान्टिनोप्ल पर अधिकार किया, समस्त पूर्वी यूरोप में इस्लाम की ध्वजा सगर्व उड़ने लगी, तब प्राचीन ग्रीकों की जो सब पुस्तकें, विद्या-बुद्धि उनके निर्वीर्य वंशधरों के पास छिपी हुई थीं, वह पश्चिमी यूरोप में भागे हुए ग्रीकों के साथ साथ फैल गयी। ग्रीक लोग रोम के पैरों तले रहने पर भी विद्या और बुद्धि में रोमवालों के गुरु थे। यहाँ तक कि ग्रीकों के क्रिस्तान होने और ग्रीक भाषा में क्रिस्तान धर्मग्रन्थों के लिखे जाने के कारण तमाम रोम साम्राज्य पर क्रिस्तान धर्म की विजय हुई। लेकिन प्राचीन ग्रीक जिन्हें हम लोग यवन कहते हैं, जो लोग यूरोपियन सभ्यता के आदि गुरु हैं, उनकी सभ्यता का परम उत्थान क्रिस्तानों के बहुत पहले हुआ। क्रिस्तान होने के समय से ही उनकी विद्या-बुद्धि सब लुप्त हो गयी; लेकिन हिन्दुओं के घरों में जैसे पूर्व पुरुषों की विद्या-बुद्धि कुछ रक्षित है, उसी तरह क्रिस्तान ग्रीकों के पास थी; वही सब किताबें चारों तरफ फैल गयीं। उसीसे अंग्रेज़, जर्मन, फ्रेंच आदि जातियों में पहली सभ्यता का उन्मेष हुआ। ग्रीक विद्या के सीखने की एक धूम सी मच गयी। पहले जो कुछ उन पुस्तकों में था, वह हाड़ सहित निगला गया। इसके बाद जब बुद्धि मार्जित होने लगी और क्रमशः पदार्थविद्या का अभ्युत्थान होने लगा, तब उन सब ग्रन्थों का समय, प्रणेता, विषय आदि की यथातथ्य गवेषणा चलने लगी। क्रिस्तानों के धर्मग्रन्थों को छोड़कर प्राचीन क्रिस्तान ग्रीकों के कुल ग्रंथों पर मतामत ज़ाहिर करने में कोई वाधा तो थी नहीं, इसलिए बाह्य और आभ्यन्तरिक समालोचना की एक विद्या निकल पड़ी।

सोचो, किसी पुस्तक में लिखा है कि अमुक समय अमुक घटना हुई थी। किसीने कृपापूर्वक किसी पुस्तक में कुछ लिख दिया है, इसीलिए क्या सब सच हो गया? विशेषतः उस काल के आदमी बहुत सी बातें कल्पना से लिखा करते थे। दूसरे, प्रकृति—यहाँ तक कि पृथ्वी के सम्बन्ध में भी ज्ञान थोड़ा था; यही सब कारण ग्रन्थोक्त विषयों के सत्यासत्य-निर्णय में विषम सन्देह पैदा करने लगे। सोचो, एक ग्रीक ऐतिहासिक ने लिखा है, कि अमुक समय भारत में चन्द्रगुप्त नामक एक राजा था। फिर यदि भारत में भी उसी समय उस राजा का उल्लेख दीख पड़े, तो विषय का बहुत कुछ प्रमाण निस्सन्देह हो जाता है। इसी प्रकार यदि चन्द्रगुप्त के कुछ रुपये मिले अथवा उनके समय की एक इमारत मिल जाय, जिसमें

कि उनका उल्लेख है, तो फिर और किसी तरह का सन्देह या कमज़ोरी न रह जायगी।

सोचो, किसी दूसरी पुस्तक में लिखा है कि एक यह घटना सिकन्दर बादशाह के समय की है, लेकिन उसके भीतर दो-एक रोम के बादशाहों का ज़िक्र आ गया है। वह इस तरह आया है कि प्रक्षिप्त होना सम्भव नहीं—तो वह पुस्तक सिकन्दर बादशाह के समय की नहीं है, यह सिद्ध हो गया।

इसी प्रकार भाषा। समय समय पर सभी भाषाओं में परिवर्तन होता रहा है, फिर हर एक लेखक का अपना ढंग रहता है। यदि किसी पुस्तक में ख्वाहमख्वाह एक अप्रासंगिक वर्णन लेखक के विपरीत ढंग से रहे तो ज़रूर उस पर प्रक्षिप्त होने का सन्देह होता है। इस प्रकार विभिन्न प्रकार के संदेह, संशय प्रमाण-प्रयोगों से ग्रन्थ-तत्त्व के निर्णय की एक विद्या ही निकल पड़ी।

इसके ऊपर आजकल का विज्ञान द्रुत गति से अनेक ओर से रश्मि विकीर्ण करने लगा; और फल यह हुआ कि जिस पुस्तक में कोई अलौकिक घटना लिखी हुई है, वह बिल्कुल ही अविश्वसनीय हो गयी।

और अन्त में—महातरंग रूप संस्कृत भाषा का यूरोप में प्रवेश; भारत में, युफ़्रेटिस नदी के किनारे तथा मिस्र देश में प्राचीन शिलालेखों का अन्वेषण तथा उनका पुनः पठन; और प्राचीन काल से भूगर्भ में अथवा पर्वतों के पार्श्व में छिपे हुए मन्दिरों आदि की खोज तथा उनके यथार्थ इतिहास का ज्ञान। हम कह चुके हैं कि इस नूतन गवेषणा-विद्या ने 'बाइबिल' या 'नव व्यवस्थान' ग्रन्थों को अलग कर रखा था। मार-पीट करना, जीते जला देना आदि तो अब है नहीं, है सिर्फ़ समाज का डर; सो इसकी उपेक्षा करके कुछ पण्डितों ने उक्त पुस्तकों का भी खूब विश्लेषण किया है। आशा है, जिस तरह हिन्दू आदि की धर्म-पुस्तकों को वे लोग लापरवाह होकर टुकड़े टुकड़े कर डालते हैं, उसी तरह आगे चलकर सत् साहस के साथ यहूदी और क्रिस्तान पुस्तकों के साथ भी करेंगे। मैं यह बात क्यों कहता हूँ, इसका एक उदाहरण है, मासपेरो नाम के एक महापण्डित, मिस्र पुरातत्त्व के विख्यात लेखक ने 'इस्मोआर आसिएन ओरी आँताल' नाम से मिस्रवालों तथा बाबिलों का एक प्रकाण्ड इतिहास लिखा है। कई साल पहले उक्त ग्रन्थ का एक अंग्रेज़ पुरातत्त्वविद् द्वारा किया हुआ अंग्रेज़ी अनुवाद पढ़ा था। अब की बार ब्रिटिश म्यूज़ियम के एक अध्यक्ष से मिस्र और बाबिलन सम्बन्धी कुछ पुस्तकों के विषय पर पूछते हुए मासपेरो के ग्रन्थ का उल्लेख आया। इस पर यह सुनकर कि मेरे पास उक्त ग्रन्थ का अनुवाद है, उन्होंने कहा कि इससे काम न चलेगा, अनुवादक कुछ कट्टर क्रिस्तान है। इसलिए जहाँ जहाँ मासपेरो का अनुसन्धान क्रिस्तान धर्म

को धक्का पहुँचाता है, वहाँ सब गोल-मटोल कर दिया गया है। उन्होंने मूल फ़्रांसीसी भाषा में ग्रन्थ पढ़ने के लिए कहा। पढ़कर देखता हूँ, तो बिल्कुल ठीक। अब यह तो एक विषम समस्या हो गयी है। जानते तो हो कि धर्म की कैसी कट्टरता है?

सत्यासत्य सब खासी खिचड़ी के रूप में। तभी से उन सब गवेषणावाले ग्रन्थों के अनुवाद से बहुत कुछ श्रद्धा घट गयी है।

एक और नयी विद्या पैदा हुई है, जिसका नाम जाति-विद्या है; अर्थात् आदमी का रंग, बाल, चेहरा, सिर की गढ़न, भाषा आदि देखकर श्रेणीबद्ध करना।

जर्मन लोग सब विद्याओं में विशारद होने पर भी संस्कृत और प्राचीन असीरिया की विद्याओं में विशेष पटु हैं; बर्गस आदि जर्मन पण्डित इसके निदर्शन हैं। फ़्रांसीसी प्राचीन मिस्र के तत्त्वोद्धार में विशेष सफल हुए हैं।—मासपेरो आदि—सब फ़्रांसीसी हैं। डच लोग यहूदी और प्राचीन क्रिस्तान धर्म के विश्लेषण में विशेष प्रतिष्ठित हैं—कूना आदि संसार-प्रसिद्ध लेखक हैं।

अंग्रेज़ लोग पहले अनेक विद्याओं का आरम्भ करके फिर हट जाते हैं।

इन सब पण्डितों के मत कुछ कहूँ। यदि अच्छा न लगे तो उनके साथ तूल-तकरार करो, मुझे दोष न देना।

हिन्दू, यहूदी, प्राचीन बाबीली, मिस्री आदि प्राचीन जातियों के मत से सब आदमी एक आदिम माता-पिता से पैदा हुए हैं, यह बात अब बहुत लोग नहीं मानना चाहते।

वज्र काले, बिना नाक के, मोटे होंठवाले, ढालू कपाल, और घुंघराले बाल-वाले काफ़्रियों को तुमने देखा है? प्रायः उसी तरह की गठन है, सिर्फ़ आकार के छोटे हैं; बाल इतने घुँघराले नहीं, सौंताली, अन्दमानी भीलों को देखा है? पहली श्रेणीवाले को नीग्रो कहते हैं, इनकी निवासभूमि अफ़्रीका है। दूसरी जाति का नाम है नेग्रिटो—छोटे नीग्रो; ये लोग पुराने ज़माने में अरब के कुछ अंश में, यूफ़्रेटिस के तटों के कुछ अंशों में, फ़ारस के दक्षिण भाग में, तमाम भारत में, अन्दमान आदि द्वीपों में, यहाँ तक कि आस्ट्रेलिया में भी निवास करते थे। आधुनिक समय में भी भारत के किसी किसी घोर जंगल में, अन्दमान और आस्ट्रेलिया में ये लोग मौजूद हैं।

लेप्चा, भूटिया, चीनी आदि को तुमने देखा है?—सफ़ेद रंग या पीला, सीधे और काले बालवाले; काली आँखें, लेकिन वे तिरछी बैठायी हुई, मूँछ-दाढ़ी थोड़ी सी, चपटा मुंह, आँखों के निचले दोनों भाग बहुत ऊँचे। मलायी, नेपाली, बरमी, स्यामी, जापानी देखे हैं? वे लोग उसी गठन के हैं, लेकिन आकार के छोटे हैं।

इस श्रेणी की दोनों जातियों के नाम मंगोल और मंगोलाईड् यानी छोटे मगोल हैं। मगोल जाति इस समय अधिकांश एशियाखण्ड पर दखल कर बैठी है। यही मंगोल हैं, जो अनेक शाखाओं में बँटकर, काले मुँहवाले हूण, चीनी, तातारी, तुर्क, मानचू, किरगिज आदि विविध शाखाओं में बँटकर, एक चीनियों और तिब्बतियों के सिवाय, तम्बू लेकर आज इस देश में, कल उस देश में, भेंड़, बकरियाँ, ढोर और घोड़े चराते फिरते, और घात मिलने पर टिड्डियों की तरह टूटकर दुनिया उलट-पुलट कर देते थे। इन लोगों का एक नाम तूरानी है। ईरान-तूरान—वही तूरान।

रंग काला, बाल सीधे, सीधी नाक, सीधी काली आँखें—प्राचीन मिस्र, प्राचीन बाबिलोनिया में वास करते थे और आजकल भारत भर में हैं। विशेषतः दक्षिण में वास करते हैं; यूरोप में भी एक-आध जगह उनके निशान मिलते हैं, यह एक जाति है, इनका पारिभाषिक नाम है—द्राविड़ी।

सफ़ेद रंग, सीधी आँखें परन्तु कान-नाक, बकरे के मुँह की तरह टेढ़े और सिर मोटा, कपाल ढालू, होंठ भरे हुए—जिस तरह उत्तर अरब के आदमी वर्तमान यहूदी, प्राचीन बाबिल, असीरी, फ़िनिस आदि; इनकी भाषा भी एक तरह की है, इनका नाम है सेमिटिक।

और जो लोग संस्कृत की तरह भाषा बोलते है, सीधी नाक, मुंह, आँखें, रंग सफ़ेद, बाल काले या भूरे, आँखें काली या नीली, इनका नाम है आरियन्।

वर्तमान समस्त जातियाँ इन्हीं सब जातियों के मिश्रण से हुई हैं। उनके भीतर जिस जाति का भाग जिस देश में अधिक है, उस देश की भाषा और आकृति अधिकांश उसी जाति की तरह है। गर्म मुल्क होने पर रंग काला और ठंडा मुल्क होने पर सफ़ेद होता है, यह बात यहाँ के बहुत से लोग नहीं मानते। काले और सफ़ेद के अन्दर जो विभिन्न वर्ण हैं, बहुतों के मत से वे भिन्न भिन्न जातियों के मिश्रण से तैयार हुए हैं।

मिस्र और प्राचीन बाबिलों की सभ्यता पण्डितों के मत से सबसे प्राचीन है। इन सब देशों में ईसा से ६००० वर्ष या उससे अधिक समय पहले के मकानात मिलते हैं। भारत में ज़्यादा से ज़्यादा चन्द्रगुप्त के समय का अगर कुछ मिला हो, तो वह सिर्फ़ ईसा से पहले ३०० वर्ष का होता है। इसके पहले के मकानात अभी नहीं मिले।[1] परन्तु इसके बहुत पहले की पुस्तकें मिली हैं, जो

---

१. इधर पंजाब में हरप्पा तथा सिन्ध में महेञ्जोदारो नामक ग्रामों के उत्खनन में ईसा से ३३०० वर्ष पूर्व की सभ्यता के अनेक चिह्न मिले हैं।

और किसी देश में नहीं मिलतीं। पण्डित बालगंगाधर तिलक ने साबित किया है कि हिन्दुओं के 'वेद' कम से कम ईसा के ५००० वर्ष पहले इसी रूप में मौजूद थे।

यही भूमध्यसागर के प्रान्त हैं,—जो यूरोपियन सभ्यता आजकल विश्व-विजयी हो रही है, उसकी जन्मभूमि यही है। इस तटभूमि पर बाबिली, फ़िनिम, यहूदी आदि सेमिटिक जातिवर्ग और ईरानी, यवन, रोमन आदि आर्य जाति के सम्मिश्रण से वर्तमान यूरोपियन सभ्यता का विकास हुआ है।

'रोजेट्टा स्टोन' नामक एक बृहत् शिलालेख-खण्ड मिस्र में मिला है। उस पर जीव-जन्तुओं की पूँछ आदि के तौर पर चित्रलिपि में लिखा हुआ एक लेख है। उसके नीचे और एक प्रकार का लेख है, तथा सबसे नीचे ग्रीक भाषा के समान एक लेख है। एक विद्वान् ने यह अनुमान किया कि ये तीनों लेख एक ही हैं और उन्होंने इस प्राचीन मिस्र जाति के लेखों का पुनः पठन 'कप्ट' अक्षरों की सहायता से किया। (कप्ट ईसाइयों की एक जाति है, जो अब भी मिस्र देश में पायी जाती है और इस जाति के लोग प्राचीन मिस्रवालों की सन्तान समझे जाते हैं।) उसी तरह बाबिलों की ईंटें और टालि पर लिखी हुई त्रिकोण अक्षरोंवाली लिपि का भी पुनः पठन हुआ। इधर, भारत में हलाकार अक्षरोंवाले कुछ लेख महाराजा अशोक की समसामयिक लिपि के नाम से आविष्कृत हुए। इससे अधिक प्राचीन लिपि भारत में नहीं मिली। मिस्र भर में अनेक प्रकार के मन्दिर, स्तम्भ, शवाधार आदि पर जिस तरह की लिपियाँ लिखी हुई थीं, क्रमशः वे सब पढ़ी गयीं, और धीरे धीरे उनसे मिस्र की प्राचीनता अधिक स्पष्ट हो गयी है।

मिस्रवालों ने समुद्र पार के 'पन्ट' नामक दक्षिण देश से मिस्र में प्रवेश किया था। कोई कोई कहते हैं कि वह 'पन्ट' ही वर्तमान मालाबार है, और मिस्री और द्रविड़ एक ही जाति है। इनके प्रथम राजा का नाम है 'मेनुस'। इनका प्राचीन धर्म भी किसी किसी अंश में हमारी पौराणिक कथाओं की तरह है। 'शिबू' देवता 'नुई' देवी के द्वारा आच्छादित थे, बाद में एक दूसरे देवता 'शू' ने आकर बलपूर्वक 'नुई' को उठा लिया। 'नुई' का शरीर आकाश हुआ, दोनों हाथ और दोनों पैर हुए आकाश के चारों स्तम्भ। और 'शिबू' हुए पृथ्वी। 'नुई' के पुत्र-कन्या 'असि-रिस' और 'इसिस' मिस्र के प्रधान देव-देवी हैं, और उनके पुत्र 'होरस' सर्वोपास्य हैं। इन तीनों की एक ही साथ उपासना होती थी। 'इसिस' गोमाता के रूप से भी पूजित होती हैं।

पृथ्वी के 'नील' नद की तरह आकाश में भी इसी प्रकार का नील नद है—पृथ्वी का नील नद उसका अंशविशेष है। इनके मत से सूर्यदेव नाव पर चढ़कर

पृथ्वी की प्रदक्षिणा करते हैं, कभी कभी 'अहि' नामक सर्प उन्हें ग्रास करता है, तब ग्रहण लगता है।

चन्द्रदेव पर एक शूकर कभी कभी आक्रमण करता है और खण्ड खण्ड कर डालता है, बाद को पन्द्रह दिन उन्हें अच्छे होने में लग जाते हैं। मिस्र के सब देवता, कोई 'शृगालमुख', कोई 'बाजमुख', कोई 'गोमुख' इत्यादि हैं।

साथ ही यूफ़्रेटिस के तट पर एक दूसरी सभ्यता का उत्थान हुआ था। उनके भीतर 'बाल', 'मोलख', 'ईस्तारत' और 'दमूजी' प्रधान है। 'ईस्तारत' 'दमूजी' नामक एक मेष-पालक के प्रणयपाश से बद्ध हो गयीं। एक वराह ने दमूजी को मार डाला। पृथ्वी के नीचे, परलोक में, ईस्तारत दमूजी को खोजने गयी। वहाँ 'अल्लात्' नाम की एक भयंकरी देवी ने उन्हें बड़ा कष्ट दिया। अन्त में ईस्तारत ने कहा कि मुझे अगर दमूजी न मिलेंगे, तो मैं मर्त्यलोक फिर न जाऊँगी। बड़ी मुश्किल हुई—वे थीं कामदेवी, उनके बिना आये आदमी, जीव, जन्तु, पेड़, पौधे फिर पैदा नहीं हो सकते। तब देवताओं ने यह सिद्धान्त ठहराया कि हर साल दमूजी चार महीने रहेंगे परलोक में यानी पाताल में, और आठ महीने रहेंगे मर्त्यलोक में। तब ईस्तारत लौट आयी—वसन्त आया, शस्यादि पैदा होने लगे।

यही 'दमूजी', 'आदुनोई' या 'आदुनिस' के नाम से सिद्ध हैं। सभी सेमिटिक जातियों का धर्म किञ्चित् अवान्तर भेद से प्रायः एक ही तरह का था। बाबिली, यहूदी, फ़िनिक और बाद के अरबों की एक ही तरह की उपासना थी। प्रायः सभी देवताओं का नाम 'मोलख' (जिस शब्द के रूप बंगला भाषा में मालिक, 'मुल्लुक' आदि अब भी हैं) अथवा 'बाल' है; केवल कुछ अवान्तर भेद था। किसी किसी का मत है—ये 'अल्लात्' देवता बाद को अरबों के 'अल्लाह' हुए।

इन सब देवताओं की पूजा के भीतर कुछ भयानक और जघन्य कार्य भी थे। 'मोलख' या 'बाल' के पास पुत्र-कन्या को जीते ही जला देते थे। 'ईस्तारत' के मन्दिर में स्वाभाविक और अस्वाभाविक काम-सेवा प्रधान अंग थी!

यहूदी जाति का इतिहास बाबिलों की अपेक्षा बहुत आधुनिक है। पण्डितों के मत से बाइबिल नामक धर्मग्रन्थ ईसा के ५०० वर्ष पहले से शुरू होकर ईसा के बाद तक लिखा गया है। बाइबिल के अनेक अंश जो पहले के कहकर प्रतिष्ठित किये गये हैं, बहुत बाद के लिखे गये हैं। इस बाइबिल के भीतर की स्थूल कथाएँ बाबिल जाति की हैं। बाबिलों का सृष्टि-वर्णन, जलप्लावन-वर्णन, आदि अधिकांशतः बाइबिल ग्रन्थ में संगृहीत हुए हैं। इस पर पारसी बादशाह लोग जब एशिया माइनर पर राज्य करते थे, उस समय बहुत कुछ पारसी मतों का यहूदियों में प्रवेश हुआ है। बाइबिल के प्राचीन भाग के मत से यह संसार ही सब कुछ है।

आत्मा या परलोक नहीं है। नये भाग में पारसियों का परलोक, भूतों का पुनरुत्थान आदि दृष्टिगोचर होता है और शैतानवाद तो बिल्कुल ही पारसियों का है।

यहूदी धर्म का प्रधान अंग 'यावे' नामक 'मोलख' की पूजा है। लेकिन यह नाम यहूदी भाषा का नहीं। किसी किसी के मत से यह मिस्री शब्द है। लेकिन कहाँ से आया, यह कोई नहीं जानता। बाइबिल में वर्णन है कि यहूदी लोग बद्ध होकर बहुत दिनों तक मिस्र में थे; ये सब बातें इस समय कोई विशेष मानता नहीं। और 'इब्राहीम', 'इसहाक़', 'यूसुफ़' आदि गोत्र-पिताओं के रूपक हैं, यह साबित किया जाता है।

यहूदी लोक 'यावे' नाम का उच्चारण नहीं करते थे; उसकी जगह 'आदुनोई' करते थे। जब यहूदी लोग इस्राइल और इफ़्रेम दो शाखाओं में विभक्त हो गये, तब दोनों देशों में दो प्रधान मन्दिर तैयार हुए। जेरूसलेम में यहूदियों का जो मन्दिर बना, उसमें 'यावे' देवता की एक नर-नारी-संयुक्त (युग्म) मूर्ति एक सन्दूक के अन्दर रखी जाती थी। द्वार पर बड़ा सा एक पुंश्चिह्न स्तम्भ था। इफ़्रेम में 'यावे' देवता, सोने से मढ़े हुए वृष की मूर्तिरूप में पूजित होते थे।

दोनों जगहों में, ज्येष्ठ पुत्र को देवता के पास जीते हुए ही अग्नि में आहुति देते थे और स्त्रियों का एक दल उन दोनों मन्दिरों में वास करता था। वे स्त्रियाँ मन्दिर के भीतर ही वेश्यावृत्ति करके जो कुछ पैदा करती थीं, सब मन्दिर के खर्च में लगता था।

क्रमशः यहूदियों के भीतर एक दल का प्रादुर्भाव हुआ; वे लोग गीत या नृत्य के द्वारा अपने भीतर देवता का आवेश करते थे। इनका नाम नबी या प्राफ़ेट (Prophet) था। इनमें बहुत से लोग ईरानियों के संसर्ग से मूर्तिपूजा, पुत्र-बलि, वेश्यावृत्ति आदि के विपक्ष में हो गये। क्रमशः बलि की जगह हुई सुन्नति। वेश्यावृत्ति, मूर्ति आदि क्रमशः उठ गयी। क्रमशः उस नबी सम्प्रदाय के भीतर से क्रिस्तान धर्म की सृष्टि हुई।

ईसा नाम के कोई पुरुष कभी पैदा हुए थे या नहीं, इस विषय पर भयानक वितण्डा हो गया है। 'नव व्यवस्थान' की जो चार पुस्तकें हैं, उनमें संत जॉन नामक पुस्तक तो बिल्कुल अग्राह्य हो गयी है। बाक़ी तीन, कोई एक प्राचीन पुस्तक देखकर लिखी गयी हैं, यह सिद्धांत है; वह भी ईसा मसीह का जो समय निर्दिष्ट हुआ है, उसके बहुत बाद।

उस पर, जिस समय ईसा के पैदा होने की प्रसिद्धि है, उस समय उन यहूदियों के भीतर दो ऐतिहासिक व्यक्ति पैदा हुए थे, 'जोसिफ़ुस' और 'फ़िलो'। इन लोगों ने यहूदियों के भीतर छोटे छोटे सम्प्रदायों का भी उल्लेख किया है, लेकिन ईसा या

क्रिस्तानों का नाम भी नहीं लिया है, अथवा रोमन जज ने उन्हें क्रूसित करने का हुक्म दिया था, इसकी भी कोई चर्चा नहीं है। जोसिफ़ुस की पुस्तक में इस सम्बन्ध में कुछ पंक्तियाँ थीं, वह भी अब प्रक्षिप्त प्रमाणित हुई हैं।

रोमन लोग उस समय यहूदियों पर राज्य करते थे। सब विद्याएँ ग्रीक लोग सिखलाते थे। इन सभी लोगों ने यहूदियों के विषय में बहुत सी बातें लिखी हैं, परन्तु ईसा या क्रिस्तानों की कोई बात नहीं लिखी। फिर मुश्किल यह है कि जिन सब कथाओं, उपदेशों या मतों का नव व्यवस्थान ग्रन्थ में प्रचार आया है, वे सभी अनेकानेक देशों से आकर, क्रिस्ताब्द के पहले ही यहूदियों में मौजूद थे और 'हिलेल' आदि रब्बीगण (उपदेशक) उनका प्रचार कर रहे थे। पण्डित लोगों की तो यही राय है, लेकिन दूसरे के धर्म के बारे में जिस तरह तुरन्त कोई बात कह डालते हैं, अपने देश के धर्म के बारे में यह कहने पर क्या फिर गौरव रहता है? अतएव शनैः शनैः चल रहे हैं। इसका नाम है 'हायर क्रिटिसिज़्म'।

पाश्चात्य बुधमण्डली, इस प्रकार, देश-देशान्तर के धर्म, नीति, जाति इत्यादि की आलोचना कर रही है। हमारी बंगला भाषा में कुछ भी नहीं। होगा भी किस तरह—कोई बेचारा यदि दस-बारह वर्ष सिरतोड़ मेहनत करके इस तरह की किताब का अनुवाद करे, तो वह खुद क्या खाय और किताब छपाये क्या देकर?

एक तो देश अत्यन्त दरिद्र है, फिर विद्या बिल्कुल नहीं, यही कहना ठीक होगा। क्या ऐसा दिन होगा, जब हम लोग नाना प्रकार की विद्याओं की चर्चा करेंगे—**मूकं करोति वाचालं, पंगुं लंघयते गिरिम्—यत् कृपा**! माता जगदम्बा ही जानें!

जहाज़ नेपल्स में लगा—हम लोग इटली पहुँचे। इसी इटली की राजधानी रोम है। यह रोम, उसी प्राचीन बलशाली रोम साम्राज्य की राजधानी है—जिसकी राजनीति, युद्धविद्या, उपनिवेश-संस्थापन, परदेश-विजय, अब भी समग्र पृथ्वी का आदर्श है! नेपल्स छोड़कर जहाज़ मार्साई (मार्सेल्स) लगा था, फिर सीधे लंदन।

यूरोप के बारे में तो तुम लोगों को बहुत सी बातें मालूम हैं,—वे लोग क्या खाते हैं, क्या पहनते हैं, उनके क्या रीति-नीति-आचार इत्यादि हैं—यह अब मैं विशेष क्या कहूँ। परन्तु यूरोपियन सभ्यता क्या है, इसकी उत्पत्ति कहाँ से है, हम लोगों के साथ इसका क्या सम्बन्ध है, इस सभ्यता का कितना अंश हमें लेना चाहिए—इन सब विषयों पर बहुत सी बातें कहने को शेष हैं। शरीर किसी को छोड़ता नहीं भाई साहब, अतएव दूसरी बार ये सब बातें कहूँगा। अथवा कहकर क्या होगा? बकझक और बोलने में हम लोगों की तरह (खास तौर से बंगालियों की तरह) मज़बूत भी कौन है? अगर कर सको तो करके दिखाओ। हम कार्य

करें और मुंह को विदा दें। लेकिन एक बात कह रखें,—ग़रीब निम्न जातियों के भीतर विद्या और शक्ति का प्रवेश जब होने लगा, तभी से यूरोप उठने लगा। अन्य देशों के कूड़े की तरह परित्यक्त हज़ारों दुःखी-ग़रीब अमेरिका में स्थान पाते हैं, आश्रय पाते हैं, यही अमेरिका के मेरुदण्ड हैं। बड़े आदमी, पण्डित, धनी इन लोगों ने तुम्हारी बातें सुनी हैं या नहीं सुनीं, उन्होंने समझा या नहीं समझा, तुम लोगों को गालियाँ दीं या तारीफ़ की, इससे कुछ भी नहीं आता-जाता। ये लोग हैं सिर्फ़ शोभा, देश की बहार।—करोड़ों की संख्या में जो लोग नीच और ग़रीब हैं, वे ही लोग प्राण हैं। संख्या से कुछ आता-जाता नहीं, धन या दरिद्रता से कुछ आता-जाता नहीं, मनसा वाचा कर्मणा यदि ऐक्य हो तो मुट्ठी भर लोग दुनिया उलट दे सकते हैं—यह विश्वास न भूलना।

बाधा जितनी ही होगी, उतना ही अच्छा है। बाधा बिना पाये क्या कभी नदी का वेग बढ़ता है? जो वस्तु जितनी नयी होगी, जितनी अच्छी होगी, वह वस्तु पहले-पहल उतनी ही बाधा पायेगी। बाधा ही तो सिद्धि का पूर्व लक्षण है। जहाँ बाधा नहीं, वहाँ सिद्धि भी नहीं है। अलमिति।[1]

*　　　*　　　*

हमारे देश में कहते हैं, पैर में चक्र रहा तो मनुष्य आवारा-गर्द होता है। मेरे पैर में शायद सब चक्र ही चक्र हैं। 'शायद' इसलिए कहता हूँ कि पैरों के तलवे देखकर मैंने चक्रों का आविष्कार करने की बड़ी चेष्टा की, परन्तु वह चेष्टा बिल्कुल विफल हो गयी—मारे जाड़े के पैर फट गये थे—उससे अक्कर-चक्कर कुछ भी न दिखलायी पड़े। ख़ैर, जब कि किंवदन्ती है, तब मान लिया कि मेरा पैर चक्करमय है। फल तो प्रत्यक्ष है—इतना सोचा कि पेरिस में बैठकर कुछ दिन फ़्रेंच भाषा, सभ्यता आदि की आलोचना कर पाऊँगा। पुराने दोस्त-मित्रों को छोड़कर एक ग़रीब फ़्रांसीसी नवीन मित्र के यहाँ जाकर ठहरा, (वे अंग्रेज़ी नहीं जानते और मेरी फ़्रांसीसी—एक विचित्र तमाशा था!) इच्छा थी गूँगे की तरह बैठे रहने की। अक्षमता से मजबूरन फ़्रेंच बोलने का उद्योग होगा और अनर्गल फ़्रेंच भाषा निकलती रहेगी और कहाँ चला विपना, तुर्की, ग्रीस, ईजिप्ट, जेरूसलेम पर्यटन करने, भवितव्य का कौन खण्डन करे, कहो? तुम्हें पत्र लिख रहा हूँ, मुसलमान प्रभुत्व की अवशिष्ट राजधानी कान्स्टान्टिनोप्ल से।

---

१. इस स्थल तक स्वामी जी जब पश्चिम की दूसरी बार यात्रा १८९९ ई० में कर रहे थे, उसका वर्णन है। आगे १९०० ई० में जब वे वापस आ रहे थे, उसका वर्णन है।

साथ में तीन साथी हैं—दो हैं फ़ांसीसी और एक अमेरिकन। अमेरिकन हैं, तुम लोगों की परिचिता मिस मैक्लिऑड, फ़ांसीसी पुरुष मित्र, मस्ये जुलवोआ, फ़ांस के एक प्रतिष्ठित दार्शनिक और साहित्य लेखक; और फ़ांसीसनी बान्धवी, जगत्-विख्यात गायिका मादमोआज़ेल कालभे। फ़ांसीसी भाषा में 'मिस्टर' होते हैं 'मस्ये' और 'मिस' होती हैं 'मादमोआज़ेल'। 'ज' का उच्चारण पूर्व बंगाल के 'ज़' की तरह। मादमोआज़ेल कालभे आधुनिक काल की सर्वश्रेष्ठ गायिका—अपेरा गायिका हैं। इनके गीतों का इतना आदर है कि इन्हें सालाना तीन-चार लाख की आमदनी है, केवल गीत गाकर। इनसे हमारा परिचय पहले से ही है। पाश्चात्य देशों की सर्वश्रेष्ठ अभिनेत्री मादाम सारा बर्नहार्ड, और सर्वश्रेष्ठ गायिका कालभे, दोनों ही फ़ांसीसी हैं, दोनों ही अंग्रेजी भाषा से सम्पूर्ण अनभिज्ञ हैं। लेकिन इंग्लैंड और अमेरिका कभी कभी जाती हैं और अभिनय कर तथा गीत गाकर लाखों डालर संग्रह करती हैं। फ़ांसीसी भाषा सभ्यता की भाषा है, पश्चिमी संसार के भद्र पुरुषों का चिह्नस्वरूप है, यह बात सभी जानते हैं। इसलिए इन्हें न अंग्रेज़ी सीखने का अवकाश है और न प्रवृत्ति ही। मादाम बार्नहार्ड प्रौढ़ हैं, परन्तु जब सजधज कर मंच पर खड़ी होती हैं, तब जिस उम्र और लिंग का अभिनय करती हैं, उसकी हूबहू नक़ल! बालिका, बालक, जो कहो वही,—हूबहू—और ऐसी ताज्जुब की आवाज़! ये लोग कहते हैं, उसके कण्ठ में रुपहले तार बजते हैं! बार्नहार्ड का अनुराग विशेष रूप से भारत के ऊपर है, मुझसे बार बार कहती हैं, तुम लोगों का देश 'त्रेंजासिएन, त्रेसविलिजे'—बहुत ही प्राचीन, बहुत ही सभ्य है। एक वर्ष भारत सम्बन्धी एक नाटक खेला, उसमें मंच के ऊपर बिल्कुल एक भारत का रास्ता खड़ा कर दिया था—लड़के, बच्चे, पुरुष, साधु, नागा, बिल्कुल भारत! मुझसे अभिनय के बाद कहा, "आज महीने भर से हर एक म्यूज़ियम घूमकर भारत के पुरुष, स्त्रियाँ, पोशाक, रास्ता, घाट आदि पहचाना है।" बार्नहार्ड की भारत देखने की बड़ी ही प्रबल इच्छा है—'से मं स्यभ'—'से मं स्यभ'—वह मेरा जीवन स्वप्न है। फिर प्रिन्स आफ़ वेल्स उन्हें बाघ, हाथी का शिकार करायेंगे, प्रतिज्ञा कर चुके हैं। परन्तु बार्नहार्ड ने कहा—उस देश में जाया जाय तो डेढ़-दो लाख रुपये भी न खर्च किये गये तो क्या? रुपये का टोटा उन्हें नहीं है—'ला दिविन सारा' (La Divine Sara) 'दैवी सारा'—उन्हें रुपये का क्या अभाव है?—जिसका आना-जाना बिना स्पेशल ट्रेन के नहीं होता!—वह भरपूर विलास यूरोप के कितने राजे-रजवाड़े नहीं भोग सकते, जिनके थियेटर में महीने भर पहले से दूनी क़ीमत पर टिकट ख़रीद रखने पर तब कहीं जगह मिलती है; उन्हें रुपये का टोटा नहीं है,

परन्तु सारा बार्नहार्ड निहायत खर्चीली हैं। उनका भारत-भ्रमण इसीलिए अभी रह गया।

मादमोआज़ेल कालभे इस शीत में नहीं गायेंगी—वे आबहवा बदलने के लिए मिस्र आदि देशों को चली हैं—मैं जा रहा हूँ, इनका अतिथि होकर। कालभे केवल संगीत की चर्चा नहीं करतीं; इनमें यथेष्ट विद्या भी है, दर्शन-शास्त्र, धर्म-शास्त्र का विशेष समादर करती हैं। इनका निहायत दरिद्र अवस्था में जन्म हुआ था। पर धीरे धीरे अपनी प्रतिभा के बल से, विशेष परिश्रम से, अनेक कष्ट सहकर अब इन्होंने प्रचुर धन पैदा कर लिया है! राजा-बादशाहों के सम्मान की अधीश्वरी हैं।

मादाम मेलवा, मादाम एमा एमस, आदि सब प्रसिद्ध गायिकाएँ हैं। जॉंद रेज़के, प्लाँकाँ आदि सब बहुत मशहूर गवैये हैं—ये सभी दो-तीन लाख रुपये साल में पैदा करते हैं!— लेकिन कालभे में विद्या के साथ साथ एक नयी प्रतिभा है। असाधारण रूप, यौवन, प्रतिभा और दैवी कण्ठ—यह सब एकत्र मिलकर कालभे को गायिकामण्डली में शीर्ष-स्थान पर पहुँचा रहा है। परन्तु दुःख-दारिद्रय से बढ़-कर दूसरा शिक्षक और नहीं! वह शैशव का अति कठिन दारिद्रय-दुःख-कष्ट—जिनके साथ दिन-रात लड़ाई कर कालभे को यह विजय मिली है, उस संग्राम ने उनके जीवन में एक अपूर्व सहानुभूति, एक गम्भीर भाव ला दिया है। फिर इस देश में जैसा उद्योग है, वैसे उपाय भी हैं। हमारे देश में उद्योग रहने पर भी उपाय का बिल्कुल ही अभाव है। बंगाली लड़कियों में विद्या सीखने की समधिक इच्छा रहने पर भी उपाय के अभाव से वे विफल हो जाती हैं;—बंगभाषा में सीखने लायक़ है भी क्या? वही जोशीले सड़े उपन्यास और नाटक! फिर विदेशी भाषा में या सस्कृत भाषा में अटकी हुई विद्या, दो ही चार लोगों के लिए है। इन सब देशों नें अपनी भाषा में असंख्य पुस्तकें हैं। और ऊपर से जब जिस भाषा में कोई नयी चीज़ निकलती है, तो उसी वक़्त उसका अनुवाद कर सर्वसाधारण के सामने उसे ये लोग हाज़िर करते जा रहे हैं।

मस्ये जुल बोआ प्रसिद्ध लेखक हैं; सब धर्मों, सब कुसंस्कारों, सब ऐतिहासिक तत्त्वों के आविष्कार में विशेष पटु हैं। मध्य युग में यूरोप में जो सब शैतान-पूजा, जादू, मारण, उच्चाटन, झाड़-फूँक, मन्त्र-तन्त्र थे और अब भी जो कुछ है, वह सारा इतिहास लिपिबद्ध करके इन्होंने एक प्रसिद्ध पुस्तक तैयार की है। ये सुकवि हैं और विक्टर ह्यूगो, ला मार्टिन आदि फ़्रांसीसी और गेटे, सिलर आदि जर्मन महा-कवियों के भीतर भारत के जो वेदान्त-भाव प्रविष्ट हैं, उन सब भावों के पोषक हैं। वेदान्त का प्रभाव यूरोप के काव्य और दर्शन-शास्त्र में बहुत है। सभी अच्छे

कवि वेदान्ती हैं। दार्शनिक तत्त्व लिखने चले कि घूम-फिरकर वेदान्त। परन्तु हाँ, कोई कोई स्वीकार नहीं करना चाहते। अपनी मौलिकता बहाल रखना चाहते हैं—जैसे हर्बर्ट स्पेन्सर आदि। परन्तु अधिकांश लोग स्पष्ट रूप से स्वीकार करते हैं। और बिना किये जायँ भी कहाँ—इस तार, रेलवे और अखबारों के ज़माने में। जुल बड़े निरभिमानी और शान्त प्रकृति के हैं और साधारण अवस्था के आदमी होने पर भी इन्होंने बड़ी ख़ातिर से पेरिस में मुझे अपने मकान पर रखा था। इस समय हम लोग एक ही साथ भ्रमण के लिए चले हैं।

कान्स्टान्टिनोप्ल तक हमारे रास्ते के साथी एक और दम्पति हैं—पेयर हियासान्थ और उनकी सहधर्मिणी। पेयर, अर्थात् पिता हियासान्थ थे—कैथोलिक सम्प्रदाय की एक कठोर तपस्वी शाखा के संन्यासी। पाण्डित्य और असाधारण वाग्मिता-गुण तथा तपस्या के प्रभाव से फ्रांस में और समग्र कैथोलिक सम्प्रदायों में इनकी विशेष प्रतिष्ठा थी। महाकवि विक्टर ह्यूगो दो आदमियों की फ़्रेंच भाषा की तारीफ़ करते थे—उनमें पेयर हियासान्थ एक हैं। चालीस वर्ष की उम्र होने पर पेयर हियासान्थ ने एक अमेरिकन स्त्री के प्रेमपाश में बँधकर उससे विवाह कर डाला। बड़ा शोरगुल मचा,—अवश्य कैथोलिक समाज ने उनका त्याग किया। नंगे पैर, अलखला पहने हुए, तपस्वी वेश छोड़कर, पेयर हियासान्थ गृहस्थों का हैट-कोट-बूट पहनकर हुए—मस्ये लायज़न। लेकिन मैं उन्हें उनके पहले के नाम से ही पुकारता हूँ—वह बहुत दिनों की बात हुई; यूरोप-प्रसिद्ध हंगामा था वह! प्रोटेस्टेन्टों ने उन्हें बड़े आदर से ग्रहण किया, कैथोलिक लोग घृणा करने लगे। पोप ने उनके गुणों का आदर कर उनका त्याग करना नहीं चाहा, कहा, "तुम ग्रीक कैथोलिक पादरी होकर रहो, (उस शाखा के पादरी एक ही बार ब्याह करने पाते हैं, परन्तु बड़ा पद नहीं पाते) परन्तु रोमन चर्च मत छोड़ो।" लेकिन लायज़न-गृहिणी ने उन्हें खींच-खाँचकर पोप के मकान से निकाला। क्रमशः पुत्र-पौत्र हुए; अब वृद्ध लायज़न जेरुसलेम चले हैं—ईसाई और मुसलमानों में जिससे सद्भाव हो, इस प्रचेष्टा में। उनकी गृहिणी ने शायद बड़े बड़े स्वप्न देखे थे कि लायज़न कहीं दूसरा मार्टिन लूथर होगा, पोप का सिंहासन कहीं उलट कर भूमध्यसागर में न फेंक दे। वह सब तो कुछ भी नहीं हुआ; हुआ—फ़्रांसीसी जैसा कहते हैं—'इतो नष्टस्ततो भ्रष्टः'। लेकिन मादाम लायज़न के वे दिवास्वप्न चल रहे हैं! वृद्ध लायज़न बड़े मधुरभाषी, नम्र और भक्त प्रकृति के आदमी हैं। मेरे साथ मुलाक़ात होते ही कितनी बातें, अनेक धर्मों की, अनेक मतों की हुईं। परन्तु भक्त आदमी, अद्वैतवाद से कुछ डरा हुआ है। गृहिणी का भाव शायद मेरे ऊपर कुछ विरूप है। वृद्ध के साथ जब मेरी त्याग, वैराग्य और संन्यास की चर्चा होती है,

और जब उनके प्राणों में वह चिर काल का भाव जाग उठता है, तब गृहिणी की नसें शायद थर्रा जाती हैं। इस पर औरत-मर्द सब फ्रांसीसी सारा क़सूर गृहिणी पर ही थोपते हैं, कहते हैं, 'इस औरत ने हमारे एक महातपस्वी साधु को नष्ट कर डाला है।' गृहिणी के लिए कुछ विपत्ति तो है न?—फिर रहना पेरिस में, कैथोलिकों के देश में। ब्याहे हुए पादरी को देखकर वे लोग घृणा करते हैं। औरत बच्चे लेकर धर्म-प्रचार—यह कैथोलिक बिल्कुल नहीं सह सकता। गृहिणी में फिर कुछ कर्कशा के लक्षण भी हैं! एक बार गृहिणी ने किसी अभिनेत्री पर घृणा प्रकट करके कहा, "तुम बिना विवाह किये हुए अमुक के साथ रहती हो, तुम बड़ी ख़राब औरत हो।" उस अभिनेत्री ने झट जवाब दिया "मैं तुम से लाख दर्जे अच्छी हूँ। मैं एक साधारण आदमी के साथ रहती हूँ और क़ानून के अनुसार विवाह नहीं किया तो न सही; पर तुमने तो महापाप किया है—इतने बड़े एक साधु का धर्म नष्ट कर दिया। यदि तुम्हारे प्रेम की ऐसी ही लहर उठी थी, तो साधु की सेवादासी ही बनकर रहती; उससे ब्याह कर गृहस्थ बना उसे नष्ट क्यों कर डाला?" 'सड़े कुम्हड़े शरीर' की बात जिस देश में सुनकर हँसता था, उसका भी एक दृष्टिकोण से कुछ अर्थ है;—देखा तो?

ख़ैर, मैं सब सुनता हूँ और चुप रहता हूँ। कुछ हो, वृद्ध पेयर हियासान्थ बड़े प्रेमी हैं और शान्त; वे प्रसन्न हैं अपने स्त्री-पुत्र लेकर;—देश भर के आदमियों को क्या? हाँ, गृहिणी जरा शान्त रहे तो शायद सब मिट जाय। लेकिन बात क्या है, समझे भाई साहब, मैं देख रहा हूँ कि, पुरुष और स्त्रियों में सब देशों में समझने की, विचार करने की राह अलग है। पुरुष एक तरफ़ से समझते हैं, स्त्रियाँ दूसरी तरफ़ से। पुरुषों की युक्ति एक तरह की है और स्त्रियों की दूसरी तरह की। पुरुष स्त्री को माफ़ करते हैं और दोष पुरुष के सर पर लादते हैं; स्त्रियाँ पुरुष को माफ़ करती हैं और सब दोष स्त्री पर रखती हैं।

इन लोगों के साथ हमारा विशेष लाभ यह है कि उसी एक अमेरिकन को छोड़कर ये लोग कोई अंग्रेज़ी नहीं जानते। अंग्रेज़ी भाषा में बातचीत बिल्कुल बन्द है।[1] लिहाज़ा किसी तरह मुझे फ़्रेंच में ही सब कहना और सुनना पड़ रहा है।

पेरिस नगरी से मित्रवर मैक्सिम ने अनेक स्थानों के पत्र आदि इकट्ठे कर दिये हैं, जिससे सब देश ठीक तरह से देखे जा सकें। मैक्सिम प्रसिद्ध 'मैक्सिम गन' के निर्माता हैं—जिस तोप से लगातार गोले चलते रहते हैं, अपने आप ही ठस जाते,

---

१. पश्चिम में किसी समाज में सभी की परिचित भाषा के अतिरिक्त किसी अन्य भाषा में बातचीत करना शालीनता के विरुद्ध मानते हैं।

आप ही छूट जाते, जिसका विराम नहीं। मैक्सिम पहले के अमेरिकन हैं, अब इंग्लैंड में रहते हैं, यहाँ उनके तोपों के कारख़ाने आदि हैं। मैक्सिम तोपों की बातें ज़्यादा करने पर चिढ़ता है, कहता है, "महाशय, मैंने क्या और कुछ भी नहीं किया, इस आदमी मारनेवाले कल को छोड़कर ?" मैक्सिम चीन-भक्त है, भारत-भक्त है, धर्म और दर्शनादि का सुन्दर लेखक है। मेरी पुस्तकें पढ़कर बहुत दिनों से मुझ पर अनुराग रखता है—निहायत अनुराग। और मैक्सिम राजा-रजवाड़ों को तोप बेचता है, सब देशों में जान-पहचान है, लेकिन उसके घनिष्ठ मित्र हैं ली हुं चांग, विशेष श्रद्धा चीन पर है, धर्मानुराग कन्फ़ूशी मत पर है। चीनी नाम से कभी कभी अख़बारों में क्रिस्तान पादरियों के विरुद्ध लिखता है—वे लोग चीन क्या करने जाते हैं, क्यों जाते हैं, इत्यादि;—मैक्सिम, पादरियों का चीन में धर्म-प्रचार बिल्कुल नहीं सह सकता। मैक्सिम की गृहिणी भी ठीक वैसी ही है, चीन-भक्त और क्रिस्तानियों से घृणा करनेवाली, लड़के-बच्चे नहीं हैं, वृद्ध आदमी है, धन अटूट है।

यात्रा का निश्चय हुआ,—पेरिस से रेल द्वारा वियना; इसके बाद कान्स्टान्टि-नोप्ल, इसके बाद जहाज़ द्वारा एथेन्स, ग्रीस; इसके बाद भूमध्यसागर पार मिस्र; इसके बाद एशिया-माइनर, जेरूसलेम, आदि। 'ओरीआँताल एक्सप्रेस ट्रेन' पेरिस से इस्तम्बोल तक रोज़ दौड़ती है। उसमें अमेरिका की नक़ल पर सोने, बैठने, खाने की जगह है। ठीक अमेरिका की गाड़ी की तरह संपन्न न होने पर भी बहुत कुछ उसी तरह की है। उस गाड़ी पर चढ़कर २४ अक्तूबर को पेरिस छोड़ रहे हैं।

आज २३ अक्तूबर है। कल संध्या समय पेरिस से बिदा लूँगा। इस साल (१९०० ई०) यह पेरिस सभ्य संसार का केन्द्र हो रहा है, इस साल महाप्रदर्शनी है। अनेक दिशाओं और देशों से समागत सज्जनों का संगम है। देश-देशान्तरों के मनीषीगण अपनी अपनी प्रतिभा के प्रकाश से अपने देश की महिमा का विस्तार कर रहे हैं, आज इस पेरिस में। इस महाकेन्द्र की भेरी-ध्वनि आज जिनका नामो-च्चारण करेगी, वह नाद-तरंग साथ ही साथ उनके स्वदेश को संसार के सम्मुख गौरवान्वित कर देगी। और मेरी जन्मभूमि—यह जर्मन, फ़्रांसीसी, अंग्रेज़, इटली आदि बुध-मण्डली मण्डित महाराजधानी में तुम कहाँ हो बंगभूमि ? कौन तुम्हारा नाम लेता है ? कौन तुम्हारे अस्तित्व की घोषणा करता है ? उन अनेक गौरांग प्रतिभा-मण्डली के भीतर से बंगभूमि—हमारी मातृभूमि के एक यशस्वी वीर युवा ने अपने नाम की घोषणा की,—वह वीर संसार-प्रसिद्ध वैज्ञानिक डॉक्टर जगदीश चन्द्र बसु हैं ! अकेले, बंगाली युवा वैज्ञानिक ने आज विद्युत् वेग से पाश्चात्य

मण्डली को अपनी प्रतिभा से मुग्ध कर दिया—वह विद्युत्-संचार जिससे उन्होंने मातृभूमि के मृतप्राय शरीर में नवजीवन का तरंग-संचार कर दिया! सम्पूर्ण वैज्ञानिक-मण्डली के शीर्ष-स्थानीय हैं आज जगदीश वसु—भारतवासी, बंगवासी! धन्य है वीर! वसु और उनकी सती, साध्वी, सर्वगुणसम्पन्ना धर्मपत्नी जिस देश में जाते हैं, वहीं भारत का मुख उज्ज्वल कर देते हैं—बंगालियों का गौरव बढ़ाते हैं। धन्य दम्पति!

और मिस्टर लेगेट ने कितना ही अर्थ व्यय कर अपने पेरिसवाले प्रासाद में भोजन आदि की व्यवस्था के साथ ही साथ नित्य अनेक यशस्वी-यशस्विनी नर-नारियों के समागम की व्यवस्था की है, उसकी आज समाप्ति होगी।

कवि, दार्शनिक, वैज्ञानिक, नीतिकार, सामाजिक, गायक, गायिका, शिक्षक, शिक्षिकाएँ, चित्रकार, शिल्पी, भास्कर, वादक—आदि अनेक जाति के गुणियों का समावेश मिस्टर लेगेट के आतिथ्य समादर के आकर्षण से उनके घर में ही हुआ! वह पर्वत-निर्झरवत् वाग्छटा, अग्नि-स्फुलिंगवत् चतुर्दिक समुत्थित भाव-विकास, सम्मोहन संगीत, मनीषी-मनः संघर्ष-समुत्थित-चिन्तामंत्र-प्रवाह, सबको देश-काल के ज्ञान को नष्ट कर मुग्ध कर रखता था!—उसकी भी समाप्ति हुई।

सभी वस्तुओं का अन्त है। आज एक बार और यह पुंजीकृत भावरूप-स्थिर सौदामिनी, यह अपूर्व-भूस्वर्ग समावेश पेरिस-प्रदर्शनी देख आया।

आज दो दिन से पेरिस में लगातार बारिश हो रही है। फ़्रांस के प्रति सदा ही सदय सूर्यदेव आज कई रोज़ से विरूप हैं। नाना दिग्देशागत, शिल्प, शिल्पी, विद्या और विद्वानों के पीछे गूढ़ भाव से प्रभावित इन्द्रियविलास देखकर सूर्यदेव का मुखमण्डल मेघ-कलुषित हो गया है; अथवा अनेक रागों से रंजित काष्ठ तथा वस्त्रों की इस माया अमराबती का आशु विनाश सोचकर उन्होंने दुःख से मुख छिपा लिया है।

हम लोग भी अब भागें तो जान बचे। प्रदर्शनी का टूटना एक बड़ा व्यापार है। यही भूस्वर्ग, नन्दनोपम पेरिस के रास्ते, घुटने भर कीच, चूना और बालू से भर जायँगे। दो-एक बड़ों को छोड़कर, प्रदर्शनी के सभी घरद्वार, काठकूट, चीथड़ो और चूनाकारी का ही तो खेल है—जैसे यह कुल संसार! यह सब जब टूटता रहता है, चूने के कण उड़कर दम रोक देते हैं, बालू और चीथड़ों से रास्ते मैले और कदर्य बन जाते हैं, इस पर पानी बरसा कि मामला और भी बन गया।

२४ अक्तूबर को सन्ध्या समय गाड़ी ने पेरिस छोड़ा। अन्धकारपूर्ण रात्रि देखने को कुछ भी नहीं। मैं और मस्ये बोआ एक कमरे में जल्द ही लेट गये। नींद

से जागकर देखता हूँ,—हम लोग फ़्रांस की सीमा छोड़कर जर्मन साम्राज्य में आ पहुँचे हैं। जर्मनी पहले अच्छी तरह देखा हुआ है; लेकिन फ़्रांस के बाद जर्मनी है—बड़ा ही प्रतिद्वन्द्वी भाव है। **यात्येकतोऽस्तशिखरं पतिरोषधीनां** (एक ओर चन्द्रमा अस्त हो रहा है)—एक ओर भुवनस्पर्शी फ़्रांस, प्रतिहिंसा की आग से जलता हुआ ख़ाक हुआ जा रहा है, और एक तरफ़ केन्द्रीकृत नूतन महाबली जर्मनी महावेग से उदयशिखराभिमुख चला जा रहा है! कृष्णकेश, कुछ खर्वकाय, शिल्पप्राण, विलासप्रिय, अति सुसम्य फ़्रांसीसियों का शिल्पविन्यास एक तरफ़ है और हिरण्य-केश, दीर्घाकार, दिङ्नाग जर्मनी का स्थूल हस्तावलेप दूसरी तरफ़। पेरिस के बाद पाश्चात्य संसार में और दूसरा नगर नहीं है; सब उसी पेरिस की नक़ल है, कम से कम चेष्टा तो है ही। फ़्रांसीसियों में उस शिल्प-सुषमा का सूक्ष्म सौन्दर्य है। जर्मन, अंग्रेज़, अमेरिकनों में वह अनुकरण स्थूल है। फ़्रांसीसियों का बलविन्यास भी जैसे सौन्दर्यमय हो, जर्मनों की सौन्दर्य-विकास-चेष्टा भी भयानक है। फ्रेंच-प्रतिभा का मुखमण्डल क्रोधाक्त होने पर भी सुन्दर है, परन्तु जर्मन-प्रतिभा का मधुर हास्य-मण्डित-मुख भी मानो भयंकर प्रतीत होता है। फ्रेंच सभ्यता स्नायुमयी है, कपूर की तरह, कस्तूरी की तरह, क्षण भर में उड़कर घर-द्वार भर देती है; जर्मन सभ्यता पेशीमयी है, सीसे की तरह; पारे की तरह वज़नदार, जहाँ पड़ी है, वहाँ पड़ी ही है। जर्मनों की मांसपेशियाँ लगातार अश्रान्त भाव से ज़िन्दगी भर ठकठक हथौड़ी मार सकती है; फ़्रांसीसियों की देह नरम है, औरतों की तरह; किन्तु जब केन्द्रीभूत होकर घाव मारती है, तो वह लोहार के हथौड़े की तरह होता है, उसकी चोट सहना बड़ा ही कठिन है।

जर्मन फ़्रांसीसियों की नक़ल कर बड़ी बड़ी इमारतें उठा रहे हैं, बड़ी मूर्तियाँ, अश्वारोही, रथी, उन प्रासाद-शिखरों पर स्थापित कर रहे हैं, लेकिन जर्मनों के दुमंज़िले मकान देखने पर पूछने की इच्छा होती है,—यह मकान क्या आदमियों के रहने के लिए है या हाथियों और ऊँटों का तबेला है? और फ़्रांसीसियों का पचमंज़िला हाथी-घोड़ों का मकान देखकर भ्रम होता है कि इस मकान में शायद परियाँ रहती होंगी।

अमेरिका जर्मन प्रवाह से अनुप्राणित है। लाखों जर्मन हर शहर में रहते हैं। भाषा अंग्रेज़ी होने से क्या हुआ, अमेरिका धीरे धीरे जर्मनी के रूप में बदलता जा रहा है। जर्मनी की जनसंख्या-वृद्धि प्रबल है; जर्मन बड़े ही कष्ट-सहिष्णु हैं। आज जर्मनी यूरोप का आदेशदाता है, सबके ऊपर, दूसरी जातियों के बहुत पहले, जर्मनी ने प्रत्येक नर-नारी को राजदण्ड का भय दिखाकर विद्या सिखलायी है—आज उस वृक्ष का फल भोजन बन रहा है, जर्मनी

की सेना प्रतिष्ठा में सर्वश्रेष्ठ है। जर्मनी ने जान लड़ा दी है, युद्धपोतों में भी सर्वश्रेष्ठ पद अधिकृत करने के लिए। जर्मनी ने पण्य-निर्माण में अंग्रेज़ों को भी परास्त कर दिया है। अंग्रेज़ों के उपनिवेशों में भी जर्मन-पण्य, जर्मन-मनुष्य, धीरे धीरे एकाधिपत्य लाभ कर रहे हैं। जर्मनी के सम्राट की आज्ञा से सब जातियों ने चीन के क्षेत्र में सिर झुका जर्मन सेनापति की अधीनता स्वीकार की है।

दिन भर गाड़ी जर्मनी की भीतर से चलती रही; तीसरे पहर जर्मन आधिपत्य के प्राचीन केन्द्र, अब परराज्य, आस्ट्रिया की सीमा में पहुँची। इस यूरोप के प्रत्येक देश में भ्रमणोपयोगी कुछ चीज़ों पर निहायत ज़्यादा शुल्क है; कुछ चीज़ें सरकार के ही अधिकार में हैं; जैसे तम्बाकू। फिर रूस और तुर्की में तुम्हारे राजा की छूट बिना रहे प्रवेश विल्कुल निषिद्ध है; छूट अर्थात् पासपोर्ट निहायत ज़रूरी है। इसके अलावा रूस और तुर्की तुम्हारी किताबें, काग़ज़-पत्र सब छीन लेंगे; इसके बाद वे लोग देखभाल कर अगर समझें कि तुम्हारे पास तुर्की या रूस के राज्य तथा धर्म के विपक्ष में कोई किताब या कागज़ नहीं है, तब वह सब उसी वक़्त वापस कर देंगे—नहीं तो वे सब किताबें और पत्र ज़ब्त हो जाते हैं। दूसरे दूसरे देशों में इस कमबख़्त तम्बाकू का बड़ा हंगामा है। सन्दूक़, पिटारा, गठरी, सब खोलकर दिखाना होगा कि तम्बाकू है या नहीं। और कान्स्टान्टिनोप्ल आने पर, दो बड़े देश, जर्मनी और आस्ट्रिया, और कई छोटे छोटे देशों से गुज़रना पड़ता है;—ये छोटे छोटे भाग सब तुरस्क के परगने थे, अब स्वाधीन क्रिस्तान राजाओं ने एकत्र होकर मुसलमानों के हाथ से, जितने हो सके हैं क्रिस्तानवाले परगने छीन लिये हैं। इन छोटी चींटियों की काट बड़े चींटों से भी बहुत ज्यादा है।

२५ अक्तूबर को सन्ध्या के बाद ट्रेन आस्ट्रिया की राजधानी वियना नगरी में पहुँची। आस्ट्रिया और रूस के राजवंश के नर-नारियों को आर्क-ड्यूक और आर्क-डचेस कहते हैं, इस गाड़ी से आर्क-ड्यूक उतरेंगे; उनके बिना उतरे दूसरे यात्रियों को उतरने का अधिकार नहीं है। हम लोग प्रतीक्षा करते रहे। अनेक प्रकार की ज़री-बूटेदार वर्दी पहने हुए कुछ सैनिक लोग और पर लगी हुई टोपी लगाये कुछ सैन्य आर्क-ड्यूक के लिए प्रतीक्षा कर रहे थे। उन लोगों में घिरकर आर्क-ड्यूक और डचेस दोनों उतर गये। हम लोगों को भी छुटकारा मिला। चटपट उतरकर सन्दूक़-बिस्तरे पास कराने का उद्योग करने लगे। यात्री बहुत कम थे; सन्दूक़-बिस्तरा दिखाकर पास कराने में ज़्यादा देर नहीं लगी। पहले से एक होटल का पता लगा रखा था, उसका आदमी गाड़ी लेकर प्रतीक्षा कर रहा था। हम लोग भी यथा समय होटल में पहुँच गये। उस रात को और देखना-भालना

क्या होता ?—दूसरे दिन प्रातःकाल शहर देखने निकले। सभी होटलों में तथा इंग्लैंड और जर्मनी को छोड़ प्रायः सभी स्थानों में फ़्रेंच चाल है। हिन्दुओं की तरह दो बार खाना होता है। प्रातःकाल, दोपहर और सायंकाल अर्थात् रात आठ बजे के अन्दर। प्रातःकाल अर्थात् ८–९ बजे के समय कुछ काफ़ी पीते हैं। इंग्लैंड और रूस के अतिरिक्त चाय की चलन अन्यत्र बहुत कम है। दिन के भोजन का फ़्रांसीसी नाम है 'देजुने' अर्थात् उपवास-भंग, अंग्रेज़ी 'ब्रेकफ़ास्ट'। सायं भोजन का नाम है 'दिने', अंग्रेज़ी—'डिनर'। चाय पीने की धूम रूस में ख़ूब है—निहायत ठंडक पड़ती है, और चीन भी नज़दीक है। चीन की चाय बड़ी अच्छी होती है—उसका अधिकांश रूस में ही जाता है। रूस का चाय पीना चीन की तरह है अर्थात् दूध नहीं मिलाया जाता। दूध मिलने पर चाय या काफ़ी ज़हर की तरह अपकारी होती है। असल चाय पीनेवाली जातियाँ—चीनी, जापानी, रूसी और मध्य एशियावासी—बिना दूध के चाय पीती हैं। उसी तरह तुर्की आदि आदिम काफ़ी पान करने वाली जातियाँ बिना दूध के काफ़ी पान करती हैं। लेकिन रूस में चाय में एक टुकड़ा नीबू और एक रोड़ा चीनी का छोड़ देते हैं। ग़रीब लोग एक रोड़ा चीनी का मुँह में रखकर उसके ऊपर से चाय पीते हैं, और एक आदमी का पीना समाप्त हो जाने पर वह रोड़ा निकाल कर दूसरे को दे देते हैं, वह मनुष्य भी वही रोड़ा पूर्ववत् मुँह में डालकर चाय पीता है!

वियना शहर पेरिस की नक़ल का एक छोटा शहर है। परन्तु आस्ट्रियन जाति के जर्मन हैं। अब तक आस्ट्रिया का सम्राट् लगभग पूरे जर्मनी का सम्राट् था। परन्तु वर्तमान समय में प्रशिया का बादशाह केवल आस्ट्रिया को छोड़कर लगभग समस्त जर्मनी का सम्राट् है और इसका कारण है प्रशिया के राजा विलहेल्म की दूरदर्शिता, उसके योग्य मंत्री बिस्मार्क का अपूर्व बुद्धिकौशल तथा उसके सेनापति फ़ान माल्तके की युद्ध सम्बन्धी प्रतिभा। आज हतश्री, हतवीर्य आस्ट्रिया किसी तरह अपने पूर्वकाल के नाम और गौरव की रक्षा कर रहा है। आस्ट्रियन राज-वंश,—ह्यप्स्वर्ग वंश यूरोप का सबसे प्राचीन और अभिजात राजवंश है, जो जर्मन राजन्यकुल यूरोप के प्रायः सभी देशों में सिंहासन पर अधिष्ठित है। जिस जर्मनी के छोटे छोटे राजाओं ने इंग्लैंड और रूस में भी महाबल साम्राज्यशीर्ष पर सिंहासन की स्थापना की है, उसी जर्मनी के बादशाह अब तक आस्ट्रिया के राजवंश के थे। उस शान और गौरव की इच्छा आस्ट्रिया में पूर्णतः है, केवल अभाव है शक्ति का। तुर्क को यूरोप में 'आतुर वृद्ध पुरुष' कहते हैं; आस्ट्रिया को 'आतुर वृद्धा स्त्री' कहना चाहिए। आस्ट्रिया कैथोलिक सम्प्रदाय में मिली हुई है; उस दिन तक आस्ट्रिया के साम्राज्य का नाम था—'पवित्र रोम साम्राज्य'। वर्तमान

जर्मनी 'प्रोटेस्टेन्ट-प्रबल' है। आस्ट्रिया के सम्राट् सदा पोप के दाहिने हाथ रहे हैं, अनुगामी शिष्य, रोमन सम्प्रदाय के नेता। अब यूरोप में कैथोलिक बादशाह केवल एक आस्ट्रिया के सम्राट् हैं, कैथोलिक-संघ की बड़ी लड़की फ़्रांस है, अब प्रजातंत्र; स्पेन, पोर्तुगाल, अधःपतित हैं! इटली ने केवल पोप को सिंहासन-स्थापना की जगह दी है; पोप का ऐश्वर्य, राज्य सब छीन लिया है; इटली के राजा और रोम के पोप से कभी आँखें भी नहीं मिलतीं, बड़ी शत्रुता है। पोप की राजधानी रोम अब इटली की राजधानी है। पोप के प्राचीन प्रासाद पर दख़ल कर अब राजा निवास करते हैं, पोप का प्राचीन इटली राज्य अब पोप के वैटिकन (Vatican) प्रासाद की चौहद्दी तक परिमित है। किन्तु पोप का धर्म सम्बन्धी प्राधान्य अब भी बहुत है। इस शक्ति का विशेष सहायक आस्ट्रिया है। आस्ट्रिया के विरुद्ध, अथवा पोप-सहाय आस्ट्रिया की बहुकाल से व्याप्त दासता के विरुद्ध, नयी इटली का अभ्युत्थान हुआ। इसीलिए आस्ट्रिया इटली के विपक्ष में है, इटली को खो देने के कारण बीच में इंग्लैण्ड के कुटिल परामर्श से नवीन इटली महासैन्य-बल, रणपोत-बल संग्रह करने में कटिबद्ध हुई। लेकिन उतना रुपया कहाँ? ऋण के जाल से जकड़कर इटली नष्ट होने की राह देख रही है; फिर कहाँ का उत्पात खड़ा किया—अफ़्रीका में राज्यविस्तार करने गयी। हब्शी बादशाह के पास हारकर हतमान, हतश्री होकर बैठ गयी है। इधर प्रशिया ने युद्ध में हराकर आस्ट्रिया को बहुत दूर हटा दिया। आस्ट्रिया धीरे धीरे मरी जा रही है, और इटली नवीन जीवन के दुर्व्यवहार से तद्वत् जालबद्ध हो गयी है।

आस्ट्रिया के राजवंशवालों को अब भी यूरोप के सब राजवंशों से ज़्यादा अहंकार है। वे लोग बहुत प्राचीन और बहुत बड़े वंश के हैं। इस वंश के विवाह आदि ख़ूब छान-बीन के बाद होते हैं। कैथोलिक बिना हुए इस वंश के साथ विवाह आदि होते ही नहीं। इस बड़े वंश के चक्कर में पड़ने के कारण ही महावीर नेपोलियन का अधःपतन हुआ। न जाने कैसे उनके दिमाग़ में समा गया कि बड़े राजवंश की लड़की से विवाह करके पुत्र-पौत्रादि क्रम से एक महा वंश की स्थापना करें। जिस वीर ने, "आप किस वंश में पैदा हुए हैं?" इस प्रश्न के उत्तर में कहा था, "मैं किसी के वंश की सन्तान नहीं हूँ—मैं महावंश का स्थापक हूँ; अर्थात् मुझसे महिमान्वित वंश चलेगा, मैं किसी पूर्व पुरुष का नाम लेकर बड़ा होने के लिए नहीं पैदा हुआ",—उसी वीर का इस वंश-मर्यादा रूपी अन्धकूप में पतन हुआ!

रानी जोसेफ़िन का परित्याग, युद्ध में पराजित कर आस्ट्रिया के बादशाह से कन्या-ग्रहण, महासमारोह के साथ आस्ट्रियन राजकुमारी मेरी लुई के साथ बोना-पार्ट का विवाह, पुत्र-जन्म, नवजात शिशु को रोम-राज्य में अभिषिक्त करना,

नेपोलियन का पतन, ससुर की शत्रुता, लाइपज़िक्, वाटरलू, सेन्ट हेलेना, रानी मेरी लुई का सपुत्र पिता के घर वास, साधारण सैनिक के साथ बोनापार्ट-सम्राज्ञी का विवाह, एकमात्र पुत्र की—रोम-राज्य की मातामह के यहाँ मृत्यु—ये सब इतिहास-प्रसिद्ध कथाएँ हैं।

फ़्रांस इस समय पहले से कुछ कमज़ोर हालत में पड़कर अपना प्राचीन गौरव स्मरण कर रहा है। आजकल नेपोलियन सम्बन्धी पुस्तकें बहुत हैं। सार्दू आदि नाट्यकार आजकल नेपोलियन के बारे में अनेक नाटक लिख रहे हैं। मादाम बार्नहार्ड, रेजाँ आदि अभिनेत्रियाँ, कॉफ़ेलॉ आदि अभिनेतागण उन सब नाटकों का अभिनय कर हर रात को थियेटर भर रहे हैं। सम्प्रति 'एगलँ' (गरुड़ शावक) नामक एक पुस्तक का अभिनय कर मादाम बार्नहार्ड ने पेरिस-नगरी में बड़ा आकर्षण उपस्थित कर दिया है।

गरुड़ शावक है, बोनापार्ट का एकमात्र पुत्र; मातामहगृह में वियना के प्रासाद में एक तरह नज़रबन्द। आस्ट्रिया के बादशाह के मंत्री, चाणक्य मेटारनिक इस बात में सदा ही सतर्क हैं कि बालक के मन में पिता की गौरव कहानी बिल्कुल न पहुँचे। परन्तु बोनापार्ट के दो-चार पुराने सैनिक अनेक उपायों से सामबोर्न प्रासाद में अज्ञात भाव से बालक की नौकरी करते हैं; उनकी इच्छा है, किसी तरह बालक को फ़्रांस में हाज़िर करना और समवेत युरोपियन राजन्यगण द्वारा पुनः स्थापित बुर्बो वंश को हटाकर बोनापार्ट वंश की स्थापना करना। शिशु महावीर पुत्र है; पिता की रण-गौरव की कहानी सुनकर उसका वह सुप्त तेज बहुत जल्द जग उठा। चक्रान्तकारियों के साथ बालक सामबोर्न प्रासाद से एक दिन भगा; परन्तु मेटारनिक की कुशाग्र बुद्धि ने पहले ही से पता लगा लिया था—उसने यात्रा रोक दी। बोनापार्ट के लड़के को फिर सामबोर्न प्रासाद में लौटना पड़ा। बद्ध-पक्ष गरुड़ शिशु ने भग्न हृदय हो थोड़े ही दिनों में प्राण छोड़ दिये।

यह सामबोर्न प्रासाद साधारण प्रासाद है। लेकिन घर-द्वार खूब सजे-सजाये हैं। किसी कमरे में सिर्फ़ चीना काम है, किसी में सिर्फ़ हिन्दू दस्तकारी, किसी कमरे में किसी दूसरे देश का काम, इसी प्रकार अनेक और। प्रासाद का उद्यान बहुत ही मनोहर है। परन्तु इस समय जितने आदमी इस प्रासाद को देखने जाते हैं; सब यहीं देखने जाते हैं कि बोनापार्ट-पुत्र किस घर में सोते थे, किसमें पढ़ते थे, किस कमरे में उनकी मृत्यु हुई थी, आदि आदि। कितने ही अहमक़ फ़्रेंच स्त्री-पुरुष वहाँ के रक्षक-कर्मचारियों से पूछ रहे हैं, 'एगलँ' का कमरा कौन सा है —किस बिस्तर पर वे सोते थे?—अरे अहमक़! आस्ट्रिया के लोग जानते हैं कि यह बोनापार्ट का लड़का है। उन पर ज़ुल्म कर, उनकी लड़की छीन कर हुआ था यह सम्बन्ध;

उनकी वह घृणा आज भी नहीं गयी है। आस्ट्रिया के सम्राट् का नाती है, और निराश्रय है; इसीलिए उसे रखा है। उसको रोमराज की कोई उपाधि नहीं दी है। सिर्फ़ आस्ट्रिया के सम्राट् का नाती है इसलिए ड्यूक है, बस। उसे तुम लोगों ने गरुड़ शिशु मानकर एक किताब लिखी है, और उस पर अनेक प्रकार की कल्पनाएँ जोड़-गाँठकर मादाम बार्नहार्ड की प्रतिभा से एक आकर्षण फैला दिया है,—लेकिन यह आस्ट्रिया का कर्मचारी वह नाम किस तरह जाने, ज़रा कहो तो सही? इस पर उस किताब में लिखा गया है कि नेपोलियन के पुत्र को आस्ट्रिया के बादशाह ने मन्त्री मेटारनिक के परामर्श से एक तरह से मार ही डाला। कर्मचारी 'एगलँ' सुनकर मुँह फुलाकर बड़बड़ाता हुआ घर-द्वार दिखाने लगा,—क्या करें, बख्शीश छोड़ना भी बहुत मुश्किल है। तिस पर, इन आस्ट्रिया आदि देशों में सैनिक विभाग में वेतन नहीं हैं, यही कहना ठीक होगा; एक तरह से रोटियों पर ही रहना पड़ता है। यह सही है कि कुछ साल बाद घर लौट जाते हैं। कर्मचारी के मुँह पर कालिमा दौड़ गयी और इस प्रकार उसने स्वदेश-प्रियता ज़ाहिर की; लेकिन हाथ आप ही आप बख्शीश की तरफ़ चला। फ़्रांसीसियों का दल कर्मचारी की मुट्ठी गर्म करके, 'एगलँ' की कहानी कहते और मेटारनिक को गालियाँ देते हुए घर लौटे। कर्मचारी लम्बी सलाम बजाकर द्वार बन्द करने लगा। मन ही मन कुल फ़्रेंच जाति की पुश्तों की ख़बर ज़रूर ली होगी।

वियना शहर में देखने की चीज़ है म्यूज़ियम, विशेष कर वैज्ञानिक म्यूज़ियम। विद्यार्थियों के लिए विशेष उपकारक स्थान है। नाना प्रकार के प्राचीन लुप्त जीवों की हड्डियों आदि के अनेक संग्रह हैं। चित्रगृह में डच चित्रकारों के चित्र ही अधिकतर हैं। डच सम्प्रदाय में सौन्दर्य-निदर्शन की प्रचेष्टा बहुत कम है; जीवप्रकृति का पूर्ण रूप से अनुकरण करने में इस सम्प्रदाय की प्रधानता है। एक शिल्पी ने लगातार कई साल मेहनत करके कुछ मछलियाँ तैयार की हैं अथवा एक टुकड़ा मांस, या एक गिलास पानी,—वे मछलियाँ, मांस या जल चमत्कारपूर्ण हैं। लेकिन डच सम्प्रदाय की सब स्त्रियाँ मानो कुश्तीगीर पहलवान!

वियना शहर में जर्मन पाण्डित्य और बुद्धिबल है। लेकिन जिस कारण से तुर्की धीरे धीरे अवसन्न हो गया, वही कारण यहाँ भी मौजूद है—अर्थात् अनेक विभिन्न जातियों और भाषाओं का समावेश है। असल आस्ट्रिया के आदमी जर्मन-भाषी, कैथोलिक हैं। हंगरी के आदमी तातारवंशी हैं, भाषा अलग है, और कुछ ग्रीक-भाषी हैं ग्रीक चर्च के क्रिस्तान। इन सब विभिन्न सम्प्रदायों को एकीभूत करने की शक्ति आस्ट्रिया में नहीं। इसीलिए आस्ट्रिया का अधःपतन हुआ।

वर्तमान काल में यूरोपखण्ड में जातीयता की एक महातरंग उठी है। एक

भाषा, एक धर्म, तथा एक जाति के लोग आपस में मिलकर एक हो जाने की चेष्टा कर रहे हैं। जहाँ इस प्रकार की एकता स्थापित हो रही है, वहाँ महाबल का प्रादुर्भाव रहा है, जहाँ नहीं है, वहीं नाश है। वर्तमान आस्ट्रिया-सम्राट् की मृत्यु के बाद अवश्य ही जर्मनी आस्ट्रिया-साम्राज्य का जर्मनभाषी अंश हड़प लेने की चेष्टा करेगा—रूस आदि अवश्य बाधा डालेंगे। महासमर की संभावना है। वर्तमान सम्राट् अत्यन्त वृद्ध हैं—वह दुर्योग बहुत जल्द होगा। जर्मन सम्राट तुर्की के सुलतान के आजकल सहायक हैं। उस समय जब जर्मनी आस्ट्रिया के ग्रास के लिए मुँह फैलायेगा, तब रूस का बैरी तुर्क रूस को कुछ न कुछ बाधा तो देगा ही। इसीलिए जर्मन सम्राट् तुर्क से विशेष मित्रता दिखा रहे हैं।

वियना में तीन रोज़ रहकर तबीयत थक गयी। पेरिस के बाद यूरोप देखना चर्वचोष्य भोजन के बाद इमली की चटनी खाना है—वही कपड़े-लत्ते, खान-पान, वही सब एक ढंग, दुनिया भर के लोगों का अजीब वही एक काला कुर्ता, वही एक बिकट टोपी! इसके ऊपर हैं मेघ और नीचे किलबिला रहे हैं ये काली टोपी और काले कुर्तेवाले, दम जैसे घुटने लगता है। यूरोप भर में वही एक पोशाक़, वही एक चाल-चलन! प्राकृतिक नियमानुसार, यह सब मृत्यु का चिह्न है! सैकड़ों वर्ष से कसरत कराकर हम लोगों के आर्यों ने हम लोगों को एक ऐसे ढर्रे पर कर दिया है कि हम लोग एक ही ढंग से दाँत माँजते हैं, मुँह धोते हैं, खाते-पीते हैं—आदि;—फलतः हम लोग क्रमशः एक यंत्र जैसे हो गये हैं, जान निकल गयी है, सिर्फ़ डोलते फिरते हैं यंत्र की तरह! यंत्र 'ना' नहीं कहता और 'हाँ' भी नहीं कहता, अपना दिमाग़ नहीं लड़ाता। **येनास्य पितरो याताः**, बाप-दादे जिस तरफ़ को होकर गये हैं, चला जाता है, इसके बाद सड़कर मर जाता है इनके लिए वैसा ही होगा! **कालस्य कुटिला गतिः**, सब एक पोशाक़, एक ही भोजन, एक ही ढाँचे से बातचीत करना, आदि होते होते क्रमशः सब यंत्र; क्रमशः सब **येनास्य पितरो याताः** होगा—इसके बाद सड़कर मर जाना।

२८ अक्तूबर, फिर रात को ९ बजे वही ओरियेण्ट एक्स्प्रेस ट्रेन पकड़ी गयी। ३० अक्तूबर को ट्रेन कान्स्टान्टिनोप्‌ल पहुँची। ट्रेन दो रात हंगरी, सर्विया और बलगेरिया के भीतर से चली। हंगरी के अधिवासी आस्ट्रिया सम्राट् की प्रजा हैं। किन्तु आस्ट्रिया-सम्राट् की उपाधि है 'आस्ट्रिया के सम्राट् और हंगरी के राजा।' हंगरी के आदमी और तुर्की लोग एक ही जाति के तथा तिब्बती के एक गोत्र के हैं। हंगरी के लोग कैस्पियन ह्रद के उत्तर तरफ़ से यूरोप आये हैं और तुर्क लोगों ने धीरे धीरे फ़ारस के पश्चिम प्रान्त से एशिया माइनर होकर यूरोप दख़ल किया है। हंगरी के लोग क्रिस्तान हैं और तुर्क मुसलमान हैं। लेकिन वह तातार-ख़ून की

युद्ध-प्रियता दोनों में मौजूद है। हंगरी-अधिवासियों ने आस्ट्रिया से अलग होने के लिए बारम्बार लड़ाइयाँ लड़ीं, अब केवल नाम मात्र को एकत्र रह गये हैं। आस्ट्रिया के सम्राट् नाम ही के लिए हंगरी के राजा हैं। इनकी राजधानी बूडापेस्त बड़ा साफ़-सुथरा सुन्दर शहर है। हंगरीवासी बड़े कौतुक-प्रिय हैं। संगीत के शौक़ीन हैं,—पेरिस में सभी जगह हंगेरियन बैंड हैं।

सर्बिया, बलगेरिया आदि तुर्की के ज़िले थे,—रूस-युद्ध के बाद यथार्थतः स्वाधीन हुए हैं। परन्तु सुलतान इस समय भी बादशाह हैं और सर्बिया, बलगेरिया के वैदेशिक मामलों में कोई भी अधिकार नहीं है। यूरोप में तीन जातियाँ सभ्य हैं—फ़ांसीसी, जर्मन और अंग्रेज। शेष लोगों की दुर्दशा हमारी ही तरह है—अधिकांश इतने असभ्य हैं कि एशिया में इतनी नीच कोई जाति नहीं। सर्बिया और बलगेरिया में, वही मिट्टी के घर, चीथड़े पहने हुए लोग, कूड़ों का ढेर—जान पड़ता है, जैसे अपने देश में आ पहुँचे। फिर क्रिस्तान हैं न?—दो चार सूअर अवश्य ही हैं। दो सौ असभ्य आदमी जितना मैला नहीं कर सकते, वह एक सूअर करता है! मिट्टी के घर, उनकी मिट्टी की छतें, पहनने को चीथड़े, सूअर-सहाय सर्बिया या बलगार! बड़े रक्तस्राव तथा अनेक युद्धों के बाद तुर्कों की दासता छूटी है; लेकिन साथ ही साथ भयानक उत्पात—यूरोप के ढंग से फ़ौज गढ़ना होगा, नहीं तो किसी का एक दिन के लिए भी निस्तार नहीं है। अवश्य दो दिन आगे या बाद यह सब रूस के पेट में जायगा, परन्तु फिर भी वह दो दिन का जीवन भी फ़ौज के बिना असम्भव है। 'कान्स्क्रिप्शन' (अनिवार्य भरती) चाहिए। बुरे समय फ़ांस जर्मनी के हाथों पराजित हुआ। क्रोध और भय से फ़ांस ने देश भर के आदमियों को सिपाही बना डाला। पुरुष मात्र को कुछ दिनों के लिए सिपाही होना होगा, युद्ध सीखना होगा; किसी का निस्तार नहीं। तीन वर्ष तक बारिक में वास करके, करोड़पति का लड़का क्यों न हो, बन्दूक़ कन्धे पर रखकर युद्ध सीखना होगा। गवर्नमेंट खाने-पहनने को देगी और तनख्वाह रोज़ एक पैसा। इसके बाद उसे दो वर्ष तक सर्वदा अपने मकान में तैयार रहना होगा; इसके बाद और भी पन्द्रह वर्ष तक ज़रूरत पड़ते ही लड़ाई के लिए उसे हाज़िर होना होगा। जर्मनी ने सिंह को उकसाया है,—उसे भी इसलिए तैयार होना पड़ा, दूसरे देश भी, इसके डर से वह और उसके डर से यह,—यूरोप भर में वही कान्स्क्रिप्शन, एक इंग्लैण्ड को छोड़कर। इंग्लैण्ड है एक द्वीप—जहाज़ लगातार बढ़ा रहा है। लेकिन इस बोयर युद्ध की शिक्षा पाकर शायद कान्स्क्रिप्शन ही होगा। रूस की जनसंख्या सबसे ज़्यादा है, इसलिए रूस सबसे ज़्यादा फ़ौज खड़ा कर सकता है। इस समय जो ये यूरोपवासी तुर्की को तोड़-ताड़ कर सर्बिया, बलगेरिया आदि

दुर्बल देश सृष्टि कर रहे हैं, उनके जन्म होते ही आधुनिक सुशिक्षित सभ्य फ़ौज और तोपें आदि चाहिए; पर आखिर यह पैसा कौन दे? लिहाजा किसानों को चिथड़े पहनने पड़े हैं और शहर में देखोगे, झब्बा-झुब्बा पहने हुए सिपाही। यूरोप भर में सिपाही, सिपाही—सर्वत्र सिपाही। फिर भी स्वाधीनता एक चीज़ है और गुलामी दूसरी। दूसरे लोग अगर ज़बरदस्ती करायें तो बहुत अच्छा काम भी नहीं किया जा सकता। अपना दायित्व न रहने पर कोई भी बड़ा काम कोई नहीं कर सकता। स्वर्ण शृंखलायुक्त गुलामी की अपेक्षा, एक वक़्त भोजन कर, चिथड़े पहनकर स्वाधीन रहना लाख गुना अच्छा है। गुलाम के लिए इस लोक में भी नरक है और परलोक में भी वही। यूरोप के आदमी सर्बिया, बुल्गार आदि लोगों की दिल्लगी उड़ाते हैं,—उनकी भूल, अज्ञानता आदि को लेकर दिल्लगी करते हैं। किन्तु इतने काल की दासता के बाद वे क्या एक दिन में काम सीख सकते हैं? भूल तो करेंगे—दो सौ करेंगे—करके सीखेंगे,—सीखकर ठीक करेंगे। उत्तरदायित्व हाथ में आने पर अत्यन्त दुर्बल भी सबल हो जाता है,—अज्ञान भी विचक्षण होता है।

रेलगाड़ी हंगरी, रूमानिया आदि के भीतर से चली। मृतप्राय आस्ट्रिया-साम्राज्य में जो सब जातियाँ वास करती हैं, उनमें हंगेरियनों में जीवनी शक्ति अब भी मौजूद है। जिसे यूरोपियन मनीषीगण इण्डो-यूरोपियन या आर्य जाति कहते हैं, यूरोप की दो-एक क्षुद्र जातियों को छोड़कर, और सभी जातियाँ उसी महाजाति के अन्तर्गत हैं। जो दो-एक जातियाँ संस्कृत-सम भाषा नहीं बोलतीं, हंगेरियन लोग उन्हीं में अन्यतम हैं, हंगेरियन और तुर्की एक ही जाति के हैं। अपेक्षाकृत आधुनिक समय में इसी महा प्रबल जाति ने एशिया और यूरोपखण्ड में आधिपत्य-विस्तार किया है। जिस देश को इस समय तुर्किस्तान कहते हैं, पश्चिम में हिमालय और हिन्दुकुश पर्वत के उत्तरस्थित वह देश इस तुर्क जाति की आदि निवास-भूमि है। उस देश का तुर्की नाम 'चागवई' है। दिल्ली का मुग़ल बादशाह वंश, वर्तमान फ़ारस का राजवंश, कान्स्टान्टिनोप्लपति तुर्कवंश और हंगेरियन जाति, सभी उस 'चागवाई' देश से क्रमशः भारत से आरम्भ कर धीरे धीरे यूरोप तक अपना अधिकार बढ़ाते गये हैं, और आज भी ये सब वंश अपने को चागवई कहकर परिचय देते हैं तथा एक ही भाषा में वार्तालाप करते हैं। ये तुर्की लोग बहुत काल पहले अवश्य असभ्य थे। भेड़, घोड़े, गौओं के दल साथ लिये, स्त्री-पुत्र, डेरा-डंडा समेत जहाँ जानवरों के चरने लायक घास देखते, वहीं डेरा गाड़कर कुछ दिन टिक रहते थे। वहाँ का घास-जल चुक जाने पर अन्यत्र चले जाते थे। अब भी इस जाति के अनेक वंश मध्य एशिया में इसी तरह वास

करते हैं। मुग़ल आदि मध्य एशिया की जातियों के साथ भाषागत इनका सम्पूर्ण ऐक्य है,—आकृति में कुछ फ़र्क़ है। सिर की गढ़न और गाल की हड्डी की उच्चता में तुर्क का मुख मुग़लों के समान है, परन्तु तुर्क की नाक चपटी नहीं, बल्कि बड़ी है, आँखें सीधी और बड़ी हैं, लेकिन मुग़लों की तरह दोनों आँखों के बीच में व्यवधान बहुत ज्यादा है। अनुमान होता है कि बहुत काल से इस तुर्की जाति के भीतर आर्य और सेमिटिक ख़ून समाया हुआ है। सनातन काल से यह तुरस्क जाति बड़ी ही युद्धप्रिय है। और इस जाति के साथ संस्कृत-भाषी, गांधारी और ईरानियों के मिश्रण से—अफ़गान, खिलजी, हज़ारी, बरखज़ाई, यूसफ़जाई आदि युद्धप्रिय सदा रणोन्मत्त, भारत की निग्रहकारिणी जातियों की उत्पत्ति हुई है। बहुत प्राचीन काल में इस जाति ने बार बार भारत के पश्चिम में स्थित सब देशों को जीतकर बड़े बड़े राज्यों की स्थापना की थी। तब ये लोग बौद्ध धर्मावलम्बी थे, अथवा भारत दख़ल करने के बाद बौद्ध हो जाते थे। काश्मीर के प्राचीन इतिहास में हुस्क, युस्क कनिष्क नामक तीन प्रसिद्ध तुरस्क सम्राटों की कथा है; यही कनिष्क महायान के नाम से उत्तरायन में बौद्ध धर्म के संस्थापक थे। बहुत काल बाद इनमें अधिकांश ने मुसलमान धर्म ग्रहण कर लिया और बौद्ध धर्म के मध्य एशिया में स्थित गांधार, काबुल आदि सब प्रधान प्रधान केन्द्र बिल्कुल नष्ट कर दिये गये। मुसलमान होने के पहले ये लोग जब जो देश विजय करते थे, उस देश की सभ्यता और विद्या ग्रहण करते थे और दूसरे देशों की विद्या-बुद्धि आकृष्ट कर सभ्यता-विस्तार की चेष्टा करते थे। परन्तु जब से मुसलमान हुए, इनमें केवल युद्धप्रियता ही रह गयी; विद्या और सभ्यता का नाम भी न रह गया,—बल्कि जिस देश पर इनकी विजय होती थी, उसकी सभ्यता का दीपक गुल हो जाता। वर्तमान अफ़गान गांधार, आदि देशों में जगह जगह इनके बौद्ध पूर्व-पुरुषों के बनाये हुए अपूर्व स्तूप, मठ, मन्दिर, विराट् मूर्तियाँ सब विद्यमान हैं। परन्तु तुर्कियों के प्रभाव के कारण तथा उन लोगों के मुसलमान हो जाने के कारण वे सब मन्दिरादि प्रायः ध्वंस हो गये हैं और आधुनिक अफ़गान आदि इस तरह के असभ्य और मूर्ख हो गये हैं कि उन सब प्राचीन स्थापत्यों का अनुकरण करना तो दूर रहा, उनकी यह धारणा है कि इस प्रकार के बड़े काम मनुष्य द्वारा कभी न किये गये होंगे, वरन् 'जिन' जैसे अप-देवताओं द्वारा ही उनका निर्माण हुआ होगा। वर्तमान फ़ारस की दुर्दशा का प्रधान कारण यह है कि राजवंश है प्रबल असभ्य तुर्क जाति और प्रजा है अत्यन्त सभ्य आर्य,—प्राचीन फ़ारस-जाति के वंशधर। इसी प्रकार सभ्य आर्यवंशोद्भव ग्रीकों और रोमवालों की अन्तिम रंगभूमि कान्स्टान्टिनोपल साम्राज्य महाबल बर्बर तुरस्कों के पैरों रौंदकर नष्ट हो गया है। केवल भारत के मुग़ल बादशाह इस

नियम के बाहर थे, यह शायद हिन्दू भाव और रक्त मिश्रण का फल है। राजपूत, भाट और चारणों के इतिहास-ग्रन्थों में भारत-विजेता कुल मुसलमान वंश, तुर्क के नाम से प्रसिद्ध हैं। यह नाम बहुत ही ठीक है,—कारण, भारतविजेता मुसलमानों की सेनाएँ जिस किसी जाति से भरी क्यों न रही हों, नेतृत्व सदा इसी तुर्क जाति के हाथ में रहा था।

बौद्धधर्म-त्यागी तुर्कों के नेतृत्व में तथा बौद्ध या वैदिकधर्मत्यागी, तुर्कों के अधीन रहनेवाले, उनके बाहुबल से मुसलमानकृत हिन्दू जाति के अंशविशेष द्वारा, पैतक धर्म में स्थित अपर विभाग के बारम्बार विजय का नाम है—भारत में मुसलमान-आक्रमण, विजय और साम्राज्य स्थापना। यह तुर्कों की भाषा अवश्य उनके चेहरों की तरह बहु मिश्रित हो गयी है—विशेषतः उन दलों की भाषाएँ, जो अपनी मातृभूमि चागवई से दूर चले गये हैं, बहुत मिश्रित हो गयी हैं। इस वर्ष फ़ारस के शाह पेरिस प्रदर्शनी देखकर कान्स्टान्टिनोप्‌ल होकर रेल द्वारा अपने देश को वापस गये। देश-काल का बहुत कुछ व्यवधान रहने पर भी सुलतान और शाह ने उसी प्राचीन तुर्की मातृभाषा में वार्तालाप किया। लेकिन सुलतान की तुर्की—फ़ारसी, अरबी और दो-चार ग्रीक शब्दों से मिली हुई थी, शाह की तुर्की कुछ ज़्यादा शुद्ध थी।

प्राचीन काल में इन चागवई-तुर्कों के दो दल थे। एक दल का नाम था सफ़ेद भेड़ों का दल और दूसरे दल का नाम था काले भेड़ों का दल। दोनों दल जन्मभूमि काश्मीर के उत्तर भाग से भेड़ चराते चराते और देशों में लूट-मार करते हुए क्रमशः कैस्पियन ह्रद के किनारे आ पहुँचे। सफ़ेद भेड़वाले कैस्पियन ह्रद की उत्तर तरफ़ होकर यूरोप में घुसे और उन्होंने ध्वंसावशिष्ट रोम-राज्य का एक टुकड़ा लेकर हंगरी नामक राज्य स्थापित किया। काले भेड़वाले कैस्पियन ह्रद की दक्षिण तरफ़ से क्रमशः फ़ारस के पश्चिम भाग पर अधिकार कर, काकेशस पर्वत लाँघ कर, क्रमशः एशियामाइनर आदि अरबों का राज्य दख़ल कर बैठे; और धीरे धीरे उन्होंने ख़लीफ़ा के सिंहासन पर अधिकार कर लिया। फिर पश्चिमी रोम साम्राज्य का जितना अंश बाक़ी था, उसे भी अपने पेट में डाल लिया। बहुत प्राचीन काल में यह तुर्क जाति साँपों की बहुत पूजा किया करती थी। शायद प्राचीन हिन्दू लोग इन्हें ही नागतक्षकादि के वंशज कहते थे। इसके बाद ये लोग बौद्ध हो गये। बाद में ये लोग जब जो देश जीतते थे, प्रायः उसी देश का धर्म ग्रहण करते थे। कुछ अधिक आधुनिक काल में, जिन दो दलों की बातें हम लोग कह रहे हैं, उनमें सफ़ेद भेड़वाले, क्रिस्तानों को जीतकर स्वयं क्रिस्तान हो गये तथा काले भेड़वालों ने मुसलमानों को जीता और उनका धर्म ग्रहण कर लिया। परन्तु इनके क्रिस्तानी या

मुसलमानी धर्म के भीतर अनुसन्धान करने पर आज भी नाग-पूजा तथा बौद्ध धर्म के चिह्न पाये जाते है।

हंगेरियन लोग जाति और भाषा में तुर्क होने पर भी धर्म में क्रिस्तान हैं—रोमन कैथोलिक। उस समय धर्म की कट्टरता कोई बन्धन नहीं मानती थी, न भाषा का, न रक्त का, न देश का। हंगेरियनों की सहायता बिना पाये, आस्ट्रिया आदि क्रिस्तान राज्य बहुधा आत्मरक्षा न कर सकते। वर्तमान समय में विद्या के प्रचार से, भाषा-तत्त्व, जाति-तत्त्व के आविष्कार द्वारा, रक्तगत और भाषागत एकत्व के ऊपर अधिक आकर्षण हो रहा है; धर्मगत एकता क्रमशः शिथिल होती जा रही है। इसलिए शिक्षित हंगेरियन और तुर्कों के बीच एकता का भाव पैदा हो रहा है।

आस्ट्रिया साम्राज्य के अन्तर्गत होने पर भी हंगरी बारंबार उससे पृथक् होने की चेष्टा कर रहा है। अनेक विप्लव-विद्रोहों के फलस्वरूप यह हुआ है कि हंगरी इस समय नाम के लिए तो आस्ट्रिया का एक प्रदेश है, किन्तु व्यावहारिक रूप में पूर्ण स्वाधीन है। आस्ट्रिया के सम्राट् का नाम है 'आस्ट्रिया के बादशाह और हंगरी के राजा।' आभ्यंतरिक शासन में हंगरी स्वतंत्र है और इसमें प्रजा का पूर्ण अधिकार है। आस्ट्रिया के बादशाह को यहाँ नाम मात्र के लिए नेता बना रखा गया है। इतना सा सम्बन्ध भी बहुत दिनों तक यहाँ रहेगा, ऐसा नहीं मालूम होता। तुर्की जाति की स्वभावगत रण-कुशलता, उदारता आदि गुण हंगेरियनों में खूब हैं। साथ ही मुसलमान न होने के कारण, संगीतादि देवदुर्लभ शिल्प को शैतान की कला न समझने के कारण, संगीतकला में हंगेरियन अत्यन्त पटु तथा यूरोप भर में प्रसिद्ध हैं।

पहले मैं समझता था कि ठण्डे मुल्क के आदमी मिर्च ज्यादा नहीं खाते,—यह केवल गर्म मुल्कों की बुरी आदत है। लेकिन जैसा मिर्च का खाना हंगरी में शुरू हुआ और रूमानिया, बलगेरिया आदि में सप्तम में पहुँचा, उसके सामने शायद मद्रासियों को भी पीठ दिखानी पड़े!

'यूरोप यात्रा के संस्मरण

परिशिष्ट'

कान्स्टान्टिनोप्ल का प्रथम दृश्य रेल से मिला। यह एक प्राचीन नगर है—पगार, (सीमा को भेद कर बाहर निकल पड़ा है) अली-गली, कूड़ा-कर्कट, काठ के मकान आदि। किन्तु, इनमें वैचित्र्यमूलक एक सौन्दर्य है। स्टेशन पर पुस्तकों को लेकर एक बड़ा हंगामा उठ खड़ा हुआ। मादमोआज़ेल कालभे तथा जुलवोआ ने चुंगी के कर्मचारियों को फ्रेंच भाषा में बहुत समझाया—फिर दोनों ओर से कलह। कर्मचारियों का प्रधान एक तुर्क था।. उसका खाना आ पहुँचा—फलस्वरूप, झगड़ा शीघ्र ही मिट गया। उसने सभी पुस्तकें वापस कर दीं—दो को छोड़कर। बोला, "इन पुस्तकों को आपके होटल में भेज दूँगा।" किन्तु, वह 'भेजना' फिर कभी हुआ नहीं। स्तांबुल या कान्स्टान्टिनोप्ल बाज़ार घूम आये। 'पोन्ट' या सागर की खाड़ी के पार 'पेरा' या विदेशियों के क्वार्टर, होटल आदि हैं—वहीं से गाड़ी में नगर-भ्रमण और फिर विश्राम। सन्ध्या के बाद वुड्स पाशा के दर्शनार्थ गमन। दूसरे दिन बोट पर चढ़कर वास्फोर की भ्रमण-यात्रा। खूब ठंडक, ज़ोरों की हवा। प्रथम स्टेशन पर ही मैं एवं मिस मेक्लिऑड उतर गये। ठीक हुआ—उस पार 'स्कूटारी' जाकर पेयर हियासान्थे के साथ भेंट की जाय। भाषा न जानने के कारण इशारे से ही बोट भाड़े पर ली, उस पार गमन और फिर गाड़ी भाड़े पर ली। रास्ते में सूफ़ी फ़कीरों के 'ताकिया' के दर्शन। ये फ़कीर, लोगों की बीमारियाँ अच्छी कर देते हैं। उसका तरीक़ा इस प्रकार है—सर्वप्रथम, झुक झुक कर क़लमा पढ़ना; तदुपरान्त नाचना; फिर भावापन्न होना और उसके बाद रोगमुक्त करना—(रोगी का शरीर) कुचल कर। पेयर हियासान्थे के साथ अमेरिकन कॉलेजों के सम्बन्ध में बहुत देर तक बातचीत। अरबी दूकानों पर जाना तथा विद्यार्थी टर्क के दर्शन। 'स्कूटारी' से वापस। नौका खोज निकालना—किन्तु गन्तव्य स्थान पर पहुँचने में उसकी विफलता। जो हो, जहाँ उतरे, वहीं से ट्राम द्वारा घर (स्तांबुल के होटल में) वापस। यहाँ का म्यूज़ियम—जिस स्थान पर ग्रीक सम्राटों के

१. ये रोचक टिप्पणियाँ स्वामी जी के लेखों से प्राप्त हुई हैं।—स०

प्राचीन हरम थे, वहीं अवस्थित है। शव देह-रक्षार्थ प्रस्तर-निर्मित अपूर्व आधार आदि के दर्शन। तोपख़ाना के ऊपर से नगर का मनोरम दृश्य। बहुत दिनों के बाद यहाँ चने का भाजा खाकर तृप्ति। तुर्की पुलाव, कबाब आदि ही यहाँ का भोजन है। 'स्कूटारी' का क़ब्रिस्तान देखने के बाद प्राचीन प्राचीर दर्शनार्थ गमन। प्राचीर के भीतर ही जेल—भयंकर। वुड्स पाशा से भेंट और बास्फ़ोर यात्रा।

फ़्रांस के परराष्ट्र सचिव के कर्मचारियों के साथ भोजन। कुछ ग्रीक पाशाओं तथा एक अलबानियन सज्जन से भेंट। पेयर हियासान्थ के भाषणों पर पुलिस द्वारा रोक; मेरे भाषण भी बन्द। देवनमल और चौबे जी—एक गुजराती ब्राह्मण से भेंट। हिन्दी-भाषी मुसलमान आदि अनेक भारतवासियों का यहाँ आवास। तुर्की भाषा-विज्ञान पर कुछ बातें हुई और नूर बे की बात हुई; उसके पितामह थे फ़्रांसीसी। कश्मीरियों की तरह सुन्दर है! यहाँ की स्त्रियों में पर्दे का अभाव। वेश्याभाव मुसलमानी। कुर्द पाशा और आरमेनियन-हत्या। वास्तव में आरमेनियनों का कोई भी देश नहीं, जिन स्थानों में वे रहते हैं, वहाँ मुसलमानों की ही अधिकता है। वर्तमान सुलतान ने कुर्दों के हामिदियेरेसल्ला तैयार किया है; उन्हें भी कज़्ज़ाकों की तरह शिक्षा दी जायगी और वे कांस्क्रिप्शन के हाथों से छुटकारा पायेंगे।

वर्तमान सुलतान, आरमेनियन और ग्रीक पेट्रायाकों को बुलाकर कहते हैं कि तुम लोग राजस्व देने के बदले सिपाही बनकर मातृभूमि की रक्षा करो। इसका उत्तर वे देते हैं कि यदि मुसलमान और क्रिस्तान दोनों फ़ौज में भर्ती होकर लड़ाई के मैदान में एक साथ मारे जायँ, तो उनके धर्मानुसार क़ब्र देने में बड़ा झमेला होगा। उत्तर में सुलतान कहते हैं कि इसमें कोई विशेष दिक़्क़त नहीं; प्रत्येक पल्टन के साथ एक मुल्ला और एक क्रिस्तान पादरी रहेंगे; लड़ाई में मारे जानेवालों की लाशों को एकत्र कर दोनों धर्म के पादरी एक साथ श्राद्ध-मन्त्र पढ़ेंगे, अथवा एक धर्म के लोगों की आत्माएँ सौभाग्य से दूसरे धर्म का मंत्र सुन लेंगी। क्रिस्तान लोग राज़ी नहीं हुए—अतः वे राजस्व चुकाते हैं। उनके राज़ी न होने का कारण है उनका यह भय कि मुसलमानों के साथ रहते रहते वे क्रिस्तान लोग कहीं मुसलमान न बन जायँ। वर्तमान स्तांबुल के बादशाह बड़े कष्ट-सहिष्णु हैं—प्रासाद में नाटकादि आमोद-प्रमोद की व्यवस्था स्वयं अपने हाथों करते हैं। भूतपूर्व सुलतान मुराद वास्तव में अत्यन्त अकर्मण्य थे—यह बादशाह बहुत बुद्धिमान है। जिस अवस्था में इन्हें राज्य मिला था और जिस प्रकार इन्होंने सारी सल्तनत ठीक कर ली है—यह सोचकर आश्चर्य होता है! संसदीय शासन-प्रथा यहाँ नहीं चल सकती।

दस बजे कान्स्टान्टिनोप्ल-त्याग। एक रात-दिन समुद्र में। समुद्र बड़ा ही स्थिर। क्रमशः सुवर्ण श्रृंग (Golden Horn) और मारमोरा। मारमोरा के एक द्वीपपुंज में ग्रीक धर्म का एक मठ देखा। यहाँ प्राचीन काल में धर्म-शिक्षा की बड़ी सुविधा थी, क्योंकि इसके एक ओर एशिया है और दूसरी ओर यूरोप। प्रातःकाल भूमध्यीय द्वीपपुंज देखते समय प्रोफ़ेसर लेपरे के साथ भेंट हो गयी। इसके पूर्व मद्रास के पाचियाप्पा कॉलेज में इनके साथ परिचय हुआ था। एक द्वीप में एक मंदिर का भग्नावशेष देखा। अनुमान है, नेप्चून का मंदिर होगा, क्योंकि समुद्रतट पर यह स्थित जो है। सन्ध्योपरान्त एथेन्स पहुँचा। एक रात 'क्वोरनटीन' में रहने पर प्रातःकाल उतरने का हुक्म हुआ। पाइरिउसटि बन्दर एक छोटा सा शहर है। बन्दर बड़ा सुन्दर है। समस्त यूरोप की भाँति केवल कहीं कहीं एकाध जन घाँघरा पहने ग्रीक दिखायी पड़े। वहाँ से ५ मील दूर नगर का प्राचीन प्राचीर, जो एथेन्स को बन्दर के साथ युक्त करता था, गाड़ी में देखने गया। तदुपरान्त नगर-दर्शन—आक्रोपोलिस होटल, मकान, घर-द्वार, खूब साफ़-सुथरे। राजभवन खूब छोटा। उसी दिन पहाड़ पर चढ़कर आक्रोपोलिस, विजया का मंदिर, पारथेनन आदि के दर्शन किये गये। मंदिर स्वच्छ संगमर्मर का बना है। कई भग्नावशेष स्तम्भ भी खड़े पाये। दूसरे दिन पुनः मादमोआज़ेल मेलकार्बि के साथ वे स्तम्भ देखने गया—उन्होंने उन सबके सम्बन्ध में बहुत सी ऐतिहासिक बातें समझायीं।

दूसरे दिन, ओलम्पियन जूपिटर का मंदिर, थियेटर डायोनिसियस आदि समुद्र तट तक देखे गये। तीसरे दिन एल्युसिस-यात्रा। यह ग्रीकों का प्रधान धर्म-स्थान है। इतिहास प्रसिद्ध एल्युसिस-रहस्य का अभिनय यहीं होता था। किसी धनी ग्रीक ने यहाँ के प्राचीन थियेटर का पुनर्निर्माण कराया है। 'ओलम्पियन खेलों' का वर्तमान काल में पुनः प्रचार हुआ है। वह स्थान स्पार्टा के समीप है। उसमें अमेरिकन बहुत विषयों में विजेता होते हैं। किन्तु, उस स्थान से एथेन्स के इस थियेटर तक की दौड़ में ग्रीक ही विजय-लाभ करते हैं। तुर्कों के समक्ष इस बार उन्होंने इन गुणों का विशेष परिचय दिया है। चौथे दिन, दस बजे रूसी स्टीमर 'जारे' पर चढ़कर मिस्र का मुसाफ़िर बना। घाट पर आने पर सुना कि स्टीमर छूटेगा चार बजे—हम या तो समय के पहले चले आये थे, या माल आदि उठाने में देर होगी। बाध्य होकर ५७६ से ४८६ ई० पूर्व आविर्भूत एजेलॉदस तथा उनके तीन शिष्य फ़िडियस, मेरॉन तथा पॉलीक्लेटस के भास्कर्य-कार्य से कुछ परिचय कर आया। अभी ज़ोरों की गर्मी आरम्भ हो गयी है। रूसी जहाज़ में स्क्रू के ऊपर है प्रथम श्रेणी। बाक़ी सब डेक है—यात्री, गाय-बैल और भेड़ों से भरा पूरा। फिर, इस जहाज़ में बर्फ़ तक नहीं है।

म्यूज़ियम देखने पर ग्रीक कला की तीन अवस्थाएँ समझ पाया। प्रथम, मईसीनियन, द्वितीय, यथार्थ ग्रीक। आचेनी राज्य ने सन्निकट द्वीपपुंजों पर अपना अधिकार जमाया था और इसके साथ ही इन द्वीपपुंजों में, एशिया से प्राप्त, सभी प्रचलित कलाओं एवं विद्याओं का भी अधिकारी हुआ था। बहुत प्राचीन काल से आरम्भ कर ईसा के ७७६ वर्ष पूर्व तक 'मईसीनियन' कला का समय है। यह कला प्रधानतः एशियायी कला के अनुकरण पर ही आधारित थी। तदुपरान्त, ईसा के ७७६ वर्ष पूर्व से १४६ वर्ष पूर्व तक 'हेलेनिक' अर्थात् यथार्थ ग्रीक कला का समय है। आचेनी साम्राज्य का, दोरियन जाति के द्वारा, विध्वंस हो जाने के अनन्तर यूरोप तथा द्वीपों में वास करनेवाले ग्रीकों ने एशिया में बहुत से उपनिवेश स्थापित किये। इस कार्य में उन्हें बाबिल तथा मिस्री जातियों के साथ घोर संघर्ष करना पड़ा। तभी से ग्रीक कला की उन्नति हुई और साथ ही, एशियायी कला की भावात्मक अभिव्यक्तियों के बहिष्कार तथा कला में प्रकृति को हू-बहू नक़ल करने की प्रचेष्टा का आगमन हुआ। ग्रीक तथा अन्यान्य कलाओं में अन्तर बस इतना ही है कि ग्रीक कला प्राकृतिक एवं स्वाभाविक जीवन-घटनाओं की हू-बहू नक़ल भर है।

ईसा के ७७६ वर्ष पूर्व से ४७५ वर्ष पूर्व तक 'आर्केइक' ग्रीक कला का समय है। आज भी मूर्तियाँ कठोर हैं, जीवन्त नहीं। अधर कुछ खुले, मानो सर्वदा हँस रही हों। बहुत कुछ मिस्र की कलात्मक मूर्तियों से मिलती-जुलती हैं। सभी मूर्तियाँ दोनों पैर सीधा करके खड़ी हैं। दाढ़ी, केश सभी—खोदी हुई सरल रेखाओं द्वारा अंकित हैं; वस्त्र मूर्तियों के शरीर से चिपके हैं—उलझे-पुलझे से; झूलते हुए वस्त्रों के समान नहीं।

'आर्केइक' ग्रीक कला के बाद 'क्लासिक' ग्रीक कला का समय आता है—ईसा के ४७५ वर्ष पूर्व से ३२३ वर्ष पूर्व तक, अर्थात् एथेन्स के प्रभुत्वकाल से प्रारम्भ कर सिकन्दर महान् के मृत्यु-काल तक इस कला की उन्नति और विकास का समय है। पिलोपनेश तथा आर्टिका राज्य ही इस काल की कला के चरम विकास के केन्द्र थे। एथेन्स आर्टिका राज्य का ही एक प्रधान नगर था। कला-शास्त्र के मर्मज्ञ एक फ़्रांसीसी विद्वान् ने लिखा है—'चरम विकास के समय (क्लासिक) ग्रीक कला कठोर नियमों की जंज़ीर से मुक्त होकर स्वाधीन-पथ-गामिनी हुई थी। उस समय वह किसी देश के कला-सम्बन्धी विधि-निषेधों के अधीन न थी, और न उसने उन नियमों के अनुसार अपने ऊपर कोई नियन्त्रण ही रखा था। भास्कर्य-कला के चरम विकास के रूप में मूर्तियों का निर्माण जिस काल में हुआ था, कला के विकास की उस गौरवमयी ईसा पूर्व पाँचवीं सदी के सम्बन्ध में जितनी

आलोचना होती है, उतनी ही यह बात स्पष्ट हो जाती है कि कठोर नियमों की जंजीर पूर्णतया तोड़ने में सफल होने के कारण ही ग्रीक कला उस समय जीवन्त हो उठी थी।' इस 'क्लासिक' ग्रीक कला के दो सम्प्रदाय थे—आर्टिक तथा पिलोपेनेसियन। आर्टिक सम्प्रदाय की फिर दो भावधाराएँ थीं—प्रथम, महान् कलाकार फ़िडियस की प्रतिभाशक्ति—'अपूर्व सौन्दर्य-महिमा एवं विशुद्ध देवत्व गौरव, जिनका अधिकार मानव-मानस-पटल पर युग-युगान्त तक बना रहेगा', ऐसा लिखा है, जिसके सम्बन्ध में किसी फ़्रांसीसी विद्वान् ने। आर्टिक सम्प्रदाय की द्वितीय भावधारा के महागुरु हैं—स्कोपस और प्रैक्सिटेल। इस सम्प्रदाय का उद्देश्य था कला को धर्म से बिल्कुल अलग कर उसे केवल मानव-जीवन-चित्रण में लगाना।

'क्लासिक' ग्रीक कला की पिलोपेनेसियन नामक शाखा के प्रधान गुरु थे—पॉलीक्लेट तथा लिसिप्स। इनमें से एक ने जन्म ग्रहण किया था ईसा पूर्व पाँचवीं सदी में और दूसरे ने ईसा पूर्व चौथी सदी में। इनका प्रधान उद्देश्य था—मनुष्य के अंग-प्रत्यंगों की गढ़न तथा उभार को कला में हू-बहू उतारना।

ईसा के ३२३ वर्ष पूर्व से १४६ वर्ष पूर्व तक अर्थात् सिकन्दर की मृत्यु से रोमनों द्वारा आर्टिका विजय-काल तक ग्रीक कला में विकास देखने को मिलता है। उसके बाद, रोमनों द्वारा ग्रीस-विजय के समय से ग्रीक कला पहले के कलाकारों की मात्र नक़ल कर संतुष्ट रही। कोई नवीनता यदि थी, तो बस किसी व्यक्ति की मुखाकृति की नक़ल भर कर लेने में!

वार्ता एवं संलाप – २

वार्ता एवं संलाप–२

(श्री प्रियनाथ सिन्हा द्वारा आलिखित)

[गुरुगृहवास की प्रथा—आधुनिक विश्वविद्यालय शिक्षा-प्रणाली—श्रद्धा का अभाव—हमारा भी राष्ट्रीय इतिहास है—पाश्चात्य विज्ञानयुक्त वेदान्त—तथाकथित उच्च शिक्षा—यांत्रिक शिक्षा की आवश्यकता—सत्यकाम की कथा—मात्र पुस्तकीय ज्ञान और त्यागियों के निरीक्षण में शिक्षाभ्यास—श्री रामकृष्ण और पंडित-समुदाय—ऐसे मठ की स्थापना जिसमें साधु अध्यापन कार्य करें—बच्चों के लिए पाठ्य पुस्तकें—बाल-विवाह बंद करो—अविवाहित ग्रेजुएटों को जापान भेजने का विचार—जापान की उन्नति का रहस्य—यूरोप और एशिया की कला—कला और उपयोगिता—वेषभूषा की प्रणालियाँ—अन्न का प्रश्न और ग़रीबी]

बेलूड़ मठ के निर्माण के दो वर्ष बाद की बात है। सभी स्वामी अब वहीं रहने लगे थे। इन्हीं दिनों मैं एक दिन सबेरे अपने गुरुदेव के दर्शन करने वहाँ गया हुआ था। मुझे देखकर स्वामी जी मुसकराये और बोले—"आज तो यहीं रहोगे न?"

"अवश्य", मैंने कहा और इधर-उधर की कुछ बातें करने के बाद मैंने पूछा—"महाराज, बच्चों की शिक्षा-पद्धति कैसी होनी चाहिए?"

स्वामी जी—गुरुगृहवास—गुरु के साथ रहना।

प्रश्न—कैसे?

स्वामी जी—जैसे प्राचीन काल में होता था। किन्तु आज की शिक्षा में पाश्चात्य विज्ञान का भी समावेश होना चाहिए। दोनों ही आवश्यक हैं।

प्रश्न—पर आज की विश्वविद्यालय की शिक्षा में क्या दोष है?

स्वामी जी—इसमें दोष ही दोष भरे हैं। यह 'बाबू' पैदा करने की मशीन के सिवाय कुछ नहीं है। अगर इतना ही होता, तब भी ठीक था, पर नहीं—इस शिक्षा

से लोग किस प्रकार श्रद्धा और विश्वास रहित होते जा रहे हैं। वे कहते हैं कि गीता तो एक प्रक्षिप्त अंश है और वेद देहाती गीत मात्र हैं। वे भारत के बाहर के देशों तथा विषयों के सम्बन्ध में तो हर बात जानना चाहते हैं, पर यदि उनसे कोई अपने पूर्वजों के नाम पूछे तो चौदह पीढ़ी तो दूर रही, सात पीढ़ी तक भी नहीं बता सकते।

प्रश्न—पर इससे क्या हुआ ? वे अपने पूर्वजों के नाम नहीं जानते तो क्या हानिं है ?

स्वामी जी—नहीं, ऐसा मत सोचो। जिस राष्ट्र का कोई अपना इतिहास नहीं है, वह इस संसार में अत्यन्त ही हीन और नगण्य है। क्या तुम सोचते हो कि कोई व्यक्ति जिसे सदैव इस बात का विश्वास और अभिमान है कि वह उच्च कुल में उत्पन्न हुआ है, कभी दुश्चरित्र हो सकेगा ? ऐसा क्यों होता है ? उसमें जो आत्मविश्वास और स्वाभिमान का भाव है, वह सदैव उसके विचार और कार्य को इतना नियंत्रित रखता है कि ऐसा व्यक्ति सन्मार्ग से च्युत होने की अपेक्षा हँसते हँसते मृत्यु का आलिंगन कर लेगा। इसी तरह राष्ट्र का गौरवमय अतीत राष्ट्र को नियंत्रण में रखता है, और उसका अधःपतन नहीं होने देता। पर मैं जानता हूँ, तुम कहोगे कि हमारा ऐसा कोई अतीत—कोई इतिहास ही नहीं है; जो तुम्हारी तरह सोचते हैं, उन्हींके लिए हमारे राष्ट्र का कोई इतिहास नहीं है; और तुम्हारे विश्वविद्यालयों के उन तथाकथित विद्वानों के लिए नहीं है—और उन लोगों के लिए नहीं है जो कि पाश्चात्य देशों का एक चक्कर मारकर, यूरोपीय वेशभूषा से सुसज्जित हो भारत लौट आते हैं और बड़बड़ाने लगते हैं—हमारे पास कुछ नहीं है—हम तो बस जंगली हैं। हाँ, यह सच है कि दूसरे देशों का जैसा इतिहास है वैसा हमारा नहीं है, पर इसका यह अर्थ तो नहीं होता कि हमारा कोई इतिहास ही नहीं है। जैसे हम भात खाते हैं और अंग्रेज़ लोग भात नहीं खाते—तो इससे क्या तुम यह निर्णय कर लोगे कि अंग्रेज़ भूखे मरते हैं और कुछ दिनों में नष्ट हो जायँगे। अपने देश में, अपनी जलवायु के अनुकूल जो सरलता से वे उत्पन्न या प्राप्त कर लेते हैं, वही खाकर वे पनपते और पुष्ट होते हैं। इसी तरह हमारे लिए जैसा आवश्यक है, वैसा हमारा भी अपना इतिहास है। और अपनी आँखें बंद कर लेने और चिल्लाने से कि हमारा कोई इतिहास ही नहीं है, वह क्या नष्ट हो जायगा ? जिनके पास देखने के लिए आँखें हैं, वे जानते हैं कि हमारा इतिहास कितना उज्ज्वल है, और वह देश को किस प्रकार जीवित रख रहा है। किन्तु आज उस इतिहास को फिर से लिखने की आवश्यकता है। पाश्चात्य शिक्षा से हमारे युवकों की बदली हुई विचारधारा और बुद्धि को सामने रखकर, आज उस गौरवमय इतिहास को

फिर से लिखना होगा, जिससे पाश्चात्य सभ्यता से चकित और चकाचौंध में भ्रमित हमारे युवक उसे समझ सकें।

प्रश्न—यह किस प्रकार करना होगा?

स्वामी जी—यह एक बहुत बड़ा विषय है। इस पर कभी और चर्चा करेंगे। उसके लिए, पहले हमें गुरुगृहवास और उस जैसी अन्य शिक्षाप्रणालियों को पुनर्जीवित करना होगा। आज हमें आवश्यकता है वेदान्तयुक्त पाश्चात्य विज्ञान की, ब्रह्मचर्य के आदर्श, और श्रद्धा तथा आत्मविश्वास की। दूसरी बात जिसकी आवश्यकता है, वह है उस शिक्षापद्धति का निर्मूलन, जो मार मारकर गधों को घोड़ा बनाना चाहती है।

प्रश्न—इससे आपका क्या मतलब है?

स्वामी जी—देखो, कोई भी किसीको कुछ नहीं सिखा सकता। जो शिक्षक यह समझता है कि वह कुछ सिखा रहा है, सारा गुड़ गोबर कर देता है। वेदान्त का सिद्धान्त है कि मनुष्य के अन्तर में ज्ञान का समस्त भण्डार निहित है—एक अबोध शिशु में भी—केवल उसको जाग्रत कर देने की आवश्यकता है, और यही आचार्य का काम है। हमें बच्चों के लिए बस इतना ही करना है कि वे अपने हाथ-पैर, आँख-कान का समुचित उपयोग करना भर सीख लें और फिर सब आसान है। पर इस सबका मूल है धर्म—वही मुख्य है। धर्म तो भात के समान है, शेष सब वस्तुएँ कढ़ी और चटनी जैसी हैं। केवल कढ़ी और चटनी खाने से अपथ्य हो जाता है, और केवल भात खाने से भी। हमारे शिक्षा-शास्त्री हमारे बच्चों को केवल तोता बना रहे हैं, और रटा रटाकर उनके मस्तिष्क में कई विषय ठूँसते जा रहे हैं। यदि एक दृष्टि से देखा जाय, तो तुम्हें वाइसराय[1] का कृतज्ञ होना चाहिए कि उन्होंने विश्वविद्यालयी शिक्षा में सुधार करने का प्रस्ताव किया है। इससे उच्च शिक्षा क़रीब क़रीब बंद ही हो जायगी, और देश को कम से कम कुछ साँस लेने और विचार करने का समय तो मिलेगा। वाह! ग्रेजुएट बनने के लिए क्या दौड़धूप, क्या अहमहमिका लगी है, और कुछ दिन बाद फिर ठंडी पड़ जाती है। और आख़िर में वे सीखते क्या हैं—बस यही कि हमारा धर्म, आचार-विचार और रीति-रिवाज़ सब ख़राब हैं, और पाश्चात्यों की सब बातें अच्छी हैं! इस तरह हम महानाश को निमंत्रित कर रहे हैं। आख़िर इस उच्च शिक्षा के रहने या न रहने से क्या

---

१. भारत के तत्कालीन वाइसराय लार्ड कर्जन ने विश्वविद्यालयी शिक्षा के स्तर को उच्च करने के उद्देश्य से उसे इतना महँगा बना देना चाहा था कि वह मध्यम वर्ग के लड़कों की पहुँच के लगभग बाहर हो जाती।

बनता-बिगड़ता है? यह कहीं ज़्यादा अच्छा होगा कि यह उच्च शिक्षा प्राप्त कर नौकरी के लिए दफ़्तरों की खाक छानने के बजाय लोग थोड़ी सी यांत्रिक शिक्षा प्राप्त करें जिससे काम-धंधे से लगकर अपना पेट तो पाल सकेंगे।

प्रश्न—हाँ, मारवाड़ी इस बात में होशियार हैं। वे नौकरी नहीं करते, और कोई न कोई व्यापार में लग जाते हैं।

स्वामी जी—बकवास है! वे देश को रसातल में पहुँचा रहे हैं। वे अपने स्वार्थ को भी नहीं समझते। उनसे तुम लोग कहीं ज़्यादा अच्छे हो, क्योंकि तुम्हारा ध्यान कल-कारखानों से वस्तुओं के निर्माण की ओर है। मारवाड़ी लोग अपने व्यापार में जो पैसा लगाते हैं और जिससे उन्हें थोड़ा-बहुत मुनाफ़ा होता है, उससे तो ज़्यादातर विदेशियों की ही जेब भरते हैं। यही पैसा अगर वे कुछ कल-कारखानों को खोलने में लगायें, तो देश की भी भलाई होगी और उनका भी मुनाफ़ा बढ़ेगा। केवल काबुली लोग ही नौकरी की परवाह नहीं करते। उनकी नस नस में स्वतंत्रता की भावना भरी है। उनसे ज़रा नौकरी कर लेने की बात तो कह दो, फ़िर देखो क्या होता है।

प्रश्न—पर, महाराज, यदि उच्च शिक्षा बन्द हो गयी, तो लोग फिर पहले जैसे ही मूर्ख बने रहेंगे?

स्वामी जी—क्या मूर्खताभरी बात कहते हो? क्या कभी सिंह भी सियार बन सकता है? तुम्हारे कहने का क्या मतलब है? क्या कभी यह सम्भव है कि सृष्टि के आदि काल से जिस देश की सन्तान अखिल विश्व को शिक्षा देती आ रही है, केवल इसीलिए मूर्ख बन जायगी कि लॉर्ड कर्जन उच्च शिक्षा बन्द कर रहे हैं?

प्रश्न—पर ज़रा सोचिये तो कि हमारे देशवासी अंग्रेज़ों के आगमन के पूर्व क्या थे और अब क्या हो गये हैं?

स्वामी जी—भौतिक शास्त्रों का अध्ययन, और दैनिक उपयोग की वस्तुओं का यंत्रों द्वारा उत्पादन—क्या यही उच्च शिक्षा का अर्थ है? उच्च शिक्षा का उद्देश्य है—जीवन की समस्याओं को सुलझाना—और आज का सभ्य संसार आज भी इन्हीं समस्याओं पर गहन चिन्तन कर रहा है, किन्तु हमारे देश में सहस्रों वर्ष पूर्व ही ये गुत्थियाँ सुलझा ली गयीं।

प्रश्न—पर आपका वेदान्त भी तो लुप्तप्राय हो रहा था?

स्वामी जी—संभव है। काल के प्रवाह में, कभी कभी ऐसा भास होता है कि वेदान्त का महान् प्रकाश अब बुझा, अब बुझा, और जब ऐसी स्थिति आती है, तब भगवान् मानव देह धारण कर पृथ्वी पर आते हैं और फिर धर्म में पुनः

एक ऐसी शक्ति, ऐसे जीवन का संचार हो जाता है कि वह फिर एकाध युग तक अदम्य उत्साह से आगे बढ़ता जाता है। आज वही शक्ति और जीवन उसमें फिर आ गया है।

प्रश्न—पर, महाराज, इसका क्या प्रमाण है कि भारत ने ही शेष संसार को शिक्षित किया है?

स्वामी जी—संसार का इतिहास ही इसका साक्षी है। उचित शोध करने पर यही पाया जाता है कि विश्व में ज्ञान की जो विविध शाखाएँ हैं, जो शास्त्र और उदात्त आत्मोन्नतिमूलक विचार हैं—उनका उद्‌गम भारत से ही हुआ।

स्वामी जी का मुख एक अलौकिक आभा से दीप्त हो गया और वे बड़े उत्साह से इस विषय पर बड़ी देर तक बोलते रहे। उस समय उनका स्वास्थ्य अच्छा नहीं था, और बहुत ज्यादा गर्मी से उनका गला सूख रहा था, उन्हें बार बार प्यास लग रही थी और वे पानी पीते जाते थे। अन्त में उन्होंने कहा, "सिंगी, कृपया मेरे लिए बरफ़ के पानी का एक गिलास मँगाओ। मैं फिर तुमको सब अच्छी तरह समझा दूँगा।" पानी पीकर वे फिर बोलने लगे।

स्वामी जी—समझे न, आज आवश्यकता है—विदेशी नियंत्रण हटाकर, हमारे विविध शास्त्रों, विद्याओं का अध्ययन हो, और साथ साथ अंग्रेज़ी भाषा और पाश्चात्य विज्ञान भी सीखा जाय। हमें उद्योग-धंधों की उन्नति के लिए यांत्रिक-शिक्षा भी प्राप्त करनी होगी, जिससे देश के युवक नौकरी ढूँढ़ने के बजाय अपनी जीविका के लिए समुचित धनोपार्जन भी कर सकें, और दुर्दिन के लिए कुछ बचा भी सकें।

प्रश्न—टोल (संस्कृत पाठशालाओं) के बारे में आपका क्या कहना है?

स्वामी जी—क्या तुमने उपनिषदों की कथाएँ नहीं पढ़ी हैं? मैं अभी एक कथा सुनाता हूँ। ब्रह्मचारी सत्यकाम गुरु के पास अध्ययन के लिए गया। गुरु ने उसे गायें चराने जंगल में भेज दिया। गायें चराते चराते कई मास व्यतीत हो गये। गायों की संख्या भी दुगुनी हो गयी। तब सत्यकाम ने आश्रम लौट चलने का विचार किया। मार्ग में एक वृषभ, अग्नि तथा कुछ अन्य प्राणियों ने सत्यकाम को ब्रह्मज्ञान का उपदेश दिया। जब शिष्य आश्रम में गुरु को प्रणाम करने पहुँचा, तो गुरु ने उसे देखते ही जान लिया कि उसने ब्रह्मज्ञान प्राप्त कर लिया है। इस कथा का सार यही है कि सच्ची शिक्षा सर्वदा प्रकृति के सम्पर्क में रहने से ही प्राप्त होती है। ज्ञान इसी प्रकार प्राप्त किया जा सकता है। पंडितों के टोल और पाठशालाओं में पढ़कर तो तुम जीवन भर मानवीय बन्दर बने रहते हो। बाल्यावस्था से ही जाज्वल्यमान, उज्ज्वल चरित्रयुक्त किसी तपस्वी महापुरुष

के सहवास में रहना चाहिए, जिससे कि उच्चतम ज्ञान का जीवित आदर्श सदा दृष्टि के समक्ष रहे। केवल पढ़ लेने भर से कि मिथ्या भाषण पाप है—कोई लाभ नहीं। हर एक को पूर्ण ब्रह्मचर्य पालन करने का व्रत लेना चाहिए, तभी हृदय में श्रद्धा और भक्ति का उदय होगा। नहीं तो, जिसमें श्रद्धा और भक्ति नहीं, वह मिथ्या क्यों नहीं बोलेगा? हमारे देश में अध्यापन का महान् कार्य सदैव निःस्पृह और त्यागी पुरुषों ने ही किया है। कालान्तर में पंडितों ने, ज्ञान और विद्याओं पर एकाधिपत्य कर, उन्हें पाठशालाओं की चहारदीवारी में बन्द कर दिया और इस तरह देश का अधःपतन होना शुरू हुआ। जब तक अध्यापन कार्य त्यागी पुरुषों ने किया, तब तक भारत समृद्ध बना रहा।

प्रश्न—महाराज, आपका क्या अर्थ है? दूसरे देशों में तो संन्यासी नहीं हैं, पर देखिए, उनकी ज्ञान-गरिमा से आज भारत उनके चरण चूम रहा है?

स्वामी जी—मेरे मित्र, व्यर्थ की बातें मत करो। मैं जो कहता हूँ उस पर ध्यान दो। जब तक इस देश में अध्यापन और शिक्षा का भार, त्यागी और निःस्पृह पुरुष वहन नहीं करेंगे, तब तक भारत को दूसरे देशों के तलवे चाटने पड़ेंगे। तुम नहीं जानते, किस तरह एक निरक्षर युवक ने अपनी नि स्पृहता और त्याग के प्रभाव से तुम्हारे बड़े बड़े दिग्गज पंडितों के छक्के छुड़ा दिये? एक बार दक्षिणेश्वर के मंदिर में पुजारी से विष्णु-प्रतिमा का पैर टूट गया। पंडितों की एक सभा हुई और उन्होंने अपने पुराने पोथे और ग्रंथ देखकर निर्णय दिया कि खंडित मूर्ति का पूजन शास्त्र-विरुद्ध है, और नयी मूर्ति की प्रस्थापना की जाय। इस पर काफ़ी वादविवाद और शोरगुल मचा। अन्त में श्री रामकृष्ण बुलाये गये। उन्होंने सब कुछ सुनकर पूछा—"क्या पति पंगु हो जाय, तो पत्नी उसे त्याग देगी?" फिर क्या हुआ? पंडितों ने यह तर्क सुना तो मुँह से शब्द नहीं निकला, मूक हो गये और इस सरल कथन के सामने उनके शास्त्र और भाष्य एक ओर धरे के धरे रह गये। यदि पंडितों की शिक्षा-प्रणाली ठीक थी, तो श्री रामकृष्ण क्यों अवतार धारण करते और क्यों पुस्तकीय ज्ञान का उपहास करते? उनके साथ जिस नूतन जीवन-शक्ति का आविर्भाव हुआ, उससे जब हमारी शिक्षा ओतप्रोत हो जायगी, तब ही सफलता प्राप्त होगी।

प्रश्न—पर यह कहना सरल है, करना कठिन।

स्वामी जी—यदि यह कार्य सरल होता, तो श्री रामकृष्ण को अवतार धारण करने की आवश्यकता न पड़ती। अब जो करना है, वह यह कि नगर नगर और ग्राम ग्राम में एक मठ की स्थापना की जाय। क्या तुम यह कर सकते हो? अधिक नहीं तो, कुछ तो करो ही। कलकत्ते के बीच में एक बड़ा मठ स्थापित करो।

एक सुशिक्षित साधु उसका अध्यक्ष रहे और उसके निरीक्षण में दो संन्यासी विज्ञान एवं अन्य विषयों का अध्यापन करें।

प्रश्न—आपको ऐसे संन्यासी कहाँ मिलेंगे?

स्वामी जी—हमें ऐसे संन्यासियों का निर्माण करना होगा। इसीलिए मैं कहता हूँ कि कुछ ऐसे युवकों की आवश्यकता है, जिनके हृदय में देशभक्ति और त्याग की भावना प्रज्वलित हो। एक त्यागी पुरुष जितना शीघ्र किसी विषय पर अधिकार प्राप्त कर लेता है, उतना अन्य कोई नहीं कर सकता।

कुछ समय बाद स्वामी जी बोले—"सिंगी, हमारे इस देश में इतना अधिक काम करना है कि मेरे और तुम्हारे जैसे सहस्र सहस्र लोगों की आवश्यकता है। केवल बात करने से क्या हो सकता है? देखो, देश कितनी विपन्न और दयनीय स्थिति को प्राप्त हो गया है! इस समय कुछ करो! बच्चों के लिए उपयोगी एक पुस्तक तक तो इस देश में नहीं है!"

प्रश्न—क्यों, ईश्वरचन्द्र विद्यासागर की इतनी सारी किताबें तो हैं?

मेरे ऐसा कहते ही स्वामी जी खिलखिलाकर हँस पड़े और कहने लगे—हाँ, उनमें यही पढ़ते हो न—'ईश्वर निराकार चैतन्य स्वरूप', 'सुबल अति सुबोध बालक' (सुबल बहुत बुद्धिमान बालक है) आदि आदि, पर इससे काम नहीं चलने का। हमें बंगाली और साथ साथ अंग्रेज़ी में कुछ ऐसी पुस्तकों का प्रकाशन करना चाहिए, जिनमें बहुत ही सरल और सीधी भाषा में रामायण, महाभारत और उपनिषदों की कथाओं का संग्रह हो, और फिर ये पुस्तकें बालकों को पढ़ने के लिए दी जायँ।

ग्यारह बज रहे थे। आकाश में बादल घिर आये थे और ठंडी हवा चलने लगी थी। वर्षा होने की संभावना से स्वामी जी प्रसन्न हो उठे। उन्होंने उठकर कहा, "सिंगी, चलो गंगा तट पर चलें।" हम दोनों चल पड़े। मार्ग में स्वामी जी ने कालिदास के मेघदूत के कई श्लोक सुनाये। पर उनकी विचार-धारा का अंतरप्रवाह एक ही था—भारत का हित। वे बोल उठे—"सिंगी, देखो, तुम एक काम कर सकते हो? क्या कुछ दिनों तक हमारे लड़कों के विवाह बन्द नहीं कर सकते?"

मैंने कहा—"महाराज, यह कैसे होगा, जब बाबू लोग विवाहों को सस्ता बनाने के सारे प्रयत्न कर रहे हैं?"

स्वामी जी—तुम इसकी चिन्ता न करो; काल का प्रवाह कौन बदल सकता है! इस प्रकार के सब आंदोलन व्यर्थ हैं। कुछ दिन शोरगुल रहेगा, फिर सब शान्त हो जायँगे। विवाह-शादियाँ जितनी ज़्यादा खर्चीली होती जायँगी, उतना ही देश का भला होगा। परीक्षाएँ पास करने और फिर विवाह करने के लिए

कितनी भगदड़, कितनी दौड़धूप हो रही है! ऐसा लगता है, कोई कुँआरा नहीं बचेगा; पर अगले वर्ष फिर वही हाल होता है।

कुछ क्षण स्वामी जी शान्त रहे। फिर बोले, "यदि मुझे कुछ अविवाहित ग्रेजुएट मिल जायँ, तो मैं उन्हें जापान भेजकर यांत्रिक शिक्षा दिलाने का प्रबन्ध कर दूंगा, जिससे कि जब वे स्वदेश लौटें, तो अपने ज्ञान से भारत का कुछ हित कर सकें। कितना अच्छा होगा!"

प्रश्न—महाराज, इंग्लैण्ड की अपेक्षा जापान जाना क्या हमारे लिए ज्यादा लाभदायक होगा?

स्वामी जी—अवश्य! मेरे मत में हमारे शिक्षित और धनी व्यक्ति यदि जापान जायँ और वहाँ का हालचाल देखें, तो उनकी आँखें खुल जायँगी।

प्रश्न—वह कैसे?

स्वामी जी—जापान में तुम पाओगे कि उन्होंने दूसरों से जो सीखा है, उसे आत्मसात् कर अपना बना लिया है, पचा लिया है। हमने जो विदेशियों से सीखा, उसे हम पचा नहीं पाये। उन्होंने यूरोपवासियों की हर चीज़ ग्रहण की, पर वे जापानी ही बने रहे, यूरोपीय नहीं बने; पर हमारे यहाँ तो पाश्चात्य ढंग से रहने का एक संक्रामक रोग पैदा हो गया है।

मैंने कहा—महाराज, मैंने कुछ जापानी चित्रकला के नमूने देखे हैं, उनकी कला की प्रशंसा किये बिना नहीं रहा जाता। और उनकी प्रेरणा का स्रोत उनकी अपनी संस्कृति है (वे अनुकरण के परे हैं)।

स्वामी जी—बिल्कुल ठीक है। आज जापान एक महान् राष्ट्र है, और इसका कारण है उनकी कला। देखते नहीं, हमारे समान वे भी एशियावासी हैं और यद्यपि आज हम अपना सर्वस्व खो बैठे हैं, फिर भी जो कुछ हमारे पास अवशेष है, वही विश्व को चकित कर देने के लिए काफ़ी है। एशिया की आत्मा ही कलात्मक है—एशिया का हृदय चिरकाल से कला की क्रीड़ास्थली रहा है। एशियावासी कला-शून्य वस्तु का कभी उपयोग ही नहीं करता—उसके उपयोग की हर वस्तु कला से शोभित है। तुम नहीं जानते, हमारे यहाँ कला हमारे धार्मिक जीवन का एक अंग बन गयी है? हमारे देश में कोई युवती तीज-त्यौहार, पर्व-उत्सव के दिन यदि घर के आँगन और भीत पर चावल के पीठा से सुन्दर चित्र बनाना जानती है, तो उसकी कितनी प्रशंसा होती है! श्री रामकृष्ण स्वयं कितने महान् कलाकार थे!

प्रश्न—अंग्रेज़ों की कला भी अच्छी है; क्या नहीं है?

स्वामी जी—तुम कितने जड़ मूर्ख हो! पर तुम्हें दोष देने से क्या लाभ, जब कि सर्वसाधारण की यही धारणा है! अफ़सोस! आज देश की यह दशा हो

गयी है ! आज हम अपने सोने को तो पीतल समझ बैठे हैं, और दूसरों का पीतल हमारे लिए सोना बन गया है ! यह हमारी आधुनिक शिक्षा का जादू है ! देखो, यूरोपीय जब से एशिया के सम्पर्क में आये हैं, तब से कहीं उन्होंने अपने जीवन को कलामय बनाने का प्रयत्न शुरू किया !

मैं—महाराज, यदि कोई आपकी बात सुनेगा तो कहेगा कि आप निराशावादी हो रहे हैं।

स्वामी जी—स्वाभाविक है ! जो जड़ हो गये हैं, वे और क्या सोच सकेंगे ? उफ़ ! कोई मेरी आँखों से देखे ! उनकी इमारतें देखो, वे कितनी साधारण, कितनी अर्थशून्य हैं ! इन विशाल सरकारी इमारतों को देखो, क्या इनका बाह्य-स्वरूप देखकर कुछ अनुमान लगाया जा सकता है कि ये किस भाव, किस आदर्श की प्रतीक हैं ?—नहीं, क्योंकि ये सब प्रतीक-शून्य हैं। पाश्चात्यों का पहनाव ही लो—उनके तंग कोट, सीधे पैन्ट शरीर पर इतने तंग और चिपके होते हैं कि बिल्कुल भद्दे मालूम देते हैं; नहीं ? पर हम लोग, पता नहीं, उसमें क्या सुन्दरता देखते हैं ? जिसे देखो, कोट-पतलून डाँटे है। इस देश का भ्रमण तो करो, और यदि देखने के लिए आँखें हैं और समझने के लिए बुद्धि है तो देखो—इस देश के प्राचीन भग्नावशेषों को देखो—उनके देखने भर से ही मालूम होता है, उनमें कितने भाव भरे हैं, कितनी कला भरी है। उनका जलपात्र है—काँच का गिलास, पर हमारा है धातु-निर्मित लोटा—दोनों में कौन कलापूर्ण है ? तुमने देहातों में किसानों के घर देखे हैं ?

मैं—जी हाँ, अवश्य।

स्वामी जी—उनमें क्या देखा ?

मेरी समझ में नहीं आया क्या कहूँ। फिर भी मैंने उत्तर दिया—"महाराज, वे अत्यन्त साफ़-सुथरे होते हैं और रोज़ उनका आँगन लीपा-पोता जाता है।"

स्वामी जी—क्या तुमने उनके अन्न-भाण्डार देखे ? उनमें कितनी कला है ! उनकी मिट्टी की दीवालों पर भी कितने प्रकार के चित्र बने होते हैं ! और ज़रा पाश्चात्य देशों में जाकर देखो, निम्न वर्ग के लोग किस तरह रहते हैं। तब तुम्हें मालूम होगा कि दोनों में कितना महान् अन्तर है। उनका आदर्श है उपयोगिता; हमारा है कला। पश्चिम का निवासी हर एक वस्तु में उपयोगिता ढूँढ़ता है, और हम कला। पाश्चात्य शिक्षा प्राप्त कर हमने कलापूर्ण लोटा तो फेंक दिया और उसके स्थान में, हमारे घरों में विदेशी तामचीनी के गिलास विराजमान हो गये हैं। हमने इस उपयोगितावाद के आदर्श को इस सीमा तक अपना लिया है कि अब वह हास्यास्पद लगने लगा है ! अब हमें उपयोगिता और कला के समन्वय

की आवश्यकता है। जापान यह समन्वय लाने में जल्दी सफल हो गया और उसने अभूतपूर्व प्रगति कर ली। अब जापान पाश्चात्य देशों को भी सिखाने की क्षमता रखता है।

प्रश्न—विश्व में किस राष्ट्र की वेशभूषा सर्वोत्तम है?

स्वामी जी—आर्यों की। यूरोपवासी भी इसे स्वीकार करते हैं। आर्यों के परिधान की पटलियाँ किस कलापूर्ण ढंग से लटकती हैं। अधिकांश देशों के राजवस्त्र, आर्यों की वेशभूषा की ही नक़ल हैं, उनमें भी आर्यों के समान ही पटलियाँ बनाकर लटकाने का यत्न किया जाता है; और इन राजवस्त्रों में तथा उन देशों की सर्वसाधारण की वेशभूषा में बहुत अन्तर है। सिंगी, तुम भी ये भद्दे यूरोपीय कमीज़ पहनना छोड़ दो।

प्रश्न—क्यों, महाराज?

स्वामी जी—इसलिए कि पाश्चात्य लोग इनका केवल अंतर्परिधान के रूप में ही उपयोग करते हैं। वे उसे सदैव कोट और जैकेट के नीचे ही पहनते हैं, केवल कमीज़ कभी नहीं पहनते। पर हम बंगाली कितनी भूल कर रहे हैं। जिसे देखो कोट, पतलून, कमीज़ धारण करने में गर्व का अनुभव करता है—जैसे हमारा कोई राष्ट्रीय, प्राचीन वेश ही न हो, जैसे वेशभूषा के संबंध में कोई नियम ही न हो, कोई विधि-परिपाटी या प्रणाली ही न हो और जिसकी जो मर्ज़ी आवे और जो दिखे, वही कपड़े पहन ले! हमारे यहाँ, नीच जाति का छुआ हुआ अन्न यदि कोई खा लेता है, तो उसे जात बाहर कर देते हैं; यदि यही नियम परकीय वेशभूषा धारण करने को लगाया जाय, तो कितना अच्छा होगा! अपनी प्राचीन भारतीय वेशभूषा क्यों नहीं धारण की जाती? इस यूरोपीय कोट-कमीज़ के पहनने में कौन सी शान है? क्या अर्थ है?

अब वर्षा होने लगी, और भोजन-वेलासूचक घंटी भी बज गयी थी। इसलिए सबके साथ हम भी प्रसाद ग्रहण करने गये। भोजन करते करते स्वामी जी बोले—"भोजन ऐसा रहे कि परिमाण में कम, पर पुष्टिकारक हो। पेट को ढेर सारे भात से ठूंस देना ही आलस्य का मूल है।" कुछ देर बाद वे फिर बोले—"जापानियों को देखो, वे दिन में दो-तीन बार दाल के साथ भात खाते हैं। वे कई बार भोजन करते हैं, पर हर समय खाते थोड़ा थोड़ा ही हैं। शरीर से तगड़े लोग भी एक बार में खाते कम ही हैं, अधिक बार भले ही खा लें। उनमें जो घर के अच्छे होते हैं, वे प्रतिदिन मांस भी खाते हैं। पर हम दिन में दो बार, गले तक को पेट भात से भर लेते हैं और हमारी सारी शक्ति उस भात को पचाने में ही समाप्त हो जाती है।

प्रश्न—क्या हम ग़रीब बंगालियों के लिए मांस खाना संभव है?

स्वामी जी—क्यों नहीं? थोड़ा थोड़ा तो खा ही सकते हैं। एक दिन में पाव भर काफ़ी है। हमारा सबसे बड़ा दोष है—आलस, और यही हमारी ग़ुलामी का कारण है। मान लो किसीकी नौकरी छूट गयी, या घर में जो दो-तीन आदमी कमानेवाले थे, उनमें से कोई मर गया, तो लोग क्या करते हैं? वे या तो बच्चों का दूध बन्द कर देते हैं या दिन में एक बार खाते हैं और कभी शाम को भात ही खाकर सो जाते हैं!

प्रश्न—पर ऐसी परिस्थिति में और कर ही क्या सकते हैं?

स्वामी जी—पर वे ज़्यादा मेहनत कर, थोड़ा सा और कमा लेने का प्रयत्न क्यों नहीं करते, जिससे कम से कम दो बार भोजन तो मिल जाय? पर नहीं—मेहनत कौन करे, उन्हें अड्डों पर जाकर गप्पें लगाने तथा समय नष्ट करने की आदत जो पड़ गयी है! यदि लोग केवल कभी इतना ही जान पायें कि वे समय का कितना नाश और दुरुपयोग कर रहे हैं, तो इस देश की कायापलट हो जाय!

२

[गीता-गायक भगवान् श्री कृष्ण का चित्र—गीता में कर्म का अर्थ—अहंकार और आत्मसमर्पण—बुरे भले की समस्या—निष्ठा का मूल्य—मूर्तिपूजा का उद्‌गम—तांत्रिकवाद—योगों का समन्वय—नारी के प्रति आदर-भाव]

स्वामी जी की द्वितीय अमेरिका-यात्रा (१८९९) के लिए तैयारियाँ की जा रही थीं। वे अपने एक मित्र से मिलने कलकत्ता गये हुये थे और लौटते समय कुछ क्षण बाग़बाज़ार में बलराम बाबू के घर रुक गये थे। बेलूड़ मठ तक साथ चलने के लिए उन्होंने अपने एक अन्य मित्र को बुलवा भेजा। उनके आने पर स्वामी जी का और उनका इस प्रकार वार्तालाप हुआ—

स्वामी जी—आज एक मज़ेदार बात हुई। मैं एक मित्र के घर गया था। उन्होंने एक चित्र बनवाया था—विषय था कुरुक्षेत्र में अर्जुन-कृष्ण संवाद। श्री कृष्ण रथ में खड़े हैं, हाथ में रास है, और अर्जुन को गीता का उपदेश कर रहे हैं। उन्होंने मुझे चित्र दिखाकर मेरी सम्मति माँगी। मैंने कहा, ठीक ही है। किन्तु जब वे न माने, तो उन्हें मुझे, अपना सच्चा मत बताना पड़ा कि उस चित्र में मुझे

प्रशसा योग्य कुछ नहीं दिखायी पड़ा। प्रथम तो श्री कृष्ण के युग का रथ आज के स्तूपाकार वाहनों के समान नहीं होता था और दूसरे श्री कृष्ण की आकृति में भावाभिव्यक्ति का नितान्त अभाव है।

प्रश्न—क्या उस युग के रथ स्तूपाकार नहीं होते थे?

स्वामी जी—क्या तुम नहीं जानते कि बौद्ध युग के बाद इस देश की हर बात में एक प्रकार की अव्यवस्था सी आ गयी। प्राचीन राजागण स्तूपाकार रथों में कभी युद्ध नहीं करते थे। राजस्थान में आज भी कुछ रथ हैं, जो उन प्राचीन रथों से कुछ मिलते-जुलते हैं। यूनान की पौराणिक कथाओं में वर्णित रथों के तुमने चित्र देखे हैं? उनमें दो चाक होते हैं और उन पर पीछे से चढ़ा जाता है। हमारे रथ भी ऐसे ही थे। यदि चित्र के इन गौण अंगों का ही अंकन सही नहीं हुआ, तो चित्र बनाने से क्या लाभ? ऐतिहासिक चित्र तभी उच्च कोटि का होगा, जब उचित अध्ययन और गवेषणा के पश्चात्, वस्तु का वैसा ही चित्रण किया जाय, जैसी वह उस युग में थी। यदि चित्र में यथार्थता नहीं है, तो उसका कोई मूल्य नहीं। आजकल, हमारे जो युवक चित्रकला के क्षेत्र में प्रवेश करते हैं, वे साधारणतया ऐसे होते हैं, जिन्हें विद्याध्ययन में कोई सफलता नहीं मिली और जिनसे घरवाले भी निकम्मा समझकर निराश हो गये हैं। इन व्यक्तियों से आप कैसे कलाकृति की आशा कर सकते हैं? सुन्दर चित्र बनाने के लिए भी उतनी ही प्रतिभा लगती है, जितनी कि एक श्रेष्ठ रूपक लिखने में।

प्रश्न—तो फिर इस चित्र में श्री कृष्ण का चित्रण कैसा होना चाहिए था?

स्वामी जी—श्री कृष्ण का चित्रण वैसा ही होना चाहिए, जैसे वे थे—गीता के मूर्तस्वरूप। उस समय वे किंकर्तव्यविमूढ़, मोहग्रस्त और कार्पण्यदोषोपहत अर्जुन को धर्म का उपदेश कर रहे थे, इसलिए श्री कृष्ण की छबि से गीता का मूल तत्त्व अभिव्यक्त होना चाहिए।

कहते कहते स्वामी जी ने अपनी मुद्रा और भावभंगिमा वैसी ही बना ली, जिस तरह श्री कृष्ण की चित्र में होनी चाहिए और बोले—"देखो, श्री कृष्ण ने घोड़ों की रास इस प्रकार पकड़ रखी है—रास इतनी तनी है कि घोड़े अपने पिछले पैरों पर उठ गये हैं, उनके अगले पैर हवा में उठे हैं, और मुँह खुल गये हैं। इससे श्री कृष्ण की छबि में उनकी महान् कर्मशीलता प्रकट होती है। उनका मित्र, प्रथितयश योद्धा दोनों सेनाओं के बीच में, धनुषबाण एक ओर फेंक, रथ में कायर की भाँति शिथिल और शोकमग्न होकर बैठ गया है—और श्री कृष्ण, एक हाथ में चाबुक लिये और दूसरे हाथ से रास खीचे अर्जुन की ओर थोड़ा सा मुड़ गये हैं—उनका शिशु-सरल मुख अपार्थिव-स्वर्गीय प्रेम और सहानुभूति से दीप्त

हो उठा है—और वे अपने अनन्य सखा को गीता का सन्देश सुना रहे हैं। अब बताओ, गीता-गायक के इस प्रकार के चित्र से मन में कैसे भाव जाग्रत होंगे?

मित्र—ऐसे चित्र से श्री कृष्ण कर्मरत स्थितप्रज्ञ—महान् कर्मयोगी मालूम होंगे।

स्वामी जी—हाँ, बिल्कुल ठीक है। शरीर का एक एक अंग कार्यरत है और फिर भी मुख पर नील गगन की गम्भीर शान्ति और प्रसन्नता व्याप्त है। यही तो गीता का मूल तत्त्व है—सब परिस्थितियों में शान्त और स्थिर, अनुद्विग्न रहते हुए—शरीर, मन और आत्मा ईश्वर के चरणों में समर्पित कर देना।

कर्मण्यकर्म यः पश्येदकर्मणि च कर्म यः।
स बुद्धिमान्मनुष्येषु स युक्तः कृत्स्नकर्मकृत॥

(गीता, ४।१८)

अर्थात् 'कर्म करते हुए भी जिसका मन शान्त है, और जब कोई बाह्य चेष्टा नहीं हो रही है, तब भी जिसमें ब्रह्म-चिन्तन रूपी महान् कर्म की धारा सतत बह रही है—वही मनुष्यों में बुद्धिमान् है, वही योगी है, वही कर्म-कुशल है।'

इसी समय, जो व्यक्ति नाव का प्रबंध करने गया था, वह लौट आया और उसने सूचना दी कि नाव तैयार है। इसलिए स्वामी जी ने अपने मित्र से कहा—"चलो अब मठ चलें। तुम घर पर तो कहकर आये ही होगे कि मेरे साथ मठ तक जा रहे हो।"

नौका तक जाते जाते उनका वार्तालाप चलता ही रहा।

स्वामी जी—फल की चिन्ता त्यागकर, मन और आत्मा को प्रभु के चरणारविन्द में लगाकर, कर्म करना—अनन्त कर्म करना—गीता के इस निष्काम कर्मयोग का संदेश हर एक तक पहुंचना चाहिए।

प्रश्न—क्या यही कर्मयोग है?

स्वामी जी—हाँ, यही कर्मयोग है—पर बिना साधना के कोई कर्मयोगी नहीं बन सकता। चारों योगों का मधुर समन्वय जब तक नहीं हो पाता—तब तक किस प्रकार मन और आत्मा प्रभु में तल्लीन हो सकेंगी।

प्रश्न—साधारणतया यह धारणा हो गयी है कि गीता में कर्म से केवल वैदिक यज्ञों और धार्मिक अनुष्ठानों से ही तात्पर्य है और किसी अन्य प्रकार का कर्म निरर्थक है।

स्वामी जी—यह ठीक है, पर इस परिभाषा को विस्तृत करना होगा। तुम्हारी हर चेष्टा, एक एक साँस और मन में प्रतिक्षण उठनेवाले एक एक विचार के लिए कौन उत्तरदायी है? क्या तुम स्वयं नहीं?

मित्र—हूँ भी और नहीं भी हूँ। मेरे पास इसका कोई संतोषप्रद उत्तर नहीं है। सच तो यह है कि मनुष्य केवल निमित्त मात्र है, कर्म तो ईश्वर कराते हैं। और जब उनकी इच्छा और प्रेरणा से ये शुभाशुभ कर्म होते हैं, तो मैं उनके लिए कैसे उत्तरदायी हो सकता हूँ।

स्वामी जी—ठीक है, पर यह सिद्धावस्था प्राप्त हो जाने पर ही कहा जा सकता है। जब कर्म से मन और चित्त शुद्ध हो जाता है और इसकी प्रतीति हो जाती है कि सारे काम ईश्वर ही करा रहे हैं—तभी ऐसा कहने का अधिकार प्राप्त होता है, नहीं तो यह कोरी बकवास और प्रलाप ही है।

प्रश्न—क्यों? यदि किसीकी तर्क से यह निश्चित धारणा हो गयी हो कि सब काम ईश्वर ही करा रहे हैं तो?

स्वामी जी—जिस क्षण यह दृढ़ धारणा हो जाती है, उस क्षण में किये गये कार्य को यह उक्ति लागू की जा सकती है। पर ऐसी धारणा क्षण भर ही टिकती है—ज़्यादा नहीं। अच्छा, ज़रा मनन करके तो देखो कि अपने दैनिक जीवन में ऐसे कितने काम हैं, जिनके संबंध में यह कहा जा सकता है कि ये काम मैं—स्वयं—अहं भाव से नहीं कर रहा हूँ? कब तक मनुष्य को इस बात की स्मृति रहती है कि ईश्वर ही ये सब कार्य-कलाप करवा रहे हैं? किन्तु इस प्रकार सतत चिन्तन, मनन और अध्यवसाय से, धीरे धीरे एक अवस्था आ जाती है, जब अहं भाव नष्ट हो जाता है, और उसके स्थान में प्रभु की स्थापना हो जाती है। तब तुम यह कह सकोगे कि अन्तर्यामी प्रभु ही मुझसे ये सब काम करा रहे हैं। किन्तु, मित्र, यदि हृदय में अहंकार भरा हुआ है, तो वहाँ ईश्वर के लिए स्थान ही कहाँ रह पाता है? तब हृदय में ईश्वर रह ही नहीं सकते।

प्रश्न—पर दुष्कर्म की प्रेरणा भी तो ईश्वर ही देते हैं?

स्वामी जी—नहीं, कभी नहीं। इस तरह सोचना प्रभु का तिरस्कार है। ईश्वर दुष्कर्म में किसीको प्रेरित नहीं करते—दुष्कर्म का कारण तो मनुष्य की आत्म-तुष्टि की इच्छा है। यदि कोई ऐसा कहे कि ईश्वर सब कर्म कराते हैं, और स्वेच्छा-पूर्वक दुष्कर्म करता जाय, तो उसका नाश अवश्यम्भावी है। यही तो आत्मप्रवंचना का मूल है। क्या तुम्हें कभी कोई सत्कर्म करने पर प्रसन्नता नहीं होती? और फिर तुम उस सत्कार्य करने का श्रेय अपने को देने लगते हो—कहते हो यह मैंने किया, मैंने। यह मानवी स्वभाव है—मनुष्य ऐसा कहे बिना नहीं रहेगा। किन्तु यह कितना अनुचित है कि अच्छे काम का श्रेय तो मनुष्य स्वयं ले ले और बुरे काम का दोष ईश्वर के सिर पर मढ़ दे। यह एक ख़तरनाक तर्क है—और जिन्होंने वेदान्त और गीता पढ़ ली, पर उसका मर्म नहीं समझा, वे ही इस तरह की बात

करते हैं। कभी ऐसा नहीं सोचना चाहिए, बल्कि यह मानना चाहिए कि हमारे भले काम तो भगवान् की प्रेरणा से हुए और बुरे काम के लिए हम स्वयं उत्तरदायी हैं। इससे परमात्मा में श्रद्धा और विश्वास जाग्रत होगा, और पग पग पर उनकी असीम कृपा का अनुभव होने लगेगा। सच तो यह है कि 'अहं' का निर्माण करनेवाले हम ही हैं, कोई और नहीं। यही सदसद्विवेक है, यही वेदान्त है। किन्तु आत्म-सिद्धि और साक्षात्कार के बिना कोई यह बात नहीं समझ पाता। इसलिए साधक को इस द्वैत की भावना से ही प्रारंभ में अपनी साधना शुरू करनी चाहिए कि हमारे अच्छे काम तो परमेश्वर हमसे करवाते हैं, और बुरे काम स्वयं प्रेरित हैं। चित्त-शुद्धि का यह सबसे सरल मार्ग है। इसीलिए वैष्णवों में यह द्वैत-भाव इतना दृढ़ दिखायी पड़ता है। प्रारंभ में ही अद्वैत-भाव प्राप्त कर लेना दुष्कर है। किन्तु धीरे धीरे द्वैत की भावना अद्वैत की ओर ले जाती है।

ढोंग और आत्मप्रवंचना बहुत खतरनाक है। अगर जानबूझ कर कोई अपने को धोखा नहीं दे रहा है, और किसीको यह दृढ़ विश्वास हो गया है कि नीच से नीच कृत्य भी ईश्वर की इच्छा और प्रेरणा से ही होता है, तो मेरा यह विश्वास है कि उस व्यक्ति से कोई नीच काम भविष्य में नहीं होगा। शीघ्र ही उसके मन के सब विकार नष्ट हो जायँगे। हमारे प्राचीन धर्मग्रंथों के प्रणेता यह बात अच्छी तरह समझते थे। और मैं तो सोचता हूँ, तान्त्रिक पद्धति की पूजा हमारे देश में बौद्ध-धर्म के अवनति-काल में शुरू हुई, जब कि बौद्धों के अत्याचारों से त्रस्त होकर लोग छिप छिप कर वैदिक यज्ञानुष्ठान करने लगे। दो दो महीनों तक लगातार यज्ञ करने का अब उन्हें कोई अवसर ही नहीं मिल पाता था, इसलिए वे मिट्टी की मूर्ति बनाकर, उसकी रातोंरात पूजा कर लेते और फिर पानी में उसे विसर्जित कर देते, जिससे पूजा का कोई चिह्न सबेरे शेष न रह जाय। मनुष्य को एक मूर्त—पार्थिव प्रतीक चाहिए, उसके बिना उसके हृदय को संतोष नहीं मिलता। इसलिए हर घर में यह रात की पूजा शुरू हो गयी। फिर मनुष्यों की प्रवृत्तियाँ भी कुछ इन्द्रिय सुखभोग की ओर उन्मुख हो गयी थीं। श्री रामकृष्ण कहा करते थे कि कुछ लोग घर में भंगी के दरवाज़े से आते हैं। इसलिए जब उस युग के धर्माचार्यों ने देखा कि कुछ लोग अपनी दुष्ट प्रवृतियों और दुष्ट स्वभाव के कारण धर्म-विमुख हो गये हैं, धार्मिक क्रिया-कलापों और यज्ञानुष्ठानों में भाग नहीं लेते हैं, तो उन्हें धीरे धीरे, क्रम से धर्म और सदाचार के मार्ग पर लाने के लिए, उन्होंने इस तान्त्रिक पूजा-प्रणाली का आविष्कार किया।

प्रश्न—जब वे तान्त्रिक पूजा में होनेवाले नीच कर्म धर्मसम्मत और अच्छा समझकर करने लगे, तो इससे उनकी दुष्प्रवृत्तियाँ कैसे नष्ट हो सकती थीं।

स्वामी जी—नहीं, अब उनकी वे प्रवृत्तियाँ विपरीत दिशा में अग्रसर हो गयीं— अब उनके आचरण का लक्ष्य ईश्वर-प्राप्ति हो गया।

प्रश्न—पर क्या वास्तव में यह सम्भव है?

स्वामी जी—क्यों नहीं? ईश्वर-प्राप्ति के लक्ष्य से किये गये किसी भी काम का फल शुभ ही होता है। लक्ष्य अच्छा रहे—फिर एक ही बात है। और बताओ, उनके सफल होने में क्या बाधा हो सकती है?

प्रश्न—किन्तु इस तरह की साधना करनेवाले अधिकांश मांस-मदिरा आदि प्रलोभनों में फँस जाते हैं।

स्वामी जी—हाँ, और इसीलिए भगवान् श्री रामकृष्ण देव को आना पड़ा। इस प्रकार की तान्त्रिक साधना के दिन अब बीत गये। उन्होंने भी तान्त्रिक साधनाएँ कीं, पर उस तरह नहीं। जहाँ मदिरापान का विधान होता, वहाँ वे उसकी केवल एक बूंद से अपने ललाट का स्पर्श करा देते। तांत्रिक साधना में फिसलने का बहुत ज्यादा डर है। इसीलिए तो मैं कहता हूँ, इस प्रान्त में तांत्रिक साधनाओं की अब इति होनी चाहिए। अब हमें इन साधनाओं से आगे बढ़कर, वेदों का अध्ययन करना चाहिए। चारों योगों के एक मधुर समन्वय का अभ्यास करना चाहिए और ब्रह्मचर्य व्रत ग्रहण करना चाहिए।

प्रश्न—चारों योगों के समन्वय से आपका क्या तात्पर्य है?

स्वामी जी—सत् और असत् का विवेक, विकारशून्यता और भक्ति, कर्म और ध्यानयोग का अभ्यास—और इसके साथ साथ स्त्रियों के प्रति आदरभाव होना चाहिए।

प्रश्न—स्त्रियों के प्रति आदर किस तरह प्रकट किया जाय?

स्वामी जी—स्त्रियाँ आदि-शक्ति जगन्माता की प्रतीक हैं। जिस दिन से हम माँ की सच्ची पूजा करने लगेंगे, और हर एक व्यक्ति माँ के लिए अपना बलिदान दे देगा, उसी दिन से भारत का यथार्थ में भला होने लगेगा और वह समृद्धि के मार्ग पर अग्रसर होता जायगा।

* * *

प्रश्न—स्वामी जी, आपके बाल्यकाल में जब हम आपसे विवाह कर लेने की कहते, तो आप कहा करते थे कि 'मैं विवाह नहीं करूँगा, और तुम लोग देखोगे कि मैं क्या बनता हूँ।' आपने अपना कथन सत्य कर दिखाया।

स्वामी जी—हाँ बन्धु! तुम्हें तो मालूम ही है, उन दिनों मेरे पास खाने को भी नहीं था, और साथ ही मुझे कठिन परिश्रम भी करना पड़ता था। ओह कितना कठोर श्रम था वह! आज अमेरिकावालों ने प्रेम से मुझे यह अच्छा सा

बिस्तर दे दिया है, और खाने को भी मिल ही जाता है। पर मेरे लिए शारीरिक सुखों का विधान नहीं है, तथा गद्दे पर लेटने से तो मेरी बीमारी बढ़ जाती है, और मेरा दम घुटने लगता है। पलंग से उतरकर फिर जब मैं ज़मीन पर सोता हूँ, तब मुझे आराम मिलता है।

३

[राजदरबारों का शैक्षणिक महत्त्व—स्वतन्त्रता और अनुशासन—स्वामी विवेकानन्द की उदारहृदयता—सभ्यता की कसौटी]

हमारे वार्तालाप या संगीत आदि सामूहिक कार्यकलापों में आत्मनियंत्रण और संयम का शोचनीय अभाव पद पद पर दृष्टिगोचर होता है। हर एक व्यक्ति अपने को ही सबसे आगे रखना चाहता है। रेलवे स्टेशनों और बन्दरगाहों पर जो धक्का-मुक्की और ठेलम-ठेल होती है, वह भी इसीका उदाहरण है। स्वामी जी के एक मित्र की एक दिन मठ में उनसे इस विषय पर बातचीत हुई। स्वामी जी ने कहा, "देखो, अपने यहाँ एक कहावत है—'यदि लड़के की पढ़ने में रुचि नहीं है, तो उसे सभा (राजदरबार) में भेज दो।' सभा का तात्पर्य यहाँ सामाजिक गोष्ठियों और भेटों से नहीं है, जो समय समय पर लोगों के घरों में होती रहती है। सभा का तात्पर्य राजसभाओं और दरबारों से है। जब बंगाल स्वतन्त्र था, तो सुबह-शाम राजाओं के दरबार लगा करते थे। वहाँ प्रातःकाल राज्य के सभी महत्त्वपूर्ण प्रश्नों पर चर्चा होती थी और उन दिनों कोई समाचारपत्र न होने से, राजा राजधानी के प्रमुख व्यक्तियों से बातचीत कर जनता और राज्य-सम्बन्धी समस्त जानकारी प्राप्त करते थे। सभी प्रमुख व्यक्तियों को इन सभाओं में उपस्थित रहना पड़ता था; क्योंकि यदि वे अनुपस्थित रहते, तो राजा इस सम्बन्ध में पूछ-ताछ करते। इस प्रकार के दरबार अपने ही देश में नहीं, सभी देशों में सभ्यता और संस्कृति के केन्द्र रहे हैं। आजकल, पश्चिम भारत, विशेषतः राजस्थान, इस विषय में बंगाल से कहीं अधिक अच्छा है; क्योंकि वहाँ आज भी हमें इन प्राचीन दरबारों की झलक दिखायी पड़ती है।"

प्रश्न—तो महाराज, क्या हमारे अपने राजा न रहने से, हमारी जनता के आचार-विचार और सभ्यता लुप्त हो गयी है?

स्वामी जी—इस अधःपतन का मूल हमारी स्वार्थ-वृत्ति है। जहाज़ में चढ़ना हो तो सब यही देखते हैं कि अपनी जान सलामत रहे; संगीत या आमोद-प्रमोद

के अन्य कार्यक्रमों में प्रत्येक व्यक्ति आत्मप्रदर्शन करने के प्रयत्न में रहता है। यह सब हमारी इस स्वार्थमयी मनोदशा की ही अभिव्यक्ति है। आत्मत्याग और संयम का अभ्यास ही इसे मिटा सकेगा। यह अभिभावकों और माता-पिता का दोष है कि वे अपने बच्चों को शिष्टाचार की भी शिक्षा नहीं दे सकते। आत्मत्याग ही यथार्थ में सभ्यता की नींव है।

दूसरी ओर हम देखते हैं कि माता-पिता का आवश्यकता से अधिक शासन होने से, हमारे बच्चों को उचित विकास का अवसर नहीं मिल पाता। कुछ माता-पिता संगीत को अनुचित समझते हैं। किन्तु जब उनका पुत्र कोई अच्छा सा गीत सुन लेता है, और उसे सीख लेने की उसमें लगन पैदा हो जाती है, तो उसे कोई अड्डा ढूँढ़ना पड़ता है। हम धूम्रपान को अत्यन्त गर्हित समझते हैं—तो लड़कों के लिए घर के नौकरों के साथ छिप छिप कर बीड़ी सिगरेट पीने के सिवाय कोई चारा नहीं रह जाता। हर एक व्यक्ति की असंख्य वृत्तियाँ होती हैं—जिनकी तुष्टि के लिए उसे उचित अवसर और सुविधाएँ चाहिए। पर हमारे देश में वे दी नहीं जातीं। इसलिए यदि हमें यह स्थिति बदलनी है, तो पहले माता-पिता और पालकों को शिक्षित करना होगा। कितनी शोचनीय और दयनीय दशा है हमारी! अभी तो अपनी सभ्यता का ही हम पर्याप्त विकास नहीं कर पाये, इस पर भी हमारे शिक्षित बाबू लोग चाहते हैं कि अंग्रेज़ शासन व्यवस्था उन्हें सौंप दे! मुझे तो हँसी भी आती है और रोना भी। पहले तो हममें वह क्षात्र-भाव ही कहाँ है, जो हर व्यक्ति को आत्मनियंत्रण, संयम, सेवा और आज्ञापालन सिखलाता है। क्षात्रभाव—वीरता, आत्मतुष्टि और प्रभुत्व में नहीं, आत्मत्याग में है। हमें दूसरों के हृदय और जीवन पर अधिकार पाने के पहले, आदेश मिलने पर आगे बढ़कर अपने जीवन की बलि देने के लिए तैयार रहना चाहिए, पहले अपनी बलि देनी चाहिए।

श्री रामकृष्ण के किसी भक्त ने एक बार अपनी एक पुस्तक में, श्री रामकृष्ण को प्रभु का अवतार न माननेवालों की बहुत कटु आलोचना की। स्वामी जी ने उसे बुलाकर इस प्रकार आड़े हाथों लिया—

'तुम्हें इस प्रकार, दूसरों के लिए अपशब्द लिखने का क्या अधिकार था? **यदि उनका तुम्हारे प्रभु में विश्वास** नहीं है, तो क्या हुआ? क्या हमने कोई पन्थ चलाया है? क्या हम रामकृष्णपन्थी हैं, जो, उन सबको अपना दुश्मन समझने लगें जो उनको नहीं पूजते? अपने इस संकुचित धार्मिक ओछेपन से तुमने श्री रामकृष्ण को छोटा कर दिया है। यदि तुम्हारे प्रभु स्वयं भगवान् ही हैं, तो तुम्हें ऐसा समझना चाहिए कि कोई किसी भी नाम से उन्हें क्यों न पुकारे, वह उनकी ही अर्चना करता है। और दूसरों को अपशब्द कहनेवाले तुम होते कौन हो? क्या

तुम सोचते हो कि उनकी निन्दा और कटु आलोचना करने से, वे तुम्हारी बात मानने लगेंगे? कैसी मूर्खता है! दूसरों का हृदय तुम तभी जीत पाओगे, जब तुम उनके लिए अपना बलिदान कर दोगे; नहीं तो वे तुम्हारी बात क्यों सुनेंगे?'

फिर प्रकृतिस्थ होकर स्वामी जी ने कातर स्वर में कहा—"मित्र, क्या कोई, जब तक स्वयं वीर न हो, ईश्वर के प्रति विश्वास और आत्मसमर्पण कर सकता है? मनुष्य जब तक वीर और महान् नहीं बनता, तब तक उसके हृदय का द्वेष और ईर्ष्या कैसे मिट सकती है? और जब तक हृदय में द्वेष और ईर्ष्या है, तब तक कोई यथार्थ में सभ्य कैसे बन सकता है? इस देश में वह कठोर पौरुष, वह वीरत्व और महानता की भावना ही कहाँ है? कहीं भी नहीं। मेरी आँखें उसे ढूँढ़ती रहती हैं—और अब तक मुझे उसका एक—केवल एक ही उदाहरण दिख पाया।"

प्रश्न—आपको वह भावना किसमें दिखी, स्वामी जी?

स्वामी जी—मुझे केवल गिरीश बाबू[1] में सच्ची आत्मसमर्पण की भावना—प्रभु के सेवक होने की सच्ची भावना—दिखती है। और वे इस प्रकार आत्मत्याग के लिए सदैव तत्पर रहते थे, इसीलिए क्या श्री रामकृष्ण ने उनका सब भार अपने पर नहीं ले लिया? प्रभु के प्रति आत्मसमर्पण की कितनी अनन्य भावना है! मुझे उनके समान दूसरा कोई नहीं दिखा। और उन्हींसे मैंने आत्मसमर्पण का पाठ पढ़ा है।

ऐसा कहते हुए स्वामी जी ने उनके आदर में अपने दोनों हाथ जोड़कर प्रणाम किया।

४

[प्राच्य और पाश्चात्य संगीत]

सन् १८९८ ई० की जुलाई में स्वामी जी नीलाम्बर बाबू के उद्यान में स्थित बेलूड़ मठ में निवास कर रहे थे। एक दिन सन्ध्या समय, अपने शिष्यों सहित ध्यान समाप्त कर, स्वामी जी एक कमरे में आकर बैठ गये। बाहर ज़ोरों से वर्षा हो रही थी और ठंडी हवा चल रही थी। स्वामी जी ने सब दरवाज़े बंद कर लिये

---

१. श्री रामकृष्ण देव के गृही शिष्य तथा सुप्रसिद्ध बंगीय नाट्यकार श्री गिरीशचंद्र घोष।

और तानपुरे पर एक गीत गाया। गीत समाप्त होने पर, संगीत पर चर्चा छिड़ गयी। स्वामी शिवानन्द जी ने पूछा, "पाश्चात्य संगीत कैसा होता है?"

स्वामी जी—पाश्चात्य संगीत बहुत उत्कृष्ट है। उसमें गीतमाधुरी, लय उस चरम सीमा को प्राप्त हो चुकी है, जो हमारे संगीत में नहीं है। यह और बात है कि हमारे अनभ्यस्त कानों को पाश्चात्य संगीत रुचिकर प्रतीत नहीं होता, और हम सोचते हैं कि वे सियारों के समान चिल्लाते हैं। पहले मेरा भी यही खयाल था, पर जब मैंने उनके संगीत को ध्यानपूर्वक सुनना शुरू किया और उस शास्त्र का अध्ययन किया, तो प्रशंसा किये बिना नहीं रह सका। सभी कलाओं का यही हाल है। किसी उत्कृष्ट चित्र पर एक दृष्टि डालकर हम यह नहीं समझ सकते कि उसका सौन्दर्य कहाँ छिपा है। जब तक चित्रकला में निपुणता प्राप्त न हो, तब तक किसी कलाकृति का मर्म समझना कठिन है। हमारा संगीत केवल कीर्तन और ध्रुपद में ही शुद्ध रूप में जीवित है। शेष सब इसलामी संगीतकला के अनुकरण से दूषित हो गया है। क्या आप सोचते हैं कि टप्पा को नाक में गाते हुए, बिजली के समान एक सुर से दूसरे सुर पर दौड़ना कोई उत्कृष्ट संगीत है! नहीं? जब तक प्रत्येक सुर—हर एक स्तर पर पूरा नहीं गाया जाता, उत्कृष्ट संगीत की सृष्टि नहीं हो सकती। प्रकृति का अनुकरण कर, चित्रकला चाहे जितनी कलामय बनायी जा सकती है। इसी प्रकार संगीत में भी शास्त्र का अनुकरण कर, जितनी चाहे उतनी दक्षता प्रदर्शित की जा सकती है, और ऐसा संगीत कानों को प्रिय ही लगेगा। भारत में आकर मुसलमानों ने यहाँ की राग-रागनियों को अपनाया तो अवश्य, पर टप्पा-गीतों पर उन्होंने अपने संगीत की इतनी गहरी छाप मारी कि यहाँ का संगीत नष्ट हो गया।

प्रश्न—ऐसा कैसे महाराज! टप्पा तो सबको अच्छा लगता है।

स्वामी जी—हाँ, कुछ लोगों को झींगुरों की झंकार भी अच्छी लगती है। सन्थाल भी अपने संगीत को सर्वोत्कृष्ट मानते हैं। तुम्हारी समझ में यह नहीं आ रहा है कि जब एक स्वर दूसरे स्वर के पीछे इतनी द्रुतगति से आता है, तो केवल संगीत की सुषमा ही नष्ट नहीं होती, वरन् एक प्रकार का बेसुरापन पैदा हो जाता है। सातों सुरों के भिन्न भिन्न प्रकार के संयोगों को भिन्न भिन्न राग-रागिनियों का नाम दिया गया है। पर टप्पे में, उल्टी ही बात है। यहाँ तो एक राग से दूसरे राग की ओर दौड़ है, एक नयी धुन बनायी जाती है और फिर अलाप में आवाज़ ऊँची उठाकर उसमें कम्प लाया जाता है। भला इसमें कोई राग कैसे शुद्ध और पूर्ण बना रह सकता है? फिर, यदि केवल प्रभावोत्पादन के लिए ही, लघु-गुरु अलापों का इतना प्रचुर उपयोग किया जाय, तो संगीत की काव्यात्मकता तो बिल्कुल नष्ट

हो जाती है। जब से टप्पे का प्रचार हुआ तब से भाव व्यक्त करने के लिए गीतों का गाया जाना तो बिल्कुल ही बन्द हो गया। अब, फिर रंगमंच की प्रगति के साथ, शुद्ध संगीत का शनैः शनैः जीर्णोद्धार होने लगा है, पर अब भी राग-रागिनियों की अवहेलना ही हो रही है। जो ध्रुपद गाने में दक्ष हैं, उन्हें तो टप्पा कर्कश ही लगता है। पर हमारे संगीत में सुरों का आरोहावरोह बहुत सुन्दर बन पड़ता है। फ़्रांस-वालों ने संगीत के इस गुण को पहचाना है और अपने संगीत में अपनाने का प्रयत्न किया है। उनको देखकर, यूरोप भर में इसका अनुकरण होने लगा।

प्रश्न—महाराज, उनका संगीत तो अधिकतर वीररस जाग्रत करनेवाला है और हमारे संगीत में इसका नितान्त अभाव जान पड़ता है।

स्वामी जी—नहीं, हमारे संगीत में भी यह विशेषता है। वीररस के संगीत में भी लय की बहुत आवश्यकता होती है। हमारे संगीत में लय का अभाव है, इसलिए हमारा वीररस का संगीत इतना प्रबल नहीं है। हमारा संगीत धीरे धीरे उन्नत हो रहा था। किन्तु मुसलमानों ने आकर उसे इस तरह विकृत कर दिया कि उसकी प्रगति कुण्ठित हो गयी। पाश्चात्यों का संगीत बहुत अधिक उन्नत है। उनके संगीत में करुण और वीररस दोनों की प्रचुरता है। हमारे तूम्बे से बने हुए प्राचीन वाद्यों में कोई प्रगति ही नहीं हुई।

प्रश्न—कौन कौन से राग वीररसप्रधान हैं?

स्वामी जी—हर एक राग वीररसप्रधान बन सकता है, यदि उसमें लय हो, और वाद्य भी तदनुकूल साज लिये जायँ। कुछ रागिनियाँ भी वीररसप्रधान बन सकती हैं।

भोजन का समय हो गया था, इसलिए चर्चा समाप्त कर दी गयी। तदुपरान्त स्वामी जी कलकत्ता से आये हुए अतिथियों के सोने की व्यवस्था के बारे में पूछताछ कर अपने शयन-कक्ष में चले गये।

५

[जाति और गुण के आधार पर वर्णभेद—पश्चिम में ब्राह्मण और क्षत्रिय—बंगाल में कुलगुरुप्रथा]

स्वामी जी उन दिनों कलकत्ते में बलराम बसु के यहाँ ठहरे हुए थे। एक दिन मैं भेंट करने पहुँच गया। जापान और अमेरिका पर बड़ी देर तक चर्चा होती रही। मैंने पूछा—"स्वामी जी, पश्चिम के देशों में आपके कितने शिष्य हैं?"

स्वामी जी—बहुत से हैं।

प्रश्न—दो तीन हज़ार?

स्वामी जी—शायद अधिक।

प्रश्न—क्या आपने उनको मंत्र-दीक्षा दी है?

स्वामी जी —हाँ।

प्रश्न—आपने उन्हें प्रणव का उच्चारण करने की अनुमति दे दी?

स्वामी जी—हाँ।

प्रश्न—आपने कैसे अनुमति दी, महाराज? शास्त्र तो कहते हैं कि शूद्रों को तथा अ-ब्राह्मणों को इसका अधिकार ही नहीं है। और फिर पाश्चात्य लोग तो म्लेच्छ हैं!

स्वामी जी—तुमने यह कैसे जाना कि जिन्हें मैंने दीक्षित किया, वे ब्राह्मण नहीं हैं?

मैं—आपको भारत के बाहर, यवन और म्लेच्छ देश में ब्राह्मण कहाँ से मिलते?

स्वामी जी—मेरे सब शिष्य ब्राह्मण हैं। मैं स्वीकार करता हूँ कि अ-ब्राह्मणों को प्रणव का अधिकार नहीं है। पर ब्राह्मण का पुत्र सर्वदा ब्राह्मण ही नहीं होता, यद्यपि उसके ब्राह्मण होने की संभावना अवश्य रहती है। क्या तुमने नहीं सुना, बाग़बाज़ार के अघोर चक्रवर्ती का भतीजा भंगी बन गया और भंगी का सब काम करता है? वह क्या ब्राह्मण का पुत्र नहीं था?

जाति से ब्राह्मण होना और गुणों से ब्राह्मण होना—ये दो भिन्न बातें हैं। भारत में ब्राह्मण कुल में जन्म लेने से ही कोई ब्राह्मण कहलाने लगता है, पर पश्चिम में यदि कोई ब्राह्मणगुण से युक्त हो, तो उसे ब्राह्मण ही मानना चाहिए। जिस प्रकार सत्त्व, रज, तम तीन गुण हैं, उसी प्रकार ऐसे गुण हैं जिनसे युक्त होने पर, मनुष्य ब्राह्मण, क्षत्रिय, वैश्य या शूद्र होता है। दुर्भाग्यवश आज इस देश में क्षात्र एवं ब्राह्मण गुणों का ह्रास हो रहा है, पर पश्चिम के देशों में लोग क्षत्रियत्व तक पहुँच चुके हैं, और क्षत्रियत्व से एक सीढ़ी आगे ही तो ब्राह्मणत्व है। उनमें से कई लोगों ने तो ब्राह्मण कहलाने की योग्यता भी प्राप्त कर ली है।

प्रश्न—तो जो स्वभाव से सात्त्विक हैं, वे ही आपके अनुसार ब्राह्मण हैं?

स्वामी जी—बिल्कुल। जैसे हर एक व्यक्ति में सत्त्व, रज और तम, तीनों गुण न्यूनाधिक अंश में वर्तमान हैं, उसी प्रकार ब्राह्मण एवं क्षत्रिय आदि के गुण भी सब मनुष्यों में जन्मजात ही न्यूनाधिक मात्रा में विद्यमान रहते हैं। समय समय पर उनमें से एक न एक गुण अधिक प्रबल होकर, उनके कार्यकलापों में प्रकट होता रहता है। आप मनुष्य का दैनिक जीवनक्रम लें—जब वह अर्थ-प्राप्ति

के लिए किसीकी सेवा करता है, तो वह शूद्र होता है; जब वह स्वयं अपने लाभ के लिए कोई क्रय-विक्रय करता है, तो उसकी वैश्य संज्ञा हो जाती है; जब वह अन्याय के विरुद्ध अस्त्र उठाता है, तो उसमें क्षात्रभाव सर्वोपरि होता है; और जब वह ईश्वर चिन्तन में लगता है, भगवान् का कीर्तन करता है, तो ब्राह्मणत्व को प्राप्त कर लेता है। यह स्पष्ट है कि मनुष्य के लिए एक जाति से दूसरी जाति में चला जाना संभव है। यदि नहीं, तो विश्वामित्र ब्राह्मण कैसे बन सके, और परशुराम क्षत्रिय कैसे बन सके?

प्रश्न—आप जो कहते हैं, सही है, पर हमारे पंडित और कुलगुरु हमें ऐसी शिक्षा क्यों नहीं देते?

स्वामी जी—यही तो हमारे देश का महान् दुर्भाग्य है। पर इस बात को अभी रहने दो।

स्वामी जी ने इसके पश्चात् पाश्चात्यों की व्यवहारवादिता की बहुत प्रशंसा की और बताया कि वे धर्म-साधना में भी कितनी व्यावहारिकता प्रकट करते हैं।

मैं—सच है महाराज, मैंने भी सुना है कि वे जब धर्म-साधन करने लगते हैं तो उनकी आध्यात्मिक और मानसिक शक्तियाँ बहुत शीघ्र जाग्रत होने लगती हैं। अभी कुछ दिन हुए, स्वामी सारदानन्द जी के पास उनके एक पाश्चात्य शिष्य का पत्र आया, जिससे ज्ञात हुआ कि चार ही मास की साधना से उसकी कितनी अधिक आध्यात्मिक प्रगति हो गयी है।

स्वामी जी—देखा न। अब तुम समझे कि पश्चिम में ब्राह्मण हैं या नहीं? इस देश में भी ब्राह्मण हैं, पर वे अपने अत्याचारों से देश को शनैः शनैः महानाश के महागर्त में ले जा रहे हैं, और उनका ब्राह्मणत्व नष्टप्राय हो गया है। आज भी गुरु शिष्य को मंत्र-दीक्षा देता है, पर यह उसका व्यवसाय बन गया है। और आजकल गुरु-शिष्य सम्बन्ध भी तो कितना विचित्र हो गया है! कदाचित् गुरु के घर में खाने को दाने भी नहीं रहते, और गुरु-पत्नी उसको यह बात बताती है और कहती है—"अजी, अपने किसी किसी यजमान के यहाँ एक बार फिर हो आओ। सारे दिन चौसर खेलने से तो पेट भरेगा नहीं।" और गुरु जी जवाब देते हैं—"अच्छा, अच्छा सुन लिया। अब चुप भी तो रहो। कल मुझे याद दिलाना। अभी अभी मैंने सुना है कि अपने एक यजमान की अच्छी कमायी हुई है। उनके यहाँ बहुत दिन से नहीं गया हूँ। कल चला जाऊँगा।" यह तो है आपके पुरोहितों और कुलगुरुओं की दशा! पाश्चात्य देशों में पुरोहितों और पंडितों का ऐसा पतन नहीं हुआ है। वहाँ के धर्मगुरु अपने से कहीं अच्छे हैं।

६

[संस्मृतियाँ—भारत के दुर्भिक्षों की समस्या और आत्मोत्सर्गी कार्यकर्त्ता—पूर्व और पश्चिम—यह सत्त्व है या तमस—भिक्षुओं का राष्ट्र—'आदान-प्रदान' की नीति—किसीके दोषों के विषय में सीधे उससे कहिए, उसके गुणों की प्रशंसा दूसरों के सम्मुख कीजिए—हर व्यक्ति विवेकानन्द बन सकता है—अखंड ब्रह्मचर्य ही शक्ति का रहस्य है—समाधि और कर्म]

स्वामी जी के घर के पास हम लोगों का घर था। एक मुहल्ले के लड़के होने के कारण हम लोगों ने बचपन में उनके साथ कितने खेल खेले हैं। बचपन से उनके ऊपर मेरी कुछ विशेष आस्था थी। यह मेरा पक्का विश्वास था कि वे एक बहुत बड़े आदमी होंगे। उनके संन्यासी हो जाने पर तो यही बात मन में आयी थी—हाय, इतने बड़े शक्तिमान पुरुष का जीवन व्यर्थ ही गया।

उसके बाद वे अमेरिका गये। शिकागो की धर्मसभा तथा अमेरिका के अन्यान्य स्थानों में उन्होंने जो व्याख्यान दिये, उनका विवरण संवादपत्रों में पढ़ा। सोचा, आग कभी भी कपड़े से ढाँकी नहीं जा सकती। इतने दिनों के बाद स्वामी जी की वह शक्ति प्रज्वलित हो उठी है। बचपन का वही पुष्प इतने दिनों बाद विकसित हुआ है।

एक दिन सुना, वे भारत वापस आ गये हैं और मद्रास में ज्वलन्त, ओजस्वी व्याख्यान दे रहे हैं। उन व्याख्यानों को पढ़कर सोचा, हिन्दू धर्म के भीतर ऐसी वस्तु है!—और इस प्रकार सरलता से धर्म बोधगम्य हो सकता है! इनकी कैसी अद्‌भुत शक्ति है! ये क्या मनुष्य हैं, या देवता?

उनके कलकत्ते में आने पर उत्साह का ज्वार आ गया, और हम लोग शील-बाबू के गंगा-तटवर्ती काशीपुर बगीचे में उनको पहुँचाने गये। कुछ दिनों के बाद राजा राधाकान्त देव के बंगले में एक विराट् सभा हुई जिसमें 'कलकत्ते के लड़के ने' स्वागत अभिनन्दन के उत्तर में एक स्फूर्तिदायक व्याख्यान दिया। कलकत्ते ने उन्हें प्रथम बार सुना, और ठगा सा रह गया। उन दिनों की बातें सभी जानते हैं।

स्वामी जी कलकत्ते में जब से आये, तब से उनके साथ एक बार अकेले में मिलने और जी खोलकर बचपन के समान दो-चार बातें करने के लिए मन अत्यन्त व्याकुल हो उठा। किन्तु सभी समय लोगों की भीड़ रहती थी। बहुत लोगों के साथ निरंतर वर्तालाप चलता रहता था। सुविधानुसार कोई समय नहीं मिल पाता था।

इसी बीच एक दिन उनके साथ बगीचे में गंगा जी के तट पर घूमता चला गया। वे भी बचपन के साथी को पाकर पहले के समान बातचीत करने लगे। दो ही चार बातें हुई होंगी कि एक पर एक बुलावा आने लगा कि बहुत से संभ्रांत व्यक्ति उनके दर्शन के लिए आये हैं। इस बार स्वामी जी ने थोड़ा खीजकर कहा, "अरे भाई, जरा छुट्टी दो, बचपन के इस साथी के साथ दो-चार बातें तो कर लूँ, थोड़ी खुली हवा खा लूँ। जो लोग आये हैं, उन्हें स्नेहपूर्वक बिठाओ, तंबाकू आदि दो, और प्रतीक्षा करने के लिए प्रार्थना करो।"

बुलाने के लिए जो आया था, उसके चले जाने पर मैंने स्वामी जी से पूछा, "स्वामी जी, तुम तो साधु हो। तुम्हारे स्वागत के लिए हम लोगों ने जो रुपया एकत्र किया, उसके बारे में मैंने सोचा था कि तुम दुर्भिक्ष का समाचार सुनकर कलकत्ता पहुँचने से पहले हम लोगों को तार कर दोगे कि 'मेरे स्वागत में एक भी पैसा खर्च न करके कुल का कुल दुर्भिक्ष-निवारण फण्ड में चन्दा दे दो'; किन्तु तुमने वैसा तो नहीं किया; इसका क्या कारण है?"

स्वामी जी ने कहा, "हाँ मेरी इच्छा ही थी कि मेरे लिए खूब धूम-धाम हो। बात क्या है, जानता है? थोड़ी धूम-धाम हुए बिना उनके (भगवान् श्री रामकृष्ण के) नाम से लोग कैसे परिचित होंगे, और उनसे प्रेरित कैसे होंगे? इतना स्वागत-सम्मान क्या मेरे लिए किया गया है? नहीं, यह तो उन्हींके नामका जय-जयकार हुआ है। उनके बारे में जानने की लोगों के मन में कितनी इच्छा जाग्रत हुई है। अब लोग उन्हें क्रमशः जानेंगे, तभी तो देश का मंगल होगा। जो देश के मंगल के लिए आये हैं, उनको जाने बिना देश का मंगल किस प्रकार होगा? उनको ठीक-ठीक जान लेने से 'मनुष्य' तैयार होंगे। और 'मनुष्य' यदि तैयार हो गये, तो दुर्भिक्ष आदि को दूर करना फिर कितनी देर की बात है? मेरी यह इच्छा ही हुई थी कि लोग मेरे लिए इस प्रकार की विराट् सभा का आयोजन करें, खूब धूम-धाम हो; यह सब इसीलिए कि लोग भगवान् श्री रामकृष्ण को मानें; नहीं तो मुझे अपने लिए इतनी धूम-धाम की क्या आवश्यकता थी? तुम लोगों के घर जाकर जो एक साथ खेलता था, उसकी अपेक्षा क्या मैं आज कोई बड़ा आदमी हो गया हूँ! मैं तो उस समय जो था, वही आज भी हूँ। तू ही बता न, क्या मुझमें कोई परिवर्तन देखता है?"

मैंने मुख से कहा, "नहीं, वैसा तो कोई परिवर्तन नहीं देखता।" परन्तु मन में हुआ—तुम साक्षात् देवता हो गये हो।

स्वामी जी कहने लगे, "दुर्भिक्ष तो हमारे देश का चिरंतन सहचर हो गया है। और अब तो वह एक प्रकार की घातक व्याधि हो रहा है। किसी दूसरे देश में क्या

दुर्भिक्ष का प्रकोप इतनी जल्दी जल्दी होता है? नहीं, क्योंकि उन देशों में 'मनुष्य' हैं। हमारे देश के मनुष्य तो एकदम जड़ हो गये हैं। उनको (श्री रामकृष्ण को) देखकर, उनको (श्री रामकृष्ण को) जानकर मनुष्य स्वार्थ-त्याग करना सीखें, तब उनमें दुर्भिक्ष दूर करने की ठीक ठीक चेष्टा हो सकेगी। तू देखेगा, मैं क्रमशः वह चेष्टा भी करूँगा।"

मैं—वह तो बड़ा अच्छा होगा। तब तो तुम यहाँ खूब भाषण आदि दोगे? ऐसा न होने से उनके नाम का प्रचार किस तरह होगा?

स्वामी जी—तू पागल हुआ है क्या रे! उनके नाम के प्रचार में क्या कुछ बाक़ी है? भाषण से इस देश में कुछ भी न होगा। हमारे शिक्षित भाई लोग सुनेंगे, वाह-वाह करेंगे, ताली पीटेंगे, बस और उसके बाद घर जाकर भात के साथ सब हज़म कर जायँगे! पुराने जंग खाये लोहे पर हथौड़ी पीटने से क्या होगा?—वह तो टूटकर चूर चूर हो जायगा। उसको पहले आग में लाल करना होगा, तब कहीं हथौड़ी से पीटकर उसकी कोई वस्तु बनायी जा सकेगी। इस देश में ज्वलन्त जीवन्त उदाहरण दिखाये बिना कुछ भी न होगा। अनेक लड़कों की आवश्यकता है, जो सब कुछ छोड़-छाड़कर देश के लिए जीवनोत्सर्ग करें। पहले उनका जीवन निर्माण करना होगा, तब कहीं काम होगा।

मैं—अच्छा, स्वामी जी, मुझे यह बात हमेशा एक पहेली लगती रही है कि तुम्हारे अपने देश के लोग अपने धर्म को न समझ सकने के कारण, कोई ईसाई, कोई मुसलमान, तो कोई और कुछ हो रहा है। उन लोगों के लिए बिना कुछ किये तुम अमेरिका और इंग्लैण्ड में धर्म सिखाने गये! यह कैसी बात है?

स्वामी जी—बात क्या है, जानता है? तेरे देश के लोगों में यथार्थ धर्म ग्रहण करने की और उसके आचरण की शक्ति कहाँ? है केवल यह अहंकार कि हम लोग बड़े सत्त्वगुणी हैं। तुम लोग किसी समय भले ही सात्त्विक थे, किन्तु इस समय तो तुम लोगों का भारी पतन हो गया है। सत्त्व से पतित होने पर मनुष्य एकदम तम में ही आ जाता है। तुम लोग वहीं आ गये हो। तुम लोग सोचते हो कि जो हलचल नहीं करता, घर के भीतर बैठकर हरि-कीर्तन करता है, अपने सामने दूसरों पर हज़ार अत्याचार होते देखकर भी चुप रहता है, वही सत्त्वगुणी है। परन्तु ऐसा नहीं है, उसे तो महा तमोगुण ने घेर रखा है। जिस देश के लोग भरपेट खाना नहीं पाते, वहाँ धर्म होगा कहाँ से जिस देश के लोगों के मन से भोग की कोई वासना ही नहीं मिटी, उन्हें निवृत्ति होगी कहाँ से? इसलिए पहले मनुष्य जिससे पेटभर खाना पा सके और कुछ भोग-विलास कर सके, उसीका उपाय करो; तब धीरे धीरे यथार्थ वैराग्य आने पर धर्म-लाभ हो सकेगा। विलायत

और अमेरिका के लोग पूर्ण रजोगुणी हैं, संसार के सभी प्रकार के भोगों को भोग चुके हैं। उसके ऊपर फिर ईसाई धर्म श्रद्धा और अंधविश्वास का धर्म होने के कारण हमारे पौराणिक धर्म की कोटि का है। शिक्षा और संस्कृति का विस्तार होने से अब पश्चिम के लोगों को उससे शान्ति नहीं मिल रही है। वे जिस अवस्था में हैं, उसमें उनको एक धक्का दे देने से ही वे लोग सत्त्व गुण में पहुँच जायँगे। और एक बात पूछता हूँ, आज एक गोरे मुँहवाला आकर तुम्हारे धर्म पर जो कुछ कहेगा, उसे तुम लोग जितना मानोगे, उतना क्या किसी एक फटा-पुराना कपड़ा पहने हुए संन्यासी का कहा मानोगे ?

मैं—महाराज, एन० एन० घोष[1] भी ठीक इसी प्रकार की बातें कहते थे।

स्वामी जी—हाँ, वहाँ के मेरे शिष्यगण जब तैयार होकर यहाँ आयेंगे और तुम लोगों से कहेंगे, 'तुम लोग क्या कर रहे हो, तुम्हारा धर्म-कर्म और रीति-नीति किस बात में कम है; देखो, हम लोग तुम्हारे धर्म को ही सर्वश्रेष्ठ समझते हैं, तब देखेगा, उस बात को लोग दल के दल सुनेंगे। उन लोगों के द्वारा इस देश का विशेष भला होगा। ऐसा न समझना कि वे लोग धर्म-गुरु होकर इस देश में आयेंगे। भौतिक अवस्था को समुन्नत बनानेवाले विज्ञान आदि व्यावहारिक शास्त्रों में वे लोग तुम्हारे गुरु होंगे, और धर्म-विषय में इस देश के लोग उनके गुरु होंगे। धर्म-विषय में भारत के साथ समस्त जगत् का गुरु-शिष्य संबंध चिरकाल तक रहेगा।

मैं—स्वामी जी, वह किस प्रकार सम्भव है ? हम लोगों से वे जिस प्रकार घृणा करते हैं, उसे देखते हुए तो यह कभी भी सम्भव नहीं मालूम होता कि वे हम लोगों का उपकार कभी भी निःस्वार्थ भाव से करेंगे।

स्वामी जी—उन्हें तुम लोगों से घृणा करने के लिए बहुत से कारण मिलते हैं, इसलिए वे तुम लोगों से घृणा करते हैं। एक तो तुम लोग विजित हो, उसके ऊपर तुम लोगों के समान भिखमंगों की जाति संसार में और कहीं भी नहीं है। नीच जाति के लोगों से ही हमारी जनता बनी है, युग युग से ऊँची जातिवालों के अत्याचार से, उठते-बैठते ठोकरें खाकर एकदम वे मनुष्यत्व खो बैठे हैं और पेशेवर भिखमंगों जैसे हो गये हैं। उनसे ऊपर श्रेणी के लोग दो-एक पृष्ठ अंग्रेज़ी पढ़कर, हाथ में अर्ज़ी लेकर सभी आफ़िसों के चक्कर काटा करते हैं। बीस रुपये की एक नौकरी खाली होने पर पाँच सौ बी० ए०, एम० ए० प्रार्थना-पत्र देते हैं। और वह कलंकी प्रार्थना-पत्र भी कैसा ! 'घर में खाना नहीं है; स्त्री-बच्चे खाना नहीं

१. कलकत्ते के एक लब्धप्रतिष्ठ बैरिस्टर, पत्रकार और शिक्षाशास्त्री।

पाते, साहब! दो रोटी खाने को दो, नहीं तो गया!' और नौकरी मिली भी तो दासता के शिखर पर पहुँच जाते हैं। असल में ये ही तो हुए निम्न श्रेणी के लोग! तुम लोगों के उच्च-शिक्षित बड़े बड़े (?) आदमी दल बाँधकर 'हाय, भारत गया! हे अंग्रेज़! तुम लोग हमारे आदमियों को नौकरी दो, दुर्भिक्ष दूर करो', इत्यादि दिन-रात केवल 'दो दो' करके महा कोलाहल मचाते रहते हैं। सभी बातों की टेक है—'अंग्रेज़ हमें दो!' अरे भाई, और कितना देंगे? रेलगाड़ी दी है, तारयंत्र दिया है, राज्य की सुश्रृंखलता दी है, डाकुओं के दलों को प्राय: विनष्ट कर दिया है, विज्ञान की शिक्षा दी है, और क्या देंगे? नि:स्वार्थ भाव से क्या कोई देता है? अच्छा जी, उन्होंने तो इतना दिया है, तुम लोगों ने क्या दिया है?

मैं—हम लोगों के पास देने को है ही क्या, महाराज? राज्य का कर देते हैं।

स्वामी जी—वाह खूब! वह भी तुम लोग स्वयं देते हो, ठोकर मारकर वसूल करते हैं—और वे राज्य की रक्षा जो करते हैं। तुम्हें उन लोगों ने जो इतना दिया है, उसके बदले में उन्हें तुम लोग क्या देते हो? बोलो। तुम लोगों के पास तो देने की ऐसी वस्तु है, जो उनके पास भी नहीं है। तुम लोग विलायत जाते हो, और वह भी भिखारी होकर—कहते हो, 'विद्या दो, विद्या दो।' कोई वहाँ जाकर उनके धर्म की गर्व के साथ कुछ प्रशंसा करके लौट आता है, और इसमें अपनी बड़ी बहादुरी समझता है। क्यों, तुम्हारे पास देने के लिए क्या कुछ भी नहीं है? अरे, तुम्हारे पास अमूल्य रत्न है; यदि दे सको, तो धर्म दो, मनोविज्ञान दो। सम्पूर्ण जगत् का इतिहास पढ़ देख, जितने भी उच्च भाव हैं, वे सब पहले भारत में ही उठे हैं। चिरकाल से भारत का जन-समाज भाव की खान रहा है; नये नये भाव उत्पन्न कर समस्त संसार में उसने भाव-वितरण किया है। आज अंग्रेज भारत में आये हैं उन्हीं उच्च उच्च भावों को ग्रहण करने के लिए, उसी वेदान्त-ज्ञान के लिए, उसी सनातन धर्म के गम्भीर रहस्य के लिए। तुम लोग उनसे जो पाते हो, उसके विनिमय में उन्हें अपने इन सब अमूल्य रत्नों को दो। तुम लोगों के इस भिखारी नाम को मिटाने के लिए ही ठाकुर (श्री रामकृष्ण) मुझे उनके देश में ले गये थे। केवल भीख माँगने लिए विलायत जाना ठीक नहीं। तुम्हें चिरकाल तक कौन भिक्षा देगा, और भला देगा भी क्यों? क्या हरदम कोई दिया ही करता है? कंगाल के समान केवल हाथ सामने फैलाना संसार का नियम नहीं है। जगत् का नियम है—आदान और प्रदान। इस नियम को जो लोग, जो जाति, जो देश नहीं मानेगा, उसका कल्याण नहीं होगा। हम लोगों को भी उस नियम का पालन करना चाहिए। इसीलिए मैं अमेरिका गया था। उन लोगों के भीतर इस समय इतनी अधिक मात्रा में धर्म-पिपासा है कि मेरे सदश लोग यदि हज़ारों की संख्या

ं भी वहाँ जायँ, तो भी उन्हें स्थान मिलेगा। वे बहुत दिनों से तुम लोगों को धन-त्न दे रहे हैं, तुम लोग अब उन्हें अमूल्य रत्न दो। देखोगे, घृणा के स्थान में द्धा-भक्ति मिलेगी, और तुम्हारे देश का वे स्वयं ही उपकार करेंगे। वे वीर-ाति हैं, उपकार नहीं भूलते।

मैं—महाराज, उस देश में तो तुमने हम लोगों के कितने ही गुण बखाने हैं; म लोगों की धर्मप्राणता के कितने ही उदाहरण दिये हैं। और अभी तुम कहते ो कि हम लोग महा तमोगुणी हो गये हैं। उस पर फिर ऋषियों के सनातन धर्मरूपी न के वितरण का अधिकारी तुम हमी लोगों को बताते हो—यह कैसी बात है?

स्वामी जी—तू कहता क्या है, क्या तुम लोगों के दोषों को देश देश में फैलाता रूँ या तुम्हारे जो गुण हैं, उन्हींको गाऊँ? जिसका जो दोष हो, वह उसीसे हना अच्छा है, पर दूसरी जगह उसके गुणों का ढोल पीटना ही अच्छा है। ठाकुर हा करते थे कि खराब आदमी को यदि 'अच्छा है, अच्छा है' कहा जाय, तो वह च्छा हो जाता है; और अच्छे आदमी को 'खराब है, खराब है' कहा जाय, तो वह राब हो जाता है। उन लोगों के दोषों की बात उनके सामने अच्छी तरह प्रकट कर ाया हूँ। इस देश से जितने आदमी आज तक उस देश में गये हैं, वे सब उन लोगों ा गुण-गान और हम लोगों के दोषों का प्रचार ही करके आये हैं। इसीलिए न्होंने हम लोगों से घृणा करनी सीखी है। यही कारण है कि मैंने तुम लोगों के णों को और उनके दोषों को उन्हें दिखलाया है। तुम लोग चाहे कितना भी मोगुणी क्यों न हो जाओ, परन्तु पुरातन ऋषियों का भाव तुम्हारे अन्दर कुछ न छ विद्यमान है ही। तो भी, कोई एकदम विलायत जाय, और धर्मोपदेष्टा हो ाय, यह सम्भव नहीं है। पहले एकान्त में बैठकर धर्म-जीवन को अच्छी तरह ढ़ लेना होगा, पूर्ण रूप से त्यागी होना होगा और अखण्ड ब्रह्मचर्य का पालन करना ोगा। तुम लोगों के भीतर तमोगुण आ गया है—तो उससे क्या हुआ? उसका ाश क्या नहीं हो सकता? एक ही बार में हो सकता है। इस तमोगुण का नाश रने के लिए ही तो भगवान् श्री रामकृष्ण देव अवतरित हुए थे।

मैं—परन्तु, स्वामी जी, तुम्हारे समान होने की आकांक्षा कौन कर सकता है?

स्वामी जी—तुम लोग सोचते हो, मेरे बाद शायद और कोई विवेकानन्द नहीं ोगा। अरे, ये जो नशाखोर लोग आकर कन्सर्ट (गाना-बजाना) करके चले गये, जनसे तुम लोग इतनी घृणा करते हो, जिन्हें तुम लोग अत्यन्त तुच्छ समझते हो, ाकुर की इच्छा होने पर उनमें से हर एक व्यक्ति विवेकानन्द हो सकता है। आव-यकता होने पर विवेकानन्द का अभाव न रहेगा। कहाँ से कोटि कोटि विवेकानन्द ाकर उपस्थित हो जायँगे, यह कौन जानता है? यह विवेकानन्द का काम नहीं

है रे; यह तो उनका काम है—ठाकुर का, स्वयं प्रभु का। एक गवर्नर जनरल जाने के बाद उसके स्थान पर दूसरा आयेगा ही। तुम लोग चाहे कितने ही तमोगुणी क्यों न रहो, मन और वाणी को एक करके उनकी शरण में जाने पर सभी अन्धकार (तमोगुण) दूर हो जायगा। अभी उस रोग को हटानेवाले वैद्यराज जो आये हैं! उनका नाम लेकर कार्य में लग जाने पर वे स्वयं ही सब कुछ कर लेंगे तब यही तमोगुण सत्त्व गुण में परिवर्तित हो जायगा।

मैं—कुछ भी कहो, परन्तु इस बात पर विश्वास नहीं होता। तुम्हारे समान अध्यात्म दर्शन पर भाषण देने की क्षमता किसमें होगी?

स्वामी जी—तू जानता नहीं। वह क्षमता सभी में आ सकती है। भगवान के लिए बारह वर्ष तक अखण्ड ब्रह्मचर्य धारण करने से वह क्षमता आ जाती है मैंने इस प्रकार के ब्रह्मचर्य का पालन किया है, इसीलिए मेरे मस्तिष्क का पर्दा खुल गया है। यही कारण है कि अब मुझे दर्शन सदृश जटिल विषय पर भाषण देने के लिए सोचना नहीं पड़ता। सोच, कल मुझे वक्तृता देनी है; जो वक्तृता मै दूंगा, उसकी तस्वीर आज रात में एक पर एक आँख के सामने से गुज़रने लगती है। दूसरे दिन भाषण में वही सब बोलता हूँ। सो देखा तूने, यह शक्ति मेरी अपनी नहीं है। जो कोई भी अभ्यास करेगा, उसे यह शक्ति मिलेगी। तू कर तुझे भी मिलेगी। हमारे शास्त्रों में ऐसा नहीं कहा गया है कि यह शक्ति अमुक को मिलेगी तथा अमुक को नहीं।

मैं—महाराज, तुम्हें याद है, उस समय तुमने संन्यास नहीं लिया था, एक दिन हम लोग...के घर में बैठे हुए थे; तुम हम लोगों को समाधि की क्रिया समझाने की चेष्टा कर रहे थे। जब मैंने यह कहकर कि कलिकाल में यह सब होना असम्भव है, तुम्हारी बात को उड़ा देने की चेष्टा की थी, तो तुमने जोर देकर कहा था, 'तू समाधि देखना चाहता है, या समाधिस्थ होना चाहता है? मुझे तो समाधि होती है। और मैं तुझे भी समाधिस्थ कर दे सकता हूँ।' तुम्हारे इस वाक्य के पूरा होते ही कोई एक अपरिचित व्यक्ति आ गया था और फिर हम लोगों की इस विषय में कोई चर्चा नहीं हो पायी थी।

स्वामी जी—हाँ, याद है।

तब मैंने अपने को समाधिस्थ कर देने के लिए स्वामी जी से विशेष रूप से आग्रह किया। इस पर वह बोले, "देख, पिछले कुछ वर्षों से लगातार वक्तृता देने और काम करते रहने के कारण मेरे भीतर रजोगुण काफ़ी बढ़ गया है। इसलिए वह शक्ति इस समय दबी हुई है। कुछ दिन सब कार्यों को छोड़कर हिमालय में जाकर रहने दे, फिर से उस शक्ति का उदय हो जायगा।"

इसके एक-दो दिन बाद स्वामी जी के दर्शन करने के लिए मैं अपने घर से चला ही था कि इसी समय दो मित्र आकर उपस्थित हुए, और उन्होंने कहा कि वे भी स्वामी जी के दर्शन करना चाहते हैं तथा प्राणायाम के विषय में कुछ पूछना चाहते हैं। उन लोगों को साथ ले मैं काशीपुर के बगीचे में आ उपस्थित हुआ। देखा, स्वामी जी हाथ मुंह धोकर बाहर आ रहे हैं। सुना था कि ख़ाली हाथ देवता या साधु के दर्शन करने नहीं जाना चाहिए, इसलिए हम लोग कुछ फल और मिष्टान्न साथ में ले गये थे। वे ज्योंही बाहर आये, हम लोगों ने उन वस्तुओं को उन्हें अर्पित किया। स्वामी जी ने उन्हें लेकर अपने माथे से लगाया, और हमारे प्रणाम करने के पहले ही हम लोगों को प्रणाम किया। मेरे साथ आये हुए मित्रों में से एक स्वामी जी के सहपाठी थे। उनको पहचान लेने पर विशेष आनन्द के साथ उनसे कुशल-क्षेम पूछने लगे। बाद में हम लोगों को अपने पास बिठाया। हम लोग जहाँ बैठे, वहाँ पर और भी बहुत से लोग उपस्थित थे। सभी स्वामी जी की मधुर वार्ता सुनने आये थे। अन्यान्य लोगों के एक-दो प्रश्न का उत्तर देकर कथा-प्रसंग में स्वामी जी स्वयमेव प्राणायाम की बात समझाने लगे। मनोविज्ञान से ही जड़विज्ञान की उत्पत्ति है, यह बात विज्ञान की सहायता से पहले समझाकर फिर प्राणायाम क्या है, यह समझाने लगे। इसके पहले हम लोगों में से कई उनकी 'राजयोग' नामक पुस्तक को अच्छी तरह पढ़ चुके थे। किन्तु आज उनके समीप प्राणायाम के सम्बन्ध में जिन बातों को सुना, उससे मन में हुआ कि उनके भीतर जितना है, उसका अत्यल्प अंश ही उस पुस्तक में लिपिबद्ध हुआ है। तब समझ सका कि उनकी ये सब बातें केवल पोथी-विद्या नहीं है। बिना सत्य का साक्षात्कार किये धर्मशास्त्र के जटिल प्रश्नों की विज्ञान की सहायता से भी इस प्रकार विशद मीमांसा करना किसी अन्य प्रकार सम्भव नहीं।

उस दिन हम लोग स्वामी जी के पास साढ़े तीन बजे गये थे। उनकी प्राणायाम विषयक वार्ता साढ़े सात बजे तक चलती रही। फिर सभा विसर्जन होने के बाद जब हम लोग बाहर आये, तो मेरे दोनों साथी मुझसे पूछने लगे, "स्वामी जी हम लोगों के मन में निहित प्रश्नों को कैसे जान सके? तुमने क्या पहले से ही उन्हें इन प्रश्नों को बतला दिया था?"

इस घटना के कुछ दिन बाद, एक दिन बाग़बाज़ार के परलोकवासी प्रियनाथ मुखोपाध्याय के घर में गिरीश बाबू, अतुल बाबू, स्वामी ब्रह्मानन्द, योगानन्द एवं और भी एक-दो मित्रों के समक्ष मैंने स्वामी जी से पूछा, "स्वामी जी, उस दिन मेरे साथ जो दो व्यक्ति तुम्हारे दर्शन करने के लिए आये थे, वे तुम्हारे भारत में वापस आने से पहले ही तुम्हारा 'राजयोग' पढ़ चुके थे, और उन्होंने कह रखा था कि यदि

तुम्हारे साथ उनका कभी साक्षात्कार होगा, तो वे तुमसे प्राणायाम के विषय में कुछ प्रश्न पूछेंगे। किन्तु उस दिन उन लोगों के कुछ भी पूछने के पहले ही तुमने उनके अन्तःकरण के सन्देहों को स्वयं ही उठाकर जो मीमांसा की, इस पर वे मुझसे पूछने लगे कि कहीं मैंने तुमसे उनके प्रश्नों को पहले से ही तो नहीं कह रखा था।"

स्वामी जी ने कहा, "उस देश में भी बहुधा ऐसी घटना होने पर बहुत से लोग मुझसे पूछा करते थे कि आप मेरे अन्तःकरण के प्रश्नों को कैसे समझ लेते हैं? वह शक्ति मुझमें उतनी नहीं है। ठाकुर में तो वह प्रायः चौबीसों घंटे विद्यमान रहती थी।"

इस प्रसंग में अतुल बाबू ने पूछा, "तुम राजयोग में कहते हो कि पूर्वजन्म की सभी बातें जानी जा सकती हैं। तो क्या तुम अपनी बातें जान सकते हो?"

स्वामी जी—हाँ, जान सकता हूँ।

अतुल बाबू—क्या क्या जान सकते हो, बतलाने में कोई हर्ज है?

स्वामी जी—जान सकता हूँ, और जानता भी हूँ, किन्तु इस सम्बन्ध में अधिक नहीं कहूँगा।

७

[संस्मरण]

नरेन्द्रनाथ (स्वामी विवेकानन्द) हेदो तालाब के पास जनरल असेम्बली कॉलेज में पढ़ते हैं। एफ० ए० वहीं से पास किया है। उनके असंख्य गुणों के कारण बहुत से सहपाठी उनमें अत्यन्त अनुरक्त हैं। वे उनका गाना सुनना इतना आनन्दप्रद मानते हैं कि अवकाश पाते ही नरेन्द्र के घर पर उपस्थित हो जाते हैं। वहाँ बैठकर एक बार नरेन्द्र की तर्क-युक्ति या गाना-बजाना आरम्भ होते ही समय कैसे निकल जाता है, वे समझ नहीं पाते।

नरेन्द्र इस समय अपने पिता के घर केवल दो बार भोजन करने के लिए जाते हैं और शेष समय समीप में ही रामतनु बसु की गली में अपनी नानी के घर में रह कर अध्ययन करते हैं। अध्ययन के लिए ही वे यहाँ रहते हों, ऐसी बात नहीं; नरेन्द्र एकान्त में रहना अधिक पसन्द करते हैं। उनके घर में बहुत से लोग हैं, खूब हल्ला-गुल्ला होता रहता है; इससे रात में जप-ध्यान में बड़ी बाधा पहुँचती है। नानी के घर पर अधिक लोग नहीं हैं। एक-दो जो हैं भी, उनसे नरेन्द्र क

किसी प्रकार की विघ्न-बाधा नहीं होती। कच्चे-बच्चे, जिनके द्वारा ही अधिक शोर-गुल होता है, यहाँ एक भी नहीं हैं। नरेन्द्र जिस कमरे में रहते हैं, वह घर के बाहर की ओर दुमंजिले में है। कमरे के सामने ही ऊपर जाने की सीढ़ी है। भीतरी कमरों के साथ आने-जाने का कोई सम्बन्ध नहीं है। अतएव उनके मित्र, जिनकी जब इच्छा होती है, आकर उपस्थित हो जाते हैं। नरेन्द्र ने अपने इस अपूर्व छोटे घर का नाम 'तंग' रखा है। किसीको साथ लेकर जब वहाँ जाना होता है, तो कहते हैं, "चलो, तंग में चलें।" कमरा बिल्कुल छोटा है, चौड़ाई उसकी चार हाथ होगी और लम्बाई कोई उससे दुगुनी। कमरे के अन्दर 'कैनवस' की एक खाट है, उस पर एक छोटा सा मैला तकिया रखा है। जमीन पर एक फटी चटाई बिछी है। एक कोने में एक तम्बूरा है। उसीके पास एक सितार और एक तबला है। तबला कभी चटाई के ऊपर पड़ा रहता है, कभी खटिया के नीचे, और कभी उसके ऊपर! आले में, खटिया के ऊपर, चटाई के ऊपर पढ़ने की पुस्तकें इधर-उधर बिखरी रहती हैं। एक ओर दीवाल में डोरी बँधी हुई है, उस पर पहनने के कपड़े और एक चादर लटक रही है। कमरे में एक-दो टूटी-फूटी शीशियाँ भी पड़ी हुई हैं; इससे मालूम होता है, हाल में उनका स्वास्थ्य कुछ खराब था। नरेन्द्र इच्छा करते ही अपने घर से साफ़ तकिया, सुन्दर बिस्तर और अच्छी अच्छी चीज़ें लाकर तथा एक-दो चित्र टाँगकर कमरे को अच्छी तरह सजा सकते हैं। परन्तु वे ऐसा नहीं करते। इसका एकमात्र कारण यह है कि उस ओर उनका तनिक भी ध्यान नहीं है। घर में उनका डेरा डालनेवालों के समान भाव है। कहने का अभिप्राय यही कि किसी भी विषय में आत्मतृप्ति की वासना उनमें बचपन से नहीं देखी जाती थी।

नरेन्द्र आज मन लगाकर पढ़ रहे थे। इसी समय किसी मित्र का आगमन हुआ। लगभग ग्यारह बजे होंगे। भोजन करके नरेन्द्र पढ़ रहे थे। मित्र ने आकर नरेन्द्र से कहा, "भाई, रात में पढ़ लेना, अभी ज़रा एक-दो गाने तो सुना दो।"

उसी समय नरेन्द्र ने पुस्तक बन्द कर उसे एक ओर खिसका दिया। तानपूरे के तारों को सँभालकर, उन्हें स्वर में बाँधकर गाना गाने से पहले उन्होंने अपने मित्र से कहा, "अच्छा, तू तबला उठा।"

मित्र ने कहा, "भाई, मैं तो बजाना जानता नहीं। स्कूल में मेज़ का तख्ता बजा लेता हूँ, तो क्या तुम्हारे साथ तबला भी बजा सकूँगा?"

तब नरेन्द्र ने स्वयं थोड़ा सा बजाकर दिखला दिया और कहा "अच्छी तरह से देख ले। अवश्य बजा सकेगा। क्यों नहीं बजा सकेगा? कोई कठिन काम तो है नहीं। इस तरह बस ठेका दिये जा, हो गया।" साथ ही साथ बजाने के बोल भी

बतला दिये। मित्र एक-दो बार चेष्टा करने बाद किसी तरह ठेका देने लगा। गाना प्रारम्भ हुआ। तान-लय में उन्मत्त होकर और दूसरों को उन्मत्त बनाकर नरेन्द्र के हृदयस्पर्शी स्वर में टप्पा, ढप, खयाल, ध्रुपद, बँगला, हिन्दी और संस्कृत गानों का प्रवाह चलने लगा। किसी नवीन ठेके के समय नरेन्द्र इतनी सरलता से बोल के साथ ठेका बतला देते कि उन्होंने अपने मित्र द्वारा इस तरह क़व्वाली, एक-ताला, आड़ाठेका, मध्यमान, यहाँ तक कि सुरफाँक ताल भी बजवा लिया। नरेन्द्र के पास गानों की कमी नहीं थी। हिन्दी गाना प्रारम्भ होने पर नरेन्द्र पहले उसका अर्थ समझा देते थे और उसके अन्तर्निहित भावों के साथ स्वर-लय का अपूर्व ऐक्य दिखलाकर मित्र को मुग्ध कर देते थे। दिन कहाँ से होकर कहाँ निकल गया, कुछ ज्ञात नहीं हुआ। सन्ध्या आयी। घर का नौकर एक टिमटिमता हुआ दिया रख गया। धीरे धीरे रात के दस बज गये, तब कहीं दोनों मित्रों को होश आया। वे परस्पर विदा हुए, नरेन्द्र अपने पिता के घर भोजन करने के लिए चले गये और मित्र ने अपने घर की ओर प्रस्थान किया।

इस प्रकार नरेन्द्र की पढ़ाई में न जाने कितनी बाधाएँ आती रहती थीं, गिनी नहीं जा सकतीं। नरेन्द्र के साथ इस समय जिनकी भी घनिष्ठता प्राप्त हुई है, वे अपनी आँखों से यह सब देख चुके हैं। परन्तु बाधा कितनी ही क्यों न पहुँचे, नरेन्द्र सर्वथा निर्विकार रहते थे।

नरेन्द्र बहुत दिनों से श्री रामकृष्ण देव के पास नहीं गये थे। इसलिए वे स्वयं एक दिन सबेरे रामलाल के साथ कलकत्ते में नरेन्द्र के 'तंग' में आये। उस दिन सबेरे नरेन्द्र के कमरे में दो सहपाठी हरिदास चट्टोपाध्याय और दाशरथि सान्याल बैठे थे। ये लोग कभी पढ़ते थे, तो कभी वार्तालाप करते थे। इसी समय बहिर्द्वार पर 'नरेन, नरेन' शब्द सुनायी पड़ा। स्वर सुनते ही नरेन्द्र हड़बड़ाकर तेज़ी से नीचे पहुँचे। उनके मित्रों ने भी समझ लिया कि श्री रामकृष्ण देव आये हैं, इसी-लिए नरेन्द्र इतने अस्त-व्यस्त होकर उन्हें अभ्यर्थनापूर्वक लाने के लिए गये हैं। मित्रों ने देखा, बीच सीढ़ी पर दोनों का परस्पर साक्षात्कार हुआ। श्री रामकृष्ण नरेन्द्र को देखते ही अश्रुपूर्ण लोचनों से गद्‌गद स्वर में कहने लगे, "तू इतने दिनों तक आया क्यों नहीं, तू इतने दिनों तक आया क्यों नहीं?" बार बार इस तरह कहते कहते कमरे में आकर बैठे, बाद में अँगौछे में बँधे हुए संदेश को खोलकर नरेन्द्र को 'खा, खा' कहकर खिलाने लगे। वे जब कभी नरेन्द्र को देखने आते, तो कुछ न कुछ अति उत्तम खाद्य वस्तु उनके लिए अवश्य बाँधकर ले आते थे; बीच बीच में लोगों के द्वारा भी भेज देते थे। नरेन्द्र अकेले खानेवाले तो थे नहीं, उनमें से कुछ संदेश लेकर पहले अपने मित्रों को दिये, फिर स्वयं खाया। श्री रामकृष्ण

उसके बाद बोले, "अरे, तेरा गाना तो बहुत दिनों से नहीं सुना, ज़रा गाना तो गा।" उसी समय तानपूरा लेकर, उसका कान ऐंठ, स्वर बाँधकर नरेन्द्र ने गाना प्रारम्भ किया —

(भैरवी—एकताला)

जागो माँ कुलकुण्डलिनी,
(तुमि) ब्रह्मानन्दस्वरूपिणी, (तुमि नित्यानन्दस्वरूपिणी),
प्रसुप्त-भुजगाकारा आधारपद्मवासिनी।
त्रिकोणे ज्वले कृशानु, तापिता होइलो तनु,
मूलाधार त्यज शिवे स्वयम्भू-शिव-वेष्टिनी॥
गच्छ सुषुम्नारि पथ, स्वाधिष्ठाने होओ उदित,
मणिपुर अनाहत विशुद्धाज्ञा संचारिणी।
शिरसि सहस्रदले, परम शिवेते मिले,
क्रीड़ा करो कुतूहले, सच्चिदानन्ददायिनी॥[1]

ज्यों ही गाना आरम्भ हुआ, श्री रामकृष्ण भी भावस्थ होने लगे। गाने के स्तर स्तर में उनका मन ऊपर उठने लगा, आँखें अपलक हो गयीं, अंग स्पन्दनहीन हो गये, मुख ने अलौकिक भाव धारण किया, और धीरे धीरे संगमर्मर की मूर्ति के समान निस्पन्द हो वे निर्विकल्प समाधि में लीन हो गये। नरेन्द्र के मित्रों ने इसके पहले किसी मनुष्य को इस प्रकार भावस्थ नहीं देखा था। वे श्री रामकृष्ण की यह अवस्था देखकर मन में सोचने लगे—मालूम होता है, शरीर में किसी प्रकार की वेदना सहसा उत्पन्न हो गयी है, इसलिए वे संज्ञा-शून्य हो गये हैं। वे बहुत डरे। दाशरथि तो जल्दी जल्दी पानी लाकर उनके मुख पर छींटा देने का प्रयत्न करने लगे। यह देखकर नरेन्द्र उनको रोककर कहने लगे, "उसकी कोई आवश्यकता नहीं। वे संज्ञा-शून्य नहीं हुए हैं, वे भावस्थ हुए हैं! फिर से गाना

१. ओ माँ कुल-कुण्डलिनी, जागो! तुम नित्यानन्द-स्वरूपिणी हो, ब्रह्मानन्द-स्वरूपिणी हो; ऐ मूलाधार-पद्म में बसनेवाली माँ, तुम सर्प के समान सोयी हुई हो। त्रितापरूपी अग्नि से, ओ माँ, मेरा तन-मन जला जा रहा है। ऐ स्वयम्भू शिव की सहचरी शिवे, मूलाधार को छोड़, स्वाधिष्ठान में उदित होकर सुषुम्ना के पथ से ऊपर उठो। फिर माँ, मणिपुर, अनाहत, विशुद्ध और आज्ञा चक्रों में से होते हुए मस्तक में सहस्रार में पहुँचकर परमशिव के साथ युक्त हो जाओ और हे सच्चिदानन्ददायिनी, वहाँ पर आनन्द के साथ क्रीड़ा करो!

सुनते सुनते वे चेतना-युक्त हो जायँगे।" नरेन्द्र ने इस बार श्यामा-विषयक गाना प्रारम्भ किया। उन्होंने, 'एक बार तेमनि तेमनि तेमनि करे नाचो माँ श्यामा' इस प्रकार के बहुत से श्यामा-विषयक गाने गाये। कृष्ण सम्बन्धी भी बहुत से गाये। गाना सुनते सुनते श्री रामकृष्ण कभी भावाविष्ट हो जाते थे और कभी स्वाभाविक अवस्था प्राप्त कर लेते थे। नरेन्द्र बहुत देर तक गाना गाते रहे। अन्त में गाना समाप्त होने पर श्री रामकृष्ण देव बोले "दक्षिणेश्वर चलेगा? कितने दिनों से नहीं गया है। चल न, फिर अभी लौट आना।" नरेन्द्र उसी समय तैयार हो गये। पुस्तक आदि उसी तरह पड़ी रहीं। केवल तानपूरे को यत्नपूर्वक रखकर उन्होंने श्री गुरुदेव के साथ दक्षिणेश्वर प्रस्थान किया। मित्र भी अपने अपने घर की ओर रवाना हुए।

नरेन्द्रनाथ के पढ़ने-लिखने में इस तरह के बहुत से विघ्न आते रहते थे, यह उनके बहुत से मित्रों ने देखा है। पर किसी को साहस नहीं होता था कि इस विषय में उनसे कुछ कहें। एक दिन उक्त हरिदास चट्टोपाध्याय ने यह सोचकर कि श्री रामकृष्ण देव के साथ नरेन्द्र का समय व्यर्थ नष्ट होता है, उनके प्रति इशारा करते हुए कहा, "भाई, धर्म के प्रति तुम्हारा जैसा आवेग है, इससे जान पड़ता है, तुम निश्चय ही निकट भविष्य में उत्कृष्ट गुरु प्राप्त करोगे।" नरेन्द्र खूब अच्छी तरह समझ गये कि मेरा मित्र श्री रामकृष्ण को एक साधारण व्यक्ति समझकर ही इस तरह कह रहा है। नरेन्द्र अपने मित्र के कथन से मर्माहत हुए किन्तु उन्होंने किसी प्रकार का प्रतिवाद नहीं किया। किसी दूसरे मित्र के साथ एक दिन बातचीत के सिलसिले में कह दिया, "भाई, हरिदास मेरे गुरुदेव को सामान्य मानता है। सो जैसा भी हो :

यद्यपि मेरा गुरु कलवार-घर जाय।
तथापि मेरा गुरु है नित्यानन्द राय।"

इस प्रसंग के बहुत दिनों के बाद लेखक के समीप हरिदास ने इस सम्बन्ध में कहा था, "भाई, उस समय क्या हम लोग श्री रामकृष्ण देव को पहचान सके थे? भाग्यवश नरेन्द्र ने उन्हें पहचान लिया था और हम लोग दुर्भाग्यवश कुछ भी उस समय नहीं समझ सके थे।"

हरिदास इस प्रकार अत्यधिक दुःख प्रकाशित करते और उनकी आँखें भर आतीं।

बी० ए० की परीक्षा के लिए रुपया जमा करने का समय आया। सभी ने अपनी अपनी कॉलेज-फ़ीस और परीक्षा-फ़ीस जमा कर दी। हरिदास की अवस्था ठीक नहीं थी। फिर उस पर उन्हें एक वर्ष की कॉलेज-फ़ीस भी देनी थी। उस समय

जनरल असेम्बली में इसी तरह उधार-खाता पर पढ़ाई-लिखाई चला करती थी। परीक्षा के समय कॉलेज के अधिकारी सम्पूर्ण फ़ीस वसूल कर लेते थे। जो लोग सम्पूर्ण फ़ीस देने में बिल्कुल असमर्थ होते थे, उन लोगों में से कुछ को थोड़ी थोड़ी और कुछ को सम्पूर्ण फ़ीस की माफ़ी मिल जाती थी। यह सब छूट-छाट करने का अधिकार राजकुमार नामक एक वृद्ध क्लर्क को था। राजकुमार सीधे-सादे मनुष्य थे, केवल थोड़ी सी नशा की लत थी, किन्तु ग़रीब विद्यार्थियों के प्रति वे बड़े दयालु थे। उनकी दया के बल पर बहुत से असमर्थ छात्र बिना फ़ीस दिये ही पढ़ लेते थे। फ़ीस के सम्बन्ध में राजकुमार के ऊपर संचालकों का प्रगाढ़ विश्वास था। राजकुमार स्वयं निर्णय करके किसीको आधी फ़ीस और किसीको सम्पूर्ण फ़ीस माफ़ कर भर्ती कर लेते थे। राजकुमार जो कुछ करते थे, संचालक लोग उसीको मंज़ूर कर लेते थे। इसलिए छात्रों में राजकुमार का खूब सम्मान था। सभी उस बूढ़े को बहुत चाहते थे। राजकुमार भी लड़कों के जौहरी थे। कौन कैसा लड़का है, इस बात को वे अच्छी तरह जानते थे। नरेन्द्र के असमर्थ मित्र हरिदास चट्टोपाध्याय ने येनकेन प्रकारेण परीक्षा की फ़ीस के रुपये तो जुटा लिये, किन्तु कॉलेज को साल भर की फ़ीस के रुपये नहीं जमा कर पाये। इस बात को एक दिन उन्होंने नरेन्द्र से कहा। नरेन्द्र ने उन्हें आश्वासन दिया, 'तू चिन्ता न कर, परीक्षा में बैठने के लिए निश्चिन्त होकर प्रस्तुत रह। मैं राजकुमार से कहकर सब ठीक करा दूँगा। तेरी मासिक फ़ीस माफ़ करा दूँगा। केवल परीक्षा की फ़ीस का प्रबन्ध तुझे करना होगा।'

मित्र ने उत्तर दिया, 'भाई, परीक्षा-फ़ीस का तो प्रबन्ध कर चुका हूँ। मासिक फ़ीस माफ़ हो जाने पर सब झंझट मिट जायगा।'

नरेन्द्र ने कहा, "तब चिन्ता किस बात की? अब सब ठीक हो जायगा।" एक-दो दिन के बाद वे दोनों मित्र राजकुमार के कमरे के सामने टहल रहे थे, इसी समय वहाँ पर और भी बहुत से छात्र आ उपस्थित हुए। बाद में राजकुमार आये। बहुत से लड़कों को एकत्र देखकर एक बार सभी से बक़ाया मासिक फ़ीस का तक़ाज़ा किया। इस बार का तक़ाज़ा कुछ ज़ोरदार था; क्योंकि राजकुमार ने चेतावनी दी थी, "जो छात्र अमुक दिन के भीतर मासिक फ़ीस के रुपये नहीं जमा करेंगे, वे परीक्षा में नहीं लिये जायँगे।" छात्र राजकुमार को घेरकर अपनी अपनी दुःख-गाथा सुनाने लगे, और बक़ाया फ़ीस माफ़ करने के लिए प्रार्थना करने लगे। बहुत से अच्छे लड़के राजकुमार के प्रिय पात्र थे। किसी लड़के के बारे में जब उन्हें कुछ निर्णय करना होता था, तो राजकुमार अधिकतर उन्हींकी सलाह लेते थे। नरेन्द्र उनमें से एक थे। नरेन्द्र अच्छी तरह जानते थे कि उनके अनुरोध को राजकुमार

कभी न टालेंगे। राजकुमार के सिर के बाल गंगा-जमुनी रंग के थे, मूँछ भी वैसी थी; केवल उसके ऊपर दोनों ओर तम्बाकू के दाग़ थे। उन्हें कभी भी चपकन या कुरते में बटन लगाने की फ़ुरसत नहीं मिलती थी, कंधे पर चादर जहाज़ी मोटे रस्से के समान बल खाये रहती थी। राजकुमार जाकर अपनी कुरसी के हत्थे पर चादर बाँधकर उस पर बैठ गये। बस त्यों ही लड़कों ने खन्-खन् शब्द के साथ रुपया जमा करना आरम्भ कर दिया। राजकुमार के चारों ओर ख़ूब भीड़ थी। नरेन्द्र भीड़ को चीरकर राजकुमार के पास गये और कहने लगे, "महाशय, देखिए, अमुक छात्र मासिक फ़ीस नहीं दे सकेगा। इसलिए आप कृपा करके उसे माफ़ कर दीजिए। वह यदि परीक्षा में भेजा जायगा, तो अच्छी तरह पास होगा। और यदि नहीं भेजा गया, तो उसका सारा परिश्रम मिट्टी में मिल जायगा।"

राजकुमार नाक-मुँह सिकोड़कर कहने लगे, "तुम्हें मुखिया बनकर सिफ़ारिश करने की आवश्यकता नहीं है, तुम जाओ, अपना काम करो, हमारी बातों में मत उलझो। यदि वह मासिक फ़ीस नहीं देगा, तो मैं उसे परीक्षा में नहीं भेजूँगा।"

नरेन्द्र इस व्यवहार से खिन्न हो लौट आये। उनके मित्र के सिर पर तो जैसे वज्राघात हो गया; वे अत्यन्त विषण्ण हो नरेन्द्र के साथ चुपचाप क्लॉस की ओर चले, किन्तु नरेन्द्र पीछे हटनेवाले व्यक्ति नहीं थे। वे अपने मित्र को चिन्तित देखकर उससे एकान्त में कहने लगे, "तू हताश क्यों हो रहा है? वह बुड्ढा इसी तरह मुँहफट जवाब दे देता है। मैं कहता हूँ, तेरे लिए कोई उपाय कर दूँगा, तू निश्चिन्त रह। जैसे भी होगा, तेरे लिए कुछ न कुछ उपाय अवश्य करूँगा। तू इतना ही तो चाहता है न कि परीक्षा में बैठने को मिल जाय, बस हो गया। चिन्ता क्यों करता है, सत्य कहता हूँ, तेरे लिए कोई उपाय अवश्य करूँगा, इसे मेरी प्रतिज्ञा समझ।"

मित्र की आँखों से अन्धकार दूर हो गया, पुनः आशा की किरण दिखने लगी। मित्र ने सोचा, नरेन्द्र बड़े आदमी का लड़का है, पिता वकील हैं, उसको गाना सिखाने के लिए वेतन देकर शिक्षक रखते हैं; हो सकता है, नरेन्द्र अपने पिता से कहकर अपने इस असमर्थ मित्र के लिए कोई उपाय कर दे, इसीलिए तो उसे इतना आत्म-विश्वास है। बक़ाया फ़ीस न देने पर राजकुमार यदि परीक्षा देने के लिए नहीं भेजेंगे, तो नरेन्द्र अवश्य ही रुपयों का प्रबन्ध कर देगा। मित्र इस प्रकार सोच-विचारकर निश्चिन्त हो गये। इधर नरेन्द्र कॉलेज से घर आकर हेदो तालाब के किनारे थोड़ी देर तक घूमकर घर की ओर लौटे। किन्तु घर न जाकर सिमुलिया बाज़ार के सामने टहलने लगे, और बीच बीच में उत्सुक नेत्रों से हेदो तालाब की ओर देखने लगे। बाज़ार से थोड़ी दूर पश्चिम जाकर दक्षिण में एक गली है, गली

के मोड़ के ऊपर ही नशाख़ोरों का एक बड़ा अड्डा है। उस अड्डे में जाकर नरेन्द्र ने उसके मालिक से धीरे से कुछ पूछा। मालिक ने मुँह से बिना कुछ बोले गर्दन हिलाकर 'नहीं' कह दिया। नरेन्द्र पुनः हेदो तालाब की ओर दो-चार क़दम बढ़कर बग़ल की ओर एक गली के भीतर जाकर कुछ ठहर गये। सन्ध्या का अन्धकार चारों ओर से घिर आया, एक दूसरे का मुँह नहीं दिखायी देता था। इसी समय उस गली में राजकुमार आकर उपस्थित हुए। बस नरेन्द्रनाथ उनका रास्ता रोककर खड़े हो गये। नरेन्द्रनाथ के खड़े होने का ढंग देखकर ही राजकुमार का मुंह सूख गया। अपने भाव को दबाकर वे बोले, "क्यों दत्त, यहाँ कैसे ?"

नरेन्द्र गम्भीर स्वर में कहने लगे, "और क्या, बस आप ही के लिए खड़ा हूँ। देखिए महाशय, मैं अच्छी तरह जानता हूँ—हरिदास की अवस्था बिल्कुल खराब है, वह रुपया नहीं दे सकता। किन्तु आपको उसे परीक्षा में भेजना ही होगा, नहीं तो मैं नहीं छोड़ूँगा। यदि आप मेरी बात न मानेंगे, तो मैं भी कॉलेज में आपकी सभी बातें खोल दूंगा, आपका कॉलेज में रहना मुश्किल कर दूंगा। आपने जब इतने लड़कों की फ़ीस माफ़ कर दी, तो फिर उस बिचारे की फ़ीस क्यों न माफ़ करेंगे ?"

दृढ़-प्रतिज्ञ नरेन्द्रनाथ के मुख का भाव देखकर राजकुमार का मुँह सूख गया। जल्दी से स्नेहपूर्वक नरेन्द्र की गर्दन पर अपना हाथ रखकर बोले, "बाबा, क्रोध क्यों करते हो ? तुम जो कहोगे, वही होगा, वही होगा। भला तुम कहो, और मैं उसे न करूँ ?"

नरेन्द्र ने ज़रा विरक्ति प्रदर्शन करते हुए कहा, "तो फिर सवेरे आपने मेरी बात को एकदम क्यों उड़ा दिया था ?"

राजकुमार ने उत्तर दिया, "अरे भाई, तुम जानते नहीं, तुम्हारी देखादेखी फिर सब लड़के जब यही हठ करने लगते, तो मैं किस किसको माफ़ करता, भाई ! मैं तो उस समय एक विषम विपत्ति में पड़ जाता। ऐसी बात तो अलग में कहनी होती है। तुम ठहरे लड़के, इन बातों को अभी नहीं समझते, किसके सामने क्या कहना चाहिए। तुम निश्चिन्त रहो। मासिक फ़ीस के रुपए माफ़ हो जायँगे। पर परीक्षा की फ़ीस के रुपए तो माफ़ नहीं होते, उतना तो देगा न ?"

नरेन्द्र ने कहा, "उतने का उपाय हो सकता है, किन्तु मासिक फ़ीस आपको छोड़नी ही होगी, वह एक पैसा भी न दे सकेगा।"

"अच्छा, अच्छा, वैसा ही होगा," यह कहकर राजकुमार अड्डे के आसपास टहलने लगे। जब नरेन्द्र चले गये, तो वे अड्डे के भीतर घुसे।

नरेन्द्र बूढ़े की भाव-भंगी देखकर जाते जाते मुँह पर कपड़ा रखकर

खिलखिलाकर हँसने लगे। सहपाठी बन्धु का मकान नरेन्द्र के घर से दूर नहीं था, वे चोरबागान में भुवनमोहन सरकार की गली में रहते थे। दूसरे दिन सबेरे नरेन्द्र मित्र के स्थान पर सूर्योदय के पहले ही पहुँच गये और उनके कमरे के दरवाज़े को खटखटाते हुए उन्होंने गाना प्रारम्भ किया:

(भैरव—झँपताल)

अनुपम-महिमा पूर्णब्रह्म करो ध्यान,
निरमल पवित्र उषाकाले।
भानु नव ताँर सेई प्रेम मुख-छाया
देखो एइ उदयगिरि शुभ्र भाले॥
मधु समीरण बहिछे एइ जे शुभदिने,
ताँर गुण गान करि अमृत ढाले,
मिलिये, सबे जाइ चलो भगवत-निकतने
प्रेम उपहार लये हृदय-थाले॥

(भावार्थ)

अनुपम महिमाशाली पूर्ण परब्रह्म का करो ध्यान,
निर्मल पवित्र उषाकाल में।
नवीन भानु उसके प्रेमयुक्त मुख की छाया है,
उसे उदयगिरि के शुभ्र भाल पर देखो॥
इस शुभ घड़ी में मधु समीरण बह रहा है,
वह उसका गुण-गान कर अमृत-सिंचन कर रहा है,
चलो, सभी मिलकर भगवत्-निकेतन में जायँ
हृदय-थाल में प्रेम-उपहार लेकर॥

नरेन्द्र का मधुर कण्ठ-स्वर सुनकर सहपाठियों ने शैया छोड़कर जल्दी से दरवाज़ा खोल दिया। नरेन्द्र ने कहा, "अरे मौज़ कर, खुशी मना, तेरा काम सिद्ध हो गया, तुझे अब मासिक फ़ीस नहीं देनी होगी।" यह कहकर वे शाम की समस्त घटना—राजकुमार को भय दिखाना, भय के मारे उनके मुँह के रंग का फीका पड़ जाना, और उसके बाद उनका प्रतिदिन इधर-उधर नज़र घुमाकर, लोगों की आँखें बचाकर चट से गली के अड्डे में प्रवेश करना इत्यादि—नक़ल करके बतलाने लगे। यह सुनकर सभी ठहाका मारकर हँसने लगे।

परीक्षा को अब बहुत दिन नहीं थे; शायद महीना भर भी शेष नहीं था। विशालकाय इंग्लैण्ड के इतिहास (Green's History of England) को

नरेन्द्रनाथ ने एक बार भी नहीं पढ़ा था। परीक्षा में उत्तीर्ण होने के लिए नरेन्द्रनाथ की कोई विशेष चेष्टा उनके सहपाठी नहीं देखते थे। बीच बीच में यद्यपि नरेन्द्र चोरबागान में अपने पूर्वोक्त मित्रों के स्थान पर पढ़ने के लिए जाते थे, किन्तु वहाँ जाने पर उनका अधिक समय बातचीत या गाना गाने में ही बीतता था। नरेन्द्र अपने मामा के यहाँ जिस छोटे कमरे में रहते थे, उसके उत्तर की ओर दूसरी मंज़िल में एक बड़ा कमरा था, इस कमरे के पश्चिम में एक चोर-कोठरी थी। इस बड़े कमरे के भीतर से उसमें प्रवेश करने का केवल एक दरवाज़ा था। वह इतना छोटा था कि उसमें प्रवेश करते समय पेट के बल जाना पड़ता था। उस कोठरी में दक्षिण की ओर एक छोटी सी खिड़की थी। इसी समय की बात है, एक दिन उनके कोई मित्र उनके यहाँ जाकर 'नरेन, नरेन' कहकर पुकारने लगे। नरेन्द्र ने उत्तर दिया; परन्तु मित्र ने घर में चारों ओर खोजकर जब उनको नहीं देखा, तो बड़े चकित हुए। उसी समय नरेन्द्र ने कहा, "इस चोर-कोठरी के भीतर हूँ।" उसी जगह से मित्र के साथ वार्तालाप हुआ। बाद में मित्र को पता चला कि दो दिन से नरेन्द्र इसी कोठरी में बैठकर इंग्लैण्ड का इतिहास पढ़ रहे हैं। संकल्प करके बैठे हैं कि एक ही बैठक में इंग्लैण्ड का इतिहास समाप्त करके ही कोठरी से बाहर निकलूँगा। नरेन्द्र ने संकल्पानुसार ही किया। तीन दिन में इस विशाल पुस्तक को पूर्ण रूप से हृदयंगम करके वे कोठरी के बाहर निकले। परीक्षा का दिन आया, परन्तु नरेन्द्र में किसी प्रकार का उद्वेग या परीक्षा में उत्तीर्ण होने के लिए किसी प्रकार की उत्कण्ठा नहीं देखी गयी।

आज परीक्षा का पहला दिवस है, सूर्योदय से पहले ही उठकर नरेन्द्र शैया त्यागकर इधर-उधर टहलते टहलते चोरबागान में हरिदास और दाशरथि के मकान पर उपस्थित हुए। वे दोनों इस समय भी सोये थे। उनके कमरे के दरवाज़े पर आकर उन्होंने उच्च स्वर में गाना प्रारम्भ किया :

(भैरवी—झँपताल)

महासिंहासने बसि शुनिछो हे विश्वपितः,
तोमारि रचित छन्द महान् विश्वेर गीत।
मर्त्येर मृत्तिका होये, क्षुद्र एइ कण्ठ लिये,
आमिओ दुयारे तव होयेछि हे उपनीत।
किछु नाहि चाहि देव, केवल दर्शन मागि,
तोमारे शुनाबो गीत, एसेछि ताहारि लागि;
गाहे यथा रवि शशी, सेइ सभामाझे बसि,
एकान्ते गाहिते चाहे एइ भकतेर चित।

(भावार्थ)

महासिंहासन पर बैठ सुनते हो हे विश्वपिता,
अपने रचित छन्द महान् विश्व का गोत।
मर्त्य की मृत्तिका होकर, क्षुद्र यह कण्ठ लेकर,
मैं भी तुम्हारे द्वार पर उपनीत हुआ हूँ।
कुछ नहीं चाहता देव, केवल दर्शन माँगता हूँ,
तुम्हें सुनाने को गीत, आया हूँ तुम्हारे पास;
गाते हैं जैसे रवि शशि, उसी सभा के बीच में बैठ,
एकान्त में गाना चाहता है इस भक्त का चित्त॥

नरेन्द्र की मधुर आवाज़ सुनकर मित्रों ने जल्दी से उठकर दरवाज़ा खोला और देखा, प्रसन्नमुख नरेन्द्र हाथ में एक पुस्तक लिए खड़े होकर गाना गा रहे हैं। हो सकेगा तो थोड़ा पढ़ेंगे, इस विचार से वे मित्र के कमरे पर उपस्थित हुए थे, किन्तु कमरे के दरवाज़े पर खड़े होकर गाना आरम्भ कर जिस भावोच्छ्वास की धारा में बहने लगे, उससे निकलकर पढ़ना-पढ़ाना कुछ भी उस दिन न हो सका। नौ बजे तक 'आमरा जे शिशु अति', 'अचल घन गहन गुण गाओ ताहारि' आदि गाना और वार्तालाप का प्रवाह चलता रहा। बगल की कोठरी में नरेन्द्र के और एक सहपाठी रहते थे। नरेन्द्र का गाना जब प्रारम्भ हुआ, तो वे भी गोष्ठी में शामिल हुए, किन्तु थोड़ी देर गाना सुनने के बाद उन्हें परीक्षा की याद आयी। उन्होंने गान-गोष्ठी छोड़कर जाने के समय बन्धु-भाव से नरेन्द्र को परीक्षा की बात का स्मरण करा दिया। नरेन्द्र थोड़ा हँस भर दिया, किन्तु गाने का प्रवाह नहीं रुका। यह देख सहपाठी मित्र वहाँ से उठ गये। एक दूसरे मित्र ने आश्चर्यान्वित होकर पूछा, "नरेन्द्र, परीक्षा के दिन कहीं तो एक-आध कठिन विषय, जो अच्छी तरह तैयार न हो, ठीक कर लेना चाहिए, परन्तु देखता हूँ तुम्हारा तो सभी कुछ विपरीत है; तुम तो बड़ी मौज़ कर रहे हो!"

नरेन्द्र ने उत्तर दिया, "हाँ, वही तो कर रहा हूँ, दिमाग़ साफ़ रखता हूँ, मस्तिष्क को ज़रा विश्राम देना चाहिए, नहीं तो इन दो घण्टों में जो कुछ हम अपने दिमाग़ में ठूँसने का प्रयत्न करेंगे, वह किये-कराये को भी बिगाड़ देगा। इतने दिन तक पढ़-पढ़कर जो नहीं हुआ, वह क्या अब एक-दो घण्टे में हो जायगा? हो नहीं सकता। परीक्षा के दिन प्रातःकाल केवल मौज़ करना चाहिए। मौज़ करके शरीर और मन को ज़रा शान्ति देनी चाहिए। घोड़ा जब छूटकर आता है, तो मालिश आदि करके उसे ताज़ा करना होता है। दिमाग़ को भी ठीक उसी तरह करना पड़ता है।"

८

(श्री सुरेन्द्रनाथ सेन की व्यक्तिगत डायरी से)

शनिवार, २२ जनवरी, १८९८ ई०

[भारत में श्रद्धा-भक्ति का ह्रास, उसकी आवश्यकता—हमें कैसे व्यक्तियों की आवश्यकता है—सच्चा समाज-सुधार]

मैं प्रातःकाल ही बलराम बाबू के घर पहुँच गया। स्वामी जी यहाँ ठहरे हुए थे। उनका कमरा श्रोताओं से भरा था। स्वामी जी कह रहे थे—"आज हमें श्रद्धा की आवश्यकता है, आत्मविश्वास की आवश्यकता है। बल ही जीवन, और निर्बलता ही मृत्यु है—'हम आत्मा हैं—अजर, अमर, मुक्त, और शुद्ध। फिर हमसे पाप कार्य कैसे संभव है? असम्भव।' इस प्रकार की दृढ़ निष्ठा होनी चाहिए। इस प्रकार का अडिग विश्वास हमें मनुष्य बना देता है, देवता बना देता है। पर आज हम श्रद्धाहीन हो गये हैं और इसीलिए हमारा तथा देश का पतन हो रहा है।"

प्रश्न—हम श्रद्धाहीन कैसे बन गये?

स्वामी जी—बचपन से हमारी शिक्षा ही ऐसी रही है। उसमें निषेध और नकार का ही प्राबल्य है। हमने यही तो सीखा है कि हम नगण्य हैं, नाचीज़ हैं। कभी भी हमें यह नहीं बताया गया कि हमारे देश में भी महान् पुरुषों का जन्म हुआ है। हमें एक भी तो अच्छी बात नहीं सिखायी जाती। हमें अपने हाथ पैर चलाना तक तो नहीं आता! हमें इंग्लैण्ड के पूर्वजों की तो एक एक घटना और तिथि याद हो जाती है, पर, दुःख है, अपने देश के अतीत से हम अनभिज्ञ रहते हैं। हम केवल निर्बलता का पाठ पढ़ते हैं। पराजित राष्ट्र होने से, हमें अब यह विश्वास हो गया है कि हम शक्तिहीन और हर बात में परावलम्बी हैं। अतः श्रद्धा नष्ट न हो तो क्या हो? अब हमें पुनः एक बार वह सच्ची श्रद्धा का भाव जाग्रत करना होगा, हमारे सोये हुए आत्मविश्वास को जगाना होगा, तभी आज देश के सामने जो समस्याएँ हैं, उनका समाधान स्वयं हमारे द्वारा हो सकेगा।

प्रश्न—यह क्या कभी संभव होगा? केवल श्रद्धा से ही हमारे समाज के असंख्य दोष कैसे दूर होंगे? देश में जो बुराइयाँ और कुरीतियाँ हैं, उन्हें दूर करने के लिए काँग्रेस तथा देशभक्त संस्थाएँ प्रचार और आन्दोलन कर रही हैं तथा अंग्रेज़ सरकार से प्रार्थना भी कर रही हैं। क्या इससे अच्छा भी अन्य कोई मार्ग है? श्रद्धा का इन सब बातों से क्या सम्बन्ध है?

स्वामी जी—पहले यह बतलाओ कि समाज के दोष दूर करने की आवश्यकता तुम को है या सरकार को? यदि तुमको आवश्यकता है, तो क्या सरकार उन्हें दूर करेगी या तुमको स्वयं ही उन्हें दूर करना होगा?

प्रश्न—पर यह तो सरकार का कर्तव्य है कि प्रजा की आवश्यकताएँ समझे और उन्हें पूरी करे। यदि हम हर एक वस्तु के लिए राजा का मुँह नहीं ताकें, तो और किसका ताकें?

स्वामी जी—भिखमंगों की माँगें कभी पूरी नहीं होतीं। माना कि सरकार तुमको तुम्हारी आवश्यकता की वस्तुएँ देने को एक बार राज़ी भी हो जाय, पर प्राप्त होने पर उन्हें सुरक्षित और सँभालकर रखनेवाले मनुष्य कहाँ हैं? इसलिए पहले आदमी—'मनुष्य' उत्पन्न करो। हमें अभी 'मनुष्यों' की आवश्यकता है, और बिना श्रद्धा के मनुष्य कैसे बन सकते हैं?

प्रश्न—पर बहुसंख्यक लोगों का मत ऐसा नहीं है।

स्वामी जी—जिसे तुम बहुसंख्या कहते हो, वह मूर्खों की और साधारण बुद्धिवालों की बहुसंख्या है। सभी देशों में, जिनके पास विचार करने के लिए मस्तिष्क है, ऐसे व्यक्ति कम होते हैं। ये ही कुछ मेधावी और विचारशील व्यक्ति सर्वत्र अग्रणी होते हैं, और बहुसंख्या सदैव उनका अनुसरण करती है। यही अच्छा भी है, क्योंकि जब तक नेताओं के बताये हुए मार्ग पर बहुसंख्या चलती रहती है, तब तक सब काम ठीक चलता रहता है। जो सोचते हैं कि वे इतने ऊँचे हैं कि किसी के सामने सिर झुकाना उनकी शान के ख़िलाफ़ है, वे बेवकूफ़ हैं, मूर्ख हैं। ऐसे व्यक्ति अपनी दुर्बुद्धि से अपना विनाश कर लेते हैं। तुम समाज-सुधार की बातें करते हो? पर तुम करते क्या हो? तुम्हारे समाज-सुधार का मतलब होता है विधवा-विवाह, या स्त्री-स्वातंत्र्य, या ऐसी ही कोई और बात। ऐसा नहीं है क्या? और यह भी कुछ जातियों तक ही सीमित रहता है। इस तरह के सुधार की योजना से कुछ लोगों का अवश्य भला होता है, पर समूची जाति या राष्ट्र को इससे क्या लाभ? यह तो सुधार नहीं, एक प्रकार का स्वार्थ ही है—अपने घर को झाड़-बुहार कर साफ़ रखना, और दूसरों के घर ढहने देना!

प्रश्न—तो आपका तात्पर्य यह है कि समाज-सुधार की कोई आवश्यकता ही नहीं?

स्वामी जी—यह कौन कहता है? अवश्य समाज-सुधार की आवश्यकता है, पर जिसे आप समाज-सुधार कहते हैं, उससे सर्वसाधारण जनता—भारत की कोटि कोटि जनता का क्या हित होगा? विधवा-विवाह, स्त्री-स्वातन्त्र्य आदि जिन सुधारों के लिए तुम चिल्ला रहे हो, उनकी भारत की बहुसंख्यक जनता को

आवश्यकता ही नहीं है, उनमें विधवा-विवाह की प्रथा भी है और स्त्रियों को स्वतन्त्रता भी प्राप्त है। इसलिए वे इन बातों को सुधार ही नहीं मानते। मेरा तात्पर्य यह है कि ये सब दोष हममें श्रद्धा के अभाव से ही घुस आये हैं, और दिन प्रतिदिन बढ़ते ही जा रहे हैं। पर मैं यह चाहता हूँ कि रोग समूल नष्ट किया जाय। रोग के कारण जड़ से नष्ट किये जायँ, रोग दबाया न जाय, नहीं तो वह फिर बढ़ जायगा। सुधार अवश्य हो; कौन इतना मूढ़ है, जो यह नहीं मानता? उदाहरण के लिए, हमें अन्तर्जातीय विवाह को प्रोत्साहित करना चाहिए, क्योंकि इसके बिना जाति की शारीरिक निर्बलता दिन प्रतिदिन बढ़ रही है।

उस रोज़ सूर्यग्रहण था; इसलिए जो महाशय स्वामी जी से ये प्रश्न कर रहे थे, बोले—"अब मैं गंगास्नान के लिए जाऊँगा। फिर कभी सेवा में उपस्थित होऊँगा।" और प्रणाम कर चले गये।

६

रविवार, २३ जनवरी, १९१८ ई०

[ज्ञानयोग और भक्तियोग का समन्वय—ईश्वर अशुभ में भी है और शुभ में भी—उपयोग के प्रकार से ही वस्तु भली बुरी बनती है—कर्म—सृष्टि—ईश्वर—माया]

संध्या का समय था। बलराम बाबू के घर, रामकृष्ण मिशन की साप्ताहिक बैठक हो रही थी। मठ से स्वामी तुरीयानन्द, स्वामी योगानन्द, स्वामी प्रेमानन्द एवं अन्य लोग भी आये हुए थे। स्वामी जी बरामदे में पूर्व की ओर विराजमान थे, और चारों ओर बरामदे में लोग भरे थे। जब जब स्वामी जी कलकत्ता आते, इसी तरह लोग जुट जाते थे।

सभा में उपस्थित कई लोगों ने यह सुन रखा था कि स्वामी जी बहुत अच्छा गाते हैं, इसलिए वे स्वामी जी से कोई भजन सुनने के इच्छुक थे। यह जानकर मास्टर महाशय[1] ने स्वामी जी के समीप बैठे कुछ सज्जनों के कान में कहा कि स्वामी जी से गाने का आग्रह करो। स्वामी जी ने उनका आशय ताड़ लिया और वे

---

१. श्री महेन्द्रनाथ गुप्त (श्री 'म'); श्री रामकृष्ण देव के गृही शिष्य तथा 'श्री रामकृष्ण-वचनामृत' के रचयिता।

मुसकरा कर बोले—"मास्टर महाशय, यह आपस में क्या कानाफूसी चल रही है, ज़रा ज़ोर से बोलो।" मास्टर महाशय के प्रार्थना करने पर, स्वामी जी ने अपने सुरीले कंठ से यह गीत गाया—'प्यारी श्यामा माँ को प्यार से हृदय में बिठा लो।' ऐसा प्रतीत होता था मानो वीणा बज रही हो। भजन समाप्त होने पर वे मास्टर महाशय से कहने लगे, "अब तो खुश हो न। पर अब और नहीं गाऊँगा। नहीं तो मैं भावावेश में आकर, गीत की मादकता में डूब जाऊँगा। और पश्चिम में व्याख्यान देते देते मेरा गला भी तो अब खराब हो गया है। मेरी आवाज़ बहुत काँपने लगी है।"

फिर स्वामी जी ने एक ब्रह्मचारी को मुक्ति पर कुछ कहने का आदेश दिया। ब्रह्मचारी ने खड़े होकर कुछ देर तक भाषण दिया। उसके बाद अन्य ब्रह्मचारी भी बोले। फिर स्वामी जी ने प्रवचन के विषय पर श्रोताओं से विचार विनिमय करने के लिए कहा और अपने एक गृहस्थ शिष्य को आरंभ करने का आदेश दिया। जब वे अद्वैत और ज्ञान को भक्ति और द्वैत से श्रेष्ठ बताने लगे, तो वीच में ही किसी श्रोता ने प्रतिवाद किया। जब वे दोनों अपने अपने पक्षों का मण्डन करने लगे, तो एक अच्छा खासा वाग्युद्ध आरम्भ हो गया। स्वामी जी कुछ देर तक तो सुनते रहे, पर जब उन्होंने देखा कि दोनों आवेश में आ रहे हैं, तो उन्हें शान्त करते हुए बोले :

"तुम लोग विवाद में इतना आवेश लाकर सब मज़ा किरकिरा कर देते हो। सुनो, श्री रामकृष्ण देव कहते थे कि विशुद्ध ज्ञान और भक्ति में कोई अन्तर नहीं है। भक्तियोग में परमेश्वर को 'प्रेममय' माना गया है। परमेश्वर के पूर्ण प्रेममय होने से, कोई यह नहीं कह सकता कि मैं परमेश्वर से प्रेम करता हूँ। परमेश्वर से परे किसी प्रेम का अस्तित्व नहीं है। भक्त के हृदय में जो ईश्वर-प्रेम है—वह प्रेम भी तो परमेश्वर ही है। इसी प्रकार जो भी इच्छाएँ हैं, आकर्षण हैं, वृत्तियाँ हैं, वे भी ईश्वर के ही रूप हैं। चोर चोरी करता है, वेश्या अपना शरीर वेचती है, माँ अपने बच्चे को प्यार करती है,—इन सव भावनाओं और वृत्तियों में भी ईश्वर ही है। एक ग्रहपुंज दूसरे ग्रहपुंज को आकृष्ट करता है, उसमें भी ईश्वर ही है। सर्वत्र वही है। ज्ञानयोग के अनुसार भी वह सर्वत्र विद्यमान है। इसलिए ज्ञान और भक्ति में विरोध कहाँ है? वे तो एक ही विषय का प्रतिपादन करते हैं। जब भावावस्था को प्राप्त होकर कोई ब्रह्मानन्द में डूव जाता है, या समाधिस्थ हो जाता है, तब उसका द्वैत-भाव नष्ट हो जाता है, तब भक्त और भगवान् एक हो जाते हैं, भक्तियोग के ग्रंथों में भक्ति के पाँच विविध प्रकार वताये गये हैं, और किसी भी एक से भगवत्प्राप्ति संभव है। इनमें एक छठा प्रकार और

जोड़ा जा सकता है, वह है—'परमेश्वर और मैं एक हूँ—इस अद्वैतभाव का ध्यान।' इस प्रकार भक्तिमार्गी, अद्वैतियों को भी भक्तिमार्गी ही मान ले सकते हैं, अन्तर इतना ही है कि ये अद्वैतमार्गी भक्त हैं। जब तक हम मायापाश से मुक्त नहीं होते, तब तक द्वैत का भाव अवश्य बना रहेगा। देश-काल-निमित्त या नाम-रूप ही माया है। जब कोई इस माया से मुक्त हो जाता है, तो उसे जीव-ब्रह्म की एकता का अनुभव हो जाता है—तब न द्वैत होता है और न अद्वैत—उसके लिए सब एक हो जाता है। ज्ञानी और भक्त में केवल साधना की प्राथमिक अवस्था में ही अन्तर प्रतीत होता है—एक परमेश्वर को अपने बाहर देखता है और दूसरा अपने अन्तर में। एक बात और है। श्री रामकृष्ण देव कहा करते थे कि भक्ति की एक और अवस्था भी है, जिसे परा-भक्ति कहते हैं—वह है मुक्त होने पर, अद्वैत-भाव की प्राप्ति हो जाने पर परमेश्वर के प्रेम में विभोर हो जाना। यह कुछ विरोधोक्ति सा प्रतीत होगा, और यह प्रश्न उठ सकता है कि मुक्ति प्राप्त होने पर भक्ति की क्या आवश्यकता है? इसका केवल यही उत्तर है कि जो मुक्त है, जो स्वतन्त्र है, वह सब नियमों से परे है। उसके विषय में यह प्रश्न ही नहीं उठता कि उसने ऐसा ही क्यों किया और वैसा क्यों नहीं किया। मुक्त हो जाने पर भी भक्ति के माधुर्य का रसास्वादन करने के लिए कुछ लोग उसको अपनाये रहते हैं।

प्रश्न—महाराज, माँ की ममता में ईश्वर रह सकता है, पर यह ज़रा विचित्र सा लगता है कि चोर और वेश्या की पापवृत्ति में भी ईश्वर है। इससे तो यही निष्कर्ष निकलता है कि ईश्वर ज़गत् के सत्कार्यों का जितना कारण है, उतना ही पाप का भी है।

स्वामी जी—यह दृष्टि केवल परम सिद्धावस्था तक पहुँच जाने पर ही प्राप्त होती है, तभी ऐसा लगता है कि जहाँ भी प्रेम या आकर्षण है, वहीं ईश्वर है। पर अपने जीवन में ऐसी दृष्टि प्राप्त करने के लिए उस अवस्था को प्राप्त होना आवश्यक है।

प्रश्न—फिर भी यह तो स्वीकार करना ही होगा कि पाप में भी ईश्वर ही है!

स्वामी जी—देखो, यथार्थ में न तो कोई चीज़ भली है और न बुरी। यह तो केवल एक परिपाटी है कि हम किसी चीज़ को भली या बुरी कह देते हैं। एक चीज़ को हम बुरी कह देते हैं, तो किसी अन्य अवसर पर उसे भली कहने लगते हैं। कोई वस्तु अच्छी है या बुरी, यह उसके उपयोग पर निर्भर रहता है। उदाहरण के लिए इस दीप-ज्योति को ही लो। इसके प्रकाश में हम पढ़ते हैं और कई अन्य उपयोगी काम भी करते हैं। यह उसके उपयोग का एक प्रकार है। अच्छा,

अब यदि उसमें कोई अपनी अँगुली रखे, तो वह जल जायगा। यह उसके उपयोग का दूसरा प्रकार है। इस तरह, कोई वस्तु जिस प्रकार उपयोग में लायी जाती है, उसीसे उसके भले-बुरे का निर्णय होता है। इसी तरह से सद्गुण और दुर्गुण, पाप और पुण्य हैं। हमारी मानसिक एवं शारीरिक प्रवृत्तियों का उचित उपयोग ही पुण्य है, और उनका अनुचित उपयोग एवं ह्रास ही पाप है।

इस तरह कई प्रश्नोत्तर हुए। फिर किसी ने कहा—"नक्षत्र-तारा-ग्रह मण्डलों के परस्पर आकर्षण में भी ईश्वर है—यह सिद्धान्त सच हो या न हो, पर यह विचार अवश्य अत्यन्त कवित्वमय है, इसमें कोई संदेह नहीं।"

स्वामी जी—नहीं महाशय, यह कल्पना की उड़ान नहीं। ज्ञान-प्राप्ति होने पर इस महान् सत्य का आप स्वयं दर्शन कर सकते हैं।

इस प्रसंग में स्वामी जी ने आगे जो कहा, उसका आशय मैं यह समझा—जड़ और चेतन यद्यपि भिन्न मालूम होते हैं, तथापि वे एक ही तत्त्व के दो रूप हैं। इसी प्रकार बाह्य और अन्तर्जगत् में जो भिन्न भिन्न शक्तियाँ क्रियाशील हैं, वे भी एक ही महाशक्ति की अभिव्यक्तियाँ हैं। हम एक पदार्थ को जड़ मानने लगते हैं, क्योंकि उसमें निहित आत्म तत्त्व कुछ कम मात्रा में प्रकट हुआ है और जहाँ वह कुछ अधिक मात्रा में प्रकट हुआ है, उसे हम जीव मानने लगते हैं। ऐसी कोई वस्तु नहीं है, जो सर्वथा जड़ हो और सदा जड़ ही बनी रहेगी। जड़ जगत् में जो शक्ति आकर्षण या गुरुत्वाकर्षण के रूप में प्रकट होती है, आध्यात्मिक साधना के उच्चतर स्तरों में उसीके सूक्ष्मरूप प्रेम आदि में अनुभूत होते हैं।

प्रश्न—वस्तुविशेष के उपयोग पर अवलम्बित यह अच्छे-बुरे का अन्तर भी क्यों होना चाहिए? मनुष्य में अपनी शक्तियों का दुरुपयोग करने की प्रवृत्ति ही क्यों होनी चाहिए?

स्वामी जी—यह प्रवृत्ति कर्मों के फलस्वरूप होती है। मनुष्य जो है, जैसा है उसका कारण वह स्वयं ही है। इसीको दूसरे शब्दों में इस प्रकार व्यक्त कर सकते हैं कि प्रत्येक व्यक्ति को अपनी प्रवृत्तियों पर नियंत्रण पाने, और उनका उचित उपयोग करने का सामर्थ्य प्राप्त है।

प्रश्न—यदि ये प्रवृत्तियाँ कर्मों के फलस्वरूप हैं, यह मान भी लिया जाय, तो भी उनका आदि तो अवश्य ही होगा, और आदि में ये बुरी प्रवृत्तियाँ अच्छी या बुरी क्यों हुईं?

स्वामी जी—आप यह कैसे जानते हैं कि इनका आदि है? सृष्टि अनादि है—यह वेदवाक्य है। जब तक ईश्वर है, तब तक सृष्टि भी है।

प्रश्न—महाराज, तो यह माया क्यों है और यह आयी कहाँ से?

स्वामी जी—ईश्वर के संबंध में 'क्यों' का प्रश्न करना ग़लत है। जो अपूर्ण है, जिसमें अभाव और कामनाएँ हैं, उसीके संबंध में 'क्यों' का प्रश्न किया जा सकता है। जो निष्काम है, जो पूर्ण है—एक है—उसके संबंध में 'क्यों? कैसा? माया कहाँ से आयी?'— ऐसे प्रश्न नहीं पूछे जा सकते। देश-काल-निमित्त ही माया है। तुम, मैं और हम सब माया में हैं तथा तुम माया में रहते हुए यह प्रश्न कर रहे हो कि माया के परे क्या है! जब तक माया में हो, तब तक यह कैसे कह सकते हो?

इसके पश्चात् फिर कई प्रश्नोत्तर हुए। तदनन्तर मिल, हेमिल्टन, हरबर्ट स्पेन्सर प्रभृति पाश्चात्य पंडितों के दर्शनशास्त्र पर चर्चा हुई और स्वामी जी ने सरलता से सब समझाया। सबको स्वामी जी के पाश्चात्य-दर्शन के अगाध ज्ञान और तत्काल उत्तर दे सकने की क्षमता पर बड़ा आश्चर्य हुआ।

इसके बाद विविध प्रश्नों पर चर्चा हुई और सभा विसर्जित हो गयी।

१०

सोमवार, २४ जनवरी, १८९८ ई०

[एक वर्ण की उपजातियों में अन्तर्विवाह—बालविवाह के विरोध में—भारत को कैसी शिक्षा की आवश्यकता है—ब्रह्मचर्य]

गत शनिवार के दिन जिन महाशय ने स्वामी जी से प्रश्न किये थे, वे आज फिर आये। उन्होंने अन्तर्विवाह का विषय छेड़ा और पूछा—"भिन्न भिन्न राष्ट्रीय जातियों में अन्तर्विवाह कैसे प्रारम्भ किया जाय?"

स्वामी जी—मैं भिन्न धर्मावलम्बी जातियों में अन्तर्विवाह करने के पक्ष में नहीं हूँ। कम से कम आज तो उससे समाज के बंधन बहुत ढीले पड़ जायँगे और कई अनिष्ट होने की आशंका है। मैं तो अभी केवल सम-धर्मानुयायियों के ही परस्पर अन्तर्विवाह का समर्थन करता हूँ।

प्रश्न—तो भी, इससे कई जटिलताएँ उत्पन्न होंगी, जैसे कि—मेरी पुत्री बंगाल में जन्मी और वहीं उसका लालन-पालन हुआ और मैं उसकी किसी मराठी या मद्रासी से शादी कर दूँ, तो न वह अपने पति की भाषा समझेगी और न उसका पति उसकी भाषा समझेगा। और फिर उनके रहन-सहन, उनके रीति-रिवाज में

भी बहुत अन्तर है। इस तरह की कई अड़चनें हैं, और फिर समाज तो एक तूफ़ान खड़ा कर देगा।

स्वामी जी—अभी वह समय बहुत दूर है, जब इस प्रकार के विवाह सम्भव हो सकेंगे। और आज तो ऐसे विवाहों को एकदम प्रारम्भ कर देने का कोई औचित्य भी नहीं प्रतीत होता। काम करने का एक गुप्त रहस्य यह है कि न्यूनतम अवरोध की दिशा में चलो। इसलिए प्रारम्भ में अपनी ही जाति की उपजातियों में अन्त-र्विवाह शुरू होने चाहिए। बंगाल के कायस्थों का ही उदाहरण लो। उनमें कई उपजातियाँ हैं—जैसे उत्तरराढ़ी, दक्षिणराढ़ी, बंगज आदि, और उनमें परस्पर विवाह नहीं होते। अब, 'दक्षिणराढ़ी' और 'उत्तरराढ़ियों' में परस्पर विवाह सम्बन्ध शुरू करने चाहिए, और यदि यह अभी सम्भव नहीं है, तो बंगजों और दक्षिणराढ़ियों के विवाह ही शुरू हों। इस तरह आज जो चीज़ विद्यमान है, उसीमें यथासाध्य सुधार करें। आख़िर सुधार सब कुछ उखाड़ फेंकने में ही तो नहीं है न!

प्रश्न—अच्छा, यही सही, पर इससे लाभ क्या होगा?

स्वामी जी—क्या तुम नहीं देखते कि शादियोंसे, एक ही उपजाति तक विवाह-सम्बन्ध सीमित होने से, हमारे समाज में एक ऐसी स्थिति आ गयी है कि प्रका-रान्तर से निकट के कुटुम्बियों और भ्रातृव्यों में ही विवाह हो रहे हैं, और इससे हमारे समाज की शरीर-सम्पदा का ह्रास हो रहा है, तथा परिणामस्वरूप सभी तरह की बीमारियाँ और बुराइयाँ उसमें घुस रही हैं? एक सीमित संख्या के व्यक्तियों में परिभ्रमण करते करते रक्त दूषित हो गया है और जन्म से ही नवजात शिशुओं को वंशगत रोग प्राप्त हो जाते हैं। इस प्रकार की निर्बल संतति रोग के कीटाणुओं के आक्रमण का अवरोध करने में नितान्त असमर्थ होती है। विवाह की परिधि विस्तृत करने पर ही हम अपनी संतति में नये और ताज़े ख़ून का संचार कर पायँगे, जिससे उसकी आजकल के विविध रोगों और तज्जन्य अन्य व्याधियों से रक्षा हो सके।

प्रश्न—महाराज, आपका बाल-विवाह के सम्बन्ध में क्या मत है?

स्वामी जी—बंगाल के शिक्षित वर्ग में बालविवाह की प्रथा धीरे धीरे नष्ट हो रही है। लड़कियों का विवाह भी पहले की अपेक्षा एक दो वर्ष अधिक उम्र होने पर ही होने लगा है। किन्तु इसका कारण समाजसुधार की भावना नहीं अर्थाभाव है। किसी भी कारण से क्यों न हो, विवाह की उम्र और भी अधिक हो जानी चाहिए। पर बेचारा बाप करे क्या? ज्यों ही लड़की ज़रा बड़ी होती है माँ से लेकर अन्य सभी स्त्रियाँ और पड़ोसिनें यही एक रट लगाने लगती हैं कि वर

की खोज की जाय, और जब तक वर नहीं मिल जाता, तब तक बेचारे बाप को चैन नहीं लेने देतीं। और तुम्हारे पाखंडी पण्डों-पुरोहितों के विषय में तो जो कहा जाय, वही थोड़ा है। आजकल कोई उनकी सुनता नहीं, फिर भी वे अपने आप नेता बन बैठते हैं। सरकार ने कानून बनाकर, १२ वर्ष की कन्या से विवाह दण्डनीय कर दिया, तो ये सब धर्मगुरु चिल्लाने लगे कि धर्म नष्ट हो गया, मानो बारह-तेरह वर्ष की कन्या के माँ बनने में ही धर्म रह गया हो! इसीलिए सरकार भी यही सोचेगी कि वाह! क्या धर्म है इन लोगों का! और ये आन्दोलन कर राजनीतिक अधिकारों की माँग करते हैं!

प्रश्न—तो आपके मत से, लड़के-लड़कियों का विवाह ज़्यादा उम्र पर ही होना चाहिये?

स्वामी जी—अवश्य। पर साथ साथ उन्हें अच्छी शिक्षा भी दी जाय, नहीं तो भ्रष्टाचार और व्यभिचार बढ़ने की आशंका है। शिक्षा से मेरा तात्पर्य आधुनिक प्रणाली की शिक्षा से नहीं, वरन् ऐसी शिक्षा से है जो भावात्मक हो तथा जिससे स्वाभिमान और श्रद्धा के भाव जागें। केवल किताबें पढ़ा देने से कोई लाभ नहीं। हमें ऐसी शिक्षा की आवश्यकता है, जिससे चरित्र-निर्माण हो, मानसिक शक्ति बढ़े, बुद्धि विकसित हो, और देश के युवक अपने पैरों पर खड़े होना सीखें।

प्रश्न—हमारे नारी-समाज में भी कई सुधारों की आवश्यकता है।

स्वामी जी—इस प्रकार की शिक्षा प्राप्त होने पर स्त्रियाँ अपनी समस्याएँ स्वयं ही हल कर लेंगी। अब तक तो उन्होंने केवल असहाय अवस्था में दूसरों पर आश्रित हो जीवन यापन करना, और थोड़ी सी भी अनिष्ट या संकट की आशंका होने पर आँसू बहाना ही सीखा है। पर अब दूसरी बातों के साथ साथ उन्हें बहादुर भी बनना चाहिए। आज के ज़माने में उनके लिए आत्मरक्षा करना सीखना भी बहुत ज़रूरी हो गया है। देखो झाँसी की रानी कैसी महान् थीं!

प्रश्न—आप जैसा बता रहे हैं, यह एक नयी बात है, और मुझे मालूम पड़ता है कि वैसी शिक्षा की व्यवस्था होने में काफ़ी समय लगेगा।

स्वामी जी—फिर भी, हमें यथाशक्ति प्रयत्न तो करना होगा। हमें सिर्फ़ स्त्रियों को ही यह शिक्षा नहीं देनी है, वरन् अपने को भी शिक्षित करना है। केवल पुत्र-जन्म से ही पितृत्व प्राप्त नहीं हो जाता, साथ साथ गुरु कर्तव्यभार भी अपने कंधों पर वहन करना पड़ता है। अब स्त्री-शिक्षा कैसी हो: प्रथम तो—हिन्दू स्त्री के लिए सतीत्व का अर्थ समझना सरल ही है, क्योंकि यह उसकी विरासत है, परंपरागत सम्पत्ति है। इसलिए सर्वप्रथम, यह ज्वलन्त आदर्श भारतीय नारी के हृदय में सर्वोपरि रहे, जिससे वे इतनी दृढ़चरित्र बन जायँ कि चाहे विवा-

हित हों या कुमारी, जीवन की हर अवस्था में, अपने सतीत्व से तिल भर भी डिगने की अपेक्षा, जीवन की निडर होकर आहुति दे दें। अपने आदर्श की रक्षा के लिए अपने जीवन की भी बलि दे देना—यह क्या कम वीरता है? आज के युग की आवश्यकताएँ देखते हुए, मुझे तो यह अत्यन्त आवश्यक प्रतीत होता है कि कुछ महिलाएँ संन्यस्त जीवन के आदर्शों का पालन करने के लिए शिक्षित की जायँ, जिससे कि वे आजन्म कौमार्य व्रत धारण करें। आदि काल से जिनकी नस नस में सतीव्रत भरा है, उन भारतीय महिलाओं के लिए इसमें कोई कठिनता नहीं है। साथ साथ, महिलाओं को विज्ञान एवं अन्य विषय, जिनसे कि केवल उनका ही नहीं, अन्य लोगों का भी हित हो, सिखाये जायँ। यह जानकर कि परोपकार के लिए यह करना है, भारतीय नारी प्रसन्नता से और सरलतापूर्वक कोई भी विषय सीख लेगी। हमारी मातृभूमि के उत्थान के लिए आज उसे ऐसे ही पुण्यसंकल्प, पवित्रात्मा ब्रह्मचारियों तथा ब्रह्मचारिणियों की आवश्यकता है।

प्रश्न—इससे देश का किस तरह भला होगा?

स्वामी जी—उनके आचरण तथा सर्वसाधारण के लिए राष्ट्रीय आदर्श उपस्थित करने के उनके प्रयत्नों से, लोगों के विचारों और आशा-आकांक्षाओं में एक क्रान्तिकारी परिवर्तन होगा। आज क्या स्थिति है? माँ-बाप, येनकेनप्रकारेण, अपनी कन्या का विवाह निपटा देना चाहते हैं—चाहे वह ९ वर्ष की हो या १० वर्ष की! और यदि तेरह वर्ष की अवस्था में ही उसको सन्तान हो जाती है, तो समूचे परिवार के लिए महोत्सव हो जाता है! यदि इन विचारों का प्रवाह बदल दिया जाय, तो पुरातन श्रद्धा के पुनरागमन की कुछ आशा हो सकती है। और जो ब्रह्मचर्यपूर्वक जीवन यापन करेंगी, उनका तो कहना ही क्या—उनकी स्वयं में कितनी महान् श्रद्धा और कितना विश्वास होगा! और उनसे कितना हित और कल्याण होगा!

अब प्रश्नकर्ता नें प्रणाम कर स्वामी जी से जाने की आज्ञा माँगी! स्वामी जी ने उन्हें कभी कभी आते रहने के लिए कहा। उन्होंने कहा, "अवश्य महाराज, अवश्य आऊँगा! मैंने आपसे ऐसी ऐसी बातें सुनी हैं जो और कोई नहीं कह सकता। मेरा बहुत कल्याण हुआ है।" रात हो चली थी, इसलिए मैं भी घर चला आया।

११

सोमवार, २४ जनवरी, १८९८ ई०

[मधुर भाव—प्रेम—नाम कीर्तन—ज्ञानयुक्त भक्ति—एक अद्भुत स्वप्न]

तीसरे पहर मैं फिर स्वामी जी के पास आया। उनके चारों ओर काफ़ी लोग बैठे थे। मधुर भाव पर चर्चा हो रही थी। ईश्वर को पतिरूप में भजना—जैसा कि चैतन्य सम्प्रदाय में प्रचलित है—मधुर भाव कहलाता है। स्वामी जी की उक्तियों से कभी कभी हँसी के फ़ौव्वारे छूट जाते। इसी बीच कोई बोला—"चैतन्य महाप्रभु की जीवनलीला में हास्यास्पद ऐसा क्या है? क्या तुम सोचते हो कि चैतन्य महाप्रभु महात्मा नहीं थे और उनका जीवन सर्वभूतहिताय नहीं था?"

स्वामी जी—कौन हो तुम? तो महाशय जी, मैं क्या फिर तुम्हारी हँसी उड़ाऊँ? तुम तो केवल इसमें हँसी ही देखते हो? पर महाशय, तुम्हें यह नहीं दिखता कि चैतन्य महाप्रभु के ज्वलन्त आदर्श—कामिनीकांचन त्याग—के साँचे में अपने को ढालने के लिए मैंने आजीवन संघर्ष किया है, और जनसाधारण में वही आदर्श की भावना ठूँस-ठूँस कर भर देने का प्रयत्न कर रहा हूँ! चैतन्य महाप्रभु तो महान् त्यागी थे, उनका कामिनी और इन्द्रियभोग से क्या नाता? पर बाद में, उनके अनुयायियों ने स्त्रियों को भी अपने सम्प्रदाय में सम्मिलित कर लिया, चैतन्य के नाम पर अंधाधुंध उनके संपर्क में रहे, और इस तरह उनके महान् आदर्शों को मिट्टी में मिला दिया। प्रेम का जो आदर्श चैतन्य महाप्रभु ने अपने जीवन में प्रकट किया था, उसमें तो अहंभाव और वासना का लवलेश भी नहीं था; वह काम-विहीन प्रेम सर्वसाधारण के लिए कैसे सुलभ हो सकता था? किन्तु उनके परवर्ती वैष्णव गुरुओं ने, चैतन्य महाप्रभु के जीवन के त्याग एवं निःस्पृहता के आदर्शों की ओर दुर्लक्ष्य कर, सर्वसाधारण में उनके प्रेम के आदर्श का ही प्रचार किया। परिणाम यह हुआ कि सर्वसाधारण उस स्वर्गीय प्रेम के तत्त्व को नहीं समझ पाया, और उस प्रेम को स्त्री-पुरुष के निकृष्टतम स्वरूप के प्रेम का रूप प्राप्त हो गया।

प्रश्न—पर महाराज, उन्होंने तो हरि के नाम का उपदेश चांडालों तक को दिया था; इसलिए सर्वसाधारण को उनके उपदेशों का अधिकार क्यों नहीं होना चाहिए?

स्वामी जी—मैं उनके उपदेशों की नहीं, उनके प्रेम के महान् आदर्श—राधा प्रेम की चर्चा कर रहा हूँ—जिसमें वे रात-दिन मस्त रहते थे और अपने को राधा का ही स्वरूप समझे रहते थे।

प्रश्न—यह सर्वसाधारण के लिए क्यों वर्जित है?

स्वामी जी—इस देश पर उसका क्या परिणाम हुआ, यह तो देखो। उस प्रेमभाव का सर्वसाधारण में प्रचार किये जाने से सारा राष्ट्र स्त्रैण, स्त्रियों की एक जाति हो गया है। सारा उड़ीसा कायरों का देश बन गया है, और बंगाल—इस राधाप्रेम के पीछे इन चार सौ वर्षों में अपना पुंसत्व ही खो बैठा है। लोगों को बस रोना और आँसू बहाना मात्र आता है, यही उनका राष्ट्रीय गुण बन गया है। उनके साहित्य को देखो, जो कि राष्ट्र के विचारों और भावों का दर्पण होता है। इन चार सौ वर्षों के बंगाली साहित्य का ध्रुवपद यही कराहना और आँसू बहाना ही तो है। इन चार सौ वर्षों में वीररस का एक काव्य तक तो नहीं रचा गया।

प्रश्न—तो उस प्रेम के अधिकारी फिर कौन हैं?

स्वामी जी—जब तक हृदय में वासना के लिए तिलमात्र भी स्थान है, तब तक वह प्रेम सम्भव नहीं। केवल महान् त्यागी, निःस्पृह और संन्यस्त व्यक्ति, केवल जो मानवों में अतिमानव हैं,—केवल उन्हें ही उस स्वर्गीय प्रेम का अधिकार है। यदि वह प्रेम का उच्चतम आदर्श सर्वसाधारण में प्रचलित कर दिया जाय, तो वह प्रकारांतर से मनुष्य के हृदय में प्रबल सांसारिक प्रेम को ही उद्दीप्त करेगा—क्योंकि ईश्वर का प्रियाभाव से ध्यान करते करते साधारण मनुष्य अधिकांश समय अपनी ही प्रिया के ध्यान में खोया रहेगा और इसका परिणाम क्या होगा—यह स्पष्ट है।

प्रश्न—तो क्या गृहस्थों के लिए इस प्रेममार्ग से, ईश्वर को पति या प्रियतम मानकर, प्रियाभाव से आराधना कर, भगवत्प्राप्ति असम्भव है?

स्वामी जी—कुछ अपवाद छोड़कर साधारण गृहस्थों के लिए निस्सन्देह यह असम्भव है। और फिर इस कठिन मार्ग पर ही इतना बल क्यों? मधुर भाव के अतिरिक्त क्या अन्य कोई भाव या संबंध नहीं हैं, जिनके द्वारा भगवत्पूजा की जा सके? अन्य चारों मार्गों का अनुकरण कर, ईश्वर का नाम हृदय से स्मरण करो। पहले हृदय के द्वार तो खुलने दो, शेष सब अपने आप ही आ जायगा। लेकिन यह बात अच्छी तरह से समझ लो कि जब तक काम-वासना है, तब तक उस प्रेम का आविर्भाव नहीं होगा। पहले अपनी इन्द्रियासक्ति, भोगों की लालसा का ही त्याग क्यों न करो? तुम कहोगे—'यह कैसे सम्भव है, मैं तो गृहस्थ हूँ।' फालतू

बकवास है यह सब। गृहस्थ होने के माने यह तो नहीं है कि कोई मूर्तिमन्त वासना बन जाय या आजन्म वैवाहिक सुख का उपभोग करता रहे? और फिर मनुष्य के लिए यह कितना लज्जास्पद है कि वह स्वयं को स्त्री समझने लगे, जिससे कि मधुर भाव का आचरण कर सके!

प्रश्न—ठीक है महाराज! नाम-कीर्तन अत्यन्त सहायक है और उसमें बहुत आनन्द भी आता है। धर्मग्रन्थ भी यही कहते हैं और महाप्रभु चैतन्य ने भी जनता को यही उपदेश दिया। जब मृदंग बजने लगता है, तो हृदय आनन्द से उछलने लगता है और आदमी नाचने लगता है।

स्वामी जी—यह ठीक है, पर यह मत समझना कि कीर्तन का अर्थ केवल नाचना ही है। कीर्तन का अर्थ है, जैसे भी संभव हो—ईश्वर का गुणगान। वैष्णवों का भावावेश में आकर नाचने लगना, और मस्त हो जाना—निस्सन्देह अत्यन्त मनोहारी है, पर उसमे एक ख़तरा भी है, जिससे अपने को बचाना चाहिए। वह ख़तरा है उसकी प्रतिक्रिया में। एक ओर तो भावनाएँ उच्चतम शिखर तक पहुँच जाती हैं, नयनों से अश्रुप्रवाह शुरू हो जाता है, और फिर शरीर मस्ती में झूमने लगता है, पर दूसरी ओर ज्यों ही संकीर्तन समाप्त होता है, भावनाओं की इन प्रबल लहरों का उतनी ही शीघ्रता से पतन होता है। समुद्र में लहरें जितनी ऊपर उठती हैं, उतनी ही नीचे गिरती हैं। उस अवस्था में प्रतिक्रिया का आघात सह लेना सरल नहीं है। जब तक सदसद् विवेक-बुद्धि का विकास नहीं हो जमता, साधारणतया व्यक्ति ऐसी अवस्था में वासना इत्यादि दुर्बलताओं का शिकार बन जाता है। अमेरिका में भी यही बात मेरे देखने में आयी। अनेक लोग गिरजाघर जाते हैं, भक्तिपूर्वक प्रार्थना करते हैं, तन्मय होकर गाते हैं, धर्मोपदेश सुनते सुनते रोने भी लगते हैं, पर प्रार्थना समाप्त होने पर ज्यों ही गिरजा के बाहर आते हैं, इसकी प्रतिक्रिया आरम्भ हो जाती है और वे इन्द्रिय-सुखों के शिकार हो जाते हैं।

प्रश्न—महाराज, कृपा कर अब यह बताइये कि चैतन्य महाप्रभु के कौन से विचार योग्य समझकर हम ग्रहण करें, जिससे कि हमसे कोई भूल न हो?

स्वामी जी—ईश्वर की ज्ञान-मिश्रित भक्ति से आराधना करो। भक्ति के साथ विवेक का लोप न हो। इसके अतिरिक्त महाप्रभु से उनकी सहृदयता, प्राणि मात्र के लिए उनकी प्रेममय दया, ईश्वर के लिए उनका उत्कट प्रेम सीखो, और उनकी नि स्पृहता को अपने जीवन का लक्ष्य बनाओ।

अब प्रश्नकर्ता ने दोनों हाथ जोड़कर स्वामी जी से कहा—"महाराज, मुझे क्षमा करें। अब मैं समझ गया कि आपका कहना ठीक है। वैष्णवों के मधुर भाव

की जब आप आरम्भ में मजाक में टीका कर रहे थे, तब मुझे आपका यह दृष्टिकोण मालूम नहीं था, इसीलिए मैंने आपत्ति की थी।"

स्वामी जी—देखो, यदि टीका-टिप्पणी करनी है, तो ईश्वर और उसके प्यारों की टीका-टिप्पणी करना ही अच्छा है। यदि तुम मुझे अपशब्द कहते हो, तो मुझे भी शायद तुम पर क्रोध आ जाय और मैं तुम्हें अपशब्द कहूँ तो तुम भी प्रतिकार करोगे ही। नहीं क्या ? पर ईश्वर या ईश्वरीय पुरुष कभी बुरे का बदला बुरे से नहीं लेते।

वे महाशय स्वामी जी को प्रणाम कर चले गये। मैंने यह पहले ही बता दिया है कि जब स्वामी जी कलकत्ता में आते थे, तो इस प्रकार की गोष्ठियाँ रोज़ ही हुआ करती थीं। प्रातःकाल से रात्रि के ८-९ बजे तक हर घड़ी दर्शकों तथा श्रोताओं का ताँता ही लगा रहता, इससे उनका भोजन कभी समय पर नहीं हो पाता। इसलिए कई लोगों ने स्वामी जी को सलाह दी कि वे आगन्तुकों से निश्चित समय पर ही भेंट किया करें। किन्तु स्वामी जी का हृदय तो प्रेम का सागर था, सदैव दूसरों की सहायता के लिए तत्पर रहता था, और लोगों में धर्म के लिए जिज्ञासा और पिपासा देखकर तो उनमें करुणा उमड़ पड़ती थी। इसलिए अस्वस्थ रहने पर भी उन्होंने ऐसी कोई सलाह नहीं मानी। उनका तो बस यही एक जवाब होता था—"वे अपने घरों से चलकर यहाँ तक आने में इतना कष्ट उठाते हैं तो क्या मैं सिर्फ़ अपना स्वास्थ्य बिगड़ जाने की थोड़ी सी आशंका से ही उनसे दो शब्द भी न बोलूं ? यह कैसे संभव है ?"

क़रीब चार बजे चर्चा समाप्त हुई। मण्डली विसर्जित हो गयी थी। केवल कुछ ही सज्जन बैठे रहे, जिनसे स्वामी जी इंग्लैण्ड और अमेरिका आदि के संबंध में बातचीत करते रहे थे। इसी वार्तालाप के मध्य उन्होंने कहा—"इंग्लैण्ड से लौटते समय मैंने एक अद्भुत स्वप्न देखा था। जब हमारा जहाज़ भूमध्यसागर में चल रहा था, स्वप्नावस्था में मैंने देखा कि ऋषितुल्य कोई वृद्ध व्यक्ति मेरे पास आकर खड़ा हो गया और बोला—तुम आओ, हमको पुनः प्रतिष्ठित कर दो। मैं थेरापुत्तस के प्राचीन पन्थ का अनुयायी हूँ, जो प्राचीन भारतीय ऋषियों की शिक्षाओं पर आधारित है। जिस सत्य और जिन आदर्शों का हमने प्रचार किया, ईसाई लोग उनका ईसा मसीह द्वारा प्रचलित किया जाना बताते हैं; पर सच तो यह है कि ईसा मसीह नाम का कोई व्यक्ति कभी जन्मा ही नहीं। इस बात को सिद्ध करने के लिए यदि यहाँ खोदाई की जाय, तो कई प्रमाण मिल सकेंगे।" मैंने पूछा—"कौन सी जगह खुदाई करने पर वे अवशेष और प्रमाण मिलेंगे ?" उस श्वेतकेशी वृद्ध ने तुर्की के पास का एक स्थान बताकर कहा—'वहाँ'। इतने में ही

मैं जाग गया और तत्काल भागकर डेक पर मैंने जहाज़ के कप्तान से पूछा कि जहाज़ इस समय कहाँ है? जहाज़ के कप्तान ने हाथ से दिखाते हुए कहा—"देखो, वह तुर्किस्तान है और वह क्रीट द्वीप है।"

क्या यह एक स्वप्न मात्र ही था या उस स्वप्न में कोई सत्य छिपा था? कौन जानता है!

१२

(श्री सुरेन्द्रनाथ दास गुप्त द्वारा आलिखित)

[सदैव मृत्यु का ध्यान रखो, हृदय में स्वयं ही नवजीवन प्रस्फुटित होने लगेगा—दूसरों के लिए काम करो—ईश्वर ही अन्तिम सहारा है]

एक दिन, विभिन्न विद्यालयों के अपने कुछ मित्रों के साथ मैं स्वामी जी का दर्शन करने बेलूड़ मठ गया। हम उनके पास बैठ गये। कई विषयों पर चर्चा हो रही थी। उनसे कोई भी प्रश्न पूछे जाते ही, वे उसका संतोषप्रद उत्तर दे देते। तभी उन्होंने एकाएक हमारी ओर संकेत करते हुए कहा—"तुम सब पाश्चात्य तत्त्वज्ञान और दर्शनशास्त्र की विभिन्न शाखाओं का अध्ययन कर रहे हो और अनेक राष्ट्रों तथा देशों के सम्बन्ध में ज्ञान प्राप्त कर रहे हो; क्या तुम बता सकते हो कि जीवन का सबसे महान् सत्य क्या है?"

हम सोचने लगे, पर नहीं समझ पाये कि स्वामी जी हमसे क्या उत्तर चाहते थे। जब कोई भी उत्तर नहीं दे पाया, तो स्वामी जी अपनी स्फूर्तिदायिनी वाणी में बोले:

"देखो, हम सबकी मृत्यु अवश्यम्भावी है। यह सदैव याद रखो तो अन्तरात्मा स्वयं ही जाग्रत हो जायगी। तभी जीवन से क्षुद्रता का लोप हो सकेगा, काम में व्यावहारिकता आ पायेगी और जो भी तुम्हारे निकट आयेंगे, उन्हें लगेगा कि तुमसे उन्हें कुछ प्रेरणा प्राप्त हुई है।"

फिर मुझमें और स्वामी जी में निम्नलिखित बातचीत हुई:

मैं—पर स्वामी जी, क्या मृत्यु के विचार मात्र से हृदय निराशा में नहीं डूब जायगा और आत्मा निर्बल नहीं बन जायगी?

स्वामी जी—ठीक है। आरम्भ में तो यही होगा। हृदय भग्न हो जायगा,

और मन पर निराशा और दैन्य छा जायगा। पर अपनी भावना में अटल रहो, कुछ दिन व्यतीत हो जाने दो और तब देखो। तब तुम्हें मालूम होगा कि हृदय में एक नूतन शक्ति का संचार हो रहा है, मृत्य का निरन्तर चिन्तन तुम्हें एक नव जीवन प्रदान कर रहा है, और प्रतिक्षण तुम्हारे सामने संसार की नश्वरता और मिथ्यापन का चित्र उपस्थित कर, तुम्हें अधिकाधिक विचारशील बना रहा है। थोड़ी प्रतीक्षा करो, कुछ दिन, मास, वर्ष व्यतीत हो जाने दो और तुम देखोगे कि अन्तरात्मा सुप्त केसरी के समान जागकर खड़ी हो रही है, अन्तर की क्षुद्र शक्ति महान् शक्ति में परिवर्तित हो रही है। सदैव मृत्यु का मनन करो, फिर तुम्हें मेरे एक एक शब्द की सत्यता विदित हो जायगी। शब्दों में और अधिक मैं क्या कहूँ!

मेरा एक मित्र धीमी आवाज़ में स्वामी जी की प्रशंसा कर रहा था।

स्वामी जी—मेरी प्रशंसा मत करो। इस दुनिया में हमारी प्रशंसा और निन्दा का कोई मूल्य नहीं है। ये तो केवल झूले के समान मनुष्य को झोंके दिलाती रहती हैं। मुझे काफ़ी प्रशंसा मिली, कटु आलोचना की बौछार भी मैंने सही है, पर उनकी याद से क्या लाभ! हर एक व्यक्ति निरपेक्ष भाव से अपना कर्तव्य करता रहे। जब अन्तिम घड़ी आयगी, तो निन्दा और प्रशंसा मेरे लिए, तुम्हारे लिए, और सबके लिए समान हो जायगी। हम सब यहाँ काम करने आये हैं, और जब पुकार होगी, तब सब कुछ छोड़कर चल देना होगा।

मैं—स्वामी जी, हम सब कितने नगण्य हैं!

स्वामी जी—सच! तुमने बिल्कुल ठीक कहा! कोटि कोटि सौरमंडलों से युक्त इस ब्रह्माण्ड की कल्पना करो और सोचो कि कौन अनन्त अज्ञेय शक्ति उन्हें परिचालित कर, उस 'अज्ञात एक' के चरणों का स्पर्श कराने खींचे ले जा रही है—और हम कितने क्षुद्र और नगण्य हैं! तो फिर इस जीवन में दुष्ट और क्षुद्र संकल्पों से मन को दूषित करने का अवसर ही कहाँ है? दलबन्दी करने और परस्पर वैमनस्य बढ़ाने से हमें यहाँ क्या लाभ होनेवाला है? मेरा कहना मानो—जब तुम विद्यालय से आओ, तो प्राणपण से दूसरों की सेवा में जुट जाओ। मुझ पर विश्वास करो, तब तुम्हें त्रिभुवन की सम्पत्ति प्राप्त कर लेने से भी अधिक आनन्द होगा। जैसे जैसे तुम सेवामार्ग में अग्रसर होते जाओगे, ज्ञान के मार्ग में भी तुम्हारी प्रगति होती जायगी।

मैं—पर हम सब इतने अधिक ग़रीब हैं, स्वामी जी!

स्वामी जी—ग़रीबी के इन विचारों को छोड़ो। किस दृष्टि से तुम ग़रीब हो? क्या तुम्हें इस बात का दुःख है कि सोने के लिए मुलायम गद्दे नहीं हैं और बुलाते

ही हाज़िर होनेवाले नौकर-चाकर नहीं हैं? उससे क्या होता है? तुम नहीं जानते, यदि तुम रात-दिन दूसरों की सेवा में अपना खून-पसीना एक कर दो तो जीवन में तुम्हारे लिए असम्भव और असाध्य कुछ नहीं रहेगा। और फिर तुम देखोगे—तुम्हारी आँखों के सामने जीवन की प्रकाशमान सरिता का दूसरा छोर अनन्त असीम फैला है, मृत्यु का आवरण हट गया है, और तुम अमरों के अद्भुत रम्य देश के अधिकारी बन गये हो!

मैं—ओह, आपके समक्ष बैठकर, आपकी जीवनदायिनी वाणी सुनने में कितना आनन्द है, स्वामी जी!

स्वामी जी—देखो, भारत का परिभ्रमण करते करते कई महात्माओं से मेरी भेंट हुई, कई ऐसे हृदय पाये जिनमें दया और प्रेम का सागर लहरें मार रहा है—उनके चरणों में बैठकर मुझे प्रतीत होता था कि मेरे हृदय में शक्ति की अनन्त धारा प्रवाहित होने लगी है। आज जो थोड़े शब्द मैं तुम लोगों के सामने बोल रहा हूँ, वे उन महात्माओं के सान्निध्य से प्राप्त उस प्रबल धारा के किंचित् सीकर मात्र हैं। यह मत सोचो कि मुझमें स्वयं में कोई महत्ता है।

मैं—पर स्वामी जी, हम तो आपको इसी भाव से देखते हैं कि आपको भगवत्प्राप्ति हो गयी है।

ये शब्द मेरे मुख से निकले ही थे कि उनके प्रकाशमान नेत्र अश्रुप्लावित हो गये (आज भी वह दृश्य मेरी आँखों के सामने घूम जाता है); उनके हृदय से प्रेम उमड़ा आ रहा था, और उन्होंने धीरे धीरे कोमल मृदु वाणी में कहा—"उन पुण्य-चरणों में ही ज्ञानी के ज्ञान की पूर्णता समायी है! उन्हीं पुनीत चरणों में प्रेमियों के प्यार की पूर्णता समायी है! मुझे बताओ, उन श्री चरणों के सिवाय भवताप से दग्ध जीव और कहाँ शरण पायेंगे!"

कुछ क्षण बाद वे फिर बोले, "हन्त! मनुष्य कितने मूर्ख हैं जो अपना जीवन कलह में बिता देते हैं। पर कब तक वे अज्ञानी बने रहेंगे? अनन्त योनियों में भ्रमण करने के बाद जीवन-चक्र के संध्याकाल में माँ की गोद में सबको आना ही होगा!"[१]

---

१. यहाँ तक 'वार्ता एवं संलाप', रामकृष्ण मठ एवं मिशन के (बंगाली) मुखपत्र 'उद्बोधन' में शिष्यों द्वारा लिखित सामग्री से अनूदित है। स०

१३

इतिहास का प्रतिशोध

(श्रीमती राइट द्वारा आलिखित)

[१८९३ के अगस्त मास के अन्त में स्वामी विवेकानन्द एनिसक्वाम में प्रो० जे० एच० राइट के मकान पर ठहरे। न्यू इंग्लैण्ड के इस शान्त ग्राम में स्वामी जी को देखकर वहाँ के निवासियों को इतना आश्चर्य हुआ कि तुरन्त लोगों में इस बात की अटकलबाज़ी होने लगी कि आख़िर यह भव्य और आकर्षक व्यक्ति है कौन? यह कहाँ से आया? पहले वे इस निश्चय पर पहुँचे कि यह भारत का कोई ब्राह्मण होगा, किन्तु उसका व्यवहार उनकी धारणाओं से पूर्णरूपेण मेल नहीं खाता था।]

यह ऐसी बात थी, जिसका समाधान आवश्यक था और वे एक मत होकर भोजन के पश्चात् इस विचित्र नवागंतुक के प्रवचन को सुनने के लिए उस कुटीर की ओर चले।

"अभी कल की बात है," उन्होंने अपनी संगीतमय ध्वनि में कहा, "ठीक, सिर्फ़ कल की—चार सौ वर्ष से अधिक पूर्व नहीं।" फिर उन्होंने एक धीर जाति और उत्पीड़ित राष्ट्र के ऊपर की गयी निर्दयता और दमन की कहानियाँ सुनायीं, और भविष्य में आनेवाले निर्णय को!

"ओह, अंग्रेज़," उन्होंने कहा, "केवल कुछ समय पूर्व वे बर्बर थे...स्त्रियों के शरीर पर कीड़े रेंगते थे...और अपने शरीर की घिनौनी दुर्गन्ध छिपाने के लिए वे सुगन्ध लगाती थीं...अत्यन्त बीभत्स! अब भी वे केवल उस बर्बरता से बाहर निकल भर रहे हैं।"

"अनर्गल!" उन क्षुब्ध श्रोताओं में से एक ने कहा, "यह तो कम से कम पाँच सौ वर्ष पहले की बात है।"

"और क्या मैंने नहीं कहा ज़रा देर पहले? मनुष्य की आत्मा की प्राचीनता को दृष्टि में रखने पर इन कुछ सौ वर्षों की क्या गिनती है?" तब स्वर में एक विनम्र और औचित्यपूर्ण परिवर्तन करते हुए उन्होंने कहा, "वे नितान्त बर्बर हैं।" "भयानक शीत और उनके उत्तरी जलवायु जन्य अभावों और कष्टों ने उन्हें जंगली बना डाला है," उन्होंने कुछ अधिक भावना के साथ तेज़ी से कहा। "वे केवल मार डालने की बात सोचते हैं—उनका धर्म कहाँ है? वे उस पवित्र पुरुष का नाम लेते हैं, वे अपने मनुष्य भाइयों से प्रेम करने का दावा करते हैं

वे सभ्य बनते हैं—ईसाई धर्म के द्वारा।—नहीं, यह तो उनकी भूख है, जिसने उन्हें सभ्य बनाया है। उनके ईश्वर ने नहीं। मानव-प्रेम तो केवल उनकी जिह्वा पर है, उनके हृदय में और कुछ नहीं, केवल बुराई और हर प्रकार की हिंसा ही हिंसा है। 'मेरे भाई, मैं तुमको प्यार करता हूँ, मैं तुम्हें प्यार करता हूँ।'... और निरन्तर वे उसका गला काटते रहते हैं। उनके हाथ खून से लाल हैं!"...तब कुछ और धीरे बोलते हुए उनका मधुर कंठ गम्भीर होता गया, और अंततः घंटा-निनाद के सदृश ध्वनित हो उठा, "किन्तु उन्हें ईश्वर के दंड का भागी बनना पड़ेगा। 'प्रभु कहते हैं कि प्रतिशोध मेरा है, मैं उसे चुकाऊँगा' और विनाश आ रहा है। तुम्हारे ईसाई कितने हैं? दुनिया के एक तिहाई भी नहीं। उन कोटि कोटि चीनियों को देखो। वे ईश्वर का प्रतिशोध हैं, 'जो तुम्हारे ऊपर उद्दीप्त हो उठेगा। हूणों, का एक और आक्रमण होगा।' कुछ बुदबुदाते हुए उन्होंने कहा, "वे समस्त यूरोप को पदाक्रान्त कर देंगे, वे एक भी ईंट साबित नहीं छोड़ेंगे। पुरुष, स्त्रियाँ और बच्चे सभी चल बसेंगे और अंध युग फिर आयेंगे।" उनके स्वर में वर्णनातीत वेदना और करुणा थी। तत्पश्चात् अचानक उदासीनता-पूर्वक अपने युग-द्रष्टा को अलग करते हुए उन्होंने कहा, "मुझे—मुझे कोई चिन्ता नहीं है! दुनिया इससे और अच्छी होकर निकलेगी, किन्तु यह सब आ रहा है। ईश्वर का प्रतिशोध, वह शीघ्र आ रहा है।"

"शीघ्र?" उन सब लोगों ने पूछा।

"इसके होने में एक हज़ार वर्ष भी न लगेंगे"

लोगों ने निश्चिन्तता की साँस ली। यह सब अभी निकट नहीं लगा।

वे कहते गये, "ईश्वर प्रतिशोध अवश्य लेगा। तुम्हें यह बात धर्म और राज-नीति में भले ही न दिखायी पड़े, किन्तु इतिहास में अवश्य ही दृष्टिगत होगी और जैसा होता रहा है, वैसा ही होगा। यदि तुम लोगों को पीसोगे तो तुम्हें भी भुगतना पड़ेगा। भारत में हम लोग ईश्वर के प्रतिशोध को भोग रहे हैं। इन चीज़ों को देखो। उन लोगों ने अपने निजी लाभ के लिए ग़रीबों को पीसा, उन्होंने उनकी कातर ध्वनि नहीं सुनी, जब जनता रोटी के लिए पुकार रही थी, तब वे सोने और चाँदी के पात्रों में खाते थे और (इसके बाद ही) मुसलमानों ने वध और हत्या करते हुए आक्रमण किया: वध और हत्या करते हुए उन्हें पराभूत कर दिया। वर्षों तक भारत बार बार पराजित होता रहा और उन सबके अन्त में तथा सबसे बुरे, अंग्रेज़ आये। तुम भारत में देखो, हिन्दुओं ने क्या छोड़ा? चारों ओर आश्चर्यजनक मंदिर। मुसलमानों ने क्या छोड़ा? भव्य भवन। अंग्रेज़ों ने क्या छोड़ा? शराब की टूटी बोतलों के टीलों के अतिरिक्त और कुछ नहीं। ईश्वर

ने मेरे देशवासियों के ऊपर दया नहीं की, क्योंकि स्वयं उनमें दया नहीं थी। अपनी निष्ठुरता से उन्होंने जनता को नीचे गिराया और जब उन्हें उनकी आवश्यकता पड़ी, तब उस जनता में उनकी सहायता करने के निमित्त कुछ शेष ही नहीं रह गया था। मनुष्य को ईश्वर के प्रतिशोध में भले ही विश्वास न हो सके, किंतु, वह इतिहास के प्रतिशोध को कदापि अस्वीकार नहीं कर सकता। यही अंग्रेज़ों के ऊपर भी बीतेगा। वे हमारी गरदन पर सवार हैं, उन्होंने अपने सुख-भोगों के लिए हमारे रक्त की अंतिम बूंद भी चूस ली है। हमारी करोड़ों की सम्पत्ति अपहरण कर ले गये, जब कि गाँवों और प्रांतों में हमारी जनता भूखों मर रही थी। अब उनके ऊपर चीनियों के प्रतिशोध की बौछार होगी। यदि आज चीनी उठें और अंग्रेज़ों को समुद्र में डुबो दें, जिसके कि वे पात्र हैं, तो यह न्याय के अतिरिक्त और कुछ न होगा।"

इसके पश्चात् अपने कथन को समाप्त करके स्वामी जी चुप हो गये। धीमे स्वर में उनके संबंध में लोगों की बड़बड़ाहट शुरू हो गयी। वे बाहर से उदासीन से सुनते रहे। कभी कभी वे ऊपर छत की ओर दृष्टि-निक्षेप करते और धीरे धीरे 'शिव'! 'शिव'! दुहराते थे। वह छोटा सा एकत्र समुदाय इस अद्भुत व्यक्ति के शान्त धरातल से निकलकर प्रवाहित लावा के समान उद्गारों द्वारा प्रकम्पित और उद्वेलित होकर विचलित मन विदा हुआ।

वे कई दिन ठहरे (वस्तुतः केवल एक लम्बे सप्ताहान्त भर) . . . सदैव उनके प्रवचन सजीव उदाहरणों और सुन्दर कथाओं से परिपूर्ण रहते थे। . . .

उन्होंने एक व्यक्ति की सुन्दर कहानी सुनायी, जिसकी पत्नी उसके कष्टों के लिए उसे ही दोषी ठहराया करती, दूसरों की सफलता को देखकर उसे कोसती, और उसकी समस्त असफलताओं का कारण उसे ही बताया करती थी। उसने अपने पति से कहा, "तुमने इतने वर्षों से ईश्वर की सेवा की है, उसके निमित्त तुम्हारे ईश्वर ने तुम्हारे लिए क्या यही किया है?" तब उस व्यक्ति ने उत्तर दिया, "क्या मैं धर्म का व्यापारी हूँ? पर्वत को देखो। वह मेरे लिए क्या करता है और मैंने उसके लिए क्या किया है? तो भी मुझे उससे प्रेम है, क्योंकि मेरी रचना ही सुन्दरता से प्रेम करने के लिए हुई है। इसी प्रकार मैं ईश्वर से प्रेम करता हूँ।" . . . एक दूसरी कहानी उन्होंने एक राजा की सुनायी, जिसने एक ऋषि को एक भेंट देने की इच्छा प्रकट की। ऋषि ने अस्वीकार कर दिया, किन्तु राजा ने आग्रह किया और साथ चलने की प्रार्थना की। जब वे महल में आये, तो ऋषि ने राजा को (ईश्वर से) प्रार्थना करते हुए सुना। राजा ने ईश्वर से धन, शक्ति एवं दीर्घायु की याचना की। ऋषि ने आश्चर्य से सुना और अन्त में अपना आसन उठाकर चल देने को तत्पर हुए। उसी समय राजा ने अपनी प्रार्थना समाप्त कर आँखें

खोलीं और उन्हें देखा। उसने पूछा, "आप क्यों जा रहे हैं? आपने अपनी भेंट के लिए नहीं कहा।" ऋषि ने कहा, "मैं एक भिखारी से याचना करूँ?"

जब किसीने उनसे कहा कि ईसाई धर्म एक उद्धारक शक्ति है, तब उन्होंने अपने बड़े बड़े श्यामल नेत्रों से उसकी ओर देखा और कहा, "यदि ईसाई धर्म उद्धारक शक्ति है, तो उसने अबीसीनियावासियों का उद्धार क्यों नहीं किया?"

* * *

अक्सर उनके मुँह से ये शब्द निकलते, "वे इस संन्यासी के साथ यह करने का साहस नहीं कर पायेंगे।" कभी कभी वे अपनी यह महान् आकांक्षा भी व्यक्त किया करते थे कि अंग्रेज़ सरकार उनको पकड़कर गोली मार भी दे, "यह उनके ताबूत की पहली कील होगी।" वे अपने शुभ्र दाँतों को किंचित् झलकाते हुए कहते, "और मेरी मृत्यु इस भूमि पर एक भीषण आग के समान फैल जायगी।"....

उनकी आदर्श वीरांगना भारतीय विद्रोह की वह भयानक (?) रानी थी, जिसने स्वयं ही अपनी सेना का संचालन किया था। उन्होंने बताया कि बहुत से विद्रोही अपने को छिपाने के लिए साधु हो गये थे; और इसीलिए साधुओं के विचार बड़े खतरनाक होते थे। उन्हींमें से एक (विद्रोही) था, जो अपने चार पुत्रों को खोकर भी उनके सम्बन्ध में संयत होकर बात कर सकता था, किन्तु जब कभी वह रानी का नाम लेता, तो रोने लगता। उसके मुख पर आँसुओं की धारा प्रवाहित हो जाती। वे कहते, "वह स्त्री देवी थी। जब हार गयीं, तो अपनी तलवार के घाट उतर गयी और एक पुरुष की भाँति मरी।" भारतीय विद्रोह का कोई दूसरा पक्ष भी था, इस बात में जब आप कभी विश्वास ही न कर सकें, तो उसके इस दूसरे पक्ष की बात सुनना तथा यह आश्वस्त किया जाना कि सम्भवतः हिन्दू एक स्त्री की हत्या न करेगा, बड़ा विचित्र लगता था।...

१४

धर्म, सभ्यता और चमत्कार

('दी अपील-आभालांस' में प्रकाशित)

'ला सै लेट अकादमी'[१] की बैठक में, जो कि मेमफ़िस प्रवास में उनका घर था, बैठे हुए उन्होंने कहा, "मैं संन्यासी हूँ, पुरोहित नहीं। अपने देश में मैं

१. जनवरी २१, १८९४ ई०

जगह जगह घूमता हूँ, जिन गाँवों और शहरों से होकर निकलता हूँ, वहाँ के लोगों को उपदेश देता हूँ। अपने भरण-पोषण के लिए मैं उनके ऊपर निर्भर हूँ, क्योंकि मुझे पैसा स्पर्श करने की आज्ञा नहीं है।"

एक प्रश्न के उत्तर में उन्होंने कहा, "मैं बंगाल में उत्पन्न हुआ था और मैंने अपनी इच्छा से संन्यासी और ब्रह्मचारी का जीवन स्वीकार किया। मेरे जन्म पर मेरे पिता ने मेरी जन्म-पत्री बनवायी थी, किन्तु उन्होंने मुझे कभी नहीं बताया कि उसमें क्या था। अपने पिता की मृत्यु के कुछ दिन बाद जब मैं अपने घर गया, मैंने अपनी माँ के पास रखे हुए काग़ज़ों में वह पत्री देखी। उससे मैंने जाना कि मेरे भाग्य में पृथ्वी पर विचरण करना लिखा था।"

वक्ता के स्वर में एक करुणा थी और श्रोता-समूह में से एक सहानुभूति की ध्वनि सुनायी पड़ी। विवेकानन्द अपने सिगार की राख झाड़ते हुए थोड़े काल के लिए चुप हो गये।

तभी किसीने पूछा :

"यदि आपका धर्म, जो कुछ आप दावा करते हैं वैसा ही है, यदि वही सच्चा धर्म है, तो क्या कारण है कि आपके देशवासी जितने सभ्य हैं, उससे अधिक सभ्य नहीं हो सके? उसने दुनिया के राष्ट्रों के बीच उनको ऊँचा क्यों नहीं उठा दिया?"

"क्योंकि वह किसी भी धर्म का क्षेत्र नहीं है," हिन्दू ने गम्भीरतापूर्वक उत्तर दिया। "मेरे देशवासी दुनिया में सबसे अधिक, या किसी भी जाति के समतुल्य, नैतिक हैं। वे अपने मानव-भाइयों के अधिकारों के प्रति, मूक पशुओं तक के प्रति, कहीं अधिक ध्यान देते हैं। परन्तु वे भौतिकवादी नहीं हैं। किसी भी धर्म ने कभी किसी राष्ट्र या जाति के विचार या प्रेरणा को आगे नहीं बढ़ाया। वास्तव में इतिहास में कभी भी कोई ऐसी महान् सफलता नहीं प्राप्त की गयी जिसको धर्म ने बाधा नहीं पहुँचायी हो। आपके स्तुत्य ईसाई धर्म ने भी अपने को इसका अपवाद नहीं सिद्ध किया। आपके डारविन, मिल, ह्यूम आदि को आपके धर्माधिकारियों का समर्थन नहीं प्राप्त था। तब इसके लिए मेरे धर्म की आलोचना क्यों?"

"मैं उस धर्म को एक कानी कौड़ी भी नहीं देना चाहूँगा, जो मानव जाति के भौतिक जीवन और आध्यात्मिक दशा दोनों के उत्थान के लिए सचेष्ट न हो।" उस समूह के एक व्यक्ति ने कहा, "और इसी कारण मैं आपके वक्तव्यों की सत्यता स्वीकार करने के लिए तैयार नहीं हूँ। ईसाई धर्म ने कॉलेजों और अस्पतालों की स्थापना की और पतितों को उठाया है। उसने दलितों का उत्थान किया और अपने अनुयायियों को जीवन बसर करने में मदद की।"

"कुछ हद तक आप ठीक कहते हैं," संन्यासी ने शांत भाव से उत्तर दिया, "फिर भी इससे यह सिद्ध नहीं हो जाता कि ये सीधे आपके ईसाई धर्म के परिणाम हैं। पश्चिम में अनेक कारण विद्यमान रहे हैं, और ये सब उन्हींके परिणाम हैं।"

"धर्म का प्रयोग मनुष्य के आध्यात्मिक पक्ष के विकास करने में होना चाहिए। विज्ञान, कला, दार्शनिक अनुसंधान सभी का जीवन में अलग अलग कार्य है। किन्तु यदि तुम इनका मिश्रण करना चाहो, तो तुम उनकी व्यक्तिगत विशेषताओं को नष्ट कर दोगे, जैसे अंततः कुछ दिनों में तुम लोग धर्म से आध्यात्मिकता को बिल्कुल ही निकाल बाहर करोगे। तुम अमेरिकन लोग किसकी उपासना करते हो? डालर की। स्वर्ण के पीछे पागल होकर भागते हुए तुम अध्यात्म को भूल रहे हो और अन्ततः तुम भौतिकतापरायण बन गये हो। तुम्हारे उपदेशक और गिरजाघर भी इसी सर्वव्यापी लालसा से कलुषित हैं। अपनी जाति के इतिहास में एक भी ऐसा व्यक्ति बताओ, जिसने वैसा आध्यात्मिक जीवन बिताया हो, जैसा हमारे देश में लोगों ने बिताया और जिनके कि मैं नाम गिना सकता हूँ। ऐसे लोग कहाँ हैं, जो मृत्यु के आने पर कह सकते हों, 'ओ बन्धु मृत्यु, मैं तुम्हारा स्वागत करता हूँ।' तुम्हारा धर्म तुम्हें फ़ेरिस-चक्रों और आइफ़ेल-मीनारों के निर्माण में मदद देता है, पर क्या वह तुम्हारे आन्तरिक जीवन के विकास में भी तुम्हारी सहायता करता है?"

संन्यासी गम्भीरतापूर्वक बोल रहे थे और उनका मधुर तथा सुनियंत्रित स्वर उस कमरे में छाये हुए धुंधलेपन से छनकर आ रहा था: कुछ विषादपूर्ण और कुछ आरोपयुक्त। छः हज़ार वर्ष पुराने इतिहासवाले देश के इस नवागन्तुक के द्वारा की गयी उन्नीसवीं शताब्दी के अमेरिका की समालोचना में कुछ अलौकिकता सी थी।

"किन्तु अध्यात्म की साधना में आप वर्तमान की माँगों के प्रति आखें बन्द कर लेते हैं," किसीने कहा। "आपका सिद्धान्त मनुष्य को जीवित रहने में सहायता नहीं देता।"

"वह उन्हें मरने में सहायता देता है," उत्तर था।

"हम वर्त्तमान के प्रति विश्वस्त हैं।"

"आप किसी चीज़ के प्रति विश्वस्त नहीं हैं।"

"आदर्श धर्म का लक्ष्य व्यक्ति को जीवित रखने के साथ साथ उसे मरने के लिए सहायता प्रदान करना होना चाहिए।"

"ठीक ऐसा ही है," हिन्दू ने शीघ्रता से कहा, "और ठीक इसीको प्राप्त करने का प्रयत्न हम कर रहे हैं। मेरा विश्वास है कि हिन्दू धर्म ने भौतिक मूल्य चुकाकर

अपने साधकों में अध्यात्म का विकास किया है, और मैं सोचता हूँ कि पश्चिमी दुनिया में सत्य इसके विपरीत है। मेरा विश्वास है कि पश्चिम के भौतिकवाद और पूर्व के अध्यात्मवाद के समन्वय से बहुत कुछ किया जा सकता है। यह हो सकता है कि इस प्रयत्न में हिन्दू धर्म अपने वैशिष्ट्य को बहुत कुछ खो देगा।"

"जो कुछ आप करने की आशा करते हैं, क्या उससे भारत की समस्त सामाजिक व्यवस्था में क्रान्ति न करनी होगी?

"हाँ, शायद, फिर भी धर्म अक्षुण्ण बना रहेगा।"

अब बातचीत का रुख हिन्दुओं की उपासना-विधि की ओर बदला, और विवेकानन्द ने इस विषय पर बहुत सी बातें बतलायीं। भारत में तथा अन्यत्र सभी जगह अज्ञेयवादी और नास्तिक हैं। ब्रह्म के अनुयायियों के जीवन में 'अनुभूति' एक आवश्यक वस्तु है। श्रद्धा आवश्यक नहीं है। थियोसाफ़ी एक ऐसा विषय है, जिसमें विवेकानन्द की गति नहीं है। वह अलग अध्ययन का विषय है। विवेकानन्द कभी मैडम ब्लावट्स्की से नहीं मिले, किन्तु अमेरिकन थियोसाफ़िस्ट सोसायटी के कर्नल ऑलकट से उनकी भेंट हुई है। वे एनी बेसेण्ट से भी परिचित हैं। भारत के फ़कीरों, प्रसिद्ध मदारियों अथवा जादूगरों, जिनके प्रसिद्ध चमत्कार विश्व-विश्रुत हैं, की चर्चा करते हुए विवेकानन्द ने कुछ ऐसी घटनाएँ सुनायीं, जो उन्होंने स्वयं देखी थीं और जो विश्वास से परे थीं।

जब इस विषय पर प्रश्न पूछे गये, उन्होंने कहा, "पाँच मास पूर्व और इस देश के लिए भारत से प्रस्थान करने के ठीक एक मास पूर्व मुझे पच्चीस व्यक्तियों के दल के साथ देश के भीतर स्थित एक नगर में कुछ समय तक ठहरना पड़ा। वहाँ पर हमने इन भ्रमणशील जादूगरों में से एक के आश्चर्यजनक चमत्कारों के विषय में सुना और उसे अपने सामने बुलाया। उसने हमें बताया कि हम जिस किसी वस्तु की इच्छा करें, वह उसे उपस्थित कर देगा। हमने उसके कहने के अनुसार उसके वस्त्रों को उतारा, यहाँ तक कि वह बिल्कुल नग्न हो गया और उसे कमरे के एक कोने में बैठा दिया। मैंने अपने यात्रा के कम्बल को उसके ऊपर डाल दिया और तब हमने उससे अपने वादे के अनुसार कार्य करने को कहा। उसने पूछा कि आप लोग क्या चाहते हैं? मैंने कैलिफ़ोर्निया के (?) अंगूरों का एक गुच्छा देने के लिए कहा और तुरन्त उस व्यक्ति ने उन्हें कम्बल के नीचे से बाहर निकाला। संतरे और दूसरे फल निकाले और अन्त में गरम भात की बड़ी बड़ी थालियाँ।"

अपनी वक्तृता जारी रखते हुए संन्यासी ने कहा, मेरा एक 'छठवीं इन्द्रिय' और मानसिक विद्या (telepathy) में विश्वास है।" उन्होंने फ़कीरों के चमत्कारों की व्याख्या नहीं की, केवल यही कहा कि वे अत्यन्त आश्चर्यजनक थे। मूर्तिपूजा

के विषय में चर्चा हुई और संन्यासी ने बताया कि केवल प्रतीक के रूप में ही मूर्ति हमारे धर्म का अंग है।

"आप किसकी उपासना करते हैं?" संन्यासी ने पूछा, "ईश्वर के सम्बन्ध में आपकी क्या धारणा है?"

"आत्मा", एक महिला ने धीरे से कहा।

"आत्मा क्या है? तुम प्राटेस्टेण्ट लोग बाइबिल के शब्दों की अथवा उनके परे किसी और चीज़ की उपासना करते हो? हम लोग प्रतिमा द्वारा ईश्वर की उपासना करते हैं।"

"अर्थात्, आप विषय को वस्तु द्वारा प्राप्त करते हैं," नवागंतुक की बातों को ध्यान से सुननेवाले एक सज्जन ने कहा।

"हाँ, ठीक यही", संन्यासी ने आभारपूर्वक कहा।

विवेकानन्द उसी स्वर में आगे बात करते रहे और हिन्दू के भाषण का समय समीप होने के कारण इस गोष्ठी का अन्त हुआ।

१५

धार्मिक समन्वय

('डिट्राएट, फ़्री प्रेस', फ़रवरी १४, १८९४ ई० में प्रकाशित)

स्वामी जी का शरीर मँझले कद का है। वे अपनी जाति के लोगों में सामान्य रूप से पाये जानेवाले श्याम वर्ण के हैं। वे व्यवहार में मृदु, क्रियाओं में सजग और प्रत्येक शब्द, क्रिया और भंगिमा में अतीव शिष्ट हैं। किन्तु उनके व्यक्तित्व का सर्वाधिक प्रभावशाली अंग उनकी आँखें हैं, जिनमें महान् तेज है। स्वभावतः वार्तालाप धर्म के विषय पर चलता रहा। तब स्वामी जी ने अन्य अनेक उल्लेखनीय बातों के मध्य कहा :

"मैं धर्म और संप्रदाय में अन्तर मानता हूँ। धर्म समस्त प्रचलित संप्रदायों को यह मानकर स्वीकार करता है कि वे एक ही लक्ष्य की प्राप्ति के निमित्त एक ही प्रकार के प्रयास हैं। संप्रदाय कुछ विरोधी और संघर्षात्मक होता है। भिन्न भिन्न संप्रदाय इसलिए हैं, क्योंकि भिन्न भिन्न जातियाँ हैं और संप्रदाय अपने को समाज-विशेष के अनुकूल बनाकर, जनता जो चाहती है, उसे वह प्रदान करता है। चूँकि दुनिया बौद्धिक, आध्यात्मिक एवं भौतिक दृष्टि से अनंत प्रकार से भिन्न प्रकृतिवाले

मनुष्यों से बनी हुई है, इसलिए ये लोग महान् और मंगलमय नैतिक विधान के अस्तित्व में उस प्रकार का विश्वास ग्रहण करते हैं, जो उनके लिए सबसे अधिक उपयुक्त होता है। धर्म इन विश्वासों (संप्रदायों) को मान्यता प्रदान करता है और इनमें एक दिव्य तत्त्व निहित होने के कारण इनके विविध रूपों से उसे प्रसन्नता होती है। विभिन्न मार्गों द्वारा एक ही लक्ष्य पर पहुँचा जाता है, किन्तु सम्भव है, मेरा मार्ग मेरे पश्चिमी पड़ोसी की प्रकृति के अनुकूल न हो और उसी प्रकार, हो सकता है कि उसका मार्ग मेरी प्रकृति और दार्शनिक चिन्तन पद्धति के अनुरूप न हो। मेरा धर्म हिन्दू धर्म है; वह बौद्धों का विश्वास नहीं है, जो हिन्दू धर्म के अन्तर्गत एक संप्रदाय है। हम कभी धर्म-प्रचार कार्य नहीं अपनाते। हम अपने धर्म के सिद्धान्त दूसरों के ऊपर लादने की चेष्टा नहीं करते। हमारे धर्म के आधारभूत सिद्धान्त इसका वर्जन करते हैं। न हम उन प्रचारकों के विरुद्ध कुछ कहते हैं, तुम जिन्हें इस देश से कहीं भेजते हो। हम सब विश्व के अन्तरतम में उनके प्रवेश करने का स्वागत करते हैं। बहुत से लोग हमारे पास आते हैं, किन्तु हम उनके (पाने के) लिए संघर्ष नहीं करते हैं। दूसरों की विचारधारा का अपनी जैसी बनाने की चेष्टा में तत्पर रहनेवाले धर्मप्रचारक हमारे पास नहीं हैं। बिना हमारे किसी प्रयत्न के हिन्दू धर्म के अनेक रूप दूर दूर तक फैल रहे हैं और इन अभिव्यक्तियों ने 'ईसाई-विज्ञान', थियोसाफ़ी और एडविन अर्नाल्ड के 'लाइट आफ एशिया ('एशिया का प्रकाश') का रूप लिया है। हमारा धर्म अधिकांश धर्मों से पुराना है और ईसाई मत—मैं इसे इसकी संघर्षात्मक विशेषताओं के कारण धर्म नहीं कहता—यह सीधे हिन्दू धर्म से प्रादुर्भूत हुआ है। यह उसकी शाखाओं में से एक बड़ी शाखा है। कैथोलिक मत अपने सभी रूप हमसे प्राप्त करता है, पाप स्वीकार-पीठिका, संतों में विश्वास आदि। एक कैथोलिक पादरी को, जिसने इस पूर्ण साम्य को देखा था और कैथोलिक मत के स्रोत का तथ्य स्वीकार किया था, पदच्युत कर दिया गया था। क्योंकि उसने जो कुछ निरूपित किया था और जिसके ऊपर उसे पूर्ण विश्वास था, उसका विवेचन करते हुए एक ग्रंथ प्रकाशित कराने का दुस्साहस किया था।

"आप अपने धर्म में अज्ञेयवादी को स्थान देते हैं?" प्रश्न किया गया।

"जी हाँ, दार्शनिक अज्ञेयवादी को और जिन्हें आप नास्तिक कहते हैं, उन्हें भी। जब बुद्ध से, जिन्हें हम सन्त मानते हैं, उनके किसी अनुयायी ने पूछा, 'क्या ईश्वर है?' उन्होंने उत्तर दिया: ईश्वर। मैंने ईश्वर की बात कब कही है मैं कहता हूँ, 'भले बनो और भलाई करो।' हम लोगों में से बहुत से लोग दार्शनिक अज्ञेयवादी हैं, जो प्रकृति की प्रत्येक वस्तु में अन्तर्निहित महान् नैतिक नियम तथ

अन्तिम पूर्णता में विश्वास करते हैं। सभी मनुष्यों द्वारा स्वीकृत सभी मत महान् भविष्य में अन्तर्निहित आत्मा की अनन्तता को अनुभव करने के लिए मानवता के प्रयत्न मात्र हैं।"

"क्या प्रचार-कार्य का अवलम्बन लेना आपके धर्म की मर्यादा के विरुद्ध है?"

इसके उत्तर के लिए पूर्व के इस पर्यटक ने एक छोटी सी पुस्तक खोली और अन्यान्य प्रसिद्ध राजाज्ञाओं में से एक राजाज्ञा का हवाला दिया।

उन्होंने कहा, "यह ईसा के दो सौ वर्ष पूर्व लिखी गयी थी। मेरे पास उस प्रश्न का यह सबसे अच्छा उत्तर है।"

उन्होंने अत्यन्त स्पष्ट एवं सुन्दर स्वर में उसे पढ़ा:

"देवताओं के प्रिय प्रियदर्शी महाराज सभी सम्प्रदायों का आदर करते हैं, संन्यासियों और गृहस्थों दोनों का। वे भोजन और दूसरे उपहार देकर उन्हें तुष्ट करते हैं। किन्तु वे मूलभूत नैतिक गुणों के उत्थान की अपेक्षा उपहारों और सम्मानों को कम महत्त्व देते हैं। यह सत्य है कि विभिन्न सम्प्रदायों में मौलिक गुणों का अस्तित्व भिन्न भिन्न रूपों में है, किन्तु उनमें एक सामान्य आधार विद्यमान है, जैसे शील तथा वाणी में संयम तथा नैतिकता। इस प्रकार किसीको अपने सम्प्रदाय की प्रशंसा और दूसरे की निन्दा न करनी चाहिए, वरन् प्रत्येक अवसर पर उन्हें यथायोग्य सम्मान प्रदान करना चाहिए। ऐसा करने से दूसरों की सेवा करता हुआ वह अपने ही सम्प्रदाय की भलाई करता है। इसके विपरीत करने से वह अपने सम्प्रदाय की सेवा नहीं करता और दूसरों का अपकार करता है। जो मनुष्य अपने सम्प्रदाय के प्रति मोह के कारण, उसके उत्थान के उद्देश्य से प्रेरित होकर दूसरों की निन्दा करता है, वह बस अपने ही सम्प्रदाय पर कुठाराघात करता है। इसलिए केवल मैत्री ही प्रशंसनीय है, ताकि सभी लोग एक दूसरे के विश्वासों के प्रति सहिष्णु हों और सहिष्णु होना पसंद करें। इसी उद्देश्य के निमित्त यह राजाज्ञा लिखी गयी है। सभी लोगों को, चाहे वे जिस दशा में हों, प्रत्येक को मूलभूत नैतिक सिद्धान्तों के उत्थान के लिए और सभी दूसरे सम्प्रदायों के प्रति पारस्परिक आदर-भाव रखने के लिए प्रोत्साहित करना चाहिए। इसी उद्देश्य के लिए धर्म-मंत्रियों, निरीक्षकों और अन्य सभी अधिकारियों को कार्य करना चाहिए।"

इस प्रभावशाली उद्धरण को पढ़कर स्वामी विवेकानन्द ने कहा कि उसी बुद्धिमान राजा ने, जिसने यह राजाज्ञा खुदवायी थी, युद्ध करने से मना किया था, क्योंकि इसकी विभीषिकाएँ सभी महान् सार्वभौमिक नैतिक सिद्धान्तों के प्रतिकूल होती हैं। उन्होंने कहा, "इसी कारण भारत ने भौतिक पक्ष में हानि उठायी है। जहाँ पाशविक शक्ति और रक्तपात ने दूसरे राष्ट्रों को आगे बढ़ाया है, भारत ने

इस प्रकार के पाशविक प्रदर्शन का प्रत्याख्यान किया है और योग्यतम की विजय के नियम के अनुसार, जो राष्ट्रों और व्यक्तियों दोनों के लिए लागू होता है, वह भौतिक अर्थ में दुनिया की एक शक्ति के रूप में बहुत पीछे रह गया है।"

"किन्तु शांतिप्रिय भारत में व्याप्त इस भावना को क्या महान् युद्ध-प्रिय पश्चिमी देशों में पाना असम्भव न होगा; जहाँ उन्नीसवीं शताब्दी की अति व्यावहारिक आवश्यकताओं के विकास के लिए इतनी अधिक शक्ति की आवश्यकता है?"

वे तेजस्वी आँखें चमक उठीं और उस पूर्वीय बन्धु के मुख पर एक हास की रेखा दौड़ गयी।

"क्या कोई अपने में सिंह की शक्ति और मेमने के भोलेपन का समन्वय नहीं कर सकता?" उन्होंने पूछा।

इसी क्रम में उन्होंने कहा कि सम्भवतः भविष्य में पूर्व और पश्चिम का समन्वय होने को है, एक ऐसा समन्वय जिसके परिणाम अद्भुत होंगे। पश्चिमी राष्ट्रों की प्रकृति को प्रशंसा का पात्र बनानेवाला उनका एक गुण है, और वह है स्त्रियों के प्रति अत्यंत आदरभाव तथा उनके साथ सहृदयतापूर्ण व्यवहार।

महाप्रयाण के समय बुद्ध के द्वारा कथित शब्दों में उन्होंने कहा, "अपने निर्वाण के लिए स्वयं साधना करो। मैं तुम्हारी सहायता नहीं कर सकता। तुम्हारी सहायता कोई नहीं कर सकता। अपनी सहायता अपने आप करो।" सौमनस्य और शान्ति हो, कलह न हो, यही उनका आदर्श-वाक्य है।

विभिन्न मतवादों की दोषान्वेषण की प्रवृत्ति के सम्बन्ध में उन्होंने हाल में जो कहानी कही वह निम्नलिखित है:

"एक कुएँ में एक मेढक रहता था। वह वहाँ बहुत दिनों से रहता था। वहीं पैदा हुआ और वहीं बड़ा हुआ। फिर भी एक छोटा, नन्हा सा मेढक था। निस्संदेह वहाँ पर विकासवादी नहीं थे, जो हमें बताते कि मेढक की आँखें थीं या नहीं थीं। किन्तु अपनी कहानी के लिए हम लोग यह मान लेंगे कि उसकी आँखें थीं और वह प्रत्येक दिन इस गति से जल में रहनेवाले सभी कीड़ों तथा कीटाणुओं से उसे साफ़ करता था, जो आधुनिक जीवाणुविज्ञान शास्त्री के लिए गौरव की बात होगी। इस प्रकार रहते हुए वह कुछ चिकना और मोटा हो गया—शायद इतना जैसा मैं। अच्छा, एक दिन एक अन्य मेढक जो समुद्र में रहता था आया और कुएँ में गिर पड़ा।

"तुम कहाँ से आये हो?"

"समुद्र से।"

"समुद्र? वह कितना बड़ा है? क्या वह मेरे कुएँ के बराबर है?" और उसने कुएँ के एक किनारे से दूसरे किनारे तक छलाँग मारी।

"मेरे मित्र, समुद्र के मेढक ने कहा, 'तुम अपने छोटे से कुएँ से समुद्र की तुलना कैसे करते हो?'

"तब मेढक ने दूसरी छलाँग मारी और पूछा, 'क्या तुम्हारा समुद्र इतना बड़ा है?'

"'समुद्र से अपने कुएँ की तुलना करके तुम कैसी मूर्खता की बात कर रहे हो।'

"कुएँ के मेढक ने कहा, 'अच्छा, तब मेरे कुएँ से बड़ी कोई चीज़ नहीं हो सकती। यह झूठा है, इसे बाहर निकालो।'

"यही कठिनाई सदा से चली आ रही है।

"मैं हिन्दू हूँ। मैं अपने छोटे से कुएँ में बैठा हूँ और सोचता हूँ कि मेरा कुआँ ही दुनिया है। ईसाई अपने छोटे से कुएँ में बैठा है और वह कुआँ उसकी दुनिया है। मुसलमान अपने कुएँ में बैठा है और उसीको सम्पूर्ण दुनिया समझता है। मैं तुम अमेरिकनों को धन्यवाद देता हूँ कि तुम हमारी इस अपनी छोटी दुनिया की दीवारों को तोड़ने का प्रयत्न कर रहे हो और आशा करता हूँ कि भविष्य में प्रभु तुमको इस उद्देश्य की पूर्ति में सहायता प्रदान करेंगे।"

१६

पतिता नारियाँ

('डिट्राएट ट्रिब्यून', मार्च १७, १८९४ ई० में प्रकाशित)

"लालुन विश्व के सबसे प्राचीन पेशे की सदस्या है। लिलिथ उसकी प्रपितामही थी और यह ईव्र के पहले की बात है, जो प्रत्येक को विदित है। पश्चिम में लोग लालुन के पेशे के सम्बन्ध में बहुत सी कठोर बातें कहते हैं, भाषण लिखते हैं और नयी उम्र के लोगों में अपने भाषण बाँटते हैं, जिससे कि नैतिकता की रक्षा हो सके। पूर्व में जहाँ यह पेशा मातृक है, माँ से पुत्री को मिलनेवाला, वहाँ न तो कोई भाषण लिखता है और न ध्यान देता है।"—रुडयर्ड किपलिंग

इस वाक्य के पूर्व जो वाक्य दिये गये हैं, वे उस कहानी के अनुच्छेद हैं, जो भारत में लिखी गयी थी। वे रुडयर्ड किपलिंग द्वारा लिखे गये थे तथा भारत के सम्बन्ध में जो कुछ भी हमें निश्चितरूप से मालूम होता है, वह उन्हींके माध्यम

से। उसमें से अपवादस्वरूप केवल ये बातें हैं कि भारत में हमारे किसानों के साथ प्रतियोगिता करने योग्य गेहूँ उत्पन्न किया जाता है, वहाँ लोग दो सेंट प्रतिदिन की मजदूरी पर काम करते हैं और वहाँ स्त्रियाँ अपने बच्चों को अपने देश की पवित्र नदी गंगा में फेंक देती हैं।

किन्तु जब से विवेकानन्द इस देश में आये, उन्होंने भारतीय स्त्रियों के अपने बच्चों को घड़ियाल के मुँह में डाल देने की कहानियों का भंडाफोड़ किया है। वे कहते हैं कि अमेरिका आने के पूर्व उन्होंने रुडयर्ड किपलिंग के बारे में कभी नहीं सुना था और भारत में लालुन जैसे पेशे की बात करना उचित नहीं समझा जाता, जिससे कि किपलिंग ने अपनी एक सबसे अधिक मनोरंजक और शिक्षाप्रद कहानी गढ़ी है।

कल विवेकानन्द ने कहा था, "भारत में हम इन बातों पर विचार नहीं करते। उन अभागिन नारियों के सम्बन्ध में कोई बात भी नहीं करता। भारत में जब कोई स्त्री दुराचारिणी पायी जाती है, तो उसे जाति से बहिष्कृत कर दिया जाता है। उसके बाद कोई उसका स्पर्श या उससे वार्तालाप नहीं कर सकता। यदि वह घर के भीतर जाती है, तो उस स्थान की दरियों और दीवारों को धोया जाता है। कोई उससे सम्बन्ध नहीं रखता। भारतीय समाज में कोई ऐसी स्त्री नहीं है, जो सदाचारिणी न हो। वहाँ इस देश जैसी बात बिल्कुल नहीं है। यहाँ आपके समाज में अच्छी और बुरी स्त्रियाँ साथ साथ रहती हैं। परन्तु भारत में एक बार स्त्री गिरती है, तो वह सदा के लिए बहिष्कृत हो जाती है, वह और उसके बच्चे, पुत्र और पुत्रियाँ। मैं मानता हूँ कि यह भयावह स्थिति है, किन्तु इससे समाज शुद्ध रहता है।"

"पुरुषों के सम्बन्ध में क्या होता है", प्रश्न किया गया। "क्या वही नियम उनके सम्बन्ध में लागू होता है? क्या दुराचारी सिद्ध होने पर पुरुष भी बहिष्कृत होता है?"

"जी नहीं, उनकी बात बिल्कुल भिन्न है। शायद उनके लिए भी यही बात होती यदि वे पकड़े जा सकते। किन्तु पुरुष बाहर निकलते हैं। वे एक स्थान से दूसरे स्थान को जा सकते हैं। उनके रहस्य को जानना सम्भव नहीं है। स्त्रियाँ घर के भीतर रहती हैं। यदि उनसे कोई चूक होती है, तो वह निश्चित रूप से प्रकट हो जाती है। जब उनकी बात मालूम होती है, तब वे अलग कर दी जाती हैं। कोई चीज उन्हें बचा नहीं सकती। कभी कभी ऐसा कठिन अवसर आता है, जब कि पिता को अपनी पुत्री अथवा पति को पत्नी को छोड़ देना पड़ता है। किन्तु यदि वे उनको नहीं छोड़ते, तो उनके साथ उन्हें भी बहिष्कृत होना पड़ेगा।

इस देश में बिल्कुल दूसरी ही बात है। वहाँ स्त्रियाँ इस प्रकार बाहर निकलकर सम्पर्क नहीं स्थापित करतीं, जिस प्रकार यहाँ वे करती हैं। यह भयावह अवश्य है, किन्तु यह समाज को शुद्ध करता है।

"मैं सोचता हूँ कि व्यभिचार आपके देश का एक बड़ा पाप है। ऐसा होना अवश्यम्भावी है, क्योंकि यहाँ इतनी अधिक विलासिता है। एक ग़रीब लड़की एक नयी टोपी के लिए अपने को बेच सकती है। जहाँ इतनी अधिक विलासिता है, वहाँ ऐसा ही होगा।"

मिस्टर किपलिंग 'लालुन' और उसके पेशे के सम्बन्ध में कहते हैं:

"लालुन का असली पति, क्योंकि पूर्व में लालुन के पेशेवाली स्त्रियों के भी पति होते हैं, एक बड़ा 'जज्यूब' वृक्ष था। उसकी माँ ने, जिसने एक अंजीर से विवाह किया था, लालुन के विवाह में दस हज़ार रुपये खर्च किये, पाँच हज़ार रुपये ग़रीबों को दान के रूप में वितरित किये; और उसे माँ के सम्प्रदाय के सैंतालीस पुरोहितों ने आशीर्वाद दिया। यह देश की एक प्रथा थी।"

भारत में जब कोई स्त्री अपने पति के प्रति विश्वासघात करती है, तब वह अपनी जाति खो देती है, पर अपने नागरिक और धार्मिक अधिकार नहीं खोती। वह सम्पत्ति की स्वामिनी हो सकती है और मंदिरों के द्वार उसके लिए तब भी खुले रहते हैं।

विवेकानन्द ने कहा, "हाँ, एक पतिता स्त्री का विवाह नहीं होता। वह उन लोगों के अतिरिक्त, जो उसी की तरह बहिष्कृत हैं और किसीसे विवाह नहीं कर सकती। इसलिए वह वृक्ष और कभी कभी तलवार को वरण करती है। कभी कभी ये स्त्रियाँ बड़ी धनी और दानशीला बन जाती हैं, किन्तु वे अपनी जाति को फिर नहीं पा सकतीं। भीतर के नगरों में जहाँ लोग अब भी प्राचीन परम्पराओं का पालन करते हैं, वह बग्घी पर बैठकर नहीं जा सकती, चाहे वह कितनी ही धनी क्यों न हो। अधिक से अधिक उसे बैलगाड़ी में बैठने दिया जा सकता है। भारत में उसे अपनी एक निजी पोशाक पहननी पड़ती है, जिससे कि उसे पहचाना जा सके। लोग इन्हें बाहर निकलते देखते हैं, परन्तु कोई इनसे बोलता नहीं। इन स्त्रियों में अधिकांश नगरों में हैं। इनमें से बहुत यहूदी भी हैं, किन्तु उन्हें शहर के भिन्न भाग में रहना पड़ता है। वे सब अलग रहती हैं। यह एक विशेष बात है कि जैसी भी पतिता वे हैं और जितनी भी दुष्टा उनमें से कुछ हैं, वे किसी भी ईसाई को प्रेमी स्वीकार नहीं कर सकतीं। वे न तो उसका स्पर्श करेंगी, न उसके साथ भोजन करेंगी—क्योंकि वे उन्हें 'सर्वभक्षी क्रूर' कहती हैं। वे उन्हें ऐसा इसलिए कहती हैं, क्योंकि वे सब कुछ खाते हैं। क्या आप जानते हैं कि भारत

की वह बीमारी, वह अकथनीय बीमारी क्या है? उसे 'बदफ़रिंगम' कहते हैं, जिसका अर्थ है 'ईसाई बीमारी'। यह ईसाइयों के ही द्वारा भारत में लायी गयी।"

"क्या भारत में इस प्रश्न को हल करने के लिए कोई प्रयत्न किया गया है? क्या यह अमेरिका की भाँति ही एक सर्वसाधारण की समस्या है?"

"नहीं, भारत में बहुत कम कार्य किया गया है। स्त्री धर्म-प्रचारकों के लिए एक बहुत बड़ा क्षेत्र है, यदि वे भारत की वेश्याओं को परिवर्तित कर सकें। लोग भारत में कुछ नहीं कर रहे हैं—बहुत कम। एक वैष्णव-सम्प्रदाय है, जो इन स्त्रियों के पुनरुद्धार की चेष्टा करता है। यह एक धार्मिक सम्प्रदाय है। मैं सोचता हूँ कि समस्त वेश्याओं में से ९० प्रतिशत (?) इस सम्प्रदाय की हैं। यह सम्प्रदाय जाति में विश्वास नहीं करता। वे प्रत्येक जगह बिना जाति के विचार के जाते हैं। कुछ मंदिर हैं, जैसे कि जगन्नाथ का मंदिर, जहाँ जाति-पाँति नहीं है। जो कोई उस शहर में जाता है, वहाँ रहते हुए वह अपनी जाति अलग रख देता है, क्योंकि वह पवित्र भूमि है और वहाँ प्रत्येक वस्तु पवित्र मानी जाती है। वह जब वहाँ से बाहर जाता है, तब उसे पुनः धारण कर लेता है, क्योंकि जाति केवल लोकाचार है। तुम समझ लो कि कुछ जातियाँ इतनी विशिष्टता रखती हैं कि वे अपने द्वारा पकाये हुए भोजन के अतिरिक्त और कुछ न खायेंगी। वे अपनी जातिवालों के अतिरिक्त किसीको स्पर्श न करेंगी। किन्तु शहरों में सब लोग साथ रहते हैं। भारत में यही एक सम्प्रदाय है, जो धर्म-दीक्षा देता है। वह प्रत्येक को अपने सम्प्रदाय का सदस्य बना लेता है। वे हिमालय में जाकर वहाँ के जंगली लोगों को धर्म-दीक्षित करते हैं। शायद तुम्हें नहीं मालूम कि भारत में जंगली लोग बसते हैं। हाँ, हैं। वे हिमालय की तराई में रहते हैं।"

"क्या कोई ऐसा संस्कार होता है, जिसके द्वारा स्त्री को भ्रष्टा घोषित किया जाता है? कोई सामाजिक प्रक्रिया?" विवेकानन्द से पूछा गया।

"नहीं, यह कोई सामाजिक प्रक्रिया नहीं है। यह केवल प्रथा है। कभी कोई औपचारिक संस्कार होता है और कभी नहीं भी। वे उन्हें केवल जातिच्युत वर्ग का बना देते हैं। जब किसी स्त्री के ऊपर संदेह किया जाता है, तो लोग एकत्र होते हैं और उसके मामले पर विचार करते हैं। यदि यह निर्णय किया जाता है कि वह अपराधिनी है, तो जाति के सभी सदस्यों को सूचना भेज दी जाती है और वह बहिष्कृत कर दी जाती है।

उन्होंने कहा, "याद रखिए, मेरे कहने का यह आशय नहीं है कि यह समस्या का कोई हल है। प्रथा अत्यन्त कठोर है। लेकिन आपके पास समस्या का कोई हल भी नहीं है। यह भयावह बात है। यह पश्चिमी दुनिया की एक बड़ी भारी बुराई है।"

पत्रावली – ८

पत्रावली

(श्रीमती ओलि बुल को लिखित)

१५०२, जोन्स स्ट्रीट,
सैन फ़्रांसिस्को,
४ मार्च, १९००

प्रिय धीरा माता,

एक माह से मुझे आपका कुछ भी समाचार प्राप्त नहीं हुआ है। मैं सैन फ़्रांसिस्को में हूँ। मेरे लेखों ने लोगों के मन को पहले ही से प्रस्तुत कर रखा था, अब वे दल बाँधकर आ रहे हैं; किन्तु जिस समय रुपये का प्रश्न उठेगा, तब देखना है कि लोगों में उत्साह कितना रहता है!

श्रद्धेय बेंजमिन मिल्स ने ओकलैंड में मुझे बुलाया था तथा मेरे वक्तव्य के प्रचारार्थ अधिक संख्या में लोगों को एकत्र किया था। वे सपत्नीक मेरे ग्रन्थों को पढ़ते हैं तथा सदा से ही मेरे समाचारादि लेते रहे हैं।

कुमारी थर्सबी का भेजा हुआ परिचय-पत्र मैंने श्रीमती हर्स्ट को भेज दिया था। आगामी रविवार के दिन अपनी संगीत-चर्चा में उन्होंने मुझे आमन्त्रित किया है।

मेरा स्वास्थ्य प्रायः एक ही प्रकार है—कोई ख़ास परिवर्तन मुझे दिखायी नहीं दे रहा है। सम्भवतः स्वास्थ्य की उन्नति ही हो रही है—किन्तु उसकी प्रगति बाहर से दिखायी नहीं देती है। मैं ऐसे ऊँचे स्वर से भाषण दे सकता हूँ कि जिससे ३,००० श्रोता मेरे व्याख्यान को सुन सकें; ओकलैंड में मुझे दो बार ऐसा करना पड़ा था। दो घंटे तक भाषण देने के बाद भी मुझे नींद अच्छी तरह से आती है।

मुझे पता चला है कि निवेदिता आपके साथ है। आप कब फ़्रांस जा रही हैं? अप्रैल में इस स्थान को छोड़कर मैं पूर्व की ओर रवाना हो रहा हूँ। यदि सम्भव हो सका तो मई में इंग्लैण्ड जाने की मेरी विशेष इच्छा है। एक बार इंग्लैण्ड में प्रयत्न किये बिना मेरे लिए स्वदेश लौटना ठीक न होगा।

ब्रह्मानन्द तथा सारदानन्द के पास से मुझे एक अच्छा पत्र प्राप्त हुआ है। वे सब कुशलपूर्वक हैं। वे नगरपालिका को उसकी ग़लतफ़हमी समझाने के लिए प्रयत्नशील हैं। इससे मुझे ख़ुशी है। इस मायिक संसार में द्वेष करना उचित नहीं है; किन्तु 'बिना काटे फुफकारने में कोई दोष नहीं है' इतना ही पर्याप्त है।

इसमें सन्देह नहीं कि सब कुछ ठीक हो जायगा—और यदि ऐसा न हो, तो भी अच्छा है। श्रीमती सेवियर का भी एक अच्छा पत्र आया है। वे लोग पहाड़ पर आनन्दपूर्वक हैं। श्रीमती वघान् कैसी हैं? . . . तुरीयानन्द कैसा है?

आप मेरा असीम स्नेह तथा कृतज्ञता ग्रहण करें।

सतत आपका,
विवेकानन्द

(भगिनी निवेदिता को लिखित)

सैन फ़्रांसिस्को,
४ मार्च, १९००

प्रिय निवेदिता,

कर्म में मेरी आकांक्षा नहीं है—विश्राम एवं शान्ति के लिए मैं लालायित हूँ। स्थान और काल का तत्त्व मुझसे यद्यपि छिपा हुआ नहीं है, फिर भी मेरा भाग्य तथा कर्मफल मुझे निरन्तर कर्म की ही ओर ले जा रहा है! हम मानो गायों के झुण्ड की तरह कसाईखाने की ओर बढ़ रहे हैं; और जैसे बेंत के इशारे पर चलनेवाली गाय रास्ते के किनारे पर लगी हुई घास से एकाध बार अपना मुँह भर लेती है, हमारी दशा भी ठीक उसी प्रकार की है। हमारे कर्म अथवा भय का यही स्वरूप है—भय ही दुःख, रोग आदि का मूल है। विभ्रान्त तथा भयभीत होकर ही हम दूसरों को हानि पहुँचाते हैं। चोट पहुँचाने से डरकर हम और अधिक चोट करते हैं। पाप से बचने के लिए विशेष आग्रहशील होकर हम पाप के ही मुँह में जा गिरते हैं।

हम अपने चारों ओर न जाने कितना व्यर्थ कूड़े का ढेर लगाते हैं। इससे हमारा कोई लाभ नहीं होता; किन्तु जिस वस्तु को हम त्यागना चाहते हैं, उसकी ओर—उस दुःख की ओर ही वह हमें ले जाता है। . . .

अहा, यदि एकदम निडर, साहसी तथा बेपरवाह बनना सम्भव होता। . . .

तुम्हारा,
विवेकानन्द

(जोसेफ़िन मैक्लिऑड को लिखित)

१५०२, जोन्स स्ट्रीट,
सैन फ़ान्सिस्को,
७ मार्च, १९००

प्रिय 'जो',

श्रीमती बुल के पत्र से विदित हुआ कि तुम केम्ब्रिज में हो। हेलेन के पत्र से यह भी मालूम हुआ कि तुमको जो कहानियाँ भेजी गयी थीं, वे तुम्हें प्राप्त नहीं हुईं। यह बहुत ही अफ़सोस की बात है। मार्गरेट के समीप उनकी प्रतिलिपियाँ हैं, वह तुम्हें दे सकती है। मेरा स्वास्थ्य साधारणतया ठीक ही है। धन का अभाव, साथ ही जी-जान से परिश्रम, फिर कुछ परिणाम नहीं! लॉस एंजिलिस से भी दशा ख़राब है! यदि कुछ देना न पड़े तो दल बाँधकर लोग भाषण सुनने आते हैं, किन्तु यदि कुछ गाँठ से निकालने का प्रश्न उपस्थित हो, तो नहीं आते; ऐसी स्थिति है!

दो-चार दिन से मेरा शरीर ठीक नहीं है, इसलिए कुछ भी अच्छा नहीं लगता। मुझे यह प्रतीत होता है कि प्रतिदिन रात्रि में भाषण देने के फलस्वरूप ही ऐसा हुआ है। मुझे आशा है कि ओकलैंड के कार्य के फलस्वरूप कम से कम न्यूयार्क तक वापस जाने का ख़र्च मैं संग्रह कर सकूँगा; और फिर न्यूयार्क पहुँचकर भारत लौटने का मार्ग-व्यय मैं एकत्र करूँगा। यदि कुछ महीने लन्दन रहने का ख़र्च मैं संग्रह कर सका, तो लन्दन भी जा सकता हूँ। हमारे जनरल का पता तो तुम मुझे भेज देना। आजकल नाम भी प्रायः मुझे याद नहीं रहता है।

अब मैं विदा चाहता हूँ। पेरिस में तुमसे भेंट हो सकती है और नहीं भी। श्री रामकृष्ण देव तुम्हें आशीर्वाद प्रदान करें। जितना मैं सहायता पाने के योग्य हूँ, उससे कहीं अधिक तुमने मेरी सहायता की है। मेरा असीम स्नेह तथा कृतज्ञता जानना।

विवेकानन्द

(श्रीमती ओलि बुल को लिखित)

१५०२, जोन्स स्ट्रीट,
सैन फ्रांसिस्को,
७ मार्च, १९००

प्रिय धीरा माता,

आपका पत्र, जिसके साथ केवल सारदानन्द का एक पत्र तथा हिसाब-किताब का काग़ज़ भी संलग्न था, पहुँच गया। मेरे भारत छोड़ने के समय से लेकर

अब तक के समाचारों से मैं आश्वस्त हो गया। हिसाब-किताब एवं ३०,००० रु० के खर्च के सम्बन्ध में आप जैसा उचित समझें वैसा करें।

प्रबन्ध का भार मैंने आपके ऊपर छोड़ दिया है, गुरुदेव सबसे अच्छा मार्ग सुझायेंगे। ३५,००० रुपये हैं; जिसमें ५,००० रु० गंगा-तट पर कुटी-निर्माण के लिए है, और सारदानन्द को लिखा है कि वह इसे अभी उपयोग में न लावे। मैं ५ हज़ार रुपये ले चुका हूँ। अब और अधिक नहीं लूँगा। मैंने इन ५,००० रु० में भारत में ही २,००० रु० या अधिक वापस कर दिया है। परन्तु ऐसा जान पड़ता है कि ब्रह्मानन्द ने ३५,००० रु० को सुरक्षित रख छोड़ने के लिए मेरे २,००० रु० का सहारा लिया; इसलिए इस आधार पर मैं ५,००० रु० और उन लोगों का ऋणी हूँ। मैंने सोचा था कि मैं यहाँ कैलिफ़ोर्निया में रुपये एकत्र कर उन लोगों को चुपके से चुकता कर दूंगा। अब मैं आर्थिक दृष्टि से कैलिफ़ोर्निया में पूर्णतया असफल हो चुका हूँ। यहाँ की परिस्थिति लॉस एंजिलिस से भी खराब है। लोग व्याख्यान के निःशुल्क होने पर झुण्ड के झुण्ड आते हैं; लेकिन, जब कुछ देना पड़ता है, आनेवालों की संख्या बिल्कुल ही कम हो जाती है। इंग्लैण्ड में मुझे फिर भी कुछ आशा है। मई तक इंग्लैण्ड पहुँच जाना मेरे लिए आवश्यक है। सैन फ़्रांसिस्को में व्यर्थ रहकर अपने स्वास्थ्य को बिगाड़ने से कोई लाभ नहीं। साथ ही, 'जो' के तमाम उत्साहों के बावजूद, चुम्बकीय रोग निवारक (magnetic healer) के द्वारा अब तक वास्तविक रूप से कोई फ़ायदा नहीं हुआ, सिवाय मेरी छाती पर कुछ लाल धब्बों के, जो मलने के कारण उत्पन्न हो गये हैं। व्याख्यान-मंचों का कार्य मेरे लिए असम्भव वस्तु है, और इस पर ज़िद करने का मतलब होता है अपने 'अन्त' को शीघ्रता से आमन्त्रित करना। यात्रा-खर्च के पूरा होते ही मैं यहाँ से शीघ्र रवाना हो जाऊँगा। मेरे पास ३०० डालर हैं, जिन्हें मैंने लॉस एंजिलिस में उपार्जित किया था। मैं आगामी सप्ताह में यहाँ व्याख्यान दूंगा और फिर व्याख्यान देना बन्द कर दूंगा। जहाँ तक रुपये एवं मठ का प्रश्न है, जितना ही जल्द इनसे मुक्ति मिले, उतना ही अच्छा।

आप जो कुछ भी करने की सलाह दें, मैं करने के लिए तैयार हूँ। आप मेरी वास्तविक माँ रहीं हैं। मेरे भारी बोझों में से एक बोझ अपने ऊपर ले रखा है—मेरा अभिप्राय अपनी ग़रीब बहन से है। मैं पूर्ण रूप से अपने को सन्तुष्ट पाता हूँ। जहाँ तक मेरी अपनी माँ का प्रश्न है, मैं उसके पास लौट रहा हूँ—अपने और उसके अन्तिम दिनों के लिए। मैंने १,००० डालर जो न्यूयार्क में रखे हैं, उससे ९ रु० महीने आयेंगे; फिर उसके लिए थोड़ी सी ज़मीन ख़रीद ली है, जिससे ६ रु० प्रति माह मिल जायँगे; उसके पुराने मकान से समझिए कि ६ रु० मिल जायँगे।

जिस मकान के संबंध में मुक़दमा चल रहा है, उसको हिसाब में नहीं लेता; क्योंकि अभी तक उस पर कब्जा नहीं मिला है। मैं, मेरी माँ, मेरी मातामही एवं मेरा भाई आसानी से २० रु० महीने में गुज़ारा कर लेंगे। यदि न्यूयार्कवाले १,००० डालर में बिना हाथ लगाये भारत-यात्रा के लिए खर्च पूरा हो जाये, तो मैं अभी रवाना हो जाऊँगा।

किसी तरह तीन-चार सौ डालर अर्जित कर लूँगा—४०० डालर द्वितीय श्रेणी में यात्रा करने एवं कुछ सप्ताह लन्दन में ठहरने के लिए पर्याप्त है। अपने लिए कुछ और अधिक करने के लिए मैं आपसे नहीं कहता हूँ; मैं यह नहीं चाहता। आपने जो कुछ किया है वह बहुत अधिक है—सदैव ही उससे कहीं अधिक, जितने का मैं पात्र था। श्री रामकृष्ण के कार्य में मेरा जो स्थान था, उसको मैंने आपको समर्पित कर दिया है। मैं उसके बाहर हूँ। यावज्जीवन मैं अपनी बेचारी माँ के लिए यातना बना रहा। उसकी सारी जिन्दगी एक अविच्छिन्न आपत्ति-स्वरूप रही। अगर सम्भव हो सका, तो मेरा यह अन्तिम प्रयास होगा कि उसे कुछ सुखी बनाऊँ। मैंने पहले से सुनिश्चित कर रखा है। मैं 'माँ' की सेवा सारे जीवन करता रहा। अब वह सम्पन्न हो चुका; अब मैं उनका काम नहीं कर सकता। उनको अन्य कार्यकर्ता ढूंढ़ने दीजिए—मैं तो हड़ताल कर रहा हूँ।

आप एक ऐसी मित्र रही हैं, जिसके लिए श्री रामकृष्ण जीवन का लक्ष्य बन गये हैं—और आपमें मेरी आस्था का यही रहस्य है। दूसरे लोग व्यक्तिगत रूप से मुझसे स्नेह करते हैं। किन्तु वे यह नहीं जानते कि जिस वस्तु के लिए वे मुझसे प्रेम करते हैं, वह श्री रामकृष्ण हैं; उनके बिना मैं एक निरर्थक स्वार्थपूर्ण भावनाओं का पिण्ड हूँ। अस्तु, यह दबाव भीषण है—यह सोचते रहना कि आगे क्या हो सकता है, यह चाहते रहना कि आगे क्या होना चाहिए। मैं उत्तरदायित्व के योग्य नहीं हूँ; मुझमें एक अभाव पाया जाता है। मुझे अवश्य ही यह काम छोड़ देना चाहिए। अगर कार्य में जीवन न हो तो उसे मर जाने दो; अगर यह जीवन्त है, तो इसको मेरे जैसे अयोग्य कार्यकर्ताओं की आवश्यकता नहीं है।

अब मेरे नाम से सरकारी प्रतिभूतियों (सेक्योरिटी) के रूप में ३०,००० रु० हैं। अगर इनको अभी बेच दिया जाता है, तो युद्ध के कारण हम लोग बुरी तरह से घाटा उठायेंगे; फिर वहाँ बेचे बिना वे यहाँ कैसे भेजे जा सकते हैं। उनको वहाँ पर बेचने के लिए उन पर मेरा हस्ताक्षर करना आवश्यक है। मुझे विदित नहीं है कि यह सब कैसे सुलझाया जा सकता है। आप जैसा उचित समझें करें। इसी बीच यह आवश्यक है कि प्रत्येक वस्तु के लिए मैं आपके नाम एक वसीयतनामा लिख दूं, उस परिस्थिति के लिए जब मैं अचानक मर जाऊँ।

जितना शीघ्र हो सके वसीयत का एक प्रारूप आप मुझे भेज दें और मैं इसे सैन फ्रांसिस्को या शिकागो में रजिस्टर्ड करा दूंगा; तब मेरी अन्तरात्मा निश्चिन्त हो जायगी। मैं यहाँ किसी वकील को नहीं जानता, नहीं तो मैंने इसे पूरा करवा लिया होता; फिर मेरे पास धन भी नहीं है। वसीयत तत्काल हो जानी चाहिए; न्यास एवं दूसरी वस्तुओं के लिए पर्याप्त समय है।

आपकी चिरसन्तान,
विवेकानन्द

(कुमारी मेरी हेल को लिखित)

१७१९, टर्क स्ट्रीट
सैन फ्रांसिस्को,
१२ मार्च, १९००

प्रिय मेरी,

तुम्हारा क्या हाल-चाल है? 'मदर' और बहनें कैसी हैं? शिकागो के क्या हाल-चाल हैं? मैं फ्रिस्को में हूँ, और एकाध महीने यहीं रहूँगा: शिकागो के लिए मैं शुरू अप्रैल में रवाना होऊँगा। अवश्य ही उसके पहले मैं तुम्हें लिखूंगा। मेरी बड़ी इच्छा है कि तुम लोगों के साथ कुछ दिन रहूँ, आदमी काम करते करते थक जाता है। मेरा स्वास्थ्य बस यूँ ही सा है, किन्तु मेरा मन शान्त है और पिछले कुछ समय से ऐसा ही रहा है। मैं सारी चिन्ताएँ ईश्वर को सौंप देने की कोशिश कर रहा हूँ। मैं तो केवल एक कार्यकर्ता हूँ। आज्ञापालन करना और काम करते जाना ही मेरा जीवन-उद्देश्य है। शेष सब प्रभु के हाथ में है।

"समस्त चिन्ताएँ और उपाय छोड़कर तुम मेरी शरण में आओ, मैं तुम्हें सब भयों से मुक्त कर दूंगा।"[1]

मैं इसे कार्यान्वित करने की प्राणपण से चेष्टा कर रहा हूँ। ईश्वर से प्रार्थना है कि इसमें मैं शीघ्र ही सफल हो सकूँ।

तुम्हारा चिरस्नेही भाई,
विवेकानन्द

---

१. सर्वधर्मान्परित्यज्य मामेकं शरणं व्रज।
अहं त्वा सर्वपापेभ्यो मोक्षयिष्यामि मा शुचः॥ गीता ॥१८।६६॥

(स्वामी ब्रह्मानन्द को लिखित)

सैन फ़्रांसिस्को,
१२ मार्च, १९००

अभिन्नहृदय,

तुम्हारा एक पत्र पहले मिल चुका है। कल मुझे शरत् का एक पत्र प्राप्त हुआ। श्री रामकृष्ण-जन्मोत्सव के निमन्त्रण-पत्र को देखा। शरत् की वातव्याधि की बात सुनकर मुझे भय हुआ। दो वर्ष से केवल रोग, शोक, यातनाएँ हीं साथी बनी हुई हैं। शरत् से कहना कि मैं अब अधिक परिश्रम नहीं कर रहा हूँ, किन्तु पेट भरने लायक परिश्रम किए बिना तो भूखा मर जाना पड़ेगा।...चहारदीवारी की आवश्यक व्यवस्था अब तक दुर्गाप्रसन्न ने कर दी होगी...चहारदीवारी खड़ी करने में तो कोई झंझट नहीं है। वहाँ पर एक छोटा सा मकान बनवाकर वृद्धा नानी तथा माता की कुछ दिन सेवा करने का मेरा विचार है। दुष्कर्म किसीका पीछा नहीं छोड़ता, 'माँ' भी किसीको सज़ा दिये बिना नहीं रहती। मैं यह मानता हूँ कि मेरे कर्म में भूल है। तुम लोग सभी साधु तथा महापुरुष हो—'माँ' से यह प्रार्थना करना कि अब यह झंझट मेरे कंधों पर न रहे। अब मैं कुछ शान्ति चाहता हूँ; कार्य के बोझ को वहन करने की शक्ति अब मुझमें नहीं है। जितने दिन जीवित रहना है, मैं विश्राम और शान्ति चाहता हूँ। जय गुरु, जय गुरु।..

व्याख्यान आदि में कुछ भी नहीं रखा है। शान्ति!...वास्तव में मैं विश्राम चाहता हूँ। इस रोग का नाम Neurosthenia है—यह एक स्नायुरोग है। एक बार इस रोग का आक्रमण होने पर कुछ वर्षों के लिए यह स्थायी हो जाता है। किन्तु दो-चार वर्ष तक एकदम विश्राम मिलने पर यह दूर हो जाता है। ..यह देश इस रोग का घर है। यहीं से यह मेरे कन्धों पर सवार हुआ है। किन्तु यह खतरनाक नहीं है, अपितु दीर्घजीवी बनानेवाला है। मेरे लिए चिन्तित न होना। मैं धीरे धीरे पहुँच जाऊँगा। गुरुदेव का कार्य अग्रसर नहीं हो रहा है—इतना ही दुःख है। उनका कुछ भी कार्य मुझसे सम्पन्न न हो सका—यही अफ़सोस है। तुम लोगों को कितनी गालियाँ देता हूँ, बुरा-भला कहता हूँ—मैं महान् नराधम हूँ! आज उनके जन्मदिवस पर तुम लोग अपनी पद-रज मेरे मस्तक पर दो—मेरे मन की चंचलता दूर हो जायगी। जय गुरु, जय गुरु, जय गुरु, जय गुरु। **त्वमेव शरणं मम, त्वमेव शरणं मम** (तुम्हीं मेरी शरण हो, तुम्हीं मेरी शरण हो)। अब मेरा मन स्थिर है—यह मैं बतलाना चाहता हूँ। यही मेरी सदा की मानसिक भावना है। इसके अलावा और जो कुछ उपस्थित होता हो, उसे रोग जानना। अब मुझे बिल्कुल कार्य न देना। मैं अब कुछ काल तक चुपचाप ध्यान-जपादि करना चाहता हूँ—बस इतना ही। शेष माँ जाने; जय जगदम्बे!

विवेकानन्द

(श्रीमती ओलि बुल को लिखित)

१७१९, टर्क स्ट्रीट,
सैन फ़्रांसिस्को,
१२ मार्च,१९००

प्रिय धीरा माता,

केम्ब्रिज से लिखा हुआ आपका पत्र कल मुझे मिला। अब मेरा एक स्थायी पता हो गया है—१७१९, टर्क स्ट्रीट, सैन फ़्रांसिस्को। मैं आशा करता हूँ कि इस पत्र के जवाब में दो पंक्ति लिखने का आपको अवकाश मिलेगा।

आपकी भेजी हुई एक पाण्डुलिपि मुझे प्राप्त हुई थी। आपके अभिप्राया-नुसार उसे मैं वापस भेज चुका हूँ। इसके अलावा मेरे समीप और कोई हिसाब नहीं है। सब कुछ ठीक ही है। लन्दन से कुमारी सूटर ने मुझे एक अच्छा पत्र लिखा है। उनको आशा है कि श्री ट्राईन उनके साथ रात में भोजन करेंगे।

निवेदिता की अर्थ-संग्रह विषयक सफलता के समाचार से मुझे अत्यन्त खुशी हुई। मैंने उसे आपके हाथ सौंप दिया है और मुझे यह निश्चित विश्वास है कि आप उसकी देखभाल करेंगी। मैं यहाँ पर कुछ एक सप्ताह और हूँ; उसके बाद पूर्व की ओर जाऊँगा। केवल ठंड कम होने की प्रतीक्षा मैं कर रहा हूँ।

आर्थिक दृष्टि से मुझे यहाँ कुछ भी सफलता प्राप्त नहीं हुई है; फिर भी किसी प्रकार का अभाव भी नहीं है। अस्तु, यह ठीक है कि आवश्यकतानुसार मेरा कार्य चलता जा रहा है; और यदि न चले तो किया ही क्या जा सकता है? मैंने पूर्णतः आत्मसमर्पण कर दिया है।

मठ से मुझे एक पत्र मिला है। कल उनका उत्सव सम्पन्न हो चुका है। प्रशान्त महासागर होकर मैं जाना नहीं चाहता। कहाँ जाना है अथवा कब जाना है—यह मैं एकबार भी नहीं सोचता। मैं तो पूर्णतया समर्पित हो चुका हूँ—'माँ' ही सब कुछ जानती हैं! मेरे अन्दर एक विराट् परिवर्तन की सूचना दिखायी दे रही है—मेरा मन शान्ति से परिपूर्ण होता जा रहा है। मैं जानता हूँ कि 'माँ' ही सब कुछ उत्तरदायित्व ग्रहण करेंगी। मैं एक संन्यासी के रूप में ही मृत्यु का आलिंगन करूँगा। आपने मेरे एवं मेरे स्वजनों के हेतु माँ से भी अधिक कार्य किया है। आप मेरा असीम स्नेह ग्रहण करें, आपका चिर-मंगल हो—यही विवेकानन्द की सतत प्रार्थना है।

पुनश्च—कृपया श्रीमती लेगेट को यह सूचित करें कि कुछ सप्ताह के लिए मेरा पता—१७१९, टर्क स्ट्रीट, सैन फ़्रांसिस्को होगा।

(श्रीमती एफ़० एच० लेगेट को लिखित)

१७१९, टर्क स्ट्रीट,
सैन फ़्रांसिस्को,
१७ मार्च, १९००

प्रिय माँ,

आपका सुन्दर पत्र पाकर अत्यन्त प्रसन्नता हुई। आप आश्वस्त रहें कि मैं अपने मित्रों से बराबर सम्पर्क बनाये हुए हूँ। फिर भी थोड़ा विलम्ब हो जाने से घबड़ाहट हो सकती है।

डॉ० हीलर तथा श्रीमती हीलर इस नगर में श्रीमती मेल्टन के घर्षणों से काफ़ी लाभान्वित होकर वापस लौटे हैं, जैसा कि वे स्वयं घोषित करते हैं। जहाँ तक मेरा सम्बन्ध है, मेरी छाती पर तो कुछ बड़े बड़े लाल चकत्ते उभर आये हैं। आगे किस विधि से उन्हें पूरा आराम होता है, यह मैं आपको यथासमय सूचित करूँगा। मेरा तो मामला ऐसा है कि उसे रास्ते पर आने में समय लगेगा।

आपकी और श्रीमती एडम्स की कृपाओं के लिए मैं अत्यन्त कृतज्ञ हूँ। अवश्य ही मैं शिकागो जाऊँगा और उनसे भेंट करूँगा।

आपके क्या हाल-चाल हैं? यहाँ मैं 'करो या मरो' वाले सिद्धान्त के अनुसार कार्य कर रहा हूँ और अभी तक तो यह बुरा सिद्ध नहीं हुआ है। तीनों बहनों में से दूसरी श्रीमती हैन्सबॉरो यहाँ हैं और मेरी सहायता के लिए अनन्त परिश्रम कर रही हैं। ईश्वर उनका कल्याण करे। तीनों बहनें तीन देवदूत हैं, हैं न? ऐसी आत्माओं का यत्र-तत्र दर्शन इस जीवन की सभी व्यर्थताओं का बदला चुका देता है।

आपके कल्याण की मैं सदैव प्रार्थना करता हूँ। मैं कहता हूँ आप भी तो एक देवदूत हैं। कुमारी केट को प्यार।

आपका पुत्र,
विवेकानन्द

पुनश्च—'माँ का शिशु' कैसा है? कुमारी स्पेन्सर का क्या हाल है? उन्हें प्यार। आप तो जानती ही हैं कि पत्र-व्यवहार के मामले में मैं कितना खराब हूँ, पर मेरा हृदय कभी नहीं चूकता। आप कुमारी स्पेन्सर से इतना कह दें।

वि०

(श्रीमती एफ़० एच० लेगेट को लिखित)

१७१९, टर्क स्ट्रीट,
सैन फ़्रांसिस्को,
१७ मार्च, १९००

प्रिय माँ,

मुझे 'जो' का एक पत्र मिला था, जिसमें उसने मुझसे काग़ज़ की चार चिटों पर अपना हस्ताक्षर भेज देने को कहा था ताकि श्री लेगेट मेरी ओर से बैंक में मेरा रुपया जमा कर सकें। अब शायद मैं समय पर उससे न मिल सकूँ, अतः वे चिटें मैं आपके पास भेज रहा हूँ।

मेरा स्वास्थ्य सुधर रहा है और कुछ आर्थिक प्रबन्ध भी मैं कर रहा हूँ। मैं पूर्णतया सन्तुष्ट हूँ। मुझे तनिक भी दुःख नहीं है कि अधिक लोगों ने आपके आह्वान को नहीं सुना। मैं जानता था कि वे नहीं सुनेंगे। पर मैं आपकी सहृदयता के लिए अनन्त रूप से आभारी हूँ। आपका, आपके स्वजनों का सदा-सर्वदा मंगल हो।

मेरी डाक को १२३१, पाईन स्ट्रीट के पते पर 'होम ऑफ़ ट्रुथ' के मार्फ़त भेजना अधिक अच्छा होगा। यद्यपि मैं इधर-उधर आता-जाता रहा हूँ, पर वह स्थान मेरा स्थायी आवास है और वहाँ के लोग मेरे प्रति अत्यन्त कृपालु हैं।

मुझे बड़ी ख़ुशी है कि अब आप बिल्कुल ठीक हैं। श्रीमती ब्लॉजेट से मुझे सूचना मिल चुकी है कि श्रीमती मेल्टन ने लॉस एंजिलिस छोड़ दिया है। क्या वे न्यूयार्क चली गयीं? डॉ० हीलर तथा श्रीमती हीलर परसों सैन फ्रांसिस्को वापस आगये। वे स्वयं घोषित करते हैं कि श्रीमती मेल्टन ने उनकी बड़ी सहायता की। श्रीमती हीलर को आशा है कि थोड़े ही दिन में वे पूर्णतया नीरोग हो जायँगी।

यहाँ और ओकलैण्ड में मैं कई व्याख्यान दे चुका हूँ। ओकलैण्ड के व्याख्यानों से अच्छी आमदनी हो गयी। सैन फ़्रांसिस्को में पहले सप्ताह तो ख़ास आमदनी नहीं हुई, पर इस सप्ताह हुई। आशा है अगले सप्ताह भी आमदनी हो जायगी। श्री लेगेट द्वारा वेदान्त सोसाइटी के लिए किये गये प्रबन्ध की बात सुनकर मुझे ख़ुशी हुई। वे कितने भले हैं!

सस्नेह आपका,
विवेकानन्द

पुनश्च—क्या आप तुरीयानन्द के विषय में कुछ जानती हैं? क्या वे बिल्कुल अच्छे हो गये?

वि०

(कुमारी मेरी हेल को लिखित)

१७१९, टर्क स्ट्रीट,
सैन फ्रांसिस्को,
२२ मार्च, १९००

प्रिय मेरी,

तुम्हारे पत्र के लिए अनेक धन्यवाद। तुम्हारा कहना सच है कि भारत-वासियों के विषय में सोचने के अलावा भी मुझे सोचने को बहुत कुछ है, पर अपने गुरुदेव के कार्य को सम्पादित करने का जो सबको समाहित कर लेनेवाला मेरा जीवन-उद्देश्य है, उसके सामने इन सबको गौण हो जाना पड़ता है। मैं चाहता हूँ कि यह त्याग सुखकर हो सके। पर ऐसा नहीं है, और स्वाभाविक है कि इससे मनुष्य कभी कभी कटु हो जाता है, क्योंकि तुम यह जान लो मेरी कि मैं अभी भी मनुष्य ही हूँ और अपने मनुष्य स्वभाव को पूरी तरह विस्मृत नहीं कर सका हूँ। मुझे आशा है कि कभी ऐसा कर सकूँगा। मेरे लिए प्रार्थना करो।

अवश्य ही मेरे प्रति या किसी भी वस्तु के प्रति कुमारी मैक्लिऑड अथवा कुमारी नोबुल की क्या धारणा है, इसके लिए मैं उत्तरदायी नहीं ठहराया जा सकता। या ऐसा हो सकता है? आलोचना से तो खिन्न होते तुमने मुझे कभी नहीं देखा होगा।

मुझे खुशी है कि एक लम्बे समय के लिए तुम यूरोप जा रही हो। खूब लम्बा चक्कर लगाओ, तुम काफ़ी समय से घर की कबूतरी बनी रही हो।

जहाँ तक मेरा सवाल है, मैं तो चिरन्तन रूप से भ्रमण करते करते थक गया हूँ। इसीलिए मैं घर वापस जाना और आराम करना चाहता हूँ। मैं अब और काम करना नहीं चाहता। मेरा मामला किसी विद्वान के अवकाश प्राप्त करने जैसा ही असम्भव है। वह मुझे कभी नहीं मिलता। मैं कामना करता हूँ कि वह मुझे मिले, विशेषकर अब जब कि मैं टूट चुका और काम करते करते थक चुका हूँ। जब भी मुझे श्रीमती सेवियर का उनके हिमालय स्थित आवास से पत्र मिलता है, मेरी हिमालय को उड़ जाने की इच्छा होने लगती है। मैं सचमुच इस मंच-कार्य और शाश्वत घुमक्कड़ी तथा नये लोगों से मिलने एवं व्याख्यानबाज़ी से तंग आ चुका हूँ।

शिकागो में कक्षा चलाने की झंझट में पड़ने की तुम्हें ज़रूरत नहीं। मैं फ़्रिस्को में पैसा पैदा कर रहा हूँ और शीघ्र ही घर वापस जाने के लिए काफ़ी पैदा कर लूँगा।

तुम्हारा और बहनों का क्या हाल है? मैं क़रीब अप्रैल के प्रारम्भ में शिकागो आने की आशा करता हूँ।

तुम्हारा,
विवेकानन्द

(भगिनी निवेदिता को लिखित)

सैन फ़्रांसिस्को,
२५ मार्च, १९००

प्रिय निवेदिता,

मैं पहले से बहुत कुछ स्वस्थ हूँ एवं क्रमशः मुझे अधिक शक्ति मिल रही है। अब कभी कभी मुझे ऐसा प्रतीत होता है कि बहुत शीघ्र ही मैं रोगमुक्त हो जाऊँगा, गत दो वर्षों के कष्ट ने मुझे पर्याप्त शिक्षा प्रदान की है। रोग तथा दुर्भाग्य का फल हमारे लिए कल्याणप्रद ही होता है, यद्यपि उस समय ऐसा प्रतीत होता है कि मानो हम अथाह पानी में डूब रहे हैं।

मैं मानो सीमाहीन नील आकाश हूँ, कभी कभी बादलों से घिर जाने पर भी सदा के लिए मैं वही असीम नील ही हूँ।

मेरी तथा प्रत्येक जीव की जो चिरस्थायी प्रकृति है—मैं इस समय उस शाश्वत शान्ति के आस्वादन के लिए प्रयत्नशील हूँ। यह हाड़-मांस का पिंजरा तथा सुख-दुःख के व्यर्थ स्वप्न—इनकी फिर पृथक् सत्ता ही क्या है? मेरा स्वप्न दिनोंदिन दूर होता जा रहा है। ॐ तत्सत्।

तुम्हारा,
विवेकानन्द

(भगिनी निवेदिता को लिखित)

१७१९, टर्क स्ट्रीट,
सैन फ़्रांसिस्को,
२८ मार्च, १९००

प्रिय मार्गट,

तुम्हारे कार्य की सफलता देखकर मैं अति आनन्दित हूँ। यदि हम लोग लगे रहें, तो घटनाचक्र का परिवर्तन अवश्य होगा। मेरा यह दृढ़ विश्वास है कि तुम्हें जितने रुपये की आवश्यकता है, उसकी पूर्ति यहाँ से अथवा इंग्लैण्ड से अवश्य होगी।

मैं अत्यन्त परिश्रम कर रहा हूँ—और जितना अधिक परिश्रम कर रहा हूँ, उतना ही स्वस्थ होता जा रहा हूँ। यह निश्चित है कि शरीर अस्वस्थ हो जाने से मेरा बहुत भला हुआ है। अनासक्ति का यथार्थ तात्पर्य अब मैं ठीक ठीक समझने लगा हूँ और मुझे आशा है कि शीघ्र ही मैं पूर्णतया अनासक्त बन सकूँगा।

हम अपनी सारी शक्तियों को किसी एक विषय की ओर लगा देने के फलस्वरूप उसमें आसक्त हो जाते हैं; तथा उसकी और भी एक दिशा है, जो नेतिवाचक होने पर भी उसके सदृश ही कठिन है—उस ओर हम बहुत कम ध्यान देते हैं—वह यह है कि क्षण भर में किसी विषय से अनासक्त होने की, उससे अपने को पृथक् कर लेने की शक्ति। आसक्ति और अनासक्ति, जब दोनों शक्तियों का पूर्ण विकास होता है, तभी मनुष्य महान् एवं सुखी हो सकता है।

श्रीमती लेगेट के १,००० डालर दान के समाचार से मुझे नितान्त खुशी हुई। धैर्य रखो, उनके द्वारा जो कार्य सम्पन्न होनेवाला है, उसीका अब विकास हो रहा है। चाहे उन्हें यह विदित हो अथवा नहीं, श्री रामकृष्ण देव के कार्य में उन्हें एक महान् अभिनय करना पड़ेगा।

तुमने अध्यापक गेडिस के बारे में जो लिखा है, उसे पढ़कर मुझे खुशी हुई। 'जो' ने भी एक अप्रत्यक्षदर्शी (clairvoyant) व्यक्ति के सम्बन्ध में एक मजेदार बिवरण भेजा है।

सभी विषय अब हमारे लिए अनुकूल होते जा रहे हैं। मैं जो धन इकट्ठा कर रहा हूँ, वह यथेष्ट नहीं है, फिर भी वर्तमान कार्य के लिए कम नहीं है।

मैं समझता हूँ कि यह पत्र तुम्हें शिकागो में प्राप्त होगा। 'जो' तथा श्रीमती बुल इस बीच में निश्चय ही चल चुकी होंगी। 'जो' के पत्र तथा 'तार' में उनके आगमन के बारे में इतने विरोधी समाचार थे कि उन्हें पढ़कर मैं चिन्तित हो उठा था। सबसे अन्तिम समाचार है कि वे अब तक 'ट्यूटानिक' जहाज में सवार हो चुकी होंगी। कुमारी सूटर के स्विट्जरलैण्ड के एक मित्र मैक्स गेजिक का एक अच्छा सा पत्र मुझे मिला है। कुमारी सूटर ने भी मेरे प्रति अपना आन्तरिक स्नेह ज्ञापन किया है और उन लोगों ने यह जानना चाहा है कि मैं कब इंग्लैण्ड रवाना हो रहा हूँ। उन लोगों ने लिखा है कि वहाँ पर अनेक व्यक्ति इस विषय में पूछ-ताछ कर रहे हैं।

सभी वस्तुओं को चक्कर लगाकर वापस आना होगा। बीज से वृक्ष होने के लिए उसे जमीन के नीचे कुछ दिन तक सड़ना पड़ेगा। गत दो वर्षों का समय इसी प्रकार धरती के अन्दर सड़ने का समय था। मृत्यु के कराल गाल में फँसकर जब कभी भी मैं छटपटाता, तभी उसके दूसरे क्षण ही समग्र जीवन मानो प्रबल

रूप से स्पन्दित हो उठता। इस प्रकार की एक घटना ने मुझे श्री रामकृष्ण देव के समीप आकृष्ट किया और एक अन्य घटना के द्वारा मुझे संयुक्त राज्य, अमेरिका में आना पड़ा। अन्यान्य घटनाओं में यही सबसे अधिक उल्लेखनीय है। वह अब समाप्त हो चुकी है—अब मैं इतना निश्चल तथा शान्त बन चुका हूँ कि कभी कभी मुझे स्वयं ही आश्चर्य होने लगता है।

अब मैं सुबह-शाम पर्याप्त परिश्रम करता हूँ। जब जैसी इच्छा होती है भोजन करता हू, रात के बारह बजे सोता हूँ और नींद भी खूब आती है। पहले कभी इस प्रकार सोने की शक्ति मुझमें नहीं थी। तुम मेरा आशीर्वाद तथा स्नेह जानना।

विवेकानन्द

(कुमारी मेरी हेल को लिखित)

१७१९, टर्क स्ट्रीट,
सैन फ्रांसिस्को
२८ मार्च, १९००

प्रिय मेरी,

यह पत्र तुम्हें यह जताने के लिए लिख रहा हूँ कि 'मैं बहुत खुश हूँ।' यह नहीं कि मैं किसी धूमिल आशावाद से ग्रस्त होता जा रहा हूँ, बल्कि दुःख झेलने की मेरी क्षमता बढ़ती जा रही है। मैं इस संसार के सुख-दुःख रूपी महामारी की दुर्गंध से ऊपर उठता जा रहा हूँ; उनका अर्थ मेरे लिए मिटता जा रहा है। यह संसार एक स्वप्न है। यहाँ किसीके हँसने-रोने का कोई मूल्य नहीं। वह केवल स्वप्न है, और देर या सबेर अवश्य टूटेगा। वहाँ तुम लोगों के क्या हाल-चाल हैं? हैरियट पेरिस आनन्द मनाने जा रही है! वहाँ मेरी उससे अवश्य भेंट होगी। मैं एक फ्रेंच डिक्शनरी कंठाग्र कर रहा हूँ। मैं कुछ धन भी अर्जित कर रहा हूँ। सुबह-शाम कठिन परिश्रम करता हूँ, फिर भी अच्छा हूँ। नींद अच्छी आती है, हाज़मा भी अच्छा है। पूर्ण अनियमितता है।

तुम पूर्व की ओर जा रही हो। आशा है, अप्रैल के अन्त में मैं शिकागो आऊँगा। यदि न आ सका, तो पूर्व में तुम्हारे जाने के पहले तुमसे ज़रूर मिलूँगा।

मैक्किंडली परिवार की लड़कियाँ क्या कर रही हैं? चकोतरों की पुष्टई खा रही हैं और मोटी हो रही हैं? चलते रहो, ज़िन्दगी तो एक स्वप्न है। क्या तुम इससे खुश नहीं हो? बाप रे! वे शाश्वत स्वर्ग चाहते हैं। ईश्वर को धन्यवाद है कि सिवा उसके और कुछ भी शाश्वत नहीं है। मुझे विश्वास है उसे केवल ईश्वर ही सहन कर सकता है। शाश्वतता की यह बकवाद!

सफलता धीरे धीरे मुझे मिलनी शुरू हो चुकी है, वह अभी और भी अधिक मिलेगी। फिर भी चुपचाप रहूँगा। अभी तुम्हें सफलता नहीं मिल रही है, इसका मुझे दुःख है, मतलब मैं दुःखित अनुभव करने का प्रयत्न कर रहा हूँ, क्योंकि मैं किसी भी वस्तु के लिए अब और दुःखी नहीं हो सकता। मैं उस शान्ति को प्राप्त कर रहा हूँ, जो बुद्धि के परे है, जो न सुख है न दुःख, बल्कि इन दोनों से ही ऊपर है। 'मदर' से यह कह देना। पिछले दो वर्षों में मैं जिस शारीरिक और मानसिक मृत्यु की घाटी से गुज़रा हूँ, उसीने मुझे यह प्राप्त करने में सहायता दी है। अब मैं उस 'शान्ति', उस शाश्वत मौन के निकट आ रहा हूँ। अब मैं जो चीज़ जिस रूप में है, उसे उसी रूप में देखना चाहता हूँ, उस शान्ति के भीतर, अपने परम रूप में। 'जो अपने भीतर ही आनन्द पाता है, जो अपने भीतर ही इच्छाओं को देखता है, वस्तुतः उसीने अपने जीवन का पाठ पढ़ा है।' यही है वह महान् पाठ जिसे अनेक जन्मों, स्वर्गों-नरकों में से होकर हमें सीखना है—कि अपनी आत्मा के परे कुछ भी याचना करने, इच्छा करने के लिए नहीं है। 'जो सबसे बड़ी वस्तु मैं प्राप्त कर सकता हूँ, वह आत्मा है।' 'मैं मुक्त हूँ', अतः सुखी होने के लिए मुझे अन्य किसी वस्तु की आवश्यकता नहीं। 'अनन्त काल से अकेला, चूँकि मैं मुक्त था, अतः मुक्त हूँ और सदा रहूँगा भी।' यह वेदान्त मत है। इतने समय तक मैं सिद्धान्त का प्रचार करता रहा, लेकिन ओह ! कितने आनन्द का विषय है प्यारी बहन मेरी, कि इसे मैं अब प्रत्येक दिन अनुभव कर रहा हूँ। हाँ, मैं अनुभव कर रहा हूँ। 'मैं मुक्त हूँ।' 'एकम्, एकम्, एकमेवाद्वितीयम्।'

सच्चिदानन्द स्वरूप,
विवेकानन्द

पुनश्च—अब मैं सच्चा विवेकानन्द बनने जा रहा हूँ। कभी तुमने बुराई का आनन्द लिया है? हा ! हा ! ओ भोली लड़की ! तू क्या कहती है कि सब कुछ अच्छा है ! बकवास ! कुछ अच्छा है, कुछ बुरा है। मैं अच्छे का भी आनन्द लेता हूँ और बुरे का भी। मैं ही जीसस था और मैं ही जूडास इस्केरियट। दोनों ही मेरी लीला हैं, दोनों ही मेरे विनोद। 'जब तक द्वैतभाव है, भय से तुझे मुक्ति नहीं मिलेगी।' शुतुरमुर्गवाला तरीक़ा?—बालू में अपना सिर छिपा लेना और सोचना कि तुम्हें कोई देख नहीं रहा है ! सब अच्छा ही अच्छा है ! साहसी बनो और जो भी आये उसका सामना करो। अच्छा आये, बुरा आये, दोनों का स्वागत, दोनों ही मेरे लिए खेल हैं। ऐसी कोई भलाई नहीं, जिसे मैं प्राप्त करना चाहूँ, ऐसा कोई आदर्श नहीं, जिसे पकड़ लेना चाहूँ, ऐसी कोई महत्त्वाकाक्षा नहीं जिसे

पूरा करना चाहूँ। मैं हीरों की खान हूँ, अच्छे और बुरे की कंकड़ियों से खेल रहा हूँ। बुराई, तुम्हारे लिए अच्छा है कि मेरे पास आओ; अच्छाई, तुम्हारे लिए भी अच्छा है कि मेरे पास आओ। यदि ब्रह्माण्ड मेरे कान के पास भी भहराकर गिरता है, तो इससे मुझे क्या? मैं वह शान्ति हूँ, जो बुद्धि के परे है। बुद्धि तो केवल हमें अच्छे और बुरे का ज्ञान देती है। मैं उससे परे हूँ, मैं शान्ति हूँ।

वि०

(स्वामी तुरीयानन्द को लिखित)

सैन फ़्रांसिस्को
मार्च, १९००

प्रिय हरिभाई,

अभी ही मुझे श्रीमती बनर्जी से बिल्टी मिली है। उन्होंने कुछ दाल, चावल भेजे हैं। मैं बिल्टी तुम्हें भेज रहा हूँ। उसे कुमारी वाल्डो को दे देना; जब वे चीज़ें आ जायँगी, तब वे लेती आयेंगी।

अगले हफ़्ते यह स्थान छोड़कर मैं शिकागो जा रहा हूँ। वहाँ से फिर मैं न्यूयार्क जाऊँगा। मेरा काम किसी प्रकार चल रहा है। . . . इस समय तुम कहाँ रह रहे हो? क्या कर रहे हो?

सस्नेह तुम्हारा
विवेकानन्द

(कुमारी जोसेफ़िन मैक्लिऑड को लिखित)

१७१९, टर्क स्ट्रीट
सैन फ्रांसिस्को
३० मार्च, १९००

प्रिय 'जो',

पुस्तकें शीघ्र भेजने के लिए तुम्हें अनेक धन्यवाद। मुझे विश्वास है कि वे शीघ्र ही बिक जायँगी। मालूम होता है, अपनी योजनाएँ बदलने में तुम मुझसे भी गयी बीती हो। अभी तक 'प्रबुद्ध भारत' क्यों नहीं आया, यह मैं नहीं समझ पा रहा हूँ। मुझे डर है कि मेरी डाक के पत्रादि कहीं इधर-उधर चक्कर खा रहे होंगे

मैं खूब परिश्रम कर रहा हूँ, कुछ धन भी एकत्र कर रहा हूँ और मेरा स्वास्थ्य भी पहले से ठीक है। सुबह से लेकर शाम तक परिश्रम करना; तदुपरान्त भरपेट भोजन के बाद रात के १२ बजे बिस्तर का आश्रय लेना—और समूचा रास्ता पैदल चलकर शहर में घूम आना एवं साथ ही साथ स्वास्थ्य की उन्नति!

श्रीमती मेल्टन तो फिर वहीं हैं। उनसे मेरा स्नेह कहना—कहोगी न? तुरीयानन्द का पैर क्या अभी तक ठीक नहीं हुआ है?

श्रीमती बुल की इच्छानुसार मैंने निवेदिता के पत्र उन्हें भेज दिये हैं। श्रीमती लेगेट ने निवेदिता को कुछ दान दिया है, यह जानकर मुझे अत्यन्त खुशी हुई। जैसे भी हो, सभी कार्यों में हमें सुविधा अवश्य प्राप्त होगी—और ऐसा होना अवश्यम्भावी है; क्योंकि कोई भी वस्तु शाश्वत नहीं है।

यदि सुविधा हुई तो दो-एक सप्ताह और यहाँ पर रहने का विचार है; बाद में 'स्टॉकटन' नामक एक समीपवर्ती स्थान में जाना है। उसके बाद का मुझे पता नहीं है। चाहे असुविधा भले ही हो, फिर भी दिन किसी प्रकार से कट रहे हैं। मैं पूर्ण शान्ति में हूँ, कोई झंझट नहीं है। और कामकाज जैसे चलता रहता है, वैसा ही चल रहा है। मेरा स्नेह जानना।

विवेकानन्द

पुनश्च—कुमारी वाल्डो 'कर्मयोग' के परिवर्धन आदि सहित सम्पादन का उत्तरदायित्व सम्भालने के योग्य हैं। आदि।

वि०

(स्वामी तुरीयानन्द को लिखित)

भाई हरि,

तुम्हारे पाँव की हड्डी जुड़ गयी है, यह जानकर खुशी हुई एवं तुम अच्छी तरह से कार्य कर रहे हो, यह समाचार भी मुझे मिला है।... मेरा शरीर ठीक ही चल रहा है। असली बात यह है कि शरीर की ओर अधिक ध्यान देने से ही रोग दिखायी देता है। मैं स्वयं रसोई बना रहा हूँ, मनचाहा भोजन कर रहा हूँ, दिन-रात परिश्रम कर रहा हूँ और ठीक हूँ; नींद की भी कोई शिकायत नहीं है, पर्याप्त मात्रा में नींद आती है।

एक माह के अन्दर मैं न्यूयार्क जा रहा हूँ। सारदा की पत्रिका क्या बन्द हो चुकी है? मुझे तो उसकी प्रतियाँ नहीं मिल रही हैं। Awakened (प्रबुद्ध भारत) भी क्या सो गया है! मुझे तो मिल नहीं रहा है। अस्तु, देश में प्लेग फैल रहा है,

पता नहीं कि कौन जीवित है और कौन नहीं। राम की माया है!! सुनो, 'अचू' का आज एक पत्र आया है। वह शिकार राज्य के रामगढ़ कस्बे में छिपा हुआ था। किसीने कहा है कि विवेकानन्द मर चुका है। इसलिए उसने मुझे पत्र लिखा है!! आज उसे जवाब भेज रहा हूँ।

यहाँ सब कुछ ठीक है। अपना तथा उसका कुशल समाचार लिखना। इति।

दास,
विवेकानन्द

(कुमारी जोसेफ़िन मैक्लिऑड को लिखित)

१७१९, टर्क स्ट्रीट,
सैन फ़्रांसिस्को,
कैलिफ़ोर्निया,
अप्रैल, १९००

प्रिय 'जो',

तुम्हारे फ़्रांस जाने के पूर्व तुमसे एक बात कहनी है। क्या तुम इंग्लैण्ड होते हुए वहाँ जा रही हो? मुझे श्रीमती सेवियर का एक सुन्दर सा पत्र मिला था, जिससे मुझे पता चला कि कुमारी मूलर ने काली को, जो कि उनके साथ दार्जिलिंग में रह चुका था, बिना कुछ और लिखे मात्र एक अखबार भेजा है।

कांग्रीव उनके भतीजे का नाम है और वह ट्रान्सवाल के युद्ध में है। यही कारण है कि उन्होंने अखबार की उन पंक्तियों को रेखांकित कर दिया था, यह दिखाने के लिए कि उनका भाई ट्रान्सवाल में बोअरों से लड़ रहा है। बस। जितना कुछ मैं पहले समझा था, उससे अधिक कुछ और नहीं समझ सका हूँ।

शारीरिक दृष्टि से लॉस एंजिलिस की अपेक्षा यहाँ मेरी तन्दुरुस्ती अधिक खराब है, पर मानसिक दृष्टि से अधिक अच्छा, सशक्त तथा शान्त हूँ। आशा है कि यह ऐसा ही रहेगा।

अपने पत्र के उत्तर में तुम्हारा कोई पत्र मुझे नहीं मिला, हालाँकि उसके पाने की मुझे शीघ्र ही उम्मीद थी।

भारत से आनेवाला मेरा एक पत्र भूल से श्रीमती हीलर के पते पर भेज दिया गया था, पर अन्त में वही सही-सलामत मुझे मिल गया। सारदानन्द के कई सुन्दर पत्र मिले, वे सब वहाँ अच्छा काम कर रहे हैं। लड़के काम में जुट गये हैं। इस तरह तुम देखती हो न, डाँट-फटकार का एक दूसरा पहलू भी है, वह उकसाकर उनसे काम भी करवाती है।

हम भारतवासी इतने लम्बे समय से परापेक्षी रहे हैं कि मुझे यह कहते हुए दुःख होता है कि उन्हें कर्मठ बनाने के लिए पर्याप्त भर्त्सना की आवश्यकता है। इस वर्ष वार्षिकोत्सव का कार्य-भार एक महा सुस्त व्यक्ति ने लिया था और उसने उसे ठीक प्रकार से सम्पन्न भी कर दिया। वे योजना बनाकर सफलतापूर्वक दुर्भिक्ष-कार्य बिना मेरी सहायता के अपने आप कर रहे हैं।...इसमें संदेह नहीं कि यह सब मेरी बराबर भर्त्सना करते रहने का परिणाम है!

वे अपने पाँवों पर खड़े हैं। मैं बहुत खुश हूँ। देखो न 'जो' यह सब जगन्माता ही कर रही हैं।

मैंने कुमारी थर्सबी का पत्र श्रीमती हीयर्स्ट के पास भेज दिया। उन्होंने अपने संगीत के कार्यक्रम का एक निमंत्रण-पत्र मुझे भेजा था। मैं नहीं जा सका। मुझे बहुत ज़ोर का ज़ुकाम था। बात यहीं खत्म हो गयी। एक दूसरी महिला जो ओकलैण्ड की हैं और जिनके लिए मेरे पास कुमारी थर्सबी का पत्र था, उन्होंने कोई उत्तर नहीं दिया। मैं नहीं जानता कि मैं शिकागो जाने भर के लिए फ़्रिस्को में काफ़ी पैसा कमा भी सकूँगा या नहीं! ओकलैण्डवाला काम सफल रहा है। ओकलैण्ड से मुझे सौ डालर प्राप्त होने की आशा है, और कुछ नहीं। कुल मिला कर मैं सन्तुष्ट हूँ। यह अच्छा ही हुआ कि मैंने कोशिश की थी...यहाँ तक कि उस चुम्बकीय रोगनिवारक (magnetic healer) के पास भी मुझे देने को कुछ नहीं था। ख़ैर, मेरा काम यूँ ही चलता रहेगा, मुझे इसकी चिन्ता नहीं कि कैसे?... मैं बड़ी शान्ति में हूँ। लॉस एंजिलिस से मुझे सूचना मिली है कि श्रीमती लेगेट की हालत फिर खराब हो गयी। मैंने इसकी सचाई जानने के लिए न्यूयार्क तार भेजा है। उम्मीद है कि जल्दी ही मुझे कोई उत्तर मिलेगा।

लेगेट-परिवार के देश के दूसरे भाग में चले जाने के बाद, बताओ तुम मेरी डाक का क्या प्रबन्ध करोगी? क्या तुम ऐसा प्रबन्ध कर दोगी कि वह मुझे सही-सलामत मिलती रहे?

अब अधिक क्या लिखूं; तुम्हारे प्रति मेरे मन में स्नेह और कृतज्ञता है, इसे तुम जानती ही हो। जितने का मैं पात्र नहीं था, उससे अधिक तुमने मेरे लिए किया। मैं नहीं जानता कि मैं पेरिस जाऊँगा या नहीं, पर इतना निश्चित है कि मई में मैं इंग्लैण्ड अवश्य जाऊँगा। इंग्लैण्ड में कुछ हफ़्ते तक और प्रयत्न किये बिना मैं घर हरगिज़ वापस नहीं जाऊँगा। प्यार सहित।

प्रभुपदाश्रित सदैव तुम्हारा,
विवेकानन्द

पुनश्च—श्रीमती हैन्सबॉरो तथा श्रीमती अपेनल ने एक महीने के लिए १७१९, टर्क स्ट्रीट में ही एक फ़्लैट ले लिया है। मैं उन्हीं लोगों के साथ हूँ और कुछ हफ़्ते तक रहूँगा।

वि०

(श्रीमती ओलि बुल को लिखित)

१७१९, टर्क स्ट्रीट,
सैन फ़्रांसिस्को,
१ अप्रैल, १९००

प्रिय धीरा माता,

आपका स्नेह पूर्ण पत्र आज सुबह मुझे प्राप्त हुआ। न्यूयार्क के सभी मित्र श्रीमती मिल्टन की चिकित्सा से आरोग्य-लाभ कर रहे हैं, यह जानकर मुझे अत्यन्त ख़ुशी हुई। ऐसा मालूम होता है कि लॉस एंजिलिस में उन्हें नितान्त विफल होना पड़ा था, क्योंकि हमने जिन व्यक्तियों को उनसे परिचित कराया था, उन सभी लोगों ने मुझसे कहा कि मर्दन चिकित्सा से उनकी दशा पहले से भी ख़राब हो गयी। श्रीमती मिल्टन से मेरा स्नेह कहना। कम से कम उनकी 'मसाज' उस समय मुझे कुछ लाभ पहुँचाती थी। बेचारा डाक्टर हीलर! हम लोगों ने उसे तत्क्षण ही उसकी पत्नी के इलाज के लिए लॉस एंजिलिस भेजा था। यदि उस दिन सुबह उसके साथ आपकी भेंट तथा बातचीत हुई होती, तो बहुत ही अच्छा होता। मर्दन चिकित्सा के बाद ऐसा मालूम होता है कि श्रीमती हीलर की दशा पहले से भी अधिक ख़राब हो गयी है—उसके शरीर में केवल हाड़ ही हाड़ रह गये हैं, और डाक्टर हीलर को लॉस एंजिलिस में ५०० डालर व्यय करना पड़ा है। इससे उनका मन बहुत ख़राब हो गया है। किन्तु मैं 'जो' को ये सारी बातें लिखना नहीं चाहता हूँ। उसके द्वारा ग़रीब रोगियों की इतनी सहायता हो रही है, इसी कल्पना में वह मस्त है। किन्तु ओह! यदि वह कदाचित् लॉस एंजिलिस के लोगों तथा उस वृद्ध डाक्टर हीलर के अभिमत सुनती, तो उसे उस पुरानी बात का मर्म विदित होता कि किसीके लिए दवा बतलाना उचित नहीं है। यहाँ से डाक्टर हीलर को लॉस एंजिलिस भेजनेवालों में मैं नहीं था, मुझे इसकी ख़ुशी है। 'जो' ने मुझे लिखा है कि उसके समीप से रोग के इलाज का समाचार पाते ही डाक्टर हीलर अत्यन्त आग्रह के साथ लॉस एंजिलिस जाने के लिए तैयार हो उठे थे। वह वृद्ध महोदय मेरी कोठरी में जिस प्रकार कूदते डोल रहे थे, वह दृश्य भी 'जो' को देखना चाहिए था! ५०० डालर ख़र्च करना उस वृद्ध के लिए अधिक था!

वे जर्मन हैं। वे कूदते रहे तथा अपने जेब में थप्पड़ जमाते हुए यह कहते रहे— 'यदि इस प्रकार के इलाज की बेवकूफ़ी में मैं न फँसता, तो ५०० डालर आपको भी तो प्राप्त हो सकते थे।' इनके अलावा और भी ग़रीब रोगी हैं—जिनको मर्दन के लिए कभी कभी प्रति व्यक्ति ३ डालर खर्च करना पड़ा है और अभी तक 'जो' मेरी तारीफ़ ही कर रही है। 'जो' से आप ये बातें न कहें। वह और आप किसी भी व्यक्ति के लिए यथेष्ट अर्थ-व्यय कर सकती हैं, आप लोग इतनी सम्पन्न हैं। जर्मन डाक्टर के बारे में भी ऐसा कहा जा सकता है। किन्तु सीधे-साधे बेचारे ग़रीबों के लिए इस प्रकार की व्यवस्था करना नितान्त ही कठिन है। वृद्ध डाक्टर की अब ऐसी धारणा हो गयी है कि कुछ भूत-प्रेत आपस में मिलकर उसके घर को इस प्रकार नष्ट-भ्रष्ट कर रहे हैं! उन्होंने मुझे अतिथि बनाकर इसका प्रतिकार तथा अपनी पत्नी को स्वस्थ करना चाहा था, किन्तु उन्हें लॉस एंजिलिस दौड़ना पड़ा; और उसके फलस्वरूप सब कुछ उलट-फेर हो गया। और अभी तक यद्यपि वे मुझे अतिथिरूप से पाने के लिए विशेष सचेष्ट हैं, किन्तु मैं किनारा काट रहा हूँ—यद्यपि उनसे नहीं, किन्तु उनकी पत्नी तथा साली से। उनकी निश्चित धारणा है कि ये सब भूतों के काण्ड हैं। थियोसाफ़ी के वे एक सदस्य रह चुके हैं। कुमारी मैक्लिऑड को लिखकर कहीं से कोई भूत झाड़नेवाले गुणी को बुलाने की मैंने उन्हें सलाह दी थी, जिससे कि वे अपनी पत्नी के साथ झटपट वहाँ पहुँच कर पुनः ५०० डालर व्यय कर सकें!

दूसरों का भला करना सर्वदा निर्विवाद विषय नहीं है।

मैं अपने बारे में यह कह सकता हूँ कि 'जो' जब तक ख़र्च करती रहेगी, तब तक मज़ा लूटने को मैं तैयार हूँ—चाहे वे हड्डी चटकानेवाले हों अथवा मर्दन करनेवाले। किन्तु मर्दन-चिकित्सा के लिए लोगों को एकत्र कर इस प्रकार भाग जाना तथा सारी 'प्रशंसा' के बोझ को मेरे कन्धों पर डालना—ऐसा आचरण 'जो' के लिए उचित नहीं था! वह और कहीं से किसीको मर्दन-प्रक्रिया के लिए नहीं बुला रही है—इससे मैं खुश हूँ। अन्यथा 'जो' को पेरिस भागना पड़ता और श्रीमती लेगेट को सारी प्रशंसाओं को बटोरने का भार अपने ऊपर लेना पड़ता। मैंने केवल दोष ढँकने के लिए डाक्टर हीलर के समीप एक ईसाई चिकित्सक को, जो वैज्ञानिक तरीक़ों से (अर्थात् मानसिक शक्ति की सहायता द्वारा) रोग दूर करते हैं, भेज दिया था; किन्तु उनकी पत्नी ने उस चिकित्सक को देखते ही किवाड़ बन्द कर लिये—एवं यह स्पष्ट कह दिया कि इन अद्भुत चिकित्साओं के साथ वे किसी प्रकार का सम्पर्क रखना नहीं चाहतीं हैं। अस्तु, मैं यह विश्वास करता हूँ तथा सर्वान्तःकरण से प्रार्थना करता हूँ कि इस बार श्रीमती लेगेट स्वस्थ हो उठें।

मैं आशा करता हूँ कि वसीयतनामा भी शीघ्र पहुँच जायगा; इसके लिए मैं थोड़ा सा चिन्तित हूँ। भारत से इस डाक के द्वारा वसीयतनामे की एक प्रति मिलने की भी मुझे आशा थी; कोई पत्र नहीं आया, यहाँ तक कि 'प्रबुद्ध भारत' भी नहीं, यद्यपि मैं देखता हूँ कि 'प्रबुद्ध भारत' सैन फ़्रांसिस्को पहुँच चुका है।

उस दिन समाचारपत्र से यह विदित हुआ कि कलकत्ते में एक सप्ताह के अन्दर ५०० व्यक्ति प्लेग से मर चुके हैं। माँ ही जानती हैं कि कैसे मंगल होगा।

मुझे ऐसा प्रतीत हो रहा है श्री लेगेट ने वेदान्त-समिति को चालू कर दिया है। बहुत अच्छी बात है!

ओलिया किस प्रकार है? निवेदिता कहाँ है? उस दिन मैंने '२१वाँ मकान, पश्चिम ३४'—इस पते पर उसे एक पत्र लिखा था। यह देखकर कि वह कार्य में अग्रसर हो रही है, मैं अत्यन्त आनन्दित हूँ। मेरा आन्तरिक स्नेह ग्रहण करें।

आपकी चिरसन्तान,
विवेकानन्द

पुनश्च—मेरे लिए जितना करना सम्भव है, उतना अथवा उससे अधिक कार्य मुझे मिल रहा है। जैसे भी हो, मैं अपना मार्ग-व्यय अवश्य एकत्र करूँगा। ये लोग यद्यपि मेरी अधिक सहायता करने में असमर्थ हैं, फिर भी मुझे कुछ न कुछ देते रहते हैं; तथा मैं भी निरन्तर परिश्रम कर जिस तरह भी होगा अपना मार्ग व्यय एकत्र कर सकूँगा और उसके अतिरिक्त कुछ सौ रुपये भी प्राप्त करूँगा। अतः मेरे खर्च के लिए आप कुछ भी चिन्ता न करें।

वि०

(भगिनी निवेदिता को लिखित)

सैन फ़्रांसिस्को,
६ अप्रैल, १९००

प्रिय मार्गट,

मुझे यह जानकर खुशी हुई कि तुम लौट चुकी हो—और जब मैंने यह सुना कि तुम पेरिस जा रही हो, तो और भी खुशी हुई। मैं भी पेरिस जाऊँगा इसमें कोई सन्देह नहीं है, किन्तु कब तक जाऊँगा, कह नहीं सकता।

श्रीमती लेगेट कह रही हैं कि अभी मेरा जाना उचित है एवं मुझे फ्रेंच भाषा भी सीखनी चाहिए। मैं तो यह कहता हूँ कि जो होना है होगा—तुम भी ऐसा ही करो।

तुम अपनी पुस्तक समाप्त कर डालो और उसके उपरान्त हम पेरिस में फ़्रांसीसियों को जीतने के लिए चल देंगे। 'मेरी' कैसी है? उससे मेरा स्नेह कहना। यहाँ का मेरा कार्य समाप्त हो चुका है। 'मेरी' यदि वहाँ रहे, तो १५ दिन के अन्दर ही मैं शिकागो रवाना हो रहा हूँ; वह शीघ्र ही पूर्व की ओर रवाना होनेवाली है।

आशीर्वादक,
विवेकानन्द

पुनश्च—मन सर्वव्यापी है। जिस किसी स्थल से भी इसका स्पन्दन सुना और अनुभव किया जा सकता है।

वि०

(श्रीमती लेगेट को लिखित)

१७१९, टर्क स्ट्रीट,
सैन फ्रांसिस्को,
७ अप्रैल, १९००

माँ,

घाव का कारण पूर्णतया दूर हो जाने का समाचार देने के उपलक्ष्य में मेरी बधाई स्वीकार करें। मुझे कोई संदेह नहीं कि इस बार आप बिल्कुल अच्छी हो जायँगी।

आपके अत्यन्त कृपापूर्ण पत्र से मुझे बड़ी स्फूर्ति मिली। मुझे तनिक भी चिन्ता नहीं कि लोग मेरी सहायता के लिए आते हैं या नहीं। मैं दिन-प्रतिदिन शान्त और चिन्तारहित होता जा रहा हूँ।

कृपया श्रीमती मेल्टन को मेरा प्यार कहें। मुझे विश्वास है कि देर-सबेर मैं अच्छा हो ही जाऊँगा। कुल मिलाकर मेरा स्वास्थ्य सुधर रहा है, यद्यपि बीच बीच में मैं पुनः गिर पड़ता हूँ। यह बीच बीच का बीमार पड़ जाना भी मियाद और तेज़ी की दृष्टि से कम होता जा रहा है।

जिस तरह से आपने तुरीयानन्द तथा सिरी का इलाज किया, वह आपके ही अनुरूप है। आपके महान् हृदय के लिए आप पर ईश्वर का आशीर्वाद है। आप और आपके स्वजनों का सदैव कल्याण हो।

यह बिल्कुल सही है कि मुझे फ़ांस जाना चाहिए और फ़ांसीसियों के बीच काम करना चाहिए। मुझे आशा है कि जुलाई या इसके पूर्व ही मैं फ़ांस पहुँच जाऊँगा। जगन्माता सब जानती हैं। आपका सदा-सर्वदा मंगल हो, यही मेरी प्रार्थना है।

आपका पुत्र,
विवेकानन्द

(एक अमेरिकन मित्र को लिखित)

सैन फ़ांसिस्को,
७ अप्रैल, १९००

प्रिय—,

किन्तु अब मैं इतना निश्चल तथा शान्त हो चुका हूँ, जैसा पहले कभी नहीं रहा। अब मैं अपने पैरों पर खड़ा होकर महान् आनन्द के साथ पूर्ण परिश्रम कर रहा हूँ। कर्म में ही मेरा अधिकार है, शेष सब 'माँ' जानें।

देखो, जितने दिन यहाँ रहने को मैंने सोचा था, उससे अधिक दिन यहाँ रहकर मुझे कार्य करना होगा—ऐसा प्रतीत हो रहा है। किन्तु तदर्थ तुम विचलित न होना; अपनी सारी समस्याओं का समाधान मैं स्वयं ही कर लूँगा। अब मैं अपने पैरों पर खड़ा हो चुका हूँ एवं मुझे आलोक का भी दर्शन मिल रहा है। सफलता के फलस्वरूप मैं विपथगामी बन जाता और मैं संन्यासी हूँ इस मूल बात की ओर सम्भवतः मेरी दृष्टि न रहती। इसलिए माँ मुझे यह शिक्षा दे रही हैं।

मेरी नौका क्रमशः उस शान्त बन्दरगाह को जा रही है, जहाँ से उसे कभी हटना न पड़ेगा। जय, जय माँ! अब मुझे किसी प्रकार की आकांक्षा अथवा कोई उच्चाभिलाषा नहीं है। 'माँ' का नाम धन्य हो। मैं श्री रामकृष्ण देव का दास हूँ। मैं एक साधारण यन्त्र मात्र हूँ—और मैं कुछ नहीं जानता, जानने की भी मेरी कोई इच्छा नहीं है। 'वाह गुरु की फ़तह।'

(श्रीमती ओलि बुल को लिखित)

१७१९, टर्क स्ट्रीट,
सैन फ़्रांसि को,
८ अप्रैल, १९००

प्रिय धीरा माता,

इसके साथ अभेदानन्द का एक लम्बा पत्र भेज रहा हूँ। वह पूर्णतया विचलित जान पड़ता है। मैं इस बात पर निश्चित हूँ कि थोड़ी सी दया उसको पूर्णरूप से वश में कर लेगी। वह जानता है कि आप उसे न्यूयार्क से बाहर खदेड़ना चाहती हैं—आदि आदि। वह मेरे आदेश की प्रतीक्षा कर रहा है। मैंने उससे यह कह दिया है कि सारे विषयों में वह आप पर पूर्ण विश्वास रखे तथा जब तक मैं न पहुँच जाऊँ, तब तक वह न्यूयार्क में ही रहे।

मुझे ऐसा प्रतीत हो रहा है कि न्यूयार्क की वर्तमान परिस्थिति में वे लोग मुझे वहाँ चाहते हैं; क्या आपका भी विचार ऐसा ही है? तब तो फिर शीघ्र ही चल देना है। अपने मार्गव्यय के लिए मैं पर्याप्त धन संग्रह कर रहा हूँ। मार्ग में शिकागो तथा डिट्राएट में उतरने की इच्छा है। शायद तब तक आप चल देंगी।

अभेदानन्द ने अब तक बहुत अच्छी तरह से कार्य किया है; और आपको यह पता है कि मैं अपने कार्यकर्ताओं के कार्यों में क़तई हस्तक्षेप नहीं करता हूँ। जो कार्यशील होते हैं, उनकी एक निजी कार्यपद्धति होती है एवं यदि कोई उसमें हस्तक्षेप करना चाहे, तो वे उसे ऐसा करने से रोकते हैं। इसलिए अपने कार्यकर्ताओं को मैं पूर्ण स्वतन्त्रता के साथ कार्य करने का अवसर देता हूँ। आप स्वयं ही कार्यक्षेत्र में हैं और सब कुछ जानती हैं। मुझे क्या करना चाहिए, इस बारे में आपसे मैं उपदेश चाहता हूँ।

कलकत्ते के लिए जो धन भेजा गया है, वह यथासमय वहाँ पहुँच चुका है। इस डाक से मुझे इसकी खबर मिली है। मेरी बहन ने अपनी ओर से अभिनन्दन एवं कृतज्ञता प्रेषित की है; लेकिन वह दुःखी है कि वह अंग्रेजी नहीं लिख सकती।

मैं क्रमशः स्वस्थ होता जा रहा हूँ, यहाँ तक कि पहाड़ पर भी मैं चढ़ सकता हूँ। कभी कभी शरीर अस्वस्थ हो जाता है, किन्तु अस्वस्थता का समय और पुनरावृत्ति क्रमशः घट रहे हैं। श्रीमती मिल्टन को मैं धन्यवाद भेज रहा हूँ।

सिरी ग्रैण्डर ने एक संक्षिप्त पत्र लिखा है। उस पर विश्वास किया गया है, यह देखकर वह बेचारी बहुत ही कृतज्ञ है—वह भी ठीक श्रीमती लेगेट की तरह ही है। बहुत ही सुन्दर बात है, वाह, शाबाश! धन भी ऐसी कोई बुरी चीज नहीं है, यदि उसका सम्बन्ध अच्छे व्यक्ति से हो। मेरी यह हार्दिक इच्छा है कि 'सिरी' सम्पूर्ण रूप से स्वस्थ हो उठे—ओह, बेचारी बहुत ही कष्ट में है।

सम्भवतः दो सप्ताह के अन्दर ही मैं यहाँ से चल दूँगा। पहले मुझे 'स्टार क्लोन' नामक एक स्थान पर जाना है, उसके बाद पूर्व की ओर रवाना होऊँगा। शायद 'डेलवर' भी जाना पड़े।

'जो' को हार्दिक स्नेह ज्ञापन कर रहा हूँ।

आपकी चिर सन्तान,
विवेकानन्द

पुनश्च—इसमें कोई सन्देह नहीं कि अन्ततः मैं स्वस्थ हो जाऊँगा। भाप के इंजन की तरह मैं कार्य करता जा रहा हूँ—रसोई बनाता हूँ, इच्छानुसार भोजन करता हूँ, एवं इतने पर भी मुझे नींद ठीक आती है और मैं स्वस्थ हूँ—यदि आप ये देखतीं, तो बहुत ही अच्छा होता।

अब तक मैंने कुछ भी नहीं लिखा, क्योंकि समयाभाव था। श्रीमती लेगेट स्वस्थ हो चुकी हैं एवं सदा की भाँति चल-फिर लेती हैं—यह जानकर मुझे खुशी हुई। शीघ्र ही वे पूर्णरूप से स्वस्थ हों, यही मेरी इच्छा तथा प्रार्थना है।

वि०

पुनश्च—श्रीमती सेवियर के एक सुन्दर पत्र से यह पता चला कि उन लोगों ने अच्छी तरह से कार्य चालू कर रखा है! कलकत्ते में भयानक रूप से प्लेग शुरू हो गया है; किन्तु अब की बार तदर्थ कोई हलचल नहीं है।

वि०

पुनश्च—क्या आपने 'अ' को बता दिया है कि मैंने सम्पूर्ण कार्यभार आप पर छोड़ रखा है? हाँ, आपको यह अच्छी प्रकार से विदित है कि कार्य कैसे किया जाता है; लेकिन इससे वह दुःखित प्रतीत होता है।

वि०

(कुमारी जोसेफ़िन मैक्लिऑड को लिखित)

१७१९, टर्क स्ट्रीट,
सैन फ़ांसिस्को,
१० अप्रैल, १९००

प्रिय 'जो',

मुझे ऐसा दिखायी दे रहा है कि न्यूयार्क में एक शोरगुल मचा हुआ है। अभेदानन्द ने मुझे एक पत्र लिखकर यह सूचित किया है कि वह न्यूयार्क छोड़कर चला जायगा। उसने ऐसा सोचा है कि श्रीमती बुल एवं तुमने उसके विरुद्ध मुझे बहुत कुछ लिखा है। उसके उत्तर में मैंने उसे धैर्य बनाये रखने के लिए लिखा है और यह सूचित किया है कि श्रीमती बुल तथा कुमारी मैक्लिऑड उसके बारे में मुझे केवल अच्छी बातें ही लिखती हैं।

देखो 'जो-जो', इन सब बातों के बारे में मेरी नीति तो तुम्हें विदित ही है, अर्थात् सारे झंझटों से अलग रहना। 'माँ' ही इन विषयों की व्यवस्था करती हैं। मेरा कार्य समाप्त हो चुका है। 'जो', मैं तो अवकाश ले चुका हूँ। 'माँ' अब स्वयं ही अपना कार्य संचालित करती रहेंगी। मैं तो इतना ही जानता हूँ।

जैसा कि तुमने परामर्श दिया है, यहाँ पर जो कुछ धन मैंने एकत्र किया है, उसे अब भेज दूंगा। आज ही मैं भेज सकता था; किन्तु हज़ार की संख्या पूरी करने की प्रतीक्षा में हूँ। इस सप्ताह के समाप्त होने से पूर्व ही सैन फ्रांसिस्को में एक हज़ार की पूर्ति की आशा है। न्यूयार्क के नाम मैं एक ड्राफ़्ट ख़रीद कर भेजूंगा अथवा बैंक को ही समुचित व्यवस्था करने के लिए कहूँगा।

मठ तथा हिमालय से अनेक पत्र आये हैं। आज सुबह स्वरूपानन्द का एक पत्र मिला है; कल श्रीमती सेवियर का भी एक पत्र आया था।

कुमारी हैन्सबॉरो से मैंने फ़ोटो के बारे में कहा था। श्री लेगेट से मेरा नाम लेकर वेदान्त सोसाइटी के संचालन की समुचित व्यवस्था करने के लिए कहना।

मैंने इतना ही समझा है कि प्रत्येक देश में उसीकी निजी प्रणाली अपनाकर हमें चलना होगा। अतः यदि तुम्हारे कार्य का सम्पादन कदाचित् मुझे करना पड़ता, तो मैं समस्त सहानुभूति रखनेवाले सज्जनों की एक सभा बुलाकर उनसे यह पूछता कि वे आपस में सहयोग स्थापन करना चाहते हैं अथवा नहीं, और यदि चाहते हों, तो उसका रूप क्या होना चाहिए, आदि। किन्तु तुम बुद्धिमती हो, स्वयं ही इसकी व्यवस्था कर लेना। मैं इससे मुक्ति चाहता हूँ। यदि तुम यह समझो कि मेरी उपस्थिति से सहायता मिल सकती है, तो मैं लगभग पन्द्रह दिन के अन्दर आ सकता हूँ। मेरा यहाँ का कार्य समाप्त हो चुका है। सैन फ्रांसिस्को के बाहर 'स्टाक्टन' नाम का एक छोटा शहर है—मैं कुछ दिन वहाँ पर कार्य करना चाहता हूँ। उसके उपरान्त पूर्व की ओर जाना है। मैं समझता हूँ कि अब मुझे विश्राम लेना आवश्यक है—यद्यपि इस शहर में मैं प्रति सप्ताह १०० डालर पा सकता हूँ। अब मैं न्यूयार्क पर 'लाइट ब्रिगेड का आक्रमण'[१] चाहता हूँ। मेरा हार्दिक स्नेह जानना।

तुम्हारा चिरस्नेहशील,
विवेकानन्द

---

१. क्रिमिया की लड़ाई में थोड़े से अस्त्र-शस्त्र से सज्जित ६०० घुड़सवारों की एक सेना को भूल से यह आदेश प्राप्त हुआ कि प्रबल शत्रुदल पर आक्रमण करना होगा। सभी को यह ज्ञात था कि इस आक्रमण का फल निश्चित रूप से मृत्यु को वरण करना ही है। फिर भी गोलियों की परवाह न कर वे अग्रसर हुए एवं कुछ योद्धाओं को छोड़कर बाक़ी सभी ने अपना प्राण देकर इस आदर्श को चिरस्थायी बनाया कि कर्तव्य के आह्वान पर योद्धा कभी पीछे हटनेवाले नहीं हैं।

पुनश्च—कार्य करनेवाले सभी लोग यदि आपस में सहयोग-स्थापन के विरोधी हों, तो क्या उससे कोई फल मिलने की तुम्हें आशा है? तुम्ही यह अच्छी तरह से समझ सकती हो। जैसा उचित प्रतीत हो, करना। निवेदिता ने शिकागो से मुझे एक पत्र लिखा है। उसने कुछ प्रश्न किये हैं—मैं उनका उत्तर दूंगा।

वि०

(एक अमेरिकन मित्र को लिखित)

अलामेडा, कैलिफ़ोर्निया,
१२ अप्रैल, १९००

प्रिय—

'माँ' फिर से अनुकूल हो रही हैं। कार्य अब सफल हो रहे हैं। ऐसा होना ही था।

कर्म के साथ दोष अवश्य जुड़ा रहता है। मैंने उस संचित दोष का मूल्य बुरे स्वास्थ्य के रूप में चुकाया है। मैं प्रसन्न हूँ, उससे मेरा मन भी हलका हो गया है। जीवन में अब ऐसी शान्ति और कोमलता आ गयी है, जो पहले नहीं थी। मैं अब आसक्ति और उसके साथ साथ अनासक्ति दोनों सीख रहा हूँ, और क्रमशः अपने मन का स्वामी बनता जा रहा हूँ...

'माँ' ही अपना काम कर रही हैं; मैं अब अधिक चिन्ता नहीं करता। प्रति क्षण मेरे समान सहस्रों पतंगें मरते हैं। उनका काम उसी प्रकार चलता रहता है। माँ की जय हो!...माँ की इच्छा के प्रवाह में निःसंग भाव से बहना, यही मेरा सम्पूर्ण जीवन रहा है। जिस समय मैंने इसमें बाधा डालने का यत्न किया है, उसी समय मैंने कष्ट पाया है। उनकी इच्छा पूर्ण हो!...

मैं आनन्द में हूँ, मानसिक शान्ति का अनुभव कर रहा हूँ तथा पहले की अपेक्षा मैं अब अधिक विरक्त हो गया हूँ। अपने सगे-सम्बन्धियों का प्रेम दिन दिन घट रहा है, और 'माँ' का प्रेम बढ़ रहा है। दक्षिणेश्वर में वटवृक्ष के नीचे श्री रामकृष्ण के साथ रात्रिजागरण की स्मृतियाँ एक बार फिर से जाग्रत हो रही हैं। और काम? काम क्या है? किसका काम? किसके लिए मैं काम करूँ?

मैं स्वतंत्र हूँ। मैं 'माँ' का बालक हूँ। वे ही काम करती हैं, वे ही खेलती हैं। मैं क्यों संकल्प बनाऊँ? मैं क्या संकल्प बनाऊँ? बिना मेरे संकल्प के 'माँ' की इच्छानुसार ही चीजें आयीं और गयीं। हम उनके यंत्र हैं, वे कठपुतली की तरह नचाती हैं।

विवेकानन्द

(श्री एच० एफ़० लेगेट को लिखित)

१७ अप्रैल, १९००

प्रिय श्री लेगेट,

इस पत्र के साथ ही मैं निष्पादित की हुई वसीयत भेज रहा हूँ। यह उनकी इच्छानुसार ही निष्पादित की गयी है। और, जैसा कि मेरे लिए उचित ही है, मैं आपसे प्रार्थना करूँगा कि इसे आप अपने संरक्षण में लेने की कृपा करें।

आप और आपके परिवारवाले सब समान रूप से मेरे प्रति कृपालु रहे हैं। किन्तु आप तो जानते ही हैं, प्रिय मित्र, यह मनुष्य का स्वभाव है कि जब उसे कोई वस्तु कहीं से मिलने लगती है, तब वह उसकी और भी माँग करता है।

मैं तो मनुष्य ही हूँ—आपका बच्चा।

मुझे अत्यंत दुःख है कि ए—ने गड़बड़ी पैदा की। वह कभी कभी ऐसा किया करता है, या ऐसा करने की उसकी आदत है। और अधिक परेशानी न उठ खड़ी हो, इस भय से मैं कोई दखल देने का साहस नहीं करता। जब तक यह पत्र आप तक पहुँचेगा, मैं सैन फ़्रांसिस्को से चल पड़ा होऊँगा। क्या आप कृपया भारत से आयी मेरी डाक मार्फ़त श्रीमती हाल अथवा मार्गट, १० एस्टर स्ट्रीट, शिकागो के पते से भेज देंगे ? मार्गट ने मुझे, अपने स्कूल को आपकी एक हज़ार डालर की भेंट के विषय में अत्यंत कृतज्ञ भाव से लिखा है।

आप और आपके परिवार ने मेरे और मेरे स्वजनों के प्रति जो बराबर कृपा बरती है, उसके लिए आपका सदा-सर्वदा कल्याण हो, यही मेरी सतत कामना है।

सस्नेह आपका,

विवेकानन्द

पुनश्च—मुझे यह सुनकर बहुत खुशी है कि श्रीमती लेगेट अच्छी हो गयी हैं।

वि०

(कुमारी जोसेफ़िन मैक्लिऑड को लिखित)

अलामेडा, कैलिफ़ोर्निया,
१८ अप्रैल, १९००

प्रिय 'जो',

अभी मुझे तुम्हारा और श्रीमती बुल का आनन्ददायक पत्र मिला। मैं इसे लन्दन भेज रहा हूँ। यह जानकर कि श्रीमती लेगेट की तबीयत ठीक हो रही है मुझे अति हर्ष हुआ।

मुझे बड़ा दु:ख है कि श्री लेगेट ने सभापति के पद का त्याग कर दिया है। अच्छा, कहीं मैं और झगड़ा न बढ़ा दूँ, इससे डर कर मैं चुप हूँ। तुम जानती हो कि मेरा तरीक़ा बड़ा कठोर होता है और एक बार उत्तेजित होने से कदाचित् 'अ' को मैं बहुत कुछ कह जाऊँ, जो वह सहन न कर सके।

मैंने उन्हें केवल यह बतलाने को लिखा कि श्रीमती बुल के सम्बन्ध में उनके विचार सर्वथा अन्यायपूर्ण हैं।

कर्म करना हमेशा कठिन होता है। 'जो'! मेरे लिए प्रार्थना करो कि मेरा काम सदा के लिए बन्द हो जाय और मेरे प्राण 'माँ' में लीन हो जायँ। अपना काम 'माँ' ही जानती हैं।

एक बार पुनः लन्दन आकर तुम आनन्दित होगी—वे पुराने मित्र—उन सबको मेरी कृतज्ञता और प्रेम कहना।

मैं स्वस्थ हूँ, मन से अत्यन्त स्वस्थ हूँ। मैं शारीरिक विश्राम की अपेक्षा आत्म-विश्राम का अधिक अनुभव करता हूँ। संग्राम में जय-पराजय होती है। मैंने अपनी गठरी बना ली है और महा मुक्तिदाता की बाट जोह रहा हूँ।

'शिव, हे शिव, मेरी नैया को पार लगा दे।'

'जो'! यह न भूलना कि मैं वही बालक हूँ, जो निमग्न और विस्मित भाव से दक्षिणेश्वर में पंचवटी के नीचे बैठकर श्री रामकृष्ण के अद्‌भुत वचनों को सुनता था। यही मेरा सच्चा स्वभाव है; कर्म, उद्योग, परोपकार आदि ये सब ऊपरी बातें हैं। अब मैं फिर उनकी मधुर वाणी सुन रहा हूँ—वही चिर परिचित कंठस्वर जो मेरे अन्तःकरण को रोमांचित कर देता था। बंधन टूट रहे हैं—प्रेम का दीपक बुझ रहा है। कर्म रसहीन हो रहा है। जीवन के प्रति आकर्षण भी मन से दूर हो गया है! अब केवल गुरु की मधुर गम्भीर पुकार ही सुनायी पड़ रही है—'मैं आया,— प्रभु मैं आया।' वे कह रहे हैं, 'मृत को स्वयं ही दफ़नाने दो और तुम मेरे अनुगामी बनो।' 'मैं आता हूँ, मेरे प्राण-वल्लभ! मैं आता हूँ।'

हाँ, मैं आता हूँ। निर्वाण मेरे सामने है। उस शान्ति के अनन्त सागर का, जहाँ पानी की एक भी हिलोर नहीं है, न हवा की एक साँस— मैं कभी कभी उसका अनुभव करता हूँ।

मुझे हर्ष है कि मैंने जन्म लिया, हर्ष है कि मैंने कष्ट उठाया, हर्ष है कि मैंने बड़ी बड़ी भूलें कीं, और हर्ष है कि निर्वाणरूपी शान्ति-सागर में विलीन होने जा रहा हूँ। खुद के लिए मैं किसीको बन्धन में छोड़कर नहीं जा रहा हूँ, न मैं कोई बन्धन ले जा रहा हूँ। चाहे इस शरीर की मृत्यु से मुझे मुक्ति मिले, या शरीर के रहते

हुए मुक्त हो जाऊँ, वह पहला मनुष्य चला गया, सदा के लिए चला गया और कभी वापस नहीं आयेगा।

शिक्षादाता, गुरु, नेता, आचार्य विवेकानन्द चला गया—है केवल वही बालक, प्रभु का चिरशिष्य, चिरपदाश्रित दास।

तुम समझती हो कि मैं 'अ' के कार्य में हस्तक्षेप क्यों नहीं करना चाहता। 'जो', मैं कौन हूँ किसीके काम में हस्तक्षेप करनेवाला? मैंने नेता का अपना स्थान बहुत दिनों से त्याग दिया—मुझे अब बोलने का अधिकार नहीं है। इस वर्ष के आरम्भ से मैंने भारत में कोई आदेश नहीं दिया। तुम यह जानती हो। तुमने और श्रीमती बुल ने अब तक मेरे लिए जो कुछ किया, उसके लिए बहुत बहुत धन्यवाद। तुम लोगों का सर्वांगीण कल्याण हो। उनके इच्छाप्रवाह में मैं जब बह रहा था, मेरे जीवन के वे ही सबसे मधुर क्षण थे। मैं फिर बह रहा हूँ—ऊपर उज्ज्वल और उष्ण सूर्य है और चारों ओर वनस्पति की बहुलता—गर्मी में सब चीज़ें निस्तब्ध और शान्त हैं—अलसायी हुई गति से नदी के उष्ण हृदय-पट पर मैं बह रहा हूँ। यह अद्भुत निस्तब्धता, ऐसी निस्तब्धता जिससे विश्वास होता है कि यह भ्रम है—कहीं यह निस्तब्धता नष्ट न हो जाय, इस डर से मैं हाथ-पैर नहीं चलाता।

मेरे कर्म के पीछे महत्त्वाकांक्षा थी, प्रेम के पीछे व्यक्तित्व, पवित्रता के पीछे भय और मेरे पथ-प्रदर्शन के पीछे शक्ति की लालसा। वे अब लुप्त हो रहे हैं और मैं बह रहा हूँ। मैं आ रहा हूँ। माँ, मैं तुम्हारी स्नेहमयी गोद में आ रहा हूँ, जहाँ तुम ले जाओगी वहीं बहता हुआ मैं आता हूँ; उस शब्दहीन अपरिचित और अद्भुत देश में; नाटक का पात्र होकर नहीं—दर्शक बन कर आ रहा हूँ।

अहा! कितनी शान्ति है! हृदय के अन्तःस्थल में मेरे विचार दूर से, बड़ी दूर से आते हुए मालूम होते हैं। वे निस्तेज, दूर के, धीमे स्वर में बोले हुए शब्द के समान जान पड़ते हैं और सब चीजों पर शान्ति छायी हुई है, मधुर, मधुमयी शान्ति—जैसे सोने से पहले दो-चार क्षण के लिए अनुभव होता है, जब सब चीज़ें देखती हैं, पर छायामात्र विदित होती हैं—बिना डर के, बिना प्रेम के, और बिना भावना के। शान्ति, जो चित्र और मूर्तियों से घिरे हुए, अकेले में अनुभव होती है।—मैं आया, प्रभु, मैं आया।

बस यह संसार है—न सुन्दर, न भद्दा—भावहीन इन्द्रियजनित ज्ञान के समान। अरी 'जो', उस परमानन्द को कैसे कहूँ! सब वस्तुएँ सुन्दर और शिव हैं, सब वस्तुएँ मेरे लिए अपना व्यावहारिक सम्बन्ध खो रही हैं—जिसमें प्रथम मेरा शरीर है। ॐ तत् सत्!

मुझे आशा है कि लन्दन और पेरिस में तुम सबके लिए बड़ी बड़ी बातें होंगी नये आनन्द—मन और शरीर के नये लाभ।

तुम्हें और श्रीमती बुल को सदा की भाँति मेरा अनन्य स्नेह।

तुम्हारा शुभचिन्तक
विवेकानन्द

(कुमारी जोसेफ़िन मैक्लिऑड को लिखित)

अलामेडा, कैलिफ़ोर्निया
२० अप्रैल, १९००

प्रिय 'जो',

तुम्हारा पत्र आज मिला। मैंने एक पत्र तुम्हें कल लिखा था, पर यह सोचकर कि तुम इंग्लैण्ड में होंगी, उसे वहीं के पते पर भेज दिया था।

मैंने तुम्हारा संदेश श्रीमती बेट्स को पहुँचा दिया है। मुझे अफ़सोस है कि ए—के साथ यह झगड़ा हुआ। तुम्हारा भेजा हुआ उनका पत्र भी मुझे मिला उनका इतना कहना सही है कि "स्वामी जी ने मुझे लिखा कि 'श्री लेगेट को वेदान्त में कोई रुचि नहीं है और अब वे कोई सहायता नहीं करेंगे। आप स्वयं अपने पाँवों पर खड़े हों।'" ऐसा उनके यह पूछने पर कि रुपये के लिए मैं क्या करूँ मैंने तुम्हारी और श्रीमती लेगेट की इच्छानुसार ही लॉस एंजिलिस से उन्हें न्यूयार्क के विषय में लिख दिया था।

ख़ैर, सब कुछ अपने समय पर ही होगा। लेकिन लगता है श्रीमती बुल और तुम्हारे मन में यह बात है कि मुझे कुछ करना चाहिए। पहली बात तो यह है कि कठिनाइयाँ क्या हैं, इस विषय में मैं कुछ जानता ही नहीं। तुम लोगों में से कोई भी मुझे नहीं लिखता कि वे किस लिए हैं। मैं मन की बात तो पढ़नेवाला हूँ नहीं।

तुमने केवल सामान्य ढंग से मुझे लिख दिया था कि ए—सब कुछ अपने हाथ में रखना चाहते हैं। इससे मैं क्या समझ सकता हूँ? क्या कठिनाइयाँ हैं? मतभेद किन चीज़ों को लेकर है, इस विषय में मैं उतना ही अज्ञान हूँ, जितना इस विषय में कि महाप्रलय की निश्चित तिथि क्या है?

और फिर भी तुम्हारे तथा श्रीमती बुल के पत्रों से काफ़ी खीझ प्रकट होती है!

ये सब मामले कभी कभी हमारे न चाहने के बावजूद भी उलझ जाते हैं समय पर ये स्वयं ही सुलझ जायँगे।

जैसा कि श्रीमती बुल की इच्छा थी मैंने वसीयतनामा तैयार कराके उसे श्री लेगेट के पास भेज दिया है।

मेरी तबीयत कभी कभी अच्छी हो जाती है, कभी खराब। मेरा अन्तःकरण मुझे यह कहने की अनुमति नहीं देता कि श्रीमती मिल्टन से (उपचार) मुझे तनिक भी लाभ नहीं हुआ। वे मेरे प्रति भली रही हैं और मैं उनका आभारी हूँ। उनसे मेरा प्यार कहना। आशा है उनसे दूसरों को भी लाभ होगा।

श्रीमती बुल को यही बात लिखने पर मुझे चार पृष्ठ का उपदेश सुनने को मिला कि मुझे किस प्रकार कृतज्ञ और आभारी होना चाहिए, आदि आदि।

यह सब निश्चय ही ए — के मामले की वजह से है!

स्टर्डी और श्रीमती जॉन्सन मार्गट से परेशान हो गये और मुझ पर पिल पड़े। अब ए—श्रीमती बुल को परेशान कर रहे हैं और इसका फल भी मुझे भोगना पड़ेगा। यही जीवन है!

तुम और श्रीमती लेगेट चाहती थीं कि मैं उसको लिख दूँ कि वह स्वतन्त्र और आत्म निर्भर हो जाय, और यह कि श्री लेगेट उनकी सहायता नहीं करेंगे। मैंने लिख दिया था, और अब क्या कर सकता हूँ?

यदि कोई ऐरा-गैरा तुम्हारी बात नहीं मानता, तो क्या इसके लिए तुम मुझे फाँसी पर चढ़ा दोगी? इस वेदान्त सोसाइटी के बारे में भला मैं क्या जानता हूँ? क्या मैंने इसे चालू किया है? क्या इसमें मेरा कोई हाथ है?

और फिर मामला क्या है, इस बारे में मुझे कोई कुछ लिखने की तकलीफ़ भी तो गवारा नहीं करता!

वाक़ई यह ससार एक मज़ाक़ है।

मुझे ख़ुशी है कि श्रीमती लेगेट का स्वास्थ्य तेज़ी से सुधर रहा है। प्रत्येक क्षण मैं उनके पूर्ण स्वास्थ्य की प्रार्थना किया करता हूँ। मैं सोमवार को शिकागो के लिए रवाना हो रहा हूँ। एक कृपालु महिला ने न्यूयार्क तक का एक पास मुझे दे दिया है, जिसे तीन महीने के भीतर इस्तेमाल किया जा सकता है। मेरी चिन्ता जगन्माता करेंगी। आजीवन मेरी रक्षा करने के बाद अब वे मुझसे विमुख नहीं हो जायँगी।

तुम्हारा चिरकृतज्ञ,
विवेकानन्द

(कुमारी मेरी हेल को लिखित)

२३ अप्रैल, १९००

प्रिय मेरी,

मुझे आज चल पड़ना चाहिए था, पर परिस्थितियाँ कुछ ऐसी सामने आ गयीं हैं कि जाने के पूर्व मैं कैलिफ़ोर्निया के विशाल रेड-वुड वृक्षों के नीचे आयोजित एक शिविर में सम्मिलित होने का लोभ संवरण नहीं कर सकता। इसलिए आने का कार्यक्रम मैं तीन-चार दिनों के लिए स्थगित करता हूँ। दूसरे लगातार परिश्रम के बाद, इसके पहले कि मैं चार दिन की हाड़-तोड़ यात्रा के लिए चल पड़ूँ मुझे भगवान् की दी हुई मुक्त वायु की थोड़ी आवश्यकता है।

मार्गट अपने पत्र में बार बार आग्रह करती है कि मैं पन्द्रह दिनों के भीतर आंट मेरी को देखने के अपने वादे का अवश्य पालन करूँ। उस वादे का पालन तो अवश्य होगा, पर पन्द्रह की बजाय बीस दिन में। तब तक गत कई दिनों से शिकागो में चलनेवाली बर्फ़ की आँधी से मैं अपने को बचाये रख सकूँगा और थोड़ी शक्ति भी प्राप्त हो जायगी।

ऐसा लगता है मार्गट आंट मेरी की बड़ी हिमायती है, जब कि मेरे अलावा और लोगों के भी भतीजियाँ, बहनें और चाचियाँ हैं।

कल वन के लिए मैं रवाना हो रहा हूँ। ओह ! शिकागो में घुसने के पूर्व फेफड़ों को तो ताज़ी हवा से भर लूँ। तब तक एक अच्छी लड़की की तरह शिकागो आनेवाली मेरी डाक अपने पास रखना और उसे यहाँ मत भेज देना।

मैंने काम समाप्त कर दिया है। मेरे मित्रों का आग्रह है कि मैं रेल का सामना करने के पहले कुछ दिन—तीन-चार दिन—विश्राम ले लूँ।

यहाँ से न्यूयार्क तक का तीन महीने का एक मुफ़्त पास मुझे मिल गया है। 'स्लीपिंग कार' के अतिरिक्त और कोई खर्चा नहीं। इस तरह तुम देखती हो न, सब कुछ मुफ़्त, मुफ़्त !

सस्नेह तुम्हारा,
विवेकानन्द

(कुमारी मेरी हेल को लिखित)

३० अप्रैल, १९००

प्रिय मेरी,

आकस्मिक अस्वस्थता तथा ज्वर के कारण अभी भी शिकागो न आ सकने के लिए मैं बाध्य हूँ। सफ़र के लायक़ शक्ति प्राप्त करते ही मैं चल पड़ूँगा। हाल में मुझे मार्गट का पत्र मिला था। कृपया उससे मेरा प्यार कहना और तुम्हें भी मेरा चिर स्नेह। हैरियट कहाँ है? शिकागो में ही? और मैक्किंडली बहनें? सबको मेरा प्यार।

विवेकानन्द

(लॉस एंजिलिस की श्रीमती ब्लॉजेट को लिखित)

२ मई, १९००

प्रिय राक्सी चाची,

आपका अत्यन्त कृपापूर्ण पत्र मिला। छः महीने के कठोर श्रम के बाद मैं इस समय पुनः स्नायु-रोग तथा ज्वर से ग्रस्त हूँ। पर मैं जान गया हूँ कि मेरे गुर्दे और दिल पहले की तरह ही अच्छे हैं। मैं कुछ दिन तक देहात में विश्राम करूँगा, तत्पश्चात् शिकागो के लिए रवाना हो जाऊँगा।

अभी ही मैंने श्रीमती मिल्वार्ड एडम्स को एक पत्र लिखा है; और अपनी पुत्री कुमारी नोबल को उनका परिचय देते हुए कहा है कि वह श्रीमती एडम्स से भेंट करे और काम के विषय में जो भी जानकारी चाहिए, उन्हें दे।

मेरी अच्छी माँ, कल्याण और शान्ति सदैव तुम्हारे पास रहें। मुझे थोड़ी शान्ति की इस समय बहुत ज़रूरत है — आप मेरे लिए प्रार्थना करें। केट को प्यार।

आपका पुत्र,
विवेकानन्द

पुनश्च—कुमारी स्पेन्सर, श्रीमती यस—तथा दूसरे मित्रों से मेरा प्यार कहिएगा। ट्रिक्स को बहुत बहुत प्यार।

वि०

(भगिनी निवेदिता को लिखित)

२ मई, १९००

प्रिय निवेदिता,

मैं अत्यन्त अस्वस्थ हो चुका था——महीने भर तक कठोर परिश्रम करने के फलस्वरूप पुनः रोग का आक्रमण हुआ था। अस्तु, अब मैं इतना समझ सका हूं कि मेरे हृत्पिण्ड अथवा प्लीहा में कोई रोग नहीं है, केवल अधिक परिश्रम के कारण स्नायु क्लान्त हो चुके हैं। अतः आज मैं कुछ दिन के लिए एक गाँव में जा रहा हूं और जब तक मेरा शरीर पूर्ण स्वस्थ न हो जायगा, तब तक मैं वहीं रहूँगा; आशा है कि शीघ्र ही शरीर ठीक हो जायगा।

इस बीच प्लेग के समाचारादि से पूर्ण किसी भारतीय का कोई पत्र मैं पढ़ना नहीं चाहता हूँ। मुझसे सम्बन्धित सारी डाक 'मेरी' के पास भेजी जा रही है। मैं जब तक वापस नहीं आता हूँ, तब तक के लिए मेरे पत्रादि उसके पास अथवा उसके चले जाने पर तुम अपने पास रखना। मैं सारी दुश्चिन्ताओं से मुक्त रहना चाहता हूँ। जय माँ!

श्रीमती सी० पी० हंटिंग्टन नामक एक धनी महिला ने मेरी कुछ सहायता की थी; वे तुमसे मिलना चाहती हैं और तुम्हें कुछ सहायता देना चाहती हैं। १ जून के अन्दर ही वे न्यूयार्क आयेंगी। उनसे मिले बिना तुम न चली जाना। मेरे अत्यन्त शीघ्र लौटने की कोई सम्भावना नहीं है; अतः उनके नाम तुम्हारा एक परिचय-पत्र मैं भेज दूंगा।

'मेरी' से मेरा स्नेह कहना। मैं दो-चार दिन के अन्दर ही रवाना हो रहा हूँ।

सतत शुभाकांक्षी,
विवेकानन्द

पुनश्च——श्रीमती एम० सी० एडम्स के साथ तुम्हें परिचित कराने के लिए एक पत्र मैं इसके साथ भेज रहा हूँ; वे जज एडम्स की पत्नी हैं। उनके साथ शीघ्र ही भेंट करना। इसके फलस्वरूप सम्भवतः बहुत कुछ कार्य हो सकेगा। वे अत्यन्त प्रख्यात महिला हैं——पूछताछ कर उनका पता लगा लेना।

वि०

(भगिनी निवेदिता को लिखित)

सैन फ़्रांसिस्को,
२६ मई, १९००

प्रिय निवेदिता,

मेरा अनन्त आशीर्वाद जानना तथा किंचिन्मात्र भी निराश न होना। वाह गुरु, वाह गुरु! क्षत्रिय-रुधिर में तुम्हारा जन्म है। हम लोग जो गैरिक वसन धारण करते हैं, वह तो समर-क्षेत्र में मृत्यु का ही साज़ है। व्रत-पालन में जीवन को उत्सर्ग करना ही हमारा आदर्श है, न कि सिद्धिप्राप्ति की व्यग्रता। वाह गुरु!

कुटिल दुर्भाग्य के आवरण कृष्णवर्ण तथा दुर्भेद्य हैं! किन्तु मैं ही सर्वमय प्रभु हूँ। जिस समय मैं ऊपर की ओर अपने हाथों को उठाता हूँ—तत्क्षण ही वे अन्तर्हित हो जाते हैं। इन सारी वस्तुओं का कोई ख़ास अर्थ नहीं होता है एवं एकमात्र भय ही इनका जनक है। त्रास का भी मैं त्रासस्वरूप हूँ, रुद्र का भी मैं रुद्र हूँ। मैं ही अभीः, अद्वितीय तथा एक हूँ। अदृष्ट का मैं नियामक हूँ, मैं ही कपालमोचन हूँ। श्री वाह गुरु! शक्तिशालिनी बनो। कांचन अथवा और किसी भी वस्तु के अधीन न होना; ऐसा होने पर ही सिद्धि हमारे लिए सुनिश्चित है।

तुम्हारा,
विवेकानन्द

(कुमारी मेरी हेल को लिखित)

१९२१ पश्चिम २१वीं स्ट्रीट,
लॉस एंजिलिस,
१७ जून, १९००

प्रिय मेरी,

यह सही है कि मैं पहले से काफ़ी अच्छा हूँ, पर अभी पूरी तरह स्वस्थ नहीं हुआ हूँ। दुःख भोगनेवाले हर आदमी की मनःस्थिति एक जैसी होती है। न तो वह गैस है, न ही अन्य कोई वस्तु।

काली-पूजा किसी भी धर्म का आवश्यक साधन नहीं है। धर्म के विषय में जितना कुछ भी जानने योग्य है, उपनिषद् उसकी शिक्षा देते हैं। काली-पूजा मेरी अपनी विशिष्ट 'सनक' है। तुमने कभी भी उसके विषय में मुझे प्रवचन करते या भारत में उसकी शिक्षा देते हुए नहीं सुना होगा। मैं केवल उन्हीं चीज़ों की शिक्षा

देता हूँ, जो विश्व-मानवता के लिए हितकर हैं। यदि ऐसी कोई विचित्र विधि है, जो केवल मुझी पर लागू होती है, तो मैं उसे गुप्त रखता हूँ, और यहीं सब बात खत्म हो जाती है। मैं तुम्हें नहीं बताऊँगा कि काली-पूजा क्या है, क्योंकि कभी मैंने इसकी शिक्षा किसीको नहीं दी।

यदि तुम यह सोचती हो कि हिन्दू लोग बोस-परिवार का बहिष्कार करते हैं, तो तुम एकदम भ्रम में हो। अंग्रेज़ शासक उन्हें एक किनारे धकेल देना चाहते हैं। वास्तव में भारतीय जाति में वे उस प्रकार का विकास देखना पसन्द ही नहीं करते। वे उनका रहना यहाँ मुहाल किये दे रहे हैं, इसीसे वे बाहर जाना चाहते हैं।

'एंग्लिसाइज्ड' (आंग्लीकृत) का मतलब उन लोगों से है, जो अपने रहन-सहन तथा आचरण से यह प्रदर्शित करते हैं कि वे हमारे जैसे निर्धन पुराने ढंग के हिन्दुओं पर शर्म का अनुभव करते हैं। मैं अपनी जाति या जन्म अथवा जातीयता से शर्मिन्दा नहीं हूँ। मुझे आश्चर्य नहीं है कि इस प्रकार के लोगों को हिन्दू पसन्द नहीं करते।

हमारे धर्म में, जो उपनिषदों के सिद्धान्तों पर आधारित है, अनुष्ठानों तथा प्रतीकों के लिए कोई स्थान नहीं है। बहुत से लोग ऐसा सोचते हैं कि अनुष्ठानों के सम्पन्न करने से धर्म का साक्षात्कार करने में सहायता मिलती है। मुझे इसमें कोई आपत्ति नहीं है।

धर्म वह है जो धर्म-ग्रन्थों या उपदेष्टाओं अथवा मसीहा या उद्धारक पर निर्भर नहीं रहता और जो हमें इस जीवन में या किसी अन्य जीवन में दूसरों पर आश्रित नहीं बनाता। इस अर्थ में उपनिषदों का अद्वैतवाद ही एकमात्र धर्म है। लेकिन धर्म-ग्रन्थों, मसीहों, अनुष्ठानों आदि का अपना स्थान है। वे बहुतों की सहायता कर सकते हैं, जैसे कि काली-पूजा मेरे ऐहिक कार्यों में मेरी सहायता करती है। उन सबका स्वागत है।

पर गुरु का भाव एक दूसरी बात है। यह आत्मिक शक्ति तथा ज्ञान को सम्प्रेषित करनेवाले तथा उसे ग्रहण करनेवाले के बीच का सम्बन्ध है। शारीरिक तथा मानसिक दृष्टि से प्रत्येक राष्ट्र का अपना एक विशेष प्रकार (type) होता है। प्रत्येक दूसरों से निरन्तर विचार ग्रहण करते हुए, उन्हें अपने उसी 'प्रकार' के अनुरूप बना रहा है, अर्थात् अपनी जातीयता के आधार पर। इन 'प्रकारों' के विनष्ट होने का अभी समय नहीं आया है। सब प्रकार की शिक्षा चाहे उसका कोई भी स्रोत हो, प्रत्येक देश के आदर्शों के अनुकूल है, सिर्फ़ उन्हें अपनी राष्ट्रीयता के रंग में रँग लेना आवश्यक है, यानी उस प्रकार की शेष अभिव्यक्ति के साथ उनका तादात्म्य होना आवश्यक है।

त्याग प्रत्येक जाति का सदैव आदर्श रहा है; दूसरी जातियों को केवल इसका ज्ञान नहीं है, यद्यपि प्रकृति द्वारा अवचेतन रूप से वे इसका पालन करने को बाध्य हैं। युग युग तक एक उद्देश्य निश्चित रूप से चलता रहता है। और वह पृथ्वी तथा सूर्य के नाश के साथ ही समाप्त होगा। और वास्तव में विविध विश्व निरन्तर प्रगति कर रहे हैं! और फिर भी अभी तक असीम विश्वों में से कोई इतना विकास नहीं कर सका कि हमसे सम्बन्ध स्थापित कर सके! सब बकवास! उनमें भी प्राणी जन्मते हैं, हमारी जैसी प्रक्रियाएँ वहाँ भी घटित होती हैं और हमारे समान वे भी मरते हैं! उद्देश्य का विस्तार! बच्चे हैं! ओ बच्चो, स्वप्नलोक में ही रहो!

अस्तु, अब अपने बारे में। हैरियट से तुम आग्रह करो कि वह मुझे कुछ डालर प्रतिमास देती रहे। ऐसा ही करने को मैं दूसरे मित्रों से भी कहूँगा। यदि मैं सफल हो गया, तो भारत को चल दूँगा। जीविका के लिए इस मंच-कार्य से मैं बेतरह थक गया हूँ। इसमें अब मुझे कुछ भी आनन्द नहीं आता। मैं अवकाश लेकर, यदि कर सका तो, कुछ विद्वत्तापूर्ण लेखन कार्य करना चाहता हूँ।

शिकागो मैं शीघ्र ही आ रहा हूँ, आशा है दो-चार दिनों के भीतर ही वहाँ पहुँच जाऊँगा। यह बताओ कि क्या श्रीमती एडम्स मेरे लिए किसी कक्षा का प्रबन्ध नहीं कर सकेंगी, जिसकी आमदनी से मैं अपने वापस जाने का भाड़ा चुका सकूँ?

मैं विभिन्न स्थानों में कोशिश करूँगा। मुझमें इतना आशावाद आ गया है मेरी, कि यदि मेरे पंख होते तो मैं हिमालय उड़ जाता।

अपने सारे जीवन में मेरी, मैंने इस संसार के लिए काम किया, पर यह मेरे शरीर की आध सेर बोटी लिए बिना मुझे रोटी का एक टुकड़ा तक नहीं देता।

यदि मुझे रोटी का एक टुकड़ा रोज मिल जाय, तो मैं बिल्कुल अवकाश ले लूँ। किन्तु यह असंभव है। यही शायद उस उद्देश्य का बढ़ता हुआ विस्तार है, जो, जैसे जैसे मेरी उम्र बढ़ती जाती है, वैसे वैसे सब घृणित आन्तरिकताओं का उद्घाटन करता जा रहा है!

चिर प्रभुपदाश्रित,
विवेकानन्द

पुनश्च—यदि कभी भी किसीको सांसारिक वस्तुओं की व्यर्थता का बोध हुआ है, तो इस समय मुझे हो चुका है। यह संसार घृण्य, जघन्य मुर्दे के समान है। जो इसकी मदद करने की सोचता है, वह मूर्ख है। पर हमें अच्छा या बुरा करते हुए ही अपनी मुक्ति के लिए प्रयत्न करना होगा। मुझे आशा है कि मैंने ऐसा

किया है। प्रभु मुझे उस मुक्ति की ओर ले चलें। एवमस्तु। मैंने भारत या किसी भी देश पर विचार करना त्याग दिया है। अब मैं स्वार्थी बन गया हूँ, अपना उद्धार करना चाहता हूँ !

"जिसने ब्रह्मा को वेद प्रकट किये, जो प्रत्येक के हृदय में व्यक्त है, बन्धन से मुक्ति पाने की आशा से मैं उसीकी शरण लेता हूँ।"[१]

वि०

(भगिनी निवेदिता को लिखित)

न्यूयार्क,
२० जून, १९००

प्रिय निवेदिता,

. . .ऐसा प्रतीत हो रहा है कि महामाया पुनः सदय हो उठी हैं और चक्र भी धीरे धीरे ऊपर की ओर उठ रहा है। . . .

तुम्हारा,
विवेकानन्द

(कुमारी मेरी हेल को लिखित)

वेदान्त सोसाइटी,
१४६ पूर्व ५५वीं स्ट्रीट,
न्यूयार्क,
२३ जून, १९००

प्रिय मेरी,

तुम्हारे सुन्दर पत्र के लिए बहुत बहुत धन्यवाद। मैं अत्यन्त कुशलपूर्वक, प्रसन्न तथा पहले जैसा ही हूँ। उत्थान के पूर्व लहरें अवश्य उठती हैं। ऐसा ही मेरे साथ भी है। मुझे बड़ी खुशी है कि तुम मेरे लिए प्रार्थना करने जा रही हो।

---

१. यो ब्रह्माणं विदधाति पूर्वं यो वै वेदांश्च प्रहिणोति तस्मै।
त ँह देवमात्मबुद्धिप्रकाशं मुमुक्षुर्वै शरणमहं प्रपद्ये॥
—श्वेताश्वतरोपनिषद् ।।६।१८॥

तुम मेथाडिस्टों की एक शिविर-सभा क्यों नहीं आयोजित करतीं ? मुझे यक़ीन है कि उसका शीघ्रतर प्रभाव पड़ेगा।

मैं समस्त भावुकता तथा संवेगात्मकता से छुटकारा पाने के लिए कटिबद्ध हूँ, और अब यदि कभी भी तुम मुझे भावुक देखो तो फाँसी पर चढ़ा देना। मैं अद्वैत-वादी हूँ; हमारा लक्ष्य है 'ज्ञान'— कोई भावना नहीं, कोई ममता नहीं, क्योंकि ये सब जड़-पदार्थ, अन्धविश्वास तथा बन्धन के अन्तर्गत आते हैं। मैं केवल सत एवं ज्ञान हूँ।

ग्रीनेकर में तुम्हें खूब आराम मिलेगा, मुझे पूरा विश्वास है। वहाँ तुम खब आनन्द मनाओ। एक क्षण के लिए भी मेरी ख़ातिर चिन्ता न करना। जगन्माता मेरी देखभाल करती हैं। वे मुझे तेज़ी से भावुकता के नरक से बाहर निकाल रही हैं और शुद्ध विवेक के प्रकाश में ले जा रही हैं। तुम्हारे सुख की अनन्त कामना सहित।

तुम्हारा भाई,
विवेकानन्द

पुनश्च—मार्गट २६ को चल रही है। एक दो हफ़्ते में मैं भी चल पड़ूँगा। किसीका मेरे ऊपर वश नहीं, क्योंकि मैं आत्मा हूँ। मेरी कोई महत्त्वाकांक्षा नहीं; यह सब जगन्माता का काम है, इसमें मेरा कोई योग नहीं।

वि०

मैं तुम्हारा पत्र नहीं 'पचा' सका, क्योंकि पिछले दिनों मेरी अजीर्ण की शिकायत बढ़ गयी थी।

वि०

अनासक्ति मेरे साथ सदैव रही है। वह एक क्षण में आयी है। बहुत शीघ्र ही मैं ऐसे स्थान पर पहुँच जाऊँगा, जहाँ कोई संवेदना, कोई भाव मुझे नहीं छू सकेगा।

वि०

(भगिनी निवेदिता को लिखित)

न्यूयार्क,
२ जुलाई, १९००

प्रिय निवेदिता,

. . .'माँ ही सब कुछ जानती हैं'—इस बात को मैं बहुधा कहता रहता हूँ। माँ से प्रार्थना करो। नेता बनना बहुत कठिन है—समुदाय के चरणों में अपना सब कुछ, यहाँ तक कि अपनी सत्ता तक को अर्पण कर देना पड़ता है।. . .

तुम्हारा,
विवेकानन्द

(कुमारी मेरी हेल को लिखित)

१०२ पूर्व ५८वीं स्ट्रीट,
न्यूयार्क,
११ जुलाई, १९००

मेरी प्यारी बहन,

तुम्हारा पत्र पाकर और यह जानकर कि तुम ग्रीनेकर जा रही हो, मुझे खुशी हुई। आशा है इससे तुम खूब लाभ उठाओगी। अपने लम्बे बाल कटवा लेने के लिए हर किसीने मेरी बहुत आलोचना की है। मुझे दुःख है। तुम्हींने मुझे ऐसा करने को मजबूर किया था।

मैं डिट्राएट गया था और कल वापस आया हूँ। जल्दी से जल्दी फ़्रांस जाने की चेष्टा कर रहा हूँ, फिर वहाँ से भारत को। यहाँ कोई खास समाचार नहीं; काम समाप्त हो चुका है। मैं नियमित रूप से भोजन करता हूँ और सोता हूँ—बस।

तुम्हारा चिर स्नेही भाई,
विवेकानन्द

पुनश्च—लड़कियों को लिखो कि यदि वहाँ मेरी कोई डाक आयी हो, तो शिकागो के पते पर भेज दें।

वि०

(स्वामी तुरीयानन्द को लिखित)

१०२ पूर्व ५८वीं स्ट्रीट,
न्यूयार्क,
१८ जुलाई, १९००

प्रिय तुरीयानन्द,

पुनः प्रेषित किया हुआ तुम्हारा पत्र मुझे मिला। डिट्राएट में मैं केवल तीन दिन ठहरा। इस समय यहाँ न्यूयार्क में भीषण गर्मी है। पिछले हफ़्ते भारत से तुम्हारे लिए कोई डाक नहीं थी। अभी तक भगिनी निवेदिता के बारे में कोई खबर नहीं मिली।

यहाँ हम लोगों के साथ सब कुछ पहले जैसा ही चल रहा है। कोई विशेष बात नहीं है। कुमारी मूलर अगस्त में नहीं आ सकतीं। मैं उनका इन्तज़ार नहीं

करूँगा। मैं अगली ट्रेन पकड़ रहा हूँ। जब तक उनकी कोई खबर न मिल जाय वहीं रहो। कुमारी बुक को प्यार।

प्रभुपदाश्रित,
विवेकानन्द

पुनश्च—क़रीब एक हफ़्ते हुए काली पहाड़ चला गया। वह सितम्बर के पहले वापस नहीं आ सकता। मैं बिल्कुल अकेला हूँ, और धुलाई कर रहा हूँ, मुझे यह पसन्द है। क्या तुम मेरे मित्रों से मिले हो ? उनसे मेरा प्यार कहना।

वि०

(कुमारी जोसेफ़िन मैक्लिऑड को लिखित)

१०२ पूर्व ५८वीं स्ट्रीट,
न्यूयार्क,
२० जुलाई, १९००

प्रिय जो,

शायद यह पत्र तुमको मिलने के पहले ही मैं यूरोप—लन्दन या पेरिस—स्टीमर के आने का जैसा भी क्रम हो, पहुँच चुका होऊँगा।

यहाँ का काम मैंने सब व्यवस्थित कर डाला है। श्री ह्विटमार्श के परामर्श के अनुसार सब काम कुमारी वाल्डो के हाथ में दे दिया गया है।

मुझे भाड़े का प्रबन्ध करना और चल देना है। शेष सब जगन्माता जानती हैं।

मेरी 'अभिन्न' मित्र अभी प्रबन्ध नहीं कर पायी हैं। वे मुझे लिखती हैं कि अगस्त में किसी समय वे आ सकेंगी, और कि वे एक हिन्दू को देखने के लिए तरस रही हैं और उनकी आत्मा भारत माता के लिए लालायित है।

मैंने उन्हें लिख दिया है कि शायद मैं उनसे लन्दन में मिल सकूँ। यह भी जगन्माता ही जानती हैं। श्रीमती हंटिंग्टन ने मार्गट को प्यार भेजा है। यदि वह अपने वैज्ञानिक प्रदर्शनों में अत्यधिक व्यस्त न हों, तो वे उससे पत्र पाने की आशा रखती हैं।

तुम्हें, भारत की 'पवित्र गऊ', लेगेट-परिवार तथा अमेरीकन रबर के पौदे कुमारी—(क्या है उनका नाम ?) को मेरा प्यार।

चिर प्रभुपदाश्रित तुम्हारा,
विवेकानन्द

(कुमारी जोसेफ़िन मैक्लिऑड को लिखित)

१०२ पश्चिम ५८वाँ रास्ता,
न्यूयार्क,
२४ जुलाई, १९००

प्रिय 'जो',

सूर्य = ज्ञान; तरंगायित जल = कर्म; पद्म = प्रेम; सर्प = योग; हंस = आत्मा; उक्ति[१] = हंस (अर्थात् परमात्मा) हमें ये प्रदान करें। यह हृदयरूपी सरोवर है। तुम्हें यह कैसा प्रतीत होता है? अस्तु, हंस तुम्हें इन वस्तुओं को प्रदान कर परिपूर्ण बनाये।

आगामी गुरुवार के दिन फ्रेंच जहाज़ 'लॉ सैंपन' में मेरी यात्रा करने की बात है। किताबें वाल्डो और ह्विटमार्श के हाथ में हैं। क़रीब क़रीब वे तैयार हैं।

मैं सकुशल हूँ, धीरे धीरे मेरे स्वास्थ्य की उन्नति हो रही है—और आगामी सप्ताह में जब तुमसे भेंट होगी, तब तक ठीक ही रहूँगा।

सदा प्रभुपदाश्रित,
तुम्हारा,
विवेकानन्द

(स्वामी तुरीयानन्द को लिखित)

१०२ पूर्व ५८वाँ रास्ता,
न्यूयार्क,
२५ जुलाई, १९००

प्रिय तुरीयानन्द,

श्री हैन्सबॉरो के एक पत्र से यह विदित हुआ कि तुम उनके यहाँ गये थे। वे तुमको बहुत चाहते हैं और मेरा यह विश्वास है कि तुम भी समझ गये होगे कि उन लोगों की मित्रता कितनी स्वाभाविक, पवित्र तथा स्वार्थरहित है। कल मैं पेरिस रवाना हो रहा हूँ, सब कुछ ठीक हो चुका है। अभेदानन्द यहाँ नहीं है। चूँकि मैं जा रहा हूँ, इसलिए वह कुछ चिन्तित हो उठा है—किन्तु इसके अलावा उपाय ही क्या है?

---

१. 'तन्नो हंसः प्रचोदयात्'—रामकृष्ण मठ तथा मिशन के 'प्रतीक' की व्याख्या में यह वाक्य लिखा गया है।

६, प्लेस द-एतात् यूनि—श्री लेगेट के इस पते से अब तुम मुझे पत्र देना। श्रीमती वाईकाफ़, हैन्सब्रॉरो तथा हेलेन से मेरा स्नेह कहना। समितियों का कार्य पुनः सामान्य रूप से प्रारम्भ कर दो तथा श्रीमती हैन्सब्रॉरो से कहो कि वे समय पर चन्दा वसूल करें और अर्थ संग्रह कर भारत भेजें; क्योंकि सारदा ने लिखा है कि वे लोग बहुत ही आर्थिक कष्ट में हैं। श्रीमती बुक को मेरी हार्दिक श्रद्धा कहना। तुम मेरा असीम प्यार जानना।

सतत प्रभुपदाश्रित,
तुम्हारा,
विवेकानन्द

(मायावती, अद्वैताश्रम के एक ब्रह्मचारी को लिखित)

न्यूयार्क,
अगस्त, १९००

कल्याणीय,

कई दिन पहले तुम्हारा एक पत्र मिला था। अब तक उत्तर नहीं दे पाया। श्री सेवियर ने अपने पत्र में तुम्हारी प्रशंसा की है। इससे मुझे अत्यन्त खुशी हुई।

तुम लोग कौन क्या कर रहे हो इसके विस्तृत विवरण के साथ पत्र देना। तुम अपनी माता को पत्र क्यों नहीं लिखते? इसका तात्पर्य क्या है? मातृभक्ति ही समस्त कल्याण का कारण है। तुम्हारा भाई कलकत्ते में कैसा पढ़-लिख रहा है?

तुम लोगों का आनन्द-नाम भी मुझे याद नहीं है—किसे किस नाम से पुकारें। तुम सभी को मेरा प्यार। मुझे यह समाचार मिला है कि खगेन का शरीर पूर्ण स्वस्थ हो चुका है—बहुत ही आनन्द की बात है। सेवियर दम्पति अच्छी तरह से तुम लोगों की देखभाल करते हैं या नहीं विस्तृत रूप से मुझे लिखना। दीनू का भी स्वास्थ्य ठीक है—बहुत ही आनन्द का विषय है। काली की कुछ मोटा-ताजा बनने की प्रवृत्ति है; पहाड़ पर चढ़ने-उतरने से उसकी ये सारी बातें दूर हो जायँगी। स्वरूप से कहना कि मुझे ख़ुशी है कि वह समाचारपत्र का संचालन कर रहा है। वह बहुत अच्छा कार्य कर रहा है।

सभी को मेरा प्यार तथा आशीर्वाद देना। सबसे कहना कि मेरा शरीर स्वस्थ हो चुका है। मैं यहाँ से इंग्लैण्ड होकर शीघ्र ही भारत रवाना हो रहा हूँ।

साशीर्वाद,
विवेकानन्द

(स्वामी तुरीयानन्द को लिखित)

६ प्लेस द-एतात् यूनि, पेरिस,
१३ अगस्त, १९००

भाई हरि,

कैलिफ़ोर्निया से तुम्हारा पत्र मिला। तीन व्यक्तियों को भावावेश होने लगा, बुराई क्या है? उससे बहुत कुछ कार्य होता है। गुरु महाराज जानें। जो होना है, होने दो। उनका कार्य है, वे ही जानें, हम तो दास के सिवाय और कुछ नहीं हैं।

इस पत्र को, द्वारा श्रीमती एस० पानेल, इस पते से सैन फ़्रांसिस्को भेज रहा हूँ।

अभी न्यूयार्क से साधारण समाचार प्राप्त हुआ है। वे लोग कुशलपूर्वक हैं। काली बाहर गया हुआ है। तुम सैन फ़्रांसिस्को में **किमासीत प्रभाषेत व्रजेत किम्** लिख भेजना। और मठ में रुपये भेजने के विषय में उदासीन न होना। लॉस एंजिलिस तथा सैन फ़्रांसिस्को से प्रतिमास निश्चित रूप से रुपये जाने चाहिए।

मैं एक प्रकार से ठीक ही हूँ। शीघ्र ही इंग्लैण्ड रवाना होना है। शरत् का समाचार मिलता रहता है। बीच में उसको पेचिश हो गयी थी। और सब लोग अच्छी तरह से हैं। अब की बार किसी को मलेरिया नहीं हुआ है। गंगा-तट पर उसका विशेष आक्रमण भी नहीं होता है। वर्तमान वर्ष में वर्षा कम होने के कारण बंगाल में अकाल पड़ने का भय है।

भाई, 'माँ' की कृपा से कार्य में जुटे रहो। 'माँ' जानें, तुम जानो — मैं मुक्त हूँ। अब मैं विश्राम लेने जा रहा हूँ।

दास,
विवेकानन्द

(जॉन फ़ाक्स को लिखित)

बुलेवर हैन्स सुवन, पेरिस
१४ अगस्त, १९०० ई०

प्रिय श्री फ़ाक्स,

कृपया आप महिम को यह लिखकर सूचित कर दें कि वह चाहे जो भी कुछ क्यों न करे, मेरा आशीर्वाद उसे सदा ही मिलता रहेगा। और वर्तमान समय में वह जो कुछ कर रहा है, इसमें सन्देह नहीं कि वकालत से वह बहुत कुछ अच्छा है। वीरता तथा साहस को मैं पसन्द करता हूँ, और मेरी जाति के लिए उस प्रकार की

तेजस्विता विशेष आवश्यक है। किन्तु मेरा स्वास्थ्य भग्न होता जा रहा है और अधिक दिन जीवित रहने की मेरी आशा नहीं है; इसलिए माँ तथा समस्त परिवार के उत्तरदायित्व को अपने ऊपर लेने के लिए वह प्रस्तुत रहे। किसी क्षण भी मेरी मृत्यु हो सकती है। अब मैं उसके लिए अत्यन्त गर्व अनुभव कर रहा हूँ।

आपका स्नेहबद्ध,
विवेकानन्द

(स्वामी तुरीयानन्द को लिखित)

६ प्लेस द एतात युनि,
पेरिस,

भाई हरि,

मैं अब फ़्रान्स में समुद्र के किनारे रह रहा हूँ। धर्मेतिहास सम्मेलन समाप्त हो चुका है। सम्मेलन कुछ भी महत्त्वपूर्ण नहीं था। लगभग बीस पण्डित मिलकर शालग्राम की उत्पत्ति, जिहोवा की उत्पत्ति आदि विषयों पर व्यर्थ का बकवाद करते रहे। मैंने भी अवसर के अनुकूल कुछ कह दिया।

मेरे शरीर एवं मन भग्न हो चुके हैं। विश्राम की आवश्यकता है। फिर भी ऐसा कोई व्यक्ति नहीं है, जिस पर निर्भर रहा जा सके, और इधर जब तक मैं जीवित रहूँगा, मुझ पर भरोसा रखकर सब कोई नितान्त स्वार्थी बन जायँगे।

. . .लोगों के साथ व्यवहार करने में दिन-रात मानसिक कष्ट का अनुभव होता है। इसलिए . . लिख-पढ़कर मैं पृथक् हो चुका हूँ। अब मैं यह लिखे दे रहा हूँ कि किसीका भी एकाधिपत्य न रहेगा। सभी कार्य बहुमत से सम्पन्न होंगे. . .जितने शीघ्र इस प्रकार के न्यास-संलेख (trust deed) का सम्पादन हो, उतना ही अच्छा है, तभी मुझे कहीं शान्ति मिलेगी। . . .अस्तु, स्मारं स्मारं स्वगृहचरितं मुरारि काष्ठस्वरूप हो गये।[1] काठ बनने के डर से मैं भाग रहा हूँ, इसमें दोष ही क्या है?

---

१. एका भार्या प्रकृतिमुखरा चंचला च द्वितीया
पुत्रोऽप्येको भुवनविजयी मन्मथो दुर्निवारः।
शेषःशय्या वसतिरुदधौ वाहनं पन्नगारिः
स्मारं स्मारं स्वगृहचरितं दारुभूतो मुरारिः॥

इस बात को यहीं तक रहने दो। अब तुम लोगों की जैसी इच्छा हो करो। अपना कार्य मैं समाप्त कर चुका हूँ, बस! गुरु महाराज का मैं ऋणी था—प्राणों की बाज़ी लगाकर मैंने उस ऋण को चुकाया है। यह बात तुम्हें कहाँ तक बतलाऊँ? समस्त कर्तृत्व का दस्तावेज़ बनाकर मुझे भेजा गया है। कर्तृत्व को छोड़कर बाक़ी सभी स्थलों पर मैंने हस्ताक्षर कर दिया है! . . .

तुमको एवं गंगाधर को और काली, शशि तथा नवीन बालकों को पृथक् रखकर राखाल एवं बाबूराम को मैं कर्तृत्व सौंप रहा हूँ। गुरुदेव उन्हें ही श्रेष्ठ मानते थे। यह उनका ही कार्य है। . . .मैंने हस्ताक्षर कर दिये हैं। अब जो कुछ मैं करूँगा, वह मेरा निजी कार्य होगा। . . .

अब मैं अपना कार्य करने के लिए जा रहा हूँ। गुरु महराज के ऋण को[1] अपने प्राणों की बाज़ी लगाकर मैंने चुकाया है। अब मेरे लिए उनका कोई क़र्ज़ चुकाना शेष नहीं है और न उनका ही मुझ पर कोई दावा है। . . .

तुम लोग जो कुछ कर रहो हो, वह गुरु महाराज का कार्य है, उसे करते रहो। मुझे जो कुछ करने का था, मैं कर चुका हूँ, बस। मुझे उस बारे में और कुछ न लिखना और न बतलाना, उसमें मेरा कोई भी अभिमत नहीं है। . . . अब सब कुछ भिन्न प्रकार से होगा। . . .इति।

नरेन्द्र

पुनश्च—सबसे मेरा प्यार कहना। इति।

(भगिनी निवेदिता को लिखित)

६ प्लेस द एतात युनि, पेरिस,
२५ अगस्त, १९००

प्रिय निवेदिता,

अभी अभी तुम्हारा पत्र मिला—मेरे प्रति तुमने जो सहृदय वाक्यों का प्रयोग किया है, तदर्थ अनेक धन्यवाद। मैंने श्रीमती बुल को मठ से रुपये उठा लेने का अवसर दिया था, किन्तु उन्होंने उस बारे में कुछ भी नहीं कहा, और इधर ट्रस्ट के दस्तावेज़ दस्तख़त के लिए पड़े हुए थे; अतः ब्रिटिश कौन्सिल आफ़िस में जाकर मैंने उन पर हस्ताक्षर कर दिये हैं। अब उन दस्तावेज़ों को भारत भेज दिया गया।

---

१. २६ मई, १८९० ई० को श्री प्रमदादास मित्र महोदय के लिए लिखित पत्र को देखिए।

है एवं सम्भवतः वे अभी मार्ग में ही होंगे। अब मैं स्वतन्त्र हूँ, किसी बन्धन में नहीं हूँ, क्योंकि रामकृष्ण मिशन के कार्यों में अब मेरा कोई अधिकार, कर्तृत्व या किसी पद का उत्तरदायित्व नहीं है। मैं उसके सभापति पद को भी त्याग चुका हूँ। अब मठ आदि सब कुछ का उत्तरदायित्व श्री रामकृष्ण देव के अन्यान्य साक्षात् शिष्यों पर है, मुझ पर नहीं। ब्रह्मानन्द अब सभापति निर्वाचित हुए हैं, उनके बाद क्रमशः प्रेमानन्द इत्यादि पर उसका उत्तरदायित्व होगा।

अब यह सोचकर मुझे आनन्दानुभव हो रहा है कि मेरे मस्तक से एक भारी बोझ दूर हो गया! मैं अब अपने को विशेष सुखी समझ रहा हूँ।

लगातार बीस वर्ष तक मैंने श्री रामकृष्ण देव की सेवा की — चाहे उसमें भूलें हुई हों अथवा सफलता मिली हो — अब मैंने कार्य से छुट्टी ले ली है। अपने अवशिष्ट जीवन को मैं अब निजी भावनाओं के अनुसार व्यतीत करूँगा।

अब मैं किसीका प्रतिनिधि नहीं हूँ या किसीके प्रति उत्तरदायी नहीं हूँ। अब तक अपने मित्रों के प्रति मेरी जो एक प्रकार से वशीभूत रहने की भावना थी, वह मानो एक दीर्घस्थायी बीमारी जैसी थी। अब पर्याप्त रूप से सोचने-विचारने के बाद मुझे यह पता चला कि मैं किसीका भी ऋणी नहीं हूँ; प्रत्युत अपने प्राणों की बाज़ी लगाकर मैंने अपना सब कुछ प्रदान किया है; किन्तु उसके बदले में उन लोगों ने मुझे गालियाँ दी हैं, मुझे नुक़सान पहुँचाने की चेष्टा की है और मुझे हमेशा तंग तथा परेशान किया है। यहाँ पर या भारत में सभी के साथ मेरा सम्बन्ध समाप्त हो गया है।

तुम्हारे पत्र से ऐसा विदित होता है कि तुमको इस प्रकार का भान हुआ है कि तुम्हारे नवीन मित्रों के प्रति मैं द्वेष-भाव रखता हूँ। किन्तु सदा के लिए मैं तुमको यह बतला देना चाहता हूँ कि चाहे मुझमें और दोष भले ही हों, परन्तु जन्म से ही मुझमें द्वेष, लोभ तथा कर्तृत्व की भावना नहीं है।

मैंने पहले भी कभी तुमको कोई आदेश नहीं दिया है, अब तो किसी भी कार्य के साथ मेरा कोई सम्बन्ध नहीं है — अब फिर क्या आदेश दूंगा! मैं तो केवल इतना ही जानता हूँ कि जब तक तुम हार्दिकता के साथ माँ के कार्य करती रहोगी, माँ तब तक अवश्य ही तुम्हें ठीक मार्ग पर चलाती रहेंगी।

तुमने जिनको अपना मित्र बनाया है, उनमें से किसीके भी प्रति मुझमें कभी कोई द्वेष-भाव उत्पन्न नहीं हुआ है। किसीसे मिलने के कारण मैंने कभी भी अपने भाइयों की समालोचना नहीं की है। किन्तु मेरा यह दृढ़ विश्वास है कि पाश्चात्य लोगों में यह एक विशेषता है कि जिसे वे स्वयं अच्छा समझते हैं, उसे दूसरों पर लादने का प्रयत्न करते हैं — वे यह भूल जाते हैं कि जो एक के लिए लाभदायक

है, वह दूसरे के लिए लाभदायक नहीं भी हो सकता है। मुझे यह डर था कि अपने नवीन मित्रों से मिलने के फलस्वरूप तुम्हारा हृदय जिस ओर झुकेगा, तुम बलपूर्वक दूसरों में उस भावना को प्रविष्ट करने के लिए सचेष्ट होगी। एकमात्र इसी कारण मैंने कभी कभी किसी विशेष व्यक्ति के प्रभाव से तुम्हें दूर रखने का प्रयास किया था, इसके अतिरिक्त और कोई कारण नहीं था। तुम स्वयं स्वतन्त्र हो, जो तुम्हें पसन्द हो, उसे ही करती रहो, अपना कार्य स्वयं चुन लो।

अब की बार पूर्ण अवकाश ग्रहण करने की मेरी इच्छा थी। किन्तु अब देख रहा हूँ कि माँ की ऐसी इच्छा है कि अपने आत्मीय वर्ग के लिए मैं कुछ करूँ। ठीक है, बीस वर्ष पहले मैं जो त्याग चुका था, आनन्द के साथ उसका उत्तरदायित्व मैं अपने कन्धों पर ले रहा हूँ। मित्र अथवा शत्रु, 'उनके' हाथ के यन्त्र हैं और वे हम लोगों को सुख अथवा दुःख के माध्यम से अपने कर्मों को निःशेष करने में सहायक हैं। अतः 'माँ' उन सभी व्यक्तियों को आशीर्वाद दें। तुम मेरी प्रीति तथा आशीर्वाद इत्यादि जानना।

तुम्हारा चिरस्नेहबद्ध,
विवेकानन्द

(भगिनी निवेदिता को लिखित)

पेरिस,
२८ अगस्त, १९००ई०

प्रिय निवेदिता,

बस, यही तो जीवन है — केवल मेहनत करते रहो, बस मेहनत करते रहो। इसके अतिरिक्त हम और कर ही क्या सकते हैं? मेहनत करते रहो, मेहनत करते रहो। कुछ होना अवश्य है, कोई न कोई रास्ता अवश्य मिलेगा। और यदि ऐसा न हो — सम्भवतः वास्तव में ऐसा कभी नहीं होगा — तो फिर, क्या है? हमारे जितने भी प्रयास हैं, वे सभी सामयिक हैं — वे उस चरम परिणति मृत्यु के परिहार के लिए हैं। अहो सम्पूर्ण क्षतियों की पूर्ति करने वाली मृत्यु! तुम्हारे बिना जगत की न जाने क्या दशा होती?

ईश्वर को धन्यवाद है कि यह संसार नित्य नहीं है और न चिरन्तन। भविष्य फिर अच्छा किस प्रकार से हो सकता है? वह तो वर्तमान का ही परिणाम है; अतः अधिक खराब भले ही न हो, फिर भी वह वर्तमान के अनुरूप ही होगा।

स्वप्न, अहा! केवल स्वप्न! स्वप्न देखते रहो! स्वप्न—स्वप्न की पहेली ही इस जीवन का कारण है, और उसके अन्दर ही इस जीवन का समाधान भी मौजूद है। स्वप्न, स्वप्न, केवल स्वप्न ही है! स्वप्न के द्वारा ही स्वप्न को दूर करो।

मैं फ़्रेंच भाषा सीखने का प्रयास कर रहा हूँ और यहाँ—के साथ उस भाषा में बातें कर रहा हूँ। अभी से बहुत से लोग प्रशंसा कर रहे हैं। सारी दुनिया के साथ वही अन्तहीन गोरखधन्धे की बातें, भाग्य की सीमाहीन उत्थान-पतन की बातें—जिसका छोर ढूंढ़ना किसीके लिए भी सम्भव नहीं है; फिर भी प्रत्येक व्यक्ति उस समय ऐसा समझने लगता है कि मैंने उसे ढूंढ़ निकाला है और उसके द्वारा कम से कम उसे स्वयं तृप्ति मिलती है तथा कुछ क्षण के लिए वह अपने को भुलावे में डाल रखता है—क्या यह सत्य नहीं है?

हाँ, एक बात यह है कि अब महान् कार्य करने होंगे। किन्तु महान् कार्य के के लिए कौन माथापच्ची करता है? सामान्य कार्य भी कुछ क्यों न किये जायँ? किसीकी अपेक्षा कोई हीन तो नहीं है। गीता तो छोटे के अन्दर महान् को देखने की शिक्षा देती है। धन्य है वह ग्रन्थ! . . .

शरीर के बारे में सोचने-विचारने के लिए मुझे विशेष अवकाश नहीं था। इसलिए वह ठीक ही है, ऐसा समझ लेना चाहिए। इस संसार में कोई भी वस्तु चिरकाल के लिए भली नहीं है। किन्तु हम बीच बीच में यह भूल जाते हैं कि भलाई का तात्पर्य केवल भला होना तथा भलाई करना है।

चाहे भला हो या बुरा, हम लोग सभी इस संसार में अपना अपना अभिनय कर रहे हैं। जब स्वप्न टूट जायगा और हम इस रंगमंच को छोड़कर चले जायँगे, तभी हम खुले दिल से इन विषयों को लेकर हँसते रहेंगे। एकमात्र यही बात निश्चित रूप से मेरी समझ में आयी है।

तुम्हारा,
विवेकानन्द

(स्वामी तुरीयानन्द को लिखित)

पोस्ट आफ़िस दे फ़ारेस्ट
सॉन्ताक्लॉरा को,
६ प्लेस द एतात युनि, पेरिस,
१ सितम्बर, १९००

प्रेमास्पद,

तुम्हारे पत्र से सब समाचार विदित हुए। कुछ दिन पहले ही सैन फ़ांसिस्को से पूर्ण वेदान्ती तथा सत्याश्रम (Home of Truth) के बीच कुछ मतभेद होने

का आभास मुझे मिला था। एक व्यक्ति ने ऐसा लिखा था। इस प्रकार होना स्वाभाविक है, बुद्धिपूर्वक सबको सन्तुष्ट करते हुए कार्य को चालू रखना ही विज्ञता है।

मैं अब कुछ दिन के लिए अज्ञातवास कर रहा हूँ। फ़ांसीसियों के साथ इसलिए रहना है कि मुझे उनकी भाषा सीखनी है। मैं एक प्रकार से निश्चिन्त हो चुका हूँ अर्थात् न्यास-संलेख (ट्रस्ट डीड)पर हस्ताक्षर करके मैंने उसे कलकत्ता भेज दिया है; मैंने उसमें अपना कोई निजी स्वत्व या अधिकार नहीं रखा है। तुम लोग अब सभी विषयों के मालिक हो, मुझे विश्वास है कि प्रभुकृपा से तुम लोग समस्त कार्यों का संचालन कर सकोगे।

व्यर्थ का चक्कर काटकर मेरी अपने को मारने की अब अधिक इच्छा नहीं है; कहीं पर बैठकर पुस्तकादि के आधार पर कालक्षेप करना अब मेरा ध्येय है। फ़्रेंच भाषा पर कुछ अंशों तक मेरा अधिकार हो चुका है, दो-एक महीने उनके साथ रहने से ही मैं उस भाषा में अच्छी तरह वार्तालाप कर सकूँगा।

फ़्रेंच तथा जर्मन—इन दोनों भाषाओं में दक्षता प्राप्त होने पर यूरोपीय विद्या में बहुत कुछ प्रवेश हो सकता है। फ़्रेंच लोग केवल माथापच्ची करनेवाले होते हैं, इन लोगों की आकांक्षाएँ इस लोक पर ही केन्द्रित हैं; इन लोगों की यह दृढ़ धारणा है कि ईश्वर या जीव कुसंस्कार मात्र हैं, उस बारे में वे बातें ही नहीं करना चाहते !!! यह असली चार्वाक का देश है। देखना है कि प्रभु क्या करते हैं। किन्तु यह देश पाश्चात्य सभ्यता का शीर्षस्थानीय है। पेरिस नगरी पाश्चात्य सभ्यता की राजधानी है।

भाई, प्रचार सम्बन्धी समस्त कार्यों से तुम लोग मुझे मुक्त कर दो। मैं अब उससे दूर हूँ, तुम लोग स्वयं सँभालो। मेरी यह दृढ़ धारणा है कि 'माँ' मेरी अपेक्षा सौ गुना कार्य तुम लोगों के द्वारा सम्पादित करेंगी।

काली का एक पत्र बहुत दिन पहले मुझे मिला था। वह अब तक सम्भवतः न्यूयार्क आ गया होगा। कुमारी वाल्डो बीच बीच में समाचार लेती रहती है।

मेरा शरीर कभी ठीक रहता है और कभी अस्वस्थ। कुछ दिनों से पुनः श्रीमती वाल्डन की वही मर्दन-चिकित्सा जारी है। उसका कहना है कि मैं इस बीच ठीक हो चुका हूँ! मैं तो सिर्फ़ यह देख रहा हूँ कि चाहे अब मेरे पेट में वायु की शिकायत कितनी भी क्यों न हो, चलने-फिरने अथवा पहाड़ पर चढ़ने में मुझे कोई कष्ट नहीं होता है। प्रातःकाल मैं खूब डण्ड-बैठक लगाता हूँ। फिर ठण्डे पानी में गोता लगाता हूँ!!

जिसके साथ मुझे यहाँ रहना है, कल मैं उसका मकान देख आया हूँ। वह ग़रीब

है, किन्तु विद्वान् है; उसके रहने की जगह पुस्तकों से भरी हुई है, वह छठी मंज़िल पर रहता है। यहाँ अमेरिका की तरह 'लिफ़्ट' की व्यवस्था नहीं है—चढ़ना-उतरना पड़ता है। किन्तु अब मुझे इस कारण कोई कष्ट नहीं होता।

उसके मकान के चारों ओर एक सुन्दर सार्वजनिक पार्क है। वह अंग्रेज़ी नहीं बोल सकता है, ख़ासकर इसीलिए मैं वहाँ जा रहा हूँ। बाध्य होकर मुझे भी फ़्रेंच भाषा का प्रयोग करना होगा। आगे 'माँ' की इच्छा है। सब कुछ उसका ही कार्य है, वे ही जानती हैं। साफ़ साफ़ तो वे कुछ भी नहीं बतलातीं, 'गुम होकर रहती हैं', किन्तु मैं यह देख रहा हूँ, कि इस बीच मेरा ध्यान-जप भी अच्छी तरह से चालू है।

कुमारी बुक, कुमारी वेल, श्रीमती ऐम्पीनल, कुमारी वेक्हम, श्री जार्ज, डा० लॉगन आदि मेरे सभी मित्रों से मेरी प्रीति कहना तथा तुम स्वयं जानना।

लॉस एंजिलिस में सभी से मेरी प्रीति कहना।

विवेकानन्द

(श्रीमती फ़्रांसिस लेगेट को लिखित)

६ प्लेस द एतात युनि,
पेरिस,
३ सितम्बर, १९००

प्रिय माँ,

यहाँ इस भवन में हमारी सनकियों की एक सभा हुई।

भिन्न भिन्न देशों से प्रतिनिधि आये, दक्षिण में भारत से लेकर उत्तर में स्कॉटलैण्ड तक से, इंग्लैण्ड और अमेरिका ने दोनों पक्षों को आधार प्रदान किया।

हमें अध्यक्ष चुनने में बड़ी कठिनाई हुई, क्योंकि यद्यपि डा० जेम्स (प्रो० विलियम जेम्स) थे, वे विश्व की समस्याओं के हल की अपेक्षा श्रीमती मेल्टन [शायद एक चुम्बकीय चिकित्सक (magnetic healer)] द्वारा उठाये अपने शरीर के फफोलों को अधिक मन में बसाये हुए थे।

मैंने 'जो' (जोसेफ़िन मैक्लिऑड) के लिए प्रस्ताव किया, किन्तु उसने इसलिए अस्वीकार कर दिया कि उसका नया गाउन नहीं आया था—और वह एक कोने से, विजय की पृष्ठभूमि से, सारे दृश्य को देखने के लिए चली गयी।

श्रीमती (ओलि) बुल तैयार थीं, किन्तु मार्गट (भगिनी निवेदिता) ने इस सभा के एक तुलनात्मक दर्शन कक्षा का रूप धारण करने पर आपत्ति की।

जब हम लोग इस प्रकार किंकर्तव्यविमूढ़ थे, तभी एक छोटा, गठीला और गोल-मटोल व्यक्ति एक कोने से उठा और बिना किसी औपचारिकता के उसने घोषणा की, यदि हम सूर्यदेव और चन्द्रदेव की उपासना करें, तो सभी कठिनाइयाँ अपने आप दूर हो जायँगी, न केवल अध्यक्ष चुनने की समस्या, वरन् स्वयं जीवन की समस्या हल हो जायगी। उसने अपना भाषण पाँच मिनट में समाप्त कर लिया, किन्तु उसके शिष्य को, जो उपस्थित था, उसका अनुवाद करने में पूरा पौन घंटा लगा। इसी बीच उसके गुरु उठे और अपने कमरे के बिछौने इस उद्देश्य से लपेटने लगें, जैसा कि उन्होंने कहा, कि वे हमें तत्काल 'अग्निदेवता' की शक्ति का प्रत्यक्ष प्रदर्शन देंगे।

इस समय 'जो' ने आपत्ति की और अपने कमरे में 'अग्नि-यज्ञ' नहीं चाहती, इस बात पर उसने ज़ोर दिया। इस पर भारतीय साधु ने 'जो' की ओर उसके व्यवहार पर घोर अप्रसन्न होकर बड़ी क्रुद्ध दृष्टि से देखा—उसको विश्वास था कि वह अग्नि-उपासना में पूर्णरूप से दीक्षित हो गयी है।

तब डा० जेम्स ने अपने फफोलों की सेवा करने से एक मिनट निकालकर घोषणा की कि यदि वे मेल्टन के फफोलों के विकास में पूर्णतया व्यस्त न होते, तो वे 'अग्निदेव' तथा उनके भाइयों के ऊपर बड़ी रोचक बातें कहते। इसके अतिरिक्त चूँकि उनके महान् गुरु हर्बट स्पेन्सर ने इस विषय की गवेषणा उनके पूर्व नहीं की, अतः वे मौन ही रहेंगे।

द्वार के पास से एक आवाज़ आयी, वह वस्तु 'चटनी' है। हम सबने मुड़कर देखा कि वह मार्गट है। उसने कहा, " 'चटनी' ही है। 'चटनी' और काली जीवन की सभी कठिनाइयों को दूर कर देंगी और हम लोगों को सारी बुराई पी जाने तथा अच्छाई को समझने के योग्य बना देंगी।" लेकिन वह अचानक रुक गयी और दृढ़तापूर्वक बोली कि वह आगे कुछ न कहेगी, क्योंकि श्रोताओं में से एक नर प्राणी के द्वारा उसे बोलने में बाधा पहुँचायी गयी है। उसे निश्चय था कि श्रोताओं में से एक व्यक्ति ने खिड़की की ओर सिर मोड़ लिया था और एक महिला के प्रति उचित ध्यान नहीं दे रहा था। यद्यपि वह स्वयं स्त्री-पुरुष की समानता में विश्वास करती थी, तथापि उसने उस घृणास्पद व्यक्ति की स्त्रियों के प्रति आदर की भावना के अभाव के कारण को जानना चाहा। तब सभी लोगों ने घोषणा की कि वे उसके प्रति पूर्ण ध्यान दे रहे हैं, और सबसे ऊपर समान अधिकार दे रहे हैं, परन्तु इसका कोई प्रभाव नहीं हुआ। मार्गट को उस भीषण समूह से कोई सरोकार नहीं था और वह बैठ गयी।

तब बोस्टन की श्रीमती बुल खड़ी हुईं और यह समझाने लगीं कि किस प्रकार

दुनिया की सारी कठिनाइयाँ स्त्री-पुरुष के सच्चे सम्बन्ध को न समझने के कारण हैं। 'उचित व्यक्तियों को ठीक प्रकार समझना ही इसका एकमात्र इलाज है और तब प्रेम में मुक्ति पाना और मुक्ति, मातृत्व, भ्रातृत्व, पितृत्व, तथा ईश्वरत्व में स्वातंत्र्य, प्रेम में स्वातंत्र्य और स्वातंत्र्य में प्रेम तथा स्त्री-पुरुष के सम्बन्ध में सच्चे आदर्श की उचित प्रतिष्ठा करना।'

इस पर स्कॉटलैंड के प्रतिनिधि ने दृढ़तापूर्वक आपत्ति की और कहा, क्योंकि शिकारी ने चरवाहे का पीछा किया, चरवाहे ने गड़रिये का, गड़रिये ने किसान का और किसान ने मछुए को समुद्र में खदेड़ भगाया, अब हमने गहरे समुद्र से मछुए को पकड़ना चाहा और उसे किसान पर आक्रमण करने दिया इत्यादि; और इस प्रकार जीवन का जाला पूर्ण हो जायगा और हम सब लोग प्रसन्न होंगे — पर उसे यह खदेड़ने का कार्य बहुत काल तक नहीं करने दिया गया। एक क्षण में प्रत्येक व्यक्ति खड़ा हो गया और हमने केवल शब्दों का एक होहल्ला सुना —'सूर्य देव और चन्द्र देव', 'चटनी और काली', 'ठीक समझ रखने की स्वतंत्रता, स्त्री-पुरुष सम्बन्ध; मातृत्व,' 'कभी नहीं, मछुए को अवश्य ही समुद्रतट वापस जाना होगा' इत्यादि। इस पर 'जो' ने घोषणा की कि इस समय वह शिकारी का पार्ट अदा करने के लिए इच्छुक है, और यदि वे अपनी मूर्खता का परित्याग नहीं करते, तो वह उन्हें अपने घर से खदेड़ भगायेगी।

तब शान्ति हुई और सुस्थिरता आयी और मैं यह पत्र लिखने में लग गया हूँ।

आपका सस्नेह,

विवेकानन्द

(कुमारी अल्बर्टा स्टारगीज़ को लिखित)

६ प्लेस द एतात युनि, पेरिस,

फ़्रांस,

१० सितम्बर, १९००

प्रिय अल्बर्टा,

निश्चय ही आज शाम को मैं आ रहा हूँ और अवश्य ही राजकुमारी (सम्भवतः राजकुमारी डेमिडॉफ) और उनके भाई से मिलकर प्रसन्न होऊँगा। किन्तु, यदि मुझे यहाँ आने में अधिक देर हो जाय, तो तुम्हें घर में मेरे लिए कोई सोने का स्थान खोज रखना होगा।

स्नेह तथा आशीष सहित तुम्हारा,

विवेकानन्द

(स्वामी तुरीयानन्द को लिखित)

६ प्लेस द एतात युनि,
सितम्बर, १९००

प्रिय तुरीयानन्द,

अभी अभी तुम्हारा पत्र मिला। 'माँ' की इच्छा से सब कार्य चलते रहेंगे, डरने की कोई बात नहीं है। मैं शीघ्र ही यहाँ से दूसरी जगह जा रहा हूँ। सम्भवतः 'कान्स्ट टिनोपल' तथा कुछ अन्य स्थानों में कुछ दिन तक भ्रमण करता रहूँगा। आगे 'माँ' जानें। श्रीमती वीलमॉट का पत्र मिला। उससे पता चला कि उसमें बहुत कुछ उत्साह है। निश्चिन्त रहो और जमकर बैठ जाओ। सब कुछ ठीक हो जायगा। अगर 'नाद-श्रवण' आदि से किसीको कोई नुक़सान पहुँचे, तो इससे वह मुक्त हो सकता है, यदि वह ध्यान करना कुछ समय के लिए छोड़ दे और मांस-मछली खाना प्रारम्भ कर दे। अगर देह क्रमशः कमज़ोर नहीं हो रही है, तो चिन्ता करने का कोई कारण नहीं।...धीरे धीरे अभ्यास करना चाहिए।

तुम्हारे पत्र का जवाब आने से पहले ही मैं इस स्थान से चल दूंगा। अतः इसका जवाब यहाँ न भेजना। शारदा के प्रेषित काग़ज़ादि सब कुछ मुझे मिल गये हैं। और उसे कुछ सप्ताह पूर्व बहुत कुछ लिखा जा चुका है। भविष्य में उसे और भी लिखने का विचार है।

अब मुझे कहाँ रवाना होना है, इसका कोई निश्चय नहीं है। केवल मैं इतना ही लिख सकता हूँ कि मैं निश्चिन्त होने का प्रयास कर रहा हूँ।

काली का एक पत्र आज मुझे मिला है। उसका जवाब कल दूंगा। मेरा शरीर एक प्रकार से ठीक ही चल रहा है। परिश्रम करने से गड़बड़ी होती है, और बिना परिश्रम के ठीक रहता हूँ, बस, यही स्थिति है। 'माँ' जानें। निवेदिता इंग्लैण्ड गयी हुई हैं, श्रीमती बुल और वह — दोनों मिलकर धन संग्रह कर रही हैं। किशन-गढ़ की बालिकाओं को लेकर वहीं पर वह स्कूल खोलना चाहती हैं। वह जो कुछ कर सके—ठीक है। मैं अब किसी विषय में कुछ भी नहीं कहता हूँ—बस इतना ही है।

मेरा स्नेह जानना। किन्तु कार्य के सम्बन्ध में मुझे कोई उपदेश नहीं देना है। इति।

दास,
विवेकानन्द

(कुमारी अल्बर्टा स्टारगीज़ के प्रति उसकी २३वीं वर्षगाँठ पर)

पेरोस गइरी, ब्रीटानी,
२२ सितम्बर, १९००

माँ का हृदय, वीर की इच्छा,
मधुरतम स्पर्श मृदुतम सुमनों का,
शक्ति और सौन्दर्य की सतत प्रभुता,
यज्ञ की अग्नि की ज्वलामय क्रीड़ा,
शक्ति जो पथ दिखलाती;
प्रेम की अनुगामिनी जो
सुदूरगामी स्वप्न और व्यवहार में धीरज,
आत्मा में चिरन्तन श्रद्धा,
सबमें, लघु और गुरु में, दिव्य दृष्टि
ये सब और जितना मैं देखने में समर्थ, उतने से अधिक
आज 'माँ' प्रदान कर दें तुम्हें।

सस्नेह और साशीर्वाद तुम्हारा सदैव,
विवेकानन्द

प्रिय अल्बर्टा,

यह छोटी सी कविता तुम्हारे जन्म-दिन के उपलक्ष्य में है। यह अच्छी नहीं है, पर इसमें मेरा समस्त प्रेम निहित है। अतः मुझे विश्वास है, तुम इसे पसन्द करोगी।

कृपया क्या तुम वहाँ पुस्तिका की एक एक प्रति मादाम बेसनार्ड को क्लेरोइ, ब्रेस कम्पेन, ओआइस के पते पर भेज दोगी?

तुम्हारा शुभचिन्तक,
विवेकानन्द

६ प्लेस द एतात युनि, पेरिस,
फ़्रांस,
अक्तूबर, १९००

प्रिय कुमारी जी,

मैं यहाँ अत्यंत प्रसन्न एवं संतुष्ट रहा हूँ। कई वर्षों बाद मेरा समय यहाँ बहुत अच्छी तरह बीत रहा है। यहाँ श्री बोया के साथ रहकर जीवन मुझे अत्यन्त

संतोषजनक लग रहा है—सभी कुछ यहाँ है: पुस्तकें, शान्ति और उन सब चीज़ों का अभाव जो मुझे सामान्यतः कष्ट देती हैं।

लेकिन मैं नहीं जानता कि अब भविष्य में कौन सी नियति मेरी प्रतीक्षा कर रही है।

मेरा पत्र[१] हास्यास्पद है, है न! लेकिन यह मेरा प्रथम प्रयास है।

आपका,
विवेकानन्द

(भगिनी क्रिश्चिन को लिखित)[१]

६ प्लेस द एतात युनि, पेरिस,
१४ अक्तूबर, १९००

प्रिय क्रिश्चिन,

ईश्वर पग पग पर तुम्हारा कल्याण करें, यही मेरी सतत प्रार्थना है।

तुम्हारे इतने सुन्दर और इतने शान्त पत्र ने मुझे ऐसी नयी शक्ति दी है, जिसे मैं अक्सर ही खोता जा रहा हूँ।

मैं सुखी हूँ। हाँ, मैं सुखी हूँ, पर चिन्ताओं ने पूरी तरह से मेरा पीछा नहीं छोड़ा है। दुर्भाग्यवश वे कभी कभी लौट आती हैं, पर अब उनमें वह पहले जैसी मन को अस्वस्थ बना देनेवाली बात नहीं रही।

मैं मोशियो जुल बोया नामक एक प्रसिद्ध फ़्रेंच लेखक के यहाँ ठहरा हुआ हूँ। मैं उनका मेहमान हूँ। चूंकि क़लम ही उनकी रोजी का साधन है, अतः वे धनी नहीं हैं; पर हम लोगों के कई महान् विचार आपस में मिलते हैं, इसलिए हममें खूब पटती है।

कुछ वर्ष पहले उन्हें मेरा पता लगा था और उन्होंने मेरी कई पुस्तिकाएँ फ़्रेंच में अनुवादित भी कर डाली हैं। अन्त में जाकर हम दोनों पायेंगे कि हमें किस वस्तु की खोज थी, है न?

इस प्रकार मैं मादाम क्लावे, कुमारी मैक्लिऑड तथा मोशियो जुल बोया के संग यात्रा करूँगा। मैं प्रसिद्ध गायिका मादाम कालभे का अतिथि रहूँगा।

हम कांस्टान्टिनोप्‌ल, निकट-पूर्व, यूनान तथा मिस्र जायँगे। लौटते समय वेनिस भी देखेंगे।

---

१. ये दोनों पत्र मूल फ़्रेंच के अंग्रेजी अनुवाद से अनूदित हैं।

यह संभव है कि पेरिस में मैं [illegible] कुछ व्याख्यान दूं, लेकिन वे अंग्रेज़ी में होंगे, जिन्हें एक दुभाषिया फ़्रेंच [illegible] रता चलेगा।

न तो मेरे पास समय है, न इतनी शक्ति ही कि इस उम्र में मैं एक नयी भाषा का अध्ययन करूँ। मैं एक बूढ़ा आदमी हूँ, है न?

श्रीमती फंक बीमार हैं। मेरा ख्याल है, वे बहुत अधिक परिश्रम करती हैं। उनको पहले से ही कुछ स्नायविक कष्ट था। आशा है कि वे शीघ्र ही अच्छी हो जायँगी।

जितना भी रुपया मैंने अमेरिका में कमाया था, वह सब मैं भारत भेज रहा हूँ। अब मैं मुक्त हूँ। पहले की तरह ही एक भिक्षु-संन्यासी। मठ के अध्यक्ष-पद से भी मैंने त्याग-पत्र दे दिया है। ईश्वर को धन्यवाद कि मैं मुक्त हूँ। अब ऐसी ज़िम्मेदारी अपने सिर पर लेना मेरे बूते की बात नहीं। मैं बहुत विक्षुब्ध और दुर्बल हो गया हूँ।

'जिस प्रकार पेड़ की डालियों पर सोती हुई चिड़ियाँ जग जाती हैं और सुबह होने के साथ गाती हुई गहन नीलाकाश में ऊपर उड़ जाती हैं, उसी प्रकार मेरे जीवन का अन्त भी है।'

मुझे अनेक कठिनाइयाँ झेलनी पड़ीं और इसके साथ ही कई महान् सफलताएँ भी मिलीं। किन्तु मेरी तमाम कठिनाइयों और कष्टों का कोई मूल्य नहीं, क्योंकि अन्त में मैं सफल हुआ हूँ। मैंने अपना लक्ष्य पा लिया है। मुझे वह मोती मिल गया है, जिसके लिए मैंने जीवनरूपी सागर में गोता लगागा था। मैं पुरस्कृत हुआ हूँ। मैं संतुष्ट हूँ।

इस तरह मुझे ऐसा लगता है, जैसे मेरे जीवन का एक नया अध्याय खुल रहा है। मुझे ऐसा लगता है, जैसे अब जगन्माता जीवन-मार्ग पर मुझे मंद मंद बिना किसी अवरोध के ले चलेंगी। विघ्न-बाधाओं से पूर्ण मार्ग पर अब नहीं चलना पड़ेगा, अब जीवन फूलों की सेज होगा। इसे समझ रही हो न? विश्वास करो, मैं इस विषय में पूर्ण आश्वस्त हूँ।

अब तक के मेरे समस्त जीवन के अनुभवों ने मुझे सिखाया है—और इसके लिए मैं ईश्वर को धन्यवाद देता हूँ—कि मैंने जिस भी वस्तु की उत्कटता से इच्छा की है, वह मुझे मिली है। कभी कभी बहुत भोगने के बाद, पर इसकी कोई बात नहीं—वह सब कुछ पुरस्कार की मधुरता में भूल जाता है। तुम भी तो परेशानियों से गुज़र रही हो, पर तुम्हें भी पुरस्कार अवश्य मिलेगा। दुःख इस बात का है कि इस समय जो भी तुम्हें मिल रहा है, वह पुरस्कार नहीं, वरन् अतिरिक्त कष्ट है।

जहाँ तक मेरी बात है, मैं तो अपने बुरे कर्मों के बादलों को उठता हुआ और लोप होता हुआ देख रहा हूँ। और मेरे अच्छे कर्मों का चमकता हुआ सुन्दर और शक्तिशाली सूर्य उग रहा है। यही तुम्हारे साथ भी होगा। इस भाषा का मेरा ज्ञान मेरी भावनाओं को वहन करने में असमर्थ है। लेकिन फिर कौन सी ऐसी भाषा है, जो ऐसा करने में समर्थ है ?

इसलिए अब मैं यहीं बस करता हूँ। तुम्हारे हृदय पर यह छोड़ देता हूँ कि वह मेरे विचारों को कोमल, मधुर और उज्ज्वल भाषा का जामा पहनाये। शुभरात्रि !

तुम्हारा सच्चा मित्र,
विवेकानन्द

पुनश्च—२९ अक्तूबर को हम वियना के लिए पेरिस से रवाना होंगे। अगले हफ्ते श्री लेगेट अमेरिका जा रहे हैं। अपनी डाक के नये पते के बारे में हम डाकखाने को सूचित करेंगे।

वि०

(कुमारी जोसेफ़िन मैक्लिऑड को लिखित)

पोर्ट टिवफ़िक,
२६ नवम्बर, १९००

प्रिय 'जो',

स्टीमर आने में देरी थी, अतः मैं प्रतीक्षा कर रहा हूँ। भगवान् को धन्यवाद है कि आज सुबह उसने पोर्ट सईद बन्दरगाह पर नहर में प्रवेश किया। इसका मतलब है कि यदि सब कुछ ठीक रहा, तो यह शाम को किसी समय पहुँचेगा।

वाक़ई ये दो दिन एक प्रकार की अकेलेपन की क़ैद जैसे रहे हैं; और मैं अपने हृदय को दिलासा दिये हुए हूँ।

कहावत है कि परिवर्तन मन को बहुत भाता है। श्री गेज़ के एजेन्ट ने मुझे सब ग़लत निर्देश दिये। पहले तो यहाँ कोई भी मुझे कुछ बताने के लिए नहीं था, स्वागत करना तो अलग रहा। दूसरे मुझे यह नहीं बताया गया था कि स्टीमर के लिए मुझे अपना गेज़वाला टिकट एजेन्ट के दफ़्तर में बदलना पड़ेगा और यह कि वह दफ़्तर स्वेज़ में है, यहाँ नहीं।

इसलिए यह एक तरह से अच्छा ही था कि स्टीमर विलम्ब से आनेवाला था। अतः मैं स्टीमर के एजेन्ट से मिलने गया और उसने मुझे गेज़ के पास को बाक़ायदा एक टिकट में बदल लेने के लिए कहा।

आज रात को किसी समय मैं स्टीमर पर सवार होऊँगा। मैं कुशल से हूँ, प्रसन्न हूँ और इस मसख़रेपन का ख़ूब आनन्द ले रहा हूँ।

मादमोआज़ेल कैसी हैं? बोया कहाँ हैं? मादाम कालभे से मेरा अनन्त आभार तथा शुभ कामनाएँ कहना। वे एक भली महिला हैं।

आशा है तुम अपनी यात्रा में आनन्द प्राप्त करोगी।

सस्नेह सदा तुम्हारा,
विवेकानन्द

(कुमारी जोसेफ़िन मैक्लिऑड को लिखित)

मठ, बेलूड़, हावड़ा,
११ दिसम्बर, १९००

प्रिय 'जो',

परसों रात को मैं यहाँ पर आ पहुँचा हूँ। किन्तु खेद है, इतनी शीघ्रता से लौटने पर भी कोई लाभ नहीं हुआ। बेचारे कैप्टन सेवियर की मृत्यु कुछ दिन पहले ही हो चुकी है — इस प्रकार दो अंग्रेज़ महानुभावों ने हमारे लिए, हिन्दुओं के लिए — आत्मोत्सर्ग किया। यदि कोई शहीद हुए हों, तो ये ही हैं। श्रीमती सेवियर को, उनके भावी कार्यक्रम जानने के लिए, अभी मैंने पत्र लिखा है।

मैं सकुशल हूँ। यहाँ का सब कुछ, सभी प्रकार से ठीक चल रहा है। व्यस्तता में मैं यह पत्र लिख रहा हूँ—कुछ ख़्याल न करना। शीघ्र ही विस्तृत पत्र दूँगा।

सदा सत्यपाशाबद्ध तुम्हारा,
विवेकानन्द

(श्रीमती ओलि बुल को लिखित)

बेलूड़ मठ,
हावड़ा, बंगाल, भारत,
१५ दिसम्बर, १९००

माँ,

तीन दिन पहले मैं यहाँ पहुँचा हूँ। यहाँ मेरा आगमन बिल्कुल अप्रत्याशित था और सब लोग बड़े विस्मित हुए।

यहाँ काम की प्रगति मेरी अनुपस्थिति में जितनी मुझे आशा थी, उससे कहीं अधिक हुई है। केवल श्री सेवियर अब नहीं रहे। उनकी मृत्यु निश्चय ही एक

ज़बरदस्त चोट थी और मैं नहीं जानता कि हिमालय के कार्य का अब क्या भविष्य है। मैं प्रतिदिन श्रीमती सेवियर के पत्र की प्रतीक्षा करता हूँ, जो अब भी वहाँ हैं।

आप कैसी हैं? कहाँ हैं? मुझे आशा है मेरा मामला यहाँ शीघ्र ही व्यवस्थित हो जायगा और मैं उसके लिए भरसक प्रयत्न भी कर रहा हूँ।

जो रुपया आप मेरी बहन को भेजती रही हैं, उसे अब यहाँ मेरे नाम से बिल बनाकर सीधे मेरे पास भेज दिया करें। मैं भुनाकर रुपया उसे भेज दिया करूँगा। यह अच्छा है कि रुपया उसे मेरे मार्फ़त मिले।

सारदानन्द और ब्रह्मानन्द काफ़ी स्वस्थ हैं और इस वर्ष मलेरिया यहाँ बहुत कम है। नदी-तट की यह पतली पट्टी मलेरिया से हमेशा मुक्त रहती है। पर जब हमें यहाँ प्रचुर शुद्ध जल मिल सकेगा, तभी यहाँ की दशा में पूर्ण सुधार होगा।

आपका,
विवेकानन्द

(भगिनी निवेदिता को लिखित)

मठ, बेलूड़, हावड़ा,
१९ दिसम्बर, १९०० ई०

प्रिय निवेदिता,

पृथ्वी के इस छोर से एक स्वर तुमसे यह प्रश्न कर रहा है कि 'तुम किस प्रकार हो?' क्या इस प्रश्न से तुम आश्चर्यान्वित हो रही हो? किन्तु मैं तो वास्तव में ऋतु के साथ विचरण करनेवाला एक विहंगम हूँ।

आनंद से मुखरित तथा कर्मव्यस्त पेरिस, गम्भीर प्राचीन कान्स्टांटिनोपल्, चमकदार छोटा ऐथेन्स, पिरामिड् से सुशोभित काहिरा — इन सभी स्थलों को मैं पीछे छोड़ आया हूँ; और अब मैं यहाँ पर, गंगातटवर्ती मठ में — अपनी छोटी सी कोठरी में बैठकर यह पत्र लिख रहा हूँ। चारों ओर कितनी शान्ति एवं निस्तब्धता छायी हुई है! विशाल नदी उज्ज्वल सूर्यकिरणों में नृत्य कर रही है; कदाचित् कभी दो-एक माल ढोनेवाली नावों के आगमन से यह स्तब्धता क्षण भर के लिए भंग होती हुई नज़र आ रही है।

यहाँ पर इस समय शीतऋतु है; किन्तु प्रतिदिन का मध्याह्न उज्ज्वल तथा गरम है। यह दक्षिणी कैलिफ़ोर्निया के जाड़े के समान है। चारों ओर हरित् तथा स्वर्ण वर्ण का बाहुल्य है; और तृणराजि मानो मखमल सदृश शोभायमान है। फिर भी वायु शीतल, स्वच्छ तथा सुखप्रद है।

तुम्हारा,
विवेकानन्द

(स्वामी रामकृष्णानन्द को लिखित)

मठ, बेलूड़,
२६ दिसम्बर, १९००

प्रिय शशि,

तुम्हारा पत्र पढ़कर सभी संवादों से अवगत हुआ। यदि तुम्हारा स्वास्थ्य ठीक नहीं, तो तुम्हारा यहाँ आना कदापि उचित न होगा। और मैं भी कल मायावती जा रहा हूँ। वहाँ एक बार मेरा जाना अत्यन्त आवश्यक है।

आलासिंगा यदि आये तो उसे मेरी प्रतीक्षा करनी होगी। कनाई के संबंध में इन लोगों ने क्या तय किया है — मैं नहीं जानता। मैं अल्मोड़ा से शीघ्र ही लौटूंगा, उसके बाद मद्रास जा सकता हूँ। वनियमबाडी से एक पत्र आया है। उन्हें मेरा प्यार और आशीर्वाद देते हुए एक पत्र लिखो और यह सूचित कर दो कि मद्रास जाते समय मैं अवश्य वहाँ आऊँगा। सभी को मेरा प्यार। तुम बहुत परिश्रम मत करो। यहाँ और सब ठीक है।

तुम्हारा,
विवेकानन्द

(कुमारी जोसेफ़िन मैक्लिऑड को लिखित)

मठ, बेलूड़, हावड़ा,
२६ दिसम्बर, १९००

प्रिय 'जो',

आज की डाक से तुम्हारा पत्र मिला। उसके साथ ही माता जी तथा अल्बर्टा के पत्र भी प्राप्त हुए। अल्बर्टा के पण्डित मित्र ने रूस के सम्बन्ध में जो कुछ कहा है, वह प्रायः मेरी धारणा के अनुरूप ही है। उनकी विचारधारा में केवल एक स्थल पर कठिनाई दिखायी दे रही है — और वह यह है कि समग्र हिन्दू जाति के लिए एक साथ रूसी भावना को अंगीकार करना क्या सम्भव है?

हमारे प्रिय मित्र श्री सेवियर मेरे पहुँचने के पहले ही परलोक सिधार चुके हैं। उनके द्वारा स्थापित आश्रम के किनारे से जो नदी प्रवाहित है, उसीके तट पर हिन्दू रीति से उनका अन्तिम संस्कार किया गया है। ब्राह्मणों ने पुष्पमाल्यशोभित उनकी देह को वहन किया था एवं ब्रह्मचारियों ने वेदपाठ किया था।

हम लोगों के आदर्श के लिए इस बीच में दो अंग्रेज़ों ने आत्मोत्सर्ग किया। इसके फलस्वरूप प्राचीन इंग्लैण्ड तथा उसकी वीर सन्तानें मेरे लिए और भी प्रिय हो चुकी

हैं। इंग्लैण्ड की सर्वोत्तम रुधिरधारा से महामाया मानो भावी भारत के पौधे को सींच रही हैं—महामाया की जय हो!

प्रिय श्रीमती सेवियर विचलित नहीं हुई हैं। पेरिस के पते से उन्होंने मुझे जो पत्र लिखा था, वह इस डाक से आज मुझे प्राप्त हुआ। उनसे मिलने के लिए कल मैं पहाड़ की ओर रवाना हो रहा हूँ। भगवान् हम लोगों की इस प्रिय साहसी महिला को आशीर्वाद प्रदान करें।

मैं स्वयं दृढ़ तथा शा त हूँ। आज तक कोई भी घटनाचक्र मुझे विचलित नहीं कर सका है; आज भी महामाया मुझे खिन्न न होने देंगी।

शीत ऋतु के आगमन के साथ ही साथ यह स्थान अत्यन्त सुखप्रद हो उठा है। बर्फ़ के आवरण से अनाच्छादित हिमालय और भी सुन्दर हो उठेगा।

श्री जान्स्टन नामक जो युवक न्यूयार्क से रवाना हुआ था, उसने ब्रह्मचर्य व्रत धारण किया है तथा इस समय वह मायावती में है।

सारदानन्द के नाम से रुपये मठ में भेज देना, क्योंकि मैं पहाड़ की ओर जा रहा हूँ।

अपनी शक्ति के अनुसार उन लोगों ने अच्छा ही कार्य किया है। तदर्थ मुझे खुशी है और मैंने अपनी स्नायविक दुर्बलतावश पहले जो असन्तोष प्रकट किया था, वह मेरी ही मूर्खता थी। वे लोग सदा की तरह सज्जन तथा विश्वासपात्र हैं एवं उन लोगों का शरीर भी स्वस्थ है।

श्रीमती बुल को यह समाचार देना तथा कहना कि उन्होंने हमेशा ठीक ही कहा है और मुझसे ही भूल हुई है। इसलिए मैं सहस्र बार उनसे क्षमा प्रार्थना कर रहा हूँ।

उनको तथा एम्—को मेरा असीम स्नेह कहना।

देखता हूँ, जब मैं आगे-पीछे,
प्रतीत होता है, सब कुछ ठीक।
मेरे गहनतम दुःखों के मध्य,
रहना आत्मा का सदा प्रकाश।

एम्—को, श्रीमती सि—को तथा प्रिय जूल बोया को मेरा अनन्त स्नेह ज्ञापन करना। प्रिय 'जो', तुम मेरा प्रणाम ग्रहण करना।

विवेकानन्द

(श्रीमती ओलि बुल को लिखित)

मायावती, हिमालय,
६ जनवरी, १९०१

प्रिय धीरा माता,

डॉक्टर बोस ने आपके मार्फ़त जो 'नारदीय सूक्त' भेजा था, मैं अभी उसका अनुवाद भेज चुका हूँ। जहाँ तक सम्भव हो सका है, मैंने अक्षरश: अनुवाद करने की चेष्टा की है। आशा है कि डाक्टर बोस अब तक पूर्ण स्वस्थ हो चुके होंगे।

श्रीमती सेवियर बहुत ही दृढ़ संकल्पशालिनी महिला हैं तथा उन्होंने अत्यन्त शान्ति तथा सबल चित्त से इस शोक को सहन किया है। आगामी अप्रैल में वे इंग्लैण्ड जा रही हैं एवं मैं भी उनके साथ रवाना हो रहा हूँ।...

यह स्थान अत्यन्त सुन्दर है एवं इन लोगों ने इसे और भी मनोरम बनाया है।...

भवदीय चिरस्नेहाबद्ध सन्तान,
विवेकानन्द

पुनश्च—काली माँ दो बलि ग्रहण कर चुकी हैं; उद्देश्य-साधन में दो यूरोपीय शहीदों ने आत्मोत्सर्ग किया है — अब कार्य सुन्दर रूप से अग्रसर होता रहेगा।

वि०

(श्री ई० टी० स्टर्डी को लिखित)

मायावती, हिमालय,
१५ जनवरी, १९०१

प्रिय स्टर्डी,

सारदानन्द से मुझे यह समाचार मिला कि इंग्लैण्ड के कार्य के लिए जो १,५२९।-)५ पाई की धनराशि थी, उसे तुमने मठ में भेज दिया है। यह निश्चित है कि उसका उपयोग अच्छे ही कार्य में होगा।

प्राय: तीन महीने पूर्व कैप्टन सेवियर ने अपना शरीर छोड़ा है। उन लोगों ने इस पर्वत के ऊपर एक सुन्दर आश्रम की स्थापना की है; और श्रीमती सेवियर इसको क़ायम रखना चाहती हैं। मैं यहाँ उनसे मिलने आया हूँ एवं सम्भवत: उन्हींके साथ इंग्लैण्ड जा सकता हूँ।

मैंने पेरिस से तुमको एक पत्र लिखा था, शायद वह तुम्हें प्राप्त नहीं हुआ है।

श्रीमती स्टर्डी के शरीरान्त के समाचार से मुझे अत्यन्त कष्ट हुआ। वे एक साध्वी पत्नी तथा स्नेहमयी माता थीं; जीवन में इस प्रकार की महिला प्रायः दिखायी नहीं देती।

यह जीवन घात-प्रतिघातों से भरा हुआ है; किन्तु उस आघात की वेदना जैसे भी हो दूर हो ही जाती है — इतनी ही सान्त्वना है।

तुमने अपने विगत पत्र में अपनी मानसिक भावनाएँ स्पष्ट रूप से प्रकट की हैं, इसलिए मैंने पत्र लिखना छोड़ दिया है — यह बात नहीं है। मैं केवल वर्तमान तरंग के निकल जाने की प्रतीक्षा कर रहा था — यही मेरी रीति है। पत्र के जवाब देने से राई का पहाड़ बन जाता।

श्रीमती जॉन्सन तथा अन्यान्य मित्रों से भेंट होने पर कृपया उनसे मेरी श्रद्धा तथा स्नेह कहना।

चिरसत्याबद्ध तुम्हारा,
विवेकानन्द

(श्रीमती ओलि बुल को लिखित)

बेलूड़ मठ,
हावड़ा जिला,
बंगाल,
२६ जनवरी, १९०१

प्यारी माँ,

उत्साहित करनेवाले इन शब्दों के लिए आपको अनेकानेक धन्यवाद। मुझे इस समय उनकी बहुत आवश्यकता है। नयी शताब्दी के आगमन से अंधकार दूर नहीं हुआ है, बल्कि और भी घना होता जा रहा है। मैं श्रीमती सेवियर से मिलने मायावती गया था। राह में ही खेतड़ी के महाराजा की मृत्यु का संवाद मिला। सुना है कि वे आगरे में किसी स्थापत्य-स्मारक की मरम्मत अपने ख़र्च से करवा रहे थे। और इसी सिलसिले में किसी गुम्बद का निरीक्षण कर रहे थे। गुम्बद का एक हिस्सा नीचे गिर पड़ा और उनकी तत्काल मृत्यु हो गयी।

तीनों चेक आ गये हैं। जब मैं अपनी बहन से मिलूँगा, उसे दे दूँगा;

'जो' यहीं है, लेकिन अब तक मेरी मुलाक़ात नहीं हुई है।

बंगाल की धरती पर, खास कर मठ में, पैर रखते ही मेरे दमा का दौरा फिर शुरू हो जाता है। बंगाल छोड़ा और फिर स्वस्थ!

अगले सप्ताह मैं अपनी माँ को तीर्थयात्रा पर ले जा रहा हूँ। तीर्थस्थानों की परिक्रमा करने में — संभव है महीनों लग जायँ। यह, हिंदू विधवाओं की महान् लालसा होती है। मैंने अपने स्वजन-परिजन के लिए सदा दुःख ही बटोरा। मैं कम से कम उनकी इस इच्छा को पूर्ण करने की चेष्टा कर रहा हूँ।

मार्गट का समाचार सुनकर बड़ी प्रसन्नता हुई। यहाँ सभी फिर से उसका स्वागत करने को इच्छुक हैं। आशा है डाक्टर बोस अब तक पूर्ण स्वस्थ हो चुके होंगे।

मुझे श्रीमती हैम्मॉण्ड की एक बहुत प्यारी चिट्ठी मिली है। महान् आत्मा हैं, वह।

बहरहाल, मैं इस बार बहुत शांत और अविक्षुब्ध हूँ और देखता हूँ कि सभी बातें आशा से अधिक ठीक हैं। प्यार के साथ--

सदैव तुम्हारा पुत्र,
विवेकानन्द

(स्वामी रामकृष्णानन्द को लिखित)

मठ, बेलूड़,

प्रिय शशि,

बस इतना समझ लो कि मैं अपनी माँ के साथ रामेश्वरम् जा रहा हूँ। मैं मद्रास जा भी सकूँगा या नहीं, मुझे नहीं मालूम। यदि गया तो यह बिल्कुल व्यक्तिगत मामला होगा। मेरा तन और मन बुरी तरह थक चुका है, और मैं किसीकी भी उपस्थिति सहन नहीं कर सकता। मैं अपने साथ किसीको नहीं चाहता। न तो मेरे पास शक्ति है, न पैसा और न इच्छा ही कि मैं किसीको अपने साथ ले जा सकूँ। फिर वे चाहे गुरु महाराज के भक्त-जन हों या कोई और, इससे अन्तर नहीं पड़ता। इस संबंध में तुम्हारी जिज्ञासा भी सरासर मूर्खता थी। मैं तुमसे फिर कहता हूँ, मैं जीवित की अपेक्षा मरा हुआ अधिक हूँ और किसीसे मिलना मुझे क़तई स्वीकार नहीं। यदि तुम वैसा प्रबन्ध नहीं कर सकते, तो मैं मद्रास नहीं जाता। अपने शरीर की रक्षा के लिए मुझे कुछ न कुछ तो स्वार्थी बनना ही पड़ेगा।

योगिन माँ और दूसरे लोग जो चाहें उन्हें करने दो। अपने वर्तमान स्वास्थ्य को देखते हुए मैं किसीको भी अपने साथ नहीं ले जा सकता।

सस्नेह,
विवेकानन्द

(श्रीमती ओलि बुल को लिखित)

बेलूड़ मठ,
हावड़ा, बंगाल,
२ फ़रवरी, १९०१

प्रिय माँ,

कई दिन हुए मुझे आपका पत्र और उसके साथ १५० रु० का एक चेक मिला था। मैं इस चेक को भी पिछले तीन चेकों की भाँति अपने भाई को सुपुर्द कर दूँगा।

'जो' यहाँ है, मैं उससे दो बार मिला हूँ। वह लोगों से मिलने-मिलाने में व्यस्त है। श्रीमती सेवियर के इंग्लैण्ड से होकर यहाँ शीघ्र आने की आशा है। मैं पहले उन्हींके साथ इंग्लैण्ड जानेवाला था, लेकिन अब जैसी कि स्थिति हो गयी है, मुझे अपनी माँ के साथ एक लम्बी तीर्थयात्रा के लिए निकलना होगा।

बंग-भूमि का स्पर्श करते ही मेरी तंदुरुस्ती गिरने लगती है; ख़ैर, अब मैं इसकी चिन्ता नहीं करता। मैं और मेरा काम-धाम सब ठीक-ठाक चल रहा है।

मार्गट के सफल होने की बात जानकर प्रसन्नता हुई, लेकिन, जैसा कि 'जो' ने लिखा है, वह आर्थिक दृष्टि से लाभप्रद सिद्ध नहीं हो रहा है,—बस यही तो कुल गड़बड़ी है। काम को चलाते भर जाना कोई महत्त्वपूर्ण बात नहीं, और फिर इतनी दूर लन्दन के काम से कलकत्ता पर क्या असर पड़ता है? ख़ैर, जगन्माता सब कुछ जानती हैं। मार्गट रचित 'काली माता' (Kali, the Mother) की सब प्रशंसा कर रहे हैं, किन्तु खेद की बात है कि उन्हें पुस्तक उपलब्ध नहीं हो पाती—बुकसेलर लोग किताब की बिक्री के प्रति इस हद तक उदासीन हैं!

इस नूतन शताब्दी में आप और आपके प्रियजन एक और महान् भविष्य के लिए स्वास्थ्य तथा साधन प्राप्त करें, यही मेरी सतत प्रार्थना है।

विवेकानन्द

(कुमारी जोसेफ़िन मैक्लिऑड को लिखित)

बेलूड़ मठ, हावड़ा,
१४ फ़रवरी, १९०१

प्रिय 'जो'

मुझे यह सुनकर अत्यंत प्रसन्नता हुई कि बोया कलकत्ता आ रहे हैं। उन्हें तुरन्त मठ भेजो। मैं यहीं रहूँगा। यदि संभव हुआ तो मैं उन्हें कुछ दिन अपने पास यहाँ रखूँगा और फिर नेपाल जाने दूँगा।

तुम्हारा,
विवेकानन्द

(कुमारी जोसेफ़िन मैक्लिऑड को लिखित)

बेलूड़ मठ,
हावड़ा, बंगाल,
१७ फ़रवरी, १९०१

प्रिय 'जो'

अभी अभी तुम्हारा लम्बा सा पत्र मिला। मुझे प्रसन्नता है कि तुम कुमारी कार्नेलिया सोराबजी से मिलीं और तुम्हें वे पसन्द आयीं। मैं पूना में उनके पिता से परिचित था, उनकी एक छोटी बहन को भी जानता हूँ जो अमेरिका में थी। उनकी माता जी को शायद उस संन्यासी के रूप में मेरी याद हो, जब मैं पूना में लिम्बडी के ठाकुर साहब के साथ रहा करता था।

मुझे आशा है कि तुम बड़ौदा जाओगी और वहाँ की महारानी से मिलोगी।

मैं अपेक्षतः काफ़ी स्वस्थ हूँ और आशा है कुछ समय तक ऐसा ही रहूँगा। मुझे अभी ही श्रीमती सेवियर का एक प्यारा सा पत्र मिला है, जिसमें उन्होंने तुम्हारे बारे में ढेरों अच्छी अच्छी बातें लिखी हैं।

मुझे प्रसन्नता है कि तुम श्री टाटा से मिलीं और तुम्हें वे दृढ़ और भले आदमी प्रतीत हुए।

यदि मैंने अपने को काफ़ी सशक्त अनुभव किया, तो अवश्य ही बम्बई आने का निमंत्रण स्वीकार कर लूँगा।

कोलम्बो जानेवाले अपने स्टीमर का नाम तार से लिख भेजो। प्यार के साथ,

तुम्हारा,
विवेकानन्द

(श्रीमती ओलि बुल को लिखित)

ढाका,
२९ मार्च, १९०१

प्रिय माँ,

इस समय तक तुम्हें मेरा ढाका से लिखा दूसरा पत्र मिल गया होगा। सारदानन्द कलकत्ता में ज्वर से बुरी तरह ग्रस्त हो गया था। कलकत्ता तो इस वर्ष नरक बन गया है। वह अच्छा हो गया है, अब मठ में है। ईश्वर की कृपा से मठ हमारी बंग-भूमि के स्वस्थतम स्थानों में से है।

मैं नहीं जानता कि आप और मेरी माँ के बीच क्या बातचीत हुई। उस समय मैं नहीं था। मेरा अनुमान है कि माँ ने आपसे मार्गट को देखने की इच्छा प्रदर्शित की होगी और कुछ नहीं।

मार्गट को मेरी यह सलाह है कि वह इंग्लैण्ड में रहकर अपनी योजनाओं को पक्का करे और काफ़ी हद तक उन्हें क्रियान्वित भी करे, तब कहीं लौटने की बात सोचे। भले और ठोस काम के लिए प्रतीक्षा तो करनी ही पड़ती है।

आवश्यक शक्ति प्राप्त करते ही सारदानन्द श्रीमती बनर्जी के पास, जो कुछ दिन के लिए कलकत्ता आयी थीं, दार्जिलिंग जाना चाहता है।

जापान से 'जो' के बारे में मुझे कोई ख़बर नहीं मिली। श्रीमती सेवियर शीघ्र ही वहाँ जानेवाली हैं। क़रीब पाँच दिन से ऊपर हुए मेरी माँ, चाची और भाई ढाका आये थे — ब्रह्मपुत्र नदी का बड़ा भारी स्नान-पर्व पड़ा था। जब भी कभी ग्रहों का कोई विशिष्ट एवं दुर्लभ संयोग उपस्थित होता है, तब बड़ा भारी जन-समुदाय नदी के किसी ख़ास स्थान पर एकत्र हो जाता है। इस वर्ष लक्षाधिक लोगों की भीड़ हुई थी, मीलों तक नदी में केवल नावें ही नावें दिखायी पड़ती थीं।

यद्यपि नदी का पाट इस स्थान पर लगभग एक मील चौड़ा है, फिर भी वह कीचड़ से भर गया था। लेकिन ज़मीन फिर भी काफ़ी ठोस रही और इसलिए हम अपना पूजा-स्नान आदि सम्पन्न कर सके।

ढाका मुझे अच्छा लग रहा है। मैं अपनी माँ तथा अन्य महिलाओं को चन्द्रनाथ ले जा रहा हूँ। यह स्थान बंगाल के बिल्कुल पूर्वी सिरे पर है।

मैं सकुशल हूँ, आशा है आप, आपकी पुत्री तथा मार्गट भी स्वस्थ-सानन्द हैं।

चिरस्नेह के साथ--

आपका पुत्र,
विवेकानन्द

पुनश्च—मेरी माँ तथा भाई आपको और मार्गट को प्यार भेजते हैं।

मुझे तारीख़ नहीं मालूम।

वि०

(स्वामी स्वरूपानन्द को लिखित)

मठ,
१५ मई, १९०१

प्रिय स्वरूप,

नैनीताल से लिखा हुआ तुम्हारा पत्र विशेष उत्तेजनापूर्ण है। पूर्वी बंगाल तथा आसाम का दौरा कर हाल ही में लौटा हूँ। पहले की तरह अब की बार भी मैं अत्यन्त परिश्रान्त हो चुका हूँ तथा मेरा स्वास्थ्य भग्न हो चुका है।

बड़ौदा महाराज से मिलने पर यदि वास्तव में कोई कार्य सम्पन्न होने की सम्भावना हो, तो मैं वहाँ जाने के लिए प्रस्तुत हूँ; अन्यथा यातायात के परिश्रम तथा व्यर्थ के खर्चे में मैं पड़ना नहीं चाहता। अत: महाराज के साथ मिलने से हमारे कार्य में किसी प्रकार की सहायता मिल सकती है या नहीं — इस बारे में अच्छी तरह से सोच-विचारकर तथा आवश्यक समाचारादि लेकर तुम अपनी राय मुझे सूचित करना। अभी अभी श्रीमती सेवियर का एक अच्छा सा पत्र मुझे मिला। अमरनाथ तथा नैनीताल के सब मित्रों से मेरा स्नेह कहना। तुम मेरा स्नेह तथा आशीर्वाद जानना। इति।

तुम्हारा,
विवेकानन्द

(कुमारी मेरी हेल को लिखित)

बेलूड़ मठ,
हावड़ा, बंगाल (भारत)
१८ मई, १९०१

प्रिय मेरी,

कभी कभी किसी बडे नाम के साथ पुछल्ले की तरह लग जाने से बड़ी कठिनाई हो जाती है। और यही तो मेरे पत्र के साथ हुआ! तुमने मुझे २२ जनवरी १९०१ को पत्र लिखा था, पर पता दिया महान् कुमारी मैक्लिऑड का। परिणाम यह हुआ कि वह पत्र उनके पीछे पीछे सारी दुनिया की खाक छानता रहा और अब कल जापान से भेजा जाकर मुझे मिला है, जहाँ कि आजकल कुमारी मैक्लिऑड हैं। तो इस तरह स्फ़िक्स की उस पहेली का उत्तर हुआ : 'तू किसी बड़े नाम के साथ छोटे नाम को नहीं जोड़ेगा।'

तो मेरी तुम फ़्लोरेंस और इटली में मौज करती रहीं, और मुझे पता भी नहीं कि तुम इस समय हो कहाँ। अच्छा, मोटी वृद्धा 'महिला', यह पत्र मैं मोनरो एण्ड कम्पनी, ७ रू स्क्राइब के पते पर तुम्हें भेज रहा हूँ।

तुम फ्लोरेंस और इटली की झीलों में समय गुज़ार रही हो। बहुत अच्छा। यद्यपि तुम्हारा कवि उसे निरर्थक मानने में आपत्ति करता है।

प्यारी बहन, कुछ अपने बारे में भी बताऊँ? भारत मैं पिछली शिशिर ऋतु में आया था। तमाम जाड़े कष्ट भोगता रहा और इसी ग्रीष्म में पूर्वी बंगाल और आसाम के दौरे पर निकल गया। ये इलाक़े विशालकाय नदियों और पहाड़ियों और मलेरिया से परिपूर्ण हैं। दो महीने के कठिन परिश्रम से बीमार पड़ गया और अब कलकत्ता वापस आ गया हूँ, जहाँ धीरे धीरे मेरा स्वास्थ्य सुधर रहा है।

कुछ महीने हुए खेतड़ी के राजा की गिर पड़ने से मृत्यु हो गयी। इस तरह तुम देखती हो कि मेरे चारों ओर इस समय अँधेरा ही अँधेरा है, मेरा अपना स्वास्थ्य भी चौपट है। फिर भी मुझे पूरा विश्वास है कि शीघ्र ही मैं पुनः उठ खड़ा होऊँगा। बस मैं अगले सुअवसर की प्रतीक्षा कर रहा हूँ।

काश इस समय मैं यूरोप आ सकता तो तुमसे ख़ूब बातें हो सकतीं; पर मैं जल्दी ही भारत वापस लौट जाता, क्योंकि इन दिनों एक प्रकार की शान्ति तो मैं महसूस ही कर रहा हूँ और मेरी बेचैनी भी अधिकांशतः दूर हो चुकी है।

हैरियट ऊली, ईसाबेल, हैरियट मैक्किडली को मेरा प्यार कहना और माँ से मेरा चिर प्रेम एवं कृतज्ञता ज्ञापित करना। माँ से कहना कि एक हिन्दू की सूक्ष्म कृतज्ञ-भावना पीढ़ियों तक बनी रहती है।

भगवद्पदाश्रित तुम्हारा,
विवेकानन्द

पुनश्च—जब तुम्हारी इच्छा हो मुझे पत्र लिखो।

(स्वामी रामकृष्णानन्द को लिखित)

मठ, बेलूड़, हावड़ा,
३ जून, १९०१

कल्याणीय,

तुम्हारे पत्र को पढ़कर हँसी भी आयी और कुछ दुःख भी हुआ। हँसी का कारण यह है कि बदहज़मी के फलस्वरूप कोई स्वप्न देखकर उसे सत्य समझते हुए तुमने स्वयं को दुःखी बनाया है; तुमको उससे दुःख हुआ, यह इसीसे स्पष्ट है कि तुम्हारा शरीर ठीक नहीं है—तुम्हारी स्नायुओं के लिए विश्राम लेना परम आवश्यक है।

मैंने कभी भी तुमको अभिशाप नहीं दिया है, फिर आज क्यों देने लगा? आज तक मेरे प्यार का परिचय पाने के बाद क्या तुम लोगों को अब अविश्वास होने लगा? यह ठीक है कि मेरा मिज़ाज हमेशा से ही तेज़ है, ख़ासकर आजकल बीमारी में वह कभी कभी बहुत ही भयंकर हो उठता है — किन्तु तुम यह निश्चित जानना कि मेरा प्यार कभी नष्ट होने का नहीं है।

इस समय मेरा शरीर कुछ ठीक चल रहा है। मद्रास में क्या वर्षा शुरू हो गयी है? दक्षिण में वर्षा प्रारम्भ होते ही सम्भवतः बम्बई तथा पूना होता हुआ मैं मद्रास पहुँचूंगा। वर्षा प्रारम्भ होते ही मैं समझता हूँ मद्रास की प्रचण्ड गर्मी भी घट जायगी।

सबसे मेरा हार्दिक स्नेह कहना तथा तुम स्वयं भी ग्रहण करना।

शरत् कल दार्जिलिंग से मठ आ पहुँचा है — उसका शरीर भी पहले से बहुत कुछ अच्छा है। पूर्वी बंगाल तथा आसाम का दौरा कर मैं भी यहाँ आ पहुँचा हूँ। सभी कार्यों में उतार-चढ़ाव होता है — उसमें कभी तीव्रता आती है, कभी शिथिलता। सक्रियता आयेगी। भय की क्या बात है? . . .

अस्तु, मैं चाहता हूँ कि कुछ दिन के लिए काम-काज बन्द कर तुम सीधे मठ चले आओ — यहाँ पर महीने भर विश्राम करने के बाद हम दोनों साथ साथ एक महाभ्रमण प्रारम्भ कर देंगे। गुजरात, बम्बई, पूना, हैदराबाद, मैसूर होते हुए मद्रास तक। क्या यह अति सुन्दर न होगा? यदि यह सम्भव न हो, तो कम से कम मद्रास का 'लेक्चर' इस समय महीने भर के लिए स्थगित कर दो — थोड़ा खाओ-पिओ और सुख की नींद सोओ। दो-तीन महीने के अन्दर ही मैं वहाँ आ रहा हूँ। अस्तु, पत्र के मिलते ही इस बारे में विचार-विमर्श कर अपना निर्णय लिखना। इति।

साशीर्वाद,
विवेकानन्द

(कुमारी जोसेफ़िन मैक्लिऑड को लिखित)

मठ, बेलूड़, हावड़ा,
१४ जून, १९०१

प्रिय 'जो',

तुम जापान पहुँचकर, ख़ासकर जापानी ललितकला देखकर अत्यन्त आनन्दित हो रही हो, यह जानकर मुझे खुशी हुई। तुम्हारा यह कहना यथार्थ में सत्य है कि हमें जापान से बहुत कुछ सीखना होगा। जापान हमें जो कुछ सहायता

प्रदान करेगा, वह अत्यन्त सहानुभूतिपूर्ण तथा श्रद्धा से ओत-प्रोत होगी; परन्तु पाश्चात्य सहायता का रूप सहानुभूतिरहित तथा अभावात्मक होगा। जापान तथा भारत के बीच सम्बन्ध स्थापित होना नितान्त वांछनीय है।

अपने बारे में मुझे यह कहना पड़ेगा कि आसाम जाकर मुझे विपदग्रस्त होना पड़ा था। मठ की आबहवा में मैं कुछ स्वस्थ होता जा रहा हूँ। आसाम के शैल-निवास, शिलांग में मुझे ज्वर होने लगा था तथा श्वास की बीमारी एवं 'एलबुमिन' की शिकायत बढ़ गयी थी और मेरा शरीर फूलकर प्रायः दुगुना हो गया था। मठ में आते ही ये सारी शिकायतें घट चुकी हैं; इस वर्ष भयानक गर्मी है, किन्तु सामान्य रूप से वर्षा शुरू हुई है और हमें आशा है कि शीघ्र ही मौसमी वर्षा ज़ोरों से प्रारम्भ होगी। इस समय मेरी कोई योजना नहीं है; किन्तु बम्बई प्रदेश से ऐसा आग्रहपूर्ण आमंत्रण मिल रहा है कि शीघ्र ही सम्भवतः एक बार मुझे वहाँ जाना पड़ेगा। ऐसा विचार है कि एक सप्ताह के अन्दर ही हम लोग बम्बई-भ्रमण प्रारम्भ कर देंगे।. . .

वह ग़रीब आदमी, अपनी पत्नी एवं बच्चों के यूरोप रवाना हो जाने के बाद आपदग्रस्त हो गया, और उसने मिलने के लिए मुझे आमन्त्रित किया था; परन्तु मैं इतना बीमार हूँ एवं शहर में जाने से इतना डरता हूँ कि मुझे तब तक प्रतीक्षा करनी होगी, जब तक वर्षा न प्रारम्भ हो जाय।

प्रिय 'जो', यह तुम ही विचार करो कि यदि मुझे जापान जाना पड़े, तो कार्य संचालन के लिए अब की बार सारदानन्द को अपने साथ ले जाना आवश्यक है। इसके अलावा लि हूँ चंग के नाम श्रीमती मैक्सिन ने जो पत्र देने के लिए कहा था, मुझे उसकी आवश्यकता है। फिर भी माँ ही सब कुछ जानती हैं—मैंने अभी तक कुछ तय नहीं किया है।

तो क्या तुम भविष्यवक्ता से भेंट करने के लिए एलनक्विनन तक गयी थीं? क्या अपनी शक्ति से उसने तुम्हें आश्वस्त कर दिया? उसने क्या कहा? अगर हो सके, तो पूरे तौर पर लिखना।

जूल बोया लाहौर तक पहुँचा, चूँकि नेपाल में जाने से वह रोक दिया गया। पत्रों से मुझे मालूम हुआ कि वह गर्मी नहीं बरदाश्त कर सका और बीमार पड़ गया; तब उसने समुद्र-यात्रा में जहाज का सहारा लिया। मठ में मिलने के बाद उसने मेरे पास एक पंक्ति भी नहीं लिखी। तुम भी श्रीमती बुल को जापान से नार्वे तक घसीटने के लिए आतुर हो—निश्चित ही तुम एक शक्तिशालिनी जादूगर हो। हाँ 'जो' अपने स्वास्थ्य को ठीक रखो एवं उत्साह बनाये रखो। एलनक्विनन के आदमी के शब्द अधिकतर सत्य होते हैं। गौरव एवं सम्मान तुम्हारी प्रतीक्षा

करते हैं—एवं मुक्ति भी। महिलाएँ स्वभावतः ही विवाह के द्वारा अपने जीवन की सारी वासनाएँ पूर्ण करना चाहती हैं; वे किसी पुरुष को (लता की तरह) पकड़कर उठना चाहती हैं। किन्तु वे दिन समाप्त हो चुके हैं। तुम ठीक जिस प्रकार हो—सरल स्वभाव तथा स्नेहमयी 'जो', हमारी घनिष्ठ तथा सदा की 'जो'—ठीक उसी प्रकार रहकर ही तुम बढ़ती रहोगी और 'महामहिमामयी श्रीमती' आदि व्यर्थ की उपाधियाँ तुम्हारे लिए आवश्यक न होंगी, यहाँ तक कि रूसदेशीय स्वाभाविक उपाधियाँ भी नहीं।

हमें अपने जीवन में इतना अनुभव प्राप्त हुआ है कि अब हम लोग जल के बुद्बुद् के समान इन उपाधियों के द्वारा आकृष्ट नहीं होते—'जो', क्या यह सच नहीं है? कुछ महीनों से मैं सारी भावुकताओं को दूर कर देने की साधना में मग्न हूँ; अतः यहाँ ही मैं रुक जाना चाहता हूँ। अब मैं बिदा चाहता हूँ। माँ का यही निर्देश है कि हम लोग एक साथ कार्य करेंगे। इससे अब तक बहुत लोग उपकृत हुए हैं एवं भविष्य में भी होंगे तथा और भी सभी लोग उपकृत होते रहें। अपने मतलब की ओर ध्यान रखकर कार्य करना व्यर्थ है, ऊँची कल्पनाएँ भी व्यर्थ ही हैं! माँ अपने मार्ग की व्यवस्था स्वयं कर लेंगी। फिर भी उन्होंने तुम्हें तथा मुझे एक साथ इस संसारसमुद्र में डाल दिया है, इसलिए एक साथ ही हमें तैरना अथवा डूबकर मरना होगा; और तुम यह निश्चित जानना कि उसमें कोई भी बाधा नहीं पहुँचा सकता।

मेरा आन्तरिक स्नेह तथा आशीर्वाद जानना।

सदैव तुम्हारा,
विवेकानन्द

पुनश्च — अभी अभी ओकाकुरा से ३०० रुपये का एक 'चेक' तथा आमंत्रण-पत्र मिला। यह अत्यन्त लाभजनक है। किन्तु फिर भी माँ ही सब कुछ जानती हैं।

वि०

(कुमारी जोसेफ़िन मैक्लिऑड को लिखित)

बेलूड़ मठ,
१८ जून, १९०१

प्रिय 'जो',

मैं इस पत्र के साथ ही श्री ओकाकुरा के रुपये के पहुँच की रसीद भेज रहा हूँ। मैं तुम्हारी सब चालाकियाँ समझता हूँ।

फिर भी मैं आने की भरसक चेष्टा कर रहा हूँ, हालाँकि तुम तो जानती हो कि एक महीना जाने में और एक महीना वापस आने में ही लग जाते हैं और वह भी केवल चंद दिनों के आवास के लिए। ख़ैर चिन्ता न करो, मैं पूरी कोशिश कर रहा हूँ। मेरे अत्यधिक गिरे हुए स्वास्थ्य और कुछ कानूनी मामलों आदि के कारण थोड़ी देर अवश्य हो सकती है।

चिरस्नेहाबद्ध,
विवेकानन्द

(कुमारी जोसेफ़िन मैक्लिऑड को लिखित)

मठ, बेलूड़, हावड़ा,
बंगाल, भारत

प्रिय 'जो',

तुम्हारे जिस महान् ऋण से मैं ऋणी हूँ, उसे चुकाने की कल्पना तक मैं नहीं कर सकता। तुम कहीं भी क्यों न रहो, मेरी मंगलकामना करना तुम कभी भी नहीं भूलती हो। और तुम्हीं एकमात्र ऐसी हो, जो इन तमाम शुभेच्छाओं से ऊँची उठकर मेरा समस्त बोझ अपने ऊपर लेती हो तथा मेरे सब प्रकार के अनुचित आचरणों को सहन करती हो।

तुम्हारे जापानी मित्र ने बहुत ही दयालुतापूर्ण व्यवहार किया है; किन्तु मेरा स्वास्थ्य इतना खराब है कि मुझे यह डर है कि जापान जाने का समय मैं नहीं निकाल सकूँगा। कम से कम केवल अपने गुणग्राही मित्रों के समाचार जानने के लिए मुझे एक बार बम्बई प्रेसीडेन्सी होकर गुज़रना पड़ेगा।

इसके अलावा जापान यातायात में भी दो महीने बीत जायँगे, केवल एक महीना वहाँ पर रह सकूँगा; कार्य करने के लिए इतना सीमित समय पर्याप्त नहीं है — तुम्हारा क्या मत है? अतः तुम्हारे जापानी मित्र ने मेरे मार्गव्यय के लिए जो धन भेजा है, उसे तुम वापस कर देना; नवम्बर में जब तुम भारत लौटोगी, उस समय मैं उसे चुका दूंगा।

आसाम में मुझ पर पुनः मेरे रोग का भयानक आक्रमण हुआ था; क्रमशः मैं स्वस्थ हो रहा हूँ। बम्बई के लोग मेरी प्रतीक्षा कर हैरान हो चुके हैं; अब की बार उनसे मिलने जाना है।

इन सब कारणों के होते हुए भी यदि तुम्हारा यह अभिप्राय हो कि मेरे लिए जाना उचित है, तो तुम्हारा पत्र मिलते ही मैं रवाना हो जाऊँगा।

लन्दन से श्रीमती लेगेट ने एक पत्र लिखकर यह जानना चाहा है कि उनके भेजे हुए ३०० पौण्ड मुझे प्राप्त हुए हैं अथवा नहीं। उनका भेजा हुआ धन यथा-समय मुझे प्राप्त हुआ है तथा पूर्व निर्देश के अनुसार एक सप्ताह अथवा उससे भी पहले 'मोनरो एण्ड कम्पनी, पेरिस'— इस पते पर मैंने उनको सूचित कर दिया है।

उनका जो अन्तिम पत्र मुझे प्राप्त हुआ है, उस लिफ़ाफ़े को न जाने किसने अत्यन्त भद्दे तरीक़े से फाड़ दिया है। भारतीय डाक विभाग मेरे पत्रों को थोड़ी शिष्टता के साथ खोलने का प्रयास भी नहीं करता!

तुम्हारा चिरस्नेहशील,
विवेकानन्द

(कुमारी मेरी हेल को लिखित)

मठ,
५ जुलाई, १९०१

प्रिय मेरी,

मैं तुम्हारे लम्बे प्यारे पत्र के लिए अत्यंत कृतज्ञ हूँ, क्योंकि इस समय मुझे किसी ऐसे ही पत्र की जरूरत थी, जो मेरे मन को थोड़ा प्रोत्साहन दे सके। मेरा स्वास्थ्य बहुत ख़राब रहा है और अभी है भी। मैं केवल कुछ दिनों के लिए सँभल जाता हूँ, इसके बाद फिर ढह पड़ना जैसे अनिवार्य हो जाता है। ख़ैर, इस रोग की प्रकृति ही ऐसी है।

काफ़ी पहले मैं पूर्वी बंगाल और आसाम में भ्रमण करता रहा हूँ। आसाम काश्मीर के बाद भारत का सबसे सुन्दर प्रदेश है, लेकिन साथ ही बहुत अस्वास्थ्यकर भी है। पर्वतों और गिरि शृंखलाओं में चक्कर काटती हुई विशाल ब्रह्मपुत्र— जिसके बीच बीच में अनेक द्वीप हैं, बस देखने ही लायक़ है।

तुम तो जानती ही हो कि मेरा देश नद-नदियों का देश है। किन्तु इसके पूर्व इसका वास्तविक अर्थ मैं नहीं जानता था। पूर्वी बंगाल की नदियाँ नदियाँ नहीं, मीठे पानी के घुमड़ते हुए सागर हैं, और वे इतनी लम्बी हैं कि स्टीमर उनमें हफ़्तों तक लगातार चलते रहते हैं। कुमारी मैक्लिऑड जापान में हैं। वे उस देश पर मुग्ध हैं और मुझसे वहाँ आने को कहा है, लेकिन मेरा स्वास्थ्य इतनी लम्बी समुद्र-यात्रा गवारा नहीं कर सकता, अतः मैंने इंकार कर दिया है। इसके पहले मैं जापान देख भी चुका हूँ।

तो तुम वेनिस का आनन्द ले रही हो! यह वृद्ध पुरुष (नगर) अवश्य ही मज़ेदार होगा — क्योंकि शाइलॉक केवल वेनिस में ही हो सकता था, है न?

मुझे अत्यंत खुशी है कि सैम इस वर्ष तुम्हारे साथ ही है। उत्तर के अपने नीरस अनुभव के बाद यूरोप में उसे आनन्द आ रहा होगा। इधर मैंने कोई रोचक मित्र नहीं बनाया और जिन पुराने मित्रों को तुम जानती हो, वे प्रायः सबके सब मर चुके हैं — खेतड़ी के राजा भी। उनकी मृत्यु सिकन्दरा में सम्राट् अकबर की समाधि के एक ऊँचे मीनार से गिर पड़ने से हुई। वे अपने खर्चे से आगरे में इस महान् प्राचीन वास्तु-शिल्प के नमूने की मरम्मत करवा रहे थे, कि एक दिन उसका निरीक्षण करते समय उनका पैर फिसला और वे सैकड़ों फुट नीचे गिर गये। इस प्रकार तुम देखती हो न कि प्राचीन के प्रति हमारा उत्साह ही कभी कभी हमारे दुःख का कारण बनता है। इसलिए मेरी, ध्यान रहे, कहीं तुम अपनी भारतीय प्राचीन वस्तुओं के प्रति अत्यधिक उत्साहशील न हो जाना!

मिशन के प्रतीक-चिह्न में सर्प रहस्यवाद (योग) का प्रतीक है, सूर्य ज्ञान का, उद्वेलित सागर कर्म का, कमल भक्ति का, और हंस परमात्मा का, जो इन सबके मध्य में स्थित है।

सैम और माँ को प्यार कहना।

सस्नेह,
विवेकानन्द

पुनश्च — हर समय शरीर से अस्वस्थ रहने के कारण ही यह छोटा पत्र लिखना पड़ रहा है।

(भगिनी क्रिश्चिन को लिखित)

प्रिय क्रिश्चिन,

बेलूड़ मठ,
६ जुलाई, १९०१

कभी कभी किसी कार्य के आवेश से मैं विवश हो उठता हूँ। आज मैं लिखने के नशे में मस्त हूँ। इसलिए मैं सबसे पहले तुमको कुछ पंक्तियाँ लिख रहा हूँ। मेरे स्नायु दुर्बल हैं — ऐसी मेरी बदनामी है। अत्यन्त सामान्य कारण से ही मैं व्याकुल हो उठता हूँ। किन्तु प्रिय क्रिश्चिन, मुझे ऐसा प्रतीत होता है कि इस विषय में तुम भी मुझसे कम नहीं हो। हमारे यहाँ के एक कवि ने लिखा है 'हो सकता है कि पर्वत भी उड़ने लगे, अग्नि में भी शीतलता उत्पन्न हो जाय, किन्तु महान् व्यक्ति के हृदय में स्थित महान् भाव कभी दूर नहीं होगा।' मैं सामान्य

व्यक्ति हूँ, अत्यन्त ही सामान्य; किन्तु मैं यह जानता हूँ कि तुम महान् हो, तुम्हारी महत्ता पर सदा मेरा विश्वास है। अन्यान्य विषयों में भले ही मुझे चिन्तित होना पड़े, किन्तु तुम्हारे बारे में मुझे तनिक भी दुश्चिन्ता नहीं है।

जगज्जननी के चरणों में मैं तुम्हें सौंप चुका हूँ। वे ही तुम्हारी सदा रक्षा करेंगी एवं मार्ग दिखाती रहेंगी। मैं यह निश्चित रूप से जानता हूँ कि कोई भी अनिष्ट तुम्हें स्पर्श नहीं कर सकता—किसी प्रकार की विघ्न-बाधाएँ क्षण भर के लिए भी तुम्हें दबा नहीं सकतीं। इति।

भगवदाश्रित,
विवेकानन्द

(कुमारी जोसेफ़िन मैक्लिऑड को लिखित)

१४ जुलाई, १९०१

प्रिय 'जो',

यह जानकर कि बोया कलकत्ता आ रहे हैं, मैं सतत प्रसन्न हूँ। उन्हें शीघ्र मठ भेज दो। मैं यहाँ रहूँगा। यदि सम्भव हुआ, तो मैं उन्हें यहाँ कुछ दिन रखूँगा और तब उन्हें फिर नैपाल जाने दूँगा।

आपका,
विवेकानन्द

(कुमारी मेरी हेल को लिखित)

बेलूड़ मठ,
हावड़ा, बंगाल,
२७ अगस्त, १९०१

प्रिय मेरी,

मैं मनाता हूँ कि मेरा स्वास्थ्य तुम्हारी आशा के अनुरूप हो जाय, कम से कम इतना अच्छा कि तुम्हें एक लम्बा पत्र ही लिख सकूँ। पर यथार्थ यह है कि वह दिन-प्रतिदिन गिरता ही जा रहा है; इसके अतिरिक्त भी अनेक परेशानियाँ और उलझनें साथ लगी हैं। मैंने तो अब उन पर ध्यान देना ही छोड़ दिया है।

स्विट्ज़रलैण्ड के अपने सुन्दर काष्ठगृह में सुख-स्वास्थ्य से परिपूर्ण रहो, यही मेरी कामना है। यदाकदा स्विट्ज़रलैण्ड अथवा अन्य स्थानों की प्राचीन वस्तुओं का हलका अध्ययन—निरीक्षण करते रहने से चीज़ों का आनन्द थोड़ा और भी बढ़ जायगा। मैं बहुत प्रसन्न हूँ कि तुम पहाड़ों की मुक्त-वायु में साँस

ले रही हो। लेकिन दुःख है कि सैम पूर्णतः स्वस्थ नहीं है। खैर, इसमें कोई चिन्ता की बात नहीं, उसकी काठी वैसे ही बड़ी अच्छी है।...

'स्त्रियों का चरित्र और पुरुषों का भाग्य, इन्हें स्वयं ईश्वर भी नहीं जानता, मनुष्य की तो बात ही क्या।' चाहे यह मेरा स्त्रियोचित स्वभाव ही मान लिया जाय, पर इस क्षण तो मेरे मन में यही आता है कि काश तुम्हारे भीतर पुरुषत्व का थोड़ा अंश होता। ओह मेरी! तुम्हारी बुद्धि, स्वास्थ्य, सुन्दरता, सब उस एक आवश्यक तत्त्व के बिना व्यर्थ जा रहे हैं, और वह है—व्यक्तित्व की प्रतिष्ठा! तुम्हारा दर्प, तुम्हारी तेज़ी सब बकवास है, केवल मज़ाक। अधिक से अधिक तुम एक बोर्डिंग-स्कूल की छोकरी हो—रीढ़हीन! बिल्कुल ही रीढ़हीन!

आह! यह जीवनपर्यन्त दूसरों को रास्ता सुझाते रहने का व्यापार! यह अत्यंत कठोर है, अत्यंत क्रूर! पर मैं असहाय हूँ इसके आगे। मैं तुम्हें प्यार करता हूँ, मेरी, ईमानदारी से, सच्चाई से, मैं तुम्हें प्रिय लगनेवाली बातों से छल नहीं सकता। न ही यह मेरे वश का रोग है।

फिर मैं एक मरणोन्मुख व्यक्ति हूँ, मेरे पास छल करने के लिए समय नहीं। अतः ऐ लड़की, जाग! अब मैं तुमसे ऐसे पत्रों की आशा करता हूँ, जिनमें खड़ी धार जैसी तेज़ी हो, उसकी तेज़ी बनाये रखो, मुझे पर्याप्त रूप से जाग्रति की आवश्यकता है।

मुझे मैक्वींग परिवार के विषय में, जब वे यहाँ थे, कोई समाचार नहीं मिला। श्रीमती बुल या निवेदिता से कोई सीधा पत्र-व्यवहार न होने पर भी श्रीमती सेवियर से मुझे बराबर उनके विषय में सूचना मिलती रही है, और अब सुनता हूँ कि वे सब नार्वे में श्रीमती बुल के अतिथि हैं।

मुझे नहीं मालूम कि निवेदिता भारत कब वापस आयेगी, या कभी आयेगी भी या नहीं।

एक तरह से मैं एक अवकाशप्राप्त व्यक्ति हूँ; आन्दोलन कैसा चल रहा है, इसकी कोई बहुत जानकारी मैं नहीं रखता। दूसरे आन्दोलन का स्वरूप भी बड़ा होता जा रहा है और एक आदमी के लिए उसके विषय में सूक्ष्मतम जानकारी रखना असंभव है।

खाने-पीने, सोने और शेष समय में शरीर की शुश्रूषा करने के सिवा मैं और कुछ नहीं करता। विदा मेरी। आशा है इस जीवन में कहीं न कहीं हम तुम अवश्य मिलेंगे। और न भी मिलें तो भी, तुम्हारे इस भाई का प्यार तो सदा तुम पर रहेगा ही।

विवेकानन्द

(श्री एम० एन० बनर्जी को लिखित)

मठ, बेलूड़, हावड़ा,
२९ अगस्त, १९०१

स्नेहाशी:,

मेरा शरीर क्रमशः स्वस्थ होता जा रहा है, यद्यपि अभी तक मैं अत्यन्त ही दुर्बल हूँ।...'शुगर' अथवा 'अलबुमिन' की कोई शिकायत नहीं है, यह देखकर सब कोई चकित हैं। वर्तमान गड़बड़ी का एकमात्र कारण स्नायु सम्बन्धी दुर्बलता है। अस्तु, धीरे धीरे मैं ठीक होता जा रहा हूँ।

पूजनीया माता जी ने कृपापूर्वक जो प्रस्ताव किया है, उससे मैं विशेष कृतार्थ हूँ। किन्तु मठ के लोगों का कहना है कि नीलाम्बर बाबू के मकान, यहाँ तक कि समूचे बेलूड़ गाँव में भी अभी तथा आगामी महीने में 'मलेरिया' छा जाता है। इसके अलावा किराया भी अत्यधिक है। अतः पूजनीया माता जी यदि आना चाहें, तो मेरी राय यही है कि कलकत्ते में एक छोटे से मकान की व्यवस्था की जाय। यदि हो सका, तो मैं भी कलकत्ते में जाकर ही रहूँगा; क्योंकि वर्तमान शारीरिक दुर्बलता में पुनः मलेरिया का आक्रमण होना क़तई वांछनीय नहीं है। मैंने अभी इस बारे में सारदानन्द या ब्रह्मानन्द की राय नहीं ली है। वे दोनों ही कलकत्ते में हैं। ये दो मास कलकत्ता अपेक्षाकृत स्वास्थ्यप्रद है और कम खर्चीला भी है।

मूल बात यह है कि प्रभु उन्हें जैसे चलायें, वैसे ही चलना उचित है। हमलोग केवल सलाह दे सकते हैं और वह सलाह भी एकदम निरर्थक ही है। यदि रहने के लिए उन्हें नीलाम्बर बाबू का मकान ही पसन्द हो, तो किराया आदि पहले से ही ठीक कर रखना। माता जी की इच्छा पूर्ण हो—मैं तो केवल इतना ही जानता हूँ।

मेरा हार्दिक स्नेह तथा शुभकामना जानना।

सदा प्रभुचरणाश्रित,
विवेकानन्द

(श्री एम० एन० बनर्जी को लिखित)

मठ, बेलूड़, हावड़ा,
७ सितम्बर, १९०१

स्नेहाशीः,

ब्रह्मानन्द तथा अन्यान्य सभी की राय जानना आवश्यक प्रतीक होने के कारण एवं उन लोगों के कलकत्ते में रहने के कारण तुम्हारे अन्तिम पत्र के जवाब देने में देरी हुई।

पूरे एक वर्ष के लिए मकान लेने का विषय सोच-समझकर निश्चित करना होगा। इधर जैसे इस महीने बेलूड़ में 'मलेरिया' होने का डर है, उसी प्रकार कलकत्ते में भी 'प्लेग' का भय है। फिर भी यदि कोई गाँव के भीतरी भाग में न जाने के प्रति सचेत रहे, तो वह 'मलेरिया' से बच सकता है; क्योंकि नदी के किनारे पर 'मलेरिया' बिल्कुल नहीं है। अभी तक नदी के किनारे पर 'प्लेग' नहीं फैला है; और 'प्लेग' के आक्रमण के समय इस गाँव में उपलब्ध सभी स्थान मारवाड़ियों से भर जाते हैं।

इसके अतिरिक्त अधिक से अधिक तुम कितना किराया दे सकते हो, उसका उल्लेख करना आवश्यक है; तब कहीं हम तदनुसार मकान की तलाश कर सकते हैं। और दूसरा उपाय यह है कि कलकत्ते का मकान ले लिया जाय।

मैं स्वयं ही मानो कलकत्ते में विदेशी बन चुका हूँ। किन्तु और लोग तुम्हारी पसन्द के अनुसार मकान की तलाश कर देंगे। जितना शीघ्र हो सके निम्नलिखित दोनों विषयों में तुम्हारा विचार ज्ञात होते ही हम लोग तुम्हारे लिए मकान तलाश कर देंगे। (१) पूजनीया माता जी बेलूड़ रहना चाहती हैं अथवा कलकत्ते में? (२) यदि कलकत्ता रहना पसन्द हो, तो कहाँ तक किराया देना अभीष्ट है एवं किस मुहल्ले में रहना उनके लिए उपयुवत होगा? तुम्हारा जवाब मिलते ही शीघ्र यह कार्य सम्पन्न हो जायगा।

मेरा हार्दिक स्नेह तथा शुभकामना जानना।

भवदीय,
विवेकानन्द

पुनश्च—हम लोग यहाँ पर कुशलपूर्वक हैं। मोती एक सप्ताह तक कलकत्ते में रहकर वापस आ चुका है। गत तीन दिनों से यहाँ पर दिन रात वर्षा हो रही है। हमारी दो गायों के बछड़े हुए हैं।

वि०

(भगिनी निवेदिता को लिखित)

मठ, बेलूड़,
७ सितम्बर, १९०१

प्रिय निवेदिता,

हम सभी तात्कालिक आवेश में मग्न रहते हैं—खासकर इस कार्य में हम उसी रूप से संलग्न हैं। मैं कार्य के आवेश को दबाये रखना चाहता हूँ, किन्तु कोई ऐसी घटना घट जाती है, जिसके फलस्वरूप वह स्वयं ही उछल उठता है; और

इसीलिए तुम यह देख रही हो कि चिन्तन, स्मरण, लेखन—और भी न जाने कितना सब किया जा रहा है।

वर्षा के बारे में कहना पड़ेगा कि अब पूरे ज़ोर से आक्रमण शुरू हो गया है, दिन-रात प्रबल वेग से जल बरस रहा है, जहाँ देखो वहाँ वर्षा ही वर्षा है। नदियाँ बढ़कर अपने दोनों तटों को प्लावित कर रही हैं, तालाब, सरोवर सभी जल से परिपूर्ण हो उठे हैं।

वर्षा होने पर मठ के अन्दर जो जल रुक जाता है, उसे निकालने के लिए एक गहरी नाली खोदी जा रही है। इस कार्य में कुछ हाथ बँटाकर अभी अभी मैं लौट रहा हूँ। किसी किसी स्थल पर कई फुट तक जल भर जाता है। मेरा विशालकाय सारस तथा हंस-हंसिनी सभी पूर्ण आनन्द में विभोर हैं। मेरा पाला हुआ 'कृष्ण-सार' मृग मठ से भाग गया था और उसे ढूँढ़ निकालने में कई दिन तक हम लोगों को बहुत ही परेशानी उठानी पड़ी थी। एक हंसी दुर्भाग्यवश कल मर गयी। प्रायः एक सप्ताह से उसे श्वास लेने में कष्ट का अनुभव हो रहा था। इन स्थितियों को देखकर हमारे एक वृद्ध रसिक साधु कह रहे थे, महाशय जी, इस कलिकाल में जब सर्दी तथा वर्षा से हंस को जुकाम हो जाता है, और मेढक को भी छींक आने लगती है, तो फिर इस युग में जीवित रहना निरर्थक ही है।

एक राजहंसी के पंख झड़ रहे थे। उसका कोई प्रतिकार मालूम न होने के कारण एक पात्र में कुछ जल के साथ थोड़ा सा 'कार्बोलिक एसिड' मिलाकर उसमें कुछ मिनट के लिए उसे इसलिए छोड़ दिया गया था कि या तो वह पूर्णरूप से स्वस्थ हो उठेगी अथवा समाप्त हो जायगी; परन्तु वह अब ठीक है।

त्वदीय,
विवेकानन्द

बेलूड़,
८ अक्तूबर, १९०१

प्रिय—

. . .जीवन-प्रवाह में उत्थान-पतन के अन्दर होकर मैं अग्रसर हो रहा हूँ। आज मानो मैं कुछ नीचे की ओर हूँ।. . ..

भवदीय,
विवेकानन्द

(कुमारी जोसेफ़िन मैक्लिऑड को लिखित)

मठ, पोस्ट-बेलूड़, हावड़ा,
८ नवम्बर, १९०१

प्रिय 'जो',

Abatement (कमी) शब्द की व्याख्या के साथ जो पत्र भेजा जा चुका है, वह निश्चय ही अब तक तुम्हें मिल गया होगा। मैंने न तो स्वयं वह पत्र ही लिखा है और न 'तार' ही भेजा है। मैं उस समय इतना अधिक अस्वस्थ था कि उन दोनों में से किसी भी कार्य को करना मेरे लिए सम्भव नहीं था। पूर्वी बंगाल का भ्रमण करके लौटने के बाद से ही मैं निरन्तर बीमार जैसा हूँ। इसके अलावा दृष्टि घट जाने के कारण मेरी हालत पहले से भी ख़राब है। इन बातों को मैं लिखना नहीं चाहता; किन्तु मैं यह देख रहा हूँ कि कुछ लोग पूरा विवरण जानना चाहते हैं।

अस्तु, तुम अपने जापानी मित्रों को लेकर आ रही हो—इस समाचार से मुझे ख़ुशी हुई। मैं अपने सामर्थ्यानुसार उन लोगों का आदर-आतिथ्य करूँगा। उस समय मद्रास में रहने की मेरी विशेष सम्भावना है। आगामी सप्ताह मैं कलकत्ता छोड़ देने का मेरा विचार है एवं क्रमशः दक्षिण की ओर अग्रसर होना चाहता हूँ।

तुम्हारे जापानी मित्रों के साथ उड़ीसा के मंदिरों को देखना मेरे लिए सम्भव होगा या नहीं, यह मैं नहीं जानता हूँ। मैंने म्लेच्छों का भोजन किया है, अतः वे लोग मुझे मन्दिर में जाने देंगे अथवा नहीं—यह मैं नहीं जानता। लॉर्ड कर्जन को मन्दिर में प्रवेश नहीं करने दिया गया था।

अस्तु, फिर भी तुम्हारे मित्रों के लिए जहाँ तक मुझसे सहायता हो सकती है, मैं करने को सदैव प्रस्तुत हूँ। कुमारी मूलर कलकत्ते में हैं, यद्यपि वे हम लोगों से नहीं मिली हैं।

सतत स्नेहशील त्वदीय,
विवेकानन्द

(स्वामी स्वरूपानन्द को लिखित)

गोपाल लाल विला,
वाराणसी छावनी,
९ फ़रवरी, १९०२

प्रिय स्वरूप,

. . .चारु के पत्र के उत्तर में उससे कहना कि ब्रह्मसूत्र का वह स्वयं अध्ययन करे। उसका यह कहने से क्या अभिप्राय है कि ब्रह्मसूत्रों में बौद्ध मत का संकेत है? निश्चय ही उसका मतलब भाष्य से होगा—होना चाहिए, और शंकराचार्य केवल अन्तिम भाष्यकार थे; हाँ, बौद्ध साहित्य में भी वेदान्त का कहीं कहीं उल्लेख है और बौद्धों का महायान मत अद्वैतवादी भी है। अमरसिंह नाम के एक बौद्ध ने बुद्ध के नामों में अद्वयवादी का नाम क्यों दिया था? चारु लिखता है कि ब्रह्म शब्द उपनिषद् में नहीं आता है! वाह!!

बौद्ध धर्म के दोनों मतों में मैं महायान को अधिक प्राचीन मानता हूँ। माया का सिद्धान्त ऋक् संहिता के समान प्राचीन है। श्वेताश्वतर उपनिषद् में 'माया' शब्द का प्रयोग है, जो प्रकृति से विकसित हुआ है। इस उपनिषद् को कम से कम मैं बौद्ध धर्म से प्राचीन मानता हूँ।

बौद्ध धर्म के विषय में मुझे कुछ दिनों से बहुत सा ज्ञान हुआ है। मैं इसका प्रमाण देने को तैयार हूँ कि—

(१) शिव-उपासना अनेक रूपों में बौद्धमत से पहले स्थापित थी, और बौद्धों ने शैवों के तीर्थस्थानों को लेने का प्रयत्न किया, परन्तु असफल होने पर उन्होंने उन्हींके निकट नये स्थान बनाये, जैसे कि बोधगया और सारनाथ में पाये जाते हैं।

(२) अग्निपुराण में गयासुर की कथा का बुद्ध से सम्बन्ध नहीं है—जैसा कि डा० राजेन्द्रलाल मानते हैं—परन्तु उसका सम्बन्ध केवल पहले से ही वर्तमान एक कथा से है।

(३) बुद्ध देव गयाशीर्ष पर्वत पर रहने गये, इससे यह प्रमाण मिलता है कि वह स्थान पहले से ही था।

(४) गया पहले से ही पूर्वजों की उपासना का स्थान बन चुका था, और बौद्धों ने अपनी चरण-चिह्न उपासना में हिन्दुओं का अनुकरण किया है।

(५) प्राचीन से प्राचीन पुस्तकें भी यह प्रमाणित करती हैं कि वाराणसी शिव-पूजा का बड़ा स्थान था, आदि आदि।

बोधगया से और बौद्ध साहित्य से मैंने बहुत सी नयी बातें जानी हैं। चारु से कहना कि वह स्वयं पढ़े तथा मूर्खतापूर्ण मतों से प्रभावित न हो।

मैं यहाँ, वाराणसी में अच्छा हूँ और यदि मेरा इसी प्रकार स्वास्थ्य सुधरता जायगा, तो मुझे बड़ा लाभ होगा।

बौद्ध धर्म और नव-हिन्दू धर्म के सम्बन्ध के विषय में मेरे विचारों में क्रान्तिकारी परिवर्तन हुआ है। उन विचारों को निश्चित रूप देने के लिए कदाचित् मैं जीवित न रहूँ, परन्तु उसकी कार्यप्रणाली का संकेत मैं छोड़ जाऊँगा और तुम्हें तथा तुम्हारे भ्रातृगणों को उस पर काम करना होगा।

आशीर्वाद और प्रेमपूर्वक तुम्हारा,
विवेकानन्द

(श्रीमती ओलि बुल को लिखित)

गोपाल लाल विला,
वाराणसी छावनी,
१० फ़रवरी, १९०२

प्रिय श्रीमती बुल,

आपका और पुत्री का एक बार पुनः भारतभूमि पर स्वागत है। मद्रास जर्नल की एक प्रति जो मुझे 'जो' की कृपा से प्राप्त हुई, उससे मैं अत्यंत हर्षित हूँ। जो स्वागत निवेदिता का मद्रास में हुआ, वह निवेदिता और मद्रास दोनों ही के लिए हितकर था। उसका भाषण निश्चय ही बड़ा सुन्दर रहा।

मैं आशा करता हूँ कि आप और निवेदिता भी इतनी लम्बी यात्रा के पश्चात् पूरी तरह विश्राम कर रही होंगी। मेरी बड़ी इच्छा है कि आप कुछ घंटों के लिए पश्चिमी कलकत्ता के कुछ गाँवों में जायँ और वहाँ लकड़ी, बाँस, बेंत, अभ्रक तथा घास-फूस आदि से निर्मित पुराने क़िस्म के बंगाली मकानों को देखें। वास्तव में ये ही 'बंगला' कहलाये जाने के अधिकारी हैं, जो अत्यंत कलापूर्ण होते हैं। किन्तु आह ! आजकल तो यह नाम, 'बंगला' हर किसी गंदे-संदे घृणित मकान को देकर उस नाम का मज़ाक बना दिया गया है। पुराने ज़माने में जो कोई भी महल बनवाता, तो अतिथि-सत्कार के लिए इस प्रकार का एक 'बंगला' अवश्य बनवाता था। इसकी निर्माण-कला अब विनष्ट होती जा रही है। काश मैं निवेदिता की सारी पाठशाला ही इस शैली में बनवा सकता ! फिर भी इस तरह के जो दो-एक नमूने शेष बचे हैं, उन्हें देखकर सुख होता है।

ब्रह्मानन्द सब प्रबन्ध कर देगा, आपको केवल कुछ घंटों की यात्रा भर करनी रहेगी।

श्री ओकाकुरा अपने अल्पकालीन दौरे पर निकल पड़े हैं। वे आगरा, ग्वालियर, अजन्ता, एलोरा, चित्तौड़, उदयपुर, जयपुर और दिल्ली आदि जगहें जाना चाहते हैं।

बनारस का एक अत्यंत सुशिक्षित धनाढ्य युवक, जिसके पिता से हमारी पुरानी मित्रता थी, कल इस नगर में वापस आ गये हैं। उनकी कला में विशेष रुचि है और नष्टप्राय भारतीय कला के पुनरुत्थान के सदुद्देश्य से बहुत सा धन व्यय कर रहे हैं। वे श्री ओकाकुरा के जाने के पश्चात् ही मुझसे मिलने आये। भारत की कला जो कुछ भी शेष रह गयी है, उसका श्री ओकाकुरा को दर्शन कराने के लिए ये ही उपयुक्त व्यक्ति हैं, और मुझे विश्वास है, इनके सुझावों से श्री ओकाकुरा लाभान्वित होंगे। अभी ही श्री ओकाकुरा ने टेराकोटा की एक सुराही यहाँ से प्राप्त की है, जिसे नौकर इस्तेमाल कर रहे थे। उसकी गठन और उसकी मुद्रांकित डिज़ाइन पर वे मुग्ध रह गये। किन्तु चूँकि वह सुराही मिट्टी की थी और यात्रा में उसके टूट जाने का भय था, अतः उन्होंने मुझसे उसे पीतल में ढलवा लेने को कहा। मैं तो किंकर्तव्यविमूढ़ सा था कि क्या करूँ! कुछ घंटे बाद तभी यह युवक आये और न केवल उन्होंने इस कार्य के करने का ज़िम्मा ले लिया, वरन् मुझे ऐसे सैकड़ों मुद्रांकित टेराक़ोटा भी दिखाये, जो श्री ओकाकुरावाले से असंख्यगुना श्रेष्ठ हैं।

उन्होंने उस अदभुत प्राचीन शैली के पुराने चित्रों को सिखाने का-भी प्रस्ताव रखा। वाराणसी में केवल एक परिवार ऐसा बचा है, जो अब भी उस प्राचीन शैली में चित्र बना सकता है। उनमें से एक ने तो मटर के एक दाने पर आखेट का संपूर्ण दृश्य ही चित्रित कर डाला है, जो बारीक़ी और क्रियांकन में पूर्णतः निर्दोष है। मुझे आशा है कि लौटते समय ओकाकुरा इस नगर में आयेंगे और इन भद्रपुरुष के अतिथि बनकर भारत के कलावशेषों का दर्शन करेंगे।

निरंजन भी श्री ओकाकुरा के साथ गया है और एक जापानी होने से किसी मंदिर में आने-जाने से उसे कोई मना नहीं करता। ऐसा प्रतीत होता है, जैसे तिब्बती और दूसरे उत्तर प्रान्तीय बौद्ध शिव की उपासना के लिए यहाँ बराबर आते रहे हैं। यहाँ वालों ने उसे शिवलिंग का स्पर्श करने तथा पूजा आदि करने की अनुमति दे दी थी। श्रीमती एनी बेसेंट ने भी ऐसी ही चेष्टा एक बार की थी, पर बेचारी! उन्हें मंदिर के प्रांगण तक में प्रवेश नहीं करने दिया गया, यद्यपि उन्होंने जूते उतार दिये थे और साड़ी पहनकर पुरोहितों के चरणों की धूलि भी माथे लगा चुकी थीं। बौद्ध हमारे यहाँ के किसी भी बड़े मंदिर में अहिन्दू नहीं समझे जाते।

मेरा कार्यक्रम कोई निश्चित नहीं है, मैं बहुत शीघ्र ही यह स्थान बदल सकता हूँ।

शिवानन्द और लड़के आप सबको अपना स्नेह-आदर प्रेपित करते हैं।

चिरस्नेहाबद्ध,
विवेकानन्द

(स्वामी ब्रह्मानन्द को लिखित)

गोपाल लाल विला,
वाराणसी छावनी,
१२ फ़रवरी, १९०२

कल्याणीय,

तुम्हारे पत्र से सविशेष समाचार जानकर खुशी हुई। निवेदिता के स्कूल के बारे में मुझे जो कुछ कहना था, मैंने उनको लिख दिया है। इतना ही कहना है कि उनकी दृष्टि में जो अच्छा प्रतीत हो, तदनुसार वे कार्य करें।

और किसी विषय में मेरी राय न पूछना। उससे मेरा दिमाग़ ख़राब हो जाता है। तुम मेरे लिए केवल यह कार्य कर देना—बस, इतना ही। रुपये भेज देना; क्योंकि इस समय मेरे समीप दो-चार रुपये ही शेष हैं।

कन्हाई मधुकरी के सहारे जीवित है, घाट पर जप-तप करता रहता है तथा रात में यहाँ आकर सोता है; नैदा ग़रीब आदमियों का कार्य करता है; रात में आकर सोता है। चाचा[1] (Okakura) तथा निरंजन आ गये हैं; आज उनका पत्र मिलने की सम्भावना है।

प्रभु के निर्देशानुसार कार्य करते रहना। दूसरों के अभिमत जानने के लिए भटकने की क्या आवश्यकता है? सबसे मेरा स्नेह कहना तथा बच्चों से भी। इति।

सस्नेह त्वदीय,
विवेकानन्द

(भगिनी निवेदिता को लिखित)

वाराणसी,
१२ फ़रवरी, १९०२

प्रिय निवेदिता,

सब प्रकार की शक्तियाँ तुममें उद्‌बुद्ध हों, महामाया स्वयं तुम्हारे हृदय तथा

---

१. ओकाकुरा (Okakura) को प्रेमपूर्वक ऐसा सम्बोधित किया गया है। 'कुरा' शब्द का उच्चारण बंगला 'खुड़ा' (अर्थात् चाचा) के निकट है, इसीलिए स्वामी जी मज़ाक़ में उनको चाचा कहते थे। स०

भुजाओं में अधिष्ठित हों! अप्रतिहत महाशक्ति तुम्हारे अन्दर जाग्रत हो तथा यदि सम्भव हो, तो इसके साथ ही साथ तुम शान्ति भी प्राप्त करो—यही मेरी प्रार्थना है।...

यदि श्री रामकृष्ण देव सत्य हों, तो उन्होंने जिस प्रकार मेरे जीवन में मार्ग प्रदर्शन किया है, ठीक उसी प्रकार अथवा उससे भी हज़ार गुना स्पष्ट रूप से तुम्हें भी वे मार्ग दिखाकर अग्रसर करते रहें।

विवेकानन्द

(स्वामी ब्रह्मानन्द को लिखित)

गोपाल लाल विला,
वाराणसी छावनी,
१८ फ़रवरी, १९०२

अभिन्नहृदय,

रुपये प्राप्ति के समाचार के साथ कल मैंने जो तुमको पत्र लिखा है, अब तक वह निश्चय ही तुमको मिल गया होगा। आज यह पत्र लिखने का मुख्य कारण है कि इस पत्र के देखते ही तुम उनसे मिल आना।...तदनन्तर क्या बीमारी है, कफ़ आदि किस प्रकार का है, यह देखना है; किसी अत्यन्त सुयोग्य चिकित्सक के द्वारा रोग का अच्छी तरह से निदान करा लेना। राम बाबू की बड़ी लड़की विष्णु-मोहिनी कहाँ है?—वह हाल ही में विधवा हुई है।...

रोग से चिन्ता कहीं अधिक है। दस-बीस रुपये जो कुछ आवश्यक हो दे देना। यदि इस संसाररूपी नरककुण्ड में एक दिन के लिए भी किसी व्यक्ति के चित्त में थोड़ा सा आनन्द एवं शान्ति प्रदान की जा सके, तो उतना ही सत्य है, आजन्म मैं तो यही देख रहा हूँ—बाक़ी सब कुछ व्यर्थ की कल्पनाएँ हैं।

अत्यन्त शीघ्र इस पत्र का जवाब देना। चाचा (Okakura या अक्रूर चाचा) तथा निरंजन ने ग्वालियर से पत्र लिखा है।...अब यहाँ पर दिनों दिन गर्मी बढ़ रही है। बोधगया से यहाँ पर ठण्ड अधिक थी।...निवेदिता के श्री सरस्वती पूजन सम्बन्धी धूम धाम के समाचार से बहुत ही खुशी हुई। शीघ्र ही वह स्कूल खोलने की व्यवस्था करे।...जिससे सब कोई पाठ, पूजन तथा अध्ययन कर सकें, इसका प्रयास करना। तुम लोग मेरा स्नेह ग्रहण करना।

सस्नेह,
विवेकानन्द

(स्वामी ब्रह्मानन्द को लिखित)

गोपाल लाल विला,
वाराणसी छावनी,
२१ फ़रवरी, १९०२

प्रिय राखाल,

अभी अभी मुझे तुम्हारा एक पत्र मिला। अगर माँ और दादी यहाँ आने को इच्छुक हैं, तो उन्हें भेज दो। जब कलकत्ते में ताऊन फैला हुआ है, तो वहाँ से दूर रहना ही अच्छा है। इलाहाबाद में भी व्यापक रूप से ताऊन का प्रकोप है; नहीं जानता कि इस बार वाराणसी में भी फैलेगा या नहीं . . .

मेरी ओर से श्रीमती बुल से कहो कि एलोरा तथा अन्य स्थानों का भ्रमण करने के लिए एक कठिन यात्रा करनी होती है, जब कि इस समय मौसम बहुत गर्म हो गया है। उनका शरीर इतना क्लान्त है कि इस समय यात्रा करना उनके लिए उचित नहीं। कई दिन हुए मुझे 'चाचा' का एक पत्र मिला था। उनकी अंतिम सूचना के अनुसार वे अजंता गये हुए थे। महन्त ने भी उत्तर नहीं दिया, शायद वे राजा प्यारीमोहन को पत्रोत्तर देते समय मुझे लिखेंगे। . . .

नेपाल के मंत्री के मामले के बारे में मुझे विस्तार से लिखो। श्रीमती बुल, कुमारी मैक्लिऑड तथा अन्य लोगों से मेरा विशेष प्यार तथा आशीर्वाद कहना। तुम्हें, बाबूराम और अन्य लोगों को मेरा प्यार तथा आशीर्वाद। क्या गोपाल दादा को पत्र मिल गया? कृपया उनकी बकरी की थोड़ी देखभाल करते रहना।

सस्नेह,
विवेकानन्द

पुनश्च—यहाँ के सब लड़के तुम्हें अभिवादन करते हैं।

(स्वामी ब्रह्मानन्द को लिखित)

गोपाल लाल विला,
वाराणसी छावनी,
२४ फ़रवरी, १९०२

प्रिय राखाल,

आज प्रातःकाल तुम्हारा भेजा अमेरिका से आया हुआ एक छोटा सा पार्सल मिला। पर मुझे न कोई पत्र मिला, न तो वह रजिस्ट्री ही, जिसकी तुमने चर्चा की है और न ही कोई दूसरी। वे नेपाली सज्जन आये थे अथवा नहीं या क्या कुछ घटित

हुआ, यह मैं बिल्कुल भी नहीं जान सका हूँ। एक मामूली सी चिट्ठी लिखने में इतना कष्ट और विलम्ब! . . .अब मुझे यदि हिसाब-किताब भी मिल जाय, तो मैं चैन की साँस लूँगा। पर कौन जानता है, उसके मिलने में भी कितने महीने लगते हैं! . . .

सस्नेह,
विवेकानन्द

(कुमारी जोसेफ़िन मैक्लिऑड को लिखित)

मठ,
२१ अप्रैल, १९०२

प्रिय 'जो',

ऐसा लगता है जैसे मेरे जापान जाने की योजना निष्फल हो गयी है। श्रीमती बुल जा चुकी हैं, और तुम जा रही हो। मैं जापानी सज्जन से पर्याप्त रूप से परिचित नहीं हूँ।

सारदानंद जापानी सज्जन और कन्हाई के साथ नेपाल गया है। क्रिश्चिन शीघ्र नहीं जा सकीं, क्योंकि मार्गट इस महीने के अन्त से पूर्व नहीं जा सकती थीं।

मैं भली भाँति हूँ—ऐसा ही लोग कहते हैं, पर अभी बहुत दुर्बल हूँ और पानी पीने की मनाही है। खैर रासायनिक विश्लेषण के अनुसार तो काफ़ी सुधार परिलक्षित हुआ है। पैरों की सूजन और अन्य शिकायतें सब दूर हो गयी हैं।

श्रीमती बेटी तथा श्री लेगेट, अल्बर्टा और हॉली को मेरा अनन्त प्यार कहना—शिशु हॉली को तो जन्म-पूर्व से ही मेरा आशीर्वाद प्राप्त है और वह सदा मिलता भी रहेगा।

तुम्हें मायावती कैसा लगी? उसके बारे में मुझे लिखना।

चिर स्नेहाबद्ध,
विवेकानन्द

(कुमारी जोसेफ़िन मैक्लिऑड को लिखित)

मठ,
बेलूड़, हावड़ा,
१५ मई, १९०२

प्रिय 'जो',

मादाम कालभे के नाम लिखित पत्र मैं तुम्हें भेज रहा हूँ।...

* * *

मैं बहुत कुछ स्वस्थ हूँ; किन्तु जितनी मुझे आशा थी उस दृष्टि से यह नहीं के बराबर है। एकान्त में रहने की मेरी प्रबल भावना उत्पन्न हो गयी है—मैं सदा के लिए विश्राम लेना चाहता हूँ, मेरे लिए और कोई कार्य शेष न रहेगा। यदि सम्भव हो सका, तो मैं अपनी पुरानी भिक्षावृत्ति को पुनः प्रारम्भ कर दूँगा।

'जो', तुम्हारा सर्वांगीण मंगल हो—तुम देवदूत की तरह मेरी देखभाल कर रही हो।

चिर स्नेहाबद्ध,
विवेकानन्द

(श्रीमती ओलि बुल को लिखित)

बेलूड़ मठ,
१४ जून, १९०२

प्रिय धीरा माता,

...मेरे विचार से पूर्ण ब्रह्मचर्य के आदर्श को प्राप्त करने के लिए किसी भी जाति को मातृत्व के प्रति परम आदर की धारणा दृढ़ करनी चाहिए; और वह विवाह को अछेद्य एवं पवित्र धर्म-संस्कार मानने से हो सकती है। रोमन कैथोलिक ईसाई और हिन्दू विवाह को अछेद्य और पवित्र धर्मसंस्कार मानते हैं, इसलिए दोनों जातियों ने परमशक्तिमान महान् ब्रह्मचारी पुरुषों और स्त्रियों को उत्पन्न किया है। अरबों के लिए विवाह एक इक़रारनामा है या बल से ग्रहण की हुई सम्पत्ति, जिसका अपनी इच्छा से अन्त किया जा सकता है, इसलिए उनमें ब्रह्मचर्य-भाव का विकास नहीं हुआ है। जिन जातियों में अभी तक विवाह का विकास नहीं हुआ था, उनमें आधुनिक बौद्ध धर्म का प्रचार होने के कारण उन्होंने संन्यास को एक उपहास बना डाला है। इसलिए जापान में जब तक विवाह के पवित्र और महान् आदर्श का निर्माण न होगा, (परस्पर प्रेम और आकर्षण को छोड़कर) तब तक,

मेरी समझ में नहीं आता कि वहाँ बड़े बड़े संन्यासी और संन्यासिनियाँ कैसे हो सकते हैं। जैसा कि आप अब समझने लगी हैं कि जीवन का गौरव ब्रह्मचर्य है, उसी तरह जनता के लिए इस बड़े धर्म-संस्कार की आवश्यकता—जिससे कुछ शक्तिसम्पन्न आजीवन ब्रह्मचारियों की उत्पत्ति हो—मेरी भी समझ में आने लगी है।

मैं बहुत कुछ लिखना चाहता हूँ, परन्तु शरीर दुर्बल है. . .'जो मेरी जिस मनोकामना से पूजा करता है, मैं उसको उसी रूप में मिलता हूँ।'[1] . . .

विवेकानन्द

---

१. ये यथा मां प्रपद्यन्ते तांस्तथैव भजाम्यहम्।
मम वर्त्मानुवर्तन्ते मनुष्याः पार्थ सर्वशः।। गीता।।४।११।।

अनुक्रमणिका